Ramanatha
86-7

Kṛṣṇa
DIE QUELLE ALLER FREUDE

Werke von His Divine Grace A.C. Bhaktivedanta Swami Prabhupāda

Bhagavad-gītā wie sie ist
Śrīmad-Bhāgavatam, Canto 1-10 (12 Bände)
Śrī Caitanya-caritāmṛta (11 Bände)
Kṛṣṇa – Die Quelle aller Freude (2 Bände)
Bewußte Freude
Die Lehren Śrī Caitanyas
Die Lehren Königin Kuntīs
Die Lehren Śrī Kapilas
Die Schönheit des Selbst
Der Nektar der Hingabe
Der Nektar der Unterweisung
Śrī Īśopaniṣad
Jenseits von Raum und Zeit
Leben kommt von Leben
Vollkommene Fragen, vollkommene Antworten
Bhakti-Yoga – Der Pfad des spirituellen Lebens
Im Angesicht des Todes

Kṛṣṇa
DIE QUELLE ALLER FREUDE
BAND 1

Eine Zusammenfassung des Zehnten Cantos
von Śrīla Vyāsadevas *Śrīmad-Bhāgavatam*

von

His Divine Grace
A.C. Bhaktivedanta Swami Prabhupāda

Gründer-Ācārya der Internationalen Gesellschaft für Kṛṣṇa-Bewußtsein

THE BHAKTIVEDANTA BOOK TRUST

Kṛṣṇa, The Supreme Personality of Godhead, Volume One (German)

Für Informationen stehen Ihnen die folgenden Zentren
gern zur Verfügung:

ISKCON
Taunusstraße 40
D-51105 Köln-Gremberg
Tel.: 0221/830 37 78
Fax: 0221/837 04 85

Krishna-Tempel
Bergstrasse 54
CH-8030 Zürich
Tel.: 01/262 33 88 oder 262 32 79

Center for Vedic Studies
Rosenackerstraße 26
A-1170 Wien
Tel.: 0222/45 58 30

ISBN 91-7149-061-2 (Band 1)
ISBN 91-7149-060-4 (Gesamtausgabe in zwei Bänden)

ईश्वरः परमः कृष्णः सच्चिदानन्दविग्रहः ।
अनादिरादिर्गोविन्दः सर्वकारणकारणम् ।। १ ।।

īśvaraḥ paramaḥ kṛṣṇaḥ
sac-cid-ānanda-vigrahaḥ
anādir ādir govindaḥ
sarva-kāraṇa-kāraṇam

„Kṛṣṇa ist die Höchste Persönlichkeit Gottes, der Höchste Herrscher. Er hat einen ewigen, glückseligen, spirituellen Körper. Er ist der Ursprung aller Dinge. Er hat keinen anderen Ursprung, denn Er ist die urerste Ursache aller Ursachen."

(Brahma-saṁhitā 5.1)

Gewidmet meinem Vater, Gour Mohan De (1849-1930),

einem reinen Geweihten Kṛṣṇas, der mich von klein auf im Kṛṣṇa-Bewußtsein erzog. In meinen Kindheitsjahren lehrte er mich die *mṛdaṅga* spielen. Er schenkte mir Rādhā-Kṛṣṇa-*vigraha* zur Verehrung, und er gab mir einen Jagannātha-Ratha, damit ich in meinen Kinderspielen das Ratha-yātrā-Fest richtig durchführen konnte. Er war sehr gütig zu mir, und ich empfing von ihm die Prinzipien, die später von meinem spirituellen Meister, meinem ewigen Vater, bekräftigt wurden.

A.C. Bhaktivedanta Swami

Inhalt

From Apple

Jeder sucht nach KṚṢṆA.

Manche wissen nicht, daß sie es tun, aber sie tun es.

KṚṢṆA ist GOTT, der Ursprung alles Existierenden, die Ursache all dessen, was ist, war und zukünftig sein wird.

Da GOTT unbegrenzt ist, hat ER viele Namen.

Allah-Buddha-Jehova-Rāma: Alle sind KṚṢṆA, alle sind ein und derselbe.

GOTT ist nichts Abstraktes, sondern in Seinem endgültigen Aspekt eine Person — die Höchste Person, in der sowohl der persönliche als auch der unpersönliche Aspekt mit eingeschlossen ist —, und Er ist EWIG, VOLLER GLÜCKSELIGKEIT und VOLLER WISSEN. Wie ein Tropfen Wasser die gleichen Eigenschaften wie der Ozean besitzt, so hat unser Bewußtsein die gleichen Eigenschaften wie das Bewußtsein GOTTES. Weil wir uns jedoch mit der materiellen Energie (mit dem physischen Körper, den Sinnenfreuden, mit materiellem Besitz, falschem Ego usw.) identifizieren und an sie angehaftet sind, ist unser wahres, TRANSZENDENTALES BEWUSSTSEIN verunreinigt worden und kann daher, gleich einem staubigen Spiegel, kein klares Bild mehr reflektieren.

Im Laufe vieler Leben hat sich unsere Verbindung mit dem Vergänglichen verstärkt. Den unbeständigen Körper, eine Handvoll Knochen und Fleisch, halten wir fälschlicherweise für unser wahres Selbst, und daher glauben wir, daß dieser gegenwärtige ZEITWEILIGE Zustand das ein und alles sei.

Zu allen Zeiten waren HEILIGE der lebendige Beweis dafür, daß der nichtzeitweilige, beständige Zustand des GOTTESBEWUSSTSEINS in allen verkörperten Seelen wiedererweckt werden kann. Jede Seele ist ihrem Wesen nach göttlich.

Kṛṣṇa sagt in der *Bhagavad-gītā*: „Fest verankert im Selbst und befreit von aller materiellen Verunreinigung, erlangt der *yogī*, der mit dem höchsten Bewußtsein in Berührung ist, die höchste Stufe vollkommenen Glücks." (*Bg.* 6.28)

YOGA (eine wissenschaftliche Methode zur GOTTES- [und SELBST-]-verwirklichung) ist der Vorgang, durch den wir unser Bewußtsein reinigen, weitere Verschmutzung verhindern und auf die Stufe der Vollkommenheit — voller WISSEN und GLÜCKSELIGKEIT — gelangen können.

„Wenn es einen Gott gibt, möchte ich Ihn sehen", mögen viele sagen, und das ist richtig, denn es ist nicht gut, blind an etwas zu glauben. Kṛṣṇa-Bewußtsein und Meditation sind Methoden, mit denen man GOTT tatsächlich wahrnehmen kann. Man kann GOTT tatsächlich sehen, Ihn hören und mit Ihm spielen. Es mag verrückt klingen, aber Er ist tatsächlich gegenwärtig, Er ist tatsächlich bei Dir.

Es gibt viele Pfade des YOGA – Raja, Jnana, Hatha, Kriya, Karma, Bhakti –, und sie *alle* werden von den MEISTERN der einzelnen Pfade anerkannt und gepriesen.

A.C. BHAKTIVEDANTA SWAMI ist, wie sein Name bereits sagt, ein BHAKTI-YOGI, der dem Pfad der HINGABE folgt. Indem der Gottgeweihte KṚṢṆA mit jedem Gedanken, jedem Wort und jeder TAT dient und SEINEN Heiligen Namen chantet, entwickelt er sehr schnell Gottesbewußtsein. Durch das Chanten von

Hare Kṛṣṇa, Hare Kṛṣṇa
Kṛṣṇa Kṛṣṇa, Hare Hare
Hare Rāma, Hare Rāma
Rāma Rāma, Hare Hare

erreicht man mit Sicherheit die Stufe des KṚṢṆA-Bewußtseins. (Probieren geht über Studieren!)

Bitte nehmt dieses *KṚṢṆA-BUCH* und zieht Euren Nutzen daraus. Beginnt, es zu verstehen. Verabredet Euch mit Gott und trefft Ihn jetzt, durch den selbstbefreienden Vorgang des YOGA (VERBINDUNG), und . . . GIVE PEACE A CHANCE.

ALL YOU NEED IS LOVE (KRISHNA) HARI BOL.

George Harrison

Apple Corps Ltd 3 Savile Row London W1 Gerrard 2772/3993 Telex Apcore London

Vorwort

nivṛtta-tarṣair upagīyamānād
bhavauṣadhāc chrotra-mano-'bhirāmāt
ka uttamaśloka-guṇānuvādāt
pumān virajyeta vinā paśughnāt
(*Śrīmad-Bhāgavatam* 10.1.4)

Wenn jemand hier in der westlichen Welt den Umschlag eines Buches wie den des *Kṛṣṇa-Buches* sieht, wird er sich sofort fragen: „Wer ist Kṛṣṇa? Und wer ist das Mädchen an Seiner Seite?"

Die unmittelbare Antwort lautet: „Kṛṣṇa ist die Höchste Persönlichkeit Gottes." Und warum? Weil Er bis in alle Einzelheiten mit den Beschreibungen Gottes, des Höchsten Wesens, übereinstimmt. Mit anderen Worten, Kṛṣṇa ist Gott, weil Er allanziehend ist. Ohne die Eigenschaft, auf alles anziehend zu wirken, hat das Wort „Gott" keine Bedeutung. Und wie kann jemand allanziehend sein? Zunächst einmal ist jemand für andere sehr anziehend, wenn Er wohlhabend ist, d.h. wenn er große Reichtümer besitzt. Ebenso fühlen sich die Menschen zu jemandem hingezogen, der sehr mächtig oder sehr berühmt ist. Anziehend wirkt auch jemand, der von schöner Gestalt ist, der weise ist oder der auf jeglichen Besitz verzichten kann. Somit kann man also aus praktischer Erfahrung sagen, daß jemand durch (1) Reichtum, (2) Macht, (3) Ruhm, (4) Schönheit, (5) Weisheit und (6) Entsagung anziehend wirkt. Wer alle diese sechs Eigenschaften gleichzeitig besitzt und über sie in unbegrenztem Ausmaß verfügt, wird als die Höchste Persönlichkeit Gottes bezeichnet. Diese Definition der sechs Füllen Gottes stammt von Parāśara Muni, einer großen vedischen Autorität.

Wir kennen viele reiche, mächtige, berühmte, schöne, gelehrte und weise Menschen und solche, die in den Lebensstand der Entsagung getreten sind und sich von allen weltlichen Besitztümern losgelöst haben; doch niemals in der Geschichte haben wir von einem Menschen gehört, der in unbegrenztem Maße gleichzeitig reich, mächtig, berühmt, schön, weise und entsagungsvoll gewesen ist, so wie Kṛṣṇa. Kṛṣṇa, die Höchste Persönlichkeit Gottes, ist eine historische Persönlichkeit, die vor fünftausend Jahren auf der Erde erschien. Er blieb für hundertfünfundzwanzig Jahre auf diesem Planeten und verhielt Sich genau wie ein Mensch – doch Seine Handlungen waren unvergleichlich. Vom Zeitpunkt Seines Erscheinens bis zum Zeitpunkt Seines Fortgangs ist jede Seiner Tätigkeiten einzigartig in der Weltgeschichte, und daher wird jeder, der versteht, was wir unter „Gott" verstehen, Kṛṣṇa als die Höchste Persönlichkeit Gottes anerkennen. Niemand kommt Gott gleich, und niemand ist größer als Er. Das ist die tiefere Bedeutung der bekannten Sentenz: „Gott ist groß".

Es gibt viele Gruppen von Menschen, die unterschiedliche Vorstellungen von Gott haben; doch die vedischen Schriften und die großen *ācāryas* aller Zeiten, die autorisierten Lehrer, die im Wissen über Gott verankert sind, wie die *ācāryas* Śaṅkara, Rāmānuja, Madhva, Viṣṇusvāmī, Śrī Caitanya und all ihre Nachfolger in der Kette der spirituellen Meister, stimmen ausnahmslos darin überein, daß Kṛṣṇa die Höchste Persönlichkeit Gottes ist. Was uns, die Anhänger der vedischen Zivilisation, betrifft, so erkennen wir die vedische Geschichtsschreibung an, die das gesamte Universum umfaßt, das aus verschiedenen Planetensystemen besteht, nämlich den *svargalokas* (das höhere Planetensystem), *martyalokas* (das mittlere Planetensystem) und *pātālalokas* (das niedere Planetensystem). Die modernen Historiker können keine Beweise für Ereignisse liefern, die mehr als fünftausend Jahre zurückliegen, und die Anthropologen sind der Ansicht, der *Homo sapiens* existiere auf unserem Planeten noch nicht länger als 40 000 Jahre, weil vorher die Evolution diese Stufe der Entwicklung noch nicht erreicht habe. Die vedischen Geschichtsbücher, die *Purāṇas* und das *Mahābhārata*, berichten jedoch von einer Menschheitsgeschichte, die Millionen und Abermillionen von Jahren in die Vergangenheit zurückreicht.

Zum Beispiel erfahren wir aus diesen Schriften, daß Kṛṣṇa bereits vor vielen Millionen von Jahren in den verschiedensten Formen erschienen ist. Im Vierten Kapitel der *Bhagavad-gītā* sagt Kṛṣṇa zu Arjuna, sowohl Er Selbst als auch Arjuna seien schon viele Male geboren worden, doch Er, Kṛṣṇa, könne Sich, im Gegensatz zu Arjuna, an all diese Geburten erinnern. Dieses Beispiel veranschaulicht den Unterschied zwischen dem Wissen Kṛṣṇas und dem Wissen Arjunas. Arjuna war zweifelsohne ein großer Krieger und ein hochgestelltes Mitglied der Kuru-Dynastie, doch trotz allem war er ein gewöhnliches menschliches Lebewesen mit begrenztem Wissen, wohingegen Kṛṣṇa, die Höchste Persönlichkeit Gottes, über unbegrenztes Wissen verfügt. Weil Kṛṣṇa unbegrenztes Wissen besitzt, verfügt Er über ein Erinnerungsvermögen, das grenzenlos ist.

Kṛṣṇas Wissen ist so vollkommen, daß Er Sich an alle Einzelheiten Seiner Erscheinungen, die Millionen und Abermillionen von Jahren zurückliegen, zu erinnern vermag, wohingegen Arjunas Erinnerung und Wissen von Raum und Zeit begrenzt sind, da er nur ein gewöhnlicher Mensch ist. Im ersten Vers des Vierten Kapitels der *Bhagavad-gītā* sagt Kṛṣṇa, Er könne Sich daran erinnern, wie Er vor einigen Millionen von Jahren den Sonnengott Vivasvān in den Lehren der *Gītā* unterwiesen habe.

Heutzutage ist es bei vielen atheistischen Menschen Mode geworden, zu versuchen, durch sogenannte Mystik Gott zu werden. Im allgemeinen behaupten die Atheisten aufgrund von Einbildung oder scheinbarem Erfolg beim Meditieren, Gott zu sein. Kṛṣṇa jedoch ist kein solcher „Gott". Er wird nicht zu Gott, indem Er einen mystischen Meditationsvorgang ausübt, und ebenso braucht Er Sich nicht strenge Bußen aufzuerlegen, um Gott zu werden. Mit anderen Worten, Er *wird* nicht zu Gott, sondern Er *ist* Gott – und das unter allen Umständen.

In dem Gefängnis, in das Sein Vater und Seine Mutter auf Befehl Seines Onkels mütterlicherseits, Kaṁsa, gesperrt worden waren, erschien Kṛṣṇa außerhalb des Körpers Seiner Mutter als der vierhändige Viṣṇu-Nārāyaṇa. Darauf verwandelte Er Sich in ein Baby und sagte zu Seinem Vater, er solle Ihn zum Hause Nanda Mahārājas und dessen Frau Yaśodā bringen. Als Kṛṣṇa noch ein kleines Kind war, versuchte die gigantische Dämonin Pūtanā, Ihn zu töten, indem sie Ihm ihre vergiftete Brust bot, doch als Kṛṣṇa an ihrer Brust saugte, saugte Er ihr gleichzeitig auch das Leben aus. Das ist der Unterschied zwischen dem wahren Gott und einem sogenannten Gott, der in der „mystischen Fabrik" produziert wurde. Kṛṣṇa hatte gar nicht die Gelegenheit gehabt, den mystischen *yoga*-Vorgang zu praktizieren, und trotzdem offenbarte Er Sich schon von allem Anfang an als die Höchste Persönlichkeit Gottes – vom Säugling zum Kind, vom Kind zum Knaben und vom Knaben zum jungen Mann. Im vorliegenden *Kṛṣṇa-Buch* werden alle Seine Taten beschrieben, die Er als scheinbar menschliches Wesen ausführte. Obwohl Kṛṣṇa dic Rollc cincs Menschen spielt, behält Er immer Seine Identität als die Höchste Persönlichkeit Gottes.

Da Kṛṣṇa allanziehend ist, sollte man alle Wünsche, die man hat, auf Kṛṣṇa richten. In der *Bhagavad-gītā* wird gesagt, daß das individuelle Lebewesen der Eigentümer oder Meister des Körpers ist, daß aber Kṛṣṇa, der im Herzen eines jeden als Überseele weilt, der höchste Eigentümer und der höchste Meister jedes einzelnen individuellen Körpers ist. Wenn wir also unsere Neigung zu lieben einfach auf Kṛṣṇa richten, dann wird allumfassende Liebe, Einigkeit und Frieden augenblicklich Wirklichkeit. Wenn man die Wurzel eines Baumes begießt, bewässert man gleichzeitig auch die Äste, Zweige, Blätter und Blüten, und wenn jemand den Magen mit Nahrung versorgt, so sorgt er damit auch für alle anderen Teile des Körpers.

Die Kunst, seine Aufmerksamkeit auf den Höchsten zu lenken und Ihm seine Liebe zu schenken, wird Kṛṣṇa-Bewußtsein genannt. Wir haben die Bewegung für Kṛṣṇa-Bewußtsein gegründet, damit jeder sein Verlangen, ein anderes Wesen zu lieben, dadurch erfüllen kann, daß er seine Liebe einfach auf Kṛṣṇa richtet. Jeder versucht, sein schlummerndes Verlangen nach Liebe zu befriedigen, doch die verschiedenen Wege, wie der Sozialismus, Kommunismus, Altruismus, Nationalismus und was auch immer zum Zwecke des Friedens und Wohlstands in der Welt erfunden wird, sind nutzlos und enttäuschend, weil wir uns in unserer Unwissenheit der Kunst, Kṛṣṇa zu lieben, nicht bewußt sind. Viele denken, sie könnten durch moralische Prinzipien und religiöse Rituale glücklich werden; andere glauben, durch wirtschaftliche Entwicklung könne Glück und Zufriedenheit erreicht werden, und wieder andere sind der Ansicht, daß sie einfach durch Sinnenbefriedigung glücklich werden können. Die Wirklichkeit sieht jedoch anders aus: Die Menschen können nur dann wahrhaft glücklich werden, wenn sie lernen, Kṛṣṇa zu lieben.

Kṛṣṇa kann die liebenden Neigungen aller Lebewesen in Vollkommenheit erwidern, und diese liebevollen Beziehungen werden in verschiedene *rasas*, oder Wohlgeschmäcke, unterteilt. Grundlegend gibt es zwölf Arten solcher liebevollen Beziehungen. Man kann Kṛṣṇa als den Höchsten Unbekannten lieben, als den Höchsten Meister, den Höchsten Freund, das Höchste Kind oder den Höchsten Geliebten — dies sind die fünf grundlegenden *rasas* der Liebe zu Kṛṣṇa. Darüber hinaus kann man Kṛṣṇa auch indirekt in sieben Beziehungen lieben, die nach außen hin von den fünf oben genannten *rasas* verschieden sind. Auf jeden Fall wird man sein Leben zur Vollkommenheit führen, wenn man einfach seine schlummernde liebevolle Beziehung zu Kṛṣṇa wiedererweckt. Dies ist keine Einbildung, sondern eine Tatsache, die durch praktische Erfahrung verwirklicht werden kann. Man kann die Auswirkungen, die die Liebe zu Kṛṣṇa auf das eigene Leben hat, direkt wahrnehmen.

Im Neunten Kapitel der *Bhagavad-gītā* wird diese Wissenschaft des Kṛṣṇa-Bewußtseins der König des Wissens, der König aller vertraulichen Themen und die höchste Wissenschaft der transzendentalen Verwirklichung genannt. Aber dennoch können wir die Ergebnisse dieser Wissenschaft des Kṛṣṇa-Bewußtseins direkt erfahren, weil sie sehr einfach zu praktizieren ist und große Freude mit sich bringt. Wie viele Prozente an Kṛṣṇa-Bewußtsein wir auch entwickeln können, es wird einen ewigen Gewinn für unser Leben bedeuten, da es unter allen Umständen unvergänglich ist. Heute gibt es viele lebendige Beispiele dafür, daß selbst die verwirrte und frustrierte junge Generation der westlichen Länder diesen Gewinn erhalten kann, wenn sie ihre Fähigkeit zu lieben auf Kṛṣṇa lenkt.

Im Gegensatz dazu müssen alle Entsagungen, alle Bußen und alle Opfer als nutzlos angesehen werden, wenn man es dabei versäumt, seine schlummernde Liebe zu Kṛṣṇa zu erwecken. Wozu benötigt man aber noch Opferzeremonien und Bußen, wenn man diese Liebe einmal erweckt hat?

Die Bewegung für Kṛṣṇa-Bewußtsein ist das einzigartige Geschenk Śrī Caitanyas für die gefallenen Seelen des gegenwärtigen Zeitalters. Kṛṣṇa-Bewußtsein ist eine sehr einfache Methode, die in den westlichen Ländern während der letzten vier Jahre von vielen angenommen und praktiziert worden ist, und es steht außer Zweifel, daß diese Bewegung den Wunsch nach wirklicher Liebe, der in allen Menschen vorhanden ist, erfüllen kann. Das *Kṛṣṇa-Buch* ist eine weitere transzendentale Veröffentlichung, die dazu beitragen soll, die Bewegung für Kṛṣṇa-Bewußtsein in der westlichen Welt immer mehr Menschen bekannt zu machen. Die Menschen lieben es, zum Zeitvertreib spannende und unterhaltsame Geschichten zu lesen. Nun kann diese Neigung auf Kṛṣṇa gerichtet werden. Das Ergebnis wird die immerwährende Zufriedenheit der Seele sein, und dies sowohl in Beziehung auf das Individuum wie auch auf die Allgemeinheit.

In der *Bhagavad-gītā* wird gesagt, daß schon eine kleine Bemühung auf dem Pfad des Kṛṣṇa-Bewußtseins einen Menschen vor der größten Gefahr bewahren kann. Unzählige Beispiele von Menschen können angeführt werden, die den größten Gefahren des Lebens entkommen sind, nur weil sie ein wenig Fortschritt im Kṛṣṇa-Bewußtsein gemacht haben. Wir bitten daher jeden, seinen Nutzen aus dieser bedeutenden transzendentalen Schrift zu ziehen. Wenn man Seite für Seite aufmerksam liest, wird man bemerken, daß ein unermeßlicher Schatz an Wissen über Kunst, Wissenschaft, Literatur, Philosophie und Religion enthüllt wird, und letzten Endes wird durch das Lesen dieses einen Buches, des *Kṛṣṇa-Buches*, Liebe zu Gott erweckt werden.

Meine dankbare Anerkennung gilt Śrīmān George Harrison, der mittlerweile ebenfalls Hare Kṛṣṇa chantet, für seine großzügige Spende von 19 000 Dollar zur Deckung der gesamten Druckkosten dieser Ausgabe. Möge Kṛṣṇa ihn weiteren Fortschritt im Kṛṣṇa-Bewußtsein machen lassen.

Meine immerwährenden Segnungen erteile ich ebenfalls Śrīmān Śyāmasundara dāsa Adhikārī, Śrīmān Brahmānanda dāsa Brahmacārī, Śrīmān Hayagrīva dāsa Adhikārī, Śrīmān Satsvarūpa dāsa Adhikārī, Śrīmatī Devahūti Devī, Śrīmatī Jaduräṇī Dāsi, Śrīmān Muralīdhara dāsa Brahmacārī, Śrīmān Bhāradvāja dāsa Adhikārī, Śrīmān Pradyumna dāsa Adhikārī und allen anderen, die mir behilflich waren, diese Veröffentlichung zu einem großen Erfolg zu machen.

Hare Kṛṣṇa.

A. C. Bhaktivedanta Swami

Am Erscheinungstag
Śrīla Bhaktisiddhānta Sarasvatīs

26. Februar 1970
ISKCON-Hauptzentrum
3764 Watseka Avenue
Los Angeles, Kalifornien

Einleitung

Kṛṣṇa! Kṛṣṇa! Kṛṣṇa! Kṛṣṇa! Kṛṣṇa! Kṛṣṇa! Kṛṣṇa! he!
Kṛṣṇa! Kṛṣṇa! Kṛṣṇa! Kṛṣṇa! Kṛṣṇa! Kṛṣṇa! Kṛṣṇa! he!
Kṛṣṇa! Kṛṣṇa! Kṛṣṇa! Kṛṣṇa! Kṛṣṇa! Kṛṣṇa! rakṣa mām!
Kṛṣṇa! Kṛṣṇa! Kṛṣṇa! Kṛṣṇa! Kṛṣṇa! Kṛṣṇa! pāhi mām!
Rāma! Rāghava! Rāma! Rāghava! Rāma! Rāghava! rakṣa mām!
Kṛṣṇa! Keśava! Kṛṣṇa! Keśava! Kṛṣṇa! Keśava! pāhi mām!
(*Caitanya-caritāmṛta, Madhya-līlā* 7.96)

Bevor ich beginne, das *Kṛṣṇa-Buch* zu schreiben, möchte ich zunächst meinem spirituellen Meister, Oṁ Viṣṇupāda 108 Śrī Śrīmad Bhaktisiddhānta Sarasvatī Gosvāmī Mahārāja Prabhupāda, meine respektvollen Ehrerbietungen erweisen. Dann möchte ich meine respektvollen Ehrerbietungen auch dem Ozean der Barmherzigkeit, Śrī Kṛṣṇa Caitanya Mahāprabhu, darbringen. Er ist die Höchste Persönlichkeit Gottes, Kṛṣṇa Selbst, der in der Rolle eines Gottgeweihten erschien, um die höchsten Prinzipien des hingebungsvollen Dienstes zu verbreiten. Śrī Caitanya begann Seine Predigtarbeit in Gauḍadeśa (Westbengalen). Und da ich zur Madhva-Gauḍīya-sampradāya gehöre, muß ich auch unserer Nachfolge der spirituellen Meister meine respektvollen Ehrerbietungen erweisen. Die Madhva-Gauḍīya-sampradāya ist auch als Brahmā-sampradāya bekannt, weil diese Schülernachfolge ursprünglich von Brahmā ausging. Brahmā lehrte den Weisen Nārada das vedische Wissen, Nārada unterwies Vyāsadeva, und Vyāsadeva gab es an Madhva Muni, Madhvācārya, weiter. Mādhavendra Purī, der Gründer der Mādhva-Gauḍīya-sampradāya, gehörte der Madhvācārya-Schülernachfolge an; er hatte sowohl unter *sannyāsīs* (Gottgeweihte, die sich auf der Lebensstufe der Entsagung befinden) als auch unter Haushältern viele berühmte Schüler, wie Nityānanda Prabhu, Advaita Prabhu und Īśvara Purī. Īśvara Purī war der spirituelle Meister von Śrī Caitanya Mahāprabhu. Erweisen wir also unsere respektvollen Ehrerbietungen Īśvara Purī, Nityānanda Prabhu, Śrī Advaita Ācārya Prabhu, Śrīvāsa Paṇḍit und Śrī Gadādhara Paṇḍit. Ebenso erweisen wir unsere respektvollen Ehrerbietungen Svarūpa-Dāmodara, dem

Privatsekretär Śrī Caitanya Mahāprabhus, wie auch Śrī Vāsudeva Datta und dem ständigen Diener Śrī Caitanyas, Śrī Govinda, ebenso dem ständigen Freund Śrī Caitanyas, Mukunda, und auch Murāri Gupta. Des weiteren erweisen wir unsere respektvollen Ehrerbietungen den sechs Gosvāmīs von Vṛndāvana: Śrī Rūpa Gosvāmī, Śrī Sanātana Gosvāmī, Śrī Raghunātha Bhaṭṭa Gosvāmī, Śrī Gopāla Bhaṭṭa Gosvāmī, Śrī Jīva Gosvāmī und Śrī Raghunātha dāsa Gosvāmī.

Kṛṣṇa Selbst hat in der *Bhagavad-gītā* erklärt, daß Er die Höchste Persönlichkeit Gottes ist. Immer wenn die regulierenden Prinzipien des religiösen Lebens nicht mehr befolgt werden und Irreligiosität überhandnimmt, erscheint Kṛṣṇa auf der Erde. Mit anderen Worten, als Śrī Kṛṣṇa erschien, war es notwendig, die Last der sündigen Handlungen, die sich auf diesem Planeten bzw. in diesem Universum angesammelt hatte, zu verringern. Für die Angelegenheiten der materiellen Schöpfung ist Mahā-Viṣṇu, Kṛṣṇas vollständige Teilerweiterung, zuständig.

Wenn der Herr erscheint, geht diese Inkarnation von Viṣṇu aus. Mahā-Viṣṇu ist die ursprüngliche Ursache der materiellen Schöpfung, und Er erweitert Sich zu Garbhodakaśāyī Viṣṇu und dann zu Kṣīrodakaśāyī Viṣṇu. Im allgemeinen sind alle Inkarnationen, die im materiellen Universum erscheinen, vollständige Erweiterungen Kṣīrodakaśāyī Viṣṇus. Daher ist die Beseitigung der Überlast sündhafter Tätigkeiten nicht die Aufgabe von Śrī Kṛṣṇa persönlich. Doch wenn Śrī Kṛṣṇa persönlich erscheint, begleiten Ihn alle Viṣṇu-Erweiterungen. Kṛṣṇas Erweiterungen, nämlich Nārāyaṇa, die vierfache Erweiterung Vāsudeva, Saṅkarṣaṇa, Pradyumna und Aniruddha, sowie auch die vollständige Teilerweiterung Matsya (die Fischinkarnation), andere *yuga-avatāras* (die Inkarnationen in den jeweiligen Zeitaltern) und die *manvantara-avatāras* (die Inkarnationen Manus) — sie alle kommen zusammen und erscheinen gemeinsam mit Kṛṣṇa, der Höchsten Persönlichkeit Gottes. Kṛṣṇa ist das Vollkommene Ganze, und alle vollständigen Erweiterungen und Inkarnationen leben stets mit Ihm zusammen.

Als Kṛṣṇa erschien, war Śrī Viṣṇu also ebenfalls bei Ihm. Kṛṣṇa erscheint in Wirklichkeit, um Seine Vṛndāvana-Spiele zu offenbaren und die vom Glück begünstigten bedingten Seelen zu Sich hinzuziehen und zur Rückkehr nach Hause, zurück zu Gott, zu bewegen. Das Töten der Dämonen geschah gleichzeitig mit Kṛṣṇas Spielen in Vṛndāvana, wurde jedoch nur von Seiner Viṣṇu-Erweiterung ausgeführt.

In der *Bhagavad-gītā* wird im zwanzigsten Vers des Achten Kapitels gesagt, daß es noch eine andere, ewige Natur gibt, den spirituellen Himmel, der transzendental zur manifestierten und unmanifestierten Materie ist. Die manifestierte Welt kann in der Form von vielen Sternen und Planetensystemen gesehen werden und besteht aus Sternen und Planeten wie Sonne und Mond; doch jenseits davon existiert ein unmanifestierter Teil der Schöpfung, der niemandem, der sich in dem gegenwärtigen grobstofflichen Körper befindet, zugänglich ist. Und jenseits dieses Bereiches der unmanifestierten Materie liegt die spirituelle Welt. Diese Welt wird in der *Bhagavad-gītā* als das höchste und ewige Reich beschrieben, das niemals vernichtet wird. Die materielle Natur ist der wiederholten Schöpfung und Vernichtung unterworfen, doch die spirituelle Natur bleibt für ewige Zeiten, wie sie ist.

Das höchste Reich der Persönlichkeit Gottes, Kṛṣṇa, wird in der *Brahma-saṁhitā* als das *cintāmaṇi*-Reich beschrieben. In diesem Reich Śrī Kṛṣṇas, das als Goloka Vṛndāvana bekannt ist, stehen zahllose Paläste, die aus dem Stein der Weisen (*cintāmaṇi*) erbaut sind. Die Bäume dort sind Wunschbäume, und die Kühe werden *surabhi* genannt. In diesem Reich dienen dem Herrn viele Tausende von Glücksgöttinnen; Sein Name ist Govinda, der Urerste Herr, und Er ist die Ursache aller Ursachen. Er spielt wundervoll auf Seiner Flöte, Seine Augen gleichen den Blütenblättern einer Lotosblume, und die Farbe Seines Körpers ähnelt der einer bezaubernden Wolke. In Seinem Haar steckt eine Pfauenfeder, und Er ist so wunderschön, daß Er Tausende von Liebesgöttern an Schönheit übertrifft. Śrī Kṛṣṇa gibt in der *Gītā* nur einen kleinen Hinweis auf Sein persönliches Reich, den höchsten Planeten im spirituellen Königreich; doch im *Śrīmad-Bhāgavatam* wird ausführlich geschildert, wie Kṛṣṇa mit all Seinen Gefährten erscheint und Seine transzendentalen Taten in Vṛndāvana, Mathurā und Dvārakā entfaltet. In diesem Buch werden all diese Taten nach und nach beschrieben.

Die Dynastie, in der Kṛṣṇa erschien, wird als Yadu-Dynastie bezeichnet, und sie gehört zur Familie, die von Soma, dem Mondgott, ausgeht. Es gibt zwei verschiedene *kṣatriya*-Familien des königlichen Standes — eine, die vom Mondgott, und eine, die vom Sonnengott ausgeht. Wenn der Herr, die Höchste Persönlichkeit Gottes, erscheint, erscheint Er im allgemeinen in einer *kṣatriya*-Familie, weil Er die religiösen Prinzipien bzw. die Regeln einer rechtschaffenen Lebensweise wieder einführen will. Die *kṣatriyas* sind nach dem vedischen System die Beschützer der menschlichen Gesellschaft. Als die Höchste Persönlichkeit Gottes als Śrī Rāmacandra auf die Erde kam, erschien Er in der Familie, die vom Sonnengott abstammte und als Raghu-vaṁśa bezeichnet wird, und als Er als Śrī Kṛṣṇa erschien, tat Er dies in der Familie der Yadu-vaṁśa. Im *Śrīmad-Bhāgavatam* wird im 24. Kapitel des Neunten Cantos eine lange Liste der Könige der Yadu-vaṁśa aufgeführt, die alle sehr bedeutende und mächtige Herrscher waren. Kṛṣṇas Vater, Vasudeva, war der Sohn Śūrasenas, der der Yadu-Dynastie angehörte.

In Wirklichkeit gehört Kṛṣṇa, die Höchste Persönlichkeit Gottes, natürlich zu keiner Dynastie der materiellen Welt, doch durch Seine Gnade wird die Familie, in der Er erscheint, berühmt. Sandelholz zum Beispiel stammt aus Malaysia. Sandelholz ist berühmt für seine Eigenschaften, und diese Eigenschaften haben direkt nichts mit Malaysia zu tun, doch weil es zufällig größtenteils aus Malaysia kommt, ist es als malaiisches Sandelholz bekannt. In ähnlicher Weise kann man sagen, daß Kṛṣṇa allen gehört, doch wie die Sonne im Osten aufgeht, obwohl es noch andere Richtungen gibt, in denen sie aufgehen könnte, erscheint auch der Herr nach Seiner Wahl in einer bestimmten Familie, wodurch diese Berühmtheit erlangt.

Wenn Kṛṣṇa erscheint, wird Er von all Seinen vollständigen Erweiterungen begleitet. Auch Sein älterer Bruder Balarāma (Baladeva) erscheint mit Ihm. Balarāma ist der Ursprung Saṅkarṣaṇas, der zu der vierfachen Erweiterung Kṛṣṇas gehört. Balarāma ist ebenfalls eine vollständige Erweiterung Kṛṣṇas. Mit diesem Buch wird der Versuch unternommen, zu zeigen, wie Kṛṣṇa in der Familie der Yadu-Dynastie erschien und Sein transzendentales Wesen offenbarte. Dies wird sehr lebendig im *Śrīmad-Bhāgavatam* beschrieben – besonders im Zehnten Canto, der die Grundlage dieses Buches bildet.

Über die Spiele des Herrn zu hören und sie mit tiefer Freude in sich aufzunehmen ist im allgemeinen das Merkmal von befreiten Seelen. Die bedingten Seelen sind mehr daran interessiert, Geschichten über die materialistischen Tätigkeiten eines gewöhnlichen Menschen zu lesen. Erzählungen, die die transzendentalen Spiele und Taten Gottes beschreiben, findet man vor allem im *Śrīmad-Bhāgavatam* und in den anderen *Purāṇas*, doch die meisten bedingten Seelen ziehen die Lektüre gewöhnlicher Geschichten vor. Sie sind nicht so sehr daran interessiert, sich mit den Erzählungen von den Spielen Śrī Kṛṣṇas zu beschäftigen. Und doch sind die Beschreibungen der Spiele Śrī Kṛṣṇas so anziehend, daß sie für die verschiedensten Menschen angenehm anzuhören sind. Es gibt drei Gruppen von Menschen: Die einen nennt man befreite Seelen; die anderen sind diejenigen, die versuchen, befreit zu werden, und die dritten sind die materialistischen Menschen. Ob man befreit ist oder versucht, Befreiung zu erlangen – ja, selbst wenn man ein großer Materialist ist –, die Spiele Śrī Kṛṣṇas sind es wert, daß man sich mit ihnen eingehend auseinandersetzt.

Befreite Persönlichkeiten führen keine materialistischen Tätigkeiten aus. Aber die Theorie der Unpersönlichkeitsanhänger, daß man nach der Befreiung inaktiv werde und nichts mehr zu hören brauche, ist deswegen noch lange nicht richtig, denn in Wirklichkeit ist auch eine befreite Seele nicht inaktiv. Eine spirituelle Seele kann niemals inaktiv sein. Sie ist sowohl im bedingten als auch im befreiten Zustand aktiv. Wenn ein Mensch zum Beispiel krank ist, ist er auch aktiv, aber jede Bewegung ist für ihn schmerzhaft. Der gleiche Mensch wird, wenn er von seiner Krankheit geheilt ist, nicht untätig, sondern ist immer noch aktiv; doch im gesunden Zustand handelt er voller Freude. Ebenso kann es zwar möglich sein, daß es den Unpersönlichkeitsanhängern gelingt, sich von den krankhaften, bedingten Tätigkeiten zu befreien; aber sie wissen nichts von den Tätigkeiten im gesunden Zustand. Wer tatsächlich befreit und mit vollkommenem Wissen erleuchtet ist, beginnt über die transzendentalen Spiele und Taten Kṛṣṇas zu hören – eine solche Beschäftigung ist eine reine, spirituelle Tätigkeit.

Für Menschen, die tatsächlich befreit sind, ist es von fundamentaler Wichtigkeit, über die Spiele Kṛṣṇas zu hören; dies ist für die befreiten Seelen der Gegenstand höchster Freude. Aber auch für diejenigen, die versuchen, befreit zu werden, wird der Pfad zur Befreiung deutlich erkennbar, wenn sie solche Erzählungen wie die *Bhagavad-gītā* und das *Śrīmad-Bhāgavatam* hören. Die *Bhagavad-gītā* ist die vorbereitende Studie zum *Śrīmad-Bhāgavatam*. Durch das Studium der *Gītā* wird man sich der Position Śrī Kṛṣṇas voll bewußt, und wenn man bei den Lotosfüßen Kṛṣṇas Zuflucht gesucht hat, kann man auch die Erzählungen über Kṛṣṇa verstehen, wie sie im *Śrīmad-Bhāgavatam* beschrieben werden. Śrī Caitanya gab daher Seinen Nachfolgern den Auftrag, überall *kṛṣṇa-kathā* zu verkünden.

Kṛṣṇa-kathā bezieht sich auf Erzählungen, die Kṛṣṇa zum Thema haben. Es gibt zwei Arten von *kṛṣṇa-kathā*: Erzählungen, die *von* Kṛṣṇa gesprochen wurden, und Erzählungen, die *über* Kṛṣṇa gesprochen wurden. Die *Bhagavad-gītā* ist die Erzählung oder die Philosophie oder die Wissenschaft von Gott, die von Kṛṣṇa Selbst gesprochen wurde. Das *Śrīmad-Bhāgavatam* erzählt von den Taten und transzendentalen Spielen Śrī Kṛṣṇas. Beides ist *kṛṣṇa-kathā*. Es ist die Anweisung Śrī Caitanyas, daß *kṛṣṇa-kathā* auf der ganzen Welt verbreitet wird, denn wenn die bedingten Seelen, die unter den Qualen des materiellen Lebens leiden, sich der *kṛṣṇa-kathā* zuwenden, wird ihr Pfad zur Befreiung offen und klar. Dieses Buch wird daher in erster Linie mit dem Ziel veröffentlicht, allen Menschen die Möglichkeit zu geben, Kṛṣṇa bzw. *kṛṣṇa-kathā* zu verstehen, denn dadurch können sie von der Fessel der materiellen Welt befreit werden.

Kṛṣṇa-kathā wird selbst für die materialistischen Menschen sehr anziehend sein, denn Kṛṣṇas Spiele mit den *gopīs* (Kuhhirtenmädchen) ähneln den Liebesbeziehungen zwischen Mädchen und Jungen in der materiellen Welt. Die Neigung zu Sexualität, wie die Menschen sie kennen, ist nicht unnatürlich, denn die gleiche Neigung zu Sexualität ist auch in der ursprünglichen Persönlichkeit Gottes vorhanden. Die Freudenkraft des Höchsten wird Śrīmatī Rādhārāṇī genannt. Der Austausch liebevoller Gefühle auf der Grundlage geschlechtlicher Anziehung ist der ursprüngliche Aspekt der Höchsten Persönlichkeit Gottes, und da wir, die bedingten Seelen, winzige Teile des Höchsten sind, kennen auch wir solche Gefühle, die von uns jedoch gegenwärtig in verzerrter, spärlicher Form erfahren werden. Wenn daher diejenigen, die in dieser materiellen Welt nach sexuellem Genuß suchen, über Kṛṣṇas Spiele mit den *gopīs* hören, werden selbst sie transzendentale Freude erfahren, obwohl diese materiell zu sein scheint. Zu ihrem Vorteil werden sie allmählich auf die spirituelle Ebene erhoben werden. Im *Bhāgavatam* wird gesagt, daß jemand, der in ergebener Haltung von autorisierten Persönlichkeiten über die Spiele Śrī Kṛṣṇas mit den *gopīs* hört, auf die Ebene des transzendentalen liebevollen Dienstes für den Herrn erhoben wird und daß auf diese Weise die materielle Krankheit der Lust im Herzen völlig überwunden wird. Mit anderen Worten, auf diese Weise kann man der Lust nach materieller Sexualität entgegenwirken.

Kṛṣṇa wirkt auf die befreiten Seelen wie auch auf die nach Befreiung Strebenden und selbst auf die abgestumpften, bedingten Materialisten anziehend. Nach der Aussage Mahārāja Parīkṣits, der von Śukadeva Gosvāmī über Kṛṣṇa hörte, ist *kṛṣṇa-kathā* für jeden Menschen geeignet, ganz gleich, in welchem Zustand des Lebens er sich befindet. Jeder wird es sehr schätzen, über Kṛṣṇa zu hören. Doch Mahārāja Parīkṣit machte darauf aufmerksam, daß Menschen, die nur mit dem Töten von Tieren und mit ihrer eigenen Vernichtung beschäftigt sind, von *kṛṣṇa-kathā* nicht sehr angezogen sein würden. Mit anderen Worten, gewöhnliche Menschen, die den regulierenden Moralprinzipien der Schriften folgen, werden, ungeachtet ihrer Lebensumstände, zweifellos sehr angezogen sein, jedoch nicht solche, die sich selbst zerstören. Das genaue Wort, das in diesem Zusammenhang im *Śrīmad-Bhāgavatam* gebraucht wird, lautet *paśughna* und bedeutet „Tiere oder sich selbst töten". Menschen, die nicht selbstverwirklicht sind und sich auch nicht für spirituelle Verwirklichung interessieren, zerstören sich selbst — sie begehen im wahrsten Sinne des Wortes *Selbst*mord. Da die menschliche Form des Lebens besonders zur Selbstverwirklichung bestimmt ist, vergeudet man seine Zeit wie ein Tier, wenn man diese wichtige Aufgabe seines Lebens vernachlässigt — man ist *paśughna*. Die andere Bedeutung des Wortes *paśughna* bezeichnet diejenigen, die tatsächlich Tiere töten, d.h. die Fleischesser (die manchmal sogar Hunde essen). Solche Personen töten auf verschiedenste Weise Tiere, wie durch Jagen, Eröffnen von Schlachthäusern usw. Solche Menschen können an *kṛṣṇa-kathā* keinen Geschmack finden.

König Parīkṣit war besonders begierig, *kṛṣṇa-kathā* zu hören, weil er wußte, daß seine Vorfahren, insbesondere sein Großvater Arjuna, in der Schlacht von Kurukṣetra nur dank Kṛṣṇas Hilfe siegreich gewesen waren. Wir sollten die materielle Welt ebenfalls als ein Schlachtfeld von Kurukṣetra betrachten. Auf diesem Schlachtfeld kämpft jeder hart um seine Existenz, und auf Schritt und Tritt lauern Gefahren. Mahārāja Parīkṣit verglich das Schlachtfeld von Kurukṣetra mit einem riesigen Ozean voller gefährlicher Untiere. Sein Großvater Arjuna mußte gegen große Helden wie Bhīṣma, Droṇa, Karṇa und viele andere kämpfen, die keine gewöhnlichen Krieger waren. Solche Krieger wurden mit *timiṅgila*-Fischen verglichen, denn *timiṅgila*-Fische können ohne weiteres große Wale verschlingen. Ähnlich hätten die großen Krieger auf dem Schlachtfeld von Kurukṣetra mit Leichtigkeit viele Arjunas verschlingen können, doch durch die Barmherzigkeit Kṛṣṇas war Arjuna fähig gewesen, sie alle zu töten. So wie jemand ohne Anstrengung über die kleine Pfütze im Hufabdruck eines Kalbes schreiten kann, konnte Arjuna durch die Gnade Kṛṣṇas sehr leicht den Ozean der Schlacht von Kurukṣetra überqueren.

Mahārāja Parīkṣit wußte Kṛṣṇas Taten noch aus vielen anderen Gründen sehr zu schätzen. Nicht nur sein Großvater war von Kṛṣṇa gerettet worden, sondern auch er selbst. In der Schlacht von Kurukṣetra waren alle Mitglieder der Kuru-Dynastie gefallen, sowohl die Söhne und Enkel auf der Seite Dhṛtarāṣṭras als auch die auf seiten der Pāṇḍavas. Außer den fünf Pāṇḍava-Brüdern war jeder auf dem Schlachtfeld umgekommen. Mahārāja Parīkṣit befand sich zu jener Zeit im Leib seiner Mutter. Sein Vater Abhimanyu, der Sohn Arjunas, war ebenfalls auf dem Schlachtfeld von Kurukṣetra gefallen, und so war Mahārāja Parīkṣit ein nachgeborenes Kind. Noch als er sich im Schoß seiner Mutter befand, schoß Aśvatthāmā eine *brahmāstra*-Waffe ab, die ihn hätte töten sollen. Als Mahārāja Parīkṣits Mutter, Uttarā, sich in ihrer Not an Kṛṣṇa wandte, ging Kṛṣṇa, der die Gefahr des Mordes an dem ungeborenen Kind sah, als Überseele in ihre Gebärmutter ein und rettete auf diese Weise Mahārāja Parīkṣit. Ein anderer Name Mahārāja Parīkṣits ist daher Viṣṇurāta, weil er von Śrī Viṣṇu persönlich beschützt wurde, als er sich noch im Mutterleib befand.

Jeder in jeder Lebenslage sollte daher begierig sein, über Kṛṣṇa und Seine Taten zu hören, denn Kṛṣṇa ist die Höchste Absolute Wahrheit, die Persönlichkeit Gottes. Er ist alldurchdringend, Er lebt im Herzen eines jeden, und Er existiert als universale Form. Und dennoch erscheint Er, wie Er Selbst in der *Bhagavad-gītā* sagt, in der menschlichen Gesellschaft in Seiner ursprünglichen Gestalt, nur um jeden einzuladen, in Sein transzendentales Reich zurückzukehren, zurück nach Hause, zurück zu Gott. Jeder sollte sich bemühen, etwas über Kṛṣṇa zu erfahren, und deshalb möchten wir dieses Buch vorlegen, um den Menschen etwas über Kṛṣṇa mitzuteilen, damit sie aus ihrem menschlichen Leben den vollkommenen Nutzen ziehen können.

Im Neunten Canto des *Śrīmad-Bhāgavatam* wird Śrī Baladeva als der Sohn Rohiṇīs, einer Frau Vasudevas, bezeichnet. Vasudeva, der Vater Kṛṣṇas, hatte sechzehn Frauen, und eine von ihnen war Rohiṇī, die Mutter Baladevas, der auch Balarāma genannt wird. Aber Balarāma wird gleichzeitig auch der Sohn Devakīs genannt — wie konnte Er nun sowohl der Sohn Devakīs als auch der Sohn Rohiṇīs sein? Dies war eine der Fragen, die Mahārāja Parīkṣit Śukadeva Gosvāmī stellte, und sie wird im weiteren Verlauf beantwortet werden. Mahārāja Parīkṣit fragte Śukadeva Gosvāmī auch, warum Śrī Kṛṣṇa gleich nach Seinem Erscheinen als der Sohn Vasudevas zum Haus Nanda Mahārājas in Vṛndāvana, Gokula, gebracht wurde. Er wollte außerdem wissen, welche Taten und Spiele Śrī Kṛṣṇa ausführte, während Er Sich in Vṛndāvana und in Mathurā aufhielt, und vor allem wollte Mahārāja Parīkṣit wissen, warum Kṛṣṇa Seinen Onkel, Kaṁsa, tötete. Kaṁsa, der Bruder Seiner Mutter, war ein naher und höhergestellter Verwandter Kṛṣṇas, und man wird sich fragen, warum Kṛṣṇa ihn tötete. Mahārāja Parīkṣit fragte auch, wie viele Jahre Śrī Kṛṣṇa in der menschlichen Gesellschaft blieb, wie lange Er über das Königreich von Dvārakā regierte und wie viele Frauen Er dort heiratete. Für einen *kṣatriya*-König ist es im allgemeinen üblich, mehr als eine Frau anzunehmen, und daher fragte Mahārāja Parīkṣit nach der Anzahl der Frauen, die Kṛṣṇa heiratete. Śukadeva Gosvāmīs Antworten auf diese und viele andere Fragen von Mahārāja Parīkṣit bilden das Thema dieses Buches.

Die Erhabenheit Mahārāja Parīkṣits und Śukadeva Gosvāmīs ist einzigartig. Mahārāja Parīkṣit ist die geeignete Persönlichkeit, um über die transzendentalen Spiele Śrī Kṛṣṇas zu hören, und Śukadeva Gosvāmī ist die würdige Persönlichkeit, um sie zu beschreiben. Wenn solch ein glückverheißendes Treffen zustande kommt, wird sofort *kṛṣṇa-kathā* offenbart, und die Menschen können aus einem solchen Gespräch den größten Nutzen ziehen, den man sich vorstellen kann.

Das *Śrīmad-Bhāgavatam* wurde von Śukadeva Gosvāmī vorgetragen, als sich Mahārāja Parīkṣit darauf vorbereitete, seinen Körper aufzugeben, und fastend am Ufer des Ganges saß. Um Śukadeva Gosvāmī zu versichern, daß ihn das Hören von *kṛṣṇa-kathā* nicht ermüden werde, sagte Mahārāja Parīkṣit ganz offen: „Hunger und Durst könnten zwar auch mich quälen, genau wie jeden anderen Menschen, doch die Geschichten über Kṛṣṇa sind so schön, daß man sie unaufhörlich anhören kann, ohne müde zu werden, denn dieses Hören erhebt einen auf die transzendentale Ebene."

Es wird gesagt, daß man sehr vom Glück begünstigt sein muß, um wie Mahārāja Parīkṣit ernsthaft *kṛṣṇa-kathā* hören zu können. Er war besonders aufmerksam, weil er jeden Augenblick den Tod erwartete. Auch wir sollten uns der Gefahr des Todes in jeder Sekunde bewußt sein, denn unser Leben wird durch nichts gesichert — wir können jederzeit sterben, ganz gleich, ob wir jung oder alt sind. Bevor der Tod kommt, sollten wir also völlig Kṛṣṇa-bewußt sein.

Zum Zeitpunkt seines Todes hörte König Parīkṣit von Śukadeva Gosvāmī das *Śrīmad-Bhāgavatam*. Als König Parīkṣit seinen Wunsch ausdrückte, ohne Unterlaß den Erzählungen über Kṛṣṇa zu lauschen, war Śukadeva Gosvāmī sehr erfreut. Śukadeva war der größte *Bhāgavatam*-Sprecher, und so begann er, von Kṛṣṇas Spielen zu berichten, die alle verderblichen Einflüsse des Kali-yuga zerstören. Śukadeva Gosvāmī dankte dem König für sein begeistertes Verlangen, über Kṛṣṇa zu hören, und ermutigte ihn, indem er sagte: „Mein lieber König, dein begeistertes Verlangen, über die Spiele Kṛṣṇas zu hören, zeugt von großer Intelligenz." Er ließ Mahārāja Parīkṣit wissen, daß das Hören und Chanten der Spiele Kṛṣṇas so glückverheißend sei, daß es alle drei Parteien, die miteinbezogen seien, ganz und gar reinige, nämlich den, der die transzendentalen Spiele Kṛṣṇas erzählt, den, der sie hört, und den, der über sie Fragen stellt. Kṛṣṇas Spiele sind wie das Wasser des Ganges, das von den Zehen Śrī Viṣṇus ausgeht; sie reinigen alle drei Welten — die oberen, die mittleren und die unteren Planetensysteme.

1 / Die Ankunft Śrī Kṛṣṇas

Es gab eine Zeit, da war die Welt mit übermäßig angewachsenen Streitmächten verschiedener Könige überladen, die in Wirklichkeit Dämonen waren, sich aber als Mitglieder des königlichen Standes ausgaben. Da zu jener Zeit die ganze Welt gestört war, begab sich die herrschende Gottheit der Erde, Bhūmi, zu Brahmā, um ihm von der bedrohlichen Situation zu berichten, in die sie aufgrund der dämonischen Könige geraten war. Bhūmi nahm die Gestalt einer Kuh an und erschien mit Tränen in den Augen vor Brahmā. Sie war zutiefst bekümmert und weinte, um sein Mitleid zu erwecken, und sie erzählte ihm von den fürchterlichen Zuständen auf der Erde. Als Brahmā ihre Schilderung hörte, war er sehr betroffen, und so beschloß er, sich sofort zum Milchozean zu begeben, wo Śrī Viṣṇu residiert. Brahmā wurde von allen Halbgöttern begleitet, allen voran Śiva, und Bhūmi folgte ihnen. Als sie ans Ufer des Milchozeans kamen, begann Brahmā Gebete zu sprechen, um Śrī Viṣṇu günstig zu stimmen, welcher schon vor langer Zeit einmal den Erdplaneten vor dem Untergang gerettet hatte, indem Er die transzendentale Gestalt eines Ebers annahm.

In den vedischen *mantras* gibt es ein besonderes Gebet, *Puruṣa-sūkta* genannt, das im allgemeinen die Halbgötter chanten, um Viṣṇu, der Höchsten Persönlichkeit Gottes, ihre Ehrerbietungen darzubringen. Man muß in diesem Zusammenhang verstehen, daß sich die herrschende Gottheit jedes Planeten an den höchsten Halbgott des Universums, Brahmā, wenden kann, wenn Störungen auf dem jeweiligen Planeten auftreten. Brahmā seinerseits kann sich dem Höchsten Herrn, Viṣṇu, nähern, jedoch nicht direkt, sondern vom Ufer des Milchozeans aus. Es gibt im Universum einen Planeten namens Śvetadvīpa, und auf diesem Planeten befindet sich ein Ozean aus Milch. Aus den vedischen Schriften erfahren wir, daß es auf anderen Planeten verschiedene Arten von Ozeanen gibt, ähnlich wie auf unserem Planeten einen Ozean aus Salzwasser. So gibt es die verschiedensten Ozeane, wie zum Beispiel einen Ozean aus Milch, einen Ozean aus Öl, einen Ozean aus Alkohol und viele andere. *Puruṣa-sūkta* ist das Standardgebet, das die Halbgötter sprechen, um die Höchste Persönlichkeit Gottes, Kṣīrodakaśāyī Viṣṇu, günstig zu stimmen. Weil Er auf dem Milchozean ruht, wird Er Ksīrodakaśāyī Viṣṇu genannt. Er ist der Herr, die Höchste Persönlichkeit Gottes, von dem alle Inkarnationen in diesem Universum ausgehen.

Die Halbgötter brachten also das *Puruṣa-sūkta*-Gebet dar, doch sie vernahmen keine Antwort. Daraufhin versank Brahmā persönlich in Meditation, und so empfing er eine Botschaft von Viṣṇu, die er dann an die Halbgötter weitergab. Das ist das System, vedisches Wissen zu empfangen. Das vedische Wissen wurde zuerst Brahmā mitgeteilt, dem es die Höchste Persönlichkeit Gottes durch das Herz offenbarte. Dies wird auch am Anfang des *Śrīmad-Bhāgavatam* erwähnt: *tene brahma hṛdā* — das transzendentale Wissen der *Veden* wurde Brahmā in das Herz eingegeben. Ebenso konnte auch in diesem Fall nur Brahmā die Botschaft verstehen, die von Viṣṇu übermittelt wurde, und er gab sie an die Halbgötter weiter, damit diese sofort dementsprechend handeln konnten. Die Botschaft lautete: Der Herr, die Höchste Persönlichkeit Gottes, wird sehr bald zusammen mit Seinen unvergleichlich mächtigen Energien auf der Erde erscheinen, und solange Er auf dem Erdplaneten bleibt, um Seine Mission, die Vernichtung der Dämonen und die Errettung der Geweihten, zu erfüllen, sollen auch die Halbgötter dort sein, um Ihn zu unterstützen. Sie alle sollen sich sofort darauf vorbereiten, in der Yadu-Dynastie geboren zu werden, in der auch der Herr sehr bald erscheinen werde.

Die Höchste Persönlichkeit Gottes, Kṛṣṇa, erschien als der Sohn Vasudevas. Bevor Er erschien, kamen alle Halbgötter mit ihren Frauen in verschiedenen frommen Familien auf die Erde, um den Herrn bei der Ausführung Seiner Mission zu unterstützen. Das genaue Wort, das hier gebraucht wird, lautet *tat-priyārtham*; es bedeutet, daß die Halbgötter auf der Erde erschienen, um den Herrn zu erfreuen. Mit anderen Worten, jedes Lebewesen, das sein Leben nur dazu benutzt, den Höchsten zufriedenzustellen, ist ein Halbgott. Die Halbgötter wurden außerdem darüber informiert, daß die vollständige Erweiterung Kṛṣṇas, Ananta, der die Planeten des Universums mit Seinen Millionen von Köpfen in der Schwebe hält, ebenfalls vor der Ankunft Śrī Kṛṣṇas auf der Erde erscheinen werde. Auch die äußere Energie Viṣṇus (*māyā*), die alle bedingten Seelen bezaubert, werde erscheinen, um Kṛṣṇa, dem Höchsten Herrn, behilflich zu sein.

Nachdem Brahmā allen Halbgöttern, auch Bhūmi, diese Botschaft mitgeteilt und sie mit wohlmeinenden Worten beruhigt hatte, kehrte er, der Vater aller *prajāpatis* (Vorväter der Bevölkerung im Universum), zu seinem Residenzort auf dem höchsten materiellen Planeten zurück, der Brahmaloka genannt wird.

Der Führer der Yadu-Dynastie, König Śūrasena, regierte über das Land Mathurā (den Distrikt Mathurā) sowie über den Distrikt Śūrasena. Unter der Herrschaft Śūrasenas wurde Mathurā die Hauptstadt aller Yadu-Könige. Mathurā wurde auch aus dem Grund zur Hauptstadt gewählt, weil die Yadus eine sehr fromme Familie waren und wußten, daß Mathurā der Ort ist, an dem Śrī Kṛṣṇa, genau wie in Dvārakā, ewig lebt.

Es war am Tag, an dem Vasudeva, der Sohn Śūrasenas, Devakī heiratete, als er, Vasudeva, nach der Beendigung der Hochzeitsfeierlichkeiten zusammen mit seiner jungen Braut auf eine Kutsche stieg, um nach Hause zu fahren. Der Vater

Devakīs, Devaka, der seine Tochter sehr liebte, hatte eine beträchtliche Mitgift beigesteuert, worunter sich unter anderem Hunderte von Kutschen befanden, die vollkommen mit Gold ausgestattet waren. Um seine Schwester Devakī zu erfreuen, hatte sich Kaṁsa, der Sohn Ugrasenas, anerboten, die Zügel von Vasudevas Wagen selbst zu lenken und das Brautpaar nach Hause zu fahren. Wenn ein Mädchen heiratet, bringt der Bruder nach vedischem Brauch die Schwester und den Schwager zu ihrem neuen Heim. Weil das frisch verheiratete Mädchen unter der Trennung von der Familie ihres Vaters leiden könnte, begleitet sie ihr Bruder bis zum Hause des Schwiegervaters. Die von Devaka beigesteuerte Mitgift bestand aus insgesamt vierhundert mit goldenen Girlanden geschmückten Elefanten, fünfzehntausend geschmückten Pferden und eintausendachthundert Kutschen. Außerdem hatte er zweihundert wunderschöne Mädchen ausgesucht, die seine Tochter begleiten sollten. Das *kṣatriya*-System der Heirat, das in Indien noch heute Gültigkeit hat, besagt, daß bei der Heirat eines *kṣatriya* zusammen mit der Braut einige Dutzend der Freundinnen der Braut zum Hause des Königs gehen. Die Begleiterinnen der Königin werden zwar Dienerinnen genannt, doch in Wirklichkeit sind sie ihre Freundinnen. Dieses System ist seit unvordenklichen Zeiten Brauch und läßt sich mindestens bis zur Zeit vor der Ankunft Śrī Kṛṣṇas vor fünftausend Jahren zurückverfolgen. Vasudeva brachte also zusammen mit seiner Frau noch zweihundert schöne Mädchen mit nach Hause.

Während Braut und Bräutigam in der Kutsche dahinfuhren, wurden die verschiedensten Instrumente gespielt, um das glückverheißende Ereignis zu begleiten. Es ertönten Muschelhörner, Fanfaren, Trommeln und Pauken, die sich zu einem wohlklingenden Konzert vereinten. Die Hochzeitsgesellschaft war in freudiger Stimmung, und Kaṁsa lenkte den Wagen, als plötzlich eine geheimnisvolle Stimme vom Himmel ertönte, die besonders an Kaṁsa gerichtet war: „Kaṁsa, du Narr, du lenkst die Kutsche deiner Schwester und deines Schwagers und weißt nicht, daß das achte Kind deiner Schwester dich töten wird!“

Kaṁsa, der Sohn Ugrasenas, gehörte zur Bhoja-Dynastie, und es wird gesagt, daß er der dämonischste aller Könige der Bhoja-Dynastie war. Sowie er die Prophezeiung vom Himmel hörte, packte er Devakī bei den Haaren und zückte sein Schwert, um sie töten. Vasudeva war entsetzt, als er Kaṁsas Verhalten sah, doch um den grausamen, schamlosen Schwager zu besänftigen, richtete er mit großer Klarheit und Ruhe die folgenden Worte an ihn: „Mein lieber Kaṁsa, mein Schwager, du bist der berühmteste König der Bhoja-Dynastie, und jeder weiß, daß du ein tapferer Krieger und ein großer König bist. Wie kommt es, daß du dermaßen in Wut gerätst, daß du sogar bereit bist, eine Frau, die noch dazu deine Schwester ist, an ihrem Hochzeitstag zu töten? Warum hast du so große Angst vor dem Tod? Dein Tod wurde schon bei deiner Geburt mit dir geboren. Seit dem Tag, an dem du geboren wurdest, begannst du zu sterben. Du bist jetzt vielleicht fünfundzwanzig Jahre alt; das bedeutet, daß du schon fünfundzwanzig Jahre lang gestorben bist. In jedem Moment, in jeder Sekunde stirbst du — warum solltest du also Angst vor dem Tode haben? Der Tod ist unvermeidlich. Du magst heute oder in hundert Jahren sterben — dem Tod kannst du nicht entrinnen. Warum solltest du dich also fürchten? In Wirklichkeit bedeutet der Tod lediglich die Vernichtung des gegenwärtigen Körpers. Sobald der Körper funktionsunfähig wird und sich mit den fünf Elementen der materiellen Natur vereinigt, nimmt das Lebewesen, das sich im Körper befunden hat, je nach seinen früheren Taten einen anderen Körper an. Es ist wie mit einem Mann, der auf der Straße geht: Er setzt einen Fuß vor, und wenn er sicher ist, daß der Fuß auf festem Grund steht, hebt er den anderen Fuß. In ähnlicher Weise wandert die Seele von einem Körper zum anderen. Oder schau dir eine Raupe an, wenn sie vorsichtig von einem Zweig zum anderen kriecht. Ebenso wechselt das Lebewesen seinen Körper, sobald höhere Autoritäten über den nächsten Körper entscheiden. Solange ein Lebewesen in der materiellen Welt gefangen ist, muß es immer wieder, Geburt für Geburt, einen materiellen Körper annehmen. Der nächste Körper, den man erhält, wird durch die Gesetze der Natur entsprechend den Handlungen und den daraus resultierenden Reaktionen des vorherigen Lebens bestimmt.

Unser gegenwärtiger Körper gleicht genau den Körpern, die wir in unseren Träumen annehmen. Während wir schlafen, schaffen wir im Traum mit dem Geist die verschiedensten Körper. In unserer Erinnerung befinden sich viele Bilder von Dingen, die wir schon gesehen haben, wie zum Beispiel Gold und einen Berg, und so schaffen wir im Traum durch die Verbindung dieser beiden Bilder einen goldenen Berg. Manchmal träumen wir auch, fliegen zu können, und so vergessen wir unseren eigentlichen Körper völlig. Ebenso wechseln wir unseren materiellen Körper. Wenn du einen neuen Körper annimmst, vergißt du den alten. Während eines Traumes können wir so viele verschiedene Körper schaffen, doch wenn wir erwachen, vergessen wir sie alle wieder. Und in Wirklichkeit sind auch unsere grobstofflichen Körper nichts anderes als Schöpfungen unseres Geistes – nur können wir uns zum gegenwärtigen Zeitpunkt nicht mehr an unsere vergangenen Körper erinnern.

Der Geist ist von Natur aus unstet. Manchmal nimmt er etwas an, und dann lehnt er es kurze Zeit später wieder ab. Annehmen und Ablehnen sind die Tätigkeiten des Geistes in Verbindung mit den fünf Objekten der Sinnenbefriedigung: Form, Geschmack, Geruch, Klang und Berührung. Wenn der ruhelose, ständig spekulierende Geist mit den Sinnesobjekten in Berührung kommt, entwickelt das Lebewesen nach und nach den Wunsch nach einem bestimmten Körper, den es dann bekommt. Auf diese Weise ist unser Körper ein Geschenk der Gesetze der materiellen Natur. Das Lebewesen kommt in die materielle Welt und nimmt einen Körper an, um dann entsprechend der Beschaffenheit des Körpers zu genießen und zu leiden. Ohne Körper können wir, trotz unserer mentalen Neigungen, die wir aus dem vorherigen Leben geerbt haben, weder genießen noch leiden. Der Körper, den man annimmt, wird von dem Bewußtsein bestimmt, in dem man sich zur Stunde des Todes befindet.

Leuchtende Planeten wie die Sonne, der Mond und die Sterne spiegeln sich auf Flüssigkeiten, wie zum Beispiel Wasser, Öl oder Butterfett, und ihr Spiegelbild bewegt sich zusammen mit den Flüssigkeiten. Der Mond spiegelt sich auf der Oberfläche eines Sees, und wenn sich das Wasser bewegt, scheint sich auch der Mond zu bewegen, obwohl er sich in Wirklichkeit nicht bewegt. In ähnlicher Weise nimmt das Lebewesen durch die Tätigkeit seines Geistes verschiedene Arten von Körpern an, obwohl es in Wirklichkeit mit solchen Körpern nichts zu tun hat. Doch weil sich das Lebewesen in Illusion befindet, bezaubert durch den Einfluß *māyās*, glaubt es, zu einem bestimmten Körper zu gehören. Auf diese Weise bleibt die Seele gefangen in ihrem bedingten Dasein. Wenn sich ein Lebewesen beispielsweise in einem menschlichen Körper befindet, glaubt es, es gehöre zur menschlichen Gesellschaft, zu einem bestimmten Land und zu einem bestimmten Ort. Es identifiziert sich mit all diesen Dingen und bereitet sich somit auf einen weiteren Körper vor, den es im Grunde nicht benötigt. Solche Neigungen und Vorstellungen sind die Ursachen der verschiedenen Körper. Der illusionierende Einfluß der materiellen Natur ist so stark, daß das Lebewesen in jedem Körper, den es erhält, zufrieden ist und sich freudig mit ihm identifiziert. Daher bitte ich dich — laß dich nicht vom Diktat deines Geistes und deines Körpers überwältigen!"

Mit diesen Worten bat Vasudeva Kaṁsa, auf seine neuvermählte Schwester nicht neidisch zu sein. Man sollte auf niemanden neidisch sein, denn Neid führt dazu, daß man sowohl im gegenwärtigen als auch im nächsten Leben, wenn man vor Yamarāja* steht, von großen Ängsten gequält wird. Vasudeva wandte sich im Namen Devakīs an Kaṁsa und hielt ihm vor Augen, daß sie seine jüngere Schwester sei. Er erinnerte ihn auch daran, daß heute ein besonderer Tag sei. Eine jüngere Schwester oder ein jüngerer Bruder sollten wie die eigenen Kinder beschützt werden. „Überdies wäre eine solche Tat sehr riskant", warnte Vasudeva seinen Schwager, „denn wenn du sie tötest, wirst du deinen guten Ruf verlieren."

Vasudeva versuchte, Kaṁsa sowohl durch gute Worte als auch durch philosophische Argumente zu beschwichtigen, doch Kaṁsa konnte nicht besänftigt werden, da er aufgrund seiner Gemeinschaft mit Dämonen von dämonischem Wesen war, obwohl er aus einer sehr hohen königlichen Familie stammte. Ein Dämon kümmert sich niemals um gute Ratschläge. Es ist wie mit einem geborenen Dieb: Man kann ihm zwar moralische Anweisungen erteilen, doch es wird nichts nützen. Ebenso wird jemand, der von Natur aus dämonisch und atheistisch ist, schwerlich eine gute Belehrung annehmen, ganz gleich, wie begründet sie auch sein mag. Darin unterscheidet sich ein Halbgott von einem Dämon. Diejenigen, die gute Ratschläge bereitwillig annehmen und versuchen, danach zu handeln, werden Halbgötter genannt, wohingegen diejenigen, die unfähig sind, solche Belehrungen anzunehmen, als Dämonen bezeichnet werden.

Nachdem der Versuch, Kaṁsa zu beruhigen, gescheitert war, fragte sich Vasudeva, wie er seine Frau Devakī beschützen könne. Wenn Gefahr droht, sollte ein intelligenter Mensch versuchen, der Gefahr so weit wie möglich aus dem Weg zu gehen. Wenn es dann trotz aller intelligenten Bemühungen nicht ge-

* der Halbgott der Bestrafung nach dem Tod

lingt, die Gefahr abzuwenden, trifft einen keine Schuld. Man sollte versuchen, seine Pflichten nach bestem Vermögen auszuführen, und wenn es einem trotzdem nicht gelingt, ist man nicht schuldig.

Vasudeva dachte bei sich: „Erst einmal will ich das Leben Devakīs retten, und später, wenn einmal die Kinder da sind, werde ich sehen, wie ich auch sie retten kann." Er dachte weiter: „Wenn in der Zukunft ein Kind geboren wird, das imstande ist, Kaṁsa zu töten, so wie Kaṁsa glaubt, dann werden sowohl Devakī als auch das Kind in Sicherheit sein, denn die Vorsehung waltet auf unbegreifliche Weise. Doch jetzt will ich vorerst einmal versuchen, das Leben Devakīs zu retten."

Man kann nicht mit Bestimmtheit sagen, auf welche Weise ein Lebewesen mit einem bestimmten Körper in Kontakt kommt, ebenso wie es keine Gewißheit gibt, auf welche Weise das lodernde Feuer bei einem Waldbrand mit einem bestimmten Baum in Berührung kommt. Es ist beobachtet worden, daß die Funken durch den Wind manchmal einen Baum überspringen und einen anderen erfassen. Ebenso mag ein Mensch sehr aufmerksam und mit peinlichster Genauigkeit seinen Pflichten nachkommen, doch es ist für ihn immer noch sehr schwierig, mit Bestimmtheit vorauszusagen, welche Art von Körper er im nächsten Leben erhalten wird. Mahārāja Bharata zum Beispiel erfüllte auf vorbildliche Weise die Pflichten, die zur Selbstverwirklichung vorgeschrieben sind, doch zufällig entwickelte er eine vorübergehende Zuneigung zu einem Reh und mußte daher in seinem nächsten Leben den Körper eines Rehs annehmen.

Nachdem Vasudeva überlegt hatte, wie er seine Frau retten könne, wandte er sich mit großer Ehrfurcht an Kaṁsa, obwohl dieser der sündigste aller Sünder war. Manchmal ist es notwendig, daß ein so vortrefflicher Mensch wie Vasudeva einer niederträchtigen Person vom Schlage Kaṁsas schmeicheln muß. Das kann bei allen diplomatischen Verhandlungen vorkommen. Vasudeva gab sich also nach außen hin unbeschwert, obwohl er tief bekümmert war. Weil der gewissenlose Kaṁsa einen solch grausamen Charakter besaß, mußte sich Vasudeva mit folgenden Worten an ihn wenden: „Mein lieber Schwager, bitte bedenke, daß dir von deiner Schwester keinerlei Gefahr droht. Du fürchtest dich, weil du eine orakelhafte Stimme vom Himmel gehört hast; aber die Gefahr soll von den Söhnen deiner Schwester kommen, die doch noch gar nicht geboren sind. Und wer weiß, ob sie überhaupt jemals geboren werden? Wenn du all dies berücksichtigst, wirst du zugeben müssen, daß du zur Zeit in Sicherheit bist. Von deiner Schwester hast du ohnehin nichts zu befürchten. Und falls sie tatsächlich männlichen Kindern das Leben schenken sollte, so verspreche ich dir, jedes einzelne vor dich zu bringen, so daß du tun kannst, was du für nötig hältst."

Kaṁsa kannte den Wert von Vasudevas Ehrenwort, und da er außerdem durch dessen Argumente überzeugt worden war, beschloß er, seine Schwester vorerst nicht zu töten. Vasudeva war sehr erleichtert, und er lobte Kaṁsas Entscheidung. Auf diese Weise kehrte er nach Hause zurück.

Im Laufe der Zeit wurden Vasudeva und Devakī acht männliche Kinder und eine Tochter geboren. Vasudeva hielt sein Ehrenwort und erschien gleich nach der Geburt seines ersten Sohnes vor Kaṁsa. Vasudeva war für seine Tugendhaftigkeit und sein Ehrenwort weithin berühmt, und er wollte diesem Ruhm gerecht werden. Während es für Vasudeva jedoch sehr schmerzlich war, das Kind wegzugeben, war es für Kaṁsa eine große Freude, daß Vasudeva mit seinem Kind zu ihm gekommen war; doch als er Vasudeva so unglücklich sah, bekam er ein wenig Mitleid. Diese Szene ist beispielhaft: Für eine große Seele wie Vasudeva gibt es nichts, was zu schmerzhaft wäre, als daß es ihn von der Erfüllung seiner Pflicht abhalten könnte. Ein weiser Mensch wie Vasudeva führt seine Pflicht ohne Zögern aus. Auf der anderen Seite schreckt ein Dämon wie Kaṁsa vor keiner noch so abscheulichen Tat zurück. Es wird daher gesagt, daß es einem Heiligen nichts ausmacht, alle Arten von Unbequemlichkeiten auf sich zu nehmen; daß ein Gelehrter seine Pflicht erfüllen kann, ohne etwas dafür zu erwarten; daß ein verabscheuungswürdiger Mensch wie Kaṁsa zu jeder Sünde fähig ist und daß ein Gottgeweihter bereit ist, alles zu opfern, um die Höchste Persönlichkeit Gottes zu erfreuen.

Kaṁsa war mit Vasudeva zufrieden, und er war sehr überrascht, daß dieser sein Versprechen gehalten hatte. Mitleidig und erfreut zugleich sagte er: „Mein lieber Vasudeva, du brauchst mir dieses Kind nicht zu übergeben, denn es bedeutet keine Gefahr für mich. Es wurde mir gesagt, daß mich erst das achte Kind Devakīs töten wird. Warum sollte ich dir also dieses Kind unnötig wegnehmen? Du kannst es behalten."

Als Vasudeva mit seinem erstgeborenen Kind nach Hause zurückkehrte, war er zwar erfreut, aber er konnte Kaṁsas Worten keinen Glauben schenken, denn er wußte, daß dieser unberechenbar war. Ein atheistischer Mensch kann nicht zu seinem Ehrenwort stehen. Wer seine Sinne nicht beherrschen kann, wankt in seinen Entschlüssen. Der große Politiker Cāṇakya Paṇḍita sagte einmal: „Traue niemals einem Diplomaten oder einer Frau." Wer der uneingeschränkten Sinnenbefriedigung verfallen ist, kann niemals ehrlich sein, und man kann ihm niemals trauen.

Zu jener Zeit kam der große Weise Nārada zu Kaṁsa. Er wußte, daß Kaṁsa Mitleid mit Vasudeva bekommen und ihm sein erstgeborenes Kind zurückgegeben hatte. Nārada war bestrebt, die Ankunft Śrī Kṛṣṇas so weit wie möglich zu beschleunigen, und so teilte er Kaṁsa mit, daß sich alle Bewohner Vṛndāvanas – Nanda Mahārāja, die Kuhhirten und deren Frauen und die Kuhhirtenmädchen – sowie Vasudeva, dessen Vater Śūrasena und alle Mitglieder der Familie Vṛṣṇis in der Yadu-Dynastie auf das Erscheinen des Herrn vorbereiteten. Nārada warnte Kaṁsa, sich vor den Freunden, Gönnern und all den Halbgöttern, die in diesen Familien erscheinen würden, in acht zu nehmen. Sowohl Kaṁsa als auch seine Freunde und Berater waren Dämonen, und Dämonen fürchten sich immer vor den Halbgöttern. Nachdem Kaṁsa von Nārada über das Erscheinen der Halbgötter in den verschiedenen Familien unterrichtet worden war, wurde er sehr wachsam; er wußte nun, daß die Halbgötter bereits erschienen waren, und so kam er zur Schlußfolgerung, daß auch Śrī Viṣṇu bald erscheinen müsse.

Deshalb ließ er sofort seinen Schwager Vasudeva und seine Schwester Devakī festnehmen und ins Gefängnis werfen.

Im Gefängnis, in eiserne Ketten gelegt, schenkten Vasudeva und Devakī Jahr für Jahr einem männlichen Kind das Leben, und Kaṁsa, der in jedem der Neugeborenen die Inkarnation Viṣṇus sah, tötete eines nach dem anderen. Er fürchtete sich zwar besonders vor dem achten Kind, doch nach dem Besuch Nāradas war er zu dem Schluß gekommen, daß jedes Kind Kṛṣṇa sein könnte. Daher hielt er es für besser, alle Kinder zu töten, die von Devakī und Vasudeva geboren wurden.

Das Verhalten Kaṁsas ist nicht schwer zu verstehen. In der Geschichte der Welt gibt es viele Beispiele von Menschen königlichen Geschlechts, die den eigenen Vater, den eigenen Bruder, ihre Freunde oder sogar die ganze Familie aus selbstsüchtigen Motiven ermordeten. Dies ist nichts erstaunliches, denn Dämonen sind in ihrem skrupellosen Ehrgeiz sogar bereit, über Leichen zu gehen.

Durch die Gnade Nāradas war es Kaṁsa vergönnt, die Geschichte seines vorherigen Lebens zu erfahren. Er hörte, daß er in seinem letzten Leben ein Dämon namens Kālanemi gewesen sei und von Viṣṇu getötet wurde. Kaṁsa, der in der Bhoja-Dynastie geboren worden war, beschloß daraufhin, ein Todfeind der Yadu-Dynastie zu werden; weil Kṛṣṇa in dieser Familie geboren werden sollte, war es Kaṁsas große Sorge und Furcht, daß er auch diesmal von Kṛṣṇa getötet werden würde, so wie es ihm schon in seinem letzten Leben widerfahren war.

Als erstes sperrte er seinen Vater Ugrasena ein, da dieser der führende König unter den Königen der Yadu-, Bhoja- und Andhaka-Dynastien war, und besetzte dann das Königreich Śūrasenas, des Vaters von Vasudeva. Daraufhin erklärte er sich selbst zum König all dieser Länder.

Hiermit enden die Bhaktivedanta-Erläuterungen zum 1. Kapitel des Kṛṣṇa-Buches: „Die Ankunft Śrī Kṛṣṇas".

2 / Die Gebete der Halbgötter an Kṛṣṇa im Mutterleib

König Kaṁsa besetzte nicht nur die Reiche der Yadu-, Bhoja- und Andhaka-Dynastien und das Königreich Śūrasenas, sondern er verbündete sich auch mit allen anderen dämonischen Königen, namentlich mit den Dämonen Pralamba, Baka, Cāṇūra, Tṛṇāvarta, Aghāsura, Muṣṭika, Ariṣṭa, Dvivida, Pūtanā, Keśī und Dhenuka. Zu jener Zeit war Jarāsandha König über die Provinz Magadha (die heute als Bihar bekannt ist). Unter dem Schutz Jarāsandhas errichtete Kaṁsa durch seine geschickte Politik das mächtigste Königreich seiner Zeit. Er schloß weitere Bündnisse mit Königen wie Bāṇāsura und Bhaumāsura, bis er schließlich eine Vormachtstellung erreichte. Daraufhin leitete er feindselige Aktionen gegen die Yadu-Dynastie ein, in der Kṛṣṇa geboren werden sollte.

Als die Könige der Yadu-, Bhoja- und Andhaka-Dynastien so von Kaṁsa verfolgt wurden, mußten sie in andere Königreiche fliehen, wie in das Reich der Kurus und der Pañcālas und in die Reiche, die als Kekaya, Śālva, Vidarbha, Niṣadha, Videha und Kośala bekannt sind. Auf diese Weise brach Kaṁsa den Zusammenhalt des Yadu-Königreichs wie auch den des Bhoja- und Andhaka-Reiches und machte seine Position zur stärksten im ganzen Kontinent, der zu jener Zeit als Bhāratavarṣa bezeichnet wurde.

Als Kaṁsa die sechs Kinder Devakīs und Vasudevas eines nach dem anderen umbrachte, suchten ihn viele Freunde und Verwandte auf und baten ihn, von diesen Greueltaten abzulassen, doch sie alle wurden schließlich zu Verehrern Kaṁsas.

Als Devakī zum siebten Mal schwanger wurde, erschien Ananta, eine vollständige Erweiterung Kṛṣṇas, in ihrem Leibe. Devakī war von Freude und Schmerz zugleich überwältigt. Sie war freudig, weil sie verstehen konnte, daß Śrī Viṣṇu in ihrem Leib erschienen war; doch zur gleichen Zeit war sie auch sehr bekümmert, da sie befürchtete, daß Kaṁsa auch dieses Kind töten würde. Weil sich die Yadus aufgrund der von Kaṁsa begangenen Grausamkeiten in einer beklagenswerten Lage befanden, hatte die Höchste Persönlichkeit Gottes, Kṛṣṇa, großes Mitleid mit ihnen, und so wies Er Yogamāyā, Seine innere Energie, an, ebenfalls zu erscheinen. Kṛṣṇa ist der Herr des Universums, doch vor allem ist Er der Herr der Yadu-Dynastie.

Yogamāyā ist die Hauptenergie der Persönlichkeit Gottes. In den *Veden* wird gesagt, daß die Höchste Persönlichkeit Gottes viele Energien besitzt: *parāsya śaktir vividhaiva śrūyate.* All diese verschiedenen Energien wirken äußerlich und innerlich, und Yogamāyā ist die höchste all dieser Energien. Kṛṣṇa gab Yogamāyā den Auftrag, im Land von Vrajabhūmi, Vṛndāvana, zu erscheinen, das immer geschmückt ist und wo Tausende von schönen Kühen weiden.

In Vṛndāvana lebte Rohiṇī, eine der Frauen Vasudevas, im Hause des Königs Nanda und der Königin Yaśodā. Nicht nur Rohiṇī, sondern auch viele andere Angehörige der Yadu-Dynastie waren aus Furcht vor den Grausamkeiten Kaṁsas geflohen und hatten sich nun über das ganze Land verstreut. Einige von ihnen lebten sogar in Berghöhlen.

Der Herr sagte daher zu Yogamāyā: „Devakī und Vasudeva liegen im Kerker Kaṁsas, und zum gegenwärtigen Zeitpunkt befindet Sich Śeṣa, Meine vollständige Erweiterung, im Schoß Devakīs. Sorge dafür, daß Śeṣa aus dem Schoß Devakīs in den Leib Rohiṇīs gebracht wird. Danach werde Ich persönlich mit all Meinen Energien in den Leib Devakīs eingehen und daraufhin als der Sohn Vasudevas und Devakīs erscheinen. Und du wirst währenddessen als die Tochter Nandas und Yaśodās in Vṛndāvana erscheinen.

Da du als Meine Schwester erscheinen wirst, werden dich die Menschen mit wertvollen Gaben, wie mit Räucherstäbchen, Kerzen, Blumen und Opferdarbringungen, verehren. Dafür wirst du ihre Wünsche nach Sinnenbefriedigung schnell erfüllen. Menschen, die materialistische Neigungen haben, werden dich in den verschiedenen Formen deiner Erweiterungen verehren, die man Durgā, Bhadrakālī, Vijayā, Vaiṣṇavī, Kumudā, Caṇḍikā, Kṛṣṇā, Mādhavī, Kanyakā, Māyā, Nārāyaṇī, Īśānī, Śāradā und Ambikā nennen wird."

Kṛṣṇa und Yogamāyā erschienen als Bruder und Schwester — der Höchste Mächtige und die höchste Macht. Obwohl es im Grunde keinen Unterschied zwischen dem Mächtigen und der Machtenergie gibt, ist die Machtenergie dennoch dem Mächtigen immer untergeordnet. Die Materialisten verehren die Energie, wohingegen die Transzendentalisten den Energieursprung verehren. Dieser Energieursprung ist Kṛṣṇa, der Höchste Mächtige, und Durgā ist in der materiellen Welt die höchste Macht. In der vedischen Kultur jedoch verehren die Menschen sowohl den Mächtigen als auch die Macht. Es gibt viele Tausende von Tempeln, in denen Viṣṇu und Durgā, manchmal sogar zusammen, verehrt werden. Die Verehrer der Macht, d.h. Durgās, der äußeren Energie Kṛṣṇas, mögen in materieller Hinsicht sehr erfolgreich sein, doch wer auf die transzendentale Ebene erhoben werden möchte, muß im Kṛṣṇa-Bewußtsein den Höchsten Mächtigen, Kṛṣṇa, verehren.

Der Herr sagte auch zu Yogamāyā, daß Sich Seine vollständige Erweiterung, Ananta Śeṣa, im Schoß Devakīs befände. Weil dieser Sich sehr stark zu Rohiṇī hingezogen fühle, werde Er Saṅkarṣaṇa genannt werden und Sich als die Quelle aller spirituellen Kraft *(bala)* offenbaren, durch die man die höchste Glückseligkeit des Lebens *(ramaṇa)* erlangen könne. Daher werde diese vollständige Teilerweiterung, Ananta, nach Seinem Erscheinen entweder als Saṅkarṣaṇa oder als Balarāma bekannt sein.

In den *Upaniṣaden* heißt es: *nāyam ātmā bala-hīnena labhyaḥ*. Dieser Vers besagt, daß man die höchste Stufe der Selbstverwirklichung nicht erreichen kann, wenn man nicht von Balarāma hinreichend begünstigt wird. *Bala* bedeutet nicht körperliche Stärke. Niemand kann spirituelle Vollkommenheit durch körperliche Stärke erreichen. Man muß die spirituelle Kraft besitzen, die Balarāma bzw. Saṅkarṣaṇa gewähren kann. *Ananta* oder *Śeṣa* ist die Kraft, die alle Planeten in der Schwebe hält. In der materiellen Welt wird diese erhaltende Kraft als das Gesetz der Schwerkraft bezeichnet, doch in Wirklichkeit ist es die Wirkung der Energie Saṅkarṣaṇas. Balarāma, Saṅkarṣaṇa, ist die spirituelle Kraft, der ursprüngliche spirituelle Meister. Daher ist Nityānanda Prabhu, der ebenfalls eine Inkarnation Balarāmas ist, der ursprüngliche spirituelle Meister. Der spirituelle Meister wiederum ist der Repräsentant Balarāmas, der Höchsten Persönlichkeit Gottes, der spirituelle Kraft spendet. Im *Caitanya-caritāmṛta* wird bestätigt, daß der spirituelle Meister die Verkörperung der Barmherzigkeit Kṛṣṇas ist.

Nachdem Yogamāyā auf diese Weise von der Höchsten Persönlichkeit Gottes angewiesen worden war, umkreiste sie den Herrn und erschien dann in der materiellen Welt, um Seinem Befehl Folge zu leisten. Als der Höchste Mächtige, die Persönlichkeit Gottes, Śeṣa aus dem Schoße Devakīs in den Schoß Rohiṇīs versetzte, standen beide Frauen unter dem Einfluß Yogamāyās, der auch *yoga-nidrā* genannt wird. Als dies geschehen war, glaubten die Leute, daß Devakīs siebte Schwangerschaft als Fehlgeburt geendet habe. Somit wurde also Balarāma, obwohl Er Sich zuerst als Devakīs Sohn manifestiert hatte, in den Leib Rohiṇīs versetzt, um als deren Sohn zu erscheinen. Daraufhin ging die Höchste Persönlichkeit Gottes, Kṛṣṇa, der immer bereit ist, Seine lauteren Geweihten mit all Seinen Kräften auszustatten, als der Herr der gesamten Schöpfung in den Geist Vasudevas ein. In diesem Zusammenhang muß gesagt werden, daß Sich Śrī Kṛṣṇa zuerst in Vasudevas reinem Herzen manifestierte und dann in Devakīs Herz überging. Er ist also nicht durch geschlechtliche Vereinigung in Devakīs Leib gelangt. Kṛṣṇa, die Höchste Persönlichkeit Gottes, kann kraft Seiner unergründlichen Energie überall und unter allen Umständen erscheinen. Deshalb war es für Ihn nicht notwendig, auf dem gewöhnlichen materiellen Weg nach geschlechtlicher Vereinigung im Schoß einer Frau heranzuwachsen.

Als Vasudeva die Gestalt der Höchsten Persönlichkeit Gottes in seinem Herzen trug, glich er der glühenden Sonne, deren Strahlen für den gewöhnlichen Menschen unerträglich und versengend sind. Die Gestalt des Herrn im reinen Herzen Vasudevas war von der ursprünglichen Gestalt Kṛṣṇas nicht verschieden. Jeder Ort, an dem die Gestalt Kṛṣṇas erscheint, besonders das Herz, wird *dhāma* genannt. *Dhāma* bezieht sich nicht nur auf das Erscheinen von Kṛṣṇas Gestalt, sondern auch auf das Erscheinen Seines Namens, Seiner Eigenschaften und Seines persönlichen Besitzes, denn dies alles wird gleichzeitig manifestiert.

Dann übertrug sich die ewige Gestalt der Höchsten Persönlichkeit Gottes mit all Ihren Kräften vom Geiste Vasudevas in den Geist Devakīs, genau wie sich die Strahlen der untergehenden Sonne auf den im Osten aufgehenden Vollmond übertragen.

Kṛṣṇa, die Höchste Persönlichkeit Gottes, ging von Vasudevas Körper in den Körper Devakīs ein. Er befand Sich jenseits der begrenzten Existenz gewöhnlicher Lebewesen. Wenn Kṛṣṇa erscheint, begleiten Ihn alle Seine vollständigen Erweiterungen wie Nārāyaṇa und Inkarnationen wie Nṛsiṁha, Varāha usw. Sie alle sind den Bedingungen des materiellen Daseins nicht unterworfen. Auf diese Weise wurde Devakī zur Residenz des Herrn, der Höchsten Persönlichkeit Gottes, dem niemand gleichkommt und der die Ursache der Schöpfung ist. In Devakī befand sich die Absolute Wahrheit, aber weil sie sich im Gefängnis Kaṁsas befand, glich sie verborgenem Feuer oder mißbrauchtem Wissen. Wenn Feuer von Mauern umgeben ist oder im Innern eines Kruges brennt, kann sich niemand an seinem Licht erfreuen. Ebenso wird Wissen nicht wertgeschätzt, wenn es mißbraucht wird und der Menschheit nichts nützt. Devakī war in den Gefängnismauern von Kaṁsas Palast gefangen, und daher konnte niemand ihre transzendentale Schönheit sehen, die darauf beruhte, daß sie die Höchste Persönlichkeit Gottes in sich trug.

Kaṁsa jedoch bemerkte die übernatürliche Schönheit seiner Schwester und wußte sofort, daß die Höchste Persönlichkeit Gottes in ihren Leib eingegangen war. Sie hatte niemals zuvor so schön ausgesehen, und ihm war klar, daß sich etwas Wunderbares in ihrem Leib befinden mußte. Kaṁsa war beunruhigt, und Angst erfüllte ihn. Er war überzeugt, daß die Höchste Persönlichkeit Gottes, die für ihn den Tod bedeuten sollte, nun erschienen war. Er dachte bei sich: „Was soll ich mit Devakī tun? Zweifelsohne trägt sie Viṣṇu oder Kṛṣṇa in ihrem Leib; also ist es sicher, daß Kṛṣṇa gekommen ist, um die Bitte der Halbgötter zu erfüllen. Und selbst wenn ich Devakī sofort töte, kann Sein Vorhaben nicht verhindert werden." Kaṁsa wußte sehr wohl, daß niemand imstande ist, den Plan Viṣṇus zu vereiteln. Jeder intelligente Mensch kann verstehen, daß die Gesetze Gottes nicht umgangen werden können. Seine Pläne werden trotz aller Widerstände der Dämonen durchgesetzt. Kaṁsa dachte weiter: „Wenn ich Devakī zum gegenwärtigen Zeitpunkt töte, wird Viṣṇu Seinen höchsten Willen umso heftiger durchsetzen. Devakī jetzt zu töten wäre eine höchst verruchte Handlung. Niemand will seinen Ruf aufs Spiel setzen — nicht einmal in einer gefährlichen Situation —, und wenn ich Devakī jetzt töte, ist es um mein Ansehen geschehen. Devakī ist eine Frau und befindet sich in meiner Obhut; außerdem ist sie schwanger, und wenn ich sie töte, habe ich mein Ansehen, das Ergebnis meiner frommen Handlungen und meine Lebensdauer verspielt."

Er dachte weiter: „Wer zu grausam ist, ist schon zu Lebzeiten so gut wie tot. Niemand mag einen grausamen Menschen, und nach seinem Tode verfluchen ihn die Leute. Weil er sich mit dem Körper identifiziert, wird er zweifelsohne erniedrigt und in die finstersten Regionen der Hölle geworfen." Auf diese Weise überlegte Kaṁsa, ob er Devakī töten solle oder nicht, und wägte sorgfältig alle Vor- und Nachteile ab.

Schließlich kam Kaṁsa zu dem Schluß, Devakī nicht sofort zu töten, sondern die unvermeidliche Zukunft abzuwarten. Seine Gedanken jedoch erfüllten sich mit Haß gegen die Persönlichkeit Gottes. Er wartete geduldig auf die Geburt des Kindes, in der Absicht, es sofort zu töten, wie er es bereits mit den anderen Kindern Devakīs getan hatte. Versunken in einen Ozean des Hasses gegen die Persönlichkeit Gottes, begann er, im Sitzen, im Stehen, im Gehen, beim Schlafen, beim Essen, beim Arbeiten — immer und unter allen Umständen — an Kṛṣṇa und Viṣṇu zu denken. Sein Geist wurde so sehr von Gedanken an die Höchste Persönlichkeit Gottes erfüllt, daß er indirekt überall nur noch Kṛṣṇa, oder Viṣṇu, sah. Obwohl Kaṁsa so sehr in Gedanken an Viṣṇu versunken war, kann er nicht als Gottgeweihter anerkannt werden, da er an Kṛṣṇa als Feind dachte. Große Gottgeweihte sind auch ständig in Gedanken an Kṛṣṇa versunken, doch sie denken an Ihn mit Liebe, und nicht mit Haß. Mit Liebe an Kṛṣṇa zu denken ist Kṛṣṇa-Bewußtsein, aber mit Haß an Kṛṣṇa zu denken ist kein Kṛṣṇa-Bewußtsein.

Zu dieser Zeit erschienen Brahmā und Śiva, begleitet von großen Weisen wie Nārada und gefolgt von vielen anderen Halbgöttern, unsichtbar im Palast Kaṁsas, und sie priesen die Höchste Persönlichkeit Gottes mit erlesenen Gebeten, die die Gottgeweihten mit Freude erfüllen und ihre Wünsche zufriedenstellen. Mit den ersten Worten, die sie sprachen, drückten sie ihre Freude darüber aus, daß der Herr Sein Versprechen stets hält. Wie in der *Bhagavad-gītā* gesagt wird, erscheint Kṛṣṇa in der materiellen Welt nur, um die Frommen zu beschützen und die Atheisten zu vernichten. Das ist Sein Versprechen. Die Halbgötter wußten, daß Sich der Herr im Leibe Devakīs befand, um dieses Versprechen zu erfüllen. Sie waren sehr froh, daß der Herr zu diesem Zwecke erschienen war, und priesen Ihn daher als *satyam param*, als die Höchste Absolute Wahrheit.

Jeder sucht nach der Wahrheit. Dies ist der philosophische Aspekt des Lebens. Von den Halbgöttern erfahren wir, daß die Höchste Absolute Wahrheit Kṛṣṇa ist. Wer völlig Kṛṣṇa-bewußt wird, kann die Absolute Wahrheit erkennen, denn Kṛṣṇa ist die Absolute Wahrheit. Eine relative Wahrheit kann nicht in allen drei Phasen der ewigen Zeit, das heißt in Vergangenheit, Gegenwart und Zukunft, Wahrheit sein. Kṛṣṇa hingegen ist immer Wahrheit — in der Vergangenheit, in der Gegenwart und auch in der Zukunft. In der materiellen Welt, die von der höchsten Zeit beherrscht wird, ist alles dem Ablauf von Vergangenheit, Gegenwart und Zukunft unterworfen. Kṛṣṇa jedoch existierte bereits vor der Schöpfung, und wenn die Schöpfung manifestiert ist, ruht sie in Ihm, und wenn sie vernichtet wird, wird Kṛṣṇa unberührt davon weiter existieren. Daher ist Er unter allen Umständen die Absolute Wahrheit. Wenn es irgendeine Wahrheit in der materiellen Welt gibt, so geht sie von der Höchsten Wahrheit, Kṛṣṇa, aus; wenn es Reichtum in der materiellen Welt gibt, so ist die Ursache dieses Reichtums Kṛṣṇa; wenn es Ruhm in der materiellen Welt gibt, so ist der Grund dieses Ruhms Kṛṣṇa; wenn es Macht in der materiellen Welt gibt, so ist der Ursprung dieser Macht Kṛṣṇa, und wenn es Wissen und Bildung in der materiellen Welt gibt, so ist die Quelle dieses Wissens ebenfalls Kṛṣṇa. Daher ist Kṛṣṇa der Urgrund aller relativen Wahrheiten.

Die materielle Welt besteht aus fünf Hauptelementen: Erde, Wasser, Feuer,

Luft und Äther. Alle diese Elemente sind Emanationen Kṛṣṇas. Die materialistischen Wissenschaftler erkennen zwar diese fünf Hauptelemente als die Ursache der materiellen Manifestation an, doch sie wissen nicht, daß diese Elemente in ihrem grobstofflichen und feinstofflichen Zustand von Kṛṣṇa geschaffen wurden. Die Lebewesen, die sich in der materiellen Welt befinden, gehören zur marginalen Energie Kṛṣṇas. Im Siebten Kapitel der *Bhagavad-gītā* wird ausführlich erklärt, daß die gesamte kosmische Manifestation eine Kombination zweier Energien Kṛṣṇas ist, der höheren und der niederen Energie. Die Lebewesen sind Seine höhere Energie, und die toten materiellen Elemente sind Seine niedere Energie. Im unmanifestierten Zustand ruht alles in Kṛṣṇa.

Die Halbgötter richteten weitere ehrfurchtsvolle Gebete an die höchste Form der Persönlichkeit Gottes, Kṛṣṇa, indem sie die materielle Manifestation beschrieben und analysierten. Was ist die materielle Manifestation? Sie ist wie ein Baum, denn ähnlich wie ein Baum im Erdreich wurzelt, so wurzelt der Baum der materiellen Manifestation im Boden der materiellen Natur. Die materielle Manifestation wird auch deshalb mit einem Baum verglichen, weil ein Baum nach einer gewissen Zeit gefällt wird. Das Sanskritwort für „Baum" ist *vṛkṣa. Vṛkṣa* bedeutet „das, was letzten Endes gefällt wird". Daher kann der Baum der materiellen Manifestation nicht als die endgültige Wahrheit angesehen werden. Auf der materiellen Manifestation lastet der Einfluß der Zeit, doch Kṛṣṇas Körper ist ewig. Kṛṣṇa bestand vor der materiellen Schöpfung, Er besteht während ihrer Manifestation, und Er wird auch nach ihrer Vernichtung weiter bestehen.

Auch in der *Kaṭha Upaniṣad* finden wir das Beispiel vom Baum der materiellen Manifestation, der im Boden der materiellen Natur wurzelt. Dieser Baum trägt zwei Früchte: Glück und Leid. Diejenigen, die im Baum des Körpers leben, werden mit zwei Vögeln verglichen. Der eine Vogel ist der lokalisierte Aspekt Kṛṣṇas, die Überseele (der Paramātmā), und der andere Vogel ist das Lebewesen, die Seele. Das Lebewesen ißt die Früchte der materiellen Manifestation. Manchmal ißt es die Früchte des Glücks, und manchmal ißt es die Früchte des Leids. Der andere Vogel jedoch ist nicht daran interessiert, die Früchte des Leids oder des Glücks zu essen, denn er ist in sich selbst zufrieden. Die *Kaṭha Upaniṣad* sagt, daß der eine Vogel auf dem Baum des Körpers die Früchte verzehrt, während der andere Vogel einfach Zeuge ist. Die Wurzeln des Baumes erstrekken sich in drei Richtungen, und sie werden mit den drei Erscheinungsweisen der materiellen Natur verglichen: Tugend, Leidenschaft und Unwissenheit. Ein Baum wächst entsprechend seinen Wurzeln, und entsprechend dem Kontakt mit den drei Erscheinungsweisen wächst die Dauer des Aufenthalts in der materiellen Welt. Die Früchte dieses Baumes haben vier verschiedene Arten des Geschmacks: Religiosität, wirtschaftliche Entwicklung, Sinnenbefriedigung und schließlich Befreiung. Je nach ihrer Verbindung mit den drei Erscheinungsweisen erfahren die Lebewesen den Geschmack verschiedener Arten der Religiosität, des materiellen Fortschritts, der Sinnenbefriedigung und der Befreiung. Im Grunde wird jede Handlung in der materiellen Welt in Unwissenheit ausgeführt, doch weil es drei Erscheinungsweisen gibt, ist die Erscheinungsweise der

Unwissenheit manchmal mit Tugend oder Leidenschaft vermischt. Der Geschmack dieser materiellen Früchte wird mit fünf Sinnen wahrgenommen. Die fünf Sinnesorgane, durch die Wissen erworben wird, werden von sechs Arten des Leids gepeitscht: Klagen, Illusion, Schwäche, Tod, Hunger und Durst. Der materielle Körper wird von sieben Schichten bedeckt: Haut, Muskeln, Fleisch, Mark, Knochen, Fett und Samen. Der Baum hat acht Äste: Erde, Wasser, Feuer, Luft, Äther, Geist, Intelligenz und falsches Ego. Es gibt neun Öffnungen im Körper: zwei Augen, zwei Ohren und zwei Nasenlöcher, den Mund, das Geschlechtsteil und den Anus. Außerdem zirkulieren zehn Arten von innerer Luft im Körper: *prāṇa, apāna, udāna, vyāna, samāna* usw. Die beiden Vögel, die in diesem Baum sitzen, sind, wie oben erklärt, das Lebewesen und der lokalisierte Aspekt der Höchsten Persönlichkeit Gottes.

Die ursprüngliche Ursache der materiellen Manifestation ist die Höchste Persönlichkeit Gottes. Die Höchste Persönlichkeit Gottes erweitert Sich und lenkt die drei Erscheinungsweisen der materiellen Welt: Viṣṇu lenkt die Erscheinungsweise der Tugend; Brahmā lenkt die Erscheinungsweise der Leidenschaft, und Śiva lenkt die Erscheinungsweise der Unwissenheit. Brahmā erschafft das Universum durch die Erscheinungsweise der Leidenschaft; Viṣṇu erhält es durch die Erscheinungsweise der Tugend, und Śiva vernichtet es durch die Erscheinungsweise der Unwissenheit. Die gesamte Schöpfung ruht letztlich im Höchsten Herrn. Er ist der Ursprung von Schöpfung, Erhaltung und Vernichtung. Wenn die gesamte Manifestation aufgelöst worden ist, ruht sie in ihrer feinstofflichen Form, als Energie, im Körper des Höchsten Herrn.

Die Halbgötter fuhren fort: „Der Höchste Herr, Śrī Kṛṣṇa, bereitet nun Sein Erscheinen vor, um für die Erhaltung der Schöpfung zu sorgen." Es gibt nur eine höchste Ursache, doch weniger intelligente Menschen, die von den drei Erscheinungsweisen der materiellen Natur verwirrt werden, glauben, die Entstehung der Welt habe verschiedene andere Ursachen. Wer hingegen intelligent ist, kann erkennen, daß es nur eine Ursache gibt — Kṛṣṇa. Dies wird in der *Brahma-saṁhitā* bestätigt: *sarva-kāraṇa-kāraṇam.* „Kṛṣṇa, die Höchste Persönlichkeit Gottes, ist die Ursache aller Ursachen." Brahmā ist der bevollmächtigte Verantwortliche für die Schöpfung; Viṣṇu, eine Erweiterung Kṛṣṇas, ist für die Erhaltung, und Śiva, ebenfalls eine Erweiterung des Höchsten, ist für die Auflösung zuständig.

„O Herr", beteten die Halbgötter, „es ist sehr schwierig, Deine ewige persönliche Gestalt zu verstehen. Die Menschen sind im allgemeinen nicht imstande, Deine wirkliche Gestalt zu erkennen; daher erscheinst Du, um Deine ursprüngliche ewige Gestalt zu offenbaren. Auf irgendeine Weise können die Menschen zwar Deine verschiedenen Inkarnationen verstehen, doch es bereitet ihnen große Schwierigkeiten, Dich in Deiner ewigen Gestalt zu verstehen, als der zweiarmige Kṛṣṇa, der Sich unter ihnen bewegt wie einer der Ihren. Diese ewige Gestalt bereitet den Gottgeweihten ständig anwachsende transzendentale Freude, doch für die Nichtgottgeweihten ist sie sehr bedrohlich." Laut der *Bhagavad-gītā* ist Kṛṣṇa für die *sādhus* die Quelle aller Freude, denn dort heißt es: *paritrāṇāya sādhūnām*. Aber derselbe Kṛṣṇa ist für die Dämonen sehr bedrohlich, weil Er auch erscheint, um die Dämonen zu töten. So ist Kṛṣṇa gleichzeitig die Ursache großer Freude für die Gottgeweihten und die Ursache großer Furcht für die Dämonen.

„O Lotosäugiger", fuhren die Halbgötter fort, „Du bist die Quelle reiner Tugend. Es gibt viele große Weise, die den weiten Ozean der Unwissenheit, der von der materiellen Natur geschaffen wurde, auf die Größe einer Wasserpfütze im Hufabdruck eines Kalbes verringerten, da sie die Stufe des *samādhi* erreichten, das heißt, weil sie über Deine Lotosfüße meditierten und somit in Gedanken an Dich versanken." Das Ziel der Meditation besteht darin, den Geist auf die Persönlichkeit Gottes zu richten, wobei man als erstes über Seine Lotosfüße meditiert. Viele große Weise haben schon den weiten Ozean des materiellen Daseins ohne Schwierigkeiten überquert, einfach nur indem sie über die Lotosfüße des Herrn meditierten.

„O Selbsterleuchteter, die großen Heiligen, die den Ozean der Unwissenheit im transzendentalen Boot Deiner Lotosfüße überquerten, haben das Boot nicht fortgenommen. Es liegt immer noch am Ufer." Die Halbgötter gebrauchen einen sehr schönen Vergleich. Wenn jemand ein Boot benutzt, um einen Fluß zu überqueren, so nimmt er das Boot mit sich auf die andere Seite des Flusses. Wie ist es also möglich, wenn jemand auf diese Weise sein Ziel erreicht hat, daß das gleiche Boot immer noch denen zur Verfügung steht, die am anderen Ufer zurückgeblieben sind? Als Antwort auf diese schwierige Frage sagen die Halbgötter in ihrem Gebet, daß das Boot gar nicht fortgenommen wurde. Deshalb können die Gottgeweihten, die auf der anderen Seite zurückgeblieben sind, den Ozean der materiellen Natur ebenfalls hinter sich lassen, weil die reinen Gottgeweihten das Boot nicht mitnehmen, wenn sie diesen Ozean überqueren. Schon dadurch, daß man sich dem Boot nur nähert, wird der weite Ozean der materiellen Unwissenheit auf die Größe einer Pfütze im Hufabdruck eines Kalbes verkleinert. Daher benötigen die Gottgeweihten kein Boot, um an das andere Ufer zu gelangen — sie überqueren den Ozean einfach mit einem kleinen Schritt. Weil die großen Heiligen mit allen bedingten Seelen Mitleid haben, liegt das Boot immer noch bei den Lotosfüßen des Herrn. Man kann jederzeit über Seine Lotosfüße meditieren und auf diese Weise den Ozean der materiellen Unwissenheit überqueren.

Meditation bedeutet Konzentration des Geistes auf die Lotosfüße des Herrn. Das Wort „Lotosfüße" weist auf die Höchste Persönlichkeit Gottes hin. Die Anhänger der Unpersönlichkeitsphilosophie erkennen die Lotosfüße des Herrn nicht an, und daher ist ihr Objekt der Meditation etwas Unpersönliches. Die Halbgötter erklären jedoch unmißverständlich, daß diejenigen, die über etwas Leeres und Unpersönliches meditieren, den Ozean der Unwissenheit nicht überqueren können. Solche Menschen bilden sich nur ein, sie seien befreit. Die Halbgötter sagten: „O lotosäugiger Herr, ihre Intelligenz ist unrein, da sie nicht über Deine Lotosfüße meditieren." Weil die Unpersönlichkeitsanhänger dies vernachlässigen, fallen sie wieder ins materielle, bedingte Leben zurück, obwohl sie sich für eine gewisse Zeit sogar auf die Stufe der unpersönlichen Verwirklichung erheben mögen. Die Unpersönlichkeitsanhänger gehen, nachdem sie strenge Entsagungen und Bußen auf sich genommen haben, in die Brahman-Ausstrahlung, d.h. in die unpersönliche Brahman-Existenz, ein. Doch ihr Geist ist nicht frei von materieller Verunreinigung. Sie haben lediglich versucht, die materielle Denkweise zu negieren. Das bedeutet jedoch noch lange nicht, daß sie befreit sind. Deshalb kommen sie wieder zu Fall. In der *Bhagavad-gītā* wird gesagt, daß es den Unpersönlichkeitsanhängern nur unter großen Schwierigkeiten möglich ist, das endgültige Ziel zu erreichen. Ebenso heißt es zu Beginn des *Śrīmad-Bhāgavatam*, daß man erst dann von den Fesseln fruchtbringender Tätigkeiten befreit ist, wenn man der Höchsten Persönlichkeit Gottes hingebungsvollen Dienst darbringt. In der *Bhagavad-gītā* wird dies von Śrī Kṛṣṇa gesagt; im *Śrīmad-Bhāgavatam* wird diese Tatsache von dem großen Weisen Nārada bestätigt, und hier sagen es auch die Halbgötter: „Wer Dir nicht in liebender Hingabe dient, hat das endgültige Ziel der Erkenntnis nicht verstanden, und er ist nicht mit Deiner Gnade gesegnet."

Die Unpersönlichkeitsanhänger bilden sich nur ein, befreit zu sein. In Wirklichkeit jedoch haben sie nicht die geringste Vorstellung von der Persönlichkeit Gottes. Sie glauben, Kṛṣṇa nehme einen materiellen Körper an, wenn Er in die materielle Welt kommt. Sie ignorieren also den transzendentalen Körper Kṛṣṇas. Dies wird ebenfalls in der *Bhagavad-gītā* bestätigt: *avajānanti māṁ mūḍhāḥ*. Selbst wenn die Unpersönlichkeitsanhänger die materielle Lust besiegen und sich auf die Ebene der Befreiung erheben, kommen sie wieder zu Fall. Wenn sie sich Wissen nur um des Wissens willen aneignen und sich nicht im hingebungsvollen Dienst beschäftigen, können sie das ersehnte Ziel nicht erreichen. Was sie erreichen, ist die Mühe, die sie sich machen — sonst nichts. Es wird in der *Bhagavad-gītā* eindeutig gesagt, daß die Erkenntnis der eigenen Zugehörigkeit zum Brahman nicht alles ist. Die Brahman-Erkenntnis kann einem Menschen vielleicht helfen, Zufriedenheit, die frei von materieller Anhaftung und Abneigung ist, zu erreichen und auf die Ebene der Ausgeglichenheit zu gelangen, doch von dieser Stufe muß man einen Schritt weiter gehen und mit hingebungsvollem Dienst beginnen. Wer sich im hingebungsvollen Dienst beschäftigt, nachdem er die Ebene der Brahman-Erkenntnis erreicht hat, darf das spirituelle Königreich betreten, um dort für immer mit der Höchsten Persönlichkeit Gottes zusammenzusein. Das ist das Ergebnis des hingebungsvollen Dienstes. Die Geweihten der Höchsten Persönlichkeit Gottes fallen niemals wieder auf die materielle Ebene hinunter wie die Unpersönlichkeitsanhänger. Selbst wenn die Gottgeweihten straucheln, bleiben sie mit dem Höchsten Herrn in Liebe verbunden. Sie mögen auf dem Pfad des hingebungsvollen Dienstes auf viele Hindernisse stoßen, doch sie können solche Hindernisse sehr leicht und ohne Furcht überwinden. Da sie Kṛṣṇa hingegeben sind, können sie sicher sein, daß Er sie immer beschützen wird. Dies verspricht Kṛṣṇa persönlich in der *Bhagavad-gītā*: „Meine Geweihten werden niemals besiegt."

„O Herr, Du bist zum Wohl aller Lebewesen in der materiellen Welt in Deiner ursprünglichen, reinen Gestalt, der ewigen Gestalt der Tugend, erschienen. Mit Deinem Erscheinen wird ihnen nun die Möglichkeit geboten, Dein Wesen und Deine Gestalt zu verstehen. Die Menschen aller vier Stufen des Lebens (die *brahmacārīs*, die *gṛhasthas*, die *vānaprasthas* und die *sannyāsīs*) können aus Deinem Erscheinen Nutzen ziehen.

O Herr, Gemahl der Glücksgöttin, Gottgeweihte, die Dir in Hingabe dienen, fallen — im Gegensatz zu den Unpersönlichkeitsanhängern — nicht wieder von der hohen Stufe herab, die sie erreicht haben. Von Dir beschützt, können Deine Geweihten über die Köpfe von *māyās* Abgesandten hinwegschreiten, die ihnen auf dem Weg der Befreiung ständig Hindernisse entgegenstellen. O Herr, Du erscheinst zum Wohl aller Lebewesen in Deiner transzendentalen Gestalt, so daß sie Dich von Angesicht zu Angesicht sehen und Dir in Verehrung ihre Opfer darbringen können, indem sie die Rituale der *Veden*, mystische Meditation oder hingebungsvollen Dienst ausführen, wie es in den Schriften empfohlen wird. O Herr, erschienest Du nicht in Deiner ewigen transzendentalen Gestalt, die voller Glückseligkeit und Wissen ist und die jegliche Art von unwissenden Vorstellungen über Dich zu beseitigen vermag, dann würde jeder, je nach der Erscheinungsweise der materiellen Natur, von der er beherrscht wird, einfach nur über Dich spekulieren."

Das Erscheinen Kṛṣṇas ist die Antwort auf alle phantasiehaften Vorstellungen und Bildnisse von der Höchsten Persönlichkeit Gottes. Jeder stellt sich die Gestalt der Höchsten Persönlichkeit Gottes gemäß der Erscheinungsweise vor, von der er beeinflußt wird. In der *Brahma-saṁhitā* wird gesagt, daß der Höchste Herr die älteste Person ist. Aus diesem Grunde glauben einige Menschen, Gott müsse sehr alt sein, und stellen Ihn daher als alten Mann dar. Doch in derselben *Brahma-saṁhitā* wird auch das genaue Gegenteil erklärt: Obwohl Er das älteste unter allen Lebewesen ist, besitzt Er dennoch die ewige Gestalt eines blühenden Jünglings. Die genauen Worte, die in diesem Zusammenhang im *Śrīmad-Bhāgavatam* gebraucht werden, lauten: *vijñānam ajñāna bhidāpamārjanam. Vijñānam* bedeutet „transzendentales Wissen von der Höchsten Person". *Vijñānam* bezieht sich auch auf verwirklichtes Wissen. Transzendentales Wissen muß über den herabsteigenden Weg der Schülernachfolge empfangen werden, genau wie Brahmā in seiner *Brahma-saṁhitā* transzendentales Wissen über Kṛṣṇa weiterreicht. Die *Brahma-saṁhitā* ist *vijñānam*, da sie die Frucht von Brahmās transzendentaler Verwirklichung ist, und mit dieser Verwirklichung war es ihm möglich, die Gestalt und die Spiele Kṛṣṇas in dessen transzendentalem Reich zu beschreiben. *Ajñānabhid* bedeutet „das, was alle Arten von Spekulationen widerlegen kann". In ihrer Unwissenheit stellen sich die Menschen Gott nach ihrem Gutdünken vor: Manchmal hat Er keine Gestalt, und manchmal hat Er eine Gestalt, die den verschiedenen Vorstellungen der Menschen entspringen. Die Darstellung in der *Brahma-saṁhitā* ist jedoch *vijñānam* — wissenschaftliches, verwirklichtes Wissen, das von Brahmā weitergegeben und von Śrī Caitanya anerkannt wurde. Darüber besteht kein Zweifel. Śrī Kṛṣṇas Gestalt, Śrī Kṛṣṇas Flöte, Kṛṣṇas Körpertönung — all das ist Realität. Hier wird gesagt, daß *vijñānam* alle Arten spekulativen Wissens besiegt. „Daher wäre es unmöglich, *ajñānabhid* (Wissen, daß spekulatives Wissen Unwissenheit ist) oder *vijñānam* zu erlangen, wenn Du nicht als Kṛṣṇa, so wie Du bist, erscheinen würdest. *Ajñānabhid āpamārjanam* — durch Dein Erscheinen wird die Unwissenheit spekulativen Wissens besiegt und muß dem wirklichen Wissen, das man von Autoritäten wie Brahmā empfängt, weichen. Menschen, die von den drei Erscheinungsweisen der materiellen Natur beherrscht werden, schaffen sich entsprechend diesen Erscheinungsweisen ihren eigenen Gott. Aus diesem Grunde gibt es die verschiedensten Vorstellungen von Gott, aber Dein Erscheinen wird die wahre Gestalt Gottes offenbaren."

Der größte Irrtum, dem die Unpersönlichkeitsanhänger unterliegen, ist die Vorstellung, die Inkarnation Gottes nehme einen materiellen Körper in der Erscheinungsweise der Tugend an. In Wirklichkeit nämlich befindet sich die transzendentale Gestalt Kṛṣṇas bzw. Nārāyaṇas jenseits jeder materiellen Vorstellung. Sogar der bedeutendste Vertreter der Unpersönlichkeitslehre, Śaṅkarācārya, bestätigte dies mit den Worten *nārāyaṇaḥ paro 'vyaktāt*: Die materielle Schöpfung wird durch die unpersönliche *avyakta*-Manifestation der Materie verursacht, d.h. von der Gesamtheit der Materie in ihrem unmanifestierten Zustand; doch Kṛṣṇa ist unter allen Umständen transzendental zu dieser materiellen Natur. Auch im *Śrīmad-Bhāgavatam* wird die Stellung Kṛṣṇas als transzendental *(śuddha-sattva)* bezeichnet. Er befindet Sich nicht in der materiellen Erscheinungsweise der Tugend, sondern steht über ihr. Er ist transzendental — ewig, voller Wissen und voller Glückseligkeit.

„O Herr", fuhren die Halbgötter fort, „wenn Du in Deinen verschiedenen Inkarnationen erscheinst, nimmst Du, entsprechend den jeweiligen Situationen, verschiedene Namen und Formen an. Kṛṣṇa ist Dein Name, weil Du allanziehend bist, und wegen Deiner transzendentalen Schönheit wirst Du Śyāmasundara genannt. *Śyāma* bedeutet ‚schwärzlich', und dennoch wird gesagt, daß Du Tausende von Liebesgöttern an Schönheit übertriffst — *kandarpa-koṭi-kamanīya*. Obgleich Du in einer Farbe erscheinst, die sich mit der einer schwärzlichen Wolke vergleichen läßt, ist Deine Schönheit, da Du transzendental und absolut bist, um viele Male anziehender als die anmutige Gestalt des Liebesgottes. Manchmal wirst Du Giridhārī genannt, weil Du den Berg Govardhana emporgehoben hast, und manchmal wirst Du Nandanandana, Vāsudeva oder Devakīnandana genannt, weil Du als der Sohn von Mahārāja Nanda bzw. von Devakī und Vasudeva erscheinst. Die Unpersönlichkeitsanhänger denken, Deine vielen Namen und Formen entsprächen jeweils einer bestimmten Handlungsweise und Eigenschaft, denn sie betrachten Dich von einem materialistischen Standpunkt aus.

O Herr, man kann Dein absolutes Wesen, Deine absolute Gestalt und Deine absoluten Taten nicht durch mentale Spekulation verstehen. Man muß sich im hingebungsvollen Dienst beschäftigen — dann erst kann man Dich wirklich erkennen. Im Grunde kann nur ein Mensch, der zumindest ein wenig den Geschmack daran gefunden hat, Deinen Lotosfüßen zu dienen, Dein transzendentales Wesen, Deine transzendentale Gestalt und Deine transzendentalen Eigenschaften verstehen. Andere mögen für Millionen von Jahren fortfahren zu spekulieren, doch es wird ihnen nicht gelingen, auch nur den geringsten Aspekt Deiner wirklichen Position zu verstehen." Mit anderen Worten, die Höchste Persönlichkeit Gottes, Kṛṣṇa, kann von Nichtgottgeweihten nicht verstanden werden, weil Seine wahre Gestalt wegen des Schleiers von Yogamāyā ihrer Sicht verborgen bleibt. In der *Bhagavad-gītā* wird dies vom Herrn bestätigt: *nāhaṁ prakāśaḥ sarvasya*. „Ich bin nicht allen und jedem sichtbar." Als Kṛṣṇa erschien, war Er tatsächlich auf dem Schlachtfeld von Kurukṣetra anwesend, und jeder sah Ihn. Aber nicht jeder konnte verstehen, daß Er die Höchste Persönlichkeit Gottes war. Und dennoch wurde jeder, der in Seiner Gegenwart starb, aus der materiellen Gefangenschaft befreit und in die spirituelle Welt erhoben.

„Lieber Herr, die Unpersönlichkeitsanhänger und Nichtgottgeweihten können nicht begreifen, daß Dein Name mit Deiner Form identisch ist." Da der Herr absolut ist, besteht zwischen Ihm und Seinem Namen kein Unterschied. In der materiellen Welt jedoch sind der Name und der Gegenstand voneinander verschieden. Eine Mangofrucht ist von dem Wort „Mango" verschieden. Man kann den Geschmack der Mangofrucht nicht verspüren, wenn man lediglich „Mango, Mango, Mango" ruft. Der Gottgeweihte aber, der weiß, daß es keinen Unterschied zwischen dem Namen und der Form Gottes gibt, chantet „Hare Kṛṣṇa, Hare Kṛṣṇa, Kṛṣṇa Kṛṣṇa, Hare Hare / Hare Rāma, Hare Rāma, Rāma Rāma, Hare Hare" und erfährt auf diese Weise, daß er ständig mit Kṛṣṇa zusammen ist.

Für diejenigen, die im absoluten Wissen vom Höchsten noch nicht so weit fortgeschritten sind, offenbart Śrī Kṛṣṇa Seine transzendentalen Spiele. Indem sie einfach an die Spiele des Herrn denken, können sie den vollen Nutzen erlangen. Da zwischen dem transzendentalen Namen und der transzendentalen Form des Herrn kein Unterschied besteht, sind auch Seine transzendentalen Spiele nicht von Ihm verschieden. Für die weniger Intelligenten (wie Frauen, Arbeiter und Kaufleute) schrieb der große Weise Vyāsadeva das *Mahābhārata*. Im *Mahābhārata* ist Kṛṣṇa in Form Seiner verschiedenen Taten gegenwärtig. Dieses Werk schildert historische Begebenheiten, und einfach indem sie die transzendentalen Taten Kṛṣṇas studieren, über sie hören und sich an sie erinnern, können auch die weniger intelligenten Menschen allmählich auf die Ebene eines reinen Gottgeweihten gelangen.

Von den reinen Gottgeweihten, die immer in Gedanken an die transzendentalen Lotosfüße Kṛṣṇas versunken sind und in vollkommenem Kṛṣṇa-Bewußtsein ununterbrochen hingebungsvollen Dienst darbringen, sollte man niemals denken, sie befänden sich immer noch in der materiellen Welt. Śrīla Rūpa Gosvāmī erklärte, daß diejenigen, die ständig mit Körper, Geist und Taten im Kṛṣṇa-Bewußtsein beschäftigt sind, als befreit angesehen werden müssen — auch wenn sie sich noch in einem materiellen Körper befinden. Dies wird auch in der *Bhagavad-gītā* bestätigt. Dort heißt es, daß diejenigen, die dem Herrn hingebungsvollen Dienst darbringen, die materielle Welt bereits hinter sich gelassen haben.

Kṛṣṇa erscheint, um sowohl Seinen Geweihten als auch den Nichtgottgeweihten die Möglichkeit zur Erkenntnis des eigentlichen Zieles des Lebens zu geben. Die Gottgeweihten erhalten die Gelegenheit, Ihn direkt zu sehen und zu verehren, während diejenigen, die sich noch nicht auf dieser Ebene befinden, die Möglichkeit bekommen, mit Seinen Spielen vertraut zu werden und auf diese Weise zur gleichen Stellung erhoben zu werden.

„O Herr, o höchster Herrscher, wenn Du auf der Erde erscheinst, werden alle Dämonen, wie Kaṁsa und Jarāsandha, vernichtet werden, und Glück und Frieden werden auf der Erde wieder einkehren. Wenn Du über die Erde schreitest, werden Deine Lotosfüße die Zeichen auf Deinen Fußsohlen, wie die Fahne, den Dreizack und den Blitz, als Spuren auf dem Boden zurücklassen. Auf diese Weise läßt Du sowohl der Erde als auch uns auf den himmlischen Planeten, die wir diese Zeichen sehen, Deine Gunst zukommen."

„O Herr", beteten die Halbgötter weiter, „Du bist ungeboren, und daher finden wir für Dein Erscheinen keinen anderen Grund, als daß du kommst, um Dich Deiner transzendentalen Spiele zu erfreuen." Obwohl der Grund für das Erscheinen des Herrn in der *Bhagavad-gītā* erklärt wird (Er kommt, um die Gottgeweihten zu beschützen und die Dämonen zu vernichten), erscheint Er im Grunde, um Sich mit Seinen Geweihten zu erfreuen, und nicht direkt, um die Nichtgottgeweihten zu töten. Die Nichtgottgeweihten könnten auch einfach durch die materielle Natur vernichtet werden. „Die Aktionen und Reaktionen der äußeren, materiellen Energie (nämlich Schöpfung, Erhaltung und Vernichtung) geschehen automatisch; doch was Deine Geweihten betrifft, so erhalten sie hinlänglichen Schutz, indem sie einfach bei Deinem Heiligen Namen Zuflucht suchen, denn Dein Heiliger Name und Deine Persönlichkeit sind nicht voneinander verschieden." Um die Gottgeweihten zu beschützen und die Dämonen zu vernichten, braucht die Höchste Persönlichkeit Gottes nicht unbedingt Selbst zu kommen. Er erscheint nur aus Seiner transzendentalen Freude – es kann keinen anderen Grund geben.

„O Herr, Du erscheinst als der Beste der Yadu-Dynastie, und wir bringen Deinen Lotosfüßen unsere respektvollen, demütigen Ehrerbietungen dar. Vor Deinem jetzigen Erscheinen bist Du als Fisch-Inkarnation erschienen und als Pferde-, Schildkröten-, Eber- und Schwan-Inkarnation, als König Rāmacandra, als Paraśurāma und in vielen anderen Inkarnationen. Du erschienst nur, um Deine Geweihten zu beschützen, und daher bitten wir Dich, daß Du auch uns in Deiner gegenwärtigen Erscheinung als die Höchste Persönlichkeit Gottes überall in den drei Welten Schutz gewähren und alles beseitigen mögest, was uns daran hindert, in Frieden zu leben.

Liebe Mutter Devakī, in deinem Leib befindet Sich der Herr, die Höchste Persönlichkeit Gottes, der zusammen mit all Seinen vollständigen Erweiterungen erscheint. Er ist die ursprüngliche Persönlichkeit Gottes, die zu unserem Wohl erscheint; daher brauchst du dich vor deinem Bruder, dem König von Bhoja, nicht zu fürchten. Dein Sohn, Śrī Kṛṣṇa, die ursprüngliche Persönlichkeit Gottes, kommt zum Schutz der frommen Yadu-Dynastie. Er erscheint nicht allein, sondern wird von Seiner unmittelbaren vollständigen Erweiterung, Balarāma, begleitet."

Devakī fürchtete sich sehr vor ihrem Bruder Kaṁsa, weil dieser bereits alle ihre Kinder getötet hatte. Daher war sie um Kṛṣṇa sehr in Sorge. Im *Viṣṇu Purāṇa* wird gesagt, daß alle Halbgötter mit ihren Frauen Devakī des öfteren besuchten, um sie zu ermutigen, keine Angst zu haben, daß ihr Sohn von Kaṁsa getötet werde; Kṛṣṇa, der Sich in ihrem Leib befinde, erscheine nicht nur, um die Welt von ihrer Last zu befreien, sondern vor allem auch, um die Interessen der Yadu-Dynastie zu verteidigen, und natürlich auch, um Devakī und Vasudeva zu beschützen. Kṛṣṇa befand Sich nun also in Devakīs Leib, nachdem Er von Vasudevas Geist in den Geist Devakīs übergegangen war. So wurde Devakī, Kṛṣṇas Mutter, von den Halbgöttern verehrt.

Nachdem die Halbgötter auf diese Weise der transzendentalen Form des Herrn ihre Verehrung dargebracht hatten, kehrten sie alle, mit Brahmā und Śiva an der Spitze, in ihre Reiche auf den himmlischen Planeten zurück.

Hiermit enden die Bhaktivedanta-Erläuterungen zum 2. Kapitel des Kṛṣṇa-Buches: „Die Gebete der Halbgötter an Kṛṣṇa im Mutterleib".

3 / Die Geburt Śrī Kṛṣṇas

In der *Bhagavad-gītā* sagt der Herr, daß Sein Erscheinen, Seine Geburt und Seine Taten transzendental sind und daß jeder, der sie wirklich versteht, sofort die Befähigung erlangt, in die spirituelle Welt erhoben zu werden. Die Geburt oder vielmehr das Erscheinen des Herrn ist also nicht mit der eines gewöhnlichen Menschen zu vergleichen, der gezwungen ist, entsprechend seinen vergangenen Taten einen materiellen Körper anzunehmen. Warum der Herr erscheint, wurde bereits im Zweiten Kapitel dieses Buches erklärt: Er erscheint aus Seiner eigenen Freude. Als die Zeit für das Erscheinen des Herrn heranreifte, bildeten die Gestirne glückverheißende Konstellationen, wobei der starke Einfluß des Sternes Rohiṇī besonders auffällig war. Dieser Stern gilt als sehr glückbringend. Er steht unter der direkten Aufsicht Brahmās. Nach der Erkenntnis der Astrologen gibt es neben der normalen Stellung der Sterne auch günstige und ungünstige Momente, die durch unterschiedliche Stellungen der verschiedenen Planetensysteme verursacht werden. Zur Zeit der Geburt Kṛṣṇas ordneten sich die Planetensysteme wie von selbst so um, daß ihr Einfluß sehr glückverheißend wurde.

Zu jener Zeit herrschte überall — im Osten, Westen, Süden und Norden — eine Atmosphäre des Friedens und des Glücks. Günstige Gestirne waren am Himmel sichtbar, und auf der Erde zeigten sich in allen Städten und Dörfern, auf allen Weiden und Wiesengründen und im Geiste eines jeden Zeichen des Glücks. Die Flüsse schwollen an mit klarem Wasser, und die Seen waren mit farbenprächtigen Lotosblumen übersät. Überall in den Wäldern waren schöne Vögel und Pflanzen zu sehen. Die Vögel in den Wäldern hoben nun an, mit lieblichen Stimmen zu singen, und die Pfauen mit ihren Weibchen tanzten dazu. Der Wind, der den Duft vieler Blumen mit sich trug, wehte sehr wohltuend und verlieh den körperlichen Sinnen ein angenehmes Gefühl. Die *brāhmaṇas*, die seit jeher im Feuer Opfergaben darzubringen pflegten, sahen, daß in ihren Häusern die Bedingungen für solche Opfer erneut sehr günstig geworden waren, denn wegen der Verfolgung, die die dämonischen Könige angeordnet hatten, waren in den Häusern der *brāhmaṇas* fast keine Feueropfer mehr durchgeführt worden; doch nun bot sich ihnen auf einmal die Gelegenheit, das Feuer wieder in Frieden zu entzünden. Als den *brāhmaṇas* das Darbringen von Opfern verboten worden war, hatte sich in ihrem Geist, ihrer Intelligenz und in ihren Tätigkeiten Betrübtheit ausgebreitet; doch zu der Zeit, da Śrī Kṛṣṇa erscheinen sollte, wurden sie von Freude erfüllt, denn sie konnten deutlich hörbare Schwingungen transzendentaler Klänge vom Himmel vernehmen, die das Erscheinen der Höchsten Persönlichkeit Gottes ankündigten.

Die Bewohner der Gandharva- und Kinnara-Planeten begannen zu singen, und die Bewohner von Siddhaloka und den Planeten der Cāraṇas brachten zur Freude der Persönlichkeit Gottes Gebete dar. Auf den himmlischen Planeten versammelten sich die Engel zusammen mit ihren Frauen und den Apsaras und führten bezaubernde Tänze auf.

Die großen Weisen und Halbgötter ließen voller Freude Blumen niederregnen. An der Meeresküste war das Rauschen sanfter Wellen zu vernehmen, und aus den Wolken über dem Meer erklang angenehm schallender Donner.

Als sich alles in solcher Harmonie befand, erschien in der Dunkelheit der Nacht Śrī Viṣṇu, der im Herzen eines jeden Lebewesens gegenwärtig ist, als die Höchste Persönlichkeit Gottes vor Devakī, die wie eine Halbgöttin anmutete. Das Erscheinen Śrī Viṣṇus zu jener Zeit kann mit dem Vollmond verglichen werden, der am östlichen Horizont aufging. Man könnte einwenden, es sei nicht möglich, daß der Vollmond zu diesem Zeitpunkt aufgegangen sei, da Śrī Kṛṣṇa doch am achten Tag des abnehmenden Mondes erschien. Die Erklärung hierzu lautet wie folgt: Śrī Kṛṣṇa erschien in der Dynastie, die vom Mond abstammt, und daher konnte der Mond, obwohl er in jener Nacht eigentlich nur eine Sichel gewesen wäre, durch die Gnade Kṛṣṇas als Vollmond erscheinen, überwältigt von der Freude, daß Kṛṣṇa in der Dynastie erschien, in der er, der Mond, selbst der Stammvater war.

In einer astrologischen Abhandlung namens *Khamanikya* wird die Konstellation der Gestirne zur Erscheinungszeit Śrī Kṛṣṇas sehr genau beschrieben. Es wird dort bestätigt, daß das Kind, das in jenem günstigen Augenblick geboren wurde, das Höchste Brahman, die Absolute Wahrheit, war.

Vasudeva betrachtete mit Erstaunen das wundervolle Kind, das vier Arme hatte und in den Händen Muschelhorn, Keule, Feuerrad und Lotosblume hielt. Das Kind war mit dem Śrīvatsa-Zeichen geschmückt, trug eine Halskette aus *kaustubha*-Juwelen, war in gelbe Seide gekleidet und glänzte wie eine schwärzliche Wolke. Auf Seinem Kopf befand sich ein Helm, der mit *vaidūrya*-Steinen besetzt war, Es trug wertvolle Armreife, Ohrringe und viele andere Schmuckstücke überall auf Seinem Körper, und Sein Gesicht wurde von einer prächtigen Haarfülle umrahmt. Vasudeva war über die außergewöhnliche Erscheinung des Kindes von Verwunderung ergriffen. Wie konnte ein neugeborenes Kind so wunderschön geschmückt sein? Er konnte deshalb verstehen, daß Śrī Kṛṣṇa nun erschienen war, und diese Erkenntnis überwältigte ihn. Voller Demut fragte sich Vasudeva, wie es möglich sei, daß die alldurchdringende Persönlichkeit Gottes, Viṣṇu, Kṛṣṇa, als Kind in Seiner ursprünglichen Gestalt vor einem gewöhnlichen Lebewesen wie ihm erschien, der er doch unter dem Einfluß der materiellen Natur stand und sich dazu noch in Kaṁsas Gefängnis befand. Kein irdisches Kind wird mit vier Armen geboren, geschmückt mit kostbaren Juwelen und schönen Kleidern und versehen mit allen Zeichen der Höchsten Persönlichkeit Gottes. Immer wieder betrachtete Vasudeva sein Kind und überlegte sich, wie er diesen glücklichen Augenblick würdigen könnte. Er dachte bei sich: „Gewöhnlich feiert man die Geburt eines männlichen Kindes mit freudvollen Festen und Zeremonien, und nun wurde mir, obgleich ich gefangen bin, die Höchste Persönlichkeit Gottes geboren. Wie viele Millionen und Abermillionen Male müßte also ich diese glückverheißenden Zeremonien durchführen!"

Als Vasudeva, der auch Ānakadundubhi genannt wird, sein neugeborenes Kind ansah, war er so glücklich, daß er den *brāhmaṇas* viele tausend Kühe als Spende geben wollte. Nach vedischem System verteilt der König großzügige Spenden, wenn im *kṣatriya*-Palast eine glückverheißende Zeremonie gefeiert wird. Dabei werden den *brāhmaṇas* und Weisen viele mit goldenen Gehängen geschmückte Kühe geschenkt. Vasudeva wollte ebenfalls eine solche Zeremonie durchführen, um Kṛṣṇas Erscheinen zu feiern, doch weil er von Kaṁsa in Ketten gelegt worden war, fehlte ihm jede Möglichkeit dazu. Trotzdem führte er diese Zeremonie durch, indem er den *brāhmaṇas* einfach in Gedanken Tausende von Kühen schenkte.

Als Vasudeva überzeugt war, daß das neugeborene Kind die Höchste Persönlichkeit Gottes war, kniete er mit gefalteten Händen nieder und verbeugte sich, um Ihm seine Gebete darzubringen. Vasudeva befand sich auf der transzendentalen Ebene und war von aller Furcht vor Kaṁsa völlig befreit. Die Ausstrahlung des neugeborenen Kindes erfüllte den ganzen Raum, in dem Es erschienen war, mit einem hellen Licht.

Vasudeva betete: „O Herr, ich verstehe, wer Du bist. Du bist die Höchste Persönlichkeit Gottes, die Überseele aller Lebewesen und die Absolute Wahrheit. Du bist in Deiner ursprünglichen, ewigen Gestalt erschienen, die jetzt von uns direkt wahrgenommen werden kann, und ich verstehe, daß Du erschienen bist, nur um mich von der Furcht vor Kaṁsa zu befreien. Du gehörst nicht zur materiellen Welt; vielmehr bist Du derjenige, der einfach nur durch einen Blick über die materielle Natur die kosmische Manifestation erschafft."

Man könnte einwenden, der Höchste Herr, der die gesamte kosmische Manifestation einfach durch Seinen Blick erschafft, könne nicht im Leib Devakīs, der Frau Vasudevas, erscheinen. Um dieses Argument zu widerlegen, sagte Vasudeva: „Mein lieber Herr, es ist nicht weiter verwunderlich, daß Du im Leib Devakīs erschienen bist, denn auf dieselbe Weise hast Du auch die Schöpfung durchgeführt. Du lagst als Mahā-Viṣṇu im Ozean der Ursachen, und durch Dein Ausatmen entstanden unzählige Universen. Daraufhin gingst Du als Garbhodakaśāyī Viṣṇu in jedes dieser Universen ein, und dann hast Du Dich in Kṣīrodakaśāyī Viṣṇu erweitert und bist auf diese Weise in die Herzen aller Lebewesen und sogar in die Atome eingegangen. Und so ist auch Dein Eintreten in den Leib Devakīs zu verstehen. Du scheinst in Devakī eingegangen zu sein, aber gleichzeitig bist Du alldurchdringend. Anhand von Phänomenen, die wir in der materiellen Welt beobachten, können wir verstehen, wie Du gleichzeitig in etwas eingehen und trotzdem allgegenwärtig sein kannst. Die gesamte materielle Energie bleibt selbst dann bestehen, wenn sie in die sechzehn Elemente aufgeteilt wird. Der materielle Körper ist nichts weiter als eine Verbindung der fünf grobstofflichen Elemente — Erde, Wasser, Feuer, Luft und Äther. Wann immer ein materieller Körper entsteht, scheint es, als ob die dazu erforderlichen Elemente neu geschaffen würden; in Wirklichkeit jedoch existieren diese Elemente zu jeder Zeit unabhängig von den körperlichen Formen, und ebenso existierst Du, obwohl Du als Kind im Leibe Devakīs erscheinst, auch außerhalb von ihr. Du weilst immer in Deinem Reich, aber dennoch kannst Du Dich gleichzeitig in Millionen von Formen erweitern.

Man muß Dein Erscheinen mit wahrer Intelligenz verstehen, da die materielle Energie ebenfalls von Dir ausgeht. Du bist die ursprüngliche Quelle der materiellen Energie, genau wie die Sonne der Ursprung des Sonnenscheins ist. Der Sonnenschein kann den Sonnenplaneten nicht bedecken, und so kann auch die materielle Energie, da sie Deine Emanation ist, Dich nicht bedecken. Du scheinst unter dem Einfluß der drei Erscheinungsweisen der materiellen Energie zu stehen, doch in Wirklichkeit können Dich diese Erscheinungsweisen nicht bedecken. Alle großen Philosophen bestätigen dies. Mit anderen Worten, obwohl es so aussieht, als seist Du dem Einfluß der materiellen Energie unterworfen, kann sie Dich niemals bedecken."

Wir erfahren aus den *Veden*, daß vom Höchsten Brahman eine Ausstrahlung ausgeht, wodurch alles erleuchtet wird. Der *Brahma-saṁhitā* können wir entnehmen, daß das *brahmajyoti* (die Brahman-Ausstrahlung) vom Körper des Höchsten Herrn ausgeht. Aus der Brahman-Ausstrahlung wiederum geht die gesamte Schöpfung hervor. In der *Bhagavad-gītā* wird gesagt, daß der Herr auch der Erhalter der Brahman-Ausstrahlung ist. Er ist die ursprüngliche Wurzel alles Existierenden. Doch Menschen mit geringer Intelligenz denken, Kṛṣṇa, die Höchste Persönlichkeit Gottes, nehme materielle Eigenschaften an, wenn Er in der materiellen Welt erscheine. Schlußfolgerungen dieser Art zeugen nicht von großer Weisheit, und nur die weniger Intelligenten vertreten solche Auffassungen.

Die Höchste Persönlichkeit Gottes existiert direkt und indirekt überall; Er weilt außerhalb der materiellen Schöpfung, und gleichzeitig befindet Er Sich auch in ihr. Er existiert in der materiellen Schöpfung nicht nur als Garbhodakaśāyī Viṣṇu, sondern Er ist auch in jedem Atom gegenwärtig. Alles Existierende beruht auf Seiner Gegenwart. Nichts kann von Seiner Existenz getrennt werden. Aus den vedischen Unterweisungen erfahren wir, daß sich jeder der Höchsten Seele, der ursprünglichen Wurzel allen Seins, zuwenden sollte, da nichts unabhängig von Ihr existiert. Deshalb ist auch die materielle Manifestation eine Umwandlung Seiner Energie. Sowohl die leblose Materie als auch die Lebenskraft, die Seele, geht von Ihm aus. Nur törichte Menschen glauben, der Höchste Herr nehme die Eigenschaften der Materie an, wenn Er erscheine. Selbst wenn Er scheinbar einen materiellen Körper annimmt, ist Er nicht der Bedingtheit der materiellen Natur unterworfen. Mit Seinem Erscheinen hat Kṛṣṇa allen Fehlvorstellungen und Spekulationen über das Erscheinen und Fortgehen der Höchsten Persönlichkeit Gottes ein Ende bereitet.

„Mein Herr, Dein Erscheinen, Deine Gegenwart und Dein Fortgehen befinden sich jenseits der materiellen Erscheinungsweisen. Weil Du der Kontrollierende alles Existierenden und der Ruheort des Höchsten Brahmans bist, ist in Deiner Person nichts unvorstellbar oder widersprüchlich. Wie Du Selbst gesagt hast, wirkt die materielle Natur unter Deiner Aufsicht – ähnlich wie ein Regierungsbeamter, der die Anordnungen seines Vorgesetzten befolgt. Die Wirkung Dir untergeordneter Tätigkeiten kann Dich nicht berühren. Das Höchste Brahman und die Erscheinungswelt existieren in Dir, und alle Vorgänge in der materiellen Natur werden von Dir, o Herr, kontrolliert.

Du wirst *śuklam* genannt. *Śuklam*, die Farbe Weiß, ist die symbolische Repräsentation der Absoluten Wahrheit, da diese nicht durch materielle Einflüsse verunreinigt ist. Brahmā wird *rakta* (rot) genannt, weil er für die Erscheinungsweise der Leidenschaft zuständig ist. Die Dunkelheit gehört zu Śiva, weil er den Kosmos vernichtet. Die Schöpfung, Vernichtung und Erhaltung der kosmischen Manifestation wird durch Deine Energien bewirkt, doch Du Selbst wirst niemals davon beeinflußt. Wie in den *Veden* bestätigt wird (*harir hi nirguṇaḥ sākṣāt*), ist die Höchste Persönlichkeit Gottes immer frei von allen materiellen Erscheinungsweisen. Ebenso steht geschrieben, daß es in der Person des Höchsten Herrn nicht die geringste Spur der Erscheinungsweisen der Leidenschaft und Unwissenheit gibt.

O Herr, Du bist der Höchste Kontrollierende, die Persönlichkeit Gottes, der Absolute, der die Ordnung der kosmischen Schöpfung aufrechterhält. Und obgleich Du der Höchste Kontrollierende bist, bist Du dennoch in Deiner Güte vor mir erschienen. Du bist gekommen, um die Anhänger der dämonischen Herrscher zu töten, die sich als Könige verkleidet haben, in Wirklichkeit aber Dämonen sind. Ich bin sicher, daß Du sie alle, zusammen mit ihren Anhängern und Soldaten, töten wirst.

Ich weiß, daß Du erschienen bist, um den barbarischen Kaṁsa und seine Anhänger zu töten. Da er wußte, daß Du erscheinen würdest, um ihn und seine Anhänger zu vernichten, hat er bereits alle Deine Brüder, die vor Dir erschienen sind, ermordet. Nun wartet er nur noch auf die Nachricht Deiner Geburt. Sobald er davon hört, wird er mit allen möglichen Waffen erscheinen, um Dich zu vernichten."

Nach diesem Gebet Vasudevas brachte Devakī, die Mutter Kṛṣṇas, ihre Gebete dar. Devakī, die sich sehr vor den Grausamkeiten ihres Bruders fürchtete, sagte: „Mein lieber Herr, Deine ewigen Formen wie Nārāyaṇa, Śrī Rāma, Hayaśirṣa, Varāha, Nṛsiṁha, Vāmana, Baladeva und Millionen ähnlicher Inkarnationen, die von Viṣṇu ausgehen, werden in den vedischen Schriften als ursprünglich beschrieben. Du wirst als ursprünglich bezeichnet, weil sich all Deine Inkarnationen jenseits der materiellen Schöpfung befinden. Du existiertest, bevor die kosmische Manifestation erschaffen wurde, und deshalb sind all Deine verschiedenen Erweiterungen und Inkarnationen ewig und alldurchdringend. Sie strahlen aus sich selbst heraus, sie unterliegen keiner Veränderung, und keine materielle Erscheinungsweise kann sie verunreinigen. Solche ewigen Formen sind immer voller Wissen und voller Glückseligkeit; sie befinden sich in transzendentaler Tugend, und sie führen fortwährend die verschiedensten Spiele aus. Du bist nicht auf eine bestimmte Form begrenzt; all Deine transzendentalen ewigen Erweiterungen und Inkarnationen sind in sich selbst zufrieden. Mir ist klar, daß Du der Höchste Herr, Śrī Viṣṇu, bist.

Nach vielen Millionen von Jahren, wenn Brahmās Leben zu Ende geht, wird die kosmische Manifestation vernichtet, und die fünf Elemente – Erde, Wasser, Feuer, Luft und Äther – gehen in das *mahat-tattva* ein. Das *mahat-tattva* wiederum tritt unter dem Einfluß der Zeit in die nichtmanifestierte Gesamtheit der materiellen Energie ein. Diese materielle Energie geht in das energetische *pradhāna* ein, und das *pradhāna* geht schließlich in Dich ein. Nach der Vernichtung der gesamten kosmischen Manifestation existierst nur noch Du zusammen mit Deinem transzendentalen Namen, Deiner transzendentalen Gestalt, Deinen transzendentalen Eigenschaften und allem, was mit Dir verbunden ist.

O mein Herr, ich bringe Dir meine respektvollen Ehrerbietungen dar, denn Du bist der Lenker der gesamten nichtmanifestierten Energie, und Du bist das höchste Behältnis der materiellen Natur. Mein Herr, die gesamte kosmische Manifestation steht unter dem Einfluß der Zeit, angefangen von der Dauer eines Augenblickes bis hin zur Dauer eines Jahres. Alles geschieht unter Deiner Aufsicht. Du bist der ursprüngliche Lenker alles Existierenden und die Quelle aller Energien.

Die bedingten Seelen fliehen ständig von einem Körper zum nächsten und von einem Planeten zum anderen, aber dennoch entkommen sie den Angriffen von Geburt und Tod nicht. Aber wenn ein solches von der Angst verfolgtes Lebewesen unter den Schutz Deiner Lotosfüße gelangt, findet es Frieden, frei von der Furcht, vom gnadenlosen Tod angegriffen zu werden.“ Diese Worte Devakīs werden in der *Bhagavad-gītā* vom Herrn Selbst bestätigt. Er sagt dort, daß man durch das ganze Universum reisen kann, von Brahmaloka bis Pātālaloka, daß man aber trotzdem dem Angriff von Geburt, Tod, Krankheit und Alter nicht entkommen kann. Wer jedoch in das Königreich Gottes gelangt, sagt der Herr, ist niemals mehr gezwungen, in die materielle Welt zurückzukehren.

„Daher bitte ich Dich, o Herr, errette mich aus der Gewalt des grausamen Kaṁsa, des Sohnes von Ugrasena. Ich bete zu Dir, daß Du mich aus diesem angstvollen Zustand befreien mögest, denn Du bist immer bereit, Deinen Dienern Schutz zu gewähren.“ Der Herr hat diese Feststellung in der *Bhagavad-gītā* bestätigt, als Er Arjuna versicherte: „Der ganzen Welt kannst du verkünden, daß Mein Geweihter niemals vergeht.“

Während Mutter Devakī so um Schutz betete, wurde ihre mütterliche Liebe deutlich: „Ich weiß, daß Deine transzendentale Gestalt im allgemeinen nur von den großen Weisen in tiefer Meditation geschaut werden kann; aber dennoch befürchte ich nun, wo Du erschienen bist, daß Kaṁsa Dir Leid zufügen könnte, sobald er davon erfährt. Daher bitte ich Dich, vorerst für unsere materiellen Augen unsichtbar zu werden." Mit anderen Worten, sie bat den Herrn, die Gestalt eines gewöhnlichen Kindes anzunehmen. „Der einzige Grund, warum ich meinen Bruder Kaṁsa fürchte, bist Du. O Madhusūdana, Kaṁsa weiß vielleicht noch nicht, daß Du geboren wurdest. Daher bitte ich Dich, Deine herrliche vierarmige Gestalt zu verbergen, die die vier Symbole Viṣṇus — Muschelhorn, Feuerrad, Keule und Lotosblume — hält. Lieber Herr, am Ende der Vernichtung der kosmischen Manifestation nimmst Du das gesamte Universum in Deinen Leib auf, und dennoch bist Du in Deiner reinen Barmherzigkeit in meinem Schoß erschienen. Ich kann es kaum fassen, daß Du wie ein gewöhnliches menschliches Wesen auftrittst, nur um Deine Geweihten zu erfreuen."

Nachdem der Herr die Gebete Devakīs angehört hatte, antwortete Er: „Meine liebe Mutter, im Zeitalter des Svāyambhuva Manu lebte Mein Vater, Vasudeva, als einer der Prajāpatis, und damals hieß er Sutapā, und du warst seine Frau mit Namen Pṛśni. Als Brahmā wünschte, die Bevölkerung zu vermehren, bat er euch, Nachkommenschaft zu zeugen. Daraufhin habt ihr euch darin geübt, eure Sinne zu beherrschen, und ihr habt strenge Entsagung auf euch genommen. Indem ihr die Atemübungen des *yoga*-Systems praktiziertet, wurdet ihr fähig, alle Einflüsse der materiellen Gesetze zu ertragen: Regenzeiten, Sturmwinde und die glühende Hitze der Sonne. Ihr befolgtet alle religiösen Prinzipien und konntet auf diese Weise euer Herz reinigen und den Einfluß der materiellen Gesetze überwinden. Ihr lebtet in völliger Entsagung und habt euch nur von zu Boden gefallenen Blättern ernährt. Als ihr dann Ausgeglichenheit des Geistes und Freiheit von sexuellen Drängen erlangtet, habt ihr Mich mit dem Wunsch verehrt, eine außergewöhnliche Segnung zu erhalten. Nach der Zeitrechnung der Halbgötter habt ihr zwölftausend Jahre lang strenge Bußen auf euch genommen. Während dieser Zeit waren alle eure Gedanken immer in Mich vertieft. Als ihr Mir in Hingabe dientet und ohne Unterlaß an Mich dachtet, war Ich über euch sehr erfreut. O sündlose Mutter, dein Herz ist deshalb immer rein. Auch zu jener Zeit erschien Ich in dieser Gestalt vor dir und fragte dich nach deinen Wünschen. Damals hast du den Wunsch geäußert, Mich als deinen Sohn zu bekommen. Du sahst Mich persönlich und hättest Mich um vollkommene Befreiung aus der materiellen Knechtschaft bitten können, aber statt dessen hast du Mich, unter dem Einfluß Meiner Energie, gebeten, dein Sohn zu werden."

So wählte Sich der Herr Pṛśni und Sutapā zu Seinen Eltern, um in der materiellen Welt zu erscheinen. Wann immer der Herr in der Gestalt eines menschlichen Wesens in die materielle Welt hinabsteigt, muß Er jemanden als Vater und jemanden als Mutter haben, und so wählte Er Pṛśni und Sutapā als Seine ewigen Eltern. Aus diesem Grunde konnten Pṛśni und Sutapā den Herrn nicht um Befreiung bitten. Befreit zu werden ist nicht so wichtig, wie dem Herrn in transzendentaler Liebe zu dienen. Der Herr hätte Pṛśni und Sutapā augenblickliche Befreiung gewähren können, doch Er zog es vor, daß sie in der materiellen Welt blieben, damit sie bei Seinen verschiedenen Erscheinungen dabeisein konnten, wie dies im folgenden erklärt wird. Nachdem Pṛśni und Sutapā vom Herrn die Segnung empfangen hatten, Seine Eltern zu werden, beendeten sie ihre Entsagungen und Bußen und lebten als Mann und Frau zusammen, um ein Kind zu zeugen, das die Höchste Persönlichkeit Gottes Selbst sein sollte.

Nach einiger Zeit wurde Pṛśni schwanger und brachte das Kind zur Welt. Der Herr sprach weiter zu Devakī und Vasudeva: „Zu jener Zeit war Mein Name Pṛśnigarbha. Im nächsten Zeitalter wurdet ihr als Aditi und Kaśyapa geboren, und Ich wurde euer Kind mit dem Namen Upendra. Meine Gestalt glich der eines Zwerges, und deshalb wurde Ich auch Vāmanadeva genannt. Ich gab euch die Segnung, dreimal als euer Sohn zu erscheinen. Das erste Mal wurde Ich von Pṛśni und Sutapā als Pṛśnigarbha geboren; bei der nächsten Geburt hieß Ich Upendra, und ihr wart Aditi und Kaśyapa, und nun erscheine Ich zum dritten Mal als euer Sohn, als Kṛṣṇa, der Sohn Devakīs und Vasudevas. Ich erschien in dieser Viṣṇu-Gestalt, um euch davon zu überzeugen, daß Ich die gleiche Höchste Persönlichkeit Gottes bin. Ich hätte auch als ein gewöhnliches Kind erscheinen können, doch dann hättet ihr nicht geglaubt, daß dieses Kind aus deinem Schoß die Höchste Persönlichkeit Gottes ist. Meine lieben Eltern, ihr habt Mich viele Male mit großer Zuneigung und Liebe als euer Kind aufgezogen, und daher bin Ich sehr zufriedengestellt. Ich danke euch, und Ich versichere euch, daß ihr dieses Mal zurück nach Hause, zurück zu Gott, gehen werdet. Ich weiß, daß ihr um Mich besorgt seid, denn ihr fürchtet Kaṁsa. Bringt Mich deshalb sofort nach Gokula und tauscht Mich gegen die Tochter aus, die gerade von Yaśodā geboren wurde."

Nachdem der Herr so zu Seinem Vater und zu Seiner Mutter gesprochen hatte, nahm Er die Gestalt eines gewöhnlichen Kindes an und lag schweigend da.

Um der Anweisung der Höchsten Persönlichkeit Gottes Folge zu leisten, traf Vasudeva sofort alle notwendigen Vorkehrungen, um mit seinem Sohn das Gefängnis, den Schauplatz Seiner Geburt, zu verlassen. Gerade in jener Stunde wurde Nanda und Yaśodā in Gokula eine Tochter geboren. Es war Yogamāyā, die innere Energie des Herrn, und durch ihren Einfluß wurden alle Bewohner im Palast Kaṁsas, vor allem die Torwächter, von tiefem Schlaf übermannt. Alle Palasttore öffneten sich, obwohl sie mit eisernen Ketten verschlossen waren. In dieser Nacht herrschte tiefste Finsternis, doch als Vasudeva mit Kṛṣṇa auf dem Arm in die Nacht hinaustrat, wurde alles hell erleuchtet, als ob die Sonne schien.

Im *Caitanya-caritāmṛta* wird gesagt, daß Kṛṣṇa wie das Sonnenlicht ist und daß dort, wo Kṛṣṇa ist, die illusionierende Energie, die mit Dunkelheit verglichen wird, nicht standhalten kann. Als Vasudeva Kṛṣṇa trug, wich die Dunkelheit der Nacht. Alle Gefängnistüren öffneten sich wie von selbst. Zur gleichen Zeit erschallte ein Donnern am Himmel, und schwerer Regen setzte ein. Während Vasudeva seinen Sohn Kṛṣṇa durch den prasselnden Regen trug, breitete Śeṣa in der Gestalt einer Schlange seine Häupter über dem Kopf Vasudevas aus, so daß der Regen ihm nichts anhaben konnte. Als Vasudeva zum Ufer der Yamunā kam, sah er, daß diese mit schäumenden Wogen dahinbrauste. Dennoch gab der Fluß, obwohl er so wild erschien, eine Furt frei, damit Vasudeva ungehindert ans andere Ufer gelangen konnte, genau wie auch der Indische Ozean einmal einen Weg für Śrī Rāma freigegeben hatte. Auf diese Weise überquerte Vasudeva die Yamunā. Als er das Haus Nanda Mahārājas in Gokula erreichte, sah er, daß alle Kuhhirten in tiefem Schlaf lagen. Schnell nutzte er die Gelegenheit, betrat leise das Haus von Yaśodā und vertauschte seinen Sohn mit dem neugeborenen Mädchen Yaśodās. Daraufhin kehrte er zum Gefängnis Kaṁsas zurück, legte das Mädchen vorsichtig auf den Schoß Devakīs und legte sich die Fesseln wieder an, damit Kaṁsa nicht bemerken konnte, daß in der Zwischenzeit so vieles geschehen war.

Mutter Yaśodā war sich bewußt, daß sie ein Kind zur Welt gebracht hatte, aber weil sie von der Anstrengung der Geburt sehr erschöpft war, lag sie in tiefem Schlaf. Als sie erwachte, konnte sie sich nicht mehr erinnern, ob sie ein männliches oder ein weibliches Kind geboren hatte.

Hiermit enden die Bhaktivedanta-Erläuterungen zum 3. Kapitel des Kṛṣṇa-Buches: „Die Geburt Śrī Kṛṣṇas".

4 / Kaṁsa beginnt seine Verfolgungen

Als Vasudeva alle Türen und Tore wieder verriegelt hatte, erwachten die Torwächter und hörten das neugeborene Kind weinen. Sofort benachrichtigten sie Kaṁsa, der bereits ungeduldig die Geburt des Kindes erwartete. Als die Wächter Kaṁsa die Nachricht überbrachten, fuhr er augenblicklich aus seinem Bett hoch und rief aus: „Nun ist mein grausamer Tod geboren!" Kalter Schweiß trat ihm auf die Stirn, da er sein Ende nahen sah, und die Haare standen ihm zu Berge. Sofort eilte er in den Kerker, wo das Kind geboren worden war.

Als Devakī ihren Bruder hereinstürzen sah, fiel sie auf die Knie und flehte ihn demütig an: „Mein lieber Bruder, bitte töte dieses Kind nicht! Es ist ein Mädchen, und ich verspreche dir, daß ich sie deinem Sohn zur Frau geben werde; deshalb schone bitte ihr Leben. Du solltest doch von der Hand eines männlichen Kindes sterben — so lautete die Prophezeiung. Warum willst du also dieses Mädchen töten? Mein lieber Bruder, du hast so viele meiner Kinder umgebracht, die gerade erst das Licht der Welt erblickt hatten und die strahlend wie die Sonne waren. Es war ja nicht dein Fehler — dir ist von dämonischen Freunden geraten worden, meine Kinder zu ermorden —, aber nun bitte ich dich, wenigstens diesem Mädchen gnädig zu sein und es am Leben zu lassen."

Kaṁsa war jedoch so grausam, daß ihn die flehentlichen Bitten seiner Schwester Devakī nicht berührten; vielmehr, als wolle er seine Schwester für ihre Worte bestrafen, riß er ihr das neugeborene Kind aus den Armen und wollte es gnadenlos auf dem Boden zerschmettern. Dieses Verhalten zeigt, wie ein grausamer Dämon alle verwandtschaftlichen Beziehungen vergessen kann, wenn es um seine eigene Person geht. Das Kind jedoch entschlüpfte blitzschnell seinen Händen, erhob sich zum Himmel und verwandelte sich in die jüngere Schwester Viṣṇus mit acht Armen. Sie trug ein prächtiges Gewand, Blumengirlanden und Geschmeide und hielt in ihren Händen Bogen, Lanze, Schwert, Pfeile, Muschel, Feuerrad, Keule und Schild.

Als die Halbgötter auf den verschiedenen Planeten wie Siddhaloka, Cāraṇaloka, Gandharvaloka, Apsaraloka, Kinnaraloka und Uragaloka die Erscheinung des Kindes sahen, das in Wirklichkeit die Göttin Durgā war, brachten sie ihm verschiedene Gaben und Gebete dar. Aus der Höhe rief die Göttin Kaṁsa zu: „Elender, wie kannst du es wagen, mich töten zu wollen? Das Kind, das dich töten wird, ist bereits vor mir an einem anderen Ort der Welt geboren worden. Sei nicht so grausam zu deiner armen Schwester.“ Nach dieser Erscheinung wurde die Göttin Durgā unter verschiedenen Namen in vielen Teilen der Welt bekannt.

Als Kaṁsa diese Worte hörte, wurde er von panischer Angst ergriffen. Aus Furcht ließ er Vasudeva und Devakī sofort frei und begann ehrerbietig zu ihnen zu sprechen. Er sagte: „Meine liebe Schwester und mein lieber Schwager, ich habe wie ein Dämon gehandelt, als ich meine eigenen Neffen tötete. Ich habe unsere engen verwandtschaftlichen Beziehungen außer acht gelassen, und ich weiß nicht, was die Folge meiner Handlungen sein wird. Vielleicht werde ich zur Hölle geschickt, wo Mörder von *brāhmaṇas* hingehören. Ich bin jedoch überrascht, daß sich die himmlische Prophezeiung nicht bewahrheitet hat. Es sieht so aus, als würden nicht nur die Menschen lügen und betrügen, sondern auch die Bewohner der himmlischen Planeten. Weil ich den Worten der Halbgötter Glauben geschenkt habe, beging ich die schwere Sünde, die Kinder meiner eigenen Schwester umzubringen. Lieber Vasudeva und liebe Devakī, ihr seid große Seelen. Ich bin nicht in der Lage, euch Unterweisungen zu erteilen, aber dennoch bitte ich euch, über den Tod eurer Kinder nicht zu unglücklich zu sein. Jeder von uns wird von einer höheren Macht kontrolliert, und diese höhere Macht gestattet es uns nicht, für immer zusammenzubleiben. Wir sind gezwungen, im Laufe der Zeit von unseren Freunden und Verwandten Abschied zu nehmen. Doch dabei dürfen wir nie vergessen, daß die Seele, obwohl der materielle Körper vergeht, ewig und unvergänglich ist. Zum Beispiel gibt es viele Töpfe aus Ton – sie alle werden hergestellt und zerbrechen nach einiger Zeit; aber trotzdem bleibt die Tonerde immer, wie sie ist. Ebenso werden die Körper, die die Seele annimmt, unter verschiedenen Bedingungen zusammengesetzt und wieder aufgelöst; doch die Seele existiert ewiglich. Daher gibt es keinen Grund, um den Verlust des Körpers zu trauern. Jeder sollte verstehen, daß der materielle Körper von der spirituellen Seele verschieden ist. Solange man nicht zu diesem Verständnis kommt, ist es sicher, daß man immer wieder von einem Körper zum anderen wandern muß. Meine liebe Schwester, du bist so sanft und gütig. Bitte verzeih mir, und sei wegen des Todes deiner Kinder, den ich verschuldet habe, nicht betrübt. Im Grunde genommen habe ich all diese Untaten gar nicht selbst getan, denn sie waren vorherbestimmt. Man ist gezwungen, dem vorherbestimmten Plan entsprechend zu handeln – sogar wider Willen. Die meisten Menschen glauben, mit dem Ende des Körpers sterbe auch das Selbst, oder sie denken, es sei möglich, ein anderes Lebewesen zu töten. All diese falschen Vorstellungen zwingen uns dazu, ein materielles Dasein zu fristen. Mit anderen Worten, solange man sich nicht vollkommen über die Ewigkeit der Seele bewußt ist, verbleibt man in einer leidvollen Situation, wo man meint, andere Lebewesen zu töten oder selbst getötet zu werden. Liebe Devakī und lieber Vasudeva, verzeiht mir in eurer Güte die Abscheulichkeiten, die ich gegen euch begangen habe. Ich bin so hartherzig, und ihr seid so großherzig — darum habt Erbarmen, und vergebt mir."

Als Kaṁsa auf diese Weise sprach, traten ihm Tränen in die Augen, und weinend fiel er Vasudeva und Devakī zu Füßen. Weil er den Worten Durgādevīs, die er versucht hatte zu töten, Glauben schenkte, befreite er sofort seinen Schwager und seine Schwester. Kaṁsa öffnete ihnen persönlich die Ketten, und mit Freundlichkeit und Wohlwollen zeigte er ihnen seine Freundschaft, genau wie es sich für ein Familienmitglied geziemt.

Als Devakī ihren Bruder so voller Reue sah, empfand sie Mitleid mit ihm und vergaß sein verabscheuungswürdiges Verbrechen an ihren Kindern. Auch Vasudeva, der die Vergangenheit ruhen lassen wollte, lächelte und sagte zu seinem Schwager: „Mein lieber Kaṁsa, es ist richtig, was du über den materiellen Körper und die Seele gesagt hast. Jedes Lebewesen wird in Unwissenheit geboren und hält folglich den materiellen Körper für das Selbst. Dieser Irrtum hat seine Ursache in unserer Unwissenheit, und aufgrund dieser Unwissenheit entwickeln wir Feindschaft und Freundschaft. Klagen, Freude, Furcht, Neid, Gier, Illusion und Verrücktheit sind verschiedene Aspekte unserer materiellen Auffassung des Lebens. Ein Mensch, der ihren Einflüssen unterliegt, verhält sich nur aufgrund des materiellen Körpers feindselig. Weil wir solchen Tätigkeiten nachgehen, vergessen wir unsere ewige Beziehung zur Höchsten Persönlichkeit Gottes."

Als Vasudeva Kaṁsas Wohlwollen sah, nutzte er die Gelegenheit und klärte ihn darüber auf, daß der Grund für sein atheistisches Verhalten ebenfalls in der falschen Auffassung des Lebens zu suchen sei, die er selbst verurteilt hatte — nämlich in der Identifizierung des materiellen Körpers mit dem Selbst. Als Vasudeva solche erleuchtenden Worte sprach, zeigte sich Kaṁsa sehr erfreut, und sein Schuldgefühl wegen der Morde an seinen Neffen schwand dahin. Mit Erlaubnis seiner Schwester und seines Schwagers kehrte er erleichtert in seinen Palast zurück.

Am nächsten Tag jedoch rief Kaṁsa all seine Berater zusammen und erzählte ihnen von den Vorfällen, die sich in der Nacht zuvor ereignet hatten. Alle Berater Kaṁsas waren Dämonen und ewige Feinde der Halbgötter, und so waren sie sehr bestürzt, als sie ihren Herrn von den nächtlichen Ereignissen berichten hörten. Und obwohl sie nicht sehr weise oder gelehrt waren, begannen sie, Kaṁsa Ratschläge zu erteilen: „O Meister, laß uns Vorbereitungen treffen, alle Kinder ohne Ausnahme zu töten, die während der letzten zehn Tage in allen Städten, Dörfern und Höfen geboren wurden. Laß uns schnell und entschlossen handeln. Die Halbgötter werden bestimmt nichts gegen uns unternehmen, wenn wir schonungslos zur Tat schreiten, denn sie fürchten den Kampf mit uns. Auch wenn sie den Wunsch hätten, uns daran zu hindern, würden sie es nicht wagen, sich uns in den Weg zu stellen, denn sie fürchten die unermeßliche Stärke deines Bogens. In der Tat haben wir gesehen, daß sie jedesmal, wenn du dich ihnen zum Kampf stelltest und im Begriff warst, deine Pfeile auf sie abzuschießen, sofort die Flucht ergriffen, um ihr Leben zu retten. Viele Halbgötter wagten es nicht einmal, sich auf einen Kampf mit dir einzulassen, sondern lösten sogleich ihre Turbane und ließen die Turbanfeder zu Boden fallen, als Zeichen, daß sie sich ergeben wollten. Mit gefalteten Händen baten sie dich um Gnade und sagten: ‚Lieber Herr, wir alle fürchten deine Stärke. Bitte verschone uns vor diesem Kampf, der für uns aussichtslos ist.' Und wir konnten sehen, daß du diese Krieger, die sich dir hilflos ergaben, niemals getötet hast. Sie zitterten vor Angst, ihre Bogen, Pfeile und Streitwagen waren zerbrochen, sie dachten nicht mehr an ihre militärische Pflicht und waren unfähig, mit dir zu kämpfen. Wir haben also tatsächlich nichts von diesen Halbgöttern zu befürchten. Sie sind zwar sehr stolz darauf, in Friedenszeiten große Kämpfer außerhalb des Schlachtfeldes zu sein, doch in Wirklichkeit haben sie auf dem Schlachtfeld weder Talent noch militärische Stärke vorzuweisen. Obwohl Viṣṇu, Śiva und Brahmā stets bereit sind, diesen Halbgöttern, die von Indra angeführt werden, zu helfen, brauchen wir sie dennoch nicht zu fürchten. Was Viṣṇu betrifft, so hat Er Sich bereits in den Herzen aller Lebewesen versteckt und kann nicht herauskommen. Was Śiva betrifft, so hat er bereits allem Handeln entsagt und hat sich in den Wald zurückgezogen. Und Brahmā ist entweder ständig in Meditation versunken, oder er ist gerade dabei, sich Bußen und Entsagungen zu unterziehen. Von Indra brauchen wir gar nicht erst zu reden — er ist wie ein Strohhalm im Vergleich zu deiner Stärke. All diese Halbgötter bedeuten also keine Gefahr für uns. Aber wir sollten sie auch nicht unterschätzen, denn sie sind unsere erklärten Feinde. Wir müssen daher vorsichtig sein und Schutzmaßnahmen treffen. Um sie ganz und gar auszurotten, wollen wir dir einfach gehorsam dienen und immer bereit sein, deinem Befehl zu folgen."

Die Dämonen fuhren fort: „Wenn der Körper von einer Krankheit befallen wird und wenn man sich nicht darum kümmert, dann wird diese Krankheit unheilbar. Ähnlich wird es sehr schwierig, die Sinne zu beherrschen, wenn man sie nicht bedachtsam zügelt, sondern ausschweifen läßt. Daher sollten wir uns vor den Halbgöttern sehr in acht nehmen, denn sonst werden sie zu mächtig, und es ist nicht mehr möglich, sie zu unterwerfen. Die Stärke der Halbgötter steht und fällt mit Viṣṇu, da es das endgültige Ziel aller religiösen Prinzipien ist, Ihn zu erfreuen. Die vedischen Unterweisungen, die *brāhmaṇas*, die Kühe sowie alle Bußen, Opfer, Mildtätigkeiten und Gaben sind zur Freude Viṣṇus bestimmt. Laßt uns also sofort beginnen, die *brāhmaṇas*, die das vedische Wissen besitzen, und die großen Weisen, die die rituellen Opferdarbringungen vollziehen, zu töten. Laß uns alle Kühe töten, von denen die Butter kommt, die für die Ausführung von Opferungen unerläßlich ist. Bitte laß uns freie Hand, sie alle zu töten."

In der Tat stellen die *brāhmaṇas*, die Kühe und das vedische Wissen sowie Entsagung, Wahrhaftigkeit, Beherrschung der Sinne und des Geistes, Ehrlichkeit, Mildtätigkeit, Toleranz und Opferdarbringungen die Gliedmaßen von Śrī Viṣṇus transzendentalem Körper dar. Śrī Viṣṇu weilt im Herzen eines jeden und ist der Führer aller Halbgötter, einschließlich Śivas und Brahmās. So kamen die Minister zum Schluß: „Wenn wir die großen Weisen und die *brāhmaṇas* töten, töten wir zweifelsohne auch Śrī Viṣṇu."

Kaṁsa hörte sich die Ratschläge seiner dämonischen Minister an, und da er seit jeher der skrupelloseste Schurke war, beschloß er, die *brāhmaṇas* und Vaiṣṇavas verfolgen zu lassen, und dadurch verstrickte er sich nur noch tiefer in das Netz der allesverschlingenden, ewigen Zeit. So gab er den Dämonen, die ihn berieten, den Befehl, die Heiligen im ganzen Land verfolgen zu lassen; danach zog er sich in seine Gemächer zurück. Die Anhänger Kaṁsas standen unter dem illusionierenden Einfluß der Erscheinungsweise der Leidenschaft und Unwissenheit, und ihr einziges Interesse war es, den Weisen und Heiligen das Leben schwer zu machen. Eine solch unheilvolle Verhaltensweise hat für gewöhnlich zur Folge, daß sich die eigene Lebensdauer verkürzt, das heißt, die Dämonen beschleunigten auf diese Weise ihren eigenen Niedergang und riefen ihren Tod geradezu herbei. Das Vergehen, heilige Menschen zu verfolgen, ist so groß, daß es nicht nur zu frühzeitigem Tod führt, sondern auch zum Verlust von Schönheit, Ruhm, religiösen Prinzipien und der Möglichkeit, zu höheren Planeten zu gelangen. Getrieben von verschiedenen Wahnideen, richten die Dämonen nur Schaden an. Ein Vergehen gegen die Lotosfüße der Gottgeweihten und *brāhmaṇas* ist schwerwiegender als ein Vergehen gegen die Lotosfüße der Höchsten Persönlichkeit Gottes. Aus diesem Grund wird eine gottlose Zivilisation zur Ursache aller nur denkbaren Katastrophen.

Hiermit enden die Bhaktivedanta-Erläuterungen zum 4. Kapitel des Kṛṣṇa-Buches: „Kaṁsa beginnt seine Verfolgungen".

5 / Die Begegnung zwischen Nanda und Vasudeva

Eigentlich war Kṛṣṇa der Sohn von Vasudeva und Devakī, aber wegen der Bedrohung durch Kaṁsa war es Vasudeva nicht möglich gewesen, die Geburtszeremonie für seinen Sohn selbst durchzuführen. Nun lag es an Nanda Mahārāja, dem Pflegevater, Kṛṣṇas Geburtszeremonie durchzuführen, und dies tat er voller Freude.

Am Tag, nachdem Vasudeva die beiden Kinder vertauscht hatte, wurde verkündet, daß Yaśodā einen Jungen zur Welt gebracht habe. Nach vedischem Brauch rief Nanda Mahārāja gelehrte Astrologen und *brāhmaṇas* zusammen, die die Geburtszeremonie durchführen sollten. Wenn ein Kind zur Welt kommt, untersuchen die Astrologen den Zeitpunkt der Geburt und erstellen ein Horoskop, das die Zukunft des Kindes beschreibt. Bevor die Zeremonie stattfindet, nehmen die Familienmitglieder ein Bad, reinigen sich und ziehen sich ihre schönsten Schmuckstücke und Kleider an. Dann treten sie vor das Neugeborene und die Astrologen, um über die Zukunft des Kindes zu hören. Nachdem Nanda Mahārāja und die anderen Mitglieder der Familie gebadet und sich angekleidet hatten, begaben sie sich zur Stelle, wo Kṛṣṇa geboren worden war. Die *brāhmaṇas*, die sich zu diesem Anlaß dort versammelt hatten, chanteten die vorgeschriebenen segensreichen *mantras*, während die Astrologen die Geburtszeremonie durchführten. Bei einer solchen Gelegenheit werden auch alle Halbgötter und die Vorfahren der Familie verehrt. Nanda Mahārāja schenkte den *brāhmaṇas* zweihunderttausend mit kostbaren Decken und Schmuckstücken verzierte Kühe. Er spendete nicht nur Kühe, sondern auch Berge von Getreide, die mit goldumsäumten Tüchern und vielerlei Zierat versehen waren.

In der materiellen Welt besitzen die Menschen die verschiedensten Arten von Reichtum und Besitz, doch dieser Reichtum wird manchmal auf nicht sehr fromme und ehrliche Weise erworben, wie es das Anhäufen von Reichtum nun einmal mit sich bringt. Nach den vedischen Unterweisungen sollte Reichtum daher geläutert werden, indem man den *brāhmaṇas* Kühe und Gold spendet. Auch ein neugeborenes Kind wird geläutert, wenn man den *brāhmaṇas* Getreide schenkt. Wie wir wissen, befindet sich jeder in der materiellen Welt in einem verunreinigten Zustand; deshalb ist es erforderlich, sein Leben, seinen Besitz und sich selbst zu reinigen. Das Leben wird rein, indem man täglich ein Bad nimmt, den Körper innerlich und äußerlich reinigt und die zehn Läuterungsvorgänge durchführt. Durch Entsagung, die Verehrung des Herrn und das Verteilen von Spenden kann man seinen Besitz von Reichtum reinigen. Sich selbst kann man dadurch läutern, daß man die *Veden* studiert, nach Selbstverwirklichung strebt und ein Verständnis der Höchsten Absoluten Wahrheit erlangt. In den vedischen Schriften wird deshalb gesagt, daß jeder als *śūdra* geboren wird und daß er durch die Reinigungsvorgänge ein Zweimalgeborener werden kann. Durch das Studieren der *Veden* kann man ein *vipra* werden, was unbedingt notwendig ist, wenn man ein *brāhmaṇa* werden will. Als *brāhmaṇa* wird jemand bezeichnet, wenn er die Absolute Wahrheit in Vollkommenheit versteht, und wenn ein *brāhmaṇa* in seiner Verwirklichung noch mehr fortschreitet, wird er zu einem Vaiṣṇava, zu einem Gottgeweihten.

Bei der Geburtszeremonie Kṛṣṇas chanteten die versammelten *brāhmaṇas* verschiedene Arten vedischer *mantras*, um für das Kind eine glückverheißende Zukunft zu erwirken. Es gibt mehrere Arten des Chantens, und zwar *sūta, māgadha, vandī* und *virudāvalī*. Während diese *mantras* und Hymnen gechantet wurden, ertönten außerhalb des Hauses Hörner und Pauken, und ihre freudigen Klänge waren in allen Häusern und auf allen Weidegründen zu vernehmen. Die Häuser waren innen und außen mit kunstvollen Gemälden und Mustern aus Reisbrei verziert worden, und überall, sogar auf den Wegen und Straßen, hatte man wohlriechendes Wasser versprengt. In jedem Raum hing eine farbenprächtige Vielfalt von Fähnchen, Girlanden und grünen Blättern von der Decke, und auch die Dächer waren auf dieselbe Weise geschmückt worden. Dazu waren an den Toren Blumen- und Blättergewinde angebracht worden. Die Kühe, Stiere und Kälber waren alle mit einer Mischung aus Öl und Turmerik eingerieben und mit Naturfarben wie roter Oxiderde, gelbem Lehm und Braunstein bemalt worden, und sie trugen Girlanden aus Pfauenfedern, farbige Decken und goldene Halsketten.

Welch ekstatische Freude die Kuhhirten erfüllte, als sie vernahmen, daß Nanda Mahārāja, der Vater Kṛṣṇas, die Geburtszeremonie seines Sohnes feierte! Schnell zogen sie sich kostbare Kleider an, schmückten sich mit verschiedenen Arten von Ohrringen und Halsketten und setzten sich große Turbane auf. Danach nahmen sie ihre verschiedenen Geschenke und begaben sich zum Hause Nanda Mahārājas.

Als die Kuhhirtenfrauen erfuhren, daß Mutter Yaśodā ein Kind geboren hatte, überkam auch sie große Freude, und sie legten ebenfalls ihre besten Kleider an, schmückten sich mit kostbarem Geschmeide und rieben sich mit duftenden Ölen ein.

Wie Staub auf einem Lotos die außergewöhnliche Schönheit dieser Blume noch mehr hervorhebt, so kam die Schönheit der *gopīs* (Kuhhirtenfrauen) noch mehr zur Geltung, als sie sich *kuṅkuma*-Puder auf ihre lotosgleichen Gesichter auftrugen. Die *gopīs* nahmen ebenfalls ihre verschiedenen Geschenke und beeilten sich, zum Hause Nanda Mahārājas zu kommen. Mit ihren runden Hüften und vollen Brüsten konnten sie nicht so schnell laufen, doch in ihrer ekstatischen Liebe zu Kṛṣṇa versuchten sie dennoch, das Haus Nandas und Yaśodās so schnell wie möglich zu erreichen. Ihre Ohren schmückten Perlenringe; sie trugen juwelenbesetzte Halsketten; ihre Lippen und Augen waren mit verschiedenen Schminken und Tuschen bemalt, und ihre Handgelenke zierten goldene Armreife. Als die *gopīs* auf diese Weise hastig den Kiesweg entlang liefen, lösten sich ihre Blumengirlanden und fielen zu Boden, und es schien, als würden Blumen vom Himmel regnen. Die vielen Schmuckstücke der *gopīs* tanzten funkelnd hin und her und ließen ihre Schönheit sogar noch mehr anwachsen. So kamen sie schließlich beim Haus von Nanda und Yaśodā an, wo sie sich sogleich zum Kind begaben und Es segneten: „Liebes Kind, mögest Du lange leben, um uns zu beschützen." Während sie diese Segnungen aussprachen, besprengten sie den kleinen Kṛṣṇa mit einer Mischung aus Turmerik-Puder, Öl, Joghurt, Milch und Wasser. Doch sie besprengten nicht nur Kṛṣṇa, sondern sie ließen auch alle anderen Anwesenden etwas abbekommen. Währenddessen spielten verschiedene Formationen von hervorragenden Musikern zur Feier dieses glückverheißenden Ereignisses.

Die Kuhhirten, die die Scherze ihrer Frauen, der *gopīs*, sahen, gingen vergnügt darauf ein und warfen Joghurt, Milch, Butterfett und Wasser zurück, und danach begannen beide Seiten, sich mit Butter zu bewerfen. Nanda Mahārāja war sehr glücklich, als er die Kuhhirten und die *gopīs* so voller Freude sah, und er belohnte die verschiedenen Sänger mit großzügigen Geschenken. Einige von ihnen trugen bekannte Verse aus den *Upaniṣaden* und den *Purāṇas* vor; andere rühmten die Vorfahren der Familie, und wieder andere sangen liebliche Weisen. Es waren auch viele gelehrte *brāhmaṇas* anwesend, und Nanda Mahārāja, der mit der Zeremonie überaus zufrieden war, schenkte auch ihnen reichliche Mengen Kleider, Schmuck und Kühe.

Es ist in diesem Zusammenhang wichtig, daß man sich vor Augen hält, wie reich die Einwohner von Vṛndāvana einfach wegen ihrer Kühe waren. Alle Kuhhirten gehörten zur *vaiśya*-Gemeinschaft, und ihre Aufgabe war es, die Kühe zu beschützen und die Ernten einzubringen. Ihre Kleider, ihr Schmuck und ihr Verhalten deuten darauf hin, daß sie sehr reich gewesen sein müssen, obwohl sie nur in einem kleinen Dorf lebten. Sie besaßen eine solche Fülle von verschiedenen Milchprodukten, daß sie sich nach Herzenslust mit Butter bewerfen konnten. Ihr Reichtum bestand aus Milch, Joghurt, Butterfett und vielen anderen Milchprodukten, und durch den Handel mit ihren landwirtschaftlichen Erzeugnissen besaßen sie große Mengen von Juwelen, Schmuck und wertvollen Kleidern. Sie benutzten all diese Dinge nicht nur für sich selbst, sondern verschenkten sie auch gern, wie es Nanda Mahārāja bei dieser Gelegenheit tat.

So erfüllte Nanda Mahārāja, der Pflegevater Śrī Kṛṣṇas, die Wünsche aller, die in sein Haus gekommen waren. Er behandelte alle mit großem Respekt und gab jedem, was immer er begehrte. Die gelehrten *brāhmaṇas*, die kein anderes

Einkommen hatten, waren in ihrem Lebensunterhalt von den *vaiśya-* und *kṣatriya*-Gemeinschaften abhängig und empfingen bei festlichen Anlässen, wie Geburtstagen und Hochzeiten, Spenden. Nanda Mahārāja tat sein Bestes, um zur Feier dieses Anlasses Śrī Viṣṇu zu verehren und alle Gäste zu erfreuen, denn es war sein einziger Wunsch, daß sein neugeborener Sohn Kṛṣṇa glücklich sein würde. Nanda ahnte nicht, daß dieses Kind der Ursprung Viṣṇus war, und so betete er zu Śrī Viṣṇu, daß Er Kṛṣṇa beschützen möge.

Rohiṇīdevī, die Mutter Balarāmas, war die Frau Vasudevas, die am meisten vom Glück begünstigt war, denn sie konnte Kṛṣṇas Geburtszeremonie beiwohnen. Sie war zwar von ihrem Mann Vasudeva getrennt, doch sie kleidete sich dennoch sehr schön, um Mahārāja Nanda zur Geburt seines Sohnes zu beglückwünschen. Sie trug eine Blumengirlande, eine Halskette und noch vielerlei anderen Schmuck. In dieser festlichen Aufmachung bewegte sie sich frei unter den Leuten und war überall anzutreffen. Nach vedischem Brauch sollte sich eine Frau, wenn ihr Mann nicht gegenwärtig ist, sehr unauffällig kleiden; dennoch trug Rohiṇī zu diesem Anlaß ein sehr schönes Kleid.

Die reiche und prächtige Geburtszeremonie Kṛṣṇas zeigt deutlich den großen Wohlstand, der zu jener Zeit in Vṛndāvana herrschte. Weil Kṛṣṇa im Hause von König Nanda und Mutter Yaśodā geboren wurde, war die Göttin des Glücks verpflichtet, ihren Reichtum in Vṛndāvana zu offenbaren. So schien es, als sei Vṛndāvana bereits der Aufenthaltsort der Glücksgöttin geworden.

Nach der Geburtszeremonie Kṛṣṇas beschloß Nanda Mahārāja, nach Mathurā zu gehen, um seine jährlichen Abgaben an die Regierung Kaṁsas zu entrichten. Vor seiner Abreise rief Nanda die erfahrensten Kuhhirten zusammen und beauftragte sie, sich während seiner Abwesenheit um Vṛndāvanas Wohl zu kümmern.

Als Vasudeva erfuhr, daß Nanda Mahārāja nach Mathurā gekommen war, konnte er es kaum erwarten, seinen Freund zur Geburt seines Sohnes zu beglückwünschen. So begab sich Vasudeva sofort zum Ort, wo sich Nanda Mahārāja aufhielt, und als er Nanda sah, war es ihm, als kehre das Leben in ihn zurück. Nanda, ebenfalls von Freude überwältigt, erhob sich sofort, um Vasudeva zu empfangen, umarmte ihn und bot ihm einen bequemen Platz zum Sitzen an. Vasudeva machte sich um seine beiden Söhne große Sorgen, die er ohne Nandas Wissen in dessen Obhut gegeben hatte, und so fragte er nach Ihnen. Balarāma wie Kṛṣṇa waren Söhne Vasudevas. Balarāma war in den Leib Rohiṇīs gebracht worden, die ebenfalls Vasudevas Frau war, aber unter dem Schutz Nanda Mahārājas lebte. Kṛṣṇa war von Vasudeva persönlich zu Yaśodā gebracht und gegen ihre Tochter ausgetauscht worden. Nanda Mahārāja wußte, daß Balarāma der Sohn Vasudevas war, doch er ahnte nicht, daß auch Kṛṣṇa Vasudevas Sohn war. Vasudeva indessen war sich dieses Sachverhalts bewußt, und so erkundigte er sich bei Nanda: „Mein lieber Bruder, du hattest schon immer den Wunsch, einen Sohn zu bekommen, doch du mußtest dich lange gedulden. Nun ist dir durch die Gnade des Herrn endlich ein Sohn geschenkt worden, und dies ist ein Zeichen großen Glücks. Lieber Freund, ich war für viele Jahre in Kaṁsas Kerker eingesperrt gewesen und bin nun endlich wieder frei; daher ist dies wie eine zweite Geburt für mich. Ich hatte bereits alle Hoffnung aufgegeben, dich jemals wiederzusehen, doch durch Gottes Gnade ist auch das möglich geworden." Voller Sorge kam Vasudeva danach auf Kṛṣṇa zu sprechen. Kṛṣṇa war im geheimen zum Bett Mutter Yaśodās gebracht worden, und nachdem Nanda in prunkvoller Weise Kṛṣṇas Geburtszeremonie durchgeführt hatte, war er nach Mathurā gekommen. Deshalb war Vasudeva sehr erfreut und sagte, daß dies wie eine zweite Geburt für ihn sei. Er hatte niemals erwartet, daß Kṛṣṇa überleben würde, weil all seine anderen Söhne von Kaṁsa getötet worden waren.

Vasudeva fuhr fort: „Mein lieber Freund, es ist sehr schwierig für uns, zusammenzuleben. Obwohl wir unsere Familie, unsere Söhne, Töchter und Verwandten haben, werden wir durch die Gesetze der Natur immer wieder voneinander getrennt. Der Grund dafür ist, daß die Lebewesen unter verschiedenen Bedingungen, die von ihren eigenen vergangenen Handlungen bestimmt werden, auf der Erde erscheinen; obwohl sie zusammenkommen, gibt es keine Garantie dafür, daß sie für lange Zeit zusammenbleiben. Den Reaktionen auf vergangene fruchtbringende Handlungen entsprechend wird man gezwungen, unterschiedlichen Tätigkeiten nachzugehen, wodurch man wieder auseinandergetrieben und getrennt wird. Es ist wie beim Seetang auf den Wogen des Ozeans: Manchmal kommt er zusammen, und dann wird er wieder für immer auseinandergerissen. Die eine Pflanze schwimmt in eine Richtung, die andere Pflanze in eine andere. Ebenso mag unsere Familiengemeinschaft sehr schön sein, solange wir zusammenleben, doch die Wogen der Zeit werden uns früher oder später wieder trennen."

Bei diesen Worten dachte Vasudeva an seine acht Söhne, die von Devakī geboren worden waren und die er alle verloren hatte. Nicht einmal Kṛṣṇa hatte er bei sich behalten können. Ihn schmerzte die Trennung von Kṛṣṇa sehr, aber er durfte seine wahren Gefühle nicht zeigen. „Wie sieht es in Vṛndāvana aus?" fragte er. „Ihr habt so viele Tiere — sind sie alle glücklich? Bekommen sie genügend Gras und Wasser? Bitte sag mir auch, ob der Ort, an dem ihr nun lebt, ungestört und friedlich ist." Vasudeva stellte diese Fragen, weil er um Kṛṣṇas Sicherheit besorgt war. Er wußte, daß Kaṁsa und seine Anhänger Kṛṣṇa töten wollten und daß sie verschiedene Dämonen mit dieser Aufgabe betraut hatten. Kaṁsa hatte bereits beschlossen, alle Kinder, die zehn Tage vor und nach Kṛṣṇas Erscheinen geboren worden waren, töten zu lassen. Vasudeva war also sehr in Sorge um Kṛṣṇa und erkundigte sich, ob Sein Aufenthaltsort sicher sei. Er fragte auch nach Balarāma und dessen Mutter Rohiṇī, die ebenfalls der Obhut Nanda Mahārājas anvertraut worden waren. Vasudeva erinnerte Nanda daran, daß Balarāma Seinen wirklichen Vater nicht kannte. „Er hält dich für Seinen Vater", sagte er, „und nun bist du mit einem weiteren Kind, Kṛṣṇa, gesegnet worden; ich bin überzeugt, daß Sie bei dir sehr gut aufgehoben sind."

Es ist bezeichnend, daß sich Vasudeva auch nach dem Befinden der Tiere Nanda Mahārājas erkundigte. Die Tiere, besonders die Kühe, wurden wie die eigenen Kinder beschützt. Vasudeva war ein *kṣatriya* und Nanda Mahārāja ein *vaiśya*. Es ist die Pflicht der *kṣatriyas*, alle Bürger zu beschützen, und die Aufgabe der *vaiśyas* ist der Schutz der Kühe. Die Kühe sind genauso wichtig wie die Bürger. Wie den menschlichen Bürgern, so sollte auch den Kühen vollständiger Schutz gewährt werden.

Vasudeva sagte weiter, daß das Befolgen der religiösen Prinzipien, wirtschaftliche Entwicklung und die Befriedigung der körperlichen Bedürfnisse von der Zusammenarbeit der Verwandten, der verschiedenen Länder und der gesamten Menschheit abhängig seien, und daher sei es die Pflicht eines jeden, dafür zu sorgen, daß seinen Mitmenschen und den Kühen kein Leid zugefügt werde. Man solle sich für den Frieden und das Wohlergehen seiner Mitmenschen und der Tiere verantwortlich fühlen. Dann seien Religiosität, wirtschaftliche Entwicklung und die Befriedigung der Sinne ohne Schwierigkeiten zu erreichen. Vasudeva beklagte es deshalb, daß er nicht in der Lage gewesen sei, seine eigenen, von Devakī geborenen Söhne zu beschützen, und so dachte er, daß für ihn religiöse Prinzipien, wirtschaftliche Entwicklung und die Zufriedenstellung der Sinne allesamt verloren seien.

Als Nanda Mahārāja dies hörte, erwiderte er: „Ich weiß, daß du zutiefst betrübt bist, weil der grausame Kaṁsa alle deine Söhne ermordet hat. Dein letztes Kind jedoch, obwohl es ein Mädchen war, hat Kaṁsa nicht zu töten vermocht, und es hat sich auf die himmlischen Planeten begeben. Lieber Freund, sei nicht traurig, denn wir alle sind den Nachwirkungen unserer vergessenen Taten der Vergangenheit ausgesetzt. Diesen Reaktionen auf vergangene Taten ist jeder ausgesetzt. Wer jedoch die Philosophie des *karma* und seiner Reaktionen versteht, besitzt wirkliches Wissen und wird durch kein Ereignis, sei es freudig oder traurig, beeinflußt."

Vasudeva erwiderte daraufhin: „Mein lieber Nanda, wenn du die Regierungssteuern bezahlt hast, dann kehre bitte so schnell wie möglich nach Gokula zurück, denn ich befürchte, daß es dort einige Unannehmlichkeiten geben könnte."

Nach diesem freundschaftlichen Gespräch mit Nanda Mahārāja kehrte Vasudeva nach Hause zurück, und auch Nanda Mahārāja und die Kuhhirten, die alle nach Mathurā gekommen waren, um ihre Steuern zu bezahlen, machten sich auf den Heimweg.

Hiermit enden die Bhaktivedanta-Erläuterungen zum 5. Kapitel des Kṛṣṇa-Buches: „Die Begegnung zwischen Nanda und Vasudeva".

6 / Kṛṣṇa tötet die Hexe Pūtanā

Auf dem Heimweg ging Nanda Mahārāja ständig Vasudevas Warnung durch den Kopf, daß es in Gokula unerwartete Zwischenfälle geben könnte. „Gewiß war der Ratschlag meines Freundes nicht unbegründet", dachte er. „Es muß etwas Wahres daran sein." Aus Furcht suchte er daher Zuflucht bei der Höchsten Persönlichkeit Gottes. Es ist ganz natürlich für einen Gottgeweihten, bei drohender Gefahr an Kṛṣṇa zu denken, denn er kennt keine andere Zuflucht. Wenn sich ein Kind in Gefahr befindet, sucht es sofort bei seinem Vater oder seiner Mutter Zuflucht. Ebenso befindet sich ein Gottgeweihter stets unter dem Schutz der Höchsten Persönlichkeit Gottes, und wenn er unverhofft in eine gefahrvolle Situation gerät, erinnert er sich erst recht an den Herrn.

Nachdem sich Kaṁsa mit seinen dämonischen Ministern beraten hatte, wandte er sich an die Hexe Pūtanā, die die schwarze Kunst beherrschte, kleine Kinder auf gräßliche Weise umzubringen, und beauftragte sie, alle kleinen Kinder in den umliegenden Städten, Dörfern und Weidegründen zu töten. Solche Hexen können ihre schwarze Kunst jedoch nur dort anwenden, wo der Heilige Name Kṛṣṇas nicht gehört oder gechantet wird. Es wird gesagt, daß überall dort, wo der Heilige Name Kṛṣṇas gechantet wird – auch wenn dies nur nachlässig geschieht –, alle bösen Elemente wie Hexen und Geister und alle anderen unheilvollen Einflüsse sofort weichen. Ganz gewiß trifft dies auf einen Ort wie Vṛndāvana zu, wo der Name Kṛṣṇas mit aller Ernsthaftigkeit gechantet wurde und der Höchste Herr persönlich gegenwärtig war. Die Sorgen, die sich Nanda Mahārāja machte, beruhten nur auf seiner großen Zuneigung, die er für Kṛṣṇa empfand. In Wirklichkeit stellte Pūtanā trotz ihrer mystischen Kräfte keine Gefahr dar. Hexen dieser Art werden *khecarīs* genannt, was bedeutet, daß sie fliegen können. Einige Frauen in den abgelegenen nordwestlichen Teilen Indiens beherrschen noch heute diese schwarze Magie. Sie sind in der Lage, auf dem Ast eines entwurzelten Baumes durch die Lüfte zu reiten. Auch Pūtanā war mit dieser schwarzen Kunst vertraut, und deshalb wird sie im *Bhāgavatam* als *khecarī* bezeichnet.

Pūtanā gelang es, ohne Erlaubnis in das Land von Gokula, das Herrschaftsgebiet König Nandas, einzudringen, und in der Gestalt einer hübschen jungen Frau begab sie sich zum Haus von Mutter Yaśodā. Mit ihren gerundeten Hüften, den vollen Brüsten, den Ohrringen und den Blumen im Haar sah sie wunderschön aus, und ihre Schönheit wurde durch ihre schmale Taille noch hervorgehoben. Sie schaute jedem mit einem bezaubernden Lächeln in die Augen, und alle Einwohner von Gokula waren von ihrer Schönheit gefangen. Die unschuldigen Kuhhirtenfrauen hielten sie für eine Glücksgöttin, die mit einer Lotosblume in der Hand erschienen war, um Kṛṣṇa, ihren Gemahl, zu sehen. Weil sie so außergewöhnlich schön war, wurde sie von niemandem aufgehalten und konnte daher ungehindert in das Haus Nanda Mahārājas eintreten. Als Pūtanā, die Mörderin zahlloser Kinder, Baby-Kṛṣṇa in Seinem kleinen Bettchen sah, konnte sie sogleich erkennen, daß dieses Kind über unvergleichliche Kräfte verfügen mußte. Pūtanā dachte: ,,Dieses Kind ist so mächtig, daß Es auf der Stelle das gesamte Universum vernichten kann."

Pūtanās Einsicht ist sehr bedeutsam. Die Höchste Persönlichkeit Gottes, Śrī Kṛṣṇa, weilt im Herzen eines jeden. In der *Bhagavad-gītā* heißt es, daß Er jedem die notwendige Intelligenz gibt und daß Er auch die Ursache des Vergessens ist. Pūtanā war sich sofort bewußt, daß das Kind, das sie im Hause Nanda Mahārājas sah, der Herr, die Höchste Persönlichkeit Gottes, war. Er lag dort als kleines Kind, aber das bedeutete nicht, daß Er deswegen weniger mächtig gewesen wäre. Die materialistische Theorie, nach der die Verehrung Gottes dem Anthropomorphismus entspringt, ist völlig falsch. Kein Lebewesen kann Gott werden, indem es meditiert oder sich Bußen auferlegt. Gott ist immer Gott. Kṛṣṇa ist als kleines Kind ebenso vollkommen wie als blühender Jüngling. Nach der Māyāvāda-Theorie war das Lebewesen früher einmal Gott und wurde dann von *māyā* überwältigt. Deshalb, so sagen die Unpersönlichkeitsanhänger, sei das Lebewesen zwar zur Zeit nicht Gott, doch es werde wieder Gott, sobald der Einfluß *māyās* überwunden sei. Diese Theorie kann jedoch nicht auf die kleinen Lebewesen angewandt werden. Die Lebewesen sind winzige Teile der Höchsten Persönlichkeit Gottes. Sie sind wie die Teilchen oder Funken des höchsten Feuers, aber sie sind niemals das ganze Feuer, das heißt, sie sind niemals Kṛṣṇa. Kṛṣṇa ist die Höchste Persönlichkeit Gottes, und das ist Er immer, selbst als Er ganz am Anfang vor Vasudeva und Devakī im Gefängnis erschien.

Kṛṣṇa verhielt Sich genau wie ein kleines Kind und schloß die Augen, als wolle Er es vermeiden, Pūtanās Gesicht zu sehen. Die Gottgeweihten deuten das Schließen der Augen auf verschiedene Weise. Einige sagen, Kṛṣṇa habe das Gesicht Pūtanās nicht sehen wollen, weil sie so viele Kinder getötet hatte und nun gekommen war, um auch Ihm das Leben zu nehmen. Andere sagen, der Hexe sei etwas Außergewöhnliches aufgetragen worden, und um sie in ihrem Vorhaben zu bestärken, habe Er Seine Augen geschlossen, damit sie sich nicht fürchtete. Wieder andere geben folgende Erklärung: Kṛṣṇa erschien, wie in der *Bhagavad-gītā* bestätigt wird (*paritrāṇāya sādhūnāṁ vināśāya ca duṣkṛtām*), um die Dämonen zu töten und die Gottgeweihten zu beschützen. Der erste Dämon, der getötet werden sollte, war eine Frau. Nach vedischem Gesetz ist das Töten einer Frau, eines *brāhmaṇa*, einer Kuh und eines Kindes verboten, aber weil Kṛṣṇa dazu verpflichtet war, die Dämonin Pūtanā zu töten, konnte Er nichts anderes tun als die Augen schließen. Andere Gottgeweihte sind der Ansicht, Kṛṣṇa habe Seine Augen geschlossen, weil Er Pūtanā als Seine Amme annehmen wollte. Pūtanā kam nur zu Kṛṣṇa, um Ihm ihre Brust zu geben, und obwohl Kṛṣṇa wußte, daß sie gekommen war, um Ihn zu töten, war Er so barmherzig, daß Er sie als Amme und Mutter annahm.

Gemäß den vedischen Schriften gibt es sieben Mütter: die leibliche Mutter, die Frau des Lehrers oder des spirituellen Meisters, die Frau des Königs, die Frau eines *brāhmaṇa*, die Kuh, die Amme und die Mutter Erde. Weil Pūtanā gekommen war, um Kṛṣṇa auf ihren Schoß zu nehmen und Ihn an ihrer Brust saugen zu lassen, wurde sie von Kṛṣṇa als eine Seiner Mütter angesehen. Dies wird als ein weiterer Grund dafür angegeben, daß Er Seine Augen schloß: Er mußte Seine Amme töten, d.h. eine Seiner Mütter. Wenn Kṛṣṇa Seine Mutter oder Amme tötet, so ist dies nicht verschieden von der Liebe, die Er für Seine leibliche Mutter oder Seine Pflegemutter Yaśodā zeigt. Weiter können wir aus den *Veden* erfahren, daß Kṛṣṇa Pūtanā wie Seine Mutter behandelte und ihr dasselbe Resultat gewährte: Mutter Yaśodā erlangte Befreiung aus der materiellen Welt, und ebenso erlangte auch Pūtanā Befreiung. Als Baby-Kṛṣṇa Seine Augen schloß, nahm Pūtanā Ihn auf ihren Schoß. Sie ahnte nicht, daß sie den leibhaften Tod in ihren Armen hielt. Wenn ein Mensch irrtümlich eine Schlange für ein Seil hält, begeht er einen verhängnisvollen Fehler. Pūtanā hatte viele Kinder getötet, bevor sie zu Kṛṣṇa kam, doch nun nahm sie die Schlange an ihre Brust, die sie augenblicklich töten sollte.

Pūtanā nahm also Baby-Kṛṣṇa auf ihren Schoß, und sowohl Yaśodā als auch Rohiṇī schauten ihr dabei zu; doch weil die Hexe so wunderschön gekleidet war und mütterliche Zuneigung für Kṛṣṇa zeigte, hinderten sie sie nicht daran. Sie wußten nicht, daß Pūtanā wie ein Schwert in einer verzierten Scheide war. Pūtanā hatte ihre Brüste mit einem tödlichen Gift eingerieben, und gleich nachdem sie das Kind auf den Schoß genommen hatte, schob sie Ihm eine ihrer Brustwarzen in den Mund. Sie erwartete, daß Kṛṣṇa augenblicklich sterben würde, wenn Er an ihrer Brust saugte; Baby-Kṛṣṇa jedoch griff zornig nach der Brust der Dämonin und saugte ihr zusammen mit der vergifteten Milch die Lebensluft aus dem Körper. Mit anderen Worten, Kṛṣṇa trank ihre Milch und tötete sie dabei gleichzeitig, indem Er ihr das Leben aussaugte. Kṛṣṇa ist so barmherzig, daß Er sogar den Wunsch der Hexe Pūtanā erfüllte und sie als Seine Mutter annahm, als diese Ihm ihre Brustmilch anbot. Um sie jedoch von weiteren Abscheulichkeiten abzuhalten, tötete Er sie auf der Stelle. Und weil die Dämonin von Kṛṣṇa getötet wurde, erlangte sie Befreiung. Als Kṛṣṇa Pūtanā die Lebenskraft aussaugte, stürzte sie zu Boden, warf Arme und Beine weit von sich und schrie: „O Kind, geh weg! Geh weg!" Laut gellten ihre Schreie durch die Gegend, der Schweiß trat ihr aus allen Poren, und ihr ganzer Körper wurde feucht.

Als Pūtanā schreiend niederstürzte und starb, erzitterten Himmel und Erde unter ungeheurem Krachen, und den Menschen schien es, als fielen Blitze vom Himmel. So endete der Alptraum von der Hexe Pūtanā, und sie nahm wieder ihre wirkliche Gestalt als große Dämonin an. Sie riß ihren furchterregenden Rachen weit auf und streckte alle Viere von sich. Als sie niederfiel, glich sie Vṛtrāsura, der einstmals vom Donnerkeil Indras erschlagen wurde. Das lange Haar hing ihr zerzaust über den gewaltigen Leib, der bis zu einer Länge von zwölf Meilen anwuchs und dabei alle Bäume umriß und zersplitterte. Alle, die diese gigantische Verwandlung sahen, wurden von Schrecken und Verwunderung ergriffen. Ihre Zähne glichen aufgepflügten Straßen, und ihre Nasenlöcher waren so groß wie Berghöhlen. Ihre Brüste glichen kleinen Hügeln, und ihre Haare waren wie rotes Dickicht. Ihre Augenhöhlen sahen aus wie pechschwarze Brunnen, und ihre Hüften waren wie die beiden Ufer eines Flusses. Ihre Hände glichen massiven Brücken, und ihr Bauchnabel glich einem ausgetrockneten See. Ihr Anblick erfüllte die Kuhhirten und ihre Frauen mit überwältigendem Erstaunen, und das Dröhnen, als die Hexe zu Boden stürzte, betäubte sie fast und ließ ihre Herzen bis zum Hals schlagen.

Als die *gopīs* den kleinen Kṛṣṇa furchtlos auf Pūtanās Schoß spielen sahen, eilten sie schnell herbei und nahmen Ihn auf den Arm. Mutter Yaśodā, Rohiṇī und einige andere ältere *gopīs* begannen sogleich mit glückverheißenden Zeremonien. Sie nahmen einen Kuhschwanz und umkreisten Kṛṣṇa, wuschen Ihn von Kopf bis Fuß mit Kuhurin und streuten Staub auf Ihn, den die Kühe mit ihren Hufen aufgewirbelt hatten. All das wurde unternommen, um den kleinen Kṛṣṇa vor zukünftigem Unheil zu bewahren. Dieser Vorfall beweist, wie wichtig die Kuh für die Familie und die Gesellschaft, ja für alle Lebewesen, ist. Natürlich brauchte der transzendentale Körper Kṛṣṇas nicht beschützt zu werden, doch um uns zu zeigen, welche Bedeutung die Kuh hat, wurde der Herr mit Kuhdung eingerieben, mit Kuhurin gewaschen und mit dem Staub bestreut, den die Kühe beim Gehen aufgewirbelt hatten.

Nach diesem Reinigungsvorgang chanteten die *gopīs* unter der Leitung von Mutter Yaśodā und Rohiṇī zwölf verschiedene Namen Viṣṇus, um Kṛṣṇas Körper vor allen schlechten Einflüssen zu schützen. Sie wuschen ihre Hände und Füße und schlürften dreimal Wasser, wie es vor dem Chanten von *mantras* Brauch ist. Dann chanteten sie: „Lieber Kṛṣṇa, möge der Herr, der als Maṇimān bekannt ist, Deine Schenkel beschützen; möge Śrī Viṣṇu, der als Yajña bekannt ist, Deine Beine beschützen; möge Śrī Acyuta Deine Arme beschützen; möge Śrī Hayagrīva Deinen Bauch beschützen; möge Śrī Keśava Dein Herz beschützen; möge Śrī Viṣṇu Deine Arme beschützen; möge Śrī Urukrama Dein Gesicht beschützen; möge Śrī Īśvara Deinen Kopf beschützen; möge Śrī Cakradhara Deine Brust beschützen; möge Śrī Gadādhara Deinen Rücken beschützen; möge Śrī Madhusūdana, der einen Bogen in Seiner Hand trägt, Deine rechte Seite beschützen; möge Śrī Viṣṇu mit Seinem Muschelhorn Deine linke Seite beschützen; möge die Persönlichkeit Gottes, Upendra, Dich von oben beschützen, und möge Dich Śrī Tārkṣya von unten her beschützen. Möge Dich Śrī Haladhara von allen Seiten beschützen; möge Śrī Hṛṣīkeśa Deine Sinne beschützen; möge Śrī Nārāyaṇa Deine Lebenslüfte beschützen; möge der Herr von Śvetadvīpa, Nārāyaṇa, Dein Herz beschützen; möge Śrī Yogeśvara Deinen Geist beschützen; möge Śrī Pṛśnigarbha Deine Intelligenz beschützen, und möge die Höchste Persönlichkeit Gottes Deine Seele beschützen. Beim Spielen beschütze Dich Śrī Govinda von allen Seiten; während des Schlafes beschütze Dich Śrī Mādhava vor aller Gefahr; beim Gehen bewahre Dich der Herr von Vaikuṇṭha davor umzufallen; möge Dich der Herr von Vaikuṇṭha auch beschützen, während Du sitzt, und beim Essen möge Dir der Herr aller Opfer jeglichen Schutz gewähren."

Mutter Yaśodā chantete die vielen Namen Viṣṇus, um auf diese Weise die verschiedenen Körperteile des kleinen Kṛṣṇa zu beschützen. Sie war fest davon überzeugt, daß sie ihr Kind vor allen möglichen Geistern und Dämonen schützen müsse, wie den Dākinīs, Yātudhānīs, Kūṣmāṇḍās, Yakṣas, Rākṣasas, Vināyakas, Koṭarā, Revatī, Jyeṣṭhā, Pūtanā, Mātṛkās, Unmādas und ähnlichen anderen üblen Geistern, die einen Menschen seine Existenz vergessen lassen und seine Sinne und die Lebensluft unheilvoll beeinflussen. Manchmal erscheinen sie in Träumen und stiften große Verwirrung, und zuweilen erscheinen sie auch als alte Frauen und saugen den kleinen Kindern das Blut aus. Doch all diese bösen Geister und Dämonen können die Klangschwingung von Gottes Heiligem Namen nicht ertragen und meiden einen Ort, wo der Heilige Name gechantet wird. Mutter Yaśodā hatte festes Vertrauen in die vedischen Unterweisungen, die besagen, wie wichtig die Kühe und der Heilige Name Viṣṇus sind, und deshalb suchte sie bei den Kühen und dem Namen Viṣṇus Zuflucht, um ihr Kind zu beschützen. Sie chantete alle Heiligen Namen Viṣṇus mit der Bitte, daß Er ihren Kṛṣṇa beschützen werde. Schon seit Beginn der Weltgeschichte weiß die vedische Kultur das Halten von Kühen und das Chanten der Heiligen Namen Viṣṇus zu nutzen. Menschen, die noch immer den *Veden* folgen, besonders die Haushälter unter ihnen, halten sich daher mindestens ein Dutzend Kühe und verehren die transzendentale Bildgestalt Viṣṇus, die sie in ihrem Haus aufgestellt haben.

Die älteren *gopīs* von Vṛndāvana liebten Kṛṣṇa so sehr, daß sie Ihn beschützen wollten, obwohl dies überhaupt nicht notwendig war, da Er Sich bereits Selbst geholfen hatte. Sie ahnten nicht, daß Kṛṣṇa der Herr, die Höchste Persönlichkeit Gottes, war, der Sich wie ein gewöhnliches Kind verhielt. Nachdem sie die Rituale beendet hatten, nahm Mutter Yaśodā Kṛṣṇa auf den Schoß und gab Ihm ihre Brust. Da ihr Kind nun von dem Viṣṇu-*mantra* beschützt war, fühlte sich Mutter Yaśodā beruhigt. Währenddessen kehrten die Kuhhirten aus Mathurā zurück, und sie waren sehr bestürzt, als sie den gigantischen Körper Pūtanās erblickten.

Nanda Mahārāja erinnerte sich an die Prophezeiung Vasudevas und dachte bei sich, Vasudeva müsse wohl ein großer Weiser oder mystischer *yogī* sein, denn wie hätte er sonst einen Vorfall voraussagen können, der sich während seiner Abwesenheit in Vṛndāvana dann auch tatsächlich ereignete. Daraufhin schnitten die Bewohner von Vraja den ungeheuren Leib Pūtanās in Stücke und stapelten die Teile mit Holz zu einem Haufen auf, den sie dann in Brand setzten. Als die Stücke von Pūtanās Körper brannten, verbreitete der Rauch, der vom Feuer aufstieg, einen angenehmen Duft — weil Pūtanā nämlich von Kṛṣṇa getötet worden war, war die Dämonin von all ihren Sünden gereinigt worden und hatte einen himmlischen Körper erlangt. Dieses Beispiel zeigt, daß die Höchste Persönlichkeit Gottes allgütig ist: Pūtanā war mit der Absicht gekommen,

Kṛṣṇa zu töten, aber weil sie Ihm ihre Milch zu trinken gab, wurde sie augenblicklich geläutert, und ihr toter Körper nahm ein transzendentales Wesen an. Das einzige, was sie gerne getan hatte, war, kleine Kinder zu töten und ihnen das Blut auszusaugen, und obwohl sie neidisch auf Kṛṣṇa war, wurde sie befreit, da sie Ihm ihre Milch zu trinken gegeben hatte. Was soll man dann erst von denen sagen, die Kṛṣṇa als Mutter oder Vater lieben?

Die reinen Gottgeweihten dienen Kṛṣṇa ständig mit großer Liebe und Hingabe, denn Er ist die Höchste Persönlichkeit Gottes, die Überseele, die in jedem Lebewesen weilt. Aber auch schon die kleinste Bemühung im Dienst des Herrn bringt einem unermeßlichen spirituellen Nutzen. Dies wird in der *Bhagavad-gītā* wie folgt erklärt: *svalpam apy asya dharmasya*. Hingebungsvoller Dienst im Kṛṣṇa-Bewußtsein ist so erhaben, daß schon der kleinste Dienst für Kṛṣṇa — sei er bewußt oder unbewußt ausgeführt — größten Nutzen bringt. Wenn Kṛṣṇa Blüten und Früchte eines Baumes geopfert werden, dann erfährt auch das Lebewesen, das den Körper des Baumes besitzt, indirekt großen Nutzen. Der *arcana*-Vorgang, d.h. der Vorgang der Verehrung Kṛṣṇas, kommt also jedem Lebewesen zugute. Kṛṣṇa wird sogar von großen Halbgöttern wie Brahmā und Śiva verehrt, und Pūtanā war so sehr vom Glück begünstigt, daß derselbe Kṛṣṇa als kleines Kind auf ihrem Schoß spielte. Seine Lotosfüße, die von allen großen Weisen und Gottgeweihten verehrt werden, setzte Er auf den Körper Pūtanās. Die Menschen verehren Kṛṣṇa und opfern Ihm Speisen, doch Er trank von Sich aus die Milch von Pūtanās Brust. Die Gottgeweihten beten deshalb: Wenn Pūtanā so sehr gesegnet wurde, einfach dadurch, daß sie Kṛṣṇa etwas in einer feindlichen Haltung anbot, wie kann man dann den Nutzen ermessen, den man erfährt, wenn man Kṛṣṇa mit Liebe und Hingabe verehrt?

Man sollte Kṛṣṇa in jedem Fall verehren — und sei es nur, weil man sich einen Gewinn davon verspricht. Obwohl Pūtanā ein böser Geist war, erlangte sie, genau wie die Mutter der Höchsten Persönlichkeit Gottes, Befreiung. Es ist daher selbstverständlich, daß auch die Kühe und die *gopīs*, die Kṛṣṇa ihre Milch gaben, auf die transzendentale Ebene erhoben wurden. Kṛṣṇa kann die Wünsche eines jeden erfüllen — von jeder nur erdenklichen materiellen Freude bis hin zur Befreiung. Daher kann kein Zweifel darüber bestehen, daß Pūtanā, an deren Brust Kṛṣṇa so lange saugte, befreit wurde. Und erst recht steht es außer Frage, daß die *gopīs*, die Kṛṣṇa so sehr liebten, Befreiung erlangten. Die *gopīs* wie auch die Kuhhirtenjungen und die Kühe, die Kṛṣṇa in Vṛndāvana mit Liebe und Zuneigung dienten, wurden alle von den leidvollen Bedingungen des materiellen Daseins erlöst.

Als die Einwohner von Vṛndāvana auf den Wohlgeruch aufmerksam wurden, der von dem brennenden Körper Pūtanās aufstieg, fragten sie sich, woher dieser Duft komme. Und während sie sich darüber unterhielten, fanden sie heraus, daß es der Rauch der brennenden Pūtanā war, der so wunderbar duftete. Sie liebten Kṛṣṇa sehr, und als sie hörten, daß die Hexe Pūtanā von Kṛṣṇa getötet worden war, gaben sie Ihm in ihrer großen Zuneigung ihren Segen. Als Nanda Mahārāja nach der Verbrennung Pūtanās nach Hause kam, nahm er Kṛṣṇa sofort auf Seinen Schoß und roch an Seinem Köpfchen. Er war sehr froh, daß sein Sohn diese große Gefahr heil überstanden hatte.

Śrīla Śukadeva Gosvāmī hat alle Menschen gesegnet, die die Erzählung hören, wie Kṛṣṇa die Hexe Pūtanā tötete. Sie werden mit Sicherheit die Gunst Govindas erlangen.

Hiermit enden die Bhaktivedanta-Erläuterungen zum 6. Kapitel des Kṛṣṇa-Buches: „Kṛṣṇa tötet die Hexe Pūtanā".

7 / Die Erlösung Tṛṇāvartas

Die Höchste Persönlichkeit Gottes, Śrī Kṛṣṇa, besitzt ewiglich sechs transzendentale Füllen in ihrer Gesamtheit: vollkommenen Reichtum, vollkommene Macht, vollkommenen Ruhm, vollkommenes Wissen, vollkommene Schönheit und vollkommene Entsagung. Der Herr erscheint in dieser Welt in verschiedenen vollkommenen und ewigen Inkarnationen, und so bieten sich der bedingten Seele viele Möglichkeiten, über die transzendentalen Taten zu hören, die der Herr in diesen verschiedenen Inkarnationen offenbart. In der *Bhagavad-gītā* heißt es in diesem Zusammenhang: *janma karma ca me divyam*. Die Taten und Spiele des Herrn sind nicht materiell. Sie befinden sich jenseits des materiellen Vorstellungsvermögens. Doch wenn die bedingte Seele von Seinen ungewöhnlichen Taten hört, kann sie einen sehr großen Nutzen erfahren. Über den Herrn zu hören ist eine Gelegenheit, mit dem Herrn zusammenzusein. Einfach nur von Seinen Taten zu hören bedeutet schon, zur transzendentalen Ebene erhoben zu werden. Die bedingte Seele hat die natürliche Neigung, über andere bedingte Seelen in Form von Geschichten, Dramen und Romanen zu hören. Diese Neigung, etwas über andere zu erfahren, sollte dazu verwendet werden, von den Spielen des Herrn zu hören. Auf diese Weise kann man augenblicklich sein natürliches spirituelles Bewußtsein wiedererwecken. Kṛṣṇas Spiele sind nicht nur außergewöhnlich und wunderbar, sondern erfreuen auch unser Gemüt.

Wenn jemand von den transzendentalen Spielen des Herrn hört, kann die materielle Verunreinigung durch den Staub, der sich durch den langen Aufenthalt in der materiellen Welt in seinem Herzen angesammelt hat, augenblicklich fortgewaschen werden. Auch Śrī Caitanya sagte, daß man einfach durch das Hören von Śrī Kṛṣṇas transzendentalem Namen das Herz von allen materiellen Verunreinigungen befreien kann. Es gibt viele verschiedene Vorgänge zur Selbstverwirklichung, doch der hingebungsvolle Dienst – bei dem Hören die wichtigste Tätigkeit ist – hat den natürlichen Effekt, daß er die bedingte Seele von allen materiellen Verunreinigungen befreit, so daß sie ihre ursprüngliche, wesenseigene Position erkennen kann. Das bedingte Leben hat seine Ursache einzig und allein in dieser Verunreinigung, und sobald diese Verunreinigung entfernt ist, erwacht die natürliche, schlummernde Funktion des Lebewesens, nämlich dem Herrn in Hingabe zu dienen. Wenn man seine ewige Beziehung zum Höchsten Herrn wiedererweckt, qualifiziert man sich, mit den Geweihten des Herrn Freundschaft zu schließen. Mahārāja Parīkṣit empfahl aus eigener Erfahrung, daß jeder über die transzendentalen Spiele des Herrn hören solle. Dieses *Kṛṣṇa-Buch* dient ebendiesem Zweck, und der Leser kann daraus seinen Nutzen ziehen, um das endgültige Ziel des menschlichen Lebens zu erreichen.

Der Herr erscheint aus Seiner grundlosen Barmherzigkeit in der materiellen Welt und entfaltet Seine Tätigkeiten, die denen eines gewöhnlichen Menschen gleichen. Unglücklicherweise halten die Unpersönlichkeitsanhänger, die Atheisten, Kṛṣṇa für einen gewöhnlichen Sterblichen, wie sie es sind, und verspotten Ihn deshalb. Diese Haltung wird in der *Bhagavad-gītā* vom Herrn Selbst verurteilt: *avajānanti māṁ mūḍhāḥ*. Die *mūḍhas*, die Schurken, halten Kṛṣṇa für einen gewöhnlichen Menschen oder für einen Menschen, der vielleicht ein wenig mächtiger ist als sie selbst. Zu ihrem Unglück können sie Ihn nicht als die Höchste Persönlichkeit Gottes anerkennen. Manchmal behaupten solche unglückseligen Menschen sogar, sie selbst seien eine Inkarnation Kṛṣṇas, ohne sich jedoch auf die autorisierten Schriften stützen zu können.

Wie die Tage so vergingen, begann Kṛṣṇa, Sich vom Rücken auf den Bauch zu drehen, und bald kam die Zeit, wo Yaśodā und Nanda Mahārāja eine weitere Zeremonie durchführten: Kṛṣṇas ersten Geburtstag. Sie trafen viele Vorkehrungen für Kṛṣṇas Geburtstagszeremonie, ein Fest, das noch heute von allen Anhängern der vedischen Prinzipien durchgeführt wird. (In Indien wird Kṛṣṇas Geburtstagszeremonie von allen Hindus gefeiert, ungeachtet der vielen verschiedenen Glaubensrichtungen.) Nanda Mahārāja und Yaśodā hatten die Kuhhirten Vṛndāvanas und ihre Frauen eingeladen, an dieser Feier teilzunehmen, und sie alle erschienen in fröhlicher und festlicher Stimmung. Eine Gruppe von Musikern hatte sich aufgestellt, und ihre Kunst erfreute alle Gäste. Auch alle gelehrten *brāhmaṇas* des Ortes waren eingeladen worden, und sie chanteten vedische Hymnen, um Kṛṣṇa eine glückverheißende Zukunft zu sichern. Während die vedischen Hymnen gechantet wurden und die Musiker spielten, wurde Kṛṣṇa von Mutter Yaśodā gebadet. Diese Badezeremonie wird *abhiṣeka* genannt und wird auch heute noch in allen Tempeln von Vṛndāvana am Janmāṣṭamī-Tag, dem Geburtstag Kṛṣṇas, durchgeführt.

Mutter Yaśodā ließ eine große Menge Getreide verteilen, und es wurden die besten Kühe, die mit goldenem Geschmeide geschmückt waren, bereitgestellt, um sie den gelehrten und ehrwürdigen *brāhmaṇas* als Spende zu geben. Nachdem Mutter Yaśodā ihr Bad genommen und ihre schönsten Kleider angezogen hatte, nahm sie den frisch gebadeten und frisch gekleideten Kṛṣṇa auf den Arm und setzte sich, um den *brāhmaṇas* zuzuhören, die vedische Hymnen chanteten. Während sie den *brāhmaṇas* zuhörte, wurde der kleine Kṛṣṇa sehr müde, und so legte Mutter Yaśodā Ihn behutsam in Sein Bettchen. Da sie voll und ganz davon in Anspruch genommen war, Freunde, Verwandte und die verschiedenen Einwohner von Vṛndāvana zu empfangen, vergaß sie, das Kind zu stillen. Kṛṣṇa aber war sehr hungrig und begann zu weinen, doch Mutter Yaśodā konnte Ihn in all dem Trubel nicht hören. Als Ihm Seine Mutter keine Aufmerksamkeit schenkte, obwohl Er so hungrig war, wurde Kṛṣṇa sehr ärgerlich, und Er begann mit Seinen Lotosfüßen wie ein gewöhnliches Kind zu strampeln. Mutter Yaśodā hatte Kṛṣṇas Wiege unter einen Handkarren gestellt, und als der kleine Kṛṣṇa mit Seinen Beinen strampelte, stieß Er zufällig gegen das Rad des Wagens, worauf dieser umkippte. Das Messing- und Metallgeschirr und die verschiedenen anderen Gegenstände, die auf dem Handkarren aufgestapelt waren, fielen mit großem Lärm zu Boden. Das Rad hatte sich von der Achse gelöst, und überall lagen zerbrochene Speichen herum. Mutter Yaśodā und alle *gopīs* sowie Mahārāja Nanda und die Kuhhirten eilten sogleich herbei und waren sehr erstaunt, als sie den zerbrochenen Wagen sahen. All die Teilnehmer an dieser heiligen Zeremonie versammelten sich um den Wagen und stellten Vermutungen an, wie er von selbst hatte zusammenstürzen können; doch niemand konnte die Ursache herausfinden. Einige Kinder, die bei Baby-Kṛṣṇa gelassen worden waren, um mit Ihm zu spielen, teilten den Umstehenden mit, der Karren sei plötzlich umgefallen, weil Kṛṣṇa mit Seinen Füßen gegen das Rad getreten habe. Sie versicherten, daß sie dies mit eigenen Augen gesehen hätten, und beteuerten, daß sie die reine Wahrheit sprachen. Einige glaubten den Kindern, doch andere sagten: „Wie kann man nur den Worten dieser Kinder Glauben schenken?" Die Kuhhirten und Kuhhirtenfrauen konnten nicht verstehen, daß die allmächtige Persönlichkeit Gottes vor ihnen als Säugling lag und alles tun konnte, was Ihm beliebte. Das Mögliche wie das Unmögliche standen in Seiner Macht. Inmitten der Diskussion begann Baby-Kṛṣṇa plötzlich zu weinen, und Mutter Yaśodā nahm das Kind ohne ein Wort des Tadels auf ihren Schoß. Sie rief die gelehrten *brāhmaṇas* zusammen, um sie heilige vedische Hymnen zum Schutz gegen böse Geister chanten zu lassen, und gleichzeitig ließ sie das Kind von ihrer Brust trinken. Wenn ein Kind an der Brust der Mutter saugt, kann man sicher sein, daß es sich außer Gefahr befindet. Daraufhin reparierten die stärkeren unter den Kuhhirten den zerbrochenen Karren und sammelten alle Gegenstände, die verstreut herumlagen, zusammen, um sie wieder auf den Karren zu stapeln. Danach begannen die *brāhmaṇas*, im Opferfeuer Butter, Joghurt, *kuśa*-Gras und Wasser darzubringen. Sie verehrten die Höchste Persönlichkeit Gottes, um auf diese Weise das Schicksal des Kindes günstig zu beeinflussen.

Die *brāhmaṇas*, die bei dieser Zeremonie zugegen waren, besaßen alle erforderlichen guten Eigenschaften: Sie waren frei von Neid, sprachen stets die Wahrheit, sie waren niemals stolz, sie waren gewaltlos, und sie erwarteten niemals Ehre für sich selbst. Sie waren echte *brāhmaṇas*, und deshalb gab es keinen Grund zu bezweifeln, daß ihre Segnungen wirksam sein würden. Nanda Mahārāja, mit festem Vertrauen in die *brāhmaṇas*, nahm Kṛṣṇa auf seinen Schoß, und während die *brāhmaṇas* Hymnen aus dem *Ṛg-*, *Yajur-* und *Sāma-Veda* chanteten, badete er Kṛṣṇa mit Wasser, das mit den verschiedensten Kräutern vermischt war.

Es heißt, daß man die *mantras* der *Veden* nicht chanten darf, wenn man kein qualifizierter *brāhmaṇa* ist. Dies beweist, daß die bei Kṛṣṇas Geburtstagszeremonie anwesenden *brāhmaṇas* alle brahmanischen Eigenschaften aufwiesen, und daher hatte Mahārāja Nanda volles Vertrauen in ihre Fähigkeiten und erlaubte es ihnen, die rituellen Zeremonien durchzuführen und die vedischen *mantras* zu chanten. Es gibt viele verschiedene Opfer, die für verschiedene Zwecke empfohlen werden, doch die dazu erforderlichen *mantras* müssen von qualifizierten *brāhmaṇas* gechantet werden. Da es im gegenwärtigen Zeitalter, dem Kali-yuga, keine qualifizierten *brāhmaṇas* mehr gibt, sind alle vedischen Opfer verboten. Śrī Caitanya Mahāprabhu hat aus diesem Grunde nur ein einziges Opfer für diese Zeit empfohlen, nämlich den *saṅkīrtana-yajña*, das Chanten des *mahā-mantra*: Hare Kṛṣṇa, Hare Kṛṣṇa, Kṛṣṇa Kṛṣṇa, Hare Hare / Hare Rāma, Hare Rāma, Rāma Rāma, Hare Hare.

Als die *brāhmaṇas* zum zweiten Mal die vedischen Hymnen chanteten und die Rituale durchführten, beschenkte Nanda Mahārāja sie noch einmal mit einer riesigen Menge von Getreide und Kühen. Auf jeder Kuh lag eine wunderschöne golddurchwobene Decke, ihre Hörner waren mit vielen goldenen Ringen versehen, ihre Hufe waren mit Silber eingefaßt, und um ihren Hals hingen duftende Blumengirlanden. Nanda Mahārāja spendete die vielen Kühe allein zum Wohl seines wunderbaren Sohnes, und die *brāhmaṇas* ihrerseits gaben dem Kind ihre von ganzem Herzen kommenden Segnungen. Und die Segnungen, die von diesen qualifizierten *brāhmaṇas* ausgesprochen wurden, blieben mit Sicherheit niemals wirkungslos.

Als Mutter Yaśodā einige Tage später ihr Kind auf dem Schoß hielt und liebkoste, wurde ihr das Kind zu schwer, und so setzte sie Es widerwillig auf den Boden. Nach kurzer Zeit dann mußte sie wieder Haushaltsarbeiten nachgehen. Da erschien plötzlich Tṛṇāvarta, ein Diener Kaṁsas, der auf Befehl seines Herrn als Wirbelsturm über Vṛndāvana hereinbrach. Er packte das Kind, hob Es auf seine Schultern und verursachte einen großen Sandsturm über Vṛndāvana. Schon nach kurzer Zeit war das gesamte Gebiet von Vṛndāvana in eine dunkle Staubwolke gehüllt, so daß man nicht einmal mehr die Hand vor seinen Augen sehen konnte. Als Mutter Yaśodā nach verzweifelter Suche ihren Kṛṣṇa nicht finden konnte, begann sie mitleiderregend zu weinen, und sie fiel zu Boden, wie eine Kuh, die ihr Kalb verloren hat. Sofort kamen alle Kuhhirtenfrauen herbeigelaufen und suchten ebenfalls nach dem kleinen Kṛṣṇa, doch auch ihre Bemühungen blieben erfolglos — sie konnten das Kind nirgends finden. Der Tṛṇāvarta-Dämon, der Baby-Kṛṣṇa auf seinen Schultern entführte, stieg hoch in den Himmel, doch plötzlich nahm das Kind ein solches Gewicht an, daß er nicht mehr höher fliegen konnte und innehalten mußte. Baby-Kṛṣṇa machte Sich noch schwerer und drückte den Dämon durch Sein Gewicht herunter. Dann griff Kṛṣṇa nach Tṛṇāvartas Hals und umklammerte ihn, und der Dämon fühlte, wie das Kind so schwer wie ein Berg wurde. Er versuchte, Seiner Gewalt zu entkommen, was ihm jedoch nicht gelang. Seine Augen traten ihm aus den Höhlen, und wild schreiend fiel er vom Himmel, genau wie einstmals Tripurāsura, nachdem er von einem Pfeil Śivas durchbohrt worden war. Der Dämon schlug auf den Steinboden auf, und dieser Aufprall zerschmetterte ihm die Glieder. So wurde sein Körper allen Einwohnern Vṛndāvanas sichtbar.

Als die *gopīs* sahen, daß der Dämon tot war und der kleine Kṛṣṇa unbekümmert auf seinem Körper spielte, nahmen sie Kṛṣṇa sogleich liebevoll in ihre Arme und drückten Ihn an sich. Die Kuhhirten und ihre Frauen waren sehr glücklich, daß ihr geliebter Kṛṣṇa unversehrt geblieben war, und sie begannen, über den außergewöhnlichen Vorfall zu sprechen. Einige sagten, ob es nicht wundervoll sei, daß der Dämon Kṛṣṇa entführte, um Ihn zu verschlingen, aber statt dessen selbst sein Leben lassen mußte. Andere waren der Meinung, daß es gar nicht so erstaunlich sei, und sagten: „Es ist nichts als recht, daß er getötet wurde, denn diejenigen, die zu sündig sind, sterben an den Folgen ihrer Sünden; Kṛṣṇa dagegen ist sehr fromm und wurde daher aus allen möglichen gefahrvollen Situationen gerettet. Dazu haben wir auch sicherlich in unseren vorherigen Leben große Opfer dargebracht, die Höchste Persönlichkeit Gottes verehrt, viel Reichtum als Spende verteilt und zum Wohl aller Menschen großmütig gehandelt. Aufgrund dieser frommen Tätigkeiten ist das Kind nun aus allen Gefahren errettet worden."

Auch die *gopīs*, die sich dort eingefunden hatten, sagten zueinander: „Wie groß müssen unsere Entsagungen und Bußen gewesen sein, die wir in unseren früheren Leben auf uns genommen haben. Wir haben bestimmt die Höchste Persönlichkeit Gottes verehrt, die verschiedensten Opfer dargebracht, große Spenden verteilt und viele Wohltätigkeiten für die Allgemeinheit getan, wie Banyanbäume gepflanzt und Brunnen gegraben. Als Belohnung für diese frommen Taten haben wir unser Kind zurückbekommen, das wir bereits für tot hielten. Nun ist Es zur Erleichterung all Seiner Verwandten wieder zurückgekehrt." Alle diese wunderbaren Ereignisse ließen Nanda Mahārāja immer wieder an die Worte Vasudevas denken.

Als Mutter Yaśodā nach diesem Vorfall wieder einmal ihr Kind stillte und Es mit großer Zuneigung liebkoste, strömte übermäßig viel Milch aus ihrer Brust, und als sie daraufhin mit ihrer Hand den Mund des Kindes öffnete, sah sie darin plötzlich die universale Manifestation. Sie sah im Munde Kṛṣṇas den gesamten Himmel, einschließlich der Planeten und Sterne aller Himmelsrichtungen; sie sah die Sonne, den Mond, Feuer, Luft, Meere, Inseln, Berge, Flüsse, Wälder und alle sich bewegenden und sich nicht bewegenden Lebewesen. Als Mutter Yaśodā dieser Dinge gewahr wurde, begann ihr Herz schneller zu schlagen, und sie flüsterte: „Oh, welch ein Wunder!" Sie war so überwältigt, daß sie sich nicht weiter auszudrücken vermochte, und so schloß sie einfach ihre Augen und versank in wunderbare Gedanken.

Daß Kṛṣṇa Seine universale Form zeigte, als Er noch auf dem Schoß Seiner Mutter lag, beweist, daß die Höchste Persönlichkeit Gottes immer die Höchste Persönlichkeit Gottes ist — ganz gleich, ob Er Sich als Kind auf dem Schoß Seiner Mutter manifestiert oder auf dem Schlachtfeld von Kurukṣetra den Streitwagen Arjunas lenkt. Dies ist der Beweis, daß die Theorie der Unpersönlichkeitsanhänger falsch ist, die glauben, man könne durch Meditation oder durch künstliche materielle Tätigkeiten Gott werden. Gott ist immer Gott – unter allen Umständen –, und die Lebewesen sind immer Seine winzigen Teile. Sie können niemals der unbegreiflichen, übernatürlichen Macht der Höchsten Persönlichkeit Gottes gleichkommen.

Hiermit enden die Bhaktivedanta-Erläuterungen zum 7. Kapitel des Kṛṣṇa-Buches: „Die Erlösung Tṛṇāvartas".

8 / Die Offenbarung der universalen Form

Nach diesem Ereignis bat Vasudeva seinen Familienpriester Gargamuni, Nanda Mahārāja zu besuchen, um die Zukunft Kṛṣṇas astrologisch zu berechnen. Gargamuni, ein großer Heiliger, der viele Entsagungen und Bußen auf sich genommen hatte, war der Priester der Yadu-Dynastie. Als er im Hause Nanda Mahārājas eintraf, freute sich Nanda sehr, ihn zu sehen, und stand sofort mit gefalteten Händen auf, um ihm seine achtungsvollen Ehrerbietungen zu erweisen. Er empfing Gargamuni mit dem gleichen Respekt, mit dem man Gott, den Höchsten Herrn, verehrt. Er bot ihm einen bequemen Sitz an, und nachdem sich Gargamuni hingesetzt hatte, hieß ihn Nanda Mahārāja mit herzlichen Worten willkommen. Er sagte: „Mein lieber *brāhmaṇa*, du erscheinst im Hause eines Haushälters nur, um Erleuchtung zu bringen. Wir Haushälter sind immer so sehr mit unserer Familie beschäftigt, daß wir darüber unsere eigentliche Pflicht vergessen, nämlich nach Selbstverwirklichung zu streben. Wenn du zu uns kommst, willst du uns im spirituellen Leben unterweisen; nur aus diesem Grund besuchst du die Haushälter." Eigentlich gibt es für einen Heiligen oder einen *brāhmaṇa* nicht den geringsten Grund, Haushälter zu besuchen, die sich gewöhnlich nur mit Geld- und Besitzangelegenheiten beschäftigen. Wenn sie es trotzdem tun, dann nur, um die Haushälter zu erleuchten. Man wird sich vielleicht fragen, warum die Haushälter nicht selbst zu einem Heiligen oder einem *brāhmaṇa* gehen, um sich erleuchten zu lassen. Die Antwort lautet, daß die Haushälter im allgemeinen sehr engstirnig sind und glauben, es sei ihre vornehmste Pflicht, sich um ihre Familie zu kümmern. Selbstverwirklichung und Erleuchtung im spirituellen Wissen halten sie für weniger wichtig. Daher ist Mitleid der einzige Grund, warum Heilige und *brāhmaṇas* die Haushälter besuchen.

Nanda Mahārāja bezeichnete Gargamuni auch als eine der großen Autoritäten in der astrologischen Wissenschaft. Die Voraussagen der Astrologie, wie z.B. der Zeitpunkt einer Sonnen- oder Mondfinsternis, beruhen auf eindrucksvollen Berechnungen, und durch diese Wissenschaft kann man seine Zukunft klar erkennen. Gargamuni war auf diesem Gebiet sehr erfahren. Mit Hilfe der

Astrologie kann man feststellen, was man in seinem vorherigen Leben getan hat und welche Ergebnisse man im jetzigen Leben genießen oder erleiden wird.

Nanda Mahārāja nannte Gargamuni auch „den besten der *brāhmaṇas*". Als *brāhmaṇa* wird jemand bezeichnet, der mit dem Wissen über das Höchste vertraut ist. Ohne Wissen über das Höchste Absolute zu besitzen, kann man nicht als *brāhmaṇa* anerkannt werden. Das genaue Wort, das in diesem Zusammenhang gebraucht wird, lautet *brahmavidām*, was soviel bedeutet wie „diejenigen, die den Höchsten sehr gut kennen". Ein erfahrener *brāhmaṇa* kann für die untergeordneten Kasten, die *kṣatriyas* und *vaiśyas*, Reinigungszeremonien durchführen; die *śūdras* hingegen unterziehen sich keinen solchen Ritualen. Die *brāhmaṇas* gelten als die spirituellen Meister der *kṣatriyas* und *vaiśyas* und erfüllen auch alle priesterlichen Aufgaben. Nanda Mahārāja war ein *vaiśya*, und er sah Gargamuni als *brāhmaṇa* höchsten Ranges an. Er holte deshalb seine beiden Pflegesöhne, Kṛṣṇa und Balarāma, und bat Gargamuni, Sie der üblichen Reinigungszeremonie zu unterziehen. Damit zeigte er, daß nicht nur seine beiden Söhne, sondern alle Menschen gleich nach der Geburt einen qualifizierten *brāhmaṇa* als spirituellen Meister annehmen sollten.

Auf diese Bitte Nandas hin antwortete Gargamuni: „Vasudeva hat mich hierher geschickt, damit ich für diese Knaben, und ganz besonders für Kṛṣṇa, die Reinigungszeremonien durchführe. Ich bin der Familienpriester der Yadu-Dynastie, und irgendwie habe ich den Eindruck, Kṛṣṇa sei der Sohn Devakīs." Anhand seiner astrologischen Berechnungen wußte Gargamuni, daß Kṛṣṇa der Sohn Devakīs war und daß Er der Obhut Nanda Mahārājas anvertraut worden war, ohne daß dieser davon wußte. Er deutete indirekt an, daß sowohl Kṛṣṇa als auch Balarāma die Söhne Vasudevas waren. Es war allen bekannt, daß Balarāma der Sohn Vasudevas war, denn Seine Mutter Rohiṇī wohnte in Vṛndāvana; doch Nanda Mahārāja wußte nicht, daß auch Kṛṣṇa der Sohn Devakīs war. Indirekt also offenbarte Gargamuni dieses Geheimnis. Gargamuni warnte Nanda Mahārāja gleichzeitig vor Kaṁsa und sagte, dieser sei ein äußerst sündvoller Mensch, und wenn Kaṁsa erfahren würde, daß er, Gargamuni, als Familienpriester der Yadus die Reinigungszeremonie durchführe, dann würde er sofort glauben, Kṛṣṇa sei der Sohn von Vasudeva und Devakī. Auch hätten astrologische Berechnungen ergeben, daß das achte Kind von Devakī unmöglich ein Mädchen sein konnte, wie es alle annahmen. Auf diese Weise deutete Gargamuni Nanda Mahārāja gegenüber an, daß das Mädchen eigentlich von Yaśodā geboren worden war und daß Kṛṣṇa in Wirklichkeit Devakīs Sohn war, daß die beiden aber vertauscht wurden. Darüber hinaus hatte das weibliche Kind, das in Wirklichkeit die Göttin Durgā war, Kaṁsa darüber informiert, daß der Knabe, welcher ihn töten werde, bereits an einem anderen Ort geboren worden sei. Gargamuni fuhr fort: „Wenn ich deinem Kind einen Namen gebe und wenn Kaṁsa erfährt, daß dieser Knabe genau mit der Prophezeiung des Mädchens übereinstimmt, dann wird dieser frevlerische Dämon nicht zögern, hierherzukommen, um nach der Namengebungszeremonie auch dieses Kind zu töten. Ich möchte nicht für all dieses zukünftige Unheil verantwortlich sein."

Nachdem Nanda Mahārāja die Worte Gargamunis gehört hatte, sagte er: „Wenn die Situation derart gefährlich ist, dann ist es besser, keine festliche Namengebungszeremonie abzuhalten. Unter diesen Umständen wird es besser sein, wenn du einfach die erforderlichen vedischen Hymnen chantest und die Reinigungsvorgänge in aller Stille vollziehst. Wir gehören zur Kaste der Zweimalgeborenen, und so möchte ich deine Anwesenheit nutzen. Daher bitte ich dich, die Namengebungszeremonie trotzdem durchzuführen; wir werden dabei einfach jedes Aufsehen vermeiden." Nanda Mahārāja wollte, daß die Namengebungszeremonie ein Geheimnis blieb, doch zur gleichen Zeit wollte er auch die günstige Gelegenheit der Anwesenheit Gargamunis nutzen und diese Zeremonie von ihm durchführen lassen.

Als Gargamuni so inständig von Nanda Mahārāja gebeten wurde, vollzog er die Namengebungszeremonie so unauffällig wie möglich in Nanda Mahārājas Kuhstall. Er erklärte dabei, daß Balarāma, der Sohn Rohiṇīs, Nanda Mahārājas Familienmitgliedern und Verwandten sehr viel Freude bereiten werde und deswegen den Namen Rāma erhalten werde. Außerdem werde Er in der Zukunft ungewöhnliche Kraft offenbaren und deshalb auch Balarāma genannt werden. Des weiteren sagte Gargamuni zu Nanda Mahārāja: „Weil deine Familie so eng mit der Familie der Yadus verbunden ist und weil zwischen euch eine so tiefe Freundschaft herrscht, wird man Ihn auch Saṅkarṣaṇa nennen." Gargamuni gab dem Sohne Rohiṇīs also drei Namen: Balarāma, Saṅkarṣaṇa und Baladeva. Doch er sagte vorsichtshalber nichts davon, daß Balarāma ebenfalls im Schoße Devakīs erschienen und daraufhin in den Schoß Rohiṇīs versetzt worden war. Kṛṣṇa und Balarāma sind wirkliche Brüder, denn Sie sind ursprünglich die Söhne Devakīs.

Gargamuni gab Nanda Mahārāja weitere Informationen: „Was den anderen Knaben betrifft, so ist Er bereits in den verschiedenen anderen *yugas* (Zeitaltern) erschienen, und zwar mit unterschiedlicher Körperfarbe: zuerst mit weißer, dann mit roter, dann mit gelber und nun mit schwarzer Körperfarbe. Er wurde früher einmal als der Sohn Vasudevas geboren, und deshalb soll Er sowohl Vāsudeva als auch Kṛṣṇa heißen. Manche Menschen werden Ihn Kṛṣṇa nennen und andere Vāsudeva. Dazu muß ich dir noch sagen, daß dieses Kind bereits viele andere Namen bekommen hat, von denen sich jeder auf Seine verschiedenen Taten und Spiele bezieht."

Gargamuni ließ Nanda Mahārāja des weiteren wissen, daß man seinen Sohn auch Giridharī nennen werde, weil Er als eines Seiner ungewöhnlichen Spiele den Govardhana-Hügel hochheben werde. Da Gargamuni Einblick in Vergangenheit und Zukunft hatte, fuhr er fort: „Ich kenne alle Seine Spiele und Namen; andere wissen nichts davon. Dein Sohn wird allen Kuhhirten und Kühen sehr viel Freude bereiten. Er wird in Vṛndāvana sehr beliebt sein, und deswegen wird Er dir viel Glück bringen. Durch Seine Anwesenheit wirst du trotz vieler Hindernisse alle materiellen Schwierigkeiten überwinden."

Gargamuni sagte weiter: „Mein lieber König von Vraja, in Seinen früheren Leben hat dieses Kind viele Male, wenn politische Wirren überhandnahmen, die rechtschaffenen Menschen vor Räubern und Schurken beschützt. Dein Kind ist so mächtig, daß jeder, der Sein Geweihter wird, vor Feinden sicher ist. Wie die Halbgötter immer von Śrī Viṣṇu beschützt werden, so werden die Geweihten deines Sohnes immer von Nārāyaṇa, der Höchsten Persönlichkeit Gottes, beschützt. Dieses Kind wird an Macht, Schönheit und Reichtum — in jeder Hinsicht — Nārāyaṇa, der Höchsten Persönlichkeit Gottes, gleichkommen. Deshalb gebe ich dir den Rat, deinen Sohn sorgfältig zu behüten, so daß Er ungestört aufwachsen kann."

Weil Nanda Mahārāja ein Geweihter Nārāyaṇas sei, so fuhr Gargamuni mit seiner Erklärung fort, habe ihm Śrī Nārāyaṇa einen Sohn gegeben, der Ihm Selbst ebenbürtig ist. Gleichzeitig jedoch sagte Gargamuni zu Nanda Mahārāja: „Dein Sohn wird von vielen Dämonen angegriffen werden. Sei also vorsichtig und beschütze Ihn." Auf diese Weise überzeugte Gargamuni Nanda Mahārāja davon, daß Nārāyaṇa persönlich sein Sohn geworden war. Er beschrieb in vielen Einzelheiten die transzendentalen Eigenschaften Kṛṣṇas, und nachdem er so gesprochen hatte, kehrte er nach Hause zurück. Nanda Mahārāja freute sich sehr über die Segnung, die er bekommen hatte, und er hielt sich für den glücklichsten Menschen der Welt.

Kurz danach begannen Kṛṣṇa und Balarāma, auf Händen und Knien umherzukriechen, was Ihre Mütter mit großer Freude erfüllte. Die Glöckchen, die an Ihren Hüften und Fußgelenken hingen, klingelten fröhlich, und es gab nichts Erfreulicheres, als Ihnen zuzuschauen, wie Sie so vergnügt umherkrochen. Manchmal wurden Sie genau wie gewöhnliche Kinder von anderen erschreckt, worauf Sie sogleich zu Ihren Müttern flohen, um bei ihnen Schutz zu suchen. Manchmal fielen Sie auch in den Lehm und den Schlamm von Vṛndāvana und kamen dann über und über mit Lehm und Safran beschmiert nach Hause. Eigentlich waren Sie von Ihren Müttern mit Safran und Sandelholzpaste eingerieben worden, doch weil Sie im schlammigen Lehm gespielt hatten, waren Ihre Körper ganz voll Lehm. Sowie Sie zu Yaśodā und Rohiṇī kamen, nahmen diese ihre beiden Kinder auf den Schoß, bedeckten Sie mit dem unteren Teil ihres Saris und gaben Ihnen die Brust. Als die Kinder an ihren Brüsten saugten, fühlten die Mütter, daß bereits die ersten Zähnchen kamen, und so steigerte sich ihre Freude nur noch mehr, da sie sahen, wie ihre Kinder heranwuchsen. Manchmal krabbelten die beiden auch zum Kuhstall, ergriffen den Schwanz eines Kalbes und zogen Sich daran hoch. Die erschreckten Kälber begannen sofort, wild durcheinanderzulaufen, und zogen die Kinder durch Kuhfladen und Schlammpfützen hinter sich her. Yaśodā und Rohiṇī riefen dann sogleich ihre Nachbarinnen, die *gopīs*, herbei, damit alle diesen Spaß miterleben konnten. Als die *gopīs* die kindlichen Spiele Śrī Kṛṣṇas sahen, wurden sie in transzendentale Glückseligkeit getaucht, und in ihrer ekstatischen Freude lachten sie aus vollem Halse.

Kṛṣṇa und Balarāma waren so lebhaft, daß ihre Mütter ständig damit zu tun hatten, sie vor Kühen, Stieren, Affen, Wasser, Feuer und Vögeln zu schützen, während sie gleichzeitig auch ihren Haushaltspflichten nachkommen mußten. Weil sie ständig ängstlich darum bemüht waren, auf die Kinder aufzupassen und gleichzeitig ihre übrigen Pflichten zu erfüllen, kamen die beiden Mütter nie zur Ruhe. Schon nach kurzer Zeit gelang es Kṛṣṇa und Balarāma, Sich auf Ihre Beine zu stellen, und unbeholfen wagten Sie Ihre ersten Schritte. Als Sie so umhertappten, schlossen sich Ihnen einige gleichaltrige Freunde an, und auf diese Weise bereiteten sie den *gopīs*, ganz besonders aber Mutter Yaśodā und Rohiṇī, die höchste transzendentale Freude.

Alle *gopī*-Freundinnen von Yaśodā und Rohiṇī hatten ihre Freude an den frechen, kindlichen Spielen Kṛṣṇas und Balarāmas in Vṛndāvana. Um noch größere transzendentale Glückseligkeit zu erfahren, taten sie sich eines Tages alle zusammen und gingen zu Mutter Yaśodā, um sich bei ihr über die ungezogenen Jungen zu beklagen. Als Kṛṣṇa gerade vor Mutter Yaśodā auf dem Boden saß, begannen die älteren *gopīs*, ihre Klagen gegen Ihn vorzubringen, so daß auch Er sie hören konnte. Sie sagten: „Liebe Yaśodā, warum läßt du deinen frechen Kṛṣṇa tun und lassen, was Er will? Er kommt jeden Morgen und Abend, bevor die Kühe gemolken werden, zusammen mit Balarāma zu unseren Häusern und bindet die Kälber los, die natürlich sofort zu den Kühen laufen und deren Milch trinken. Wenn wir dann die Kühe melken wollen, finden wir, daß ihre Euter leer sind, und so müssen wir mit leeren Eimern und Töpfen zurückkehren. Wenn wir dann Kṛṣṇa und Balarāma schelten, nicht noch einmal so etwas zu tun, lächeln Sie einfach nur zauberhaft. Wir fühlen uns so hilflos. Auch bereitet es Kṛṣṇa und Balarāma große Freude, unseren Joghurt und unsere Buttervorräte zu stehlen. Wir können unsere Vorräte nicht vor Ihnen verstecken. Ganz gleich wo wir sie aufbewahren, die beiden finden sie immer. Wenn wir Kṛṣṇa und Balarāma dann ertappen, wie Sie den Joghurt und die Butter davontragen, entgegnen Sie: ‚Warum sagt ihr, daß Wir stehlen? Denkt ihr etwa, daß es bei Uns zu Hause an Butter und Joghurt mangelt?' Manchmal nehmen Sie auch den Joghurt, die Butter und die Milch und verteilen sie an die Affen. Wenn die Affen dann satt sind und nichts mehr nehmen wollen, fangen deine Söhne an zu schimpfen und sagen: ‚Die Milch, die Butter und auch der Joghurt sind wertlos – nicht einmal die Affen wollen davon nehmen.' Dann zerbrechen Sie die Töpfe und werfen sie durcheinander. Und selbst wenn wir unsere Butter, den Joghurt und die Milch an einem versteckten, dunklen Ort aufbewahren, finden Kṛṣṇa und Balarāma unsere Vorräte, da der Schmuck und die Juwelen, die Sie tragen, einen leuchtenden Schimmer verbreiten. Sollten Sie aber zufällig einmal die versteckte Butter und den Joghurt nicht finden, dann gehen Sie zu unseren kleinen Kindern und zwicken sie, bis sie zu weinen beginnen, und dann machen Sich die beiden schnell aus dem Staub. Selbst wenn wir unsere Butter- und Joghurtvorräte hoch unter der Zimmerdecke auf eine Schaukel stellen, so daß sie sich außerhalb Ihrer Reichweite befinden, gelingt es Ihnen dennoch, an diese Vorräte heranzukommen, indem Sie Kisten auf einem umgestülpten Mörser aufeinanderstapeln. Und wenn Sie die Butter einmal nicht erreichen können, machen Sie ein Loch in den Topf. Wir möchten dich daher bitten, deinen Kindern den Juwelenschmuck abzunehmen."

Als Mutter Yaśodā diese Klagen hörte, sagte sie: „Gut, ich werde Kṛṣṇa allen

Schmuck wegnehmen, so daß Er in der Dunkelheit die versteckte Butter nicht mehr finden kann.“ Doch die *gopīs* erwiderten schnell: „O nein, tu nur das nicht! Es würde sowieso nichts nützen, wenn du Ihnen den Schmuck wegnimmst; wir wissen nicht, was es mit diesen Jungen auf sich hat, aber auch ohne Schmuck geht ein Leuchten von Ihnen aus, so daß Sie sogar in der Dunkelheit alles sehen können.“ Mutter Yaśodā sagte daraufhin zu den *gopīs*: „Ihr müßt in Zukunft eure Butter und euren Joghurt besser verstecken, so daß die Jungen eure Vorräte nicht erreichen können.“ Doch die *gopīs* entgegneten: „Das tun wir schon seit langem, aber weil wir auch unseren Haushaltspflichten nachgehen müssen, gelingt es diesen ungezogenen Jungen immer wieder, Sich unbemerkt ins Haus zu schleichen und Unordnung zu stiften. Und wenn es Ihnen einmal nicht gelingt, unsere Butter und unseren Joghurt zu entwenden, urinieren oder spucken Sie aus Zorn auf den sauberen Fußboden. Sieh dir nur einmal deinen Kṛṣṇa an — Er weiß sehr gut, wovon wir sprechen. Den ganzen Tag hecken Kṛṣṇa und Balarāma Pläne aus, wie Sie an unsere Butter und unseren Joghurt herankommen können, und da sitzen Sie nun wie zwei artige Jungen. Sieh nur einmal Kṛṣṇas Gesicht an.“ Als Mutter Yaśodā all diese Klagen hörte, überlegte sie, wie sie Kṛṣṇa bestrafen könne, doch als sie Sein reuiges Gesicht sah, mußte sie lächeln und vergaß ihr Vorhaben.

Ein anderes Mal, als Kṛṣṇa und Balarāma mit Ihren Freunden spielten, taten sich alle Jungen mit Balarāma zusammen und erzählten Mutter Yaśodā, Kṛṣṇa habe Lehm gegessen. Als Mutter Yaśodā dies hörte, nahm sie Kṛṣṇa sofort bei der Hand und sagte zu Ihm: „Mein lieber Kṛṣṇa, warum hast Du heimlich Erde gegessen? Sieh doch nur, alle Deine Freunde, selbst Balarāma, beklagen sich schon über Dich.“ Weil Sich Kṛṣṇa vor Seiner Mutter fürchtete, antwortete Er: „Meine liebe Mutter, diese Jungen und auch Mein älterer Bruder Balarāma verbreiten Lügen über Mich. Ich habe keinen Lehm gegessen. Als wir heute zusammen spielten, wurde Balarāma zornig auf Mich, und deshalb hat Er Sich mit den anderen verbündet, um Sich bei dir über Mich zu beklagen. Sie stecken alle unter einer Decke. Sie wollen Mich bei dir anschwärzen und hoffen, daß du zornig wirst und Mich bestrafst. Wenn du glaubst, daß sie die Wahrheit sagen, dann schau in Meinen Mund und sieh nach, ob Ich Lehm gegessen habe oder nicht.“ „Gut“, erwiderte Mutter Yaśodā, „wenn Du wirklich keinen Lehm gegessen hast, dann öffne Deinen Mund — ich werde es ja sehen.“

Als die Höchste Persönlichkeit Gottes, Kṛṣṇa, von Seiner Mutter diesen Befehl bekam, machte Er wie ein gewöhnlicher Junge gehorsam Seinen Mund auf, und da sah Mutter Yaśodā die gesamte Fülle der Schöpfung. Sie sah die grenzenlosen Dimensionen des Weltraums, alle Berge, Inseln, Meere, Ozeane, Planeten sowie die Luft, das Feuer, den Mond und die Sterne. Zusammen mit dem Mond und den Sternen sah sie auch alle Elemente, das Wasser, den Himmel, den alldurchdringenden Äther, das gesamte Ich, die Erzeugnisse der Sinne und den Beherrscher der Sinne, alle Halbgötter, die Objekte der Sinne, wie Klang, Geruch usw., und die drei Erscheinungsweisen der materiellen Natur. Sie konnte auch erkennen, daß sich in Kṛṣṇas Mund alle Lebewesen, die ewige Zeit, die materielle und die spirituelle Natur, Aktivität, Bewußtsein und die verschiedenen Zustände der gesamten Schöpfung befanden. Yaśodā sah im Munde ihres Kindes alles, was zur kosmischen Manifestation gehört. Sie sah sogar sich selbst, wie sie Kṛṣṇa auf ihren Schoß nahm und Ihm die Brust gab. Als sie all dies erblickte, wurde sie von Ehrfurcht ergriffen und fragte sich, ob sie träume oder ob sie tatsächlich Zeuge eines außergewöhnlichen Schauspiels sei. Sie kam zu dem Schluß, sie müsse entweder träumen oder dem Spiel der illusionierenden Energie der Höchsten Persönlichkeit Gottes zusehen. Sie war verwirrt und glaubte, sie müsse den Verstand verloren haben, da sie solch seltsame Erscheinungen sehe. „Vielleicht hat all dies seine Ursache in der kosmischen mystischen Kraft meines Kindes", dachte sie bei sich. „Vielleicht sehe ich deshalb solche Visionen in Seinem Mund. Ich erweise nun der Höchsten Persönlichkeit Gottes meine respektvollen Ehrerbietungen, unter dessen Energie man sich mit seinem Körper und seinen körperlichen Besitztümern identisch fühlt." Sie fuhr fort: „Ich erweise dem Herrn meine demütigen Ehrerbietungen, unter dessen illusionierender Energie ich glaube, Nanda Mahārāja sei mein Ehemann, Kṛṣṇa sei mein Sohn, all das, was Nanda Mahārāja besitzt, gehöre auch mir, und alle Kuhhirten und ihre Frauen seien meine Untergebenen. All diese falschen Vorstellungen haben ihre Ursache in der illusionierenden Energie des Höchsten Herrn. Deshalb bete ich zu Ihm, daß Er mich immer beschütze."

Während Mutter Yaśodā über solch erhabene philosophische Gedanken nachsann, erweiterte Śrī Kṛṣṇa Seine innere Energie erneut, um ihr diese Sicht mit dem Gefühl mütterlicher Zuneigung zu bedecken. Augenblicklich vergaß Mutter Yaśodā alle philosophische Spekulation und hielt Kṛṣṇa wieder für ihr Kind. Sie nahm Ihn auf den Schoß und wurde von mütterlicher Zuneigung überwältigt. Dabei dachte sie bei sich: „Die gewöhnlichen Menschen können Kṛṣṇa mit ihren materiellen Sinnen nicht verstehen, doch Er kann durch die *Upaniṣaden*, den *Vedānta* wie auch durch das mystische *yoga*-System und die *sāṅkhya*-Philosophie erkannt werden." Dann hielt sie die Höchste Persönlichkeit Gottes wieder für ihr eigenes Kind.

Um die Absolute Wahrheit, die Höchste Persönlichkeit Gottes, als Sohn zu bekommen und Ihn mit der eigenen Milch stillen zu dürfen, muß Mutter Yaśodā in ihren früheren Leben unzählige fromme Tätigkeiten ausgeführt haben. Ebenso steht es außer Frage, daß auch Nanda Mahārāja viele große Opfer dargebracht und fromme Tätigkeiten ausgeführt hatte, denn Śrī Kṛṣṇa erschien als sein Sohn und nannte ihn „Vater". Doch es ist überraschend, daß nicht auch Vasudeva und Devakī an der transzendentalen Glückseligkeit der Kindheitsspiele Kṛṣṇas teilhaben konnten, obwohl Kṛṣṇa eigentlich ihr Sohn war. Die Kindheitsspiele Kṛṣṇas werden selbst heute noch von vielen Weisen und Heiligen verherrlicht, doch Vasudeva und Devakī konnten sich nicht persönlich an diesen Spielen Kṛṣṇas erfreuen. Der Grund dafür wurde von Śukadeva Gosvāmī gegenüber Mahārāja Parīkṣit wie folgt erklärt.

Als der beste der Vasus mit Namen Droṇa zusammen mit seiner Frau Dharā von Brahmā angewiesen wurde, die Bevölkerung zu vermehren, sagte Droṇa:

„Lieber Vater, wir bitten um eine Segnung von dir." So bekamen Droṇa und Dharā von Brahmā die Segnung, daß der Höchste Herr, Śrī Kṛṣṇa, in der Zukunft — wenn sie das nächste Mal in diesem Universum geboren würden — in Seiner bezauberndsten Form, der Form als Kind, erscheinen werde, um ihre ganze Aufmerksamkeit auf Sich zu ziehen. Ihre Beziehung zu Kṛṣṇa werde so tief sein, daß jeder, der einfach nur darüber hört, wie Kṛṣṇa in ihrer Gemeinschaft Seine Kindheitsspiele durchführte, sofort die Befähigung erlange, die Unwissenheit von Geburt und Tod zu überwinden. So erklärte sich Brahmā bereit, ihnen diese Segnung zu erteilen, und in der Folge erschien Droṇa als Nanda Mahārāja in Vṛndāvana, und Dharā erschien als Mutter Yaśodā, die Frau Nanda Mahārājas.

Auf diese Weise konnten Nanda Mahārāja und seine Frau, Mutter Yaśodā, ihre reine Hingabe zur Höchsten Persönlichkeit Gottes entwickeln, da sie Ihn als ihren Sohn bekamen, und alle *gopīs* und Kuhhirten, die mit Kṛṣṇa zusammensein durften, entwickelten ganz natürlich ihre verschiedenen liebevollen Beziehungen zu Ihm.

So erschien Śrī Kṛṣṇa, die Höchste Persönlichkeit Gottes, zusammen mit Seiner vollständigen Erweiterung, Balarāma, in Vṛndāvana, nur um Brahmās Segnung wahr werden zu lassen. Er vollführte in Seiner Kindheit die verschiedensten Spiele und steigerte dadurch die transzendentale Freude aller Bewohner von Vṛndāvana.

Hiermit enden die Bhaktivedanta-Erläuterungen zum 8. Kapitel des Kṛṣṇa-Buches: „Die Offenbarung der universalen Form".

9 / Mutter Yaśodā bindet Śrī Kṛṣṇa

Als Mutter Yaśodā einmal sah, daß ihre Dienerin im Haushalt mit verschiedenen Arbeiten beschäftigt war, übernahm sie selbst das Buttern. Während sie mit dem Quirlholz Butter kirnte, sang sie Lieder über Kṛṣṇas Kindheitsspiele und dachte voller Freude an ihren Sohn.

Sie hatte sich das Oberteil ihres Saris eng um den Körper geschlungen, und weil sie so sehr in liebevolle Gedanken an ihren Sohn versunken war, tropfte Milch aus ihren Brüsten, die sich hin und her bewegten, da sie angestrengt mit beiden Händen quirlte. Die Schmuckringe und Reife an ihren Handgelenken ließen ein helles Klingeln ertönen, und ihre Ohrringe tanzten im Rhythmus ihrer Brüste. Schweiß trat ihr ins Gesicht, und Blumen fielen aus der Girlande, die sie auf ihrem Haar trug. In dieser malerischen Szene erschien Śrī Kṛṣṇa als Kind. Er war hungrig, und Er wollte Seiner Mutter voller Liebe eine Gelegenheit zum Ausruhen geben. Er gab ihr also zu verstehen, daß es ihre erste Pflicht sei, Ihn zu stillen, und daß sie später weiterbuttern könne.

Mutter Yaśodā nahm ihren kleinen Sohn auf den Schoß und gab Ihm die Brust, und während Kṛṣṇa ihre Milch trank, lächelte sie glücklich und freute sich an der Schönheit Seines kindlichen Gesichtes. Plötzlich bemerkte sie, daß die Milch auf dem Herd überkochte. Um zu verhindern, daß die Milch verlorenging, setzte sie Kṛṣṇa schnell beiseite und lief ins Haus. Als Kṛṣṇa von Seiner Mutter einfach so auf den Boden gesetzt und allein gelassen wurde, regte sich heftiger Zorn in Ihm, und Seine Lippen und Seine Augen röteten sich. Er preßte Seine Zähne und Lippen zusammen, hob einen Stein vom Boden auf und warf ihn flink gegen den Buttertopf, der in Stücke brach. Dann nahm Er Sich etwas Butter heraus und rannte mit falschen Tränen in den Augen in ein Versteck, um Sich die Butter schmecken zu lassen.

Nachdem Mutter Yaśodā den Milchtopf vom Herd genommen hatte, kehrte sie an die Stelle zurück, wo sie Kṛṣṇa zurückgelassen hatte. Als sie den zerbrochenen Buttertopf sah und ihren Jungen nirgendwo finden konnte, wußte sie sogleich, daß dies alles Kṛṣṇas Werk war. Mit einem Lächeln sagte sie zu sich: „Dieser Schlingel! Nachdem Er den Topf zerbrochen hat, ist Er fortgelaufen, weil Er Sich vor der Strafe fürchtet.“ Nachdem Mutter Yaśodā überall vergeblich nach Kṛṣṇa gesucht hatte, entdeckte sie Ihn plötzlich, wie Er auf einem umgestülpten hölzernen Mörser saß. Er war gerade dabei, Butter, die in einer Schaukel von der Decke hing, an die Affen zu verfüttern. Sie sah, wie Kṛṣṇa ständig ängstliche Blicke um Sich warf, denn Er war Sich durchaus Seiner Missetat bewußt. Nachdem Mutter Yaśodā kurz innegehalten hatte, um sich dies alles anzuschauen, ging sie mit leisen Schritten von hinten her auf Kṛṣṇa zu. Kṛṣṇa jedoch bemerkte sie sofort, wie sie mit einem Stock in der Hand auf Ihn zukam, und schnell sprang Er vom Mörser herunter und floh voller Furcht.

Mutter Yaśodā lief Kṛṣṇa überallhin nach und versuchte, die Höchste Persönlichkeit Gottes zu fangen, der sich nicht einmal die großen *yogīs* durch ihre Meditation nähern können. Mit anderen Worten, Kṛṣṇa, die Höchste Persönlichkeit Gottes, der nicht einmal von den größten *yogīs* und spekulierenden Philosophen eingefangen werden kann, spielte die Rolle eines kleinen Kindes, um eine große Gottgeweihte wie Mutter Yaśodā zu erfreuen. Für Mutter Yaśodā war es nicht leicht, das flinke Kind einzuholen, denn sie hatte eine schmale Taille und einen schweren Körper. Dennoch versuchte sie, Ihm so schnell wie möglich zu folgen. Ihr Haar löste sich dabei, und die Blumen, die ihr Haar schmückten, fielen zu Boden. Obwohl sich Mutter Yaśodā sehr erschöpft fühlte, gelang es ihr letzten Endes, den ungezogenen Kṛṣṇa irgendwie einzufangen. Als nun Mutter Yaśoda Kṛṣṇa festhielt, begann Er fast zu weinen. Er rieb Sich die Augen, die mit schwarzer Tusche bemalt waren, und als Er das Gesicht Seiner Mutter über Sich erblickte, begannen sich Seine Augen vor Furcht hin und her zu bewegen. Mutter Yaśodā sah, daß Sich Kṛṣṇa unnötig vor ihr fürchtete, und im Interesse Seines Wohles wollte sie Ihm alle Furcht nehmen.

Da sie nur das Beste für ihr Kind wollte, sagte sie sich: „Wenn Sich das Kind zu sehr vor mir fürchtet, könnte dies schlechte Folgen haben“, und so warf sie den Stock beiseite. Aber um Kṛṣṇa nicht ganz ungestraft zu lassen, dachte sie daran, Ihm mit ein paar Stricken die Hände zusammenzubinden. Sie war sich nicht bewußt, daß es ganz und gar unmöglich ist, die Höchste Persönlichkeit Gottes festzubinden, denn für sie war Kṛṣṇa einfach nur ihr kleiner Sohn. Sie wußte nicht, daß es für dieses Kind keine Begrenzungen gab. Für Kṛṣṇa gibt es weder Innen noch Außen, weder Anfang noch Ende. Er ist unbegrenzt und alldurchdringend. Die gesamte kosmische Manifestation ruht in Ihm, und zugleich ist Er Selbst die kosmische Manifestation. Aber Mutter Yaśodā hielt Ihn dennoch für ihr Kind. Obgleich Er Sich weit jenseits der materiellen Sinneswahrnehmung befindet, versuchte sie, Ihn an dem Mörser festzubinden. Als sie nun daranging, Kṛṣṇa zu fesseln, stellte sie fest, daß der Strick um zwei Fingerbreit zu kurz war. Sogleich holte sie weitere Stricke und knotete sie zusammen, doch seltsamerweise fehlte immer noch die gleiche Länge. Auf diese Weise suchte sie alle Stricke zusammen, die sie finden konnte; doch als sie schließlich den letzten Knoten geknüpft hatte, mußte sie feststellen, daß immer noch zwei Fingerbreit fehlten. Mutter Yaśodā lächelte, doch sie war verwirrt: Wie konnte dies nur möglich sein?

Nachdem Mutter Yaśodā eine Zeitlang vergeblich versucht hatte, ihren Sohn festzubinden, fühlte sie sich sehr ermattet. Sie schwitzte am ganzen Körper, und die Blumengirlande auf ihrem Kopf fiel zu Boden. Schließlich war Śrī Kṛṣṇa mit ihrer angestrengten Bemühung zufrieden und erbarmte Sich ihrer; so ließ Er Sich fesseln. Kṛṣṇa, der in Mutter Yaśodās Haus die Rolle eines gewöhnlichen Kindes spielte, entfaltete Seine eigenen ausgewählten Spiele. Natürlich kann niemand die Höchste Persönlichkeit Gottes beherrschen. Der reine Gottgeweihte ergibt sich den Lotosfüßen des Herrn, der ihn ganz nach Belieben beschützen oder vernichten kann. Was jedoch den Gottgeweihten betrifft, so vergißt er niemals, daß es seine Stellung ist, sich dem Höchsten Herrn hinzugeben. Ebenso erfährt auch der Herr transzendentale Freude, wenn Er Sich Seinem Geweihten unterordnet, um Sich von ihm beschützen zu lassen. Kṛṣṇa gab dafür ein wunderbares Beispiel, als Er Sich Yaśodā, Seiner Mutter, ergab.

Kṛṣṇa gewährt Seinen Geweihten jede Art der Befreiung, doch der Segnung, die Er Mutter Yaśodā gab, können nicht einmal Brahmā, Śiva oder die Glücksgöttin teilhaftig werden. Der Herr, die Höchste Persönlichkeit Gottes, der als der Sohn Mutter Yaśodās und Nanda Mahārājas bekannt ist, kann von den *yogīs* und den spekulierenden Philosophen niemals in dieser vollkommenen Weise erkannt werden, und diese können auch niemals erkennen, daß Er die höchste Quelle aller Freude ist. Doch Seine Geweihten haben sehr leicht Zugang zu Ihm.

Nachdem Mutter Yaśodā ihren Sohn festgebunden hatte, widmete sie sich wieder ihren Haushaltspflichten. Als Sich Kṛṣṇa, der nun an den hölzernen Mörser gebunden war, umsah, fielen Ihm zwei *arjuna*-Bäume auf. Śrī Kṛṣṇa, die höchste Quelle aller Freude, dachte bei Sich: „Meine Mutter hat Mich von ihrem Schoß weggesetzt, ohne Mir genügend Milch zu geben, und deshalb zerbrach Ich den Buttertopf und verteilte den Inhalt an die Affen. Nun hat sie Mich an einen hölzernen Mörser gebunden. Diesmal werde Ich Mir einen noch größeren Streich erlauben." Und somit faßte Er den Entschluß, die beiden großen *arjuna*-Bäume umzureißen.

Mit diesen beiden Bäumen ist eine Geschichte verbunden. In ihrem vorherigen Leben waren sie Nalakūvara und Maṇigrīva gewesen, die Söhne des Halbgottes Kuvera. Sie waren von dem großen Weisen Nārada Muni verflucht worden, um die höchste Segnung erhalten zu können — nämlich Śrī Kṛṣṇa mit eigenen Augen zu sehen —, und so warf nun der Herr, zu ihrem großen Glück, Seinen Blick auf sie. Dieser Segensfluch war über Nalakūvara und Maṇigrīva ausgesprochen worden, weil sie sich berauschten und alle Anstandsregeln vergaßen. Diese Geschichte wird im nächsten Kapitel erzählt.

Hiermit enden die Bhaktivedanta-Erläuterungen zum 9. Kapitel des Kṛṣṇa-Buches: „Mutter Yaśodā bindet Śrī Kṛṣṇa".

10 / Die Befreiung Nalakūvaras und Maṇigrīvas

Diese Geschichte erzählt, wie durch den segensreichen Wunsch des großen Weisen Nārada Nalakūvara und Maṇigrīva verflucht und schließlich von Kṛṣṇa befreit wurden.

Die beiden großen Halbgötter Nalakūvara und Maṇigrīva waren die Söhne des Schatzmeisters der Halbgötter, Kuvera, der ein großer Geweihter Śivas war. Durch die Gnade Śivas kannte Kuveras Reichtum keine Grenzen. Wie die Söhne eines gewöhnlichen reichen Mannes oft Wein und Frauen zum Opfer fallen, so verfielen auch die Söhne Kuveras dem Wein und der Geschlechtslust. Als sich die beiden Halbgötter wieder einmal vergnügen wollten, betraten sie die Gärten Śivas, die in der Provinz Kailāsa an den Ufern des Mandākinī-Ganges liegen. Dort tranken sie übermäßig und lauschten dem Gesang der schönen Mädchen, die ihnen in diesen duftenden Blumengärten Gesellschaft leisteten. Danach stiegen die beiden Brüder, die bereits betrunken waren, in das Wasser des Ganges, wo unzählige Lotosblumen schwammen, und erfreuten sich dort der Gemeinschaft dieser jungen Mädchen, genauso wie ein Elefant im Wasser die Gemeinschaft seiner Elefantenweibchen genießt.

Während sie sich auf diese Weise im Wasser vergnügten, kam unvermittelt der große Weise Nārada des Weges. Er erkannte sogleich, daß die beiden Halbgötter Nalakūvara und Maṇigrīva zu betrunken waren, um ihn zu bemerken. Die jungen Mädchen hingegen, die nicht so berauscht waren wie die beiden Halbgötter, wurden sofort von Scham erfüllt, als sie nackt vor dem großen Weisen Nārada standen, und sie bedeckten hastig ihre Blöße. Die beiden Söhne Kuveras jedoch waren so betrunken, daß sie der Gegenwart des Weisen Nārada nicht gewahr wurden und ihren Körper nicht bedeckten. Als Nārada sah, auf welch tiefe Stufe die beiden Halbgötter in ihrer Trunkenheit gefallen waren, wollte er ihnen helfen, und so schenkte er ihnen seine grundlose Barmherzigkeit, indem er sie verfluchte.

Weil der große Weise Mitleid mit ihnen hatte, wollte er ihrem falschen Genuß in Form von Berauschung und jungen Frauen ein Ende bereiten und ihnen die Möglichkeit geben, Śrī Kṛṣṇa von Angesicht zu Angesicht zu sehen. So entschloß sich Nārada, sie zu verfluchen, wobei er folgende Überlegung anstellte: Das Hingezogensein zu materieller Sinnesfreude ist dem zunehmenden Einfluß der Erscheinungsweise der Leidenschaft zuzurechnen. Menschen, die in der materiellen Welt Reichtum erlangen, werden im allgemeinen das Opfer dreier Dinge: Berauschung, Sexualität und Glücksspiel. Und wenn der Reichtum sie hochmütig gemacht hat, werden sie dazu noch so herzlos, daß sie Tiere töten und Schlachthöfe errichten. Von sich selbst aber glauben sie, sie müßten niemals sterben. Solche Toren, die das Gesetz der Natur nicht wahrhaben wollen, sind blind in ihren eigenen Körper verliebt. Sie vergessen, daß jeder materielle Körper — selbst wenn er so hoch entwickelt ist wie der eines Halbgottes — letzten Endes zu Asche verbrannt wird. Und zu Lebzeiten ist der Körper, ganz gleich wie schön er auch von außen erscheinen mag, mit Kot, Urin und verschiedenartigen Würmern angefüllt. Weil die Menschen wegen äußerlicher Unterschiede neidisch und gewalttätig sind, können sie nicht begreifen, was das endgültige Ziel des Lebens ist, und ohne dieses Lebensziel zu kennen, fallen sie für gewöhnlich in höllische Lebensbedingungen hinab. In ihrem nächsten Leben begehen diese verblendeten Narren alle nur erdenklichen Sünden, da sie den vergänglichen Körper genießen wollen, und sie sind nicht einmal imstande, darüber nachzudenken, ob der Körper eigentlich ihnen gehört oder jemand anderem. Man sagt im allgemeinen, der Körper gehöre demjenigen, der ihn ernährt. Es stellt sich also die Frage, ob der Körper einem persönlich gehört oder dem Meister, dem man mit dem Körper dient. Der Herr von Sklaven erhebt vollen Besitzanspruch auf die Körper der Sklaven, weil er die Sklaven ernährt. Man muß sich demnach auch fragen, ob der Körper dem Vater gehört, der den Samen gegeben hat, oder der Mutter, die den Körper in ihrem Leib entwickelt hat.

Unwissende Menschen begehen so viele Sünden, weil sie sich fälschlicherweise mit dem materiellen Körper identifizieren. Man sollte jedoch intelligent genug sein zu verstehen, wem der Körper wirklich gehört. Ein törichter Mensch tötet ohne zu überlegen Tiere, um seinen Körper zu ernähren, und er kommt niemals auf den Gedanken, sich zu fragen, ob sein Körper tatsächlich ihm gehört oder ob sein Vater, seine Mutter oder gar sein Großvater mütterlicherseits der eigentliche Besitzer ist. Manchmal geschieht es, daß ein Vater seine Tochter einem Mann zur Frau gibt, weil er das Kind seiner Tochter als eigenen Sohn annehmen möchte. Der Körper kann auch einem Stärkeren gehören, der uns zwingt, für ihn zu arbeiten, und manchmal wird der Körper eines Sklaven unter der Voraussetzung verkauft, daß sein Körper zum Eigentum seines neuen Herrn wird. Am Ende des Lebens gehört der Körper dem Feuer, denn er wird auf einen Scheiterhaufen gelegt und zu Asche verbrannt. Oder es kann auch sein, daß der Körper auf die Straße geworfen wird, wo sich Hunde und Geier über ihn hermachen.

Bevor man viele Sünden auf sich lädt, um seinen Körper zu erhalten, sollte man sich darüber im klaren sein, wem der Körper nun eigentlich gehört: Der Körper ist ein Produkt der materiellen Natur und geht am Ende wieder in die materielle Natur ein — deshalb lautet die Schlußfolgerung, daß der Körper der materiellen Natur gehört. Man sollte nicht irrtümlich glauben, der Körper gehöre einem selbst. Warum sollte man dann, um einen trügerischen Besitz aufrechtzuerhalten, andere töten? Warum sollte man unschuldige Tiere töten, um den Körper mit Nahrung zu versorgen?

Wenn ein Mensch aufgrund seines Reichtums stolz wird, kümmert er sich nicht mehr um moralische Gesetze, sondern beschäftigt sich mit Wein, Frauen und dem Schlachten von Tieren. In dieser Hinsicht ist es oft besser, in armen Verhältnissen zu leben, denn einem armen Menschen fällt es nicht schwer, sich in die Lage anderer zu versetzen. Ein armer Mensch hat im allgemeinen niemals den Wunsch, anderen Leid zuzufügen, denn er weiß aus eigener Erfahrung, wie schmerzvoll es ist, wenn einem andere Leid zufügen. Aufgrund all dieser Erwägungen entschied der große Weise Nārada, daß es das beste sei, die beiden Halbgötter Nalakūvara und Maṇigrīva, die so sehr von Stolz und Eitelkeit gefangen waren, in eine Lebensform zu versetzen, in der sie nicht den geringsten Reichtum besäßen.

Ein Mensch, der sich an einer Nadel gestochen hat, möchte nicht, daß anderen dasselbe passiert. Ebenso wünscht auch ein feinfühliger Mensch, der ein Leben in Armut führt, nicht, daß andere unter solchen Bedingungen leben müssen. Im allgemeinen kann man beobachten, daß ein Mensch, der ein Leben in Armut verbracht hat und dann reich wird, am Ende seines Lebens eine Wohlfahrtseinrichtung oder etwas Ähnliches ins Leben ruft, um den Armen zu helfen. Kurz gesagt, ein mitleidiger armer Mensch hat viel Verständnis für die Freuden und Leiden anderer. Ein Armer ist selten hochmütig, sondern meistens frei von solchen Verblendungen. Er ist mit dem zufrieden, was er durch die Gnade des Herrn für seinen Lebensunterhalt bekommt.

Es ist eine Art von Entsagung, ein Leben in Armut zu führen. Die Prinzipien der vedischen Kultur sehen deshalb vor, daß sich die *brāhmaṇas* auf eine bescheidene Lebensweise beschränken, damit sie nicht ein Opfer des falschen Stolzes werden, den materieller Reichtum mit sich bringt. Eitelkeit aufgrund von materiellem Wohlstand ist ein großes Hindernis auf dem Weg zur spirituellen Befreiung. Ein Mensch in ärmlichen Lebensverhältnissen kann nicht durch übermäßiges Essen fett werden, weil er es sich nicht leisten kann, mehr zu essen, als er braucht. Somit sind seine Sinne nicht erregt, und weil die Sinne nicht erregt sind, wird er niemals gewalttätig.

Ein anderer Vorteil der Armut besteht darin, daß eine heilige Persönlichkeit ohne weiteres in das Haus eines armen Mannes eintreten kann — und somit bietet sich diesem Menschen die Gelegenheit, aus der Gemeinschaft mit einem Heiligen einen großen Nutzen zu ziehen. Ein reicher Mann hingegen erlaubt niemandem, sein Haus zu betreten, und so finden auch heilige Persönlichkeiten bei ihm keinen Zutritt. Nach vedischem Brauch nehmen die Heiligen die Position von Bettelmönchen ein, um so unter dem Vorwand, etwas von den Haushältern erbetteln zu wollen, in jedes Haus eintreten zu können. Die Haushälter, die für gewöhnlich völlig vergessen haben, wie sie spirituellen Fortschritt machen können, weil sie zu sehr in Familienangelegenheiten verstrickt sind, können aus dem Zusammentreffen mit einem Heiligen einen großen Nutzen ziehen. Es ist sogar möglich, daß solch ein bescheiden lebender Mensch durch diese Gemeinschaft mit einem Heiligen Befreiung erlangt. Was nützen den Menschen ihre materiellen Güter und ihr Ansehen, worauf sie so stolz sind, wenn sie nicht die Gemeinschaft von Heiligen und Gottgeweihten bekommen?

Der große Weise Nārada Muni hielt es daher für seine Pflicht, die beiden Halbgötter in einen Lebensumstand zu versetzen, in dem sie nicht fälschlich auf Reichtum und Ansehen stolz sein konnten. Nārada hatte großes Mitleid mit ihnen und wollte sie aus ihrem gefallenen Zustand erretten. Sie befanden sich in der Erscheinungsweise der Dunkelheit, und weil sie deshalb nicht in der Lage waren, ihre Sinne zu beherrschen, waren sie der sexuellen Begierde zum Opfer gefallen. Es war die Pflicht eines Heiligen wie Nārada, sie aus ihrem abscheulichen Lebenszustand zu befreien. Einem Tier macht es nichts aus, nackt zu sein, denn es ist sich darüber nicht bewußt; doch Nalakūvara und Maṇigrīva waren die Söhne Kuveras, des Schatzmeisters der Halbgötter, der ein sehr verantwortungsbewußter Mann war. Dennoch waren sie so tierisch und verantwortungslos geworden, daß es ihnen in ihrer Trunkenheit gleichgültig war, nackt zu sein. Es ist ein Prinzip in der menschlichen Gesellschaft, den unteren Teil des Körpers zu bedecken, und wenn Mann oder Frau dieses Prinzip außer acht lassen, fallen sie auf niedrigere Stufen des Daseins. Nārada hielt es daher für die beste Strafe, die beiden Halbgötter in unbewegliche Lebewesen, und zwar in Bäume, zu verwandeln. Das Gesetz der Natur verbietet es den Bäumen, sich zu bewegen. Obwohl sie völlig von der Erscheinungsweise der Unwissenheit bedeckt sind, können sie keinen Schaden anrichten. Der große Weise Nārada hielt es daher für das beste, die beiden Brüder in solcher Weise zu bestrafen, daß sie zwar zu Bäumen würden, sich aber weiterhin an ihr früheres Leben erinnern und so verstehen könnten, warum sie bestraft worden waren. Nachdem ein Lebewesen seinen Körper verlassen hat, vergißt es im allgemeinen sein früheres Leben, doch in einigen Fällen, wie zum Beispiel im Falle Nalakūvaras und Maṇigrīvas, vermag es sich durch die Barmherzigkeit des Herrn an sein vorheriges Leben zu erinnern.

Nārada Muni faßte also den Entschluß, die beiden Brüder für einhundert Jahre – nach der Zeitrechnung der Halbgötter – in Bäume zu verwandeln, und gab ihnen die Segnung, daß sie nach Ablauf dieser Zeit das Glück haben würden, den Herrn, die Höchste Persönlichkeit Gottes, dank Seiner grundlosen Barmherzigkeit von Angesicht zu Angesicht zu sehen. Auf diese Weise würden sie wieder das Leben von Halbgöttern erreichen und zu großen Geweihten des Herrn werden.

Danach kehrte der große Weise Nārada zu seinem Aufenthaltsort zurück, der als Nārāyaṇāśrama bekannt ist, und die beiden Halbgötter nahmen die Gestalt der Zwillings-*arjuna*-Bäume an. Durch die grundlose Barmherzigkeit Nāradas wurde den beiden Halbgöttern die Möglichkeit gegeben, im Hof von Nanda Mahārāja zu wachsen und Śrī Kṛṣṇa mit eigenen Augen zu sehen.

Obwohl der kleine Kṛṣṇa an dem hölzernen Mörser festgebunden war, gelang es Ihm, Sich auf die beiden Bäume zuzubewegen, denn Er wollte die Prophezeiung Seines großen Geweihten Nārada erfüllen. Śrī Kṛṣṇa wußte, daß die beiden *arjuna*-Bäume vor Ihm in Wirklichkeit die Söhne Kuveras waren, und Er dachte bei Sich: „Ich muß nun die Worte Meines großen Geweihten Nārada in Erfüllung gehen lassen." Kṛṣṇa kroch also langsam zwischen den beiden Bäumen hindurch; für Ihn Selbst war der Zwischenraum zwar groß genug, doch der hölzerne Mörser war zu breit und blieb stecken. Śrī Kṛṣṇa nutzte die Gelegenheit und zog an dem Seil, mit dem Er am Mörser festgebunden war. Als Er mit großer Kraft zog, stürzten die beiden Bäume mit lautem Krachen zu Boden, und aus den umgerissenen Bäumen kamen zwei wie loderndes Feuer leuchtende Gestalten hervor. Die ganze Umgebung wurde durch die Ausstrahlung, die von ihren Körpern ausging, in ein helles Licht getaucht. Die beiden geläuterten Gestalten traten vor den kleinen Kṛṣṇa, verneigten sich mit großer Ehrfurcht vor Ihm und brachten Ihm ihre Gebete dar.

„Lieber Śrī Kṛṣṇa, Du bist die ursprüngliche Persönlichkeit Gottes, der Herr über alle mystischen Kräfte. Die gelehrten *brāhmaṇas* wissen, daß die kosmische Manifestation eine Erweiterung Deiner Energie ist, die manchmal manifestiert und ein anderes Mal unmanifestiert ist. Von Dir stammen ursprünglich die Lebenskraft, die Körper und die Sinne aller Lebewesen. Du bist der ewige Gott, Śrī Viṣṇu, der alldurchdringende, unvergängliche Herrscher über alles. Du bist der ursprüngliche Quell der kosmischen Manifestation, die unter dem Bann der drei Erscheinungsweisen der materiellen Natur — Tugend, Leidenschaft und Unwissenheit — aktiv ist. Du bist als Überseele in allen Lebewesen gegenwärtig, und Du weißt, was in ihrem Körper und ihrem Geist vor sich geht. Deshalb bist Du der höchste Lenker all ihrer Handlungen. Obgleich Du mitten in der gesamten Existenz weilst, die unter dem Bann der Erscheinungsweisen der materiellen Natur steht, wirst Du dennoch nicht von diesen verunreinigten Eigenschaften berührt. Niemand, der sich im Einflußbereich der Erscheinungsweisen befindet, kann Deine transzendentalen Eigenschaften verstehen, die bereits vor der Schöpfung existierten. Deshalb wirst Du auch das Höchste Brahman genannt, das immer von Seinen persönlichen inneren Energien verherrlicht wird. In der materiellen Welt kannst Du nur durch Deine verschiedenen Inkarnationen erkannt werden. Du nimmst viele verschiedene Körper an, doch sie gehören nicht zur materiellen Schöpfung; sie sind immer vollkommen in ihrer transzendentalen Fülle, das heißt, sie besitzen unbegrenzten Reichtum, unbegrenzte Kraft, unbegrenzte Schönheit, unbegrenzten Ruhm, unbegrenzte Weisheit und unbegrenzte Entsagung. Im materiellen Dasein besteht ein Unterschied zwischen dem Körper und dem Besitzer des Körpers, aber weil Du in Deinem ursprünglichen spirituellen Körper erscheinst, gibt es für Dich keinen solchen Unterschied. Wenn Du erscheinst, weisen Deine ungewöhnlichen Taten darauf hin, daß Du die Höchste Persönlichkeit Gottes bist. Niemand in der materiellen Welt kann Deine transzendentalen Taten und Spiele nachahmen. Du bist genau diese Höchste Persönlichkeit Gottes, und Du bist nun erschienen — begleitet von all Deinen vollständigen Erweiterungen –, um Geburt und Tod der Lebewesen sowie auch deren Befreiung zu verursachen. Du kannst jedem Lebewesen alle nur erdenklichen Segnungen gewähren. O Herr, o Quell des Glücks und der Reinheit, wir bringen Dir unsere respektvollen Ehrerbietungen dar. Du bist die alldurchdringende Höchste Persönlichkeit Gottes, die Quelle des Friedens und die höchste Persönlichkeit in der Dynastie König Yadus. O Herr, unser Vater, der Halbgott Kuvera, steht in Deinem Dienst, und auch der große Weise Nārada ist Dein Diener. Nur durch ihre Gnade sind wir jetzt in der Lage, Dich persönlich zu sehen. Wir bitten daher darum, daß wir immer in Deinem transzendentalen liebevollen Dienst beschäftigt sein dürfen, indem wir ausschließlich Deinen Ruhm preisen und von Deinen transzendentalen Taten hören. O Herr, mögen unsere Hände und unser ganzer Körper in Deinem Dienst beschäftigt sein; mögen all unsere Gedanken stets zu Deinen Lotosfüßen streben, und möge unser Haupt sich stets vor Deiner alldurchdringenden universalen Form verneigen."

Nachdem die Halbgötter Nalakūvara und Maṇigrīva ihre Gebete beendet hatten, lächelte das Kind, Śrī Kṛṣṇa, der Herr und Gebieter von Gokula, der immer noch an den hölzernen Mörser gebunden war, und sagte: „Es war Mir bereits bekannt, daß Mein großer Geweihter, der Weise Nārada, euch mit seiner grundlosen Barmherzigkeit gesegnet hat, um euch von dem verächtlichen Stolz zu befreien, der euch verblendete, weil ihr die außergewöhnliche Schönheit und den unsagbaren Reichtum der Halbgötter besaßt. Er bewahrte euch davor, in die niedrigsten Bedingungen des höllischen Lebens hinabzugleiten. All diese Tatsachen sind Mir bereits bekannt. Ihr seid sehr vom Glück begünstigt, denn ihr wurdet nicht nur von ihm verflucht, sondern ihr bekamt auch die Möglichkeit, ihn zu sehen. Wenn eine bedingte Seele durch Zufall einem erhabenen Heiligen wie Nārada begegnet, der immer allen Lebewesen barmherzig gesinnt ist, dann erlangt diese Seele Befreiung. Die Anwesenheit eines solchen Heiligen ist wie das Licht der Sonne – nichts kann mehr im Dunkeln bleiben. Deshalb, o Nalakūvara und Maṇigrīva, ist euer Leben nun erfolgreich geworden, denn ihr habt ekstatische Liebe zu Mir entwickelt. Dies ist eure letzte Geburt in der materiellen Welt. Ihr könnt nun zur Residenz eures Vaters auf den himmlischen Planeten zurückkehren, und indem ihr Mir weiter in Hingabe dient, werdet ihr schon in diesem Leben befreit werden."

Nachdem die Halbgötter diese Worte vernommen hatten, umkreisten sie den Herrn viele Male und verneigten sich immer wieder vor Ihm. Dann entfernten sie sich. Und der Herr blieb weiter an den Mörser gefesselt.

Hiermit enden die Bhaktivedanta-Erläuterungen zum 10. Kapitel des Kṛṣṇa-Buches: „Die Befreiung Nalakūvaras und Maṇigrīvas".

11 / Die Vernichtung der Dämonen Vatsāsura und Bakāsura

Als die beiden *arjuna*-Bäume mit lautem Krachen zu Boden stürzten, war es, als fielen zwei Blitze vom Himmel. Nanda Mahārāja und all die anderen Einwohner von Gokula liefen aufgeregt herbei, um festzustellen, was geschehen war. Sie waren sprachlos vor Staunen, als sie die umgestürzten Bäume sahen, und da sie sich nicht zu erklären wußten, wie die Bäume so plötzlich umfallen konnten, waren sie sehr verwirrt. Als sie den kleinen Kṛṣṇa bemerkten, der noch immer mit den Stricken Mutter Yaśodās gefesselt war, dachten sie, irgendein Dämon müsse die Ursache für diesen Vorfall gewesen sein. Wie sonst hätte etwas so Außergewöhnliches geschehen können? Gleichzeitig waren sie aber auch sehr besorgt, denn zu oft schon hatten sich in Kṛṣṇas Nähe solch seltsame Dinge ereignet. Während die älteren Kuhhirten solche Betrachtungen anstellten, erzählten die Kinder, die in der Nähe gespielt hatten, wie Kṛṣṇa die beiden Bäume mit dem hölzernen Mörser, an dem Er festgebunden war, umgerissen hatte. „Kṛṣṇa kroch zwischen den beiden Bäumen hindurch", erklärten sie, „und dabei wurde der hölzerne Mörser auf den Kopf gestellt und blieb stecken. Daraufhin zog Kṛṣṇa an den Stricken, so daß die Bäume umstürzten. Zwei leuchtende Männer kamen aus den Bäumen hervor, und sie sprachen mit Kṛṣṇa."

Die meisten Kuhhirten schenkten den Worten der Kinder keinen Glauben. Sie konnten sich nicht vorstellen, daß so etwas möglich war. Einige jedoch glaubten den Kindern und sagten zu Nanda Mahārāja: „Dein Sohn unterscheidet Sich von allen anderen Kindern. Es ist durchaus möglich, daß Kṛṣṇa dies getan hat." Nanda Mahārāja lächelte, als er von den außergewöhnlichen Fähigkeiten seines Sohnes hörte, und so löste er den Knoten der Stricke, die seinen wundervollen Sohn an den Mörser banden. Kaum war Kṛṣṇa frei, hoben Ihn die älteren *gopīs* sogleich auf den Arm und trugen Ihn in den Hof des Hauses, wo sie in die Hände klatschten und Seine ungewöhnlichen Taten rühmten. Kṛṣṇa klatschte dann genau wie jedes andere Kind ebenfalls in die Hände. Die Höchste Persönlichkeit Gottes, Śrī Kṛṣṇa, der völlig unter der Kontrolle der *gopīs* stand, begann zu singen und zu tanzen, als wäre Er eine Puppe in ihren Händen.

Manchmal bat Mutter Yaśodā Kṛṣṇa, ihr ein Brett zum Sitzen zu bringen, und obwohl das Brett eigentlich zu schwer war, um von einem Kind getragen zu werden, brachte es Kṛṣṇa trotzdem jedesmal irgendwie fertig, das Brett zu Seiner Mutter zu schleppen. Oder manchmal bat Ihn Sein Vater, wenn er eine Verehrungszeremonie für Nārāyaṇa durchführte, ihm die Holzsandalen zu bringen, worauf Sich Kṛṣṇa unter großen Schwierigkeiten die Sandalen auf den Kopf stellte und sie Seinem Vater brachte. Wenn Er gebeten wurde, einen schweren Gegenstand hochzuheben, den Er nicht zu tragen vermochte, bewegte Er einfach nur hilflos Seine beiden Ärmchen hin und her. Auf diese Weise war Kṛṣṇa Tag für Tag, zu jedem Zeitpunkt, für Seine Eltern die unerschöpfliche Quelle höchster Freude. Der Herr entfaltete diese kindlichen Spiele vor den Einwohnern von Vṛndāvana, weil Er damit den großen Philosophen und Weisen, die nach der Absoluten Wahrheit forschen, zeigen wollte, wie die Höchste Absolute Wahrheit, die Persönlichkeit Gottes, von den Wünschen Seiner reinen Geweihten kontrolliert wird.

Eines Tages kam eine Obstverkäuferin vor Nanda Mahārājas Haus und rief: „Alle, die frische Früchte möchten, kommt bitte her zu mir!" Als Kṛṣṇa dies hörte, nahm Er sofort einige Getreidekörner in die Hand und lief zur Verkäuferin, um die Körner gegen Früchte einzutauschen. In jenen Tagen betrieb man Tauschhandel, und Kṛṣṇa hatte des öfteren gesehen, wie Seine Eltern Getreide gegen Früchte und andere Dinge eintauschten, und deshalb machte Er es ihnen nach. Doch Seine Hände waren noch sehr klein, und Er achtete nicht darauf, sie fest zusammenzuhalten, weshalb die meisten Getreidekörner zu Boden fielen. Die Frau, die gekommen war, um Früchte zu verkaufen, sah dies und war fasziniert von Kṛṣṇas Schönheit. Ohne zu zögern, nahm sie von Kṛṣṇa die letzten Getreidekörner an, die Er noch hatte, und füllte Ihm dafür die Hände mit Früchten. Als sie danach in den Korb schaute, in welchem sie ihre Früchte aufbewahrte, sah sie zu ihrem Erstaunen, daß der ganze Korb mit funkelnden Juwelen gefüllt war. Der Herr erteilt alle nur denkbaren Segnungen. Wenn jemand dem Herrn etwas gibt, verliert er niemals dabei, sondern gewinnt millionenfach.

Eines Tages spielte Śrī Kṛṣṇa, der Befreier der beiden *arjuna*-Bäume, zusammen mit Balarāma und anderen Spielgefährten am Ufer der Yamunā, und weil es schon fast Mittag war, ging Rohiṇī, die Mutter Balarāmas, zu Ihnen hinaus, um Sie nach Hause zu rufen. Aber Balarāma und Kṛṣṇa waren so sehr in das Spiel mit Ihren Freunden vertieft, daß Sie nicht zurückkehren wollten. So spielten Sie einfach weiter, und als Rohiṇī unverrichteter Dinge zurückkehren mußte, schickte sie Mutter Yaśodā an die Yamunā hinunter, damit sie die Jungen abermals rief. Mutter Yaśodā liebte ihren Sohn so sehr, daß sich auf dem Weg ihre Brust mit Milch füllte. Sie rief laut: „Mein liebes Kind, komm bitte schnell nach Hause, die Zeit zum Essen ist bereits vorüber." Dann fuhr sie fort: „Lieber Kṛṣṇa, mein liebes, lotosäugiges Kind, bitte komm und nimm meine Brust. Du hast nun lange genug gespielt, mein Liebling, und Du bist bestimmt hungrig. Auch wirst Du vom langen Spielen müde geworden sein." Daraufhin wandte sie sich an Balarāma: „Mein lieber Balarāma, o Ruhm Deiner Familie, bitte komm zusammen mit Deinem jüngeren Bruder Kṛṣṇa sofort nach Hause. Ihr spielt schon seit dem Morgen, und Ihr müßt daher sehr müde sein. Bitte kommt und nehmt Euer Mittagessen zu Euch. Euer Vater, Nandarāja, wartet bereits. Er möchte essen, und so bitte ich Euch, unverzüglich nach Hause zu kommen, damit er nicht länger zu warten braucht."

Als Kṛṣṇa und Balarāma hörten, daß Nanda Mahārāja auf Sie wartete und nicht ohne Sie mit dem Essen beginnen wollte, schickten Sie Sich an, nach Hause zu gehen. Doch sogleich beklagten sich Ihre Spielgefährten: „Kṛṣṇa verläßt uns immer dann, wenn unser Spiel gerade am schönsten ist. Das nächste Mal werden wir Ihm nicht erlauben, einfach fortzugehen."

Kṛṣṇas Spielkameraden drohten, Ihn nicht wieder mitspielen zu lassen, und als Kṛṣṇa das hörte, wurde Er sehr ängstlich, und statt nach Hause zu gehen, gesellte Er Sich wieder zu den spielenden Jungen. Diesmal begann Mutter Yaśodā, die Kinder zu schelten, und sagte zu ihrem Sohn: „Mein lieber Kṛṣṇa, glaubst Du, daß Du ein Gassenjunge bist oder daß Du kein Zuhause hast? Bitte komm jetzt auf der Stelle nach Hause! Du spielst schon seit dem frühen Morgen und bist von oben bis unten mit Schmutz bedeckt. Komm jetzt endlich nach Hause und nimm Dein Bad. Außerdem wird heute Dein Geburtstag gefeiert. Du solltest daher den *brāhmaṇas* Kühe spenden. Siehst Du nicht, daß auch Deine Spielkameraden von ihren Müttern fein angezogen und geschmückt worden sind? Auch Du mußt Dich waschen und Dir schöne Gewänder und Schmuckstücke anlegen. Bitte komm mit mir, nimm Dein Bad, und zieh frische Kleider an; dann kannst Du wieder spielen gehen."

Auf diese Weise rief Mutter Yaśodā nach Śrī Kṛṣṇa und Śrī Balarāma, die von großen Halbgöttern wie Brahmā und Śiva verehrt werden. Mutter Yaśodā glaubte, Kṛṣṇa und Balarāma seien ihre Kinder.

Als Kṛṣṇa und Balarāma nach Hause kamen, badete Mutter Yaśodā Sie gründlich und schmückte Sie mit den schönsten Kleidern und Juwelen. Dann rief sie die *brāhmaṇas* herbei und ließ ihnen zur Feier des Tages von ihren Kindern viele Kühe schenken. Auf diese Weise feierte Mutter Yaśodā Kṛṣṇas Geburtstag.

Kurze Zeit danach versammelten sich alle älteren Kuhhirten unter Nanda Mahārājas Leitung und berieten, was sie gegen die von den Dämonen verursachten Störungen im Mahāvana-Gebiet unternehmen könnten. In dieser Zusammenkunft war auch Upananda, der Bruder Nanda Mahārājas, anwesend. Er galt als sehr gelehrt und erfahren, und er war Kṛṣṇa und Balarāma sehr zugetan. Upananda war ebenfalls ein Führer unter den Hirten, und so ergriff er das Wort: „Meine lieben Freunde, wir sollten diesen Ort so schnell wie möglich verlassen, denn wir werden ständig von gefährlichen Dämonen heimgesucht, die unseren Frieden stören und es anscheinend vor allem auf unsere Kinder abgesehen haben. Denkt nur an Pūtanā, wie sie den kleinen Kṛṣṇa töten wollte. Nur durch die Gnade Śrī Haris wurde Er damals aus ihren Händen gerettet. Kurz darauf wurde Kṛṣṇa von dem Wirbelsturm-Dämon in den Himmel getragen, doch auch da wurde Kṛṣṇa durch die Gnade Śrī Haris gerettet, während der Dämon vom Himmel stürzte und auf dem felsigen Boden den Tod fand. Erst kürzlich spielte das Kind zwischen zwei Bäumen, die plötzlich mit lautem Getöse umstürzten; auch in diesem Fall blieb Kṛṣṇa wie durch ein Wunder unverletzt. Śrī Hari rettete Ihn also auch dieses Mal. Stellt euch nur vor, wie groß unser Kummer sein würde, wenn Kṛṣṇa oder irgendeines der Kinder, die mit Ihm spielten, von den niederstürzenden Bäumen erschlagen worden wäre. Wenn wir all diese Begebenheiten in Betracht ziehen, müssen wir zu dem Schluß kommen, daß dieser Ort nicht mehr genug Sicherheit bietet. Laßt uns also von hier fortziehen. Bisher wurden wir durch die grundlose Barmherzigkeit Śrī Haris vor allen Gefahren bewahrt, doch nun sollten wir vorsichtig sein und diesen Ort verlassen. Laßt uns irgendwoanders hingehen, wo wir in Frieden leben können. Ich halte es für das beste, wenn wir in den Wald, der als Vṛndāvana bekannt ist, ziehen, wo gerade jetzt frisch gewachsene Gräser und Kräuter stehen. Dieser Ort eignet sich sehr gut als Weideplatz für unsere Kühe, und unsere Familien, die *gopīs* mit ihren kleinen Kindern, können dort in Frieden leben. In der Nähe von Vṛndāvana befindet sich der wunderschöne Govardhana-Hügel. Auch dort gibt es reichlich frisches Gras und anderes Futter für unsere Tiere, so daß es nicht schwierig sein wird, dort zu leben. Ich schlage deshalb vor, daß wir uns sofort an diesen wunderschönen Ort begeben und hier keine Zeit mehr verlieren. Laßt uns so schnell wie möglich unsere Karren beladen, und wenn ihr nichts dagegen habt, können wir aufbrechen und die Kühe vor uns hertreiben."

Als Upananda geendet hatte, stimmten ihm sogleich alle Kuhhirten zu: „O ja, laßt uns unverzüglich aufbrechen!" So lud jeder seine Möbel und Haushaltsgegenstände auf die Karren und machte sich bereit für die Fahrt nach Vṛndāvana. Alle alten Männer, die Kinder und die Frauen konnten auf den Wagen Platz nehmen, und die Hirten bewaffneten sich mit Pfeil und Bogen und gingen neben den Wagen her. Die Kühe, Stiere und Kälber wurden an die Spitze des Zuges getrieben, und die Kuhhirten bewachten die Herde von allen Seiten, wobei sie ihre verschiedenen Hörner erschallen ließen. So machten sie sich, weithin vernehmbar, auf nach Vṛndāvana.

Wer könnte die Mädchen von Vraja beschreiben, wie sie, in kostbare Saris gekleidet und geschmückt mit funkelnden Juwelen, auf den Wagen dahinfuhren? Und sie alle sangen wie gewohnt über Kṛṣṇas transzendentale Spiele und Taten. Mutter Yaśodā und Mutter Rohiṇī fuhren auf einem eigenen Wagen, und Kṛṣṇa und Balarāma saßen auf ihren Schößen. Während der Fahrt sprachen Yaśodā und Rohiṇī viel mit Kṛṣṇa und Balarāma, und weil ihnen diese Gespräche unbeschreibliche Freude bereiteten, sahen sie wunderschön aus.

Als die Kuhhirten schließlich Vṛndāvana erreichten, wo jeder ewiglich in Glück und Frieden lebt, umschlossen sie diesen Ort, indem sie mit all ihren Wagen und Karren eine Grenze bildeten. Sie betrachteten die Schönheit des Govardhana-Hügels, der sich über dem Ufer der Yamunā erhebt, und dann begannen sie, die Häuser ihres Dorfes zu errichten. Einige der Bewohner gleichen Alters pflegten zusammen durch die Gegend zu gehen, und die Eltern redeten und lachten mit ihren Kindern. So waren alle Bewohner Vṛndāvanas glücklich und zufrieden.

In dieser Zeit wurden Kṛṣṇa und Balarāma die Kälber anvertraut. Die erste Verantwortung, die den Hirtenjungen übertragen wird, besteht darin, sich um die kleinen Kälber zu kümmern. Die Knaben werden von kleinauf im Hüten der Kühe geschult. Kṛṣṇa und Balarāma gingen also mit Ihren gleichaltrigen Freunden auf die Weide und hüteten dort die Kälber, wobei Sie mit Ihren Gefährten spielten. Während die beiden Brüder die Kälber beaufsichtigten, spielten Sie manchmal auf Ihren Flöten, und manchmal nahmen Sie *āmalakī-* oder *bel*-Früchte und vergnügten Sich wie kleine Kinder beim Ballspiel. Oder dann tanzten Sie und ließen dabei Ihre Fuß- und Handglöckchen melodisch erklingen. Manchmal verkleideten Sie Sich auch mit Decken als Stiere und Kühe, und als weiteres Spiel ahmten die beiden Brüder das Muhen der Rinder nach und kämpften miteinander wie Stiere, oder dann ahmten Sie die verschiedenen Vogel- und Tierstimmen nach. Auf diese Weise erfreuten Sie Sich Ihrer Kindheit und verhielten Sich dabei ganz wie gewöhnliche Erdenkinder.

Als Kṛṣṇa und Balarāma einmal am Ufer der Yamunā spielten, näherte sich Ihnen plötzlich ein Dämon mit Namen Vatsāsura, der die Form eines Kalbes angenommen hatte und nach Vṛndāvana gekommen war, um die beiden Brüder zu töten. Weil der Dämon wie ein Kalb aussah, gelang es ihm, sich unter die anderen Kälber zu mischen; doch Kṛṣṇa durchschaute seine Absicht und unterrichtete sofort Balarāma von seinem Eindringen. Die beiden Brüder folgten dem Dämon und schlichen Sich von hinten an ihn heran. Dann packte Kṛṣṇa den Kalbsdämon unvermittelt an den Hinterbeinen und am Schwanz, wirbelte ihn einige Male in der Luft herum und schleuderte ihn auf den nächsten Baum. Der Dämon verlor augenblicklich das Leben und stürzte von der Spitze des Baumes auf den Boden herab. Als er tot auf dem Waldboden lag, beglückwünschten die Hirtenjungen ihren Freund Śrī Kṛṣṇa und riefen begeistert: „Einfach wunderbar! Das hast Du großartig gemacht!" Und die Halbgötter ließen vor Freude Blumen vom Himmel regnen. Kṛṣṇa und Balarāma, die Erhalter der gesamten Schöpfung, pflegten jeden Morgen in den Wald zu gehen, um dort Ihre Kälber zu hüten. Auf diese Weise genossen Sie Ihre Kindheitsspiele als Hirtenknaben in Vṛndāvana.

Alle Hirtenjungen gingen täglich an das Ufer der Yamunā, um dort die Kälber zu tränken. Gewöhnlich tranken die Jungen bei dieser Gelegenheit ebenfalls aus dem Fluß, und eines Tages, als sie gerade wieder getrunken hatten und am Flußufer saßen, sahen sie ganz unvermittelt ein riesiges Tier auftauchen, das große Ähnlichkeit mit einer Ente hatte und so hoch wie ein Berg war. Sein Schnabel schien so mächtig wie ein Blitzstrahl zu sein, und beim Anblick dieses ungewöhnlichen Tieres bekamen Kṛṣṇas Freunde große Angst. Das Ungeheuer war Bakāsura, ein guter Freund Kaṁsas, und als er die Kinder erreicht hatte, stieß er mit seinem spitzen und scharfen Schnabel blitzschnell auf Kṛṣṇa zu und verschlang Ihn. Als Kṛṣṇa so plötzlich verschluckt wurde, stockte allen Knaben, sogar Balarāma, der Atem, als hätte sie das Leben verlassen. Der Dämon jedoch verspürte plötzlich ein unerträgliches Brennen in der Kehle, das von Kṛṣṇas glühender Ausstrahlung verursacht wurde. Er mußte Kṛṣṇa sofort wieder hervorwürgen und ausspeien, worauf er Ihn mit seinem Schnabel durchbohren wollte. Bakāsura wußte nicht, daß sein Gegner, obwohl Er die Rolle des Sohnes von Nanda Mahārāja spielte, der Ursprung Brahmās, des Schöpfers des Universums, war. Das Kind Mutter Yaśodās, das für alle Halbgötter der Quell der Freude ist und alle Heiligen beschützt, ergriff den Schnabel der riesigen Ente und spaltete ihn vor den Augen Seiner Freunde mit der gleichen Leichtigkeit, mit der ein Kind einen Grashalm auseinanderreißt. Die Bewohner der himmlischen Planeten ließen daraufhin zum Zeichen ihrer Begeisterung Blumen vom Himmel regnen, unter ihnen auch die *cāmeli*-Blume, die von allen Blumen am besten duftet, und sie ließen Büffelhörner, Trommeln und Muschelhörner erschallen.

Als die Knaben den Blumenschauer vom Himmel fallen sahen und die himmlischen Klänge hörten, waren sie zutiefst erstaunt, und als sie Kṛṣṇa wieder sahen, wurden Balarāma und alle anderen Knaben so sehr von Freude überwältigt, daß es schien, als hätten sie die Quelle ihres Lebens wiedergewonnen. Als Kṛṣṇa zu ihnen zurückkehrte, umarmten sie Ihn einer nach dem anderen und drückten Ihn immer wieder an sich. Dann riefen sie alle Kälber zusammen und kehrten ins Dorf zurück.

Zu Hause angekommen, schilderten die Knaben die wundervollen Taten des Sohnes von Nanda, und als die *gopīs* und die Kuhhirten ihre Berichte hörten, waren sie sehr erleichtert und froh, denn sie alle liebten Kṛṣṇa sehr. Ihre Zuneigung wurde nur noch größer, als sie von Seinen ruhmreichen Taten und Siegen hörten, und weil sie dachten, Kṛṣṇa sei aus dem Rachen des Dämons vor dem Tode gerettet worden, betrachteten sie Ihn mit großer Liebe und Zuneigung. Sie machten sich große Sorgen, und deshalb wollten sie nie mehr ihre Augen von Ihm lassen. Die *gopīs* und die Kuhhirten unterhielten sich oft darüber, wie das Kind schon so viele Male von Dämonen angegriffen wurde und wie all diese Dämonen getötet wurden, ohne daß Kṛṣṇa Selbst jemals verletzt worden wäre. „Viele Dämonen mit gewaltigen und abscheulichen Körpern griffen Kṛṣṇa an, um Ihn zu töten", sagten sie, „doch durch die Gnade Haris konnten sie Ihm nicht einmal ein Haar krümmen. Sie starben vielmehr wie Fliegen, die sich in ein großes Feuer stürzen." Und sie erinnerten sich an die Prophezeiungen Gargamunis, der aufgrund seiner vorzüglichen Kenntnis der *Veden* und der Wissenschaft der Astrologie hatte voraussagen können, daß Kṛṣṇa von vielen Dämonen angegriffen werden würde. Nun sahen sie, daß sich diese Prophezeiungen Wort für Wort bewahrheiteten.

Alle älteren Kuhhirten, Nanda Mahārāja nicht ausgenommen, sprachen ständig über die wundervollen Taten Śrī Kṛṣṇas und Śrī Balarāmas, und sie waren so tief in diese Gespräche versunken, daß sie die dreifachen Leiden des materiellen Daseins vergaßen. Das ist das Ergebnis des Kṛṣṇa-Bewußtseins. Die Freude, die Nanda Mahārāja vor fünftausend Jahren empfand, kann immer noch von Menschen erfahren werden, die sich im Kṛṣṇa-Bewußtsein befinden und einfach über die transzendentalen Spiele Kṛṣṇas und Seiner Gefährten sprechen.

So genossen Balarāma und Kṛṣṇa Ihre Kindheitsspiele. Sie ahmten die Affen Śrī Rāmacandras nach, die eine Brücke über den Ozean bauten, und imitierten Hanumān, wie er über das Meer nach Ceylon sprang. Im Kreis Ihrer Freunde ahmten Sie noch viele andere derartige Spiele nach und verbrachten auf diese Weise glücklich Ihre Kindheit.

Hiermit enden die Bhaktivedanta-Erläuterungen zum 11. Kapitel des Kṛṣṇa-Buches: „Die Vernichtung der Dämonen Vatsāsura und Bakāsura".

12 / Kṛṣṇa tötet den Dämon Aghāsura

Einmal wollte der Herr mit Seinen Kuhhirtenfreunden schon sehr früh am Morgen in den Wald gehen, um dort mit ihnen gemeinsam zu frühstücken. Sowie Er aufgestanden war, blies Er in Sein Büffelhorn und rief alle Seine Freunde zusammen. Auf diese Weise machten sie sich auf den Weg in den Wald und trieben ihre Kälber vor sich her. Es waren Tausende von Knaben, die Śrī Kṛṣṇa begleiteten, und sie alle trugen einen Hirtenstab, eine Flöte, ein Horn und einen Brotbeutel mit sich. Jedem waren Tausende von Kälbern anvertraut worden, und so hatte jeder eine eigene Herde, um die er sich kümmerte. Alle waren auf dem Ausflug sehr ausgelassen und fröhlich, und die Jungen, die verschiedenartigen Goldschmuck trugen, sammelten in ihrer Verspieltheit Blumen, Blätter, Zweige, Pfauenfedern und roten Ton und begannen, sich auf vielerlei Art damit zu schmücken. Während sie so durch den Wald zogen, stahl zuweilen einer der Jungen einem anderen den Brotbeutel und gab ihn an einen dritten weiter. Wenn der bestohlene Junge bemerkte, daß sein Brotbeutel verschwunden war, und versuchte, diesen zurückzubekommen, wurde der Beutel dem nächsten zugeworfen. Auf diese Weise vergnügten sich die Knaben mit kindlichen Spielen.

Wenn Śrī Kṛṣṇa manchmal weit vorausging, um einen Ausblick auf die Landschaft zu bekommen, versuchten die Jungen, Ihn einzuholen, und jeder wollte Ihn als erster berühren. Jedesmal entstand ein großer Wettstreit, und wenn einer sagte: „Ich werde Kṛṣṇa als erster berühren", riefen andere sofort: „O nein, *ich* werde als erster bei Kṛṣṇa sein." Manche spielten auch auf ihren Flöten oder bliesen in ihre Büffelhörner, und wieder andere verfolgten die Pfauen oder ahmten die Lockrufe der Kuckucke nach. Einige von Kṛṣṇas Freunden liefen so schnell sie konnten dem Schatten der Vögel nach und versuchten, ihrem Flug genau zu folgen; andere gingen zu den Affen und setzten sich leise neben sie, und wieder andere ahmten die Tänze der Pfauen nach. Manchmal ergriffen die Knaben die Affen an ihren Schwänzen und spielten mit ihnen, und wenn die Affen entflohen und auf den nächsten Baum sprangen, rannten ihnen die Jungen nach. Die Affen schnitten dann oft ärgerliche Grimassen und fletschten die Zähne, doch die Jungen ließen sich nicht einschüchtern, sondern zeigten ihnen ebenfalls die Zähne. Andere Hirtenjungen spielten mit den Fröschen am Ufer der Yamunā, und wenn die Frösche aus Angst ins Wasser sprangen, tauchten die Jungen hinter ihnen her. Wenn sie dann wieder herauswateten und im Wasser ihr Spiegelbild sahen, beugten sie sich vor und schnitten Grimassen und lachten vergnügt. Manchmal liefen sie auch zu einem leeren Brunnen und riefen laut hinein, und wenn das Echo widerhallte, beschimpften sie es und lachten.

Wie die Höchste Persönlichkeit Gottes persönlich in der *Bhagavad-gītā* sagt, wird Er von den Transzendentalisten in dem Maße, wie sie sich Ihm hingeben, entweder als Brahman, als Paramātmā oder als die Höchste Persönlichkeit Gottes erkannt. Hier — in Bestätigung dieser Aussage — sehen wir, wie Śrī Kṛṣṇa, der den Unpersönlichkeitsanhängern mit Seiner körperlichen Ausstrahlung die Brahman-Verwirklichung gewährt, als Höchste Persönlichkeit Gottes für Seine Geweihten ein Quell transzendentaler Freude ist. Diejenigen, die von *māyā*, der äußeren Energie, verwirrt werden, halten Ihn einfach nur für ein schönes Kind; doch den Kuhhirtenjungen, die mit Ihm spielten, gewährte Er eine nicht endende spirituelle Glückseligkeit. Nur weil diese Knaben in ihren früheren Leben unzählige fromme Tätigkeiten ausgeführt hatten, bekamen sie nun die Gelegenheit, persönlich mit dem Höchsten Herrn zusammenzusein. Wer kann jemals das transzendentale Glück der Einwohner von Vṛndāvana ermessen? Sie sahen den Herrn, die Höchste Persönlichkeit Gottes, täglich von Angesicht zu Angesicht, Ihn, den viele große *yogīs* nicht einmal durch härteste Entsagung erkennen können, obwohl Er in ihren Herzen weilt. Dies wird ebenfalls in der *Brahma-saṁhitā* bestätigt. Man kann Kṛṣṇa, die Höchste Persönlichkeit Gottes, zwar in den Seiten der *Veden* und *Upaniṣaden* suchen, doch erst wenn man das große Glück hat, mit einem Gottgeweihten zusammenzukommen, kann man der Höchsten Persönlichkeit Gottes persönlich gegenübertreten. Nachdem die Kuhhirtenjungen viele Leben hindurch fromme Tätigkeiten ausgeführt hatten, konnten sie mit Kṛṣṇa zusammensein und als Freunde mit Ihm spielen. Sie konnten nicht verstehen, daß Kṛṣṇa die Höchste Persönlichkeit Gottes ist, aber sie waren Kṛṣṇas vertraute Freunde, die mit inniger Liebe an Seinen Spielen teilnahmen.

Als Sich Śrī Kṛṣṇa auf diese Weise mit Seinen Freunden unbekümmert Seiner Kindheitsspiele erfreute, wurden sie von einem Dämon namens Aghāsura beobachtet, und dieser Dämon vermochte seinen Haß kaum mehr zu zügeln. Es war ihm unerträglich, Kṛṣṇa beim Spielen zuzusehen, und deshalb erschien er vor den Jungen, um sie alle zu töten. Dieser Aghāsura war so gefährlich, daß sich selbst die Halbgötter vor ihm fürchteten. Obgleich die Bewohner der himmlischen Planeten täglich Nektar tranken, um ihr Leben zu verlängern, fürchteten sie sich vor Aghāsura und fragten sich: „Wann wird dieser Dämon endlich getötet werden?" Die Halbgötter pflegten Nektar zu trinken, um unsterblich zu werden, doch im Grunde setzten sie kein allzu großes Vertrauen in ihre „Unsterblichkeit". Aber die Jungen, die mit Kṛṣṇa spielten, hatten keine Angst vor Dämonen. Sie waren frei von aller Angst. Jede materielle Schutzmaßnahme, die man trifft, um sich vor dem Tod zu retten, ist letzten Endes erfolglos, doch wenn man Kṛṣṇa-bewußt ist, erlangt man mit Sicherheit die Unsterblichkeit.

So erschien der Dämon Aghāsura vor Kṛṣṇa und Seinen Freunden. Aghāsura war der jüngere Bruder von Pūtanā und Bakāsura, und er dachte: „Kṛṣṇa hat meinen Bruder und meine Schwester getötet. Dafür werde ich Ihn jetzt zusammen mit Seinen Freunden und Kälbern ebenfalls töten." Aghāsura war von Kaṁsa angestachelt worden, und daher war er in seinem Vorhaben fest entschlossen. Wenn er zum Gedächtnis an seinen Bruder und seine Schwester Getreide und Wasser opfern und dann Kṛṣṇa zusammen mit allen Hirtenjungen töten würde, so überlegte sich Aghāsura, dann würden automatisch auch die Einwohner von Vṛndāvana sterben. Im allgemeinen lieben die Eltern ihre Kinder genauso wie ihr eigenes Leben, und wenn die Kinder sterben, können aufgrund des starken Bandes der Zuneigung auch die Eltern nicht mehr weiterleben.

Als Aghāsura seinen Plan, alle Einwohner von Vṛndāvana zu töten, in die Tat umsetzen wollte, vergrößerte er sich mit Hilfe der *yoga-siddhi* namens *mahimā*. Die Dämonen beherrschen im allgemeinen fast alle Arten mystischer Kräfte, und wenn man im *yoga* die Vollkommenheit der *mahimā-siddhi* erreicht hat, kann man sich nach Belieben ausweiten. Der Dämon Aghāsura dehnte sich somit zu einer Größe von etwa acht Meilen aus und nahm die Form einer fetten Schlange an. Nach dieser seltsamen Verwandlung öffnete der Dämon sein Maul, das so groß war wie ein Höhleneingang. Er wollte die Knaben — auch Kṛṣṇa und Balarāma — allesamt mit einem Mal verschlingen, und so legte er sich ihnen in den Weg und wartete.

Der Dämon, der sich in diese gigantische Schlange verwandelt hatte, lag mit weit aufgerissenem Maul da, das vom Erdboden bis zum Himmel reichte. Seine Unterlippe lag auf dem Boden, und Seine Oberlippe berührte die Wolken. Sein Rachen glich einer riesigen Berghöhle, deren Tiefe nicht abzuschätzen war, und seine Zähne sahen aus wie Bergspitzen. Seine Zunge glich einer breiten Landstraße; sein Atem ging wie ein Wirbelsturm, und Seine Augen loderten wie Feuer. Anfangs dachten die Jungen, der Dämon sei nur eine riesige Statue, doch nachdem sie ihn genauer betrachtet hatten, sahen sie, daß er mehr einer großen Schlange glich, die mit aufgerissenem Maul vor ihnen auf dem Weg lag. Einer der Jungen sagte: „Dieses Ungetüm sieht aus wie ein großes Tier, und es liegt da, als wolle es uns verschlingen. Seht doch nur — ist dieses Ungeheuer nicht eine riesige Schlange, die ihr Maul aufgesperrt hat, um uns alle zu fressen?" Ein anderer sagte: „Ja, was du sagst, ist wahr. Die Oberlippe dieses Tieres gleicht dem Sonnenschein, und seine Unterlippe ist wie die Reflexion des roten Sonnenlichts auf dem Boden. Liebe Freunde, schaut euch nur einmal die Seitenwände seines Maules an. Dieses Maul ist so groß wie eine Höhle, und man kann nicht abschätzen, wie hoch es ist. Sein Kiefer ragt wie eine Bergspitze hervor. Die lange Straße ist allem Anschein nach seine Zunge, und im Innern seines Maules ist es finster wie in einem Stollen. Der heiße Wind, der wie ein Orkan bläst, ist sein Atem, und der fischige Gestank, der seinem Maul entströmt, ist der Geruch seiner Eingeweide."

Sie berieten sich weiter: „Diese Riesenschlange kann uns unmöglich verschlingen, wenn wir alle gleichzeitig in sein Maul hineingehen. Doch selbst wenn es ihr gelingen sollte, uns alle mit einem Mal herunterzuschlucken, könnte sie doch niemals Kṛṣṇa verschlingen. Kṛṣṇa wird dieses Ungeheuer einfach töten, wie Er es auch mit Bakāsura tat." Mit diesen Worten drehten sich die Jungen nach Kṛṣṇa um, blickten lächelnd in Sein wunderschönes lotosgleiches Gesicht, klatschten fröhlich in die Hände und marschierten dann zusammen in das Maul der gigantischen Schlange hinein.

In der Zwischenzeit hatte Kṛṣṇa, der als Überseele im Herzen aller Lebewesen weilt, bereits erkannt, daß die gewaltige statuenhafte Gestalt vor Ihm ein Dämon war. Während Er überlegte, wie Er die Vernichtung Seiner Freunde verhindern könne, begaben sich alle Knaben zusammen mit ihren Kälbern in den Rachen des Ungeheuers. Doch Kṛṣṇa folgte ihnen nicht. Der Dämon wartete darauf, daß Kṛṣṇa ebenfalls in sein Maul eintrete, und dachte bei sich: „Alle sind gekommen; jetzt fehlt nur noch Kṛṣṇa, der meinen Bruder und meine Schwester getötet hat."

Wer von Kṛṣṇa beschützt wird, befindet sich immer in Sicherheit. Aber als Kṛṣṇa sah, daß Seine Freunde nicht mehr bei Ihm waren, sondern im Bauch der großen Schlange lagen, war Er einen Augenblick lang sehr bekümmert. Er wunderte Sich über die bezaubernde Wirkungsweise Seiner äußeren Energie. Dann überlegte Er, wie Er den Dämon töten und gleichzeitig die Jungen und die Kälber retten könne. Obgleich es für Kṛṣṇa eigentlich keinen Grund zur Sorge gab, machte Er Sich solche Gedanken, und schließlich, nach kurzem Nachdenken, betrat Er ebenfalls das Maul des Dämons. Als nun auch Kṛṣṇa in das riesige Maul hineinging, waren die Halbgötter, die sich versammelt hatten, um das Schauspiel mitanzusehen, und die sich hinter den Wolken versteckt hielten, zutiefst bestürzt und riefen: „O weh, o weh!" Zur gleichen Zeit frohlockten die Freunde Aghāsuras – ganz besonders Kaṁsa –, die alle Fleisch und Blut zu essen pflegten, und brachen in lautes Freudengeschrei aus.

Während der Dämon versuchte, Kṛṣṇa und Seine Gefährten zu vernichten, hörte Kṛṣṇa die angstvollen Rufe der Halbgötter, und so begann Er sofort, Sich in der Kehle des Dämons auszudehnen, und Er wurde größer und größer. Obwohl der Dämon einen riesenhaften Körper besaß, begann er fürchterlich zu röcheln, als Sich Kṛṣṇa ausdehnte. In panischer Angst rollten die Augen des Dämons hin und her, und schon bald erstickte er. Seine Lebensluft konnte nirgends aus ihm herausströmen und schoß schließlich aus einer Öffnung in der Schädeldecke hervor. Nachdem der Dämon sein Leben aufgegeben hatte, rief Kṛṣṇa alle Knaben und Kälber einfach durch Seinen transzendentalen Blick ins Leben zurück und verließ mit ihnen den toten Körper des Ungeheuers. Als Sich Kṛṣṇa noch in Aghāsuras Maul befunden hatte, war die Seele des Dämons wie ein strahlendes Licht aus dem Körper ausgetreten, und sie schwebte nun wartend am Himmel, wobei die gesamte Umgebung erleuchtet wurde. Sowie Kṛṣṇa mit Seinen Kälbern und Freunden aus dem Maul des Dämons hervorkam, ging das strahlende Licht vor den Augen aller anwesenden Halbgötter in den Körper Kṛṣṇas ein.

Die Halbgötter waren außer sich vor Freude, und sie überschütteten Kṛṣṇa, die Höchste Persönlichkeit Gottes, mit Blumen, um Ihm so ihre Ehre zu erweisen. Die Bewohner des Himmels begannen frohlockend zu tanzen, und die Bewohner von Gandharvaloka brachten die verschiedensten Gebete dar, während überall zum Zeichen des Sieges Trommeln und Pauken ertönten. Die *brāhmaṇas* rezitierten vedische Hymnen, und alle Gottgeweihten riefen: „*Jaya! Jaya!* Gepriesen sei die Höchste Persönlichkeit Gottes!"

Als Brahmā diese freudigen Klänge hörte, die durch das obere Planetensystem hallten, eilte er sofort herbei, um zu sehen, was sich ereignet hatte. Als er sah, daß Aghāsura tot am Boden lag, wunderte er sich sehr über die ungewöhnlichen und ruhmreichen Spiele der Persönlichkeit Gottes. Das gigantische Maul des Dämons blieb für viele Tage aufgesperrt und trocknete langsam aus, und es wurde zu einem Spielplatz für die Hirtenjungen.

Aghāsura wurde getötet, als Kṛṣṇa und Seine Freunde noch nicht ganz fünf Jahre alt waren. Kinder unter fünf Jahren werden *kaumāra* genannt. Vom sechsten bis zum zehnten Lebensjahr nennt man sie *paugaṇḍa* und vom elften bis zum fünfzehnten Lebensjahr *kaiśora*. Nach dem fünfzehnten Lebensjahr werden sie als Jugendliche bezeichnet. Der Zwischenfall mit dem Aghāsura-Dämon wurde im Dorf von Vraja für ein ganzes Jahr mit keinem Wort erwähnt. Erst als die Jungen ihr sechstes Lebensjahr erreichten, erzählten sie ihren Eltern voller Erstaunen von ihrem Abenteuer. Der Grund hierfür wird im nächsten Kapitel beschrieben.

Für Śrī Kṛṣṇa, die Höchste Persönlichkeit Gottes, der weit erhabener ist als Halbgötter wie Brahmā und Śiva, ist es nicht schwierig, jemandem die Gelegenheit zu geben, in Seinen ewigen Körper einzugehen, und diese Segnung gewährte Er auch Aghāsura. Aghāsura war zweifellos das sündvollste aller Lebewesen, und sündvollen Lebewesen ist es im allgemeinen nicht möglich, in die Existenz der Absoluten Wahrheit einzugehen. Doch weil Kṛṣṇa in diesem besonderen Fall persönlich in den Körper Aghāsuras eintrat, wurde der Dämon von allen sündhaften Reaktionen vollkommen gereinigt. Wer fortwährend an den Herrn, die Höchste Persönlichkeit Gottes, denkt, sei es in Form Seiner Bildgestalt oder auch im Geist, wird das höchste transzendentale Ziel, die Erhebung in das Königreich Gottes, mit Sicherheit erreichen und in die Gemeinschaft der Höchsten Persönlichkeit Gottes aufgenommen werden. Wir können uns also vorstellen, wie erhaben die Position Aghāsuras gewesen sein muß, daß Kṛṣṇa, die Höchste Persönlichkeit Gottes, persönlich in seinen Körper eintrat. Die großen Weisen, die weit fortgeschrittenen *yogīs* und die Gottgeweihten meditieren ständig über die Form des Herrn in ihrem Herzen oder betrachten die transzendentale Bildgestalt des Herrn im Tempel. Auf diese Weise werden sie von allen materiellen Verunreinigungen befreit, und wenn sie den Körper verlassen, werden sie in das Königreich Gottes erhoben. Diese Stufe der Vollkommenheit kann man erreichen, wenn man einfach ständig an die transzendentale Gestalt des Herrn denkt. Im Falle Aghāsuras jedoch trat der Höchste Herr Selbst in dessen Körper ein. Aghāsuras Position ist demnach weitaus höher als die eines gewöhnlichen Gottgeweihten oder die des größten *yogī*.

Mahārāja Parīkṣit war in das Hören der transzendentalen Spiele Śrī Kṛṣṇas vertieft (der ihm einst das Leben gerettet hatte, als er sich im Leib seiner Mutter befand), und so wurde er immer begieriger, noch mehr über Kṛṣṇa zu hören. Deshalb stellte er dem Weisen Śukadeva Gosvāmī, der ihm das *Śrīmad-Bhāgavatam* vortrug, eine weitere Frage.

König Parīkṣit war verwundert, daß ein Jahr lang nicht über die Vernichtung des Aghāsura-Dämons gesprochen wurde — so lange nämlich, bis die Knaben das *pauganda*-Alter erreichten. Mahārāja Parīkṣit war neugierig, mehr darüber zu erfahren, denn er war davon überzeugt, daß ein solcher Vorfall seine Ursache in der Entfaltung von Kṛṣṇas verschiedenen Energien haben mußte.

Im allgemeinen sind die *kṣatriyas* (die verwaltende Klasse) so sehr mit politischen Angelegenheiten beschäftigt, daß sie nur wenig Gelegenheit haben, über die transzendentalen Spiele Śrī Kṛṣṇas zu hören. Daher schätzte sich Parīkṣit Mahārāja sehr glücklich, als er von diesen transzendentalen Spielen hörte, denn er hörte sie direkt von Śukadeva Gosvāmī, der größten Autorität des *Śrīmad-Bhāgavatam*. Auf Mahārāja Parīkṣits Bitte hin fuhr Śukadeva Gosvāmī fort, über Śrī Kṛṣṇas transzendentale Spiele, Seine Gestalt, Seine Eigenschaften und Seinen Ruhm zu sprechen.

Hiermit enden die Bhaktivedanta-Erläuterungen zum 12. Kapitel des Kṛṣṇa-Buches: „Kṛṣṇa tötet den Dämon Aghāsura".

13 / Brahmā stiehlt die Knaben und Kälber

Śukadeva Gosvāmī war sehr erfreut, als Mahārāja Parīkṣit ihn fragte, warum die Kuhhirtenjungen erst nach einem Jahr über die Vernichtung Aghāsuras sprachen, und so sagte er: „Mein lieber König, durch deine Wißbegierde machst du das Thema der transzendentalen Spiele Kṛṣṇas noch frischer."

Es wird gesagt, daß es die Natur eines Gottgeweihten ist, ständig seine Gedanken, seine Energie, seine Worte, seine Ohren usw. damit zu beschäftigen, über Kṛṣṇa zu hören und zu chanten. Dies wird Kṛṣṇa-Bewußtsein genannt, und jeder, der sich dem Hören und Chanten über Kṛṣṇa widmet, wird diese transzendentalen Themen niemals eintönig oder alltäglich finden. Hierin besteht der Unterschied zwischen transzendentalen und materiellen Themen. Materielle Themen werden langweilig, und man kann sich etwas Bestimmtes nicht lange anhören, sondern verlangt schnell nach Abwechslung. Themen mit transzendentalem Inhalt hingegen werden *nitya-nava-navāyamāna* genannt, was bedeutet, daß man fortwährend, ohne zu ermüden, über den Herrn hören und chanten kann und dabei immer begieriger wird, noch mehr über Ihn zu erfahren.

Es ist die Pflicht des spirituellen Meisters, dem wißbegierigen und ernsthaften Schüler alle vertraulichen Dinge zu offenbaren, und so begann Śukadeva Gosvāmī zu erklären, warum die Einwohner von Vṛndāvana ein Jahr lang nicht über die Vernichtung Aghāsuras sprachen. Śukadeva Gosvāmī sagte zu dem König: „Bitte höre aufmerksam zu, während ich dir dieses Geheimnis enthülle."

Nachdem Śrī Kṛṣṇa Seine Freunde aus dem Rachen Aghāsuras gerettet und den Dämon getötet hatte, führte Er sie alle ans Ufer der Yamunā und sagte: „Seht nur, liebe Freunde, wie gut dieser Platz zum Mittagessen geeignet ist und wie schön man auf dem weichen, sandigen Ufer der Yamunā spielen kann. Die Lotosblumen stehen in voller Blüte und erfüllen die ganze Umgebung mit einem herrlichen Duft. Das Zwitschern der Vögel, das Rufen der Pfauen und das Rauschen der Blätter antworten einander und machen diesen schönen Ort hier unter den Bäumen noch lieblicher. Laßt uns also an diesem Ort zu Mittag essen, denn es ist bereits spät, und wir alle sind hungrig. Wir behalten die Kälber in unserer Nähe, wo sie vom Wasser der Yamunā trinken können, und während wir unser Mittagessen einnehmen, lassen wir sie im saftigen Gras, das hier wächst, weiden."

Als die Jungen Kṛṣṇas Vorschlag hörten, stimmten alle freudig zu und sagten: „O ja, laßt uns hier Rast machen und zu Mittag essen." Sie ließen die Kälber frei umherlaufen, so daß diese sich am frischen Gras erfreuen konnten, und nachdem sich alle Kuhhirtenjungen um Kṛṣṇa herum niedergesetzt hatten, öffneten sie ihre Brotbeutel, die sie von zu Hause mitgebracht hatten. Śrī Kṛṣṇa saß in der Mitte Seiner Freunde, die Ihm alle ihr Gesicht zugewandt hatten, und während sie aßen, genossen sie es, den Herrn von Angesicht zu Angesicht sehen zu können. Kṛṣṇa glich dem Zentrum einer Lotosblume, und die Knaben umgaben Ihn wie die Blütenblätter. Sie sammelten Blumen, Blätter und Baumrinde und legten ihre Picknickbeutel darauf, und so begannen sie, in Kṛṣṇas Gemeinschaft zu Mittag zu essen. Während des Essens entfaltete jeder der Jungen seine ihm eigene Beziehung zu Kṛṣṇa, und so tauschten sie in einer vergnügten Stimmung gegenseitig scherzende Worte aus. Kṛṣṇa hatte Seine Flöte in den Gürtel geschoben, und in der linken Seite Seines Gewandes steckten das Büffelhorn und der Hirtenstab. In Seiner linken Hand, zwischen Seinen blütengleichen Fingern, hielt Er eine Süßigkeit, die aus Joghurt, Butter, Reis und Fruchtsalat bestand. Die Höchste Persönlichkeit Gottes, der Genießer der Ergebnisse aller Opfer, lachte und scherzte, während Er mit Seinen Spielgefährten im Wald von Vṛndāvana das Mittagessen genoß. Die ganze Zeit über hatten die Halbgötter vom Himmel aus diese Szene mitverfolgt; doch die Kuhhirtenjungen waren einfach in die transzendentale Ekstase der Gemeinschaft mit der Höchsten Persönlichkeit Gottes vertieft.

Unterdessen betraten die Kälber, die in der Nähe weideten, den tiefen Wald, angelockt von den frischen Gräsern, die dort wuchsen. Sie verschwanden allmählich außer Sichtweite, und als die Jungen plötzlich bemerkten, daß die Kälber verschwunden waren, erschraken sie sehr und riefen: „Kṛṣṇa!" Kṛṣṇa ist der Vernichter der personifizierten Furcht, vor der sich jeder fürchtet. Die Furcht selbst jedoch fürchtet sich vor Kṛṣṇa. Als die Jungen „Kṛṣṇa!" riefen, überwanden sie daher sofort ihre Furcht. Weil Kṛṣṇa Seinen Freunden sehr zugetan war, wollte Er nicht, daß sie mit dem Essen aufhörten, um nach den Kälbern zu suchen, und so sagte Er: „Meine lieben Freunde, ihr braucht eure Mahlzeit nicht zu unterbrechen. Eßt ruhig weiter. Ich werde Mich Selbst um die Kälber kümmern." Und so machte Er Sich auf, um die Kälber zu suchen. Er hielt überall in den Wäldern und Berghöhlen nach ihnen Ausschau, doch Er konnte sie nirgends finden.

Als die Halbgötter mit Staunen sahen, wie Aghāsura von Kṛṣṇa getötet wurde, kam auch Brahmā herbei, der auf dem Lotos geboren worden war, der aus Viṣṇus Nabel wächst. Es überraschte ihn sehr, wie ein so kleiner Junge wie Kṛṣṇa derartige Heldentaten vollbringen konnte. Obwohl Brahmā zu Ohren gekommen war, daß der kleine Kuhhirtenjunge die Höchste Persönlichkeit Gottes sei, wollte er noch großartigere Spiele von Ihm sehen. Aus diesem Grund stahl er alle Kälber und Kuhhirtenjungen und brachte sie in ein Versteck. Śrī Kṛṣṇa konnte daher trotz emsigen Suchens die Kälber nicht finden, und als Er ans Ufer der Yamunā zurückkehrte, wo Er alle Seine Freunde zurückgelassen hatte, mußte Er feststellen, daß auch sie verschwunden waren. Kṛṣṇa war in Seiner Form als Kuhhirtenjunge im Vergleich zu Brahmā winzig klein, doch weil Er die Höchste Persönlichkeit Gottes ist, wußte Er sofort, daß die Kälber und Knaben von Brahmā gestohlen worden waren. Er sagte Sich: „Brahmā hat Meine Freunde und die Kälber entführt, doch Ich kann unmöglich ohne sie nach Vṛndāvana zurückkehren — ihren Müttern würde vor Kummer das Herz brechen."

Um den Müttern Seiner Freunde unnötige Sorgen zu ersparen und zugleich um Brahmā von der Allmacht der Höchsten Persönlichkeit Gottes zu überzeugen, erweiterte Sich Kṛṣṇa auf der Stelle in die entführten Kuhhirtenjungen und Kälber. In den *Veden* wird gesagt, daß Sich die Höchste Persönlichkeit Gottes durch Seine spirituelle Energie in unzählige Lebewesen erweitert. Deshalb war es für Ihn nicht weiter schwierig, Sich auch noch in die vielen Jungen und Kälber zu erweitern. Er nahm das genaue Aussehen der Jungen an, die alle von unterschiedlicher Gestalt waren, verschiedenartige Gesichter und Körper hatten und sich auch in ihren Gewändern, ihrem Schmuck und ihrem Verhalten voneinander unterschieden. Mit anderen Worten, jedes Lebewesen besitzt unterschiedliche Neigungen, denn jedes ist eine individuelle Seele und unterscheidet sich in seinem Tun und Verhalten von anderen. Dennoch nahm Kṛṣṇa genau die Gestalt jedes einzelnen Kuhhirtenjungen an, und Er erweiterte Sich auch in die Kälber, die ebenfalls von verschiedener Größe und Farbe waren und sich unterschiedlich verhielten. All dies war nur deshalb möglich, weil alles Existierende von Kṛṣṇa ausgeht. Im *Viṣṇu Purāṇa* heißt es dazu: *parasya brahmaṇaḥ śakti.* Alles, was wir in der kosmischen Manifestation sehen, sei es Materie oder seien es die Handlungen der Lebewesen, ist nichts anderes als eine Erweiterung der Energien des Herrn, die von Ihm ausgehen wie Licht und Wärme vom Feuer.

Kṛṣṇa erweiterte Sich also in die verschiedenen Kuhhirtenjungen und Kälber mit all ihren Eigenschaften und kehrte, umgeben von Seinen Erweiterungen, in das Dorf Vṛndāvana zurück. Die Einwohner von Vṛndāvana ahnten nichts von dem, was geschehen war. Als die Kuhhirtenjungen mit ihren Herden ins Dorf heimkehrten, gingen die Kälber in ihre Ställe zurück, und auch die Knaben gingen nach Hause zu ihren Müttern zurück.

Schon lange bevor die Jungen das Dorf erreichten, hatten die Mütter ihr Flötenspiel vernommen. Sie kamen aus den Häusern und liefen ihren Kindern entgegen, um sie zu umarmen. Aufgrund ihrer starken mütterlichen Zuneigung strömte Milch aus ihren Brüsten, und sie erlaubten den Jungen, davon zu trinken. Sie ahnten nicht, daß sie eigentlich nicht ihre Söhne, sondern die Höchste Persönlichkeit Gottes stillten, die Sich in ihre eigenen Kinder erweitert hatte. Śrī Kṛṣṇa gab auf diese Weise nicht nur Yaśodā, sondern auch allen anderen älteren *gopīs* die Gelegenheit, Ihn mit ihrer Milch zu stillen.

Die Jungen verhielten sich ihren Müttern gegenüber, wie sie es immer getan hatten, und am Abend badeten die Mütter ihre Kinder, versahen sie mit *tilaka* und Schmuckstücken und gaben ihnen nach der langen Arbeit des Tages reichlich zu essen. Die Kühe, die tagsüber auf den Weidegründen gegrast hatten, kehrten am Abend ins Dorf zurück, und sobald sie nach ihren Kälbern riefen, kamen diese augenblicklich herbeigelaufen, worauf die Kühe sie freudig beleckten. Die Beziehung zwischen den Kühen und ihren Kälbern und zwischen den *gopīs* und ihren Kindern blieb erhalten, ja sie schien sich auf unerklärliche Weise sogar noch zu vertiefen. So vergrößerte sich ihre gegenseitige Zuneigung, obwohl die wirklichen Kälber und Knaben gar nicht zugegen waren. Bisher hatten sich die Kühe und die älteren *gopīs* von Vṛndāvana mehr zu Kṛṣṇa hingezogen gefühlt als zu ihren eigenen Kindern, doch nach diesem Vorfall verstärkte sich ihre Zuneigung zu den Kindern so sehr, daß sie ihnen gegenüber die gleiche Liebe empfanden wie gegenüber Kṛṣṇa. Ein Jahr lang verblieb Kṛṣṇa in der Gestalt der Kälber und der Kuhhirtenjungen, und so war es allein Kṛṣṇa, der in Form dieser verschiedenen Erweiterungen auf den Weidegründen gegenwärtig war.

Wie in der *Bhagavad-gītā* erklärt wird, weilt Kṛṣṇa als Überseele im Herzen eines jeden Lebewesens. In diesem Falle jedoch erweiterte Er Sich nicht als Überseele, sondern als die Form der Kälber und Kuhhirtenjungen, und das für die Dauer eines ganzen Jahres.

Eines Tages, als Kṛṣṇa und Balarāma die Kälber im Wald hüteten, sahen Sie von weitem einige Kühe auf der Spitze des Govardhana-Hügels weiden. Als die Kühe den Hang hinunterblickten und die Jungen mit den Kälbern sahen, liefen sie plötzlich mit weitausgreifenden Beinen den Hügel hinunter. Sie liebten ihre Kälber so sehr, daß sie gar nicht bemerkten, wie steinig der Pfad war, der vom Govardhana-Hügel hinunter zu den Weiden führte. Mit prall gefüllten Eutern und steil erhobenen Schwänzen stürmten sie den Abhang hinab, während ihre Euter Ströme von Milch vergossen — so sehr waren die Kühe ihren Kälbern zugetan, die in Wahrheit gar nicht ihre eigenen waren. Diese Kühe hatten bereits neue Kälber zur Welt gebracht, und die Kälber, die am Fuß des Govardhana-Hügels grasten, waren bereits aus dem Alter heraus, wo sie noch vom Euter der Mutter trinken mußten. Dennoch liefen all die Kühe direkt auf die Kälber zu und begannen sie zu belecken, während die Kälber ihrerseits die Milch aus den Eutern ihrer Mütter saugten. Zwischen den Kühen und den Kälbern bestand offensichtlich eine ungewöhnlich starke liebevolle Beziehung.

Als die Kühe von der Höhe des Govardhana-Hügels hinunterrannten, versuchten die Hirten, sie aufzuhalten. Die älteren Kühe werden nämlich von den Männern bewacht, und die Knaben kümmern sich um die Kälber. Die Kälber werden soweit wie möglich von den Kühen getrennt gehalten, damit sie nicht deren Euter leertrinken, und deshalb versuchten die Männer auf dem Govardhana-Hügel, ihre Tiere zurückzuhalten. Alle ihre Bemühungen waren jedoch vergebens, und so blieb ihnen nichts anderes übrig, als hinab ins Tal zu gehen, um die Tiere zurückzuholen. Beschämt und ärgerlich machten sie sich auf den Weg; doch als sie dann am Fuß des Hügels ankamen und ihre Kinder bei den

Kälbern sahen, regten sich in ihnen plötzlich tiefe Gefühle der Liebe. Dies war recht erstaunlich, denn obgleich die Männer aufgrund ihres mißglückten Versuches, die Kühe zurückzuhalten, enttäuscht und verdrossen den Hügel heruntergekommen waren, schmolzen ihre Herzen in großer Zuneigung beim Anblick ihrer Söhne. Ihre Unzufriedenheit und ihr Mißmut verflogen im Nu, und mit väterlicher Liebe nahmen sie ihre Kinder in die Arme, drückten sie an sich und sogen den Duft ihrer Köpfe ein. Einfach indem sie mit ihren Kindern zusammen waren, fühlten sie eine überwältigende Freude. Nach dieser Liebkosung trieben die Männer die Kühe auf den Govardhana-Hügel zurück, und als sie an ihre Kinder dachten, traten ihnen Tränen der Zuneigung in die Augen.

Balarāma, der diesen ungewöhnlichen Austausch von Zuneigung zwischen den Kühen und ihren Kälbern sowie zwischen den Vätern und ihren Söhnen beobachtete — obwohl eigentlich weder die Kälber noch die Kinder eine derart große Umsorgung benötigten —, suchte nach einer Erklärung für dieses außerordentliche Verhalten. Es wunderte Ihn, daß die Einwohner von Vṛndāvana eine ebenso große Zuneigung für ihre Kinder wie für Kṛṣṇa empfanden, und dasselbe ließ sich bei den Kühen und ihren Kälbern feststellen. Balarāma vermutete, daß diese außergewöhnliche Offenbarung von Zuneigung eine geheimnisvolle Ursache haben mußte, die entweder auf einen Halbgott oder auf irgendeinen machtvollen Menschen zurückzuführen war. Wie sonst hätte diese wundersame Veränderung stattfinden können? So kam Balarāma zur Überzeugung, daß diese mystische Wandlung nur Kṛṣṇa zur Ursache haben konnte, den Er als Seinen verehrungswürdigen Herrn, die Höchste Persönlichkeit Gottes, betrachtete. Er sagte Sich: „All diese Vorfälle wurden von Kṛṣṇa gelenkt, und nicht einmal Ich konnte Seine mystischen Kräfte durchschauen.“ Auf diese Weise konnte Balarāma verstehen, daß die Knaben und die Kälber Erweiterungen Kṛṣṇas waren.

Balarāma wandte Sich an Kṛṣṇa, um die wahren Zusammenhänge zu erfahren, und deshalb sagte Er: „Mein lieber Kṛṣṇa, anfangs dachte Ich, die Kälber und Hirtenjungen seien entweder große Heilige und Weise oder Halbgötter, doch jetzt bin Ich der Ansicht, daß sie Deine Erweiterungen sind. Sie alle sind Du. Du Selbst spielst die Rolle der Kälber und Knaben. Welches Geheimnis verbirgt sich dahinter? Wo sind die ursprünglichen Kälber und Knaben, und warum hast Du Dich erweitert und trittst an ihrer Statt auf? Bitte erkläre Mir dies alles.“ Auf diese Bitte Balarāmas hin schilderte Kṛṣṇa in kurzen Worten, wie die Kälber und die Knaben von Brahmā gestohlen wurden und wie Er Sich erweiterte, um diesen Vorfall absichtlich zu verheimlichen, so daß die Dorfbewohner nicht bemerken würden, daß die ursprünglichen Kälber und Kuhhirtenjungen verschwunden waren.

Während Sich Kṛṣṇa und Balarāma unterhielten, kehrte Brahmā nach Vṛndāvana zurück, nachdem er (gemessen an seiner Lebensdauer) für einen Augenblick fortgewesen war. In der *Bhagavad-gītā* finden wir folgende Information über die Lebensdauer Brahmās: Zwölf Stunden in Brahmās Leben bestehen aus vier Zeitaltern, multipliziert mit tausend, also aus 4 300 000 x 1000 Jahren.

Ein Augenblick in Brahmās Leben entspricht somit einem unserer Sonnenjahre. Nachdem also nach Brahmās Zeitrechnung ein Augenblick verstrichen war, kehrte Er zurück, um die Verwirrung zu sehen, die er durch die Entführung der Kälber und Knaben verursacht hatte. Doch zur gleichen Zeit hatte er auch Angst, denn er wußte, daß er mit Feuer spielte. Kṛṣṇa war sein Herr, und er hatte sich einen schlechten Scherz mit Ihm erlaubt, als er Seine Kälber und Freunde entführte. Er hatte tatsächlich große Angst und wagte es deshalb nicht, lange fortzubleiben, sondern kehrte (gemäß seiner eigenen Zeitrechnung) schon nach einem Augenblick wieder zurück. Doch zu seinem großen Erstaunen sah er, daß alle Kälber und Hirtenjungen immer noch da waren und genauso mit Kṛṣṇa spielten, wie sie es getan hatten, als er sie das erste Mal sah. Er hätte schwören können, daß er sie entführt und durch seine mystischen Kräfte in Schlaf versetzt hatte, und so dachte er: „Alle diese Knaben und Kälber habe ich doch entführt, und ich bin mir ganz sicher, daß sie immer noch fest schlafen. Wie ist es dann möglich, daß hier die gleiche Gruppe von Hirtenjungen und Kälbern mit Kṛṣṇa spielt? Hat meine mystische Kraft etwa keinen Einfluß auf sie, und wurde ihr Spiel im vergangenen Jahr vielleicht gar nie unterbrochen?“ Brahmā versuchte zu verstehen, wer die Kuhhirtenjungen waren und wie es möglich war, daß sie nicht von seiner mystischen Kraft beeinflußt wurden; doch trotz allen Nachdenkens konnte er die Ursache nicht herausfinden. Mit anderen Worten, er wurde ein Opfer seiner eigenen mystischen Kräfte. Die Macht von Brahmās mystischen Kräften erschien genau wie das Leuchten von Schnee in der Dunkelheit oder eines Glühwürmchens am Tage. Nachts, wenn es dunkel ist, mag ein Glühwürmchen leuchten, und am Tage mag Schnee, der auf einem Hügel oder auf einer Wiese liegt, im Sonnenlicht hell glänzen; doch tagsüber hat ein Glühwürmchen keine Leuchtkraft, und der Schnee verliert in der Nacht jeglichen silbrigen Glanz. Ebenso verhielt es sich auch mit der mystischen Kraft Brahmās, als er sie vor der Allmacht Kṛṣṇas entfaltete. Sie glich Schnee in der Nacht oder einem Glühwürmchen am Tag. Wenn jemand mit geringen mystischen Kräften seine Macht in der Gegenwart einer großen Persönlichkeit mit größeren mystischen Kräften zeigt, vermindert er lediglich seine eigenen Kräfte. Er kann sie niemals vergrößern. Selbst eine so bedeutende Persönlichkeit wie Brahmā machte sich nur lächerlich, als er seine mystische Kraft in der Gegenwart Kṛṣṇas entfalten wollte. Brahmā wurde auf diese Weise durch seine eigenen mystischen Kräfte verwirrt.

Kṛṣṇa wollte Brahmā davon überzeugen, daß die Kälber und die Knaben, die nun mit Ihm spielten, nicht die ursprünglichen waren, und so verwandelten sich die Knaben und die Kälber in Viṣṇu-Formen. In Wirklichkeit schliefen die ursprünglichen Knaben und Kälber immer noch unter dem Zauber von Brahmās mystischen Kräften; die Kälber und Knaben jedoch, die Brahmā vor sich sah, waren direkte Erweiterungen Kṛṣṇas, oder Viṣṇus. Viṣṇu ist eine Erweiterung Kṛṣṇas, und diese Viṣṇu-Formen erschienen nun vor Brahmā. Alle Viṣṇus hatten eine blaue Körpertönung und waren in gelbe Gewänder gekleidet. Sie hatten vier Arme, und in Ihren Händen hielten Sie Feuerrad, Lotosblume, Keule und

Muschelhorn. Sie trugen funkelnde, mit Juwelen besetzte Helme, und Sie waren mit Perlen und Ohrringen geschmückt und mit prächtigen Blumengirlanden bekränzt. Auf Ihrer Brust befand sich das Śrīvatsa-Zeichen, und Ihre Arme wurden von Armreifen und anderen Schmuckstücken geziert. Ihr Hals war so glatt wie eine Muschel, an Ihren Fußgelenken hingen Glöckchen, um Ihre Hüfte schwang sich ein goldener Gürtel, und an Ihren Fingern steckten Ringe aus Juwelen. Brahmā sah ebenfalls, daß über den ganzen Körper Śrī Viṣṇus, von Seinen Lotosfüßen bis zum Kopf, frische *tulasī*-Knospen gestreut waren. Ein anderes wichtiges Merkmal der Viṣṇu-Formen war Ihre transzendentale Schönheit. Ihr Lächeln glich dem Mondschein, und Ihre Blicke waren wie der frühe Sonnenaufgang. Allein schon durch Ihren erhabenen Blick offenbarten Sie Sich als die Schöpfer und Erhalter der Erscheinungsweisen der Unwissenheit und Leidenschaft. Viṣṇu repräsentiert die Erscheinungsweise der Tugend, Brahmā die Erscheinungsweise der Leidenschaft und Śiva die Erscheinungsweise der Unwissenheit. Als Erhalter der gesamten kosmischen Manifestation ist Viṣṇu auch der Schöpfer und der Erhalter Brahmās und Śivas.

Nachdem Sich Śrī Viṣṇu auf diese Weise manifestiert hatte, sah Brahmā, wie viele andere Brahmās, Śivas und Halbgötter bis hin zu so unbedeutenden Lebewesen wie Ameisen und Gräsern — mit anderen Worten, sowohl die sich bewegenden als auch die sich nicht bewegenden Lebewesen — Śrī Viṣṇu tanzend umringten. Dazu erklangen verschiedene Arten von Musik, und so brachte jeder Śrī Viṣṇu seine Verehrung dar. Brahmā erkannte auch, daß die Viṣṇu-Formen alle mystischen Vollkommenheiten besaßen, angefangen mit der *aṇimā*-Vollkommenheit, durch die man so klein wie ein Atom werden kann, bis hin zu der Vollkommenheit, unbegrenzt wie die kosmische Manifestation zu werden. Alle mystischen Kräfte Brahmās, Śivas und der anderen Halbgötter sowie die vierundzwanzig Elemente der kosmischen Manifestation waren in der Person Viṣṇus vollständig vereint, und auch die untergeordneten mystischen Kräfte nahmen aufgrund von Śrī Viṣṇus unermeßlicher Macht an Seiner Verehrung teil. Alle brachten Ihm ihre Verehrung dar: die Zeit, der Raum, die kosmische Manifestation, die Kraft der Erneuerung, die Wünsche, die Aktivitäten und die drei Erscheinungsweisen der materiellen Natur. Brahmā erkannte auch, daß Śrī Viṣṇu die Quelle aller Wahrheit, allen Wissens und aller Glückseligkeit ist. Er vereinigt in Sich die drei transzendentalen Aspekte Ewigkeit, Wissen und Glückseligkeit, und Er ist das Ziel der Verehrung für all diejenigen, die den *Upaniṣaden* folgen. Brahmā erkannte darüber hinaus, daß die Verwandlung der Knaben und Kälber in Viṣṇu-Formen nicht durch die Art von mystischen Kräften stattgefunden hatte, wie sie einem *yogī* oder einem Halbgott verliehen sind. All diese Formen, in die sich die Knaben und die Kälber verwandelt hatten, waren als Viṣṇu-*mūrtis* keine Manifestationen *viṣṇu-māyās*, der Energie Viṣṇus, sondern Viṣṇu Selbst. Die Eigenschaften Viṣṇus und *viṣṇu-māyās* sind mit Feuer und Hitze vergleichbar. Hitze besitzt zwar die Eigenschaft des Feuers, nämlich Wärme, doch sie ist nicht das Feuer. Die Manifestation der Viṣṇu-Formen war also nicht wie die Hitze, sondern vielmehr wie das Feuer, denn Sie alle waren tatsächlich Viṣṇu. Die Eigenschaften Viṣṇus sind vollkommene Wahrheit, vollkommenes Wissen und vollkommene Glückseligkeit. Ein anderes Beispiel besagt, daß sich materielle Gegenstände gleichzeitig an vielen Orten widerspiegeln können. Wenn sich z.B. die Sonne in einer Reihe von Wassertöpfen widerspiegelt, so sind diese Spiegelbilder — obwohl sie wie die Sonne aussehen — nicht die Sonne selbst, denn von ihnen geht keine wirkliche Hitze und kein wirkliches Licht aus. Im Gegensatz dazu waren alle Viṣṇu-Formen, in die Sich Kṛṣṇa erweitert hatte, mit Viṣṇu Selbst vollkommen identisch. *Satya* bedeutet „Wahrheit", *jñāna* „vollkommenes Wissen" und *ānanda* „vollkommene Glückseligkeit".

Die transzendentalen, persönlichen Formen der Höchsten Persönlichkeit Gottes sind so unermeßlich, daß die Unpersönlichkeitsphilosophen, die die *Upaniṣaden* studieren, niemals die Stufe des Wissens erreichen können, auf der sie in der Lage wären, diese Erweiterungen zu verstehen. Insbesondere ist es diese Gruppe, die die transzendentalen Formen der Höchsten Persönlichkeit Gottes nicht verstehen kann, denn diese Formen entziehen sich dem Vorstellungsvermögen der Unpersönlichkeitsphilosophen, die durch ihr Studium der *Upaniṣaden* lediglich erkennen können, daß die Absolute Wahrheit nicht materiell ist und nicht durch materielle Energien begrenzt wird. Brahmā hingegen erkannte, daß Sich Kṛṣṇa in Viṣṇu-Formen erweitert hatte, und ebenso erkannte er, daß alles in der kosmischen Manifestation — sowohl das Bewegliche als auch das Unbewegliche — nur aufgrund der Energie des Höchsten Herrn existiert.

Brahmā war aufgrund seiner begrenzten Fähigkeiten völlig verwirrt, und er wurde sich seiner Begrenztheit innerhalb der Schranken der elf Sinne bewußt. So konnte er zumindest erkennen, daß auch er, ähnlich wie eine Puppe, nur eine Schöpfung der materiellen Energie ist. Gleich einer Puppe, die nicht unabhängig nach ihrem eigenen Willen tanzen kann, sondern sich unter der Führung des Puppenspielers, der alle Fäden in der Hand hält, bewegen muß, sind auch die Halbgötter und alle anderen Lebewesen der Höchsten Persönlichkeit Gottes untergeordnet. Im *Caitanya-caritāmṛta* heißt es, daß Kṛṣṇa der einzige Meister ist und daß alle anderen Seine Diener sind. Die ganze Welt schwimmt auf den Wellen des materiellen Zauberbannes, und die Lebewesen werden wie Stroh hin- und hergeschwemmt. So kämpfen sie ständig um ihr Leben. Doch sowie man sich bewußt wird, daß man der ewige Diener der Höchsten Persönlichkeit Gottes ist, findet diese *māyā*, d.h. der illusorische Kampf ums Dasein, sein Ende.

Brahmā, der Herr der Göttin der Gelehrsamkeit, der als die größte Autorität im vedischen Wissen gilt, war verwirrt, da er außerstande war, die ungewöhnliche Macht zu verstehen, die die Höchste Persönlichkeit Gottes entfaltete. Niemand also in der materiellen Welt, nicht einmal eine Persönlichkeit wie Brahmā, ist in der Lage, die potentiellen mystischen Kräfte des Höchsten Herrn zu verstehen. Brahmā war bereits völlig verwirrt, als er die Manifestation der Erweiterungen Kṛṣṇas nur sah; wie hätte er dann in der Lage sein können, diese Manifestationen zu verstehen?

Kṛṣṇa hatte Mitleid mit Brahmā, der nicht einmal das geringste davon verstehen konnte, wie Er die Macht Viṣṇus entfaltete und Sich in die Kälber und Knaben erweiterte, und während Kṛṣṇa auf diese Weise die Viṣṇu-Formen vollkommen offenbarte, zog Er plötzlich den Vorhang *yoga-māyās* über den Schauplatz. In der *Bhagavad-gītā* wird gesagt, daß Kṛṣṇa, die Höchste Persönlichkeit Gottes, nicht sichtbar ist, weil Er vom Schleier *yoga-māyās* verhüllt wird. Der Schleier, der die Realität verhüllt, wird als *mahā-māyā* bezeichnet, die äußere Energie, die es der bedingten Seele nicht erlaubt, die Höchste Persönlichkeit Gottes, die Sich jenseits der kosmischen Manifestation befindet, zu verstehen. Doch die Energie, durch die die Höchste Persönlichkeit Gottes in gewisser Hinsicht enthüllt wird, aber teilweise dennnoch verborgen bleibt, wird *yoga-māyā* genannt. Brahmā ist keine gewöhnliche bedingte Seele. Er ist allen anderen Halbgöttern weit überlegen, aber dennoch konnte er die Entfaltung der Energien der Höchsten Persönlichkeit Gottes nicht verstehen. Aus diesem Grunde verzichtete Kṛṣṇa darauf, weitere Energien zu manifestieren. Angesichts derartiger Manifestationen wird die bedingte Seele nur verwirrt, und es besteht nicht die geringste Hoffnung, daß sie irgend etwas davon versteht. Daher ließ Kṛṣṇa den Schleier *yoga-māyās* über die Szene fallen, so daß Brahmā nicht noch mehr verwirrt wurde.

Als Brahmā von seiner Verwirrtheit befreit war, schien er aus einem todähnlichen Zustand zu erwachen. Er öffnete langsam die Augen, was ihm große Schwierigkeiten bereitete, und als er sich umsah, konnte er die ewige kosmische Manifestation wieder mit gewöhnlicher Sichtweise wahrnehmen. Er sah die unvergleichliche Schönheit von Vṛndāvana – mit seinen zahllosen Bäumen –, das die Lebensquelle aller Lebewesen ist. Vor seinen Augen breitete sich das ganze heilige Land von Vṛndāvana aus, wo alle Lebewesen transzendental zur gewöhnlichen Natur sind. Im Wald von Vṛndāvana leben selbst wilde Tiere wie Tiger friedlich mit den Rehen und den Menschen zusammen. Er konnte verstehen, daß Vṛndāvana aufgrund der Anwesenheit der Höchsten Persönlichkeit Gottes transzendental zu allen anderen Orten ist und daß dort weder Lust noch Gier zu finden sind. Auf diese Weise erblickte Brahmā Śrī Kṛṣṇa, die Höchste Persönlichkeit Gottes, der die Rolle eines gewöhnlichen Kuhhirtenjungen spielte. Er sah diesen kleinen Jungen, der in Seiner linken Hand eine Süßigkeit hielt und nach Seinen Freunden und den Kälbern suchte, genau wie Er es vor einem Jahr getan hatte, als die Knaben und Kälber plötzlich verschwunden waren.

Brahmā stieg augenblicklich von seinem großen Schwan herunter und fiel wie ein goldener Stab vor dem Herrn zu Boden, um Ihm seine Ehrerbietungen zu erweisen. Das Wort, das unter Vaiṣṇavas für diese Art der Ehrerbietung gebraucht wird, lautet *daṇḍavat*, was soviel bedeutet wie „gleich einem Stock zu Boden fallen". Man sollte einem höherstehenden Vaiṣṇava seine Ehrerbietungen erweisen, indem man sich wie ein Stab langausgestreckt vor ihm zu Boden wirft. So brachte Brahmā seine Ehrerbietungen dar, und weil er eine goldene Körperfarbe hatte, glich er einem goldenen Stab, der vor Śrī Kṛṣṇa lag. Alle vier Helme auf den Köpfen Brahmās berührten Kṛṣṇas Lotosfüße, und weil Brahmā von Glückseligkeit erfüllt war, vergoß er Freudentränen, die Kṛṣṇas Lotosfüße benetzten. Immer wieder erhob sich Brahmā, um erneut Ehrerbietungen darzubringen, und dabei erinnerte er sich unablässig an die wunderbaren Taten des Herrn. Nachdem Brahmā auf diese Weise für lange Zeit seine Ehrerbietungen dargebracht hatte, erhob er sich und rieb sich die Augen. Dann begann er zitternd, dem Herrn, der vor ihm stand, mit großer Achtung, Demut und Aufmerksamkeit Gebete darzubringen.

Hiermit enden die Bhaktivedanta-Erläuterungen zum 13. Kapitel des Kṛṣṇa-Buches: „Brahmā stiehlt die Knaben und Kälber".

14 / Brahmā bringt Śrī Kṛṣṇa seine Gebete dar

Brahmā betete: „Lieber Herr, Du bist der einzige verehrungswürdige Höchste Herr, die Persönlichkeit Gottes. Ich bringe Dir meine demütigen Ehrerbietungen und Gebete dar, um Dich zu erfreuen. Deine Körpertönung gleicht der Farbe frischer Regenwolken, und um Dich herum erstrahlt ein silbrig glänzender Schimmer, der von Deinem gelben Gewand ausgeht.

Immer wieder erweise ich dem Sohne Nanda Mahārājas meine respektvollen Ehrerbietungen, der mit einem Muschelhorn, mit glänzenden Ohrringen und mit einer Pfauenfeder im Haar vor mir steht. Sein Antlitz ist unbeschreiblich schön; Er trägt einen Helm; um Seinen Hals schwingt sich eine Girlande aus Waldblumen, und in Seiner Hand hält Er eine kleine Süßigkeit. So steht Er mit zierlichen Lotosfüßen vor mir, geschmückt mit einem Hirtenstab, einem Hirtenhorn, einem Büffelhorn und einer Flöte.

Mein lieber Herr, die Menschen mögen sagen, ich sei der Meister des vedischen Wissens, und sie halten mich für den Schöpfer des Universums, doch nun hat es sich gezeigt, daß ich nicht imstande bin, Dich zu verstehen, obgleich Du wie ein Kind vor mir stehst. Du spielst gemeinsam mit Deinen Freunden, Kälbern und Kühen, was dazu verleiten könnte zu denken, Du besäßest nicht einmal eine ausreichende Bildung. Du erscheinst vor mir wie ein kleiner Dorfjunge, der in seiner Hand etwas zum Essen hält und der nach seinen verlorenen Kälbern sucht. Und dennoch besteht zwischen Deinem Körper und meinem ein so großer Unterschied, daß ich nicht in der Lage bin, die Energien Deines Körpers zu ermessen. Wie ich bereits in der *Brahma-saṁhitā* gesagt habe, ist Dein Körper nicht materiell."

In der *Brahma-saṁhitā* erklärt Brahmā, daß der Körper des Herrn vollkommen spirituell ist. Es besteht kein Unterschied zwischen dem Körper des Herrn und Ihm Selbst. Jedes Seiner Gliedmaßen kann die Funktionen aller anderen ausführen. Der Herr kann mit Seinen Händen sehen, mit Seinen Augen hören, Er kann mit Seinen Beinen Opfer annehmen und mit Seinem Mund Dinge erschaffen.

Brahmā fuhr fort: „Du erscheinst zum Wohl Deiner Geweihten als kleiner Hirtenjunge, und obgleich ich ein großes Vergehen gegen Deine Lotosfüße begangen habe, indem ich Deine Freunde und Deine Kälber entführte, sehe ich, daß Du trotz alledem barmherzig zu mir bist. Eine Deiner transzendentalen Eigenschaften ist es, daß Du Deinen Geweihten sehr zugeneigt bist. Doch trotz Deiner Zuneigung zu mir bin ich nicht in der Lage, die Macht Deiner Taten zu ermessen. Wenn sogar ich, Brahmā, die höchste Persönlichkeit in diesem Universum, meine Unfähigkeit eingestehen muß, den kindgleichen Körper der Höchsten Persönlichkeit Gottes zu ermessen, kann dies erst recht keinem anderen gelingen. Und wenn ich nicht einmal die spirituelle Macht Deines kindgleichen Körpers zu ermessen vermag, wie könnte ich dann jemals Deine transzendentalen Spiele verstehen? Aus diesem Grunde wird in der *Bhagavad-gītā* gesagt, daß jeder, der nur ein wenig über die transzendentalen Spiele und das transzendentale Erscheinen und Fortgehen des Herrn weiß, sogleich in das Reich Gottes eingehen kann, nachdem er den materiellen Körper aufgegeben hat. Diese Aussage wird auch von den *Veden* bestätigt. Es heißt dort: Einfach dadurch, daß man die Höchste Persönlichkeit Gottes versteht, kann man die Ketten des Kreislaufs von Geburt und Tod sprengen. Ich rate daher allen davon ab zu versuchen, Dich durch Spekulieren zu verstehen.

Der beste Vorgang, Wissen über Dich zu erlangen, ist, wenn man alles Spekulieren aufgibt und versucht, in ergebener Haltung über Dich zu hören — entweder von Dir Selbst in Form Deiner Lehren, wie sie in der *Bhagavad-gītā* und ähnlichen vedischen Schriften niedergeschrieben sind, oder von einem erleuchteten Gottgeweihten, der Zuflucht bei Deinen Lotosfüßen gesucht hat. Man muß von einem Gottgeweihten hören, ohne zu spekulieren. Es ist jedoch nicht notwendig, seine Position in der materiellen Welt aufzugeben. Es genügt schon, einfach nur über Dich zu hören. Obwohl Du nicht mit Hilfe der materiellen Sinne verstanden werden kannst, kann man dennoch die Unwissenheit falscher Vorstellungen überwinden, indem man einfach über Dich hört. Allein aus Deiner Gnade offenbarst Du Dich einem Gottgeweihten. Es gibt keinen anderen Weg, um zu Dir zu gelangen. Die Entwicklung spekulativen Wissens ohne eine Spur von hingebungsvollem Dienst ist eine nutzlose Zeitverschwendung auf der Suche nach Dir. Hingebungsvoller Dienst ist so bedeutsam, daß selbst die kleinste Bemühung den Gottgeweihten auf die höchste Stufe der Vollkommenheit erheben kann. Man sollte daher niemals den glückverheißenden Vorgang des hingebungsvollen Dienstes mißachten und sich der Spekulation zuwenden. Durch diese Methode der Spekulation kann man unter Umständen einen Teil Deiner kosmischen Manifestation verstehen, doch es ist unmöglich, auf diese Weise Dich, den Ursprung alles Existierenden, zu erkennen. Wer nur an spekulativem Wissen interessiert ist, vergeudet einfach nur seine kostbare Zeit und Energie. Er gleicht einem Menschen, der aus leeren Hülsen Reis dreschen möchte. Man kann die Reiskörner mit einem Dreschflegel enthülsen und auf diese Weise den Reis gewinnen; doch wenn die Hülsen leer sind, hat es keinen Sinn, sie noch einmal zu dreschen. Es wäre eine völlig nutzlose Arbeit.

O Herr, in der Geschichte der Menschheit gibt es viele Beispiele dafür, daß jemand, der vergeblich versucht hatte, die transzendentale Ebene zu erreichen, sich mit Körper, Geist und Worten dem hingebungsvollen Dienst zuwandte und so die höchste Stufe der Vollkommenheit erreichte, indem er in Dein Reich einging. Die Versuche, Dich durch Spekulation oder mystische Meditation zu verstehen, sind ohne hingebungsvollen Dienst nutzlos. Man sollte sich deshalb in Deinem hingebungsvollen Dienst beschäftigen, sogar im Bereich seiner alltäglichen Tätigkeiten, und man sollte ständig Deine Nähe suchen, indem man über Deinen transzendentalen Ruhm chantet und hört. Einfach dadurch, daß man Geschmack daran findet, über Deinen Ruhm zu chanten und zu hören, kann man die höchste Stufe der Vollkommenheit erreichen und Dein Reich betreten. Jeder deshalb, der immer mit Dir verbunden bleibt, indem er über Deine ruhmreichen Taten und Spiele chantet und hört und Dir zu Deiner Zufriedenstellung die Früchte seiner Arbeit opfert, kann mit Leichtigkeit und voller Glückseligkeit in Dein ewiges Reich zurückkehren. Nur Menschen, deren Herz von jeglicher Verunreinigung befreit ist, können Dich erkennen, und das Herz kann man nur reinigen, wenn man über Deine Herrlichkeiten hört und chantet."

Der Herr ist alldurchdringend. Śrī Kṛṣṇa sagt in der *Bhagavad-gītā*: „Von Mir wird alles erhalten, doch gleichzeitig bin Ich nicht in allem." Weil Kṛṣṇa allgegenwärtig ist, kann nichts außerhalb Seines Wissens existieren. Das alldurchdringende Wesen der Höchsten Persönlichkeit Gottes kann niemals vom begrenzten Wissen des winzigen Lebewesens erfaßt werden. Nur ein Mensch, dessen Geist durch Konzentration auf die Lotosfüße des Herrn stetig geworden ist, kann den Höchsten Herrn bis zu einem gewissen Grade verstehen. Es ist die Beschäftigung des Geistes, ständig umherzuwandern und Objekte der Sinnenbefriedigung zu betrachten. Deshalb kann nur jemand, der seine Sinne im Dienste des Herrn beschäftigt, den Geist beherrschen und sich auf die Lotosfüße des Herrn konzentrieren. Die Konzentration des Geistes auf die Lotosfüße des Herrn wird *samādhi* genannt. Solange man nicht die Stufe des *samādhi*, der Trance, erreicht hat, kann man das Wesen der Höchsten Persönlichkeit Gottes nicht verstehen. Es mag vielleicht einige Philosophen und Wissenschaftler geben, die die kosmische Natur Atom für Atom analysieren, ja sie mögen sogar so fortgeschritten sein, daß sie in der Lage sind, die Atome des Kosmos und alle Planeten und Sterne zu zählen, und es mag ihnen sogar gelingen, die leuchtenden Moleküle der Sonne und anderer Sterne und Leuchtkörper zu zählen. Aber es wird niemals möglich sein, die Eigenschaften der Höchsten Persönlichkeit Gottes zu zählen.

Wie zu Beginn des *Vedānta-sūtra* erklärt wird, ist die Höchste Person der Ursprung aller Eigenschaften. Die Höchste Person wird im allgemeinen als *nirguṇa* bezeichnet. *Nirguṇa* bedeutet „mit unermeßlichen Eigenschaften" (*guṇa* bedeutet „Eigenschaft", und *nir* bedeutet „ohne Ermessen"). Die Unpersönlichkeitsanhänger geben dem Wort *nirguṇa* die Bedeutung „keine Eigenschaften habend". Weil sie nicht in der Lage sind, die Eigenschaften des Höchsten Herrn durch spirituelle Verwirklichung zu erkennen, kommen sie zu der Schlußfolgerung, der Höchste Herr habe keine Eigenschaften. Doch dies ist ein Trugschluß. In Wirklichkeit ist der Höchste Herr die Quelle aller Eigenschaften, die in nichtendender Fülle aus Ihm hervorgehen. Wie könnte also ein begrenztes Lebewesen jemals die Eigenschaften des Herrn zählen? Und selbst wenn jemand für einen Augenblick die Eigenschaften Kṛṣṇas ermessen könnte, so müßte er doch schon im nächsten Augenblick feststellen, daß sich die Eigenschaften des Herrn vermehrt haben. Es ist also nicht möglich, die transzendentalen Eigenschaften des Herrn zu zählen, und deshalb wird Er *nirguṇa* genannt. Seine Eigenschaften können nicht ermessen werden.

Man sollte daher nicht versuchen, die Eigenschaften des Herrn durch mentale Spekulation zu ermessen. Es ist völlig überflüssig, den Weg der Spekulation einzuschlagen oder körperliche Übungen zu betreiben, um Vollkommenheit im mystischen *yoga* zu erreichen. Man braucht lediglich zu verstehen, daß die Leiden und Freuden des Körpers bereits vorherbestimmt sind und daß es daher keinen Zweck hat, den Leiden des körperlichen Daseins ausweichen zu wollen oder zu versuchen, durch verschiedene körperliche Übungen glücklich zu werden. Es ist das beste, sich der Höchsten Persönlichkeit Gottes mit Körper, Geist und Worten hinzugeben und ständig in Seinem Dienst beschäftigt zu sein. Nur durch diese transzendentale Bemühung kann man den gewünschten Erfolg erzielen, wohingegen andere Versuche, die Absolute Wahrheit zu verstehen, zum Scheitern verurteilt sind. Ein intelligenter Mensch vergeudet daher seine Zeit nicht mit dem Versuch, der Höchsten Person, der Absoluten Wahrheit, durch Spekulation oder mystische Kräfte näherzukommen. Er beschäftigt sich vielmehr im hingebungsvollen Dienst und macht sich von der Höchsten Persönlichkeit Gottes abhängig. Er weiß, daß alles, was seinem Körper widerfährt, eine Reaktion auf vorangegangene fruchtbringende Tätigkeiten ist. Wenn man solch ein einfaches Leben im hingebungsvollen Dienst führt, erbt man automatisch das transzendentale Reich des Herrn. Ursprünglich ist jedes Lebewesen ein Teilchen des Höchsten Herrn, ein Sohn Gottes. Jeder hat das natürliche Recht, die transzendentale Freude des Höchsten Herrn zu erben und daran teilzuhaben. Doch weil die bedingten Lebewesen eine Beziehung zur Materie eingegangen sind, haben sie sich praktisch um diese Erbschaft gebracht. Nur wenn man sich dem einfachen Vorgang des hingebungsvollen Dienstes widmet, kann man von der materiellen Verunreinigung wieder befreit werden und auf die transzendentale Ebene gelangen, wo man die Möglichkeit bekommt, sich der Gemeinschaft mit dem Höchsten Herrn zu erfreuen.

Brahmā erklärte Śrī Kṛṣṇa, er halte sich für das anmaßendste Lebewesen, denn er habe die wunderbare Macht des Herrn auf die Probe stellen wollen. Er entführte Seine Freunde und Kälber, nur um zu sehen, wie der Herr sie wiederfinden würde. Doch nach dieser Tat gestand Brahmā ein, daß er höchst vermessen gewesen sei, als er versuchte, seine eigene Energie mit der des Allmächtigen, des Ursprungs aller Energien, zu messen. Als Brahmā, der in den Augen aller anderen Lebewesen dieses materiellen Universums ein sehr mächtiges Lebewesen ist, wieder zur Vernunft kam, erkannte er, daß seine vielgepriesene Macht im Vergleich zur Macht und Energie der Höchsten Persönlichkeit Gottes völlig unbedeutend ist. Die Wissenschaftler der materiellen Welt haben einige erstaunliche Erfindungen wie zum Beispiel die Atombombe gemacht, und wenn solche Waffen auf einer Stadt oder einem anderen kleinen Gebiet der Erde zur Anwendung kommen, scheint es, als wären sie in der Lage, riesengroße Verwüstungen zu verursachen. Doch was würden sie ausrichten, wenn sie auf der Sonne gezündet würden? Ihre Wirkung wäre dort völlig unbedeutend. Ebenso mag die Entführung der Hirtenjungen und Kälber ein außerordentliches Schauspiel der mystischen Kräfte Brahmās gewesen sein, doch als Sich Śrī Kṛṣṇa in all die verschiedenen Kälber und Knaben erweiterte und sie mühelos manifestiert hielt, erkannte Brahmā, daß seine Macht höchst unbedeutend war.

Brahmā bezeichnete Śrī Kṛṣṇa als *acyuta*, weil der Herr nicht einmal den kleinsten Dienst vergißt, den Ihm Sein Geweihter darbringt. Er ist Seinen Geweihten so gütig gesinnt und ihnen so zugeneigt, daß Er bereits den kleinsten Dienst als etwas sehr Wertvolles annimmt. Brahmā hatte dem Herrn zweifellos schon viele Dienste geleistet, und als der höchste Verwalter des Universums ist er gewiß ein treuer Diener Kṛṣṇas. Deshalb gelang es ihm, Kṛṣṇas Wohlwollen zu erwerben. Er bat den Herrn daher, ihn als Seinen ergebenen Diener zu betrachten, dem man kleine Fehltritte und Vermessenheiten ausnahmsweise einmal verzeihen könne, und er gab zu, daß er aufgrund seiner mächtigen Stellung als Brahmā überheblich geworden sei. Brahmā ist in dieser Welt die qualitative Inkarnation der Erscheinungsweise der Leidenschaft, und deshalb war dieser Stolz für ihn ganz natürlich; dies war der Grund, warum er seinen Fehler beging. Aber trotz allem wollte Śrī Kṛṣṇa Brahmā, Seinem Untergebenen, gegenüber Mitleid zeigen und ihm diesen großen Fehler verzeihen.

Brahmā erkannte seine wirkliche Position. Er ist ohne Zweifel der höchste Lehrer im Universum, und er ist für die Schöpfung der materiellen Natur verantwortlich, die aus der Gesamtheit der materiellen Elemente, dem falschen Ego, dem Äther, der Luft, dem Feuer, dem Wasser und der Erde, besteht. Obwohl ein Universum von gigantischer Größe ist, kann man es ebenso ausmessen wie die Länge unseres Körpers. Im allgemeinen schätzt man die Größe eines Menschen auf sieben Ellen. Unser Universum mag uns zwar unvorstellbar groß erscheinen, aber für Brahmā mißt es nicht mehr als sieben Ellen. Außer unserem Universum gibt es noch unzählige andere Universen, die sich jenseits des Einflußbereiches unseres Brahmās befinden. So wie zahllose Atome durch ein Mückennetz dringen, das vor einem Fenster aufgespannt wurde, so gehen Millionen und Abermillionen von Universen in ihrer samenähnlichen Form aus den Poren Mahā-Viṣṇus hervor, und Mahā-Viṣṇu ist nur eine Teilerweiterung der vollständigen Erweiterung Kṛṣṇas. Brahmā ist zwar das höchste Lebewesen im Universum, doch wie bedeutend ist er im Vergleich zu Śrī Kṛṣṇa?

Brahmā verglich sich daher mit einem Kind im Mutterleib. Wenn das Kind im Mutterleib seine Arme und Beine bewegt und dabei die Mutter stößt, wird diese dann zornig werden? Natürlich nicht. Ebenso mag Brahmā zwar eine große Persönlichkeit sein, doch befindet auch er sich, genau wie alles andere in der Welt, im Leib der Höchsten Persönlichkeit Gottes. Die Energie des Herrn ist alldurchdringend. Es gibt keinen Teil der Schöpfung, in dem sie nicht aktiv ist. Alles existiert in der Energie des Herrn, und daher befindet sich sowohl der Brahmā unseres Universums als auch die Brahmās all der anderen Millionen und Abermillionen von Universen innerhalb der Energie des Herrn. Aus diesem Grunde wird der Höchste Herr auch als die Mutter angesehen, und alles, was sich in Seinem Leib befindet, als Sein Kind. Die gütige Mutter ist niemals böse auf ihr Kind, selbst dann nicht, wenn das Kind sie mit seinen Füßen stößt.

Daraufhin beschrieb Brahmā, wie er auf der Lotosblume geboren wurde, die nach der Zerstörung der drei Planetensysteme Bhurloka, Bhuvarloka und Svarloka aus dem Nabel Nārāyaṇas wuchs. Das Universum ist in drei Planetensysteme unterteilt: Svarga, Martya und Pātāla. Diese drei Planetensysteme werden zur Zeit der Vernichtung des Universums von Wasser überflutet. Zu der Zeit legt Sich Nārāyaṇa, eine vollständige Teilerweiterung Kṛṣṇas, auf diesem Wasser nieder, und aus Seinem Nabel wächst allmählich ein Lotos, und auf dieser Lotosblüte wird Brahmā geboren. So ist es zu erklären, daß Nārāyaṇa manchmal als die Mutter Brahmās bezeichnet wird. Der Herr wird Nārāyaṇa genannt, weil nach der Vernichtung des Universums alle Lebewesen in Ihm ruhen. Das Wort *nāra* bedeutet „die Gesamtheit aller Lebewesen", und *ayana* bedeutet „Ruhestätte". Garbhodakaśāyī Viṣṇu wird Nārāyaṇa genannt, nicht nur weil Er die endgültige Ruhestätte aller Lebewesen ist, sondern auch, weil Er auf dem Wasser des Universums ruht. Außerdem ist Nārāyaṇa, wie in der *Bhagavad-gītā* bestätigt wird, im Herzen eines jeden Lebewesens anwesend. Auch in diesem Sinne ist Er Nārāyaṇa, denn *ayana* bedeutet sowohl „der Ursprung des Wissens" als auch „Ruhestätte". In der *Bhagavad-gītā* wird ebenfalls bestätigt, daß die Fähigkeit, sich an etwas zu erinnern, von der Überseele im Herzen kommt. Wenn das Lebewesen seinen Körper wechselt, vergißt es sein ganzes vergangenes Leben, doch Nārāyaṇa, der als Überseele im Herzen gegenwärtig ist, erinnert das Lebewesen daran, so zu handeln, wie es seinen früheren Wünschen entspricht. Brahmā wollte mit seinem Gebet aufzeigen, daß Kṛṣṇa der ursprüngliche Nārāyaṇa, d.h. der Ursprung Nārāyaṇas, ist und daß Nārāyaṇa keine Schöpfung der äußeren Energie, sondern eine Erweiterung der spirituellen Energie ist. Die äußere Energie, *māyā*, beginnt ihre Aktivität erst nach der Schöpfung der kosmischen Welt, wohingegen die ursprüngliche spirituelle Energie Nārāyaṇas bereits vor der Schöpfung aktiv ist. Die Erweiterungen Nārāyaṇas, von Kṛṣṇa zu Kāraṇadakaśāyī Viṣṇu, von Kāraṇadakaśāyī Viṣṇu zu Garbhodakaśāyī Viṣṇu, von Garbhodakaśāyī Viṣṇu zu Kṣīrodakaśāyī Viṣṇu und von Kṣīrodakaśāyī Viṣṇu in das Herz aller Lebewesen sind Manifestationen Seiner spirituellen Energie. Diese Erweiterungen sind keine Manifestationen der materiellen Energie, und deshalb sind sie nicht zeitweilig. Alles, was dem Einfluß der materiellen Energie unterliegt, ist vergänglich, wohingegen alles, was unter der Führung der spirituellen Energie geschieht, ewig ist.

Brahmā betonte noch einmal, daß Kṛṣṇa der ursprüngliche Nārāyaṇa ist, und sagte, daß der gigantische universale Körper immer noch auf dem Wasser des

Garbhodaka-Ozeans liege. Er fuhr fort: „Dieser gigantische Körper des Universums ist eine weitere Manifestation Deiner Energie. Weil diese Deine universale Form auf dem Wasser ruht, ist sie ebenfalls Nārāyaṇa, und wir alle befinden uns im Leib dieser Nārāyaṇa-Form. Ich kann überall Deine verschiedenen Nārāyaṇa-Formen wahrnehmen: Ich sehe Dich auf dem Wasser; ich sehe Dich in meinem Herzen, und nun sehe ich Dich sogar direkt vor mir. Du bist der ursprüngliche Nārāyaṇa.

Mein lieber Herr, in Deiner jetzigen Erscheinung hast Du bewiesen, daß *māyā* ganz unter Deiner Aufsicht steht. Obgleich Du Dich in der kosmischen Schöpfung aufhältst, ruht diese dennoch zur gleichen Zeit in Dir. Dies hast Du bewiesen, als Du Mutter Yaśodā die gesamte universale Schöpfung in Deinem Mund zeigtest. Solche Wunder offenbarst Du, ohne äußere Hilfe, allein durch Deine unvorstellbare Energie *yoga-māyā*.

Mein lieber Śrī Kṛṣṇa, die gesamte kosmische Manifestation, die wir sehen, befindet sich in Deinem Körper, aber dennoch kann ich Dich außerhalb davon erblicken, und auch Du siehst mich außerhalb Deines Körpers. Wie könnte so etwas ohne den Einfluß Deiner unermeßlichen Energie geschehen?"

Brahmā betont hier besonders die Tatsache, daß man für nichts die richtige Erklärung finden kann, solange man nicht die unvorstellbare Energie der Höchsten Persönlichkeit Gottes anerkennt. So fuhr er fort: „Lieber Herr, selbst wenn wir alles andere außer acht lassen und nur die heutigen Geschehnisse betrachten — das, was sich vor meinen Augen abgespielt hat —, so gelangt man zur Schlußfolgerung, daß auch sie einzig und allein auf Deine unvorstellbaren Energien zurückzuführen sind. Als ich Dich ganz am Anfang sah, warst Du allein; dann hast Du Dich in Deine Freunde, die Kälber und ganz Vṛndāvana erweitert, und daraufhin sah ich Dich und all Deine Freunde als vierarmige Viṣṇus, die von allen Elementen und von allen Halbgöttern, sogar von mir selbst, verehrt wurden. Schließlich wurden Sie alle vor meinen Augen wieder zu Hirtenjungen, und Du standest wieder alleine da wie am Anfang. Ist all dies nicht ein eindeutiger Beweis dafür, daß Du der Höchste Śrī Nārāyaṇa bist, der Ursprung allen Seins, daß alles von Dir ausgeht, daß alles wieder in Dich eingeht und daß Du dennoch stets der gleiche bleibst?

Menschen, die Deine unvorstellbare Energie nicht kennen, können nicht verstehen, daß Du Dich als Brahmā, der Schöpfer, als Viṣṇu, der Erhalter, und als Śiva, der Zerstörer, inkarnierst. Wer sich dieser Tatsachen nicht bewußt ist, glaubt, ich, Brahmā, sei der Schöpfer, Viṣṇu sei der Erhalter und Śiva der endgültige Zerstörer. In Wirklichkeit aber bist Du alles — der Schöpfer wie auch der Erhalter und der Zerstörer. Ebenso erweiterst Du Dich auch in verschiedene Inkarnationen. Unter den Halbgöttern erscheinst Du als Vāmanadeva, unter den großen Weisen als Paraśurāma, unter den Menschen erscheinst Du in Deiner ursprünglichen Form als Śrī Kṛṣṇa oder auch als Śrī Rāma, unter den Landtieren erscheinst Du als die Eber-Inkarnation und unter den Wassertieren als die Fisch-Inkarnation. Aber dennoch gibt es für Dich kein Erscheinen, denn Du bist ewig. Dein Erscheinen und Weggehen wird durch Deine unbegreifliche Energie ermöglicht, nur um die aufrichtigen Gottgeweihten zu beschützen und die Dämonen zu vernichten. O Herr, o alldurchdringende Höchste Persönlichkeit Gottes, o Überseele, Meister aller mystischen Kräfte, niemand kann Deine transzendentalen Spiele begreifen, die Du in den drei Welten offenbarst! Niemand kann sich vorstellen, wie Du Deine *yoga-māyā*-Energie und Deine Inkarnationen entfaltest und wie Du durch Deine transzendentale Energie handelst. Lieber Herr, die gesamte kosmische Manifestation gleicht einem kurz aufflackernden Traum, und ihr zeitweiliges Wesen verwirrt die Lebewesen nur. Als Folge davon fristen wir ein angsterfülltes Dasein. In der materiellen Welt zu leben bedeutet nichts weiter als zu leiden und ständig neue Leiden ertragen zu müssen. Aber dennoch scheint die zeitweilig existierende materielle Welt ein angenehmer und schöner Ort zu sein, da sie aus Deinem transzendentalen Körper hervorgegangen ist, der ewig, voller Glückseligkeit und voller Wissen ist.

Aus all diesen Gründen bin ich zu dem Schluß gekommen, daß Du die Höchste Seele, die Absolute Wahrheit und die höchste, ursprüngliche Person bist. Und obgleich Du Dich durch Deine unvorstellbaren transzendentalen Energien in unendlich viele Viṣṇu-Formen und unzählige Lebewesen und Energien erweitert hast, bist Du dennoch der Höchste Absolute, dem keiner gleichkommt. Du bist die höchste Überseele. Die unzähligen Lebewesen sind wie Funken, die von Dir, dem ursprünglichen Feuer, stammen. Die Vorstellung, die Überseele sei unpersönlich, ist falsch, denn ich sehe, daß Du die ursprüngliche Person bist. Weil Du der Sohn Nanda Mahārājas bist, könnte ein Mensch mit geringem Wissen vielleicht meinen, Du seist wie ein gewöhnlicher Mensch geboren worden und Du könnest aus diesem Grunde unmöglich die ursprüngliche Person sein; doch diese Annahme ist ein großer Irrtum. Du bist die wahre ursprüngliche Person. Das ist mein endgültiges Urteil. Obwohl Du der Sohn Nandas bist, bist Du die ursprüngliche Person, und darüber besteht kein Zweifel. Du bist die Absolute Wahrheit und befindest Dich daher nicht in der Dunkelheit der materiellen Welt. Du bist die Quelle des ursprünglichen *brahmajyoti* und der materiellen Leuchtkörper. Deine transzendentale Ausstrahlung ist identisch mit dem *brahmajyoti*. Wie in der *Brahma-saṁhitā* erklärt wird, ist das *brahmajyoti* nichts anderes als die Ausstrahlung Deines transzendentalen Körpers. Es gibt unzählige Viṣṇu-Formen und Inkarnationen Deiner transzendentalen Eigenschaften, doch all diese Inkarnationen befinden sich keineswegs auf der gleichen Ebene wie Du. Du bist wie die ursprüngliche Kerze, und Deine Inkarnationen sind wie viele andere Kerzen, und sie mögen die gleiche Leuchtkraft besitzen wie Du; aber dennoch bist Du die ursprüngliche Kerze, an der alle anderen Kerzen angezündet werden. Und weil Du nicht eine der vielen Schöpfungen der materiellen Welt bist, wirst Du selbst nach der Vernichtung dieser Welt weiterbestehen.

Da Du die ursprüngliche Persönlichkeit bist, wirst Du in der *Gopāla-tāpanī* (der vedischen *Upaniṣad*) wie auch in der *Brahma-saṁhitā* als *govindam ādi-puruṣam* beschrieben, als Govinda, die urerste Person, die Ursache aller Ursachen. Auch in der *Bhagavad-gītā* heißt es, daß Du der Ursprung der Brahman-Ausstrahlung bist. Niemand sollte daher annehmen, Dein Körper sei ein gewöhnlicher, materieller Körper. Dein Körper ist *akṣara*, unzerstörbar. Der materielle Körper ist stets dem Angriff der dreifachen materiellen Leiden ausgesetzt, doch Dein Körper ist *sac-cid-ānanda-vigraha*: ewig, voller Wissen und voller Glückseligkeit. Du wirst auch als *nirañjana* bezeichnet, weil Deine Spiele als der kleine Sohn Mutter Yaśodās oder als der Herr der *gopīs* niemals von den materiellen Erscheinungsweisen berührt werden. Und obwohl Du Dich in so viele Hirtenjungen und Kälber erweitert hast, hat sich Deine transzendentale Kraft nicht verringert. Du bist immer vollendet und vollkommen. In den vedischen Schriften wird erklärt, daß das Vollkommene, die Höchste Absolute Wahrheit, immer das Höchste Vollkommene bleibt, selbst wenn eine vollkommene Einheit von Ihm fortgenommen wird. Und obwohl viele Erweiterungen vom Vollkommenen ausgehen, bleibt das Vollkommene immer vollkommen und einzigartig. Da alle Deine Spiele spirituell sind, können sie niemals von den Erscheinungsweisen der materiellen Natur verunreinigt werden. Wenn Du Dich Deinem Vater und Deiner Mutter, Nanda und Yaśodā, fügst, bedeutet dies nicht, daß sich Deine Macht verringert. Diese Unterordnung ist vielmehr ein Zeichen der Liebe, die Du für Deine Geweihten empfindest. Es gibt keinen zweiten neben Dir, der Sich mit Dir messen könnte. Törichte Menschen denken, Deine transzendentalen Spiele und Dein Erscheinen seien materiell. Doch wie in der *Gopāla-tāpanī* erklärt wird, bist Du sowohl zu materieller Unwissenheit als auch zu materiellem Wissen völlig transzendental. Du bist der ursprüngliche *amṛta* (Nektar der Unsterblichkeit), und Du bist unvergänglich, wie in den *Veden* bestätigt wird: *amṛtaṁ śāśvataṁ brahme*. Das Brahman ist der ewige und höchste Ursprung allen Seins. Es kennt weder Geburt noch Tod.

In den *Upaniṣaden* wird gesagt, daß das Höchste Brahman, das wie die Sonne leuchtet, der höchste Ursprung alles Existierenden ist und daß jeder, der diese urerste Person verstehen kann, vom materiellen, bedingten Leben befreit wird. Jeder, dem es durch hingebungsvollen Dienst gelingt, Zuneigung zu Dir zu entwickeln, kann Dich Selbst, Deine Geburt, Dein Erscheinen, Dein Fortgehen und Deine Taten verstehen. Wie die *Bhagavad-gītā* bestätigt, wird man einfach dadurch, daß man Deine wirkliche Position, Dein Erscheinen und Dein Fortgehen versteht, sofort befähigt, nach Verlassen des gegenwärtigen Körpers ins spirituelle Königreich erhoben zu werden. Jeder intelligente Mensch, der den Ozean der materiellen Unwissenheit überqueren will, sucht deshalb Zuflucht bei Deinen Lotosfüßen und erreicht so ohne Schwierigkeiten die spirituelle Welt. Es gibt viele Verblendete, die sogenannte Meditation praktizieren, jedoch nicht wissen, daß Du die Höchste Seele bist. Wie in der *Bhagavad-gītā* erklärt wird, bist Du die Höchste Seele, die im Herzen eines jeden gegenwärtig ist. Deshalb ist es überflüssig, über etwas anderes zu meditieren als über Dich. Jemand, der ständig in Meditation über Deine ursprüngliche Gestalt als Śrī Kṛṣṇa versunken ist, vermag den Ozean der materiellen Unwissenheit mit Leichtigkeit zu überqueren. Wer jedoch nicht weiß, daß Du die Höchste Seele bist, bleibt trotz seiner sogenannten Meditation in der materiellen Welt gefangen. Wenn man jedoch durch die Gemeinschaft mit Deinen Geweihten zu verstehen lernt, daß Du, Śrī Kṛṣṇa, die ursprüngliche Überseele bist, dann wird es möglich, den Ozean der materiellen Unwissenheit zu überqueren. Wenn jemand ein Seil für eine Schlange hält, ist er voller Furcht, doch sowie er seinen Irrtum bemerkt, vergeht seine unbegründete Angst. Derjenige also, der Dich versteht, sei es durch Deine persönlichen Lehren, wie sie in der *Bhagavad-gītā* festgehalten sind, oder durch die Lehren Deiner reinen Geweihten, wie sie im *Śrīmad-Bhāgavatam* und allen anderen vedischen Schriften festgehalten sind — das heißt, wenn er versteht, daß Du das endgültige Ziel aller Erkenntnis bist —, braucht sich nicht mehr vor der materiellen Existenz zu fürchten.

Für denjenigen, der sich in Deinem hingebungsvollen Dienst beschäftigt, haben sogenannte Befreiung und Fesselung keine Bedeutung, genauso wie es für denjenigen, der das Seil von der Schlange zu unterscheiden weiß, keinen Grund zur Angst gibt. Ein Gottgeweihter weiß, daß diese materielle Welt Dir gehört, und deshalb verwendet er alles in Deinem transzendentalen liebevollen Dienst. Auf diese Weise gibt es für ihn keine Fesselung an die Materie. Wenn sich jemand bereits auf der Sonne befindet, wie könnte es für ihn dann Sonnenaufgang und Sonnenuntergang, d.h. Tag und Nacht, geben? Ebenso wird gesagt, daß Du, Kṛṣṇa, wie die Sonne bist und *māyā* wie die Dunkelheit. Überall, wo die Sonne hinscheint, gibt es keine Dunkelheit. Ebenso gibt es für all diejenigen, die ständig mit Dir verbunden sind, keine Dualität von Fesselung und Befreiung, denn sie sind schon längst befreit. Auf der anderen Seite aber müssen diejenigen, die sich selbst nur vormachen, befreit zu sein, und nicht bei Deinen Lotosfüßen Zuflucht gesucht haben, wieder zu Fall kommen, da ihre Intelligenz unrein ist.

Wenn man also nicht begreift, daß Du und die Überseele miteinander identisch sind, und wenn man deshalb versucht, Sie irgendwo anders zu finden — in den Wäldern oder in den Berghöhlen des Himalaya —, dann befindet man sich in einem beklagenswerten Zustand.

Du erklärst in der *Bhagavad-gītā*, daß man alle anderen Vorgänge zur Selbstverwirklichung aufgeben und sich einfach Dir hingeben soll, denn dies ist die höchste Vollkommenheit. Selbst diejenigen, die in die Brahman-Ausstrahlung eingehen wollen, suchen indirekt nach Dir, denn Du bist in jeder Hinsicht der Höchste. Auch diejenigen, die danach streben, die Überseele zu erkennen, suchen in Wirklichkeit ebenfalls nur nach Dir. In der *Bhagavad-gītā* sagst Du, daß Du in Deiner Teilrepräsentation als Überseele in die kosmische Manifestation eingegangen bist. Somit bist Du im Herzen aller Lebewesen gegenwärtig, und deshalb ist es nicht nötig, die Überseele irgendwo anders zu suchen. Wer dies trotzdem versucht, befindet sich einfach in Unwissenheit. Wer sich jedoch nicht unter dem Einfluß von Unwissenheit befindet, der ist sich darüber bewußt, daß Du unbegrenzt bist und daß Du innerhalb und außerhalb alles Existierenden weilst. Du bist überall gegenwärtig. Ein Gottgeweihter sucht nicht irgendwo anders nach der Überseele, sondern er konzentriert seinen Geist auf Deine Form, die in seinem Innern wohnt. Auf die Suche nach Dir kann sich in Wirklichkeit aber nur derjenige begeben, der von der materiellen Lebensauffassung befreit ist;

andere sind dazu nicht in der Lage. Das Beispiel vom Mann, der ein Seil für eine Schlange hält, läßt sich nur auf diejenigen anwenden, die nichts über Dich wissen. Eigentlich existiert die vermeintliche Schlange nur im Geist. Ebenso existiert *māyā* nur auf der Ebene des Geistes, denn *māyā* bedeutet nichts anderes als Unwissenheit über Deine Person. Wenn das Lebewesen Dich vergißt, gerät es in den bedingten Zustand, wo es von *māyā* beherrscht wird. Wer sich daher innerlich wie auch äußerlich auf Dich konzentriert, ist von aller Illusion befreit.

Jeder, der auch nur ein wenig Fortschritt im hingebungsvollen Dienst macht, vermag Deine Herrlichkeiten zu verstehen, wohingegen sogar diejenigen, die nach Brahman- oder Paramātmā-Verwirklichung streben, außerstande sind, die verschiedenen Aspekte Deiner Persönlichkeit zu erkennen, wenn sie nicht den Pfad des hingebungsvollen Dienstes betreten. Selbst wenn man der spirituelle Meister vieler Unpersönlichkeitsanhänger ist oder sich in den Wald, in eine Höhle oder in die Berge zurückzieht und dort als Eremit für viele Jahre meditiert, kann man Deine Herrlichkeit nicht verstehen, wenn man nicht mit einem kleinen Fortschritt im hingebungsvollen Dienst gesegnet wird. Wenn ein Mensch also nicht mit der wundervollen Wirkung des hingebungsvollen Dienstes in Berührung gekommen ist, dann ist er nicht einmal in der Lage, Dich als unpersönliches Brahman oder als Paramātmā zu erkennen, selbst wenn er sich für viele Jahre darum bemüht.

Lieber Herr, ich bete zu Dir, daß ich irgendeinmal, sei es in diesem oder in einem späteren Leben, wo auch immer ich geboren werde, das Glück erlange, zu Deinen Geweihten zu gehören. Wo auch immer ich bin, bete ich, daß ich in Deinem hingebungsvollen Dienst beschäftigt sein darf. Es ist mir sogar gleichgültig, in welcher Lebensform ich geboren werde, denn ich habe gesehen, daß Deine Geweihten selbst in der Form von Kühen, Kälbern oder auch Hirtenjungen so vom Glück begünstigt sind, daß sie immer in Deinem transzendentalen Dienst beschäftigt sein und sich Deiner Gemeinschaft erfreuen dürfen. Deshalb möchte ich viel lieber einer von ihnen sein als eine solch hochgestellte Persönlichkeit, wie ich es jetzt bin; denn trotz meiner Stellung befinde ich mich in völliger Unwissenheit. Die *gopīs* und die Kühe von Vṛndāvana sind so sehr vom Glück begünstigt, daß sie Dir ihre Milch zu trinken geben durften. Diejenigen, die große Opfer durchführen und in ihren Opfern viele wertvolle Ziegen darbringen, können nicht die Vollkommenheit erreichen, Dich zu verstehen. Doch weil sich diese einfachen Dorffrauen und die Kühe ausschließlich dem hingebungsvollen Dienst geweiht haben, sind sie in der Lage, Dich mit ihrer Milch zufriedenzustellen, und Du hast sie zu Deiner vollsten Zufriedenheit getrunken, obwohl Du nicht einmal von denen erfreut werden kannst, die große Opferzeremonien durchführen. Ich bewundere das Glück Mahārāja Nandas, Mutter Yaśodās, der Kuhhirten und der *gopīs*, denn Du, die Höchste Persönlichkeit Gottes, die Absolute Wahrheit, lebst hier mit ihnen zusammen als das höchste Objekt ihrer Liebe. Lieber Herr, niemand kann wirklich ermessen, wie glücklich die Einwohner von Vṛndāvana sind. Wir sind zwar Halbgötter und kontrollierende Gottheiten über die verschiedenen Sinne der Lebewesen, und wir sind sehr stolz darauf, im Genuß solcher Vorrechte zu sein, doch mit den Einwohnern von Vṛndāvana, die Dich täglich sehen und sich bei all ihren Tätigkeiten Deiner Gemeinschaft erfreuen, können wir uns nicht vergleichen. Wir mögen uns rühmen, kontrollierende Gottheiten der Sinne zu sein, doch hier die Einwohner von Vṛndāvana befinden sich auf einer solch transzendentalen Ebene, daß sie nicht unserer Aufsicht unterstehen. In Wirklichkeit werden ihre Sinne dadurch zufriedengestellt, daß sie Dir hingebungsvollen Dienst darbringen. Ich würde mich daher sehr glücklich schätzen, wenn ich in einem meiner zukünftigen Leben im Land von Vṛndāvana geboren werden dürfte.

Lieber Herr, ich bin weder an materiellen Reichtümern noch an Befreiung interessiert. Daher bete ich in aller Demut bei Deinen Lotosfüßen, daß Du es mir erlauben mögest, im Wald von Vṛndāvana geboren zu werden, so daß ich dort vom Staub der Füße Deiner Geweihten gesegnet werde. Sogar schon die Geburt als bescheidener Grashalm in diesem Land wäre höchst ehrenvoll für mich. Sollte ich jedoch nicht würdig genug sein, direkt im Wald von Vṛndāvana leben zu dürfen, so bitte ich Dich darum, mich zumindest in der unmittelbaren Umgebung von Vṛndāvana wachsen zu lassen, so daß die Gottgeweihten, die vorübergehen, mich mit ihren Lotosfüßen berühren. Selbst das wäre schon eine große Segnung für mich, denn ich sehne mich nach nichts anderem als nach einer Geburt, in der ich vom Staub der Füße Deiner Geweihten gesegnet werde.

Ich sehe, daß alle Bewohner von Vṛndāvana völlig Kṛṣṇa-bewußt sind, denn sie kennen nichts anderes als die Lotosfüße Kṛṣṇas, die das Ziel aller *Veden* sind."

In der *Bhagavad-gītā* wird bestätigt, daß es das Ziel des vedischen Wissens ist, Kṛṣṇa zu finden. In der *Brahma-saṁhitā* wird in diesem Zusammenhang gesagt, daß es sehr schwierig ist, Kṛṣṇa, die Höchste Persönlichkeit Gottes, allein durch das systematische Studium der vedischen Schriften zu erkennen. Durch die Barmherzigkeit eines reinen Gottgeweihten jedoch kann Kṛṣṇa sehr leicht erreicht werden. Die reinen Geweihten von Vṛndāvana sind besonders vom Glück begünstigt, denn sie können Mukunda, Śrī Kṛṣṇa, ständig von Angesicht zu Angesicht sehen. Das Wort *mukunda* hat zwei Bedeutungen: *Muk* bedeutet Befreiung. Śrī Kṛṣṇa besitzt zweifelsohne die Kraft, Befreiung und somit auch transzendentale Glückseligkeit zu gewähren. Zum anderen bezieht sich dieses Wort auf Kṛṣṇas lächelndes Gesicht, das starke Ähnlichkeit mit der *kunda*-Blume hat. *Mukha* bedeutet übersetzt „Gesicht", und der Vergleich mit der *kunda*-Blume wird gemacht, weil sie so schön ist, daß sie zu lächeln scheint.

Die reinen Gottgeweihten von Vṛndāvana unterscheiden sich von anderen Gottgeweihten darin, daß sie kein anderes Verlangen haben, als mit Kṛṣṇa zusammenzusein. Und da Kṛṣṇa Seinen Geweihten sehr zugeneigt ist, erfüllt Er ihnen diesen Wunsch. Weil sich die Gottgeweihten immer nur Kṛṣṇas Gemeinschaft wünschen, ist Er immer bereit, mit ihnen zusammenzusein. Alle Einwohner von Vṛndāvana haben die Stufe der spontanen Liebe zu Kṛṣṇa erreicht. Sie halten sich nicht strikt an die verschiedenen Regeln und Vorschriften, denn dies ist für sie nicht mehr nötig, da sie bereits auf natürliche Weise transzendentale

Liebe zu Kṛṣṇa entwickelt haben. Regeln und Vorschriften sind nur für diejenigen notwendig, die diese Ebene der transzendentalen Liebe noch nicht erreicht haben. Brahmā ist auch ein Geweihter des Herrn, aber er ist immer noch an die Regeln und Vorschriften gebunden. Aus diesem Grunde bat er Śrī Kṛṣṇa, ihm die Möglichkeit zu geben, in Vṛndāvana geboren zu werden, damit er auf die Ebene der spontanen Liebe erhoben werden könne.

„Lieber Herr", fuhr Brahmā fort, „manchmal frage ich mich, wie es Dir jemals möglich sein wird, die Einwohner von Vṛndāvana für ihren hingebungsvollen Dienst zu belohnen. Ich kann mir dies kaum vorstellen, obwohl ich eigentlich weiß, daß Du alle Segnungen geben kannst. Man halte sich nur vor Augen, wie gütig und großherzig Du bist. Selbst Pūtanā, die sich als liebevolle Mutter verkleidet hatte und gekommen war, nur um Dich zu überlisten, hast Du befreit, und Du hast ihr sogar die Stellung einer Mutter gewährt. Auch andere Dämonen, wie Aghāsura und Bakāsura, die zur gleichen Familie gehörten, wurden mit Befreiung gesegnet. Ich muß Dir gestehen, daß meine Verwirrung immer größer wird, je länger ich darüber nachdenke. Die Bewohner von Vṛndāvana haben Dir alles hingegeben: ihren Körper, ihren Geist und ihre Gedanken, ihre Liebe und ihr Heim. Sie verwenden alles, was sie besitzen, in Deinem Dienst. Aus diesem Grunde wirst Du wohl auf ewig in ihrer Schuld stehen. Du hast Dich Selbst sogar der Hexe Pūtanā gegeben — was gibt es noch mehr, das Du den Einwohnern von Vṛndāvana geben könntest, die Dir mit Liebe dienen? Ich sehe nicht, wie Du ihnen jemals diese Schuld zurückbezahlen kannst. Lieber Herr, mir ist klargeworden, daß der Dienst, den Dir die Einwohner von Vṛndāvana darbringen, deshalb so einzigartig und vollkommen ist, weil sie alle ihre natürlichen Neigungen spontan in Deinem Dienst beschäftigen. Es wird gesagt, daß Anhaftung an materielle Dinge und an das eigene Zuhause nur auf Illusion beruht, durch die das Lebewesen in der materiellen Welt gefangen wird. Doch dies ist nur bei Menschen der Fall, die nicht Kṛṣṇa-bewußt sind. Für die Einwohner von Vṛndāvana gibt es solche Hindernisse wie Anhaftung an Heim und Herd nicht. Sie können durch nichts gehindert werden, denn ihre Anhaftung und ihre Liebe sind ausschließlich auf Dich gerichtet, und ihre Häuser sind dank Deiner ständigen Anwesenheit zu Tempeln geworden, und sie haben alles andere Dir zuliebe vergessen. Für einen wirklich Kṛṣṇa-bewußten Menschen sind Heim und Herd kein Hindernis, denn er ist befreit von Illusion.

Außerdem ist mir klargeworden, daß Dein Erscheinen als kleiner Hirtenjunge, als Sohn der Kuhhirten, nichts Materielles an sich hat. Vielmehr bist Du aus Dankbarkeit für die Zuneigung Deiner Geweihten hierher gekommen, um sie durch Deine transzendentale Anwesenheit immer mehr in ihrem hingebungsvollen Dienst anzuspornen. In Vṛndāvana gibt es keinen Unterschied zwischen Materiellem und Spirituellem, weil hier alles in Deinem transzendentalen Dienst verwendet wird. Lieber Herr, Deine Spiele in Vṛndāvana dienen allein dem Zweck, den Enthusiasmus Deiner Geweihten noch mehr anwachsen zu lassen. Wer Deine Spiele für materiell hält, unterliegt daher einem großen Irrtum.

Lieber Śrī Kṛṣṇa, Menschen, die Dich verspotten und behaupten, Dein Körper sei materiell wie der jedes gewöhnlichen Menschen, werden in der *Bhagavad-gītā* als dämonisch und unintelligent bezeichnet. In Wirklichkeit befindest Du Dich ewiglich in einer transzendentalen Stellung. Die Nichtgottgeweihten schaden sich daher selbst, wenn sie Dich für ein Wesen der materiellen Welt halten. In Wirklichkeit erscheinst Du in dieser Form, die der eines gewöhnlichen Kuhhirtenjungen gleicht, weil Du einfach die Hingabe und die transzendentale Glückseligkeit Deiner Geweihten vergrößern willst.

Lieber Herr, ich kann nicht verstehen, wie Menschen von sich behaupten können, sie hätten Gott bereits verwirklicht oder sie seien durch ihre Meditation selbst Gott geworden. Was mich betrifft, so bekenne ich ganz offen, daß ich Dich weder mit meinem Körper noch mit meinem Geist noch mit meinen Worten erfassen kann. Was kann ich schon über Dich sagen? Wie könnte ich Dich mit meinen Sinnen erkennen? Es gelingt mir ja nicht einmal, mit meinem Geist, dem Meister der Sinne, vollkommen an Dich zu denken. Wie sollte dann ein gewöhnlicher Mensch in der Lage sein, Deine transzendentalen Eigenschaften und Taten zu verstehen oder Deinen transzendentalen Körper wahrzunehmen? Nur durch Deine Barmherzigkeit kann man Dich bis zu einem gewissen Ausmaß erkennen. O mein Herr, manchmal bilde ich mir ein, der Gebieter dieses Universums zu sein, doch in Wirklichkeit beherrschst Du allein die gesamte Schöpfung. Man mag mich zwar als Herr dieses Universums bezeichnen, aber neben diesem einen Universum gibt es noch unzählige andere Universen mit unzähligen anderen Brahmās, und sie alle stehen letztlich unter Deiner Kontrolle. Weil Du als Überseele im Herzen eines jeden Lebewesens weilst, weißt Du alles. Bitte nimm mich daher als Deinen ergebenen Diener an. Ich hoffe, Du verzeihst mir, daß ich Dich bei Deinen Spielen mit Deinen Freunden und Kälbern gestört habe. Wenn Du es mir erlaubst, werde ich mich nun von hier entfernen, so daß Du Dich der Gemeinschaft Deiner Freunde und Kälber erfreuen kannst, ohne durch meine Gegenwart gestört zu werden.

Mein lieber Śrī Kṛṣṇa, bereits Dein Name besagt, daß Du allanziehend bist. Die Anziehungskraft der Sonne und des Mondes findet ihren Ursprung allein in Dir. Durch die Anziehungskraft der Sonne verschönerst Du das Leben der Yadu-Dynastie. Und durch die Anziehungskraft des Mondes vergrößerst Du die Kraft des Landes, der Halbgötter, der *brāhmaṇas*, der Kühe und der Ozeane. Auch werden durch Deine höchst erhabene Anziehungskraft Dämonen wie Kaṁsa und andere vernichtet werden. Daher bin ich zu der wohlüberlegten Schlußfolgerung gekommen, daß Du allein der verehrungswürdige Herr der gesamten Schöpfung bist. Laß mich Dir bitte bis zur Zeit der Vernichtung dieser materiellen Welt meine demütigen Ehrerbietungen darbringen. Solange es Sonnenschein in der materiellen Welt gibt, erweise ich Dir meine demütigen Ehrerbietungen."

Auf diese Weise erwies Brahmā, der Meister des Universums, der Höchsten Persönlichkeit Gottes, Śrī Kṛṣṇa, seine demütigen und achtungsvollen Ehrerbietungen und umkreiste Ihn dreimal. Er wollte nun wieder in sein Reich, Brahmaloka, zurückkehren, und mit einer Geste gab ihm die Höchste Persönlichkeit

Gottes die Erlaubnis. Sowie sich Brahmā entfernt hatte, erschien Śrī Kṛṣṇa genauso wie an dem Tag, als die Kälber und Kuhhirtenjungen verschwunden waren.

Als Kṛṣṇa Seine Freunde am Ufer der Yamunā allein zurückgelassen hatte, waren sie gerade dabei gewesen, ihr Mittagessen zu sich zu nehmen. Obwohl inzwischen genau ein Jahr vergangen war, dachten die Jungen, es habe nur einen kurzen Augenblick gedauert, bis Kṛṣṇa wieder zurückkehrte. Das ist die wunderbare Wirkungsweise von Śrī Kṛṣṇas mannigfaltigen Energien und Taten. In der *Bhagavad-gītā* wird dazu gesagt, daß Kṛṣṇa im Herzen eines jeden Lebewesens weilt und daß von Ihm Erinnerung und Vergessen kommen. Alle Lebewesen werden von der absoluten Energie des Herrn beherrscht; manchmal erinnern sie sich an ihre wesenseigene Stellung, und manchmal vergessen sie diese Stellung. Weil auch Kṛṣṇas Freunde von dieser Energie beherrscht wurden, wußten sie nicht, daß sie ein ganzes Jahr lang vom Yamunā-Ufer entfernt gewesen waren und sich unter Brahmās Zauberbann befunden hatten. Als Kṛṣṇa dann zu den Kuhhirtenjungen zurückkehrte, dachten sie: „Kaum eine Minute ist vergangen, und schon kehrt Kṛṣṇa wieder zurück.“ Sie begannen zu lachen, denn sie dachten, Kṛṣṇa habe es nicht über das Herz bringen können, die Gesellschaft Seiner fröhlich speisenden Gefährten für längere Zeit zu verlassen. Die Kuhhirtenjungen wurden bei diesem Gedanken sehr glücklich und luden Kṛṣṇa ein, Sich wieder zu ihnen zu setzen: „Kṛṣṇa, lieber Freund, Du bist ja schnell wieder zurück! Wir haben zum Glück noch gar nicht angefangen zu essen — nicht einen Bissen. Komm und setz Dich zu uns, so daß wir gemeinsam essen können.“ Kṛṣṇa nahm die Einladung Seiner Freunde lächelnd an und erfreute Sich so des gemeinsamen Mittagessens. Während alle vergnügt speisten, dachte Kṛṣṇa: „Diese Jungen glauben tatsächlich, Ich sei schon nach ein paar Sekunden zurückgekommen; sie wissen nicht, daß Ich Mich ein Jahr lang mit Brahmās mystischem Zauber befaßt habe.“

Nachdem Kṛṣṇa und Seine Freunde ihr Mahl beendet hatten, machten sie sich zusammen mit den Kälbern auf den Heimweg nach Vrajabhūmi, und während sie zurückkehrten, kamen sie auch am gigantischen Leichnam von Aghāsura vorbei, den sie fröhlich und vergnügt bestaunten. Als Kṛṣṇa in Vṛndāvana einzog, waren die Blicke aller Einwohner auf Ihn gerichtet. Kṛṣṇa trug eine Pfauenfeder, die in Seinem Helm steckte, der mit Waldblumen geschmückt war; um Seinen Hals schwang sich eine Blumengirlande, und Er hatte Sich mit verschiedenen Erdfarben bemalt, die aus den Höhlen des Govardhana-Hügels stammten. Der Govardhana-Hügel ist auch heute noch für seine roten Erdfarben berühmt, und Kṛṣṇa und Seine Freunde pflegten sich mit diesen Farben zu bemalen. Jeder Seiner Freunde trug ein Büffelhorn, einen Hirtenstab und eine Flöte, und sie riefen ihre Kälber bei ihren jeweiligen Namen. Die Knaben waren alle so stolz auf Kṛṣṇas Wundertat, daß sie bei der Rückkehr ins Dorf laut Seine Herrlichkeit besangen. Alle *gopīs* von Vṛndāvana sahen, wie der schöne Kṛṣṇa heimkehrte. Die Knaben dichteten aus dem Stegreif wohlklingende Lieder, in denen sie beschrieben, wie sie aus dem Rachen der großen Schlange gerettet wurden und wie

Kṛṣṇa den Dämon tötete. In einigen der Lieder wurde Kṛṣṇa als der Sohn Yaśodās gepriesen und in anderen als der Sohn Nanda Mahārājas. „Kṛṣṇa ist einfach großartig. Er hat uns aus dem Schlund der großen Schlange errettet und sie mühelos getötet", sangen die Knaben. Aber niemand von ihnen ahnte, daß seit dem Erlebnis mit dem Aghāsura-Dämon bereits ein Jahr vergangen war.

An dieser Stelle wandte sich Mahārāja Parīkṣit an Śukadeva Gosvāmī und fragte ihn, wie es möglich gewesen sei, daß die Einwohner von Vṛndāvana plötzlich so viel Liebe für Kṛṣṇa entwickelten, obgleich Er gar nicht ihr Sohn war. Mahārāja Parīkṣit fragte auch: „Als die ursprünglichen Kuhhirtenjungen verschwunden waren und Sich Kṛṣṇa Selbst in sie erweiterte, warum liebten die Eltern diese Jungen dann mehr als ihre eigenen? Und warum verspürten die Kühe plötzlich eine viel größere Zuneigung zu diesen Kälbern als zu ihren eigenen?"

Śukadeva Gosvāmī erklärte Mahārāja Parīkṣit, daß jedes Lebewesen am meisten an sich selbst hängt. Äußerlichkeiten wie Heim, Familie, Freunde, Land, Gesellschaft, Reichtum, Wohlstand, Ruhm usw. sind an sich für das Lebewesen zweitrangig, denn es interessiert sich nur so lange für diese Dinge, wie sie ihm Freude bereiten. So ist es auch zu erklären, daß die Menschen egozentrisch sind und sich selbst und ihren Körper mehr lieben als Frau, Kinder, Verwandte und Freunde. Wenn man in Gefahr ist, sorgt man zuallererst für sich selbst und denkt erst dann an andere. Das ist ganz natürlich, und es beweist, daß man nichts mehr liebt als das eigene Selbst. Das nächstwichtige Objekt der Anhaftung und Zuneigung ist — nach dem eigenen Selbst — der eigene materielle Körper. Wer nichts von der ewigen spirituellen Seele weiß, haftet so stark am materiellen Körper, daß er sogar noch im Alter versucht, mit allen möglichen künstlichen Mitteln und Methoden jung zu bleiben, indem er sich einbildet, sein alter, verbrauchter Körper sei noch auf irgendeine Weise zu retten. Jeder arbeitet Tag und Nacht sehr hart, um das eigene Selbst zu erfreuen, sei es unter einer körperlichen oder einer spirituellen Auffassung des Lebens. Wir haften nur deshalb an materiellen Besitztümern, weil sie den Sinnen und dem Körper Genuß verschaffen. Den Körper wiederum lieben wir nur deshalb, weil sich in ihm das „Ich", die spirituelle Seele, befindet, und wer noch fortgeschrittener ist, weiß, daß man die spirituelle Seele nur deshalb liebt, weil sie ein Teil Kṛṣṇas ist. Letzten Endes ist es also Kṛṣṇa, der freudespendend und allanziehend ist. Er ist die Überseele in allem Existierenden. Um dieses Wissen zu verkünden, erscheint der Höchste Herr unter uns und zeigt, daß Er der allanziehende Mittelpunkt ist. Nichts kann anziehend sein, wenn es nicht eine Erweiterung Kṛṣṇas ist.

Alles, was in dieser kosmischen Manifestation faszinierend ist, ist eine Erweiterung Śrī Kṛṣṇas, des Ursprungs aller Freude. Er ist das aktive Prinzip in allem, was existiert, und daher sehen die erleuchteten Transzendentalisten alles in Beziehung zu Ihm. Im *Caitanya-caritāmṛta* wird gesagt, daß ein *mahā-bhāgavata*, d.h. ein weit fortgeschrittener Gottgeweihter, Kṛṣṇa als das aktive Prinzip in allen sich bewegenden und sich nicht bewegenden Lebewesen erkennt. Daher sieht er alles in der kosmischen Manifestation in Verbindung zu Kṛṣṇa.

Jeder vom Glück begünstigte Mensch, der verwirklicht hat, daß Kṛṣṇa alles ist, und mit dieser Erkenntnis bei Ihm Zuflucht gesucht hat, ist bereits befreit. Ein solcher Mensch lebt, mit anderen Worten, nicht mehr in der materiellen Welt. Dies wird ebenfalls in der *Bhagavad-gītā* bestätigt. Jeder, der sich im hingebungsvollen Dienst für Kṛṣṇa betätigt, befindet sich bereits auf der *brahma-bhūta*-Stufe, der spirituellen Ebene. Allein der Name „Kṛṣṇa" weist auf Tugend und Befreiung hin, und somit steigt jeder, der bei Kṛṣṇas Lotosfüßen Zuflucht sucht, in das sichere Boot ein, mit dem er den Ozean der Unwissenheit überqueren kann. Für eine solch hingegebene Seele wird dieser weite Ozean so klein wie das Wasser im Hufabdruck eines Kalbes. Somit ist Kṛṣṇa das Ziel aller großen Seelen, und Er ist die Zuflucht aller materiellen Welten.

Für einen Menschen, der fest im Kṛṣṇa-Bewußtsein verankert ist, ist Vaikuṇṭha, die spirituelle Welt, nicht fern. Er lebt nicht mehr in der materiellen Welt, wo auf Schritt und Tritt Gefahr lauert. So erklärte Śukadeva Gosvāmī Mahārāja Parīkṣit das Kṛṣṇa-Bewußtsein in seinem vollen Umfang. Er rezitierte vor dem König sogar die Worte und Gebete Brahmās. Die Beschreibung von Śrī Kṛṣṇas Spielen in der Gemeinschaft der Kuhhirtenjungen, wie Er mit ihnen zu Mittag aß und wie Brahmā Ihm Gebete darbrachte, sind alles transzendentale Themen. Jeder, der diese Beschreibung hört, sie weitererzählt oder chantet, erfährt mit Sicherheit die Erfüllung all seiner spirituellen Wünsche. Auf diese Weise wurden Kṛṣṇas Kindheit und Seine vergnüglichen Spiele, die Er zusammen mit Balarāma in Vṛndāvana vollführte, beschrieben.

Hiermit enden die Bhaktivedanta-Erläuterungen zum 14. Kapitel des Kṛṣṇa-Buches: „Brahmā bringt Śrī Kṛṣṇa seine Gebete dar".

15 / Der Tod Dhenukāsuras

Auf diese Weise verbrachte Śrī Kṛṣṇa mit Seinem älteren Bruder Balarāma das Kindheitsalter, das man als *kaumāra* bezeichnet, und kam schließlich in das *paugaṇḍa*-Alter, das vom sechsten bis zum zehnten Lebensjahr dauert. Zu jener Zeit kamen die Kuhhirten zu einer Beratung zusammen, und sie beschlossen, den Jungen, die das fünfte Lebensjahr hinter sich gelassen hatten, die Kühe auf den Weidegründen anzuvertrauen. Balarāma und Kṛṣṇa zogen von da an also mit den Kühen über das Land von Vṛndāvana und segneten es mit Ihren Fußspuren.

Begleitet von den Kuhhirtenjungen und von Balarāma, trieb Kṛṣṇa die Kühe vor Sich her, und als sie so durch den Wald von Vṛndāvana zogen, der voll war von Blumen, Kräutern und Weidegras, spielte Kṛṣṇa auf Seiner Flöte. Der Wald von Vṛndāvana war geheiligt wie der ungetrübte Geist eines Gottgeweihten; Bienen summten umher, und Blumen und Früchte wuchsen in Überfülle. Verschiedenartige Vogelstimmen erfüllten den Wald, und es gab kristallklare Teiche, die mit ihrem Wasser die Müdigkeit eines jeden vertreiben konnten. Dazu wehten süßduftende, milde Lüfte, die Geist und Körper erfrischten. Kṛṣṇa, der gemeinsam mit Seinen Freunden und Balarāma den Wald betrat, genoß nach Herzenslust den Anblick der idyllischen Umgebung. Kṛṣṇa sah, daß die Bäume, die mit Früchten und frischen Zweigen schwer beladen waren, ihre Äste bis zum Boden herabneigten, als wollten sie Ihn willkommen heißen, indem sie Seine Lotosfüße berührten. Dieses Verhalten der Bäume, Sträucher und Blumen gefiel Kṛṣṇa, und Er lächelte, da Er ihre tiefsten Wünsche erkannte.

Kṛṣṇa sprach alsdann zu Seinem älteren Bruder Balarāma: „Mein lieber Bruder, Du überragst uns alle, und Deine Lotosfüße werden von den Halbgöttern verehrt. Sieh nur, wie all diese Bäume, die voll von Früchten hängen, sich herabgebeugt haben, um Deinen Lotosfüßen Ehre zu erweisen. Mir scheint, als versuchten sie, der Dunkelheit zu entkommen, zu der sie in ihren Körpern als Bäume verurteilt sind. Die Bäume im Land von Vṛndāvana sind in Wirklichkeit jedoch keine gewöhnlichen Lebewesen. Weil sie in ihren vorangegangenen Leben die Philosophie der Unpersönlichkeit vertreten haben, wurden sie in diese Lebensform versetzt, doch nun haben sie die Gelegenheit, Dich in Vṛndāvana zu sehen, und sie beten darum, durch Deine persönliche Anwesenheit weiteren Fortschritt im spirituellen Leben machen zu dürfen. Im allgemeinen sind Bäume Lebewesen, die sich in der Erscheinungsweise der Dunkelheit befinden. Auch die Anhänger der Unpersönlichkeitsphilosophie befinden sich in dieser Unwissenheit, doch nun befreien sie sich davon, indem sie aus Deiner Anwesenheit vollen Nutzen ziehen. Auch glaube Ich, daß die Hummeln, die Dich ständig summend begleiten, in ihren früheren Leben Deine Geweihten gewesen sein müssen. Sie können sich nicht von Dir trennen, denn niemand kann ein besserer und gütigerer Meister sein als Du. Du bist die höchste und ursprüngliche Persönlichkeit Gottes, und diese Hummeln versuchen, Deine Herrlichkeit zu verbreiten, indem sie unablässig über sie chanten. Einige von ihnen müssen große Weise, Geweihte von Dir, sein, die einfach nur die Form von Hummeln angenommen haben, weil sie nicht imstande sind, Deine Gemeinschaft auch nur für einen Augenblick zu verlassen. Mein lieber Bruder, Du bist der höchste verehrungswürdige Gott. Sieh nur, wie die Pfauen in großer Ekstase vor Dir tanzen. Mit derselben Zuneigung begrüßen Dich die Rehe, die sich genau wie die *gopīs* verhalten, und die Kuckucke, die hier im Wald wohnen, empfangen Dich mit großer Freude, weil sie wissen, daß Dein Erscheinen in ihrem Reich sehr glückverheißend ist. Obwohl sie Bäume und Tiere sind, preisen Dich diese Bewohner von Vṛndāvana und versuchen, Dich nach ihrem besten Vermögen willkommen zu heißen, so wie es große Seelen tun, wenn sie eine andere große Seele bei sich zu Hause empfangen. Und was das Land betrifft, so ist es so fromm und so sehr vom Glück gesegnet, daß die Abdrücke Deiner Lotosfüße seinen Körper zeichnen.

Für diese Einwohner von Vṛndāvana ist es nur natürlich, eine solch großartige Persönlichkeit wie Dich so zu empfangen. Die Kräuter, die Kletterpflanzen und die Gräser sind ebenfalls so sehr mit Glück gesegnet, daß sie Deine Lotosfüße berühren dürfen, und diese kleinen Sträucher werden glorreich, einfach weil Du mit Deinen Händen ihre Zweige berührst. Auch die Hügel und Flüsse sind verehrenswert, weil Du nun Deinen Blick über sie schweifen läßt. Doch noch glorreicher sind die Mädchen von Vraja, die *gopīs*, die von Deiner Schönheit bezaubert sind, denn Du hast sie in Deine starken Arme geschlossen."

Auf diese Weise genossen Śrī Kṛṣṇa und Balarāma nach Herzenslust die Gemeinschaft der Bewohner von Vṛndāvana, so daß diese, wie auch die Kühe und Kälber am Ufer der Yamunā, vollkommen zufrieden und glücklich waren. Gewisse Orte suchten Kṛṣṇa und Balarāma allein auf, und an anderen wurden Sie von Ihren Kuhhirtenfreunden begleitet. Die Jungen sangen, während sie Kṛṣṇa und Balarāma, die beide eine Girlande aus Waldblumen trugen, Gesellschaft leisteten, und dabei ahmten sie manchmal das Summen der Hummeln nach. Zuweilen, wenn sie spazierengingen, ahmten die Jungen auch die Stimmen der Schwäne auf den Seen nach, oder wenn sie die Pfauen tanzen sahen, tanzten sie vor Kṛṣṇa ebenfalls wie Pfauen. Und auch Kṛṣṇa bewegte Seinen Hals wie ein tanzender Pfau hin und her und brachte so Seine Freunde zum Lachen.

Die Kühe, die Kṛṣṇa hütete, hatten bestimmte Namen, und Kṛṣṇa rief sie manchmal mit liebevollem Ton zu Sich. Wenn die Kühe Kṛṣṇa rufen hörten, antworteten sie sogleich mit vernehmlichem Muhen, und den Kuhhirtenjungen, die diesen liebevollen Austausch sahen, bereitete dies große Freude. Gelegentlich ahmten sie auch die Stimmen verschiedener Vogelarten nach, besonders die der *cakoras*, Pfauen, Kuckucke und *bhāradvājas*. Wenn sie sahen, wie schwächere Tiere aus Furcht vor dem Gebrüll der Löwen und Tiger die Flucht ergriffen, imitierten die Jungen zusammen mit Kṛṣṇa und Balarāma diese fliehenden Tiere und liefen mit ihnen um die Wette. Wenn sie sich müde fühlten, setzten sie sich auf den Boden, und Balarāma legte gewöhnlich Seinen Kopf auf den Schoß eines Jungen, um Sich auszuruhen. Kṛṣṇa begann dann, Balarāmas Beine zu massieren, und manchmal nahm Er auch einen Fächer aus Palmblättern in die Hand und fächelte Balarāma kühlende Luft zu, um Ihn zu erfrischen. Während Balarāma Sich ausruhte, tanzten oder sangen manche Jungen, und manchmal rangen sie miteinander oder veranstalteten Bockspringen. Immer wenn die Jungen auf diese Weise ausgelassen umhertollten, lief Kṛṣṇa augenblicklich hinzu und faßte Seine Freunde bei den Händen. So genoß Er mit ihnen zusammen den Tag, und Er lachte und lobte ihr Spiel. Wenn Kṛṣṇa dann müde wurde, legte Er Sich meist im Schatten eines großen Baumes nieder, und eine Baumwurzel oder der Schoß eines Kuhhirtenjungen dienten Ihm als Kopfkissen. Dann begannen die Jungen sogleich, Seine Beine zu massieren und Ihm mit Blättern Luft zuzufächeln, während die begabtesten von ihnen mit süßen Stimmen sangen, um Kṛṣṇa zu erfreuen. Dadurch verflog Seine Müdigkeit natürlich sehr schnell. Die Höchste Persönlichkeit Gottes, Śrī Kṛṣṇa, dessen Beine von der Glücksgöttin behütet werden, verhielt Sich unter den Kuhhirtenjungen wie einer der Ihren, während Er Seine innere Energie spielen ließ, um wie ein Dorfjunge zu erscheinen. Doch obwohl Er Sich wie ein einfaches Dorfkind verhielt, gab es Momente, wo Er Sich als die Höchste Persönlichkeit Gottes offenbarte. Manchmal erklären sich gewöhnliche Menschen für Gott und betrügen die Ahnungslosen, doch das einzige, was sie tun können, ist betrügen; die Macht Gottes entfalten können sie nicht.

Während Kṛṣṇa so vor Seinen Freunden, den glücklichsten Lebewesen dieser Welt, Seine innere Energie offenbarte, ereignete sich wieder ein Zwischenfall, der Ihm Gelegenheit gab, die übermenschlichen Kräfte Gottes zu entfalten. Seine engsten Freunde, Śrīdāmā, Subala und Stokakṛṣṇa, wandten sich an Ihn und Balarāma und sagten voller Liebe und Zuneigung: „Lieber Balarāma, Du bist sehr mächtig, und Deine Arme sind von unglaublicher Stärke. Lieber Kṛṣṇa, Du hast schon oft Deine Fähigkeit bewiesen, mit allen Arten übler Dämonen fertigzuwerden. Wisset, daß sich nicht weit von hier ein großer Wald namens Tālavana befindet. Dieser Wald steht voller Palmen, die mit den herrlichsten Früchten beladen sind. Die Früchte sind jetzt gerade voll ausgereift, und die ersten fallen bereits vom Baum. Es ist ein traumhaft schöner Ort, aber weil ein großer Dämon namens Dhenukāsura dort haust, ist es sehr gefährlich, den Wald zu betreten. Niemand ist in der Lage, sich diesen Bäumen auch nur zu nähern, um ein paar Früchte aufzusammeln. Lieber Kṛṣṇa und lieber Balarāma, der Dämon weilt dort in der Form eines Esels, umgeben von dämonischen Freunden in ähnlichen Gestalten, deren Stärke so gefürchtet ist, daß niemand sich in den Wald wagt. Liebe Brüder, Ihr seid die einzigen, die solchen Dämonen ein Ende bereiten können. Niemand sonst kann dorthin gehen, ohne befürchten zu müssen, getötet zu werden. Selbst die Tiere meiden den Ort, und kein Vogel baut dort sein Nest. Sie alle haben den Wald verlassen. Man kann nur noch die süßen Düfte riechen, die von weitem herüberwehen, und bis heute ist es noch niemandem gelungen, die nektargleichen Früchte zu probieren, weder diejenigen, die auf den Bäumen hängen, noch diejenigen, die zu Boden gefallen sind. Offen gesagt, lieber Kṛṣṇa, die süßen Düfte verlocken uns sehr. Lieber Balarāma, laß uns gemeinsam hingehen und uns an den Früchten laben. Die verlockenden Düfte dringen bereits bis hierher. Könnt Ihr sie nicht riechen?"

Als Kṛṣṇa und Balarāma so von Ihren vertrauten Freunden mit einem unwiderstehlichen Lächeln gedrängt wurden, wollten Sie ihnen diese Freude nicht versagen, und deshalb machten Sie Sich, umgeben von all Ihren Gefährten, auf den Weg zum Wald. Kaum hatten sie den Tālavana-Wald betreten, da ergriff der starkarmige Balarāma sogleich die ersten Bäume und schüttelte sie mit der Kraft eines Elefanten, worauf eine Unzahl reifer Früchte geräuschvoll niederprasselte. Der Dämon Dhenukāsura eilte, als er den Lärm der fallenden Früchte vernahm, in seiner Eselsgestalt zornentbrannt zum Ort der Störung — so ungestüm, daß die Bäume wie bei einem Erdbeben erzitterten. Der Dämon wandte sich als erstes Balarāma zu und trat Ihm mit seinen Hinterhufen gegen die Brust. Anfangs sagte Balarāma nichts dazu, aber der wutschnaubende Dämon trat Balarāma nur noch mit größerer Heftigkeit. Da packte Balarāma die Hinterbeine des Esels mit einer Hand, wirbelte ihn einige Male herum und schleuderte ihn auf den nächsten Baumwipfel. Schon während der Dämon in der Luft herumgewirbelt wurde, hauchte er sein Leben aus. Balarāma warf ihn auf die höchste Palme, und der Körper des Dämons war so schwer, daß die Palme umstürzte und mehrere andere Bäume mit sich riß. Es war wie bei einem gewaltigen Orkan, bei dem viele Bäume, einer nach dem anderen, umgerissen werden. Die außergewöhnliche Kraft Balarāmas ist im Grunde nicht erstaunlich, denn Balarāma ist die Persönlichkeit Gottes, Ananta Śeṣanāga, der auf Seinen Millionen von Häuptern alle Planeten in der Schwebe hält. Die gesamte kosmische Manifestation wird von Ihm erhalten, genau wie zwei Fäden ein gewobenes Tuch zusammenhalten.

Nachdem der Dämon Dhenukāsura in den Bäumen sein Ende gefunden hatte, rotteten sich seine Freunde und Gehilfen zusammen und stürmten voller Wut auf Kṛṣṇa und Balarāma zu, entschlossen, den Tod ihres Freundes bitter zu rächen. Aber Kṛṣṇa und Balarāma bekamen die Esel einen nach dem anderen bei den Hinterbeinen zu fassen und wirbelten sie durch die Luft, genau wie Sie es mit Dhenukāsura gemacht hatten. So mußten die Esel allesamt ihr Leben lassen und landeten ebenfalls in den Baumwipfeln. Hinterher boten die leblosen Eselskörper einen einzigartigen Anblick. Sie glichen Wolken verschiedener Färbungen, die sich in den Bäumen niedergelassen hatten. Als die Halbgötter auf den höheren Planeten von dieser Tat hörten, ließen sie Blumen auf Kṛṣṇa und Balarāma regnen, schlugen ihre Trommeln und brachten Ihnen hingebungsvolle Gebete dar.

Schon wenige Tage nach dem Tode Dhenukāsuras betraten wieder Menschen den Tālavana-Wald, um Früchte zu sammeln, und auch die Tiere kehrten ohne Furcht zurück, um sich an dem saftigen Gras, das dort wuchs, gütlich zu tun. Allein durch das Hören und Chanten der transzendentalen Taten und Spiele der Brüder Kṛṣṇa und Balarāma kann man die Ergebnisse vieler frommer Handlungen ansammeln.

Als sie alle ins Dorf zurückkehrten, spielten Kṛṣṇa und Balarāma auf der Flöte, und die Jungen priesen Ihre unvergleichlichen Taten im Wald. Ihre Gesichter waren mit *tilaka* geschmückt und von dem Staub bedeckt, den die Kühe aufgewirbelt hatten, und auf Kṛṣṇas Haupt steckte eine Pfauenfeder. Kṛṣṇa und Balarāma spielten auf Ihrer Flöte, und die jungen *gopīs* freuten sich sehr, als sie Kṛṣṇa heimkehren sahen. Sie waren während Kṛṣṇas Abwesenheit immer sehr bedrückt. Den ganzen Tag weilten sie mit ihren Gedanken bei Kṛṣṇa, wie Er im Wald umherzog oder die Kühe auf den Weidegründen hütete. Doch wenn sie Kṛṣṇa dann zurückkehren sahen, waren all ihre Ängste augenblicklich vergessen, und sie betrachteten Kṛṣṇas Antlitz in der gleichen Weise wie Bienen, die auf der Suche nach Honig eine Lotosblume umkreisen. Als Kṛṣṇa das Dorf betrat, lächelten und lachten die jungen *gopīs*. Kṛṣṇa wiederum erfreute Sich, während Er auf Seiner Flöte spielte, an der Schönheit der lächelnden *gopīs*.

Daraufhin wurden Kṛṣṇa und Balarāma sogleich von Yaśodā und Rohiṇī, Ihren liebevollen Müttern, empfangen, die bestrebt waren, sich je nach den Wünschen ihrer Söhne um deren Wohlergehen zu kümmern. Die Mütter dienten ihren transzendentalen Söhnen und gaben Ihnen gleichzeitig Segnungen. Sie umsorgten ihre Kinder mit großer Liebe, badeten Sie und gaben Ihnen neue Kleider. Kṛṣṇa wurde in ein gelbes Gewand gekleidet und Balarāma in ein blaues, und dann wurden Sie mit den verschiedensten Arten von Schmuck versehen und bekamen frische Blumengirlanden. Befreit von den Anstrengungen des Tages, waren Sie nun erfrischt und strahlten vor lieblicher Schönheit.

Ihre Mütter setzten Ihnen dann schmackhafte Speisen vor, die Sie mit großem Behagen restlos verzehrten. Nach dem Essen wurden Sie in ein frisches, sauberes Bett gelegt, und die Mütter sangen verschiedene Lieder, die von Ihren Spielen handelten. Kaum lagen Sie im Bett, schliefen Sie auch schon ein. So pflegten Kṛṣṇa und Balarāma Ihr Leben in Vṛndāvana als Kuhhirtenjungen zu genießen.

Täglich gingen die Kuhhirtenjungen in Begleitung Kṛṣṇas an das Ufer der Yamunā, um dort die Kühe zu hüten, und manchmal gesellte Sich auch Balarāma zu ihnen. Allmählich kam der Sommer näher, und als die Kuhhirtenjungen mit ihren Kühen einmal wieder auf der Weide waren, verspürten sie großen Durst, weshalb sie zur Yamunā liefen, um Wasser zu trinken. Der Fluß jedoch war von dem Gift einer riesigen Schlange namens Kāliya vergiftet worden.

Das Wasser war so giftig, daß sich bei den Knaben und den Kühen unvermittelt die Wirkungen bemerkbar machten, und sie fielen wie tot zu Boden.

Doch sogleich warf Kṛṣṇa, der das Leben allen Lebens ist, einfach Seinen barmherzigen Blick über sie, worauf die Knaben und die Kühe ihr Bewußtsein wiedererlangten und einander mit großem Erstaunen anblickten. Ihnen wurde klar, daß sie gestorben waren, weil sie aus der Yamunā giftiges Wasser getrunken hatten, und daß sie nun durch den barmherzigen Blick Kṛṣṇas ihr Leben wiedererlangt hatten. Auf diese Weise erfuhren sie die Wirkung der mystischen Kraft Kṛṣṇas, der als Yogeśvara, der Herr aller mystischen *yogīs*, bekannt ist.

Hiermit enden die Bhaktivedanta-Erläuterungen zum 15. Kapitel des Kṛṣṇa-Buches: „Der Tod Dhenukāsuras".

16 / Kṛṣṇa bezwingt die Schlange Kāliya

Als Śrī Kṛṣṇa sah, daß die große schwarze Schlange Kāliya das Wasser der Yamunā vergiftet hatte, bestrafte Er Kāliya und zwang ihn, die Yamunā zu verlassen und anderswohin zu gehen. Auf diese Weise wurde das Wasser wieder rein.

Als Mahārāja Parīkṣit dies von Śukadeva Gosvāmī hörte, wurde er noch begieriger, von den Kindheitsspielen Kṛṣṇas zu hören. Er fragte Śukadeva Gosvāmī, auf welche Weise Kṛṣṇa die Schlange Kāliya bestrafte, die schon seit vielen Jahren in diesen Gewässern lebte. So begeisterte sich Mahārāja Parīkṣit immer mehr für die transzendentalen Spiele Kṛṣṇas, und mit großem Interesse stellte er viele Fragen.

Śukadeva Gosvāmī erzählte daraufhin die Geschichte von der Schlange Kāliya. Der Fluß Yamunā bildet an einer Stelle einen großen See, und in diesem See hatte sich die schwarze Schlange Kāliya eingenistet. Von dem Gift der Schlange war die ganze Umgebung so verseucht, daß Tag und Nacht unablässig giftige Dämpfe aufstiegen. Flog zufällig ein Vogel über den See, stürzte er augenblicklich ins Wasser und verendete.

Durch die giftigen Dämpfe der Yamunā waren alle Bäume und Gräser an den Flußufern abgestorben. Śrī Kṛṣṇa sah die Verheerung, die das Gift der großen Schlange angerichtet hatte: Der ganze Fluß vor Vṛndāvana war ein totes Gewässer.

Kṛṣṇa, der erschienen war, um alle störenden Elemente auf der Welt zu beseitigen, kletterte daraufhin sofort auf einen großen *kadamba*-Baum, der am Ufer der Yamunā stand. Der *kadamba*-Baum, der runde, gelbe Blüten trägt, ist im allgemeinen nur im Gebiet von Vṛndāvana zu finden. Nachdem Er die Spitze des Baumes erklommen hatte, band Er Sein Gürteltuch fester, und während Er wie ein Ringkämpfer Seine Arme schwang, sprang Er weit in den giftigen See hinein. Der *kadamba*-Baum, von dem Kṛṣṇa sprang, war der einzige Baum, der nicht abgestorben war. Einige Kommentatoren sagen, der Baum sei auf der

Stelle lebendig geworden, als er von den Lotosfüßen Kṛṣṇas berührt wurde. In einigen *Purāṇas* heißt es auch, daß Garuḍa, der ewige Träger Viṣṇus, wußte, daß Kṛṣṇa in der Zukunft diese Tat vollbringen würde, und daß er aus diesem Grunde etwas Nektar auf den Baum träufelte, um ihn am Leben zu erhalten. Als Kṛṣṇa in das Wasser hineinsprang, trat der Fluß über seine Ufer, als wäre etwas sehr Großes und Schweres hineingefallen. Dieses Zeichen der Kraft Kṛṣṇas ist im Grunde nicht erstaunlich, denn Er ist die Quelle aller Kräfte.

Kṛṣṇa schwamm wie ein großer, starker Elefant im Fluß umher und verursachte dadurch ein gewaltiges Rauschen, das bis zur Schlange Kāliya drang. Der aufgeschreckte Kāliya wußte, daß der Lärm nur eines bedeuten konnte: Jemand wagte einen Angriff auf seine Behausung. Weil Kāliya dies nicht dulden konnte, tauchte er augenblicklich vor Kṛṣṇa auf, und voller Verwunderung sah er, wie betrachtenswert Kṛṣṇas anmutige Schönheit war: Kṛṣṇas Körpertönung glich der Farbe einer Gewitterwolke, und Seine Beine glichen einer Lotosblume. Er war mit dem Śrīvatsa-Zeichen und mit Juwelen geschmückt und trug ein gelbes Gewand. Ein Lächeln spielte auf Seinem lieblichen Gesicht, während Er Sich mit kraftvoller Gewandtheit in der Yamunā bewegte. Doch trotz der wunderschönen Erscheinung Kṛṣṇas fühlte Kāliya grimmigen Zorn in seinem Herzen, und deshalb packte er Kṛṣṇa mit seinen mächtigen Häuptern. Die Kuhhirtenjungen und die anderen Bewohner Vṛndāvanas, die Kṛṣṇa über alles liebten, konnten ihren Augen kaum trauen, als sie sahen, wie Kṛṣṇa in die Umklammerung der Schlange geriet, und lähmendes Entsetzen überfiel sie. Alles, was sie besaßen, hatten sie Kṛṣṇa hingegeben, ihre Zuneigung, ihr Eigentum, ihre Handlungen, ihr ganzes Leben — alles gehörte Kṛṣṇa —, und als sie Ihn in dieser Lage sahen, sanken sie, von Furcht überwältigt, zu Boden. Auch die Kühe, die Stiere und die kleinen Kälber wurden von großem Schmerz erfüllt und schauten voller Verzweiflung zu Kṛṣṇa hinüber; doch sie konnten in ihrer Angst nur bitterlich weinen und standen bewegungslos am Ufer, unfähig, ihrem geliebten Kṛṣṇa zu helfen.

Während dieser Geschehnisse am Ufer der Yamunā waren unheilvolle Zeichen zu sehen. Die Erde bebte, Meteore fielen vom Himmel, und die Menschen zitterten an ihrer linken Seite. All dies sind Anzeichen einer großen, unmittelbar bevorstehenden Gefahr. Als die Kuhhirten und auch Mahārāja Nanda die düsteren Zeichen wahrnahmen, wurden sie von großer Besorgnis erfüllt, besonders als sie auch noch erfuhren, daß Kṛṣṇa ohne Seinen älteren Bruder Balarāma zu den Weidegründen gegangen war. Diese Nachricht steigerte die Angst der Eltern und der Kuhhirten, die sich über das Ausmaß der Energien Kṛṣṇas nicht bewußt waren, nur noch mehr. In ihrer großen Zuneigung zu Kṛṣṇa wurden sie von Kummer und Besorgnis übermannt, denn nichts liebten sie mehr als Kṛṣṇa, und sie hatten alles, was sie besaßen, Ihm geweiht — ihr Leben, ihren Besitz, ihre Zuneigung, ihre Gedanken und ihre Handlungen. Weil sie so sehr an Kṛṣṇa hingen, dachten sie: „Heute wird Kṛṣṇa bestimmt etwas Schreckliches passieren!"

Gemeinsam verließen die Bewohner von Vṛndāvana das Dorf, um Kṛṣṇa zu suchen. Die Schar bestand aus Kindern, jungen und alten Männern, Frauen, Tieren und allen möglichen Arten von Lebewesen; sie wußten, daß Kṛṣṇa ihr einziger Beschützer war. Während dieser Vorgänge stand Balarāma, der Meister allen Wissens, ruhig lächelnd dabei. Er wußte, wie mächtig Sein jüngerer Bruder Kṛṣṇa war und daß es keinen Grund zur Aufregung gab, wenn dieser mit einer gewöhnlichen Schlange der materiellen Welt kämpfte. Deshalb war Er persönlich nicht im geringsten besorgt. Aber die Bewohner Vṛndāvanas waren verzweifelt und begannen nach Kṛṣṇa zu suchen, indem sie Seinen Fußspuren auf dem weichen Boden folgten, und so näherten sie sich der Yamunā. Kṛṣṇas Lotosfüße hatten Spuren hinterlassen, auf denen die Zeichen einer Fahne, eines Bogens und eines Muschelhorns zu sehen waren. Von diesen Spuren wurden die Einwohner Vṛndāvanas schließlich bis ans Flußufer geführt, wo sie die Kühe und die Knaben weinen sahen, weil sie hilflos zusehen mußten, wie die schwarze Schlange Kṛṣṇa in ihrer Umklammerung zu erdrücken versuchte. Das steigerte die Verzweiflung der Bewohner Vṛndāvanas nur noch mehr. Während Balarāma über ihr Wehklagen lächelte, versanken die Einwohner von Vrajabhūmi in einem Meer des Jammers, denn sie dachten, nun sei es um Kṛṣṇa geschehen. Obwohl die Einwohner von Vṛndāvana nicht viel über Kṛṣṇa wußten, kannte ihre Liebe zu Ihm keine Grenzen. Als sie sahen, wie Kṛṣṇa mitten in der Yamunā von der Schlange Kāliya umklammert wurde und wie die Knaben und Kühe am Ufer klagten, konnten sie nur noch an Kṛṣṇas Freundschaft denken, an Sein lächelndes Gesicht, an Seine süßen Worte und an ihre Erlebnisse mit Ihm. Während sie so in Erinnerung versanken und glaubten, Kṛṣṇa befinde Sich nun in der Gewalt Kāliyas, schien es ihnen, als ob die drei Welten öde und leer geworden wären. Auch Śrī Caitanya sagt in einem Seiner Gebete, daß Ihm in Seiner Trennung von Kṛṣṇa alle drei Welten trostlos und leer erschienen. Das ist die höchste Stufe des Kṛṣṇa-Bewußtseins. Fast alle Einwohner von Vṛndāvana hatten die höchste Stufe der ekstatischen Liebe zu Kṛṣṇa erreicht.

Als Mutter Yaśodā an der Yamunā ankam, wollte sie sofort in den Fluß springen, und als man sie daran hinderte, fiel sie in Ohnmacht. Andere, die ebenso verzweifelt waren, weinten so sehr, daß ihnen die Tränen wie Regengüsse oder Wasserfälle aus den Augen strömten, aber um Mutter Yaśodā wieder zu Bewußtsein zu bringen, begannen sie, mit lauter Stimme über die transzendentalen Spiele Kṛṣṇas zu sprechen. Mutter Yaśodā jedoch regte sich nicht, als sei sie tot, denn ihr ganzes Bewußtsein war auf das Gesicht Kṛṣṇas konzentriert. Nanda und die anderen Hirten, die alles, selbst ihr Leben, Kṛṣṇa hingegeben hatten, wollten sich ebenfalls in das Wasser der Yamunā begeben, doch Balarāma hinderte sie daran, denn Er besaß vollkommenes Wissen, und so wußte Er, daß keine Gefahr drohte.

Zwei Stunden lang blieb Kṛṣṇa wie ein gewöhnliches Kind im Griff der Würgearme Kāliyas, doch als Er sah, daß alle Einwohner von Gokula — Seine Mutter, Sein Vater, die *gopīs*, die Kuhhirtenjungen und die Kühe — nahe daran waren, ihr Leben aufzugeben, und daß sie nichts mehr vor dem unmittelbaren Tod bewahren konnte, befreite Er Sich augenblicklich. Kṛṣṇa dehnte Seinen Körper aus, und als Kāliya versuchte, Ihn festzuhalten, spürte er einen starken Druck, und dieser Druck zwang ihn bald, die Umklammerung zu lockern. Schließlich blieb Kāliya keine andere Möglichkeit, als die Höchste Persönlichkeit Gottes, Kṛṣṇa, aus seinem Griff entkommen zu lassen. Dies schürte in Kāliya rasende Wut, und seine Hauben blähten sich auf. Er stieß giftige Dämpfe aus seinen Nüstern, seine Augen loderten wie Feuer, und Flammen züngelten aus seinen Mäulern. So richtete die vielköpfige Schlange ihren Blick auf Kṛṣṇa und verharrte für kurze Zeit in unbeweglicher Haltung. Die Lippen mit gespaltenen Zungen lekkend, beobachtete die Schlange Kṛṣṇa mit doppelt aufgeblähten Hauben und mit giftigem Blick. Ohne zu zögern jedoch stürzte Sich Kṛṣṇa auf Kāliya, genau wie Garuḍa, wenn er auf eine Schlange herabstößt. Der angegriffene Kāliya suchte nach einer Gelegenheit, Kṛṣṇa zu beißen, aber Kṛṣṇa wich geschickt aus und schwamm um ihn herum. Während sich Kāliya und Kṛṣṇa auf diese Weise im Kreis bewegten, ermüdete die Schlange allmählich, und es war zu bemerken, daß ihre Kraft beträchtlich nachließ. Kṛṣṇa zog nun plötzlich die Schlangenköpfe herunter und sprang auf sie. Die Lotosfüße des Herrn wurden durch die Strahlen, die von den Juwelen auf den Schlangenhäuptern ausgingen, rot gefärbt. Dann begann Kṛṣṇa, der ursprüngliche Meister aller schönen Künste, zu denen auch das Tanzen gehört, auf den Köpfen der Schlange zu tanzen, obwohl sie sich ständig hin und her bewegten. Als die Halbgötter auf den höheren Planeten dies sahen, ließen sie Blumen vom Himmel regnen, schlugen ihre Trommeln, spielten auf verschiedenartigen Flöten und sangen viele Lieder und Gebete. Auf diese Weise zeigten die Bewohner des Himmels, wie die Gandharvas, Siddhas und andere Halbgötter, ihre Freude.

Während Kṛṣṇa auf den Köpfen der Kāliya-Schlange tanzte, versuchte sie ständig, Ihn mit einem ihrer Köpfe herunterzustoßen. Kāliya besaß ungefähr einhundert Köpfe, aber Kṛṣṇa behielt sie alle unter Kontrolle. Er fing an, Kāliya mit Seinen Lotosfüßen zu treten, und das war mehr, als die Schlange ertragen konnte. Allmählich war Kāliya so weit, daß er nur noch um sein nacktes Leben kämpfte. Er spie üblen Geifer und stieß sengende Feuerflammen aus. Während er giftige Substanzen aus seinem Innern hervorwürgte, verringerten sich die Reaktionen auf seine Sündenlast. Mit verzweifelter Wut kämpfte er um sein Leben, während er immer wieder versuchte, einen seiner Köpfe zu erheben, um den Herrn zu töten. Sofort aber sprang der Herr auf den Kopf, der zum Biß ausholte, trat ihn mit Seinen Lotosfüßen und tanzte auf ihm weiter. Im Grunde glich die Szene mehr und mehr einer Verehrung der Höchsten Persönlichkeit Gottes, Śrī Viṣṇu, und das Gift, das den Mäulern der Schlange entströmte, ähnelte einer Blumenopferung. Bald jedoch begann Kāliya, statt Gift Blut zu speien; er war völlig erschöpft, und sein ganzer Körper schien von den Tritten des Herrn wie zerbrochen. Innerlich aber begann Kāliya allmählich zu verstehen, daß Kṛṣṇa die Höchste Persönlichkeit Gottes ist, und so kam er zum Punkt, wo er sich Kṛṣṇa ergab. Kāliya erkannte, daß Kṛṣṇa der Höchste Herr ist, der Meister aller Meister.

Als die Frauen Kāliyas, die Nāgapatnīs, sahen, daß ihr Mann durch die Tritte des Herrn, in dessen Körper das gesamte Universum ruht, bezwungen wurde, kamen sie schnell herbei, um dem Herrn ihre Verehrung darzubringen, wobei ihnen in der Eile jedoch Kleidung, Haar und Schmuck durcheinandergerieten. Auch sie unterwarfen sich dem Höchsten Herrn. So erschienen sie zusammen mit ihren Kindern vor dem Herrn, um Ihm ihre Gebete darzubringen. Sie warfen sich am Ufer der Yamunā zu Boden und erwiesen auf diese Weise Kṛṣṇa ihre achtungsvollen Ehrerbietungen. Die Nāgapatnīs wußten, daß Kṛṣṇa die Zuflucht aller hingegebenen Seelen ist, und sie wollten den Herrn mit ihren Gebeten erfreuen, um ihren Mann vor der drohenden Gefahr einer harten Bestrafung zu bewahren.

Die Nāgapatnīs begannen mit ihren Gebeten und sprachen: „O lieber Herr, Du bist jedem gleichgesinnt. Für Dich gibt es keinen Unterschied zwischen Deinen Söhnen, Freunden und Feinden. Deshalb hast Du auch mit der Bestrafung, die Du Kāliya gütigerweise erteilt hast, völlig gerecht gehandelt. O Herr, Du bist mit der besonderen Absicht erschienen, alle störenden Elemente auf der Welt zu vernichten, und weil Du die Absolute Wahrheit bist, gibt es keinen Unterschied zwischen Deiner Barmherzigkeit und Deiner Strafe. Uns scheint es daher, daß die Bestrafung Kāliyas im Grunde eine Segnung ist. Wir betrachten diese Strafe als große Gnade für uns, denn jemand, der von Dir bestraft wird, wird von allen Reaktionen auf seine vergangenen sündhaften Handlungen befreit. Es ist offensichtlich, daß das Wesen, das in diesem Schlangenkörper lebt, früher ungeheuer viele Sünden auf sich geladen haben muß; denn warum sonst mußte es den Körper einer Schlange annehmen? Durch das Tanzen auf seinen Köpfen hast Du alle Reaktionen auf seine sündhaften Handlungen vernichtet, die er begangen hat, weil er den Körper einer Schlange besitzt. Es ist deshalb ein großes Glück, daß Du zornig geworden bist und ihn auf diese Weise bestraft hast. Doch wundern wir uns sehr, wie es Kāliya gelungen ist, Dich so gütig zu stimmen; er muß Dich wohl in seinen früheren Leben durch viele religiöse Handlungen erfreut haben. Die Bußen und Entsagungen, die er auf sich nahm, müssen so groß gewesen sein, daß jeder ihn dafür rühmte, und er muß wohltätige Werke zum Wohl aller Lebewesen des Universums vollbracht haben."

Die Nāgapatnīs bestätigen hier, daß man nicht mit Kṛṣṇa in Verbindung kommen kann, ohne in seinen früheren Leben durch hingebungsvollen Dienst fromme Tätigkeiten ausgeführt zu haben. Wie Śrī Caitanya in Seinem *Śikṣāṣṭaka* sagt, muß man hingebungsvollen Dienst ausführen, indem man demütig den Hare-Kṛṣṇa-*mantra* chantet, sich niedriger dünkt als das Stroh in der Gasse und immer bereit ist, anderen alle Ehre zu erweisen, ohne für sich selbst Ehre zu erwarten. Die Nāgapatnīs fragten sich, wie es möglich sein konnte, daß Kāliya einerseits als Folge schwerer sündiger Handlungen den Körper einer Schlange erhalten hatte und andererseits mit dem Herrn in Verbindung kommen konnte, ja sogar von den Lotosfüßen des Herrn berührt wurde. Zweifellos konnte es sich hierbei nicht um das gewöhnliche Ergebnis frommer Werke handeln. Diese beiden widersprüchlichen Tatsachen verwunderten sie also, und deshalb beteten sie: „O Herr, wir sind verwundert, daß Kāliya so vom Glück begünstigt ist, daß er den Staub Deiner Lotosfüße auf seinem Kopf tragen darf. Dieses Glück ersehnen sich große Heilige, und selbst die Glücksgöttin nahm harte Entsagungen auf sich, um mit dem Staub Deiner Lotosfüße gesegnet zu werden. Wie kommt es also, daß Kāliya diesen Staub so leicht erhielt? Wir haben aus maßgeblicher Quelle gehört, daß diejenigen, die mit dem Staub Deiner Lotosfüße gesegnet sind, nicht einmal die höchste Stellung innerhalb dieses Universums, das Leben als Brahmā, erstreben und daß sie sich auch nicht nach dem Thron der himmlischen Planeten oder nach der Herrschaft über die Erde sehnen. Solche Menschen begehren nicht, als Könige über die Planeten oberhalb der Erde, wie Siddhaloka, zu regieren, und sie streben auch nicht nach den mystischen Kräften, die man durch bestimmte *yoga*-Übungen erhält. Auch versuchen die reinen Gottgeweihten nicht, durch Befreiung eins mit Dir zu werden. O Herr, obwohl Kāliya in einer Lebensform geboren wurde, die von den abscheulichsten Erscheinungsweisen der materiellen Natur beherrscht wird, begleitet von der Eigenschaft des Zornes, hat dieser König der Schlangen etwas erreicht, was man nur äußerst selten erlangt. Die Lebewesen, die innerhalb des materiellen Universums von Planet zu Planet wandern und eine Lebensform nach der anderen annehmen, können allein durch Deine Barmherzigkeit sehr leicht die höchste aller Segnungen erhalten."

Im *Caitanya-caritāmṛta* wird bestätigt, daß die Lebewesen im materiellen Universum von einer Lebensform zur anderen wandern, daß aber durch die Barmherzigkeit Kṛṣṇas und des spirituellen Meisters der Same des hingebungsvollen Dienstes in ihnen aufgehen kann, wodurch der Pfad zur Befreiung geebnet wird.

Die Nāgapatnīs fuhren fort: „Wir bringen Dir unsere respektvollen Ehrerbietungen dar, o Herr, denn Du bist die Höchste Person, die als Überseele in jedem Lebewesen wohnt. Obwohl Du zur kosmischen Manifestation transzendental bist, ruht alles in Dir. Du bist die personifizierte, unüberwindliche ewige Zeit. Die gesamte Zeitenergie existiert in Dir, und daher bist Du der Beobachter und die Verkörperung der gesamten Zeit, die in Form von Vergangenheit, Gegenwart, Zukunft, Monaten, Tagen, Stunden und Augenblicken wahrgenommen wird. Mit anderen Worten, o Herr, Du siehst in vollkommener Weise alle Ereignisse, die sich zu jeder Sekunde, zu jeder Stunde, an jedem Tag, in jedem Monat, in jedem Jahr, in der Vergangenheit, in der Gegenwart und in der Zukunft ereignen. Du Selbst bist die universale Form, und dennoch bist Du verschieden von diesem Universum. Du bist eins mit dem Universum und gleichzeitig verschieden von ihm. Wir bringen Dir deshalb unsere respektvollen Ehrerbietungen dar. Du Selbst bist das gesamte Universum, und dennoch bist Du der Schöpfer des Universums. Du bist der Kontrollierende und der Erhalter des Universums, und Du bist seine ursprüngliche Ursache. Obwohl Du in diesem Universum durch Deine drei qualitativen Inkarnationen, Brahmā, Viṣṇu und Maheśvara, gegenwärtig bist, bist Du dennoch transzendental zur materiellen Schöpfung. Obwohl Du die Ursache für das Erscheinen aller Arten von Lebewesen bist – ihrer Sinne, ihres Lebens, ihres Geistes und ihrer Intelligenz –, kannst

Du nur durch Deine innere Energie erkannt werden. Wir erweisen Dir daher unsere respektvollen Ehrerbietungen, der Du das Zentrum der gesamten Schöpfung bist. Du bist unbegrenzt, feiner als das Feinste, und Du bist allwissend. Viele verschiedene spekulierende Philosophen versuchen, Dich zu erreichen. Du bist das letztliche Ziel aller philosophischen Bemühungen, und im Grunde bist Du es, den alle Philosophen in ihren verschiedenen Lehren beschreiben. Wir erweisen Dir deshalb unsere respektvollen Ehrerbietungen, denn Du bist der Ursprung aller Schriften und die Quelle des Wissens. Du bist die Wurzel aller Beweise, und Du bist die Höchste Person, die uns das höchste Wissen geben kann. Du bist die Ursache aller möglichen Wünsche, und Du bist die Ursache jeglicher Zufriedenstellung. Du bist die Personifikation der *Veden*. Deshalb bringen wir Dir unsere respektvollen Ehrerbietungen dar.

O lieber Herr, Du bist die Höchste Persönlichkeit Gottes, Kṛṣṇa, und Du bist der höchste Genießer, der nun als der Sohn Vasudevas erschienen ist, welcher eine Manifestation des reinen Zustandes der Tugend ist. Du bist die Gottheit, die Geist und Intelligenz beherrscht, Pradyumna und Aniruddha, und Du bist der Herr aller Vaiṣṇavas. Durch Deine Erweiterung als *caturvyūha* — als Vāsudeva, Saṅkarṣaṇa, Aniruddha und Pradyumna — bist Du die Ursache für die Entwicklung von Geist und Intelligenz. Nur durch Dein Wirken wird ein Lebewesen von Vergessen bedeckt oder entdeckt seine wirkliche Identität. Dies wird im Fünfzehnten Kapitel der *Bhagavad-gītā* bestätigt: Der Herr weilt als Überseele im Herzen eines jeden Lebewesens, und aufgrund Seiner Anwesenheit vergißt ein Lebewesen seine Identität oder belebt sein ursprüngliches Bewußtsein. Wir können bis zu einem gewissen Maße verstehen, daß Du Dich in unserem Herzen als der Zeuge all unserer Handlungen aufhältst; aber es ist sehr schwierig, Deine Anwesenheit richtig zu erkennen, obwohl wir uns alle darüber bis zu einem gewissen Grade bewußt sind. Du bist der höchste Gebieter über die materielle und die spirituelle Energie. Deshalb bist Du, obwohl Du von der kosmischen Manifestation verschieden bist, unter allen Umständen der höchste Kontrollierende. Du bist der Beobachter, der Schöpfer und die Substanz der kosmischen Manifestation. Deshalb bringen wir Dir unsere respektvollen Ehrerbietungen dar. O Herr, mit der Schöpfung der materiellen Manifestation hast Du persönlich nichts zu tun; vielmehr kannst Du einfach durch die Entfaltung Deiner verschiedenen Energien — nämlich der Erscheinungsweise der Tugend, der Leidenschaft und der Unwissenheit — die kosmische Manifestation erschaffen, erhalten und vernichten. Einfach durch Deinen Blick über die materielle Energie kannst Du, der Gebieter über die Zeit, das Universum erschaffen und die verschiedenen Kräfte der materiellen Natur ins Dasein rufen, die dann die verschiedenen Lebewesen unterschiedlich beeinflussen. Deshalb kann niemand begreifen, auf welche Weise Dein Wille hier in dieser Welt ausgeführt wird. Lieber Herr, Du hast Dich in die drei Hauptgottheiten des Universums — Brahmā, Viṣṇu und Śiva — erweitert, um Schöpfung, Erhaltung und Vernichtung durchzuführen, aber Dein Erscheinen als Śrī Viṣṇu hat den besonderen Zweck, allen Lebewesen zum wirklichen Wohl zu verhelfen. Deshalb wird denjenigen, die voller Frieden sind und nach dem höchsten Frieden streben, empfohlen, Deine friedenbringende Form, Śrī Viṣṇu, zu verehren.

O Herr, bitte erhöre unsere Gebete. Du weißt, was es für uns bedeutet, wenn diese arme Schlange nun stirbt. Du weißt, daß wir Frauen von unseren Ehemännern abhängig sind. Deshalb flehen wir Dich an, Kāliya, unserem Ehemann, gütigerweise zu verzeihen, denn wenn diese Schlange stirbt, geraten wir in große Not. Nur um unseretwillen, bitte, vergib dem armseligen Frevler! O Herr, jedes Lebewesen stammt von Dir ab, und jedes wird von Dir am Leben erhalten. Ebenso ist es mit Kāliya, und deshalb bitten wir Dich, ihm zu vergeben, denn er hat Dich zweifellos nur deswegen so schwer beleidigt, weil er Deine Macht nicht kannte. Wir bitten Dich also, ihm für dieses eine Mal noch zu vergeben. O Herr, wir dienen Dir mit Liebe, weil wir Deine ewigen Dienerinnen sind. Du kannst uns befehlen und von uns verlangen, was immer Dir beliebt. Wenn ein Lebewesen bereit ist, stets Deinen Anweisungen zu folgen, kann es von jeglicher Verzweiflung frei werden."

Nachdem Sich Śrī Kṛṣṇa die Gebete der Nāgapatnīs angehört hatte, erlöste Er Kāliya von seiner Strafe. Kāliya war durch die Tritte des Herrn bewußtlos geworden, doch als die Strafe von ihm genommen wurde und er sein Bewußtsein wiedererlangte, kehrten seine Lebenskraft und die Fähigkeiten seiner Sinne zurück. Mit gefalteten Händen begann er, demütig zum Höchsten Herrn, Śrī Kṛṣṇa, zu beten: „Mein lieber Herr, ich bin in einer solch abscheulichen Lebensform geboren worden, daß ich von Natur aus niederträchtig und neidisch bin, da ich mich in diesem Körper in finsterer Unwissenheit befinde. Du weißt sehr gut, o Herr, daß es sehr schwierig ist, die natürlichen Triebe aufzugeben, obwohl das Lebewesen gerade durch diese Triebe gezwungen wird, von einem Körper zum nächsten zu wandern." Auch in der *Bhagavad-gītā* wird bestätigt, daß es äußerst schwierig ist, der Gewalt der materiellen Natur zu entkommen, daß die materielle Natur aber keine Macht mehr über den hat, der sich der Höchsten Persönlichkeit Gottes, Śrī Kṛṣṇa, ergeben hat. Kāliya fuhr fort: „Lieber Herr, Du bist der Ursprung der Erscheinungsweisen der materiellen Natur, durch die dieses Universum erschaffen wird, und Du bist die Ursache für die verschiedenen Bewußtseinszustände der Lebewesen, durch die sie ihre verschiedenen Körper erlangt haben. O Herr, ich bin als Schlange geboren worden, und deshalb bin ich von Natur aus bösartig. Wie sollte es mir also ohne Deine Barmherzigkeit möglich sein, diese Eigenschaften aufzugeben? Es ist sehr schwierig, der Gewalt *māyās* zu entkommen; denn da *māyā* Deine Energie ist, kann sie uns für Ewigkeiten gefesselt halten. Deshalb, lieber Herr, vergib mir gütigerweise meine unvermeidbaren materiellen Neigungen. Nun kannst Du mich ganz nach Deinem Belieben bestrafen oder erlösen."

Nachdem der Herr, die Höchste Persönlichkeit Gottes, der die Rolle eines kleinen Menschenkindes spielte, dieses Gebet gehört hatte, gab Er der Schlange folgenden Befehl: „Verlaß augenblicklich diesen Ort und begib dich in den Ozean. Alle deine Kinder, deine Frauen und deine Besitztümer kannst du mit dir nehmen, aber mach dich jetzt ohne Verzögerung auf den Weg. Vergifte in Zukunft nie mehr das Wasser der Yamunā, denn Meine Kühe und Kuhhirtenjungen sollen es ohne Bedenken trinken können.“ Der Herr sagte darauf, daß der Befehl, den Er der Kāliya-Schlange erteilt habe, an alle weitergesagt werden solle, so daß sich niemand mehr vor Kāliya zu fürchten brauche.

Jeder, der diese Erzählung von der Schlange Kāliya und ihrer Bestrafung vernimmt, wird nicht mehr den Neid der Schlangen zu fürchten brauchen. Der Herr erklärte des weiteren: „Wer im Kāliya-See badet, wo einst Meine Kuhhirtenfreunde und Ich gebadet haben, oder wer, nachdem er für einen Tag gefastet hat, den Vorvätern mit diesem Wasser ein Opfer darbringt, wird von allen sündhaften Reaktionen befreit.“ Der Herr versicherte Kāliya außerdem: „Du kamst hierher, weil du dich vor Garuḍa fürchtetest, der zu deinem paradiesischen Eiland im Ozean gekommen war, um dich zu fressen. Wenn Garuḍa aber die Markierung sieht, die Ich mit Meinen Lotosfüßen auf deinem Kopf hinterlassen habe, wird er dich in Ruhe lassen.“

Der Herr war mit Kāliya und seinen Frauen sehr zufrieden. Gleich nachdem die Frauen Seinen Befehl vernommen hatten, begannen sie, Ihn mit reichen Opfergaben, wie schönen Gewändern, Blumen, Girlanden, Juwelen, Geschmeide, Sandelholzpasten, Lotosblumen und wohlschmeckenden Früchten, zu verehren. Auf diese Weise erfreuten sie den Herrn Garuḍas, vor dem sie sich so sehr gefürchtet hatten. Dann verließen sie, dem Befehl Śrī Kṛṣṇas folgend, die Yamunā.

Hiermit enden die Bhaktivedanta-Erläuterungen zum 16. Kapitel des Kṛṣṇa-Buches: „Kṛṣṇa bezwingt die Schlange Kāliya“.

17 / Wie Kṛṣṇa einen Waldbrand löschte

Nachdem König Parīkṣit von der Bestrafung Kāliyas gehört hatte, fragte er Śukadeva Gosvāmī, warum Garuḍa Kāliya so feindlich gesinnt war und warum Kāliya sein paradiesisches Eiland verließ. Śukadeva Gosvāmī berichtete dem König daraufhin von einer Insel namens Nāgālaya, die von Schlangen bewohnt wurde, von denen Kāliya einer der Anführer war. Garuḍa, der es liebt, Schlangen zu fressen, pflegte diese Insel zu besuchen und nach Belieben viele Schlangen zu töten. Einige von ihnen fraß er tatsächlich, aber viele wurden auch unnötig getötet. Die Schlangengemeinschaft wurde dadurch so verängstigt, daß Vāsuki, ihr Führer, Brahmā um Schutz bat. Brahmā traf daraufhin eine Vorkehrung, die Garuḍa künftig davon abhalten sollte, die Schlangen zu plagen: In jeder Halbmondnacht sollte die Schlangengemeinschaft Garuḍa eine Schlange als Opfer unter einen Baum legen. Garuḍa war damit zufrieden und tat von da an keiner anderen Schlange etwas zuleide.

Aber nach einiger Zeit wollte sich Kāliya diese neue Situation zunutze machen. Durch die Giftmenge, die er angesammelt hatte, und durch seine materielle Macht hochmütig geworden, dachte er: „Warum soll gerade Garuḍa dieses Opfer erhalten?" Er stellte deshalb jede Opferung ein und fraß statt dessen die für Garuḍa bestimmte Opfergabe selbst. Als Garuḍa, der große Gottgeweihte und gefiederte Träger Viṣṇus, erkannte, daß Kāliya diese Opfergaben selbst fraß, überfiel ihn gewaltiger Zorn, und sofort flog er zu dieser Insel hin, um die frevlerische Schlange zu töten. Zuerst wagte es Kāliya, gegen Garuḍa zu kämpfen, und bot ihm mit seinen vielen Häuptern Widerstand, indem er ihn mit seinen scharfen Giftzähnen zu beißen versuchte; aber Garuḍa, der Sohn Tārkṣyas, schlug voller Ingrimm mit seinen strahlenden, goldenen Schwingen auf Kāliya ein und entfaltete dabei eine gewaltige Kraft, wie sie dem Träger Śrī Viṣṇus gebührt. Kāliya, der auch Kadrūsuta, der Sohn Kadrūs, genannt wird, floh daraufhin zu einem See, der sich im Unterlauf der Yamunā befand und später als Kāliyadāha bekannt werden sollte. Diesem See konnte sich Garuḍa nicht nähern.

Kāliya suchte aus folgenden Gründen im Wasser der Yamunā Zuflucht: So, wie Garuḍa die Insel der Kāliya-Schlange aufsuchte, liebte er es, zur Yamunā zu fliegen, um dort Fische zu fangen. Es lebte dort jedoch ein großer *yogī* namens Saubhari Muni, der unter Wasser zu meditieren pflegte und den Fischen sehr zugeneigt war. Er bat Garuḍa, die Fische in Frieden zu lassen. Weil Garuḍa der Träger Śrī Viṣṇus ist, kann ihm niemand etwas befehlen, doch er wollte die Weisung des großen *yogī* nicht mißachten. Deshalb verzichtete Garuḍa darauf, für längere Zeit dort zu bleiben und viele Fische zu fangen, und so entfernte er sich, fing zuerst aber noch einen großen, letzten Fisch. Dieser große Fisch war jedoch einer der Führer der anderen Fische, und weil Saubhari Muni über dessen Tod so bekümmert war und die Fische beschützen wollte, verhängte er über Garuḍa einen Fluch: „Vom heutigen Tag an soll Garuḍa nie mehr hierherkommen. Erscheint er dennoch an diesem Ort, so soll er — und das sage ich mit aller Macht, die ich besitze — augenblicklich sterben."

Von diesem Fluch wußte nur Kāliya, und da er überzeugt war, daß Garuḍa sich diesem See nicht zu nähern wagte, hielt er es für das klügste, bei Saubhari Muni Zuflucht zu suchen. Doch auch das konnte Kāliya nicht retten, denn er wurde von Kṛṣṇa, dem Herrn Garuḍas, aus der Yamunā vertrieben. Hierbei muß bemerkt werden, daß Garuḍa in direkter Beziehung zur Höchsten Persönlichkeit Gottes steht und daher so mächtig ist, daß er keinem Befehl und keinem Fluch unterworfen ist. Im Grunde beging Saubhari Muni deshalb ein schweres Vergehen, als er Garuḍa verfluchte, der, wie im *Śrīmad-Bhāgavatam* gesagt wird, von gleichem Rang ist wie Bhagavān, die Höchste Persönlichkeit Gottes. Obwohl Garuḍa nicht versuchte, sich zu rächen, blieben die Folgen für den Muni nicht aus, denn er hatte ein Vergehen gegen einen großen Vaiṣṇava begangen. Saubhari fiel später wegen seines Vergehens von seiner fortgeschrittenen Stufe als *yogī* herunter und wurde ein Haushälter und Sinnengenießer in der materiellen Welt. Das Zufallkommen Saubhari Munis, von welchem gesagt wird, er habe sich durch seine Meditation bereits auf der Stufe spiritueller Glückseligkeit befunden, ist eine Warnung für diejenigen, die sich Vergehen gegen Vaiṣṇavas zuschulden kommen lassen.

Als Kṛṣṇa schließlich dem See Kāliyas entstieg, kamen Ihm alle Seine Freunde und Verwandten am Ufer der Yamunā entgegen, und sie sahen, wie prächtig geschmückt Er vor ihnen erschien. Er war über und über mit *candana*-Paste betupft, Er trug wertvolle Juwelen und Edelsteine und eine Fülle von goldenem Schmuck. Als die Einwohner von Vṛndāvana — die Kuhhirtenjungen, die erwachsenen Hirten, Mutter Yaśodā, Nanda Mahārāja und die Kühe und Kälber — sahen, wie Kṛṣṇa der Yamunā entstieg, war es, als hätten sie ihr Leben wiedergewonnen. Wenn ein Mensch zu neuem Leben gelangt, ist es ganz natürlich, daß er von Freude und Glück erfüllt wird. Sie alle drückten Kṛṣṇa an ihre Brust, wobei sie große Erleichterung fühlten. Mutter Yaśodā, Rohiṇī, Mahārāja Nanda und die Kuhhirten waren so glücklich, daß sie Kṛṣṇa immer wieder umarmten, und sie dachten, daß sie ihr höchstes Lebensziel erreicht hatten.

Auch Balarāma umarmte Kṛṣṇa, doch Er lachte, weil Er die ganze Zeit über gewußt hatte, was mit Kṛṣṇa geschehen würde, während alle anderen von Angst überwältigt waren. Alle Bäume am Ufer der Yamunā, alle Kühe, Stiere und Kälber waren überglücklich, weil Kṛṣṇa wieder bei ihnen war. Die *brāhmaṇas* von Vṛndāvana kamen mit ihren Frauen herbei, um Kṛṣṇa und Seine Familienmitglieder zu beglückwünschen. Die *brāhmaṇas* werden als die spirituellen Meister der Gesellschaft angesehen, und so gaben sie Kṛṣṇa und Seiner Familie zu Seiner glücklichen Rettung ihren Segen, und dazu baten sie Nanda Mahārāja, ihnen anläßlich des Ereignisses Spenden zu überreichen. Mahārāja Nanda war über Kṛṣṇas Wiederkehr so froh, daß er den *brāhmaṇas* viele Kühe und eine Menge Gold schenkte. Während sich Nanda Mahārāja den *brāhmaṇas* widmete, hielt Mutter Yaśodā Kṛṣṇa einfach auf ihrem Schoß und umarmte Ihn, wobei sie unaufhörlich Tränen vergoß.

Weil es schon dämmerte und alle Einwohner von Vṛndāvana einschließlich der Kühe und Kälber sehr müde waren, beschlossen sie, am Ufer des Flusses zu übernachten. Mitten in der Nacht jedoch, als sie fest schliefen, brach plötzlich ein ungeheurer Waldbrand aus, und es schien, als würde das Feuer bald alle Einwohner von Vṛndāvana verschlingen. Sowie sie von der Hitze des Feuers geweckt wurden, suchten sie bei der Höchsten Persönlichkeit Gottes Zuflucht, obwohl Er die Rolle ihres Kindes spielte, und sie riefen: „Lieber Kṛṣṇa, o Höchste Persönlichkeit Gottes! Lieber Balarāma, o Quelle aller Kraft! Bitte rettet uns vor diesem allesverschlingenden und verwüstenden Feuer; wir haben keine andere Zuflucht als Euch. Dieses vernichtende Feuer wird uns alle verschlingen." So beteten sie zu Kṛṣṇa, und sie sagten, daß sie nirgends Zuflucht suchen könnten außer bei Seinen Lotosfüßen. Śrī Kṛṣṇa, der Mitleid mit den Bewohnern Vṛndāvanas hatte, verschluckte daraufhin den gesamten Waldbrand, und sie waren gerettet. Dies war für Kṛṣṇa nichts außergewöhnliches, denn Er ist unbegrenzt. Kṛṣṇa besitzt unbegrenzte Kräfte, um alles zu tun, was Ihm beliebt.

Hiermit enden die Bhaktivedanta-Erläuterungen zum 17. Kapitel des Kṛṣṇa-Buches: „Wie Kṛṣṇa einen Waldbrand löschte".

18 / Der Dämon Pralambāsura wird getötet

Nachdem Kṛṣṇa den Waldbrand gelöscht hatte, kehrte Er, gepriesen von Seinen Verwandten, Freunden, Kühen, Kälbern und Stieren, in das Dorf Vṛndāvana zurück, das immer voller Kühe ist. Während Kṛṣṇa und Balarāma das Leben in Vṛndāvana inmitten der Kuhhirtenjungen und -mädchen genossen, zog der Sommer ins Land. Der Sommer wird in Indien nicht sehr begrüßt, weil er im allgemeinen eine fast unerträgliche Hitze mit sich bringt; aber in Vṛndāvana war das Klima auch zu dieser Jahreszeit für jeden angenehm, denn der Sommer erschien dort ganz wie der Frühling. Dies war nur möglich, weil Śrī Kṛṣṇa und Balarāma dort wohnten, die selbst Brahmā und Śiva beherrschen. In Vṛndāvana gibt es viele Wasserfälle, von denen ständig Wasser fließt, und ihr Rauschen klingt so lieblich, daß es das Zirpen der Grillen übertönt. Und weil überall Wasser fließt, blüht der ganze Vṛndāvana-Wald stets in lebendigem Grün.

Die Einwohner von Vṛndāvana wurden niemals von hohen Sommertemperaturen und sengender Hitze geplagt. Die Seen von Vṛndāvana sind von grünem Gras umgeben, und auf ihnen blühen verschiedenartige Lotosblumen wie die *kalhāra, kañja* und *utpala*, deren duftender Blütenstaub von den sanften Winden, die in Vṛndāvana wehen, überallhin getragen wird. Manchmal wurde von den Wellen der Yamunā, von den Seen und den Wasserfällen her ein feiner Wasserdunst getragen und versprühte sich über die Gegend, und die Einwohner von Vṛndāvana erfuhren dadurch eine erfrischende Kühlung. So verbrachten sie völlig unbeschwert die Sommerzeit.

Vṛndāvana ist ein unbeschreiblich schöner Ort. Zu jeder Jahreszeit blühen dort Blumen, und sogar verschiedenartig gezeichnete Rehe sind dort anzutreffen. Die Vögel zwitschern, die Pfauen rufen und tanzen, die Bienen summen, und die Kuckucke singen mit wohlklingenden Stimmen in fünf verschiedenen Tönen.

Oft zog Kṛṣṇa, der Quell aller Freude, auf Seiner Flöte spielend und begleitet von Seinem älteren Bruder Balarāma und von den anderen Kuhhirtenjungen und ihren Kühen, in den schönen Wald von Vṛndāvana, um Sich an der friedvollen Idylle zu erfreuen. Sie liefen zwischen den Bäumen hindurch, die voll von frischgewachsenen Blättern waren und deren Blüten Pfauenfedern ähnelten. Sie trugen Girlanden aus diesen Blüten und bemalten sich gegenseitig mit safranfarbener Kreide. Manchmal tanzten und sangen sie gemeinsam, und manchmal rangen sie auch miteinander. Während Kṛṣṇa tanzte, sangen einige Kuhhirtenjungen dazu, und andere spielten auf ihren Flöten. Manche bliesen Büffelhörner oder klatschten in die Hände und priesen dabei Kṛṣṇa: „Lieber Bruder, Du tanzt so wunderbar." Im Grunde waren all diese Knaben Halbgötter, die von höheren Planeten herabgekommen waren, um Kṛṣṇa bei Seinen Spielen zu unterstützen. Die Halbgötter in Gestalt von Kuhhirtenjungen spornten Kṛṣṇa beim Tanzen an, so wie ein Künstler einen anderen mit Lobesworten anspornt. Bis zu dieser Zeit hatten Sich weder Balarāma noch Kṛṣṇa der Haarschneidezeremonie unterzogen, und deshalb war Ihr Haar so dicht wie das Gefieder der Krähen. Sie spielten oft mit Ihren Freunden Verstecken, sprangen übereinander und veranstalteten Ringkämpfe. Manchmal lobte auch Kṛṣṇa Seine Freunde, wenn sie sangen und tanzten: „Meine lieben Freunde, ihr tanzt und singt gar wunderbar!" Mit Früchten wie *bel* und *āmalakī* spielten die Jungen Fangball, und manchmal spielten sie Blindekuh, wobei sie sich neckten und sich gegenseitig zu fassen versuchten. Manchmal imitierten sie die Waldtiere und die verschiedenen Vogelarten oder ahmten scherzhaft die quakenden Frösche nach. Viel Freude bereitete es ihnen auch, auf Schaukeln unter den Bäumen hin und her zu schwingen, und manchmal spielten sie auch König und Untertan miteinander. Auf diese Weise vergnügten Sich Kṛṣṇa und Balarāma mit Ihren Freunden bei allen möglichen Spielen und genossen die angenehme Atmosphäre von Vṛndāvana, wo es so viele Flüsse, Seen, Bäche, prächtige Bäume und einzigartige Früchte und Blumen gab.

Als sie wieder einmal in ihre transzendentalen Spiele vertieft waren, schlich sich ein großer Dämon mit Namen Pralambāsura in ihre Gemeinschaft ein, der Kṛṣṇa und Balarāma entführen wollte. Kṛṣṇa spielte die Rolle eines Kuhhirtenjungen, aber dennoch kannte Er, die Höchste Persönlichkeit Gottes, alles — die Vergangenheit, Gegenwart und Zukunft. Als sich Pralambāsura also zu ihnen gesellte, dachte Sich Kṛṣṇa einen Plan aus, um den Dämon zu töten, doch nach außen hin empfing Er ihn als einen Freund. „O Mein lieber Freund", sagte Er, „wie schön, daß du gekommen bist, um an unseren Spielen teilzunehmen!" Kṛṣṇa rief daraufhin all Seine Freunde zusammen und verkündete: „Nun laßt uns Reiterkampf spielen! Wir werden uns gegenseitig in Paaren herausfordern." Sogleich teilten sich die Jungen auf. Einige stellten sich auf die Seite Kṛṣṇas, andere stellten sich auf die Seite Balarāmas, und beide Parteien machten sich zum Kampf fertig. Es war bestimmt worden, daß die Jungen der besiegten Partei die der siegreichen Partei auf dem Rücken tragen mußten. Dann begannen sie das Spiel und zogen kämpfend durch den Bhāṇḍīravana-Wald, aber dennoch vergaßen sie nicht, gleichzeitig auf die Kühe zu achten. Die Partei Balarāmas, zu der auch Śrīdāmā und Vṛṣabha gehörten, ging schließlich siegreich aus dem Kampf hervor, und deshalb mußte Kṛṣṇas Gruppe sie auf dem Rücken durch den Bhāṇḍīravana-Wald tragen. Weil die Höchste Persönlichkeit Gottes, Kṛṣṇa, besiegt wurde, mußte Er Śrīdāmā auf dem Rücken tragen, und Bhadrasena trug

Vṛṣabha. Pralambāsura, der immer noch wie ein Kuhhirtenjunge erschien, ahmte ihr Spiel nach und nahm Balarāma auf den Rücken. Pralambāsura war einer der größten Dämonen, und er hatte sich eigentlich ausgerechnet, daß Kṛṣṇa der mächtigste der Kuhhirtenjungen war.

Um ein Zusammentreffen mit Kṛṣṇa zu vermeiden, trug Pralambāsura Balarāma weit weg. Der Dämon war zweifellos sehr stark und mächtig, aber er trug Balarāma, der mit einem Berg verglichen wird, auf seinem Rücken, und deshalb ermüdete er schon bald unter der drückenden Last, so daß er schließlich gezwungen war, seine wirkliche Form anzunehmen. Als er in seiner eigentlichen Gestalt erschien, war er mit einem goldenen Helm und Ohrringen geschmückt und sah aus wie eine wetterleuchtende Wolke, die den Mond trägt. Balarāma sah, wie der Körper des Dämons anwuchs, bis er die Wolken berührte; seine Augen loderten wie Feuer, und in seinem Mund blitzten scharfe Zähne. Anfangs war Balarāma durch die Verwandlung des Dämons überrascht, und Er wunderte Sich: „Wie ist es nur möglich, daß Mein Träger sich auf einmal so verändert hat?" Aber mit Seinem scharfen Verstand begriff Er schnell, daß es ein Dämon war, der Ihn von Seinen Freunden forttrug mit der Absicht, Ihn zu töten. Sogleich versetzte Er deshalb dem Dämon mit Seiner starken Faust einen Schlag auf den Kopf, gleich dem König des Himmels, wenn dieser einen Blitz auf einen Berg niederschleudert. Getroffen von der Faust Balarāmas, stürzte der Dämon wie eine Schlange mit zerschmettertem Kopf tot zu Boden, und das Blut quoll ihm aus dem Mund. Beim Aufprall entstand ein donnerndes Getöse, als wäre ein riesiger Berg von einem Blitz Indras getroffen worden und niedergestürzt. Alle Jungen rannten sofort zum Ort des Geschehens. Überrascht von dem ungeheuren Anblick, lobten sie Balarāma: „Gut gemacht! Gut gemacht!" Voller Zuneigung umarmte jeder von ihnen Balarāma, von dem sie glaubten, Er sei gerade dem Tod entronnen, und alle überhäuften Ihn mit Lob und Segenswünschen. Die Halbgötter auf den himmlischen Planeten waren überaus erfreut und ließen Blumen auf den transzendentalen Körper Balarāmas herabregnen, um Ihm ebenfalls ihre Segnungen und Glückwünsche zukommen zu lassen, weil Er den großen Dämon Pralambāsura getötet hatte.

Hiermit enden die Bhaktivedanta-Erläuterungen zum 18. Kapitel des Kṛṣṇa-Buches: „Der Dämon Pralambāsura wird getötet".

19 / Kṛṣṇa verschluckt den Waldbrand

Während Kṛṣṇa, Balarāma und Ihre Freunde von dem soeben geschilderten Abenteuer in Anspruch genommen waren, begannen die unbewachten Kühe allein weiterzuwandern und begaben sich, verlockt von frischen Gräsern, in immer entferntere Teile des Waldgebietes. So zogen die Ziegen, Kühe und Büffel von einem Wald zum anderen, bis sie schließlich in den Wald kamen, der Iṣikāṭavi heißt. Sie waren vom saftiggrünen Gras dieses Waldes angelockt worden; aber als sie den Wald betraten, sahen sie, daß dort ein Waldbrand wütete, und vor Schrecken fingen sie an zu schreien. Inzwischen hatten Balarāma, Kṛṣṇa und Ihre Freunde bemerkt, daß ihre Tiere verschwunden waren, und sie wurden deshalb sehr bekümmert. Sogleich machten sie sich auf die Suche, indem sie den Spuren der Kühe und dem Pfad folgten, der durch das abgeweidete Gras entstanden war. Die Jungen befürchteten, daß sie nun all ihre Kühe, die Grundlage ihres Lebensunterhalts, verloren hatten. Während sie durch den Wald liefen und die Kühe suchten, wurden sie selbst sehr müde und durstig. Bald jedoch vernahmen sie das Muhen ihrer Kühe, und Kṛṣṇa rief sogleich die Kühe mit lauter Stimme bei ihren Namen. Mit freudigem Muhen antworteten die Kühe auf die Rufe Kṛṣṇas, doch der Waldbrand hatte sie bereits allesamt eingeschlossen, und ihre Lage war äußerst bedrohlich. Als der Wind noch heftiger blies, wuchsen die Flammen immer stärker an, und es schien, als werde alles Bewegliche und Unbewegliche in den Flammen umkommen. Die Kühe und die Jungen überkam Entsetzen, und sie blickten alle auf Balarāma, genau wie ein Sterbender auf das Bild der Höchsten Persönlichkeit Gottes blickt. Sie sagten: „Lieber Kṛṣṇa, lieber Balarāma, wir spüren bereits die brennende Hitze des lodernden Feuers. Laßt uns bei Euren Lotosfüßen Zuflucht nehmen! Wir wissen, daß Ihr uns vor dieser großen Gefahr beschützen könnt. Lieber Freund Kṛṣṇa, wir sind Deine guten Freunde. Es ist nicht richtig, daß wir auf diese Weise leiden sollen. Wir sind völlig von Dir abhängig, und Du bist der Kenner allen religiösen Lebens. Wir kennen niemanden außer Dich."

Als Śrī Kṛṣṇa, die Persönlichkeit Gottes, das Flehen Seiner Freunde hörte, antwortete Er ihnen mit einem wohltuenden Blick. Durch die Sprache Seiner Augen teilte Er ihnen mit, daß sie sich nicht zu fürchten brauchten. Dann verschluckte Kṛṣṇa, der höchste Mystiker, die mächtige Persönlichkeit Gottes, im Nu alle Flammen. So wurden die Kühe und die Kuhhirtenjungen aus der drohenden Gefahr errettet. Vor Angst waren Kṛṣṇas Freunde fast bewußtlos geworden, aber als sie ihr Bewußtsein wiedererlangten und die Augen öffneten, sahen sie, daß sie wieder, wie zuvor, zusammen mit Kṛṣṇa und Balarāma und den Kühen im Wald waren. Sie konnten es kaum fassen, daß sie den Angriff des lodernden Feuers heil überstanden hatten und daß auch den Kühen nichts geschehen war. Insgeheim dachten sie, daß Kṛṣṇa kein gewöhnlicher Junge sein könne, sondern irgendein Halbgott sei.

Am Abend kehrten Kṛṣṇa und Balarāma zusammen mit den Kuhhirtenjungen und Kühen nach Vṛndāvana zurück, wobei Sie auf Ihren Flöten spielten. Als Sie Sich dem Dorf näherten, wurden alle *gopīs* überaus heiter und froh. Den ganzen Tag lang, während Sich Kṛṣṇa im Wald befand, dachten die *gopīs* an Ihn, und in Seiner Abwesenheit erschien ihnen ein Augenblick so lang wie zwölf Jahre.

Hiermit enden die Bhaktivedanta-Erläuterungen zum 19. Kapitel des Kṛṣṇa-Buches: „Kṛṣṇa verschluckt den Waldbrand“.

20 / Herbst in Vṛndāvana

Die Kunde, wie Balarāma Pralambāsura tötete und wie Kṛṣṇa den Waldbrand verschlang, verbreitete sich überall in Vṛndāvana. Die Kuhhirten schilderten ihren Frauen und den übrigen Dorfbewohnern diese wunderbaren Taten, und alle wurden in Erstaunen versetzt, als sie vernahmen, was im Wald von Vṛndāvana geschehen war. Sie schlossen daraus, daß Kṛṣṇa und Balarāma Halbgötter seien, die gütigerweise in Vṛndāvana als ihre Kinder erschienen waren.

Bald darauf kündigte sich die Regenzeit an. Nach der sengenden Hitze des Sommers ist die Regenzeit in Indien sehr willkommen. Die Menschen freuen sich über die Wolken, die sich am Himmel zusammenziehen und Sonne und Mond verdecken, und sie können den Regen gar nicht mehr erwarten. Nach dem Sommer wird der Beginn der Regenzeit als eine lebensspendende Quelle für jeden empfunden. Selbst Donner und gelegentliche Blitze werden freudig begrüßt.

Die Symptome der Regenzeit sind mit den Symptomen der Lebewesen vergleichbar, die von den drei Erscheinungsweisen der materiellen Natur bedeckt sind. Der unbegrenzte Himmel ist wie das Höchste Brahman, und die winzigen Lebewesen sind wie der bedeckte Himmel oder wie das Brahman, das von den drei Erscheinungsweisen der materiellen Natur bedeckt ist. Ursprünglich ist jedes Lebewesen ein winziges Teilchen des Brahmans. Das Höchste Brahman, der unbegrenzte Himmel, kann niemals ganz von einer Wolke bedeckt werden, sondern nur teilweise. Wie es in der *Bhagavad-gītā* heißt, sind die Lebewesen zwar Teilchen der Höchsten Persönlichkeit Gottes, aber verglichen mit Gott besitzen sie nur eine unbedeutende Größe. Diese Teilchen werden von den Erscheinungsweisen der materiellen Natur bedeckt, und aus diesem Grunde befinden sich die Lebewesen in der materiellen Welt. Das *brahmajyoti*, die spirituelle Ausstrahlung, gleicht dem Sonnenlicht. Ähnlich wie sich das Licht der Sonne aus molekularen Lichtpartikeln zusammensetzt, besteht das *brahmajyoti* aus winzigen Teilchen der Höchsten Persönlichkeit Gottes. Von der unbegrenzten Anzahl dieser winzigen Teile des Höchsten Herrn sind einige vom Einfluß der materiellen Natur bedeckt, während andere frei davon sind.

Wolken sind aufgespeichertes Wasser, das durch die Einwirkung des Sonnenscheins von der Erde aufsteigt. Acht Monate lang läßt die Sonne ununterbrochen Wasser, das sich in verschiedensten Formen auf der Erdoberfläche befindet, verdunsten, und dieses Wasser sammelt sich in Form von Wolken, um dann, wenn es benötigt wird, als Regen verteilt zu werden. In ähnlicher Weise zieht eine Regierung von den Bürgern verschiedene Arten von Steuern ein, die die Bürger entsprechend dem Gewinn aus ihren materiellen Tätigkeiten in Landwirtschaft, Handel und Industrie zu zahlen haben. So kann die Regierung beispielsweise Abgaben in Form von Einkommenssteuern und Gewerbesteuern fordern. Hierbei trifft der Vergleich mit der Sonne zu, die das Wasser aus der Erde zieht. Wenn auf der Erdoberfläche wieder Wasser benötigt wird, wandelt der gleiche Sonnenschein das Wasser in Wolken um und verteilt es überall auf der Erde. Ebenso müssen auch die Steuern, die von der Regierung eingezogen werden, in Form von Ausbildungsmöglichkeiten, öffentlichen Institutionen, Krankenhäusern usw. wieder dem Volk zugute kommen. Dies ist ein wesentliches Prinzip für eine gute Regierung. Die Regierung sollte nicht einfach Steuern einziehen, um sie danach sinnlos zu verschwenden; vielmehr müssen die Steuern für das Wohl der Allgemeinheit verwendet werden.

Während der Regenzeit stürmen heftige Winde über das ganze Land und treiben die Wolken von Ort zu Ort, um das Wasser zu verteilen. Wenn nach dem Sommer das Wasser dringend benötigt wird, sind die Wolken wie ein reicher Mann, der in Zeiten der Not sein Geld verteilt, auch wenn er dabei all seine Mittel erschöpft. Ebenso erschöpfen sich die Wolken, um das Wasser auf der Erdoberfläche zu verteilen.

Von Mahārāja Daśaratha, dem Vater Śrī Rāmacandras, heißt es, daß er, wenn er mit seinen Feinden kämpfte, wie ein Ackersmann auf sie losging, der die unnützen Pflanzen und Bäume ausreißt. Und wenn Not herrschte, pflegte er Geld zu verteilen wie eine Wolke den Regen. Die Wolken verteilen den Regen so großzügig, daß man dies mit der Spendenverteilung eines reichen, freigebigen Mannes vergleichen kann. Sie vergießen das Wasser so reichlich, daß der Regen selbst auf Felsen, Berge, Seen und Meere fällt, wo Wasser überhaupt nicht nötig ist. Es ist wie mit einem wohltätigen Menschen, der seine Schatzkammer zur Verteilung freigibt und nicht lange unterscheidet, ob die Spende benötigt wird oder nicht. Er verschenkt mit vollen Händen.

Vor dem Regen ist die gesamte Erdoberfläche fast aller Energien beraubt und bietet einen mageren, trostlosen Anblick; doch nach dem Regenfall erblüht die Erde in frischem Grün und wird sichtlich gesund und kräftig. Hierzu paßt der Vergleich von einem Menschen, der sich große Entbehrungen auferlegt hat, um sich einen materiellen Wunsch zu erfüllen. Das Erblühen der Vegetation nach der Regenzeit wird mit der Erfüllung materieller Wünsche verglichen. Wenn ein Land einer unerwünschten Regierung unterworfen ist, nehmen die Bürger und die Parteien oftmals schwere Anstrengungen und Entsagungen auf sich, um über die Regierung Herr zu werden, und wenn sie Erfolg haben, erfreuen sie sich blühender Umstände — aufgrund der großzügigen Gehälter, die sie sich selbst gewähren. Auch das ist mit dem Aufblühen der Vegetation während der

Regenzeit vergleichbar. Im Grunde sollte man sich schwere Entsagungen und Bußen nur auferlegen, um spirituelles Glück zu erlangen. Das *Śrīmad-Bhāgavatam* rät uns, *tapasya*, oder Entsagungen, nur anzunehmen, wenn sie förderlich sind, den Höchsten Herrn zu erkennen. Wenn man im hingebungsvollen Dienst Entsagungen auf sich nimmt, erweckt man sein spirituelles Leben wieder, und sowie man wieder zum spirituellen Leben erwacht, erfreut man sich unbegrenzter spiritueller Glückseligkeit. Aber wie in der *Bhagavad-gītā* erklärt wird, sind die Ergebnisse von Opfern und Entsagungen, die man sich auferlegt, um ein materielles Ziel zu erreichen, vergänglich, und sie werden nur von weniger intelligenten Menschen angestrebt.

Während der Regenzeit kann man am Abend viele Glühwürmchen beobachten, die die Baumwipfel umschwirren und wie kleine Lichter glitzern. Die großen Leuchtkörper des Himmels wie die Sterne und der Mond indessen sind nicht sichtbar. Ebenso treten im Zeitalter des Kali in zunehmendem Maße Atheisten und andere Scharlatane in den Vordergrund, wohingegen Menschen, die die vedischen Prinzipien befolgen und um spirituelle Befreiung bemüht sind, praktisch ein Schattendasein führen müssen. Dieses Zeitalter, das Kali-yuga, wird mit der wolkigen Jahreszeit der Lebewesen verglichen. In diesem Zeitalter ist das wirkliche Wissen durch den Einfluß des materiellen Fortschritts der Zivilisation verdeckt. Die billigen Spekulanten, Atheisten und Erfinder sogenannter religiöser Prinzipien treten hervor wie die Glühwürmchen im Dunkeln, wohingegen Menschen, die strikt den vedischen Prinzipien und den Anweisungen der Schriften folgen, von den Wolken dieses Zeitalters verhüllt werden. Die Menschen sollten lernen, die wirklichen Lichtquellen am Himmel, die Sonne, den Mond und die Sterne, zu nutzen, statt sich mit dem Licht der Glühwürmchen zufriedenzugeben. Im Grunde kann nämlich das Glühwürmchen in der Dunkelheit gar kein Licht spenden. Wie sich die Wolkendecke manchmal selbst während der Regenzeit öffnet, so daß der Mond, die Sterne oder die Sonne sichtbar werden, so bieten sich auch im Kali-yuga manchmal günstige Gelegenheiten. Die vedische Bewegung Śrī Caitanyas — die Verbreitung des Chantens des Hare-Kṛṣṇa-*mantra* — ist als eine solche Gelegenheit zu verstehen. Menschen, die aufrichtig darum bemüht sind, das wirkliche Licht zu finden, sollten diese Bewegung nutzen, statt sich vom Licht mentaler Spekulanten und Atheisten verblenden zu lassen.

Wenn es nach dem ersten Regenfall in den Wolken donnert, fangen alle Frösche an zu quaken, genau wie Schüler plötzlich wieder beginnen, in ihren Büchern zu lesen. Die Schüler müssen im allgemeinen frühmorgens aufstehen. Aber sie stehen gewöhnlich nicht von allein auf, sondern nur, wenn in dem Tempel oder dem Schulgebäude, in dem sie leben, eine Glocke ertönt. So werden sie an die Anordnung des spirituellen Meisters erinnert, und sie stehen augenblicklich auf und setzen sich nach Erledigung ihrer morgendlichen Pflichten nieder, um die *Veden* zu studieren oder vedische *mantras* zu chanten. Jeder schläft in der Dunkelheit des Kali-yuga, und nur wenn ein großer *ācārya* auftritt, wenden sich die Menschen auf seinen Aufruf hin dem Studium der *Veden* zu, um wirkliches Wissen zu erwerben. Während der Regenzeit füllen sich viele kleine Teiche, Seen und Bäche mit Wasser, die den Rest des Jahres über ausgetrocknet sind. Ähnlich verhält es sich mit den materialistischen Menschen: Sie sind ausgetrocknet, doch manchmal, wenn es ihnen gelungen ist, etwas sogenannten Reichtum anzuhäufen — ein Haus, eine Familie oder ein kleines Bankkonto —, scheinen sie aufzublühen, doch bald schon versiegen ihre Quellen wieder, und sie trocknen aus wie die kleinen Bäche und Teiche. Der Dichter Vidyāpati sagte einmal, daß man, umgeben von Freunden, Familie, Kindern, Frau usw., sicherlich eine gewisse Freude erfahren könne, aber diese Freude sei mit einem Wassertropfen in der Wüste zu vergleichen. Jeder sehnt sich nach Glück, ebenso wie sich in der Wüste jeder nach Wasser sehnt. Wenn man in der Wüste einen Tropfen Wasser erhält, handelt es sich dabei natürlich um Wasser, doch was ist schon ein Tropfen? Wir sehnen uns in unserem materiellen Leben nach einem Ozean des Glücks, aber in Form von Gesellschaft, Freunden und weltlicher Liebe erhalten wir nicht mehr als einen unbedeutenden Tropfen Wasser. Im materiellen Leben können wir niemals zufrieden werden, ebensowenig wie die kleinen Bäche, Seen und Teiche während der Trockenzeit mit Wasser gefüllt werden können.

Durch den Regenfall erhalten das Gras, die Bäume und alle übrigen Pflanzen eine kräftige grüne Farbe. Manchmal läßt sich eine gewisse Art rötlicher Insekten in Schwärmen auf dem Gras nieder, und wenn in dem Gemisch aus Grün und Rot dann noch die schirmähnlichen Pilze auftauchen, verändert sich das Bild der Landschaft völlig, gleich einem Menschen, der plötzlich zu Reichtum gelangt. Zu dieser Zeit werden die Bauern sehr glücklich, da sie ihre Felder voller Getreide sehen, wohingegen die Kapitalisten, die solche Vorgänge niemals als das Wirken einer übernatürlichen Kraft anerkennen wollen, unglücklich werden, weil sie Angst vor den Konkurrenzpreisen haben. In einigen Teilen der Welt hindern gewisse Kapitalisten, die ein hohes Amt in der Regierung bekleiden, die Bauern daran, zu viel Getreide zu produzieren, weil sie nicht wissen, daß alles Getreide in Wirklichkeit von der Höchsten Persönlichkeit Gottes zur Verfügung gestellt wird. Wie wir aus den *Veden* erfahren, versorgt die Höchste Persönlichkeit Gottes die gesamte Schöpfung (*eko bahūnāṁ yo vidadhāti kāmān*). Er sorgt also für alles, was die Lebewesen benötigen. Wenn die Bevölkerung anwächst, obliegt es dem Höchsten Herrn, sie mit Essen zu versorgen. Aber Atheisten und Schurken sind gegen eine überreiche Produktion von Getreide — ganz besonders, wenn ihr Geschäft dabei zu kurz kommen könnte.

Während der Regenzeit werden alle Lebewesen auf dem Lande, in der Luft und im Wasser erfrischt, gleich jemandem, der sich dem transzendentalen liebevollen Dienst des Herrn zuwendet. Das haben wir bei unseren Schülern in der Internationalen Gesellschaft für Krischna-Bewußtsein praktisch erfahren können. Bevor sie Gottgeweihte wurden, machten sie einen unsauberen Eindruck, obwohl sie von Natur aus wohlgestaltet waren. Weil sie nichts vom Kṛṣṇa-Bewußtsein wußten, sahen sie ungepflegt und heruntergekommen aus, doch nachdem sie sich dem Kṛṣṇa-Bewußtsein zugewandt hatten, besserte sich ihre

Verfassung, und weil sie die Regeln und Vorschriften befolgen, haben sie ihre körperliche Ausstrahlung zurückgewonnen. Wenn sie in safranfarbene Gewänder gekleidet sind und *tilaka* auf der Stirn tragen, mit der Gebetskette in der Hand und *tulasi*-Perlen um den Hals, sehen sie aus, als kämen sie direkt aus Vaikuṇṭha.

Wenn die Flüsse in der Regenzeit anschwellen und sich in die Ozeane und Meere ergießen, scheinen sie den Ozean aufzuwühlen. Ähnlich wird ein Mensch, der sich mit mystischen *yoga*-Vorgängen befaßt, jedoch im spirituellen Leben nicht sehr fortgeschritten ist, leicht von sexuellen Wünschen erregt. Hohe Berge dagegen bleiben unberührt, auch wenn sie von Regengüssen überschüttet werden, und ebenso ist ein Mensch, der im Kṛṣṇa-Bewußtsein fortgeschritten ist, selbst durch größte Schwierigkeiten nicht in Verwirrung zu bringen, denn jemand, der spirituell fortgeschritten ist, sieht jeden widrigen Umstand als die Barmherzigkeit des Herrn an, und auf diese Weise qualifiziert er sich, das spirituelle Königreich zu erreichen.

In der Regenzeit werden manche Straßen nur selten benutzt, und deshalb werden sie von hohem Gras überwuchert. Das gleiche geschieht mit einem *brāhmaṇa*, der nicht regelmäßig die in den *Veden* vorgeschriebenen Reinigungsmethoden studiert und praktiziert — er wird von dem hohen Gras *māyās* überdeckt. In diesem Zustand vergißt er seine wesenseigene Identität, seine Position als ewiger Diener der Höchsten Persönlichkeit Gottes. Weil ein solcher *brāhmaṇa* durch dieses jahreszeitlich bedingte wuchernde Gras *māyās* vom rechten Pfad abgebracht wird, identifiziert er sich mit den Vorspiegelungen *māyās* und erliegt der Illusion. So vergißt er sein spirituelles Leben.

Während der Regenzeit ist es oft so, daß zunächst in einer bestimmten Wolkengruppe Blitze aufleuchten und unmittelbar darauf in einer anderen. Dieses Phänomen wird mit einer lustvollen Frau verglichen, die ihren Geist nicht auf einen bestimmten Mann fixieren kann. Die Wolke wird mit einem Mann mit guten Eigenschaften verglichen, denn sie läßt Regen niedergehen und ernährt dadurch viele Menschen; ebenso ernährt ein tugendhafter Mann viele Lebewesen, wie zum Beispiel seine Familienangehörigen oder die Arbeiter in seinem Geschäft. Doch sein ganzes Leben kann ruiniert werden, wenn sich seine Frau von ihm scheiden läßt. Wenn der Familienvater in Schwierigkeiten gerät, wird die gesamte Familie zerfallen. Die Kinder gehen aus dem Haus, oder das Geschäft wird geschlossen — alles wird davon betroffen. Deshalb lautet die Regel, daß eine Frau, die im Kṛṣṇa-Bewußtsein Fortschritte machen möchte, friedvoll mit ihrem Ehemann zusammenleben soll und daß sich das Paar unter keinen Umständen trennen darf. Mann und Frau sollten ihr Geschlechtsleben beherrschen und ihren Geist ins Kṛṣṇa-Bewußtsein vertiefen, so daß ihr Leben erfolgreich sein kann. In der materiellen Welt ist es nun einmal so, daß ein Mann eine Frau braucht und eine Frau einen Mann. Aber wenn sie einmal zusammen sind, sollten sie einträchtig im Kṛṣṇa-Bewußtsein leben und nicht unstet wie die Blitze sein, die von einer Wolke zur anderen wechseln.

Manchmal tritt neben dem rollenden Donnern der Wolken auch ein Regenbogen auf, der wie ein Bogen ohne Sehne am Himmel steht. Der Bogen hat eine geschwungene Form, weil zwischen seinen beiden Enden eine Sehne gespannt ist; aber der Regenbogen wird von keiner Sehne gespannt, und dennoch steht er so majestätisch am Himmel. Ebenso erscheint die Höchste Persönlichkeit Gottes in der materiellen Welt wie ein gewöhnlicher Mensch, ohne jedoch von materiellen Bedingungen abhängig zu sein. In der *Bhagavad-gītā* sagt der Herr, daß Er durch Seine innere Energie erscheint, die nicht durch die äußere Energie gebunden ist. Was für das gewöhnliche Lebewesen Gebundenheit ist, ist Freiheit für die Persönlichkeit Gottes. In der Regenzeit ist der Mond meistens von Wolken verdeckt und wird nur ab und zu sichtbar. Zuweilen scheint sich der Mond mit den Wolken zu bewegen, aber in Wirklichkeit bleibt der Mond an seinem Ort; nur weil sich die Wolken bewegen, scheint sich auch der Mond zu bewegen. Ebenso wird die ursprüngliche spirituelle Ausstrahlungskraft eines Lebewesens, wenn es sich mit den Bewegungen der materiellen Welt identifiziert, von Illusion verdeckt, so daß es denkt, es bewege sich mit dem Ablauf der materiellen Handlungen durch verschiedene Lebenssituationen. Dies ist auf das falsche Ego zurückzuführen, das die Trennungslinie zwischen dem spirituellen und dem materiellen Dasein bildet, genau wie die sich bewegende Wolke die Trennungslinie zwischen dem leuchtenden Mond und der Dunkelheit bildet. Wenn die Pfauen zu Beginn der Regenzeit die ersten Wolken am Himmel erblicken, beginnen sie vor Freude zu tanzen. Sie können mit Menschen verglichen werden, die vom materialistischen Leben völlig zermürbt sind; wenn es ihnen jedoch gelingt, die Gemeinschaft von jemandem zu finden, der im liebenden hingebungsvollen Dienst beschäftigt ist, dann werden sie von neuem Leben erfüllt wie die Pfauen, die zu tanzen anfangen. Wir haben dies praktisch gesehen, denn viele unserer Schüler waren, bevor sie zum Kṛṣṇa-Bewußtsein kamen, leer und verdrießlich, aber in der Gemeinschaft von Gottgeweihten tanzen sie nun wie jubilierende Pfauen.

Die Pflanzen und Bäume wachsen, indem sie Wasser aus dem Boden ziehen. Ebenso ist es mit einem Asketen, der ein entsagungsvolles, trockenes Leben führt: Wenn er nach der Beendigung seiner Askese das Resultat erhält, beginnt er ein Leben der Sinnenfreude zu genießen, mit Familie, Gesellschaft, Liebe, Haushalt usw. Manchmal kann man beobachten, wie Kraniche und Enten an den Ufern von Seen und Flüssen unermüdlich umhergehen, obwohl der Boden von schlammigem Abfall und dornigen Sträuchern bedeckt ist. Ebenso beharren Haushälter ohne Kṛṣṇa-Bewußtsein trotz aller Unbequemlichkeiten auf ihrem Dasein im materiellen Leben. Weder im Familienleben noch in irgendeiner anderen Art des Lebens kann man ohne Kṛṣṇa-Bewußtsein vollkommen glücklich sein. Śrīla Narottama dāsa Ṭhākura bittet daher in einem seiner Gebete darum, immer mit jemandem zusammensein zu dürfen — sei es ein Haushälter oder ein *sannyāsī* —, der im transzendentalen liebevollen Dienst des Herrn tätig ist und ständig den Heiligen Namen Śrī Caitanyas anruft. Für den Materialisten werden die Lebensumstände in dieser Welt immer bedrohlicher, wohingegen für einen Menschen im Kṛṣṇa-Bewußtsein alles glückverheißend erscheint.

Die Erdwälle, die die Äcker umgeben, brechen manchmal infolge starker Regengüsse. In ähnlicher Weise durchbricht die unautorisierte Propaganda der Atheisten im Zeitalter des Kali die Gesetze der vedischen Anweisungen. Dadurch sinken die Menschen allmählich zur Gottlosigkeit herab. In der Regenzeit spenden die vom Wind getriebenen Wolken reichlich Wasser, das so willkommen ist wie Nektar. Wenn die Befolger der *Veden*, die *brāhmaṇas*, reiche Männer wie Könige und wohlhabende Kaufleute dazu anregen, bei großen Opferungen Spenden zu geben, ist die Verteilung solchen Reichtums ebenfalls nektarhaft. Die vier Gruppen der menschlichen Gesellschaft, nämlich *brāhmaṇas, kṣatriyas, vaiśyas* und *śūdras*, sind dazu bestimmt, in Frieden zusammenzuleben und zusammenzuarbeiten. Dies ist nur möglich, wenn sie von erfahrenen vedischen *brāhmaṇas* geführt werden, die Opfer durchführen und den Reichtum gerecht verteilen.

Der Wald von Vṛndāvana war durch die Regenfälle noch herrlicher geworden und hing voller reifer Datteln, Mangos, Brombeeren und anderen Früchten. Die Höchste Persönlichkeit Gottes, Śrī Kṛṣṇa, und Seine jungen Freunde sowie Balarāma betraten den Wald, um sich an der Frische der neuen Jahreszeit zu erfreuen. Die Kühe wurden, da sie so junges, saftiges Gras zu fressen bekamen, überaus kräftig, und ihre Euter waren prall gefüllt. Wenn Kṛṣṇa sie bei ihren Namen rief, kamen sie voller Zuneigung sofort zu Ihm gelaufen, und in ihrer Freude floß ihnen Milch aus den Eutern. So zog Śrī Kṛṣṇa voller Vergnügen durch den beim Govardhana-Hügel gelegenen Wald von Vṛndāvana. Am Ufer der Yamunā sah Er, daß die Bäume mit Bienennestern geschmückt waren, aus denen Honig tropfte. Am Govardhana-Hügel gab es viele Wasserfälle, deren liebliches Rauschen Kṛṣṇa hören konnte, wenn Er in die Höhlen des Hügels hineinschaute. Als die Regenzeit noch nicht ganz vorüber war, sondern sich erst allmählich in den Herbst wandelte, setzten sich Kṛṣṇa und Seine Gefährten — besonders wenn es im Wald regnete — unter einen Baum oder in die Höhlen des Govardhana-Hügels und genossen es, die reifen Früchte zu essen und sich mit großem Vergnügen zu unterhalten. Wenn Sich Kṛṣṇa und Balarāma den ganzen Tag über im Wald aufhielten, ließ Ihnen Mutter Yaśodā Früchte, Süßigkeiten und mit Joghurt vermischten Reis bringen. Kṛṣṇa setzte Sich dann zum Essen auf einem flachen Felsen am Ufer der Yamunā nieder, und während Kṛṣṇa, Balarāma und Ihre Freunde gemeinsam schmausten, beobachteten sie die Kühe, Kälber und Stiere. Die Kühe schienen wegen ihrer schweren Euter vom Stehen ermüdet zu sein, doch wenn sie sich dann niederließen und das Gras wiederkäuten, wurden sie wieder fröhlich, und auch Kṛṣṇa freute Sich bei ihrem Anblick. Er war stolz auf die Schönheit des Waldes, die nichts anderes als die Manifestation Seiner eigenen Energie war.

Bei solchen Gelegenheiten liebte es Kṛṣṇa, das besondere Wirken der Natur während der Regenzeit zu preisen. In der *Bhagavad-gītā* heißt es, daß die materielle Energie, die Natur, in ihrem Wirken nicht unabhängig ist. Die Natur bewegt sich unter der Oberaufsicht Kṛṣṇas. In der *Brahma-saṁhitā* wird gesagt, daß die materielle Natur, Durgā, sich wie der Schatten Kṛṣṇas verhält. Die materielle Natur gehorcht jedem Befehl, der ihr von Kṛṣṇa erteilt wird. Daher wurde auch die besondere Schönheit der Natur zur Regenzeit nach den Anweisungen Kṛṣṇas geschaffen. Schon bald wurden die Bäche, Teiche und Seen sehr klar und erquicklich, und überall wehten erfrischende Winde – es war Herbst. Der Himmel war von allen Wolken gänzlich reingefegt und hatte seine natürliche blaue Farbe zurückerhalten. Der blühende Lotos im klaren Wasser des Waldes glich einem Menschen, der von der Stufe des *yoga* heruntergefallen war, aber nun im wiedergewonnenen spirituellen Leben aufblüht.

Mit der Ankunft des Herbstes entfaltet alles seine natürliche Schönheit. Ebenso wird ein Materialist, der sich dem spirituellen Leben im Kṛṣṇa-Bewußtsein zuwendet, so rein wie der Himmel und das Wasser im Herbst. Der Herbst verjagt die grollenden Gewitterwolken am Himmel und reinigt das Wasser von allen Verschmutzungen. Selbst der aufgeweichte, schlammige Erdboden wird wieder rein. Ebenso wird jemand, der sich dem Kṛṣṇa-Bewußtsein zuwendet, sofort innerlich wie äußerlich von allen Unreinheiten befreit. Kṛṣṇa ist deshalb als Hari bekannt. *Hari* bedeutet „derjenige, der fortnimmt". Kṛṣṇa nimmt sehr schnell alle unreinen Gewohnheiten von einem Menschen, der sich dem Kṛṣṇa-Bewußtsein zuwendet. Die Wolken des Herbstes sind von weißer Farbe, denn sie führen kein Wasser mit sich. Ebenso wird ein Mann in Entsagung, der von aller Familienverantwortung – wie die Erhaltung von Haus, Frau und Kindern – befreit ist und sich vollkommen dem Kṛṣṇa-Bewußtsein weiht, von allen Sorgen frei und sieht so weiß aus wie die Wolken im Herbst. Im Herbst geschieht es manchmal, daß von der Höhe des Hügels Wasserfälle mit klarem Wasser niederstürzen, und dann wieder gibt es Zeiten, wo sie versiegen. Ebenso verschenken die großen Heiligen manchmal reines Wissen, und ein anderes Mal schweigen sie. Die kleinen Teiche, die sich während der Regenzeit mit Wasser gefüllt haben, trocknen im Herbst allmählich aus. Die winzigen Wassertiere, die in den Teichen leben, merken nicht, daß sich ihre Anzahl mit jedem Tag verringert. Sie gleichen materialistischen Menschen, die ebenfalls nicht sehen können, daß sich ihr Leben mit jedem Tag verkürzt. Solche Menschen sorgen sich nur um die Erhaltung von Kühen, Besitz, Kindern, Frau, Gesellschaft und Freundschaften. Wie die kleinen Wassertiere wegen der sengenden Hitze und dem Versiegen des Wassers in qualvolle Not geraten, so sind auch Menschen mit unbeherrschten Sinnen immer unglücklich, weil sie nicht imstande sind, das Leben zu genießen und ihre Familienmitglieder zu erhalten. So wie die schlammige Erde im Herbst allmählich austrocknet und das frischgewachsene Gras zu verdorren beginnt, so versiegt bei einem Menschen, der sich dem Kṛṣṇa-Bewußtsein zugewandt hat, allmählich das Verlangen nach Familiengenuß.

Wenn der Herbst ins Land zieht, wird das Meer ruhig und sanft, so daß es einem Menschen gleicht, der die Stufe der Selbstverwirklichung erlangt hat und nicht mehr von den drei Erscheinungsweisen der materiellen Natur verwirrt wird. Im Herbst stauen die Bauern das Regenwasser auf den Feldern, indem sie starke Erdwälle bauen, so daß das Wasser nicht von den Feldern fließen kann. Es besteht kaum Aussicht auf neue Regenfälle, und deshalb gehen sie mit dem

Wasser, das sich auf den Feldern angesammelt hat, sorgsam um. Ebenso geht ein Mensch, der auf dem Pfad der Selbstverwirklichung fortgeschritten ist, mit seiner Energie sorgsam um, indem er seine Sinne beherrscht. Es wird empfohlen, nach dem fünfzigsten Lebensjahr dem Familienleben zu entsagen und die Energie des Körpers für den Fortschritt im Kṛṣṇa-Bewußtsein aufzusparen. Solange man nicht imstande ist, die Sinne zu beherrschen und sie im transzendentalen liebevollen Dienst Mukundas zu gebrauchen, kann man unmöglich Befreiung erlangen.

Im Herbst verbreitet die Sonne tagsüber eine glühende Hitze, nachts aber werden die Menschen durch den klaren Mondschein von der Beschwerlichkeit des Tages erlöst. Wenn ein Mensch bei Mukunda, oder Kṛṣṇa, Zuflucht sucht, kann er von aller Beschwerlichkeit erlöst werden, die auf seiner fälschlichen Identifizierung des Körpers mit dem Selbst beruht. Mukunda, oder Kṛṣṇa, ist auch die Quelle des Trostes für die Mädchen von Vṛndāvana. Die Mädchen von Vrajabhūmi leiden ständig unter dem Schmerz der Trennung von Kṛṣṇa, doch wenn sie in der mondhellen Herbstnacht mit Kṛṣṇa zusammenkommen, wird auch ihr Leid gestillt. Wenn der Himmel nachts wolkenlos und klar ist, leuchten die Sterne in voller Schönheit. In ähnlicher Weise wird ein Mensch, der wirklich im Kṛṣṇa-Bewußtsein gefestigt ist, von allen Verunreinigungen befreit, und seine Schönheit kommt der der Sterne am herbstlichen Himmel gleich. Die vedischen Schriften schreiben zwar *karma* in Form von Opferdarbringungen vor, doch ihre Schlußfolgerung wird in der *Bhagavad-gītā* folgendermaßen definiert: Wenn man das Ziel der *Veden* gründlich studiert und verstanden hat, muß man sich dem Kṛṣṇa-Bewußtsein zuwenden. Aus diesem Grunde ist das reine Herz eines Gottgeweihten im Kṛṣṇa-Bewußtsein mit dem klaren Himmel des Herbstes vergleichbar. Im Herbst erstrahlen der Mond und die Sterne am klaren Himmel in besonders hellem Licht. Śrī Kṛṣṇa erschien am Himmel der Yadu-Dynastie, und umgeben von den Angehörigen der Yadu-Dynastie, glich Er genau dem von Sternen umringten Mond. Wenn in den Gärten der Wälder die Blumen blühen, wehen erfrischend würzige Lüfte über das Land und lassen die Menschen die Leiden der Sommer- und Regenzeit vergessen. Leider jedoch konnten die *gopīs* in solchen kühlen Winden keinen Trost finden, denn ihre Herzen weilten bei Kṛṣṇa. Die meisten Menschen erfreuten sich an diesen milden Herbstwinden, nur die *gopīs* konnten es nicht, da sie nicht von Kṛṣṇa umarmt wurden.

Mit dem Einzug des Herbstes werden die meisten weiblichen Tiere, wie Kühe, Hirschkühe und Vogelweibchen, trächtig, weil zu dieser Jahreszeit der Paarungstrieb der Männchen besonders stark ist. Dies wird mit den Transzendentalisten verglichen, die durch die Gnade des Herrn mit der Erfüllung ihres Lebenszieles gesegnet werden. Śrīla Rūpa Gosvāmī lehrt in seinem *Upadeśāmṛta*, hingebungsvollen Dienst mit großer Begeisterung, Geduld und Überzeugung zu praktizieren, die Regeln und Regulierungen einzuhalten, sich von materieller Verunreinigung frei zu halten und immer in der Gemeinschaft von Gottgeweihten zu bleiben. Durch das Befolgen dieser Prinzipien wird man mit Sicherheit das ersehnte Ergebnis des hingebungsvollen Dienens erlangen. Ein Gottgeweihter, der mit Geduld den regulierenden Prinzipien des hingebungsvollen Dienens folgt, wird zu gegebener Zeit das Ergebnis erhalten, so wie der Wunsch der Weibchen erfüllt wird, indem sie trächtig werden.

Im Herbst sprießen die Lotosblumen auf den Seen in großer Zahl, weil zu dieser Zeit keine Lilien mehr wachsen; sowohl die Lilien als auch die Lotosse wachsen durch den Sonnenschein, aber die glühende Sonne des Herbstes erlaubt es nur den Lotosblumen zu blühen. Dieses Beispiel trifft auf die Situation eines Landes zu, in dem der König oder die Regierung mit starker Hand regiert: Üble Elemente wie Räuber und Verbrecher haben keine Möglichkeit, sich zu entwikkeln, und weil die Bürger darauf vertrauen können, daß sie nicht von Verbrechern bedroht werden, gedeiht die Gesellschaft zur Zufriedenheit aller. Die sengende Herbstsonne wird mit der starken Regierung verglichen, die Lilien mit den Räubern und Verbrechern und die Lotosblumen mit den zufriedenen Bürgern. Während des Herbstes füllen sich die Felder mit reifem Getreide; dann bringen die Menschen mit großer Freude die Ernte ein und begehen verschiedene Zeremonien, wie zum Beispiel das Navānna-Opfer, bei dem der Höchsten Persönlichkeit Gottes frischgeerntetes Getreide dargebracht wird. Das frische Getreide wird zuerst in den verschiedenen Tempeln den Bildgestalten Gottes geopfert, und dann werden alle Menschen eingeladen, Süßreis zu essen, der aus dem Reis dieser Ernte zubereitet wurde. Es gibt noch andere religiöse Zeremonien und Verehrungsriten, vor allem in Bengalen, wo die größte dieser Zeremonien, die *Durgā-pūjā*, abgehalten wird.

Wegen der Anwesenheit der Höchsten Persönlichkeit Gottes, Kṛṣṇa und Balarāma, war der Herbst in Vṛndāvana damals besonders schön. Mit dem Einzug des Herbstes war es der Kaufmannsklasse, dem königlichen Stand und den großen Weisen wieder möglich, umherzureisen, um ihre jeweiligen Ziele zu erreichen. In ähnlicher Weise erreichen auch die Transzendentalisten, wenn sie aus der Gefangenschaft des materiellen Körpers befreit werden, ihr ersehntes Ziel. Während der Regenzeit können die Kaufleute nicht von einem Ort zum anderen ziehen und verzeichnen deshalb auch keine Gewinne. Die Mitglieder des königlichen Standes können keine Reisen unternehmen, um Steuern einzuziehen, und auch die Heiligen, die umherreisen müssen, um transzendentales Wissen zu predigen, werden durch die Regenzeit in der Ausübung ihrer Pflicht behindert. Wenn aber der Herbst kommt, verlassen sie alle den Ort, an den sie gebunden waren. Was nun den Transzendentalisten betrifft — sei er ein *jñānī*, ein *yogī* oder ein Gottgeweihter —, so kann er sich nicht wirklich des Ergebnisses seines spirituellen Fortschritts erfreuen, solange er einen materiellen Körper hat. Aber sowie beim Tod der Körper aufgegeben wird, geht derjenige, der ein *jñānī* ist, in die spirituelle Ausstrahlung des Herrn ein, der *yogī* begibt sich auf einen der verschiedenen höheren Planeten, und der Gottgeweihte erreicht den Planeten des Höchsten Herrn, Goloka Vṛndāvana, oder die Vaikuṇṭhas und genießt dort sein ewiges spirituelles Leben.

Hiermit enden die Bhaktivedanta-Erläuterungen zum 20. Kapitel des Kṛṣṇa-Buches: „Herbst in Vṛndāvana".

21 / Kṛṣṇas Flötenspiel bezaubert die gopīs

Kṛṣṇa freute Sich sehr an der Atmosphäre des Waldes, in dem die Blumen farbenprächtig blühten und die Bienen und Drohnen vergnügt umhersummten. Die Vögel, Bäume und Zweige des Waldes sahen alle sehr glücklich aus, während Kṛṣṇa, der von Śrī Balarāma und den Kuhhirtenjungen begleitet wurde, die Kühe hütete, und in dieser Szene begann Kṛṣṇa, auf Seiner transzendentalen Flöte zu spielen. Die *gopīs* in Vṛndāvana, die Kṛṣṇas Flöte vernahmen, erinnerten sich bei diesem Klang an Ihn, und sie erzählten sich gegenseitig, wie schön Kṛṣṇa auf der Flöte spielte. Als die *gopīs* die süßen Töne von Kṛṣṇas Flöte beschrieben, erinnerten sie sich auch an ihre Begegnungen mit Ihm; dadurch wurden sie ganz verwirrt, und sie waren nicht mehr imstande, passende Worte zu finden, um die wunderbaren Klangschwingungen zu beschreiben. Während sie miteinander über die transzendentalen Klänge sprachen, erinnerten sie sich daran, wie Kṛṣṇa gekleidet und geschmückt war: Er trug eine Pfauenfeder im Haar, genau wie ein Tänzer, und hatte Sich blaue Blumen hinter das Ohr gesteckt. Sein Gewand leuchtete goldgelb, und Er trug eine *vaijayantī*-Girlande um den Hals. Auf diese Weise gekleidet, wirkte Kṛṣṇa auf alle anziehend, und Er füllte die Tonlöcher Seiner Flöte mit dem Nektar, der von Seinen Lippen strömte. Die *gopīs* erinnerten sich an Ihn, wie Er den Wald von Vṛndāvana betrat, der immer von Seinen Fußspuren und denen Seiner Gefährten verherrlicht wird.

Kṛṣṇa spielte Seine Flöte mit unvorstellbarer Meisterhaftigkeit, und die *gopīs* wurden von den Klängen der Flöte bezaubert, die nicht nur auf sie eine Anziehungskraft ausübten, sondern auch auf alle anderen Lebewesen, die sie vernahmen. Eine der *gopīs* sagte zu ihren Freundinnen: „Die höchste Vollkommenheit der Augen ist es, Kṛṣṇa und Balarāma zu sehen, wie Sie gerade den Wald betreten und auf Ihren Flöten spielen, während sie gemeinsam mit Ihren Freunden die Kühe hüten.“

Diejenigen, die Kṛṣṇa fortwährend in transzendentaler Meditation innerlich und äußerlich sehen, indem sie daran denken, wie Er auf Seiner Flöte spielt, den Wald von Vṛndāvana betritt und zusammen mit den Kuhhirtenjungen die Kühe hütet, haben tatsächlich die Vollkommenheit des *samādhi* erreicht. *Samādhi*

(Trance) bedeutet, daß alle Sinnesaktivitäten auf ein bestimmtes Objekt konzentriert sind, und die *gopīs* weisen hier darauf hin, daß die Spiele Kṛṣṇas die Vollkommenheit der Meditation und des *samādhi* darstellen. In der *Bhagavad-gītā* wird bestätigt, daß derjenige, der immer in Gedanken an Kṛṣṇa versunken ist, als der höchste aller *yogīs* angesehen werden muß.

Eine andere *gopī* war der Meinung, daß Kṛṣṇa und Balarāma, wenn Sie die Kühe hüteten, Schauspielern glichen, die sich für ihren Bühnenauftritt bereit machen. Kṛṣṇa war in leuchtend gelbe Gewänder gekleidet, Balarāma in blaue, und in Ihren Händen hielten Sie frische Zweige eines Mangobaumes, Pfauenfedern und Blumensträuße. Sie trugen Girlanden aus Lotosblumen um den Hals, und manchmal sangen Sie mit melodischer Stimme in der Gemeinschaft Ihrer Freunde. Eine *gopī* fragte ihre Freundin: „Wie kommt es nur, daß Kṛṣṇa und Balarāma so schön aussehen?" Eine andere *gopī* sagte: „Liebe Freundinnen, wie sollten wir jemals Seine Bambusflöte verstehen können? Welch fromme Werke die Bambusflöte vollbracht haben muß, daß sie nun den Nektar der Lippen Kṛṣṇas genießen darf!" Kṛṣṇa küßt manchmal die *gopīs*; daher ist der transzendentale Nektar Seiner Lippen nur ihnen allein zugänglich, und Seine Lippen werden als ihr Eigentum angesehen. Die *gopīs* fragten sich also: „Wie nur ist es möglich, daß die Flöte, die nichts als ein Bambusrohr ist, immerzu den Nektar von Kṛṣṇas Lippen genießen darf? Weil die Flöte im Dienst des Höchsten Herrn beschäftigt ist, müssen auch die Mutter und der Vater der Flöte sehr glücklich sein."

Die Seen und Flüsse werden als die Mütter der Bäume betrachtet, weil die Bäume nur von ihrem Wasser leben. Deshalb war das Wasser der Seen und Flüsse Vṛndāvanas voll von glücklichen Lotosblumen, denn das Wasser dachte: „Wie kommt es nur, daß unser Sohn, der Bambusstab, den Nektar von Kṛṣṇas Lippen genießt?" Die Bambusbäume am Ufer der Flüsse und Seen waren ebenfalls glücklich, ihren Abkömmling auf diese Weise im Dienst des Herrn beschäftigt zu sehen, genau wie sich auch ein fortgeschrittener Transzendentalist freut, wenn er sieht, daß sich seine Nachkommen im Dienst des Herrn betätigen. Die Bäume waren alle von Freude überwältigt und lieferten ständig Honig, der aus den Bienennestern troff, die in ihren Zweigen hingen.

Manchmal sprachen die *gopīs* mit ihren Freundinnen folgendermaßen über Kṛṣṇa: „Liebe Freundinnen, unser Vṛndāvana verkündet die Herrlichkeit der gesamten Erde, denn dieser Planet ist durch die Abdrücke der Lotosfüße des Sohnes von Devakī geheiligt. Und wenn Govinda auf Seiner Flöte spielt, werden die Pfauen auf der Stelle wie verrückt. Und wenn die Tiere, Bäume und Pflanzen auf dem Govardhana-Hügel und in seiner Umgebung dann die tanzenden Pfauen erblicken, verharren sie in ihren Bewegungen und lauschen mit großer Aufmerksamkeit dem transzendentalen Klang der Flöte. Wir glauben nicht, daß diese Segnung auf irgendeinem anderen Planeten erhältlich ist." Obwohl die *gopīs* einfache Kuhhirtenfrauen und -mädchen waren, besaßen sie Wissen über Kṛṣṇa. Auf dieselbe Weise kann jeder die höchsten Wahrheiten erkennen, wenn er einfach nur aus autorisierten Quellen über die *Veden* hört.

Eine andere *gopī* sagte: „Meine lieben Freundinnen, seht nur die Rehe! Obwohl sie unwissende Tiere sind, haben sie sich dem Sohne Mahārāja Nandas, Kṛṣṇa, genähert. Sie fühlen sich nicht nur zu Kṛṣṇas und Balarāmas Gewändern hingezogen, sondern bringen dem Herrn, sowie sie Sein Flötenspiel hören, gemeinsam mit ihren Gatten ihre respektvollen Ehrerbietungen dar, indem sie Ihn mit großer Zuneigung anschauen." Die *gopīs* beneideten die Rehe, weil die Rehe in der glücklichen Lage waren, Kṛṣṇa gemeinsam mit ihren Ehemännern zu dienen. Sie selbst hielten sich nicht für so begünstigt, denn immer, wenn sie zu Kṛṣṇa gehen wollten, waren ihre Ehemänner sehr unzufrieden.

Eine andere *gopī* sagte: „Liebe Freundinnen, Kṛṣṇa ist so schön gekleidet, daß es so scheint, als ob Er die Frauen dazu ermuntere, verschiedene Zeremonien durchzuführen. Sogar die Frauen der Halbgötter fühlen sich zum transzendentalen Klang Seiner Flöte hingezogen. Obwohl sie mit ihren Himmelsflugzeugen in der Luft umherreisen und dabei das Zusammensein mit ihren Ehemännern genießen, werden sie sofort verwirrt, wenn sie die Töne von Kṛṣṇas Flöte vernehmen. Ihr Haar löst sich, und ihre enganliegenden Kleider lockern sich." Die transzendentalen Klänge von Kṛṣṇas Flöte drangen also in alle Winkel des Universums. Auch ist es von Bedeutung, daß die *gopīs* über die verschiedenen Flugzeuge, die am Himmel flogen, Bescheid wußten.

Wieder eine andere *gopī* sagte zu ihren Freundinnen: „Meine lieben Freundinnen, auch die Kühe sind ganz bezaubert, wenn sie den transzendentalen Klang von Kṛṣṇas Flöte hören. Diese Töne erscheinen ihnen wie ein Strom von Nektar, und sie richten sogleich ihre langen Ohren auf, um den flüssigen Nektar der Flötenklänge aufzufangen. Und die Kälber stehen zwar noch bei ihren Müttern und halten die Zitzen im Mund, aber sie sind nicht imstande, die Milch zu saugen. Sie sind wie erstarrt vor Hingabe, und Tränen rollen aus ihren Augen, die deutlich zeigen, mit welcher Liebe sie Kṛṣṇa im Herzen umarmen." All das deutet darauf hin, daß selbst die Kühe und die Kälber in Vṛndāvana so erhaben waren, daß sie nach Kṛṣṇa weinten und Ihn im Innersten ihres Herzens umarmten. Tatsächlich kann die Zuneigung im Kṛṣṇa-Bewußtsein im Vergießen von Tränen gipfeln.

Eine jüngere *gopī* sagte zu ihrer Mutter: „Liebe Mutter, die Vögel, die alle Kṛṣṇa beim Flötenspielen zuschauen, sitzen auf den Zweigen und Ästen der Bäume und zeigen große Aufmerksamkeit. An ihrem Aussehen kann man erkennen, daß sie alles vergessen haben und nur noch Kṛṣṇas Flöte zuhören. Das zeigt, daß sie keine gewöhnlichen Vögel sind. Sie sind große Weise und Gottgeweihte, und nur um Kṛṣṇas Flöte zu hören, sind sie im Wald von Vṛndāvana als Vögel erschienen." Alle großen Weisen und Gelehrten befassen sich mit dem vedischen Wissen, aber was die Essenz des vedischen Wissens ist, wird in der *Bhagavad-gītā* beschrieben: *vedaiś ca sarvair aham eva vedyaḥ*. Das Studium der *Veden* muß dazu führen, daß man Wissen über Kṛṣṇa erlangt. Aus dem Verhalten der Vögel wurde deutlich, daß es sich bei ihnen um große Gelehrte der *Veden* handelte, die alle Zweige des vedischen Wissens zurückgewiesen hatten, um sich ausschließlich Kṛṣṇas transzendentalem Flötenspiel zuzuwenden.

Als auch die Yamunā, die sich danach sehnte, Kṛṣṇas Lotosfüße zu umarmen, den transzendentalen Klang von Kṛṣṇas Flöte vernahm, zügelte sie sogleich ihre reißenden Wellen und floß sehr friedlich dahin, und sie hielt Lotosblumen in ihren Händen, um diese Blumen in tiefer Zuneigung Mukunda darzubringen.

Die glühende Hitze der Herbstsonne wurde manchmal unerträglich, und deshalb sammelten sich die Wolken aus Zuneigung über Kṛṣṇa und Balarāma und Ihren jungen Freunden, während diese auf Ihren Flöten spielten. Die Wolken dienten als schattenspendende Schirme über Ihren Köpfen, weil sie Kṛṣṇas Freundschaft gewinnen wollten. Auch die sittenlosen Eingeborenenmädchen fühlten sich völlig befriedigt, wenn sie sich ihr Gesicht und ihre Brüste mit dem Staub von Vṛndāvana einrieben, der sich durch die Berührung mit Kṛṣṇas Lotosfüßen rötlich gefärbt hatte. Die Eingeborenenmädchen hatten volle Brüste, und dazu waren sie auch sehr lustvoll, aber wenn ihre Liebhaber ihre Brüste berührten, bereitete ihnen das kein sehr großes Vergnügen. Wenn sie jedoch in den Wald von Vṛndāvana gingen, sahen sie, daß sich dort, wo Kṛṣṇa vorbeizog, einige Blätter und Pflanzen rötlich färbten, weil *kuṅkuma*-Puder von Seinen Lotosfüßen fiel. Die *gopīs* hatten Seine Lotosfüße an ihre Brüste gedrückt, die ebenfalls mit *kuṅkuma*-Puder eingerieben waren, doch wenn Kṛṣṇa mit Balarāma und Seinen jungen Freunden im Wald von Vṛndāvana umherstreifte, fiel dieses rötliche Puder auf den Waldboden. Sowie die lustvollen Eingeborenenmädchen, die ihre Blicke auf den flötespielenden Kṛṣṇa richteten, den roten *kuṅkuma* entdeckten, nahmen sie ihn vom Boden auf und rieben ihn sich über Gesicht und Brüste. Auf diese Weise wurden sie vollkommen zufriedengestellt, wohingegen sie nicht befriedigt waren, wenn ihre Liebhaber ihre Brüste berührten. Alle materiellen lustvollen Verlangen können augenblicklich gestillt werden, wenn man mit dem Kṛṣṇa-Bewußtsein in Berührung kommt.

Eine andere *gopī* pries die einzigartige Stellung des Govardhana-Hügels: „Wie gesegnet der Govardhana-Hügel ist! Er genießt das Zusammensein mit Kṛṣṇa und Balarāma, die oft über ihn wandern. So wird der Govardhana-Hügel immer von den Lotosfüßen des Herrn berührt, und weil er Kṛṣṇa und Balarāma so dankbar ist, läßt er die verschiedensten Arten von Früchten, Wurzeln und Kräutern wachsen und füllt seine Seen mit äußerst wohltuendem, kristallklarem Wasser. So bringt er dem Herrn seine Geschenke dar." Das beste Geschenk jedoch, das der Govardhana-Hügel anbot, war das frische Gras für die Kühe und Kälber. Der Govardhana-Hügel wußte den Herrn zu erfreuen, indem er dessen liebste Gefährten, die Kühe und Kuhhirtenjungen, erfreute.

Wenn Kṛṣṇa und Balarāma auf Ihren Flöten spielend durch den Wald von Vṛndāvana ziehen und mit allen sich bewegenden und sich nicht bewegenden Lebewesen enge Freundschaft schließen, dann, so sagte eine *gopī*, zeige sich alles von seiner schönsten Seite. Wenn Kṛṣṇa und Balarāma auf Ihren transzendentalen Flöten spielten, verharrten die sich bewegenden Geschöpfe regungslos, und die sich nicht bewegenden Geschöpfe, wie die Bäume und Pflanzen, begannen vor Ekstase zu zittern.

Kṛṣṇa und Balarāma trugen wie gewöhnliche Kuhhirtenjungen Stricke zum

Binden der Kühe über den Schultern und in den Händen. Bevor die Jungen die Kühe melkten, banden sie ihnen nämlich die Hinterbeine mit einem kurzen Seil zusammen. Solche Seile hatten die Jungen fast immer über den Schultern hängen, und sie fehlten auch nicht auf den Schultern von Kṛṣṇa und Balarāma. Obwohl Sie die Höchste Persönlichkeit Gottes waren, verhielten Sie Sich genau wie Kuhhirtenjungen, und dies war der Grund, warum alles so unbeschreiblich wunderbar und anziehend aussah. Während Kṛṣṇa dabei war, die Kühe im Wald von Vṛndāvana oder auf dem Govardhana-Hügel zu hüten, waren die *gopīs* im Dorf stets in Gedanken bei Ihm, und sie sprachen miteinander über Seine verschiedenen Spiele. Das ist das vollkommene Beispiel für Kṛṣṇa-Bewußtsein: auf irgendeine Weise immer in Gedanken an Kṛṣṇa versunken zu sein. Jede Handlung der *gopīs* war ein eindrucksvolles Beispiel für diese Vollkommenheit, und deshalb erklärte Śrī Caitanya, daß niemand den Herrn auf bessere Weise verehren könne als die *gopīs*. Die *gopīs* waren nicht in hochgestellten *brāhmaṇa*- oder *kṣatriya*-Familien geboren worden; sie stammten aus Familien von *vaiśyas*, aber nicht aus reichen Kaufmannsgeschlechtern, sondern einfach aus Familien von Kuhhirten. Sie waren auch keine großen Gelehrten, obwohl sie von den *brāhmaṇas*, den Autoritäten des vedischen Wissens, in allen wichtigen Bereichen des Wissens unterrichtet worden waren. Der einzige Wunsch der *gopīs* war es, immer in Gedanken bei Kṛṣṇa zu sein.

Hiermit enden die Bhaktivedanta-Erläuterungen zum 21. Kapitel des Kṛṣṇa-Buches: „Kṛṣṇas Flötenspiel bezaubert die gopīs".

22 / Kṛṣṇa stiehlt die Kleider der unverheirateten gopīs

Nach dem Brauch der vedischen Zivilisation verehren die unverheirateten Mädchen vom zehnten bis zum vierzehnten Lebensjahr entweder Śiva oder die Göttin Durgā, um einen guten Ehemann zu bekommen. Die unverheirateten Mädchen von Vṛndāvana waren jedoch bereits von der Schönheit Kṛṣṇas gefangengenommen; nichtsdestoweniger verehrten auch sie am Anfang der Hemanta-Zeit (die Zeit vor Einbruch des Winters) die Göttin Durgā. Der erste Monat der Hemanta-Zeit (Oktober/November) wird Agrahāyana genannt, und zu dieser Zeit begannen alle unverheirateten *gopīs* von Vṛndāvana mit der Verehrung der Göttin Durgā, indem sie ein Gelübde ablegten. Zuerst aßen sie *haviṣyānna*, eine Speise, die zubereitet wird, indem man Mung-Dahl zusammen mit Reis in Wasser kocht und dabei auf jegliches Gewürz und auf Turmerik verzichtet. Die Anweisungen der *Veden* empfehlen dieses Essen zur Läuterung des Körpers, bevor man eine rituelle Zeremonie durchführt. Alle unverheirateten *gopīs* in Vṛndāvana pflegten täglich frühmorgens die Göttin Kātyāyanī zu verehren, nachdem sie ihr Bad in der Yamunā genommen hatten. Kātyāyanī ist ein anderer Name für die Göttin Durgā. Diese Göttin wird verehrt, indem man als erstes aus Sand, vermischt mit Erde vom Ufer der Yamunā, eine Figur herstellt. Die Anweisungen der vedischen Schriften erlauben, daß man eine Bildgestalt aus verschiedenen Elementen herstellt; sie kann aus Metall, Juwelen, Holz, Erde oder Stein bestehen, sie kann gemalt oder vom Verehrer einfach nur im Herzen vorgestellt werden. Die Māyāvādī-Philosophen halten all diese Formen für Einbildung, aber die vedischen Schriften erklären, daß solche Formen mit dem Höchsten Herrn oder mit dem betreffenden Halbgott identisch sind.

Die unverheirateten *gopīs* pflegten eine Bildgestalt der Göttin Durgā herzustellen, die sie mit *candana*-Paste, Blumengirlanden, Räucherstäbchen, Lampen und allen möglichen Gaben, wie Früchten, Getreide und jungen Zweigen, verehrten. Nach der Verehrung bittet man dann gewöhnlich um eine Segnung. Deshalb richteten die unverheirateten Mädchen mit großer Hingabe das folgende Gebet an die Göttin Kātyāyanī: „O höchste äußere Energie der Persönlichkeit

Gottes, o höchste mystische Kraft, o höchste Kontrollierende der materiellen Welt, o Göttin, bitte sei uns barmherzig und bewirke unsere Heirat mit dem Sohn Nanda Mahārājas, Kṛṣṇa." Die Vaiṣṇavas verehren im allgemeinen keine Halbgötter. Śrīla Narottama dāsa Ṭhākura hat jedem, der im reinen hingebungsvollen Dienst Fortschritt machen möchte, jegliche Art der Verehrung von Halbgöttern streng verboten. Dennoch sieht man hier, daß die *gopīs*, deren Liebe zu Kṛṣṇa sich mit nichts vergleichen läßt, die Halbgöttin Durgā verehrten. Die Verehrer der Halbgötter argumentieren manchmal, daß auch die *gopīs* die Göttin Durgā verehrten; aber wir müssen dabei beachten, mit welcher Absicht die *gopīs* dies taten. Gewöhnlich verehren die Menschen Durgā, um eine materielle Segnung zu erhalten. In diesem Falle aber beteten die *gopīs* zu der Göttin, um die Frauen Śrī Kṛṣṇas zu werden. Die Erklärung hierzu lautet, daß ein Gottgeweihter jedes Mittel anwenden kann, um sein Ziel zu erreichen, vorausgesetzt, daß Kṛṣṇa das Zentrum seines Strebens ist. Den *gopīs* war jedes Mittel recht, um Kṛṣṇa zu erfreuen und Ihm zu dienen. Das ist ihre hervorragendste Besonderheit. Einen Monat lang verehrten die *gopīs* die Göttin Durgā, um Kṛṣṇa zum Gemahl zu bekommen, und so beteten sie jeden Tag, daß Kṛṣṇa, der Sohn Nanda Mahārājas, sie heiraten möge.

Früh am Morgen pflegten die *gopīs* ans Ufer der Yamunā zu gehen, um zu baden. Sie versammelten sich dann alle, faßten sich gegenseitig bei den Händen und besangen laut die wunderbaren Spiele Kṛṣṇas. Es ist ein alter Brauch bei den indischen Mädchen und Frauen, daß sie, bevor sie ihr Bad im Fluß nehmen, ihre Kleidungsstücke an das Ufer legen und dann völlig nackt ins Wasser steigen. Der Zutritt zu dem Teil des Flusses, an dem die Mädchen und Frauen baden, ist jeder männlichen Person streng verboten, und so wird es auch heute noch gehalten. Der Herr, die Höchste Persönlichkeit Gottes, der die Gedanken der unverheirateten jungen *gopīs* kannte, segnete sie, indem Er ihnen das Ersehnte gewährte. Sie hatten darum gebeten, daß Kṛṣṇa ihr Gemahl werden möge, und Kṛṣṇa wollte ihren Wunsch erfüllen.

Am Ende des Monats erschien Kṛṣṇa zusammen mit Seinen Freunden an diesem Ort. Ein anderer Name für Kṛṣṇa ist Yogeśvara, „der Herr über alle mystischen Kräfte". *Yogīs* können durch Meditation die psychischen Vorgänge in anderen Menschen beobachten, und zweifellos konnte auch Kṛṣṇa den Wunsch der *gopīs* erkennen. Kṛṣṇa sammelte, als Er plötzlich auftauchte, sogleich sämtliche Kleider der *gopīs* zusammen, kletterte auf einen nahestehenden Baum und wandte Sich lächelnd an die *gopīs*.

„Meine lieben Mädchen", sagte Er, „bitte kommt eine nach der anderen hierher und bittet um eure Kleider. Dann könnt ihr sie wiederhaben. Glaubt nicht, daß Ich scherze. Ich meine es ernst. Ich habe nicht die Absicht, Meinen Spaß mit euch zu treiben, denn ihr habt einen Monat lang die strikten Prinzipien befolgt, die bei der Verehrung der Göttin Kātyāyanī vorgeschrieben sind. Bitte kommt nicht alle auf einmal hierher. Kommt allein; Ich möchte jede von euch in ihrer ganzen Schönheit sehen, denn ihr alle habt schmale Hüften. Fügt euch also Meiner Anordnung und kommt alle, eine nach der anderen, hierher zu Mir."

Als die Mädchen im Wasser diese scherzenden Worte Kṛṣṇas hörten, blickten sie sich gegenseitig an und lächelten. Sie freuten sich sehr, solch eine Aufforderung von Kṛṣṇa zu hören, denn sie waren bereits in Ihn verliebt. Schüchtern wie sie waren, tauschten sie vielsagende Blicke aus, aber sie wagten es nicht, aus dem Wasser zu kommen, weil sie nackt waren. Als sie schon für längere Zeit im Wasser ausgeharrt hatten, begannen sie zu frieren, und sie zitterten, aber als sie Govindas scherzhafte und ermunternde Worte hörten, wurden sie vor Freude verwirrt und verlegen. So wandten sie sich mit folgenden Worten an Kṛṣṇa: „Lieber Sohn Nanda Mahārājas, bitte treibe nicht in dieser Weise Deinen Scherz mit uns. Was Du machst, ist ungerecht. Du bist ein ehrenwerter Junge, denn Du bist der Sohn Nanda Mahārājas, und Du bist uns allen sehr lieb. Aber Du solltest uns nicht solche Streiche spielen, weil wir nun schon vor Kälte im Wasser zittern. Sei also so gut und gib uns unsere Kleider wieder, sonst müssen wir noch weiter leiden." Dann hielten sie inne, um mit einem Ton großer Unterwürfigkeit fortzufahren. „Lieber Śyāmasundara", sagten sie, „wir alle sind Deine ewigen Dienerinnen. Wir sind dazu verpflichtet, alles, was Du uns befiehlst, ohne Zögern zu tun, denn dies sehen wir als unsere religiöse Pflicht an. Aber wenn Du weiterhin auf dieser Forderung beharrst, der wir unmöglich Folge leisten können, werden wir zu Nanda Mahārāja gehen müssen, um uns über Dich zu beklagen. Wenn Nanda Mahārāja nichts zu Deiner Bestrafung unternimmt, werden wir zu König Kaṁsa gehen und ihm von Deinem schlechten Betragen berichten."

Als Kṛṣṇa die Worte der unverheirateten *gopīs* hörte, erwiderte Er: „Meine lieben Mädchen, wenn ihr glaubt, daß ihr Meine ewigen Dienerinnen seid, und wenn ihr immer bereit seid, Meine Befehle auszuführen, dann möchte Ich von euch, daß ihr bitte allein, eine nach der anderen, mit einem lächelnden Gesicht hierherkommt und euch eure Kleider zurückholt. Wenn ihr jedoch nicht zu Mir kommt und euch bei Meinem Vater beschwert, so macht Mir das überhaupt nichts aus, denn Ich weiß, daß Mein Vater alt ist und Mir nichts anhaben kann."

Als die *gopīs* sahen, daß Kṛṣṇa fest entschlossen blieb, sahen sie keine andere Möglichkeit, als Seinem Befehl zu folgen. Sie kamen eine nach der anderen aus dem Wasser heraus, aber weil sie völlig nackt waren, versuchten sie, ihre Blöße zu bedecken, indem sie die linke Hand über ihre Schamgegend hielten. In dieser Haltung standen sie alle da und zitterten. Mit ihrem einfachen Wesen strahlten sie eine solche Reinheit aus, daß Śrī Kṛṣṇa mit ihnen sofort zufrieden war. Alle unverheirateten *gopīs*, die zu Kātyāyanī gebetet hatten, Kṛṣṇa als ihren Ehemann zu bekommen, wurden auf diese Weise zufriedengestellt. Eine Frau darf sich vor keinem Mann nackt zeigen außer vor ihrem Ehemann. Die unverheirateten *gopīs* hatten sich Kṛṣṇa als ihren Ehemann gewünscht, und Er erfüllte ihren Wunsch auf diese Weise. Weil Er mit ihnen sehr zufrieden war, nahm Er ihre Kleider auf Seine Schulter und sagte: „Meine lieben Mädchen, ihr habt ein großes Vergehen begangen, als ihr nackt in der Yamunā badetet. Deshalb ist nun die herrschende Gottheit der Yamunā, Varuṇadeva, zornig auf euch. Bitte berührt also eure Stirn mit gefalteten Händen und verbeugt euch vor dem Halbgott Varuṇa, damit euch dieses Vergehen verziehen wird." Die *gopīs* waren alle einfache Seelen, und sie nahmen alles, was Kṛṣṇa sagte, für wahr an. Um vor dem Zorn Varuṇadevas bewahrt zu werden wie auch um das ersehnte Ziel ihres Gelübdes zu erreichen und letztlich um ihren verehrungswürdigen Herrn, Kṛṣṇa, zu erfreuen, gehorchten sie unverzüglich Seiner Anweisung. So wurden sie die innigsten Geliebten Kṛṣṇas und Seine gehorsamsten Dienerinnen.

Nichts kann mit dem Kṛṣṇa-Bewußtsein der *gopīs* verglichen werden. Im Grunde kümmerten sich die *gopīs* weder um Varuṇa noch um irgendeinen andern Halbgott; sie wollten einzig und allein Kṛṣṇa zufriedenstellen. Die schlichte Art der *gopīs* stimmte Kṛṣṇa dankbar und zufrieden, und so gab Er sogleich einer nach der anderen ihre Kleider zurück. Obwohl Sich Kṛṣṇa mit den jungen, unverheirateten *gopīs* einen Spaß erlaubt hatte und sie veranlaßte, nackt vor Ihm zu stehen, während Er Seine Freude daran hatte, mit ihnen zu scherzen, und obwohl Er sie wie Marionetten behandelte und ihnen die Kleider stahl, waren sie dennoch voller Zuneigung zu Ihm und beklagten sich niemals. Diese Haltung der *gopīs* gab Śrī Caitanya Mahāprabhu in Seinem Gebet wieder, in dem es heißt: „Mein lieber Herr, Śrī Kṛṣṇa, Du kannst mich umarmen oder mich mit Deinen Füßen treten, oder Du kannst mir das Herz brechen, indem Du niemals vor mir gegenwärtig bist. Alles, was Du möchtest, kannst Du tun, denn Dir steht es vollkommen frei, nach Deinem Belieben zu handeln. Aber trotz allem bleibst Du ewiglich mein Herr, und es gibt für mich kein anderes Ziel der Verehrung." Dies ist die Haltung der *gopīs* gegenüber Kṛṣṇa.

Śrī Kṛṣṇa war zufrieden mit den *gopīs*, und weil sie Ihn alle als Ehemann begehrten, sagte Er zu ihnen: „Meine lieben, braven Mädchen, Ich kenne eure Sehnsucht nach Mir und weiß deshalb, warum ihr die Göttin Kātyāyanī verehrt. Ich billige eure Handlungen ganz und gar. Jeder, dessen Bewußtsein ausschließlich auf Mich gerichtet ist, wird, selbst wenn er voller Lust ist, erhoben. So wie ein Same, der geröstet wird, nicht mehr keimen kann, so können Verlangen, die in Verbindung mit Meinem liebevollen Dienst stehen, keine fruchtbringenden Reaktionen erzeugen, wie es bei gewöhnlichem *karma* der Fall ist."

In der *Brahma-saṁhitā* ist folgende Aussage zu finden: *karmāṇi nirdahati kintu ca bhakti-bhājām.* Jedes Lebewesen wird durch seine fruchtbringenden Handlungen gebunden, aber weil die Gottgeweihten ausschließlich zur Freude des Herrn handeln, erleiden sie keine Reaktionen. Ebenso sollte man die Haltung der *gopīs* gegenüber Kṛṣṇa, obwohl sie scheinbar lustvoll ist, nicht mit dem lüsternen Verlangen einer gewöhnlichen Frau vergleichen. Der Grund dafür wird von Śrī Kṛṣṇa Selbst gegeben: Die Handlungen im hingebungsvollen Dienst für Kṛṣṇa sind transzendental zu jedem fruchtbringenden Ergebnis.

„Meine lieben *gopīs*", fuhr Kṛṣṇa fort, „euer Wunsch, Mich zum Ehemann zu haben, wird erfüllt werden, weil ihr mit diesem Wunsch die Göttin Kātyāyanī verehrt habt. Ich verspreche euch, daß ihr während des nächsten Herbstes die Möglichkeit bekommen werdet, euch mit Mir zu treffen, und daß ihr Mich dann als euren Ehemann haben werdet."

Als Kṛṣṇa Sich daraufhin in den Schatten der Bäume zurückzog, war Er sehr vergnügt und fröhlich, und während Er so umherstreifte, sprach Er zu den Einwohnern von Vṛndāvana: „Mein lieber Stokakṛṣṇa, Mein lieber Varūthapa, mein lieber Bhadrasena, Mein lieber Sudāmā, Mein lieber Subala, Mein lieber Arjuna, Mein lieber Viśāla, Mein lieber Ṛṣabha – seht euch nur diese gesegneten Bäume von Vṛndāvana an. Sie haben ihr ganzes Leben dem Wohl anderer gewidmet. Sie selbst müssen die vielen Witterungseinflüsse wie Wirbelstürme, Gewitterregen, sengende Hitze und eisige Kälte ertragen, aber trotzdem sind sie sehr darum bemüht, uns mit ihrem Schatten zu erfrischen und Schutz zu gewähren. Meine lieben Freunde, Ich glaube, daß sich diese Lebewesen in ihrer Geburt als Bäume großen Ruhm verdienen. Sie sind so sehr darauf bedacht, anderen Zuflucht zu gewähren, daß sie edlen, wohltätigen Menschen gleichen, die niemandem, der sich mit einer Bitte an sie wendet, die Hilfe versagen. Diese Bäume verwehren niemandem den Schutz. Sie schenken dem Menschen viele nützliche Dinge wie Blätter, Blüten, Früchte, Schatten, Wurzeln, Rinde, Duftextrakte und Brennholz. Sie geben das vollkommene Beispiel für ein großmütiges Leben. Sie sind wie edle Menschen, die alles, was sie besitzen – ihren Körper, ihren Geist, ihre Werke, ihre Intelligenz und ihre Worte –, zum Wohl aller anderen Lebewesen einsetzen."

Auf diese Weise wanderte Śrī Kṛṣṇa, die Höchste Persönlichkeit Gottes, am Ufer der Yamunā entlang, wobei Er die Blätter, Früchte, Blüten und Zweige der Bäume berührte und ihre rühmenswerten wohltätigen Eigenschaften lobte. Verschiedene Menschen mögen je nach ihrer Ansicht eine ganz bestimmte Wohltätigkeitsarbeit als besonders segensreich für die menschliche Gesellschaft ansehen, doch die Verbreitung der Bewegung für Kṛṣṇa-Bewußtsein ist die Wohltat, von der alle Menschen ewigen Nutzen erfahren. Jeder sollte dazu bereit sein, diese Bewegung zu unterstützen und zu verbreiten. Nach den Anweisungen Śrī Caitanyas sollte man demütiger sein als ein Grashalm auf dem Boden und duldsamer als ein Baum. Śrī Kṛṣṇa Selbst erklärt, was es bedeutet, so duldsam wie ein Baum zu sein, und diejenigen, die Kṛṣṇa-Bewußtsein verbreiten, sollten die in den Lehren Śrī Kṛṣṇas und Śrī Caitanyas enthaltenen Unterweisungen durch deren direkte Nachfolge von spirituellen Meistern empfangen und ihren Nutzen daraus ziehen.

Als Kṛṣṇa mit Seinen Freunden eine Weile am Ufer der Yamunā entlang durch den Wald von Vṛndāvana gestreift war, setzte Er Sich an einer schönen Stelle nieder und ließ die Kühe das kühle, klare Wasser der Yamunā trinken. Da sich die Kuhhirtenjungen, Kṛṣṇa und Balarāma müde fühlten, tranken auch sie aus der Yamunā. Nach Seiner Begegnung mit den jungen *gopīs*, die in der Yamunā badeten, verbrachte Kṛṣṇa den Rest des Morgens zusammen mit den Jungen.

Hiermit enden die Bhaktivedanta-Erläuterungen zum 22. Kapitel des Kṛṣṇa-Buches: „Kṛṣṇa stiehlt die Kleider der unverheirateten gopīs".

23 / Die Frauen der brāhmaṇas, die Opfer durchführten, erlangen Befreiung

Der Morgen verstrich, und die Kuhhirtenjungen verspürten großen Hunger, denn sie hatten noch nicht gefrühstückt. Sie wandten sich sofort an Kṛṣṇa und Balarāma und sagten: „Lieber Kṛṣṇa, lieber Balarāma, Ihr beide seid allmächtig; Ihr könnt viele Dämonen töten, aber heute werden wir von großem Hunger geplagt, der uns sehr zu schaffen macht. Deshalb bitten wir Euch, daß Ihr etwas unternehmt, um unseren Hunger zu stillen."

Als Śrī Kṛṣṇa und Balarāma die Bitte Ihrer Freunde vernahmen, wollten Sie die Gelegenheit nutzen, um einigen *brāhmaṇa*-Frauen, deren Männer gerade Opferzeremonien durchführten, Ihre Barmherzigkeit zu erweisen. Diese Frauen waren große Gottgeweihte, und um ihnen Seine Segnung zu gewähren, sagte Kṛṣṇa: „Meine lieben Freunde, bitte geht in die Häuser der *brāhmaṇas*, die nicht weit von hier wohnen. Sie sind gerade dabei, vedische *āṅgirasa*-Opfer durchzuführen, denn sie wollen zu den himmlischen Planeten erhoben werden. Geht bitte alle zu ihnen." Zuvor warnte Śrī Kṛṣṇa Seine Freunde noch: „Diese *brāhmaṇas* sind keine Vaiṣṇavas; sie können nicht einmal Unsere Namen ‚Kṛṣṇa' und ‚Balarāma' chanten. Sie sind sehr eifrig im Chanten der vedischen Hymnen, obwohl es der eigentliche Sinn des vedischen Wissens ist, Mich zu finden. Sie fühlen sich jedoch nicht zu Unseren Namen, Kṛṣṇa und Balarāma, hingezogen, und deshalb ist es besser, ihr bittet sie nicht in Meinem Namen um eine Spende, sondern in Balarāmas Namen."

Spenden werden im allgemeinen den hochqualifizierten *brāhmaṇas* gegeben, doch Kṛṣṇa und Balarāma waren nicht in einer *brāhmaṇa*-Familie erschienen. Balarāma war als Sohn Vasudevas, eines *kṣatriya*, bekannt, und Kṛṣṇa war in Vṛndāvana als der Sohn Nanda Mahārājas bekannt, der ein *vaiśya* war. Keiner der beiden gehörte also zur Gemeinschaft der *brāhmaṇas*. Kṛṣṇa überlegte Sich daher, daß die *brāhmaṇas*, die gerade mit Opferungen beschäftigt waren, wahrscheinlich nicht dazu bewegt werden könnten, einem *kṣatriya* oder *vaiśya* eine

Spende zu geben. „Aber wenn ihr den Namen Balarāmas erwähnt", sagte Er, „werden sie vielleicht Ihm als *kṣatriya* eher eine Spende geben als Mir, der Ich nur ein *vaiśya* bin."

Auf diese Anweisung der Höchsten Persönlichkeit Gottes hin begaben sich die Knaben zu den *brāhmaṇas* und baten sie um eine milde Gabe. Sie näherten sich ihnen mit gefalteten Händen und fielen vor ihnen zu Boden, um ihnen ihre Ehrerbietungen zu erweisen. „O Götter auf Erden", sprachen sie, „bitte vernehmt, was uns Śrī Kṛṣṇa und Śrī Balarāma aufgetragen haben. Wir hoffen, daß ihr die beiden gut kennt, und wir möchten euch die besten Segenswünsche ausrichten. Kṛṣṇa und Balarāma hüten in der Nähe die Kühe, und wir sind Ihre Gefährten. Wir sind hierhergekommen, um etwas Essen von euch zu erbitten. Ihr alle seid *brāhmaṇas* und kennt die religiösen Prinzipien, und wenn ihr damit einverstanden seid, uns eine Spende zu geben, dann gebt uns bitte etwas Nahrung, so daß wir zusammen mit Kṛṣṇa und Balarāma essen können. Ihr zählt zu den ehrwürdigsten *brāhmaṇas* der menschlichen Gesellschaft, und deshalb kennt ihr gewiß auch die Prinzipien religiösen Verhaltens."

Obwohl die Kuhhirtenjungen nur Dorfknaben waren, von denen nicht zu erwarten war, daß sie alle vedischen Prinzipien religiöser Rituale kannten, zeigen ihre Worte doch, daß sie aufgrund des Zusammenseins mit Kṛṣṇa und Balarāma über all diese Prinzipien Bescheid wußten. Die Knaben sprachen die *brāhmaṇas* als „Kenner aller religiösen Prinzipien" an, um ihnen dadurch zu verstehen zu geben, daß sie nun, wo die Höchste Persönlichkeit Gottes, Kṛṣṇa und Balarāma, sie um etwas Essen bitte, nicht eine Sekunde zögern sollten, Ihnen dies zu geben, denn wie in der *Bhagavad-gītā* gesagt wird, sollte man *yajñas* (Opfer) einzig und allein zur Zufriedenstellung Viṣṇus darbringen.

Die Jungen sagten weiter: „Śrī Viṣṇu steht als Kṛṣṇa und Balarāma wartend in der Nähe, und daher solltet ihr augenblicklich alles geben, was ihr an Nahrung vorrätig habt." Sie erklärten den *brāhmaṇas* außerdem, wann die Speisen gegessen werden können. Im allgemeinen beteiligen sich die Vaiṣṇavas, die reinen Geweihten des Herrn, nicht an gewöhnlichen Opferzeremonien. Dennoch kennen sie die Riten dieser Zeremonien, die als *dīkṣā, paśu-saṁsthā* und *sautrāmaṇiya* bezeichnet werden, sehr gut. Es ist erlaubt, die Speisen nach der *dīkṣā*-Zeremonie, aber noch vor der *paśu-saṁsthā*-, einer Tieropferung, und der *sautrāmaṇiya*-Zeremonie, einer Opferung von alkoholischen Getränken, zu sich zu nehmen. Die Kuhhirtenjungen fuhren fort: „Wir können somit in der gegenwärtigen Phase der Zeremonie die Speisen an uns nehmen, denn das verstößt nicht gegen die Regeln. Ihr könnt uns die Speisen also ruhig geben."

Obwohl die Gefährten Śrī Kṛṣṇas und Balarāmas einfache Kuhhirtenjungen waren, befanden sie sich dennoch in der erhabenen Position, sogar den hochgestellten *brāhmaṇas*, die sich mit den vedischen Opferzeremonien befaßten, Anweisungen zu geben. Aber die *smārta-brāhmaṇas*, die an nichts anderes als an ihre Opferzeremonien dachten, konnten die Anordnungen der transzendentalen Geweihten des Herrn nicht verstehen. Sie wußten es nicht einmal zu würdigen, daß der Höchste Herr, Kṛṣṇa und Balarāma, sie persönlich um etwas bat. Obwohl sie alle Argumente hörten, die die Kuhhirtenjungen im Namen von Kṛṣṇa und Balarāma vorbrachten, kümmerten sie sich nicht darum und ließen sich nicht dazu herab, mit den Jungen zu sprechen. Solche nichtgottgeweihten *brāhmaṇas*, die sich selbst für sehr fortgeschritten halten, mögen im Wissen über die vedischen Opferriten zwar sehr bewandert sein, doch trotz alledem sind sie nur Dummköpfe und Ignoranten, und all ihre Bemühungen sind nutzlos, denn sie kennen das Ziel der *Veden* nicht, das in der *Bhagavad-gītā* erklärt wird, nämlich Kṛṣṇa zu verstehen. Trotz ihres Fortschritts im vedischen Wissen und in der Durchführung von Ritualen verstehen sie nicht Kṛṣṇa, und daher ist all ihr Wissen über die *Veden* oberflächlich. Daher sagte Śrī Caitanya – und Seine Aussage ist maßgeblich –, daß es nicht wichtig ist, ob ein Mensch in einer *brāhmaṇa*-Familie geboren wurde oder nicht. Wenn er Kṛṣṇa und die Wissenschaft des Kṛṣṇa-Bewußtseins kennt, ist er mehr als ein *brāhmaṇa*, und er besitzt alle Voraussetzungen, spiritueller Meister zu werden.

Es gibt verschiedene Faktoren, die bei der Durchführung eines Opfers zu beachten sind, nämlich *deśa*, „der Ort", *kāla*, „die Zeit", *pṛthak dravya*, „die verschiedenen einzelnen Utensilien", *mantra*, „die Hymnen", *tantra*, „die Aussagen der Schriften", *agni*, „Feuer", *ṛtvij*, „die gelehrten Vollzieher von Opfern", *devatā*, „die Halbgötter", *yajamāna*, „derjenige, der die eigentlichen Opfer ausführt", *kratu*, „das Opfer selbst", und *dharma*, „die Opfervorgänge". All diese Faktoren sind dazu bestimmt, Kṛṣṇa zu erfreuen. Tatsächlich bestätigen die Schriften, daß Er der eigentliche Genießer aller Opfer ist, weil Er die Höchste Persönlichkeit Gottes, die Höchste Absolute Wahrheit, ist – weit jenseits des Wahrnehmungs- und Spekulationsvermögens der materiellen Sinne. Als Er auf der Erde erschien, glich Er einem gewöhnlichen menschlichen Jungen, und für diejenigen, die sich mit ihrem Körper identifizieren, ist es äußerst schwierig, Ihn zu verstehen. Diese *brāhmaṇas* waren vor allem an Annehmlichkeiten für ihren materiellen Körper und am Erreichen von Orten auf den himmlischen Planeten, die *svarga-vāsa* genannt werden, interessiert. Sie waren völlig unfähig, die Stellung Kṛṣṇas zu verstehen.

Als die Kuhhirtenjungen erkannten, daß die *brāhmaṇas* nicht gewillt waren, mit ihnen zu sprechen, waren sie sehr enttäuscht. Sie kehrten also zu Kṛṣṇa und Balarāma zurück und berichteten Ihnen, was geschehen war. Als die Höchste Persönlichkeit, Śrī Kṛṣṇa, ihre Schilderung vernahm, lächelte Er und sagte, sie sollten nicht betrübt sein, daß die *brāhmaṇas* sie abgewiesen hätten, denn damit müsse man rechnen, wenn man bettle. Er machte ihnen klar, daß man, wenn man Spenden sammelt oder bettelt, nicht glauben solle, daß man überall erfolgreich sein könne. Man gehe manchmal vielleicht leer aus, aber das solle kein Grund zur Enttäuschung sein. Śrī Kṛṣṇa bat darauf alle Jungen, es noch einmal zu versuchen, aber diesmal bei den Frauen jener *brāhmaṇas*, die das Opfer ausführten. Er verriet ihnen, daß diese Frauen große Gottgeweihte seien. „Sie sind immer in Gedanken an Uns vertieft. Geht zu ihnen und bittet sie in Meinem Namen und im Namen Balarāmas um etwas zu essen; Ich bin sicher, daß sie euch so viele Speisen geben werden, wie ihr begehrt."

Die Kuhhirtenjungen folgten Kṛṣṇas Anordnungen und suchten sogleich die Frauen der *brāhmaṇas* auf. Als sie ankamen, saßen die Frauen in ihren Häusern. Sie waren mit prächtigem Geschmeide geschmückt. Nachdem die Jungen ihnen ihre respektvollen Ehrerbietungen dargebracht hatten, sagten sie: „Liebe Mütter, bitte nehmt unsere demütigen Ehrerbietungen entgegen und schenkt unseren Worten Gehör. Wisset, daß Śrī Kṛṣṇa und Śrī Balarāma Sich in der Nähe aufhalten. Sie ziehen mit den Kühen über die Weidegründe, und auf Ihre Anweisung hin sind wir nun zu euch gekommen. Wir sind nämlich alle sehr hungrig und wollen euch daher um etwas zu essen bitten. Bitte gebt uns etwas — für Kṛṣṇa, Balarāma und für uns."

Sowie die Frauen der *brāhmaṇas* dies hörten, erwachte in ihnen Sehnsucht nach Kṛṣṇa und Balarāma. Sie reagierten völlig spontan. Sie brauchten gar nicht erst von der Bedeutung Kṛṣṇas und Balarāmas überzeugt zu werden; sowie sie Ihre Namen hörten, wurden sie begierig danach, Sie zu sehen. Sie waren so fortgeschritten, daß sie ständig an Kṛṣṇa dachten, was die höchste Form mystischer Meditation darstellt. Die Frauen beeilten sich also, Schüsseln und Töpfe mit den erlesensten Speisen zu füllen, und weil die Speisen für die Opferzeremonie bestimmt waren, waren sie alle äußerst schmackhaft. Nachdem die Frauen ein wahres Festmahl zusammengestellt hatten, machten sie sich bereit, zu Kṛṣṇa zu gehen, den sie über alles liebten; dabei glichen sie Flüssen, die dem Meer zuströmen.

Lange Zeit schon hatten sich die Frauen danach gesehnt, Kṛṣṇa sehen zu dürfen. Als sie sich jedoch fertig machten, das Haus zu verlassen, wurden sie von ihren Ehemännern, Vätern, Söhnen und den übrigen Verwandten aufgefordert, nicht zu gehen. Die Frauen aber hörten nicht auf sie. Wenn einen Gottgeweihten die Zuneigung zu Kṛṣṇa ruft, kümmert er sich nicht um körperliche Bindungen. Die Frauen gingen also in den Wald von Vṛndāvana, der sich entlang der Yamunā erstreckt, und dort, in einer blühenden Pflanzenwelt mit grünenden Weinranken und farbenprächtigen Blumen, erblickten sie Kṛṣṇa und Balarāma im Kreise Ihrer geliebten Freunde.

Die *brāhmaṇa*-Frauen erblickten Kṛṣṇa, der ein Gewand trug, das wie Gold glitzerte. Er trug eine wunderschöne Girlande aus Waldblumen, in Seinem Haar steckte eine Pfauenfeder, und dazu war Er mit verschiedenen Erdfarben, die man in Vṛndāvana finden kann, bemalt. Auf diese Weise sah Er aus wie ein tanzender Schauspieler auf einer Theaterbühne. Er hatte eine Hand auf die Schulter eines Seiner Freunde gelegt, und in der anderen Hand hielt Er eine Lotosblume. Seine Ohren waren mit Lilien geschmückt und Sein Körper mit *tilaka*-Zeichen, und ein anziehendes Lächeln spielte auf Seinen Lippen. Die Frauen der *brāhmaṇas* sahen mit eigenen Augen den Herrn, die Höchste Persönlichkeit Gottes, von dem sie so viel gehört hatten, der ihnen so lieb war und bei dem sie ständig in Gedanken weilten. Nun sahen sie Ihn direkt von Angesicht zu Angesicht, und Kṛṣṇa trat durch ihre Augen in ihre Herzen ein.

Sie umarmten Kṛṣṇa zur vollsten Zufriedenheit ihres Herzens, und augenblicklich linderte sich der Schmerz der Trennung. Sie waren wie die großen

Weisen, die durch ihren Fortschritt im Wissen in die Existenz des Höchsten eingehen. Als die Überseele, die im Herzen eines jeden weilt, konnte Śrī Kṛṣṇa ihre Gedanken lesen. Sie waren trotz aller Einwände ihrer Verwandten, Väter, Ehemänner und Brüder und trotz aller Haushaltspflichten zu Ihm gekommen. Sie waren gekommen, nur um Ihn zu sehen, der ihr Leben und ihre Seele war. Sie hatten damit auch Kṛṣṇas Anweisung befolgt, der in der *Bhagavad-gītā* sagt, man solle sich Ihm ergeben und alle Arten beruflicher und religiöser Pflichten aufgeben. Die Frauen der *brāhmaṇas* befolgten also die Anweisungen der *Bhagavad-gītā* in vollkommener Weise. Aus diesem Grund begann Kṛṣṇa mit einem erhabenen Lächeln zu ihnen zu sprechen. In diesem Zusammenhang ist anzumerken, daß weder der Höchste Herr, Śrī Kṛṣṇa, noch die einzelnen Frauen ihre Identität verloren, als Er in ihre Herzen einging und als sie Ihn umarmten und die transzendentale Glückseligkeit erfuhren, mit Ihm eins zu sein. Die Individualität des Herrn und die der Frauen blieb weiterhin bestehen, und dennoch fühlten sie Einheit in ihrer Existenz. Wenn sich eine Geliebte dem Geliebten ohne Rückhalt unterwirft, wird dies Einheit genannt. Śrī Caitanya drückte dieses Gefühl des Einsseins in Seinem *Śikṣāṣṭaka* aus: Kṛṣṇa kann tun und lassen, was Er will, aber der Gottgeweihte muß sich immer in Einheit mit Ihm befinden, d.h. in Übereinstimmung mit Seinen Wünschen. Ein Beispiel für diese Einheit sind die Frauen der *brāhmaṇas* in ihrer Liebe zu Kṛṣṇa.

Kṛṣṇa begrüßte sie mit folgenden Worten: „Meine lieben *brāhmaṇa*-Frauen, die ihr so sehr vom Glück begünstigt seid, seid willkommen! Bitte sagt Mir, was Ich für euch tun kann. Ihr habt völlig richtig daran getan, hierherzukommen und alle Widerstände und Behinderungen von seiten eurer Väter, Brüder, Ehemänner und Anverwandten nicht zu beachten, um Mich zu sehen. Wer in dieser Weise handelt, kennt sein wahres Selbstinteresse, denn Mir ohne Motiv und ohne Einschränkung liebevollen transzendentalen Dienst darzubringen ist wahrhaft glückbringend für alle Lebewesen."

Śrī Kṛṣṇa bestätigt hier, daß es für die bedingte Seele die höchste Stufe der Vollkommenheit ist, sich Ihm hinzugeben. Man muß alle anderen Verpflichtungen aufgeben. Solche bedingungslose Hingabe an die Höchste Persönlichkeit Gottes ist der glückverheißendste Pfad für die bedingte Seele, denn Śrī Kṛṣṇa ist das höchste Ziel aller Liebe. Letztlich liebt jeder Kṛṣṇa, aber die Verwirklichung dieser Tatsache hängt davon ab, wie weit man im Wissen fortgeschritten ist. Wenn man versteht, daß das Selbst eine spirituelle Seele ist und daß die Seele nichts anderes ist als ein winziger Teil des Höchsten Herrn, gelangt man zur Erkenntnis, daß der Höchste Herr das endgültige Ziel der Liebe ist und daß man sich daher Ihm ergeben muß. Dieses Sichergeben gilt als wirklich segensreich für die bedingte Seele. Unser Leben, unser Besitz, unser Zuhause, unsere Frau, unsere Kinder, unser Land, unsere Gesellschaft und alles, was uns lieb ist und woran wir hängen, sind Erweiterungen der Höchsten Persönlichkeit Gottes. Er ist das zentrale Ziel aller Liebe, denn Er gibt uns alle Glückseligkeit, indem Er Sich Selbst — entsprechend unseren verschiedenen Situationen der körperlichen, mentalen und spirituellen Existenz — auf unvorstellbar viele Arten erweitert.

„Meine lieben Frauen der *brāhmaṇas*", sagte Kṛṣṇa weiter, „ihr könnt nun nach Hause zurückkehren. Helft bei der Durchführung der Opferungen und beschäftigt euch weiterhin im Dienst eurer Ehemänner und im Haushalt, so daß eure Ehemänner mit euch zufrieden sind und das Opfer, das sie begonnen haben, auf richtige Weise zu Ende geführt wird. Denn schließlich sind eure Ehemänner Haushälter, und wie könnten sie ohne eure Hilfe ihre vorgeschriebenen Pflichten erfüllen?"

Die Frauen der *brāhmaṇas* entgegneten darauf: „Lieber Herr, eine solche Anweisung schickt sich nicht für Dich. Du hast das ewige Versprechen gegeben, Deine Geweihten zu beschützen, und Du mußt dieses Versprechen halten. Jeder, der zu Dir kommt und sich Dir ergibt, geht niemals in das bedingte Leben des materiellen Daseins zurück. Wir erwarten von Dir, daß Du nun Dein Versprechen erfüllst. Wir haben uns Deinen Lotosfüßen hingegeben, die mit *tulasī*-Blättern bedeckt sind, und daher verspüren wir nicht das geringste Verlangen, in den Kreis unserer sogenannten Verwandten und Freunde oder in unsere Gesellschaft zurückzukehren und die Zuflucht Deiner Lotosfüße aufzugeben. Und was sollen wir tun, wenn wir wieder zu Hause sind? Unsere Ehemänner, Brüder, Väter, Mütter, Söhne und Freunde werden uns nicht wieder aufnehmen, da wir sie bereits alle verlassen haben. Nirgendwo mehr gibt es für uns eine Zuflucht. Bitte schicke uns daher nicht nach Hause zurück, sondern ermögliche es, daß wir unter Deinen Lotosfüßen bleiben und ewig in Deiner Obhut leben können."

Die Höchste Persönlichkeit Gottes erwiderte: „Meine lieben Frauen, seid euch dessen gewiß, daß eure Ehemänner euch bei eurer Rückkehr nicht abweisen werden und daß eure Väter, Söhne und Brüder sich nicht weigern werden, euch wieder in ihre Gemeinschaft aufzunehmen. Weil ihr Meine reinen Geweihten seid, werden nicht nur eure Verwandten, sondern alle Menschen und auch alle Halbgötter mit euch zufrieden sein." Kṛṣṇa weilt im Herzen aller Lebewesen. Daher wird jemand, der die Stufe der reinen Hingabe zu Śrī Kṛṣṇa erreicht, für alle eine Quelle der Freude. Der reine Geweihte Śrī Kṛṣṇas ist niemals irgend jemandem feindlich gesinnt. Ein vernünftiger Mensch kann nicht der Feind eines reinen Gottgeweihten sein. „Transzendentale Liebe zu Mir hängt nicht von einer körperlichen Beziehung ab", erklärte Śrī Kṛṣṇa weiter, „denn jeder, dessen Geist ständig in Gedanken an Mich vertieft ist, wird ohne Zweifel sehr bald zu Mir kommen und ewig mit Mir zusammensein."

Nachdem die Frauen von der Höchsten Persönlichkeit Gottes diese Anweisung empfangen hatten, kehrten sie nach Hause zu ihren Ehemännern zurück. Die *brāhmaṇas*, die sehr froh waren, ihre Ehefrauen wieder bei sich zu Hause zu sehen, führten die Opferzeremonien durch, indem sie sich, wie es in den *śāstras* vorgeschrieben ist, zusammensetzten und gemeinsam die Opfer darbrachten. Nach dem vedischen Prinzip müssen die religiösen Rituale von Ehemann und Ehefrau gemeinsam ausgeführt werden. Als die Frauen der *brāhmaṇas* nun zurückkehrten, konnten die Opfer vorschriftsgemäß durchgeführt werden. Eine der *brāhmaṇa*-Frauen jedoch, die man mit Gewalt daran gehindert hatte, zu Kṛṣṇa zu gehen, versank in der Erinnerung an Ihn, als sie von Seiner körperlichen Erscheinung hörte. Während sie vollkommen in Gedanken an Ihn vertieft war, gab sie ihren durch die Gesetze der Natur bedingten materiellen Körper auf.

Śrī Govinda, die ewig glückselige Persönlichkeit Gottes, offenbarte Seine transzendentalen Spiele, indem Er vor den Frauen der *brāhmaṇas* wie ein gewöhnlicher Mensch erschien und die Speisen genoß, die sie Ihm dargebracht hatten. Auf diese Weise gewann Er auch die gewöhnlichen Menschen für das Kṛṣṇa-Bewußtsein. Alle Kühe, Kuhhirtenjungen und Mädchen in Vṛndāvana fühlten sich zu Seinen Worten und zu Seiner Schönheit hingezogen.

Nachdem die Frauen, die Kṛṣṇa gesehen hatten, wieder nach Hause zurückgekehrt waren, wurden sich die *brāhmaṇas*, die sich mit der Opferzeremonie beschäftigten, darüber bewußt, daß sie ein großes Vergehen begangen hatten, und sie bereuten es schwer, daß sie sich geweigert hatten, der Höchsten Persönlichkeit Gottes etwas zu essen zu geben. So sahen sie schließlich ihren Fehler ein, nämlich daß sie während der Durchführung ihrer vedischen Rituale die Höchste Persönlichkeit Gottes völlig vergessen hatten, die Sich in einer menschenähnlichen Gestalt auf der Erde aufhielt und nun zu ihnen gekommen war, um sie um etwas Speise zu bitten. Die *brāhmaṇas* machten sich große Vorwürfe, da sie den Glauben und die Hingabe ihrer Frauen sahen, die sich bereits auf der Ebene des reinen hingebungsvollen Dienstes befanden, wohingegen sie selbst nicht im geringsten wußten, wie man die Höchste Seele verstehen und Ihr in Liebe dienen kann. „Was ist der Nutzen unserer brahmanischen Herkunft?“ klagten sie alle. „Was ist der Nutzen unseres Studiums der vedischen Schriften? Was nützen uns alle Opferungen, Regeln und Vorschriften, die wir befolgen? Zur Hölle damit! Zur Hölle mit unserer Familie! Zur Hölle mit unserer Fachkundigkeit bei der Durchführung von Ritualen, die wir genau nach den Beschreibungen der Schriften zelebrierten! Zur Hölle damit, denn all dies konnte uns nicht helfen, Liebe und Hingabe zur Höchsten Persönlichkeit Gottes zu entwickeln, die Sich jenseits unserer Spekulationen und jenseits der Begrenztheit unseres Verstandes, unseres Körpers und unserer Sinne befindet.“

Die Klagen der gelehrten *brāhmaṇas*, die sich in der Ausführung vedischer Zeremonien genau auskannten, waren durchaus berechtigt, denn solange man durch die Ausübung religiöser Pflichten kein Kṛṣṇa-Bewußtsein entwickelt, verschwendet man nur kostbare Zeit und Energie. Die *brāhmaṇas* fuhren fort: „Die äußere Energie Kṛṣṇas ist so mächtig, daß sie sogar die größten mystischen *yogīs* in Illusion versetzt. Und so wurden auch wir von dieser äußeren Energie getäuscht, obwohl wir *brāhmaṇas* als die Lehrer der anderen Gesellschaftsklassen angesehen werden. Doch seht nur, wie sehr dagegen unsere Frauen vom Glück gesegnet sind! Sie haben ihr Leben völlig der Höchsten Persönlichkeit Gottes, Śrī Kṛṣṇa, geweiht und konnten daher mit Leichtigkeit ihre Familienverbindungen aufgeben, was gewöhnlich äußerst schwierig ist. Das Familienleben gleicht einem dunklen Brunnen, in dem man gezwungen ist, die leidvolle materielle Existenz fortzusetzen.“

Weil Frauen im allgemeinen ein einfaches Gemüt besitzen, fällt es ihnen nicht schwer, sich dem Kṛṣṇa-Bewußtsein zuzuwenden. Wenn sie dann Liebe für Kṛṣṇa entwickeln, können sie sehr leicht aus der Gewalt *māyās* befreit werden, was selbst für die sogenannten intelligenten und gebildeten Menschen äußerst schwierig ist. Die vedischen Schriften erlauben es den Frauen nicht, durch die Reinigungszeremonie und die anschließende Übergabe der heiligen Schnur eingeweiht zu werden oder als *brahmacāriṇīs* im *āśrama* des spirituellen Meisters zu leben. Es wird ihnen nicht geraten, sich harten Entsagungen zu unterziehen, und sie sind auch nicht in der Lage, über die Philosophie der Selbstverwirklichung zu sprechen; dazu kommt, daß sie von Natur aus nicht sehr rein sind und sich auch nicht sonderlich zu glückverheißenden Tätigkeiten hingezogen fühlen. „Ist es deshalb nicht umso wundervoller, daß sie trotzdem transzendentale Liebe zu Kṛṣṇa, dem Herrn aller mystischen *yogīs*, entwickelten?" riefen die *brāhmaṇas* aus. „Sie haben uns durch ihren festen Glauben und ihre Hingabe an Kṛṣṇa weit übertroffen. Obwohl man uns als die Meister aller Reinigungsvorgänge ansieht, hatten wir das eigentliche Ziel vergessen, da wir zu materialistisch waren. Obwohl uns die Kuhhirtenjungen an Kṛṣṇa und Balarāma erinnerten, haben wir Sie nicht beachtet. Es kann daher nur eine barmherzige List des Höchsten Herrn gewesen sein, als Er Seine Freunde mit dem Auftrag hierherschickte, uns um etwas Speise zu bitten, denn eigentlich braucht Kṛṣṇa niemanden um Essen zu bitten. Schon Sein Wille hätte ausgereicht, den Hunger der Jungen augenblicklich zu stillen."

Es wird gewiß Menschen geben, die nicht glauben wollen, daß Kṛṣṇa in Sich Selbst vollkommen ist, wenn sie hören, daß Er Kühe hütete, um für Seinen Lebensunterhalt zu sorgen, und solche Menschen werden auch bezweifeln, daß Kṛṣṇa kein Essen benötigte, weil sie denken, Er sei tatsächlich hungrig gewesen. Sie wissen nicht, daß selbst die Glücksgöttin Seine ewige Dienerin ist und daß sie in Seiner Gegenwart ihre schlechte Angewohnheit, unstet und rastlos zu sein, ablegt. Dies wird in den vedischen Schriften, wie zum Beispiel in der *Brahma-saṁhitā*, bestätigt, wo es heißt, daß Kṛṣṇa in Seinem Reich nicht nur von einer, sondern von vielen Tausenden von Glücksgöttinnen mit großem Respekt verehrt wird. Daher ist es ein Fehler zu denken, Kṛṣṇa habe bei den *brāhmaṇas* um Speisen gebettelt. Es war tatsächlich nur eine List, mit der Er ihnen zeigen wollte, was für eine Gnade es bedeutet, Ihn in reinem hingebungsvollen Dienst verehren zu dürfen. Alles, was zu einer vedischen Zeremonie gehört — der geeignete Ort, der richtige Zeitpunkt, die verschiedenen Gegenstände der Opferzeremonie, die Hymnen, die dabei gechantet werden, der Priester, dem die richtige Durchführung obliegt, das Opferfeuer und die Halbgötter, derjenige, der das Opfer darbringt, sowie die religiösen Prinzipien, die dabei eingehalten werden —, all dies sind Hilfen, um Kṛṣṇa, die Höchste Persönlichkeit Gottes, zu verstehen. Er ist der Höchste Herr, Śrī Viṣṇu, und der Meister aller mystischen *yogīs*.

Die *brāhmaṇas* fuhren fort: „Weil Kṛṣṇa als ein Kind in der Dynastie der Yadus erschien, waren wir so dumm, daß wir nicht erkannten, daß Er die Höchste Persönlichkeit Gottes ist. Auf der anderen Seite aber können wir stolz darauf sein, solch erhabene Frauen zu haben, die reinen hingebungsvollen

Dienst zum Herrn erlangten, ohne sich dabei durch unseren vehementen Widerstand hindern zu lassen. Laßt uns nun den Lotosfüßen Śrī Kṛṣṇas unsere respektvollen Ehrerbietungen darbringen, durch dessen illusionierende Energie, *māyā*, wir in fruchtbringende Tätigkeiten vertieft sind. Deshalb beten wir zum Herrn, Er möge so gütig sein und uns vergeben. Wir waren von Seiner äußeren Energie verwirrt und mißachteten deshalb Seine Anweisungen, ohne Seine transzendentale Herrlichkeit zu kennen."

Die *brāhmaṇas* bereuten ihr sündiges Verhalten, und sie wollten ebenfalls zu Kṛṣṇa gehen, um Ihm persönlich ihre demütigen Ehrerbietungen zu erweisen, aber aus Furcht vor Kaṁsa wagten sie es nicht. Mit anderen Worten, es ist sehr schwierig, sich dem Höchsten Herrn hinzugeben, ohne durch hingebungsvollen Dienst gereinigt worden zu sein. Das Beispiel der gelehrten *brāhmaṇas* und ihrer Frauen macht dies sehr deutlich. Weil die Frauen der *brāhmaṇas* in reinen hingebungsvollen Dienst vertieft waren, gab es für sie keine Hindernisse, und sie gingen ohne Zögern zu Kṛṣṇa. Die *brāhmaṇas* erkannten zwar die Oberhoheit des Höchsten Herrn an und bereuten ihre Fehler, aber weil sie zu sehr an fruchtbringenden Tätigkeiten hafteten, konnten sie ihre Furcht vor König Kaṁsa nicht überwinden.

Hiermit enden die Bhaktivedanta-Erläuterungen zum 23. Kapitel des Kṛṣṇa-Buches: „Die Frauen der brāhmaṇas, die Opfer durchführten, erlangen Befreiung".

24 / Die Verehrung des Govardhana-Hügels

Während Kṛṣṇa und Balarāma mit den *brāhmaṇas*, die zu sehr an der Durchführung vedischer Opfer hingen, beschäftigt waren, bemerkten Sie auch, daß die Kuhhirten in Vṛndāvana eine ähnliche Zeremonie vorbereiteten, um Indra, den König des Himmels, zu erfreuen, der die Lebewesen mit Wasser versorgt. Im *Caitanya-caritāmṛta* wird gesagt, daß ein Geweihter Kṛṣṇas unerschütterlich davon überzeugt sein muß, daß er von allen anderen Verpflichtungen befreit ist, wenn er sich einfach nur im Kṛṣṇa-Bewußtsein, d.h. in Kṛṣṇas transzendentalem liebevollem Dienst, beschäftigt. Ein reiner Geweihter Śrī Kṛṣṇas braucht keine der rituellen Zeremonien zu vollziehen, wie sie in den vedischen Schriften vorgeschrieben sind, und er braucht auch nicht die Halbgötter zu verehren, denn die Tatsache, daß er ein Geweihter Śrī Kṛṣṇas ist, bedeutet, daß er bereits alle Arten der vedischen Zeremonien und der Halbgötterverehrung ausgeführt hat. Dadurch, daß man lediglich die vedischen Rituale ausführt oder die Halbgötter verehrt, kann man nicht auf die Ebene des hingebungsvollen Dienstes zu Kṛṣṇa gelangen; doch wenn man sich vorbehaltlos im hingebungsvollen Dienst beschäftigt, hat man damit automatisch alle vedischen Unterweisungen erfüllt.

Um Seine Geweihten von Tätigkeiten dieser Art abzubringen, wollte Kṛṣṇa während Seiner Gegenwart in Vṛndāvana unvermischten hingebungsvollen Dienst einführen. Als allwissende Höchste Persönlichkeit Gottes wußte Kṛṣṇa natürlich alles über das Opfer, das die Kuhhirten vorbereiteten, doch um die Form zu wahren, fragte Er Nanda Mahārāja und die anderen älteren Bewohner des Dorfes mit großem Respekt, welche Bewandtnis es damit habe. Kṛṣṇa wandte Sich also mit folgenden Worten an Seinen Vater: „Mein lieber Vater, weshalb bereiten die Kuhhirten ein derartig großes Opfer vor? Was versprechen sie sich davon, und für wen ist es bestimmt? Wie soll es durchgeführt werden? Bitte laß Mich dies alles wissen, denn Ich möchte sehr gern lernen, was es mit solchen Opferzeremonien auf sich hat." Nanda Mahārāja schwieg zuerst auf die Fragen seines kleinen Sohnes, denn er dachte, Kṛṣṇa könne die komplizierten Rituale eines *yajña* doch nicht verstehen. Kṛṣṇa aber drängte weiter: „Lieber

Vater, Menschen, die großherzig und heilig sind, kennen keine Geheimnisse. Für sie gibt es weder Freund noch Feind, denn sie sind jedem gegenüber offen. Aber auch wenn man nicht so weitherzig ist, sollte man doch zumindest vor seinen Familienangehörigen und Freunden keine Geheimnisse haben, obwohl Zurückhaltung gegenüber feindlich gesinnten Menschen durchaus angebracht sein kann. Du solltest daher nichts vor Mir geheimhalten. Alle Menschen gehen fruchtbringenden Tätigkeiten nach, doch während einige wissen, worin diese Tätigkeiten bestehen und welche Ergebnisse sie nach sich ziehen, führen andere diese Tätigkeiten aus, ohne ihren Zweck oder ihre Ergebnisse zu kennen. Doch nur ein Mensch, der in vollkommenem Wissen handelt, kann ein vollkommenes Ergebnis erwarten. Wer dagegen in Unwissenheit handelt, kann keine so guten Ergebnisse erwarten. Erkläre Mir daher bitte den Sinn des geplanten Opfers. Wird es in den *Veden* vorgeschrieben, oder ist es nur ein volkstümlicher Brauch? Bitte erkläre Mir alle Einzelheiten des Opfers."

Als Nanda Mahārāja die Wißbegierde seines Sohnes sah, gab er schließlich nach und antwortete: „Mein liebes Kind, diese Zeremonie ist mehr oder weniger ein alter Brauch. Weil der Regen aufgrund von König Indras Barmherzigkeit fällt, weil die Wolken seine Repräsentanten sind und weil das Wasser für uns so wichtig ist, gehört es sich, daß wir dem Herrn des Regens, Mahārāja Indra, unsere Dankbarkeit zeigen. Unsere Vorbereitungen haben deshalb den Zweck, König Indra zufriedenzustellen, denn in seiner Güte hat er uns so viel Regen geschickt, daß wir immer reiche Ernten einbringen konnten. Wasser ist sehr wichtig, denn ohne Wasser können wir nicht unser Land bebauen und kein Getreide anpflanzen. Ohne Regen könnten wir nicht leben. Dazu kommt noch, daß Wasser für die erfolgreiche Durchführung religiöser Zeremonien, für die wirtschaftliche Entwicklung und letztlich für Befreiung unbedingt erforderlich ist. Deshalb dürfen wir diese überlieferten Zeremonien nicht aufgeben; denn wenn jemand dies macht, weil er von Lust, Gier oder Furcht getrieben wird, schafft er sich eine düstere Zukunft."

Als Kṛṣṇa, die Höchste Persönlichkeit Gottes, Seinen Vater so sprechen hörte, beschloß Er, Indra, den König des Himmels, zu erzürnen. Aus diesem Grund riet Er Seinem Vater und den anderen Hirten, das geplante Opfer, das für Indra bestimmt gewesen wäre, zu unterlassen, und dafür hatte Er zwei Gründe: Zunächst einmal ist es, wie in der *Bhagavad-gītā* erklärt wird, nicht notwendig, die Halbgötter zu verehren, um Fortschritte im materiellen Leben zu machen. Alle Ergebnisse, die man durch die Verehrung der Halbgötter erhält, sind zeitweilig, und daher sind nur unintelligente Menschen an ihnen interessiert. Zweitens müssen Segnungen, die die Halbgötter erteilen, von der Höchsten Persönlichkeit Gottes bewilligt werden. Dies wird in der *Bhagavad-gītā* bestätigt: *mayaiva vihitān hi tān*. Jede Segnung, die man sich von den Halbgöttern wünscht, wird im Grunde von der Höchsten Persönlichkeit Gottes gewährt, denn ohne die Erlaubnis des Höchsten Herrn kann niemand einem anderen eine Gunst erweisen. Doch manchmal werden die Halbgötter durch den Einfluß der materiellen Natur hochmütig, so daß sie sich selbst für die höchsten Kontrollierenden halten und die erhabene Stellung der Höchsten Persönlichkeit Gottes vergessen. Im *Śrīmad-Bhāgavatam* wird an dieser Stelle eindeutig gesagt, daß Kṛṣṇa König Indra bewußt erzürnen wollte. Kṛṣṇa war vor allem erschienen, um die Gottgeweihten zu beschützen und die Dämonen zu vernichten. König Indra war selbstverständlich ein Gottgeweihter, kein Dämon, doch er war hochmütig geworden, und deshalb wollte Kṛṣṇa ihm eine Lektion erteilen. Zuerst wollte Er König Indra zornig machen, indem Er die Indra-*pūjā* verhinderte, die die Kuhhirten in Vṛndāvana durchführen wollten.

Mit dieser Absicht begann Kṛṣṇa wie ein Atheist zu reden, der die Philosophie des *karma-mīmāṁsā* vertritt. Die Verfechter dieser Lehre weigern sich, die höchste Autorität der Persönlichkeit Gottes anzuerkennen. Nach ihrer Vorstellung braucht man nur redlich zu handeln, um ein gutes Ergebnis zu erhalten. Selbst wenn es einen Gott gäbe, der den Menschen das Ergebnis ihres Tuns zukommen ließe, argumentieren sie, bestünde dennoch nicht der geringste Anlaß, Ihn zu verehren, denn solange der Mensch nicht rechtschaffen handle, könne Gott ihm auch kein gutes Ergebnis gewähren. Man solle vielmehr, statt Gott oder einen Halbgott zu verehren, seine ganze Aufmerksamkeit auf seine Pflichten richten, denn so sei einem ein gutes Ergebnis sicher. Śrī Kṛṣṇa wandte Sich an Seinen Vater, indem Er die Argumente dieser *karma-mīmāṁsā*-Philosophie vertrat. „Mein lieber Vater", sagte Er, „Ich glaube nicht, daß du einen Halbgott verehren mußt, um Erfolg in der Landwirtschaft zu haben. Jedes Lebewesen wird entsprechend seinem vergangenen *karma* geboren, und wenn es diesen Körper verläßt, nimmt es die Ergebnisse seines gegenwärtigen *karma* mit sich. Mit anderen Worten, genauso wie jeder gemäß seinen vergangenen Taten den gegenwärtigen Körper bekommen hat, so bestimmen seine gegenwärtigen Taten, welchen Körper er in der Zukunft bekommt. Daher sind die unterschiedlichen Arten von Glück und Leid und die verschiedenen Vorteile und Nachteile, die die Lebewesen erhalten, Reaktionen auf die verschiedenen Arten von Handlungen, die sie entweder in einem ihrer früheren oder im jetzigen Leben begangen haben."

Mahārāja Nanda und die anderen älteren Hirten waren jedoch anderer Ansicht. Sie entgegneten Kṛṣṇa, daß es unmöglich sei, nur durch materielle Tätigkeiten ein gutes Ergebnis zu erzielen, ohne den zuständigen Halbgott zufriedenzustellen. Und das ist auch tatsächlich richtig, denn es geschieht z.B. manchmal, daß ein Patient trotz aller Bemühungen eines hervorragenden Arztes stirbt. Erstklassige Behandlung und erstklassige Ärzte reichen also nicht aus, um einen Kranken zu heilen. Seine Genesung ist letzten Endes von der Einwilligung der Höchsten Persönlichkeit Gottes abhängig. Ebenso können auch die Eltern nicht allein über das Wohlergehen ihrer Kinder bestimmen, denn zuweilen kommt es vor, daß die Kinder trotz ihrer Mühe schlecht geraten oder sogar den Tod finden. Wie man deutlich sieht, reichen materielle Ursachen allein nicht aus, um ein gutes Ergebnis herbeizuführen. Entscheidend ist allein der Wille der Höchsten Persönlichkeit Gottes. Nanda Mahārāja vertrat also den Standpunkt, man müsse Indra, den Halbgott des Regens, verehren, um eine gute Ernte einzubringen, doch Śrī Kṛṣṇa widerlegte dieses Argument, indem Er ihm erklärte, daß die Halbgötter ihre Segnungen nur den Menschen geben, die ihre vorgeschriebenen Pflichten ordnungsgemäß erfüllt haben; sie können nicht einen Menschen begünstigen, der seine vorgeschriebenen Pflichten nicht erfüllt hat. Die Halbgötter sind also davon abhängig, wie die Menschen ihre Pflichten ausführen, und deshalb sind sie nicht völlig frei in ihrer Entscheidung, wen sie begünstigen wollen.

„Mein lieber Vater", fuhr Śrī Kṛṣṇa fort, „niemand braucht einen Halbgott wie Indra zu verehren, denn jeder ist selbst seines Glückes Schmied. Wir können tatsächlich sehen, daß jeder den Tätigkeiten nachgeht, die seinen natürlichen Neigungen entsprechen, und gemäß diesen natürlichen Neigungen erhalten alle Lebewesen – seien es Menschen oder Halbgötter – ihre unterschiedlichen Ergebnisse. Aufgrund dieser unterschiedlichen Tätigkeiten bekommen sie ihre jeweiligen Körper einer höheren oder niederen Lebensform, in denen sie sich durch ihre entsprechende Handlungsweise Freunde, Feinde und Neutralgesinnte schaffen. Man sollte sich daher bemühen, seine Pflichten sorgfältig und in Übereinstimmung mit seiner natürlichen Neigung auszuführen, und man sollte es vermeiden, seine Aufmerksamkeit auf die Verehrung der Halbgötter abschweifen zu lassen. Erfüllt man nur seine Pflicht, sind die Halbgötter schon zufrieden, so daß es nicht mehr notwendig ist, sie zu verehren. Laßt uns vielmehr unsere vorgeschriebenen Pflichten zuverlässig ausführen, denn niemand kann glücklich sein, ohne seinen Pflichten nachzukommen. Deshalb wird derjenige, der es vernachlässigt, seine Pflichten richtig auszuführen, mit einer unkeuschen Frau verglichen. Es ist die vorgeschriebene Pflicht der *brāhmaṇas*, die *Veden* zu studieren; die vorgeschriebene Pflicht der *kṣatriyas* ist es, für die Sicherheit der Bürger zu sorgen; die vorgeschriebene Pflicht der *vaiśyas* ist es, sich um Ackerbau, Kuhschutz und Handel zu kümmern, und die *śūdras* schließlich haben die Pflicht, den anderen drei Kasten, den *brāhmaṇas, kṣatriyas* und *vaiśyas*, zu dienen. Wir gehören der *vaiśya*-Gemeinschaft an, und daher ist es unsere Pflicht, das Land zu bebauen, mit den landwirtschaftlichen Produkten Handel zu treiben, die Kühe zu beschützen oder im Bankwesen tätig zu sein."

Kṛṣṇa fühlte Sich der *vaiśya*-Gemeinschaft zugehörig, da sich unter dem Schutz Seines Vaters Nanda Mahārāja viele Kühe befanden, die Kṛṣṇas Aufsicht anvertraut waren. Kṛṣṇa erwähnte die vier Pflichten der *vaiśyas*, nämlich Ackerbau, Handel, Kuhschutz und das Bankgeschäft. Die *vaiśyas* können sich irgendeinem dieser vier Bereiche zuwenden, doch die Männer von Vṛndāvana kümmerten sich in erster Linie um den Schutz der Kühe.

Kṛṣṇa erklärte Seinem Vater als nächstes: „Die kosmische Manifestation steht unter dem Einfluß der drei Erscheinungsweisen der Natur – Tugend, Leidenschaft und Unwissenheit –, und diese drei Erscheinungsweisen sind auch die Ursache der Schöpfung, Erhaltung und Vernichtung. Die Wolken werden von der Erscheinungsweise der Leidenschaft erzeugt; deshalb ist es die Erscheinungsweise der Leidenschaft, die den Regen verursacht, und wenn der Regen gefallen ist, bekommen die Lebewesen das Resultat, nämlich die ertragreiche Ernte. Was hat also Indra mit alledem zu tun? Was könnte er schon gegen uns un-

His Divine Grace

A.C. BHAKTIVEDANTA SWAMI PRABHUPĀDA

Gründer-Ācārya der Internationalen Gesellschaft für Kṛṣṇa-Bewußtsein

Śrī Kṛṣṇa erschien vor Seinen Eltern Devakī und Vasudeva zuerst als vierarmiger Viṣṇu und nahm dann auf ihre Bitten hin die Gestalt eines kleinen Kindes an.

Während Vasudeva in der stürmischen Nacht seinen Sohn Kṛṣṇa über die Yamunā trägt, breitet Śrī Śeṣa in der Form einer Schlange ihre schützenden Köpfe über ihnen aus.

Kṛṣṇa tötete die riesige Hexe Pūtanā, die von König Kaṁsa geschickt worden war, um alle neugeborenen Kinder in Vṛndāvana umzubringen.

Als Mutter Yaśodā in Kṛṣṇas Mund schaute, sah sie das ganze Universum, auch sich selbst und Kṛṣṇa.

Je höher sich der Wirbelsturm-Dämon Tṛṇavarta in die Lüfte erhob, desto schwerer wurde Kṛṣṇa.

Mutter Yaśodā versuchte Kṛṣṇa einzuholen, Ihn, den nicht einmal große *yogīs* mit ihrer Meditation erreichen können.

Kṛṣṇa, die Überseele im Herzen eines jeden Lebewesens, wußte genau, daß diese große Höhle der Mund eines Dämons war. . .

Um Brahmā von Seiner Allmacht zu überzeugen, offenbarte Kṛṣṇa, daß all die Kälber und Kuhhirtenjungen Seine Viṣṇu-Erweiterungen waren.

Genau wie Dhenukāsura endeten auch all die anderen Esel-Dämonen auf den Wipfeln der Palmen.

Dann begann Kṛṣṇa, der ursprüngliche Meister aller schönen Künste, auf den Köpfen der Schlange Kāliya zu tanzen.

Kṛṣṇa hob den Govardhana-Hügel mit dem kleinen Finger Seiner linken Hand hoch, um die Bewohner von Vṛndāvana vor Indras Gewittern zu beschützen.

Dann begann Śrī Kṛṣṇa, die Höchste Persönlichkeit Gottes, Seinen *rāsa*-Tanz, und die *gopīs* von Vṛndāvana tanzten mit Ihm Hand in Hand

Um allen Menschen zu zeigen, wie wichtig es ist, einen spirituellen Meister anzunehmen, ließen Sich Kṛṣṇa und Balarāma von Sāndīpani Muni unterweisen, obwohl Sie Selbst die Quelle allen Wissens sind.

ternehmen, wenn wir ihn nicht verehrten? Er nützt uns ohnehin nicht viel. Und selbst wenn der Regen von ihm beherrscht würde — schüttet er ihn nicht auch in den Ozean, wo er völlig überflüssig ist und wo ihn niemand darum gebeten hat? Das beweist doch eindeutig, daß der Regenfall keineswegs davon abhängt, ob wir Indra verehren oder nicht. Was uns betrifft, so brauchen wir niemals in fremde Städte, Dörfer oder Länder zu ziehen. Dort in den Städten mag es zwar große Paläste geben, doch wir sind damit zufrieden, im Wald von Vṛndāvana zu leben. Hier gibt es alles, was wir brauchen, und daher sind wir in Wirklichkeit nur dem Govardhana-Hügel und dem Wald von Vṛndāvana zu Dank verpflichtet. Lieber Vater, Ich bitte dich daher, ein Opfer zu Ehren der hiesigen *brāhmaṇas* und des Govardhana-Hügels durchzuführen. Um Indra kümmern wir uns am besten gar nicht."

„Mein lieber Junge", sagte Nanda Mahārāja, als er die Worte Kṛṣṇas vernommen hatte, „weil Du mich so inständig darum bittest, werde ich Deinen Wunsch erfüllen und alles für ein besonderes Opfer zu Ehren des Govardhana-Hügels und der *brāhmaṇas* von Vṛndāvana veranlassen. Zunächst einmal will ich aber das geplante Opfer, nämlich den Indra-*yajña*, vollziehen."

Kṛṣṇa jedoch entgegnete: „Mein lieber Vater, warum zögerst du? Das Opfer, das du zu Ehren der *brāhmaṇas* und des Govardhana-Hügels ausführen willst, wird viel Zeit in Anspruch nehmen. Daher ist es das beste, einfach die Opfergaben zu nehmen, die du schon für den Indra-*yajña* bereitgestellt hast, und damit so schnell wie möglich den Govardhana-Hügel und die hiesigen *brāhmaṇas* zufriedenzustellen."

Nanda Mahārāja gab schließlich den Bitten seines Sohnes nach, und so fragten die Hirten Kṛṣṇa, wie Er Sich die Darbringung des *yajña* im einzelnen vorstelle, worauf ihnen Kṛṣṇa folgende Anweisungen erteilte: „Bereitet von dem Getreide und dem Butterfett, das ihr für den *yajña* bereitgestellt habt, viele köstliche Gerichte zu. Kocht vor allem Reis und *dahl* und dazu *halavah, pakorās, puris* und alle möglichen Milchzubereitungen wie Süßreis, *rabrī, gulabjamuns, sandeśa, rasagullās* und *laḍḍus*. Ladet dann alle *brāhmaṇas* ein, die sich darauf verstehen, Gaben im Feuer zu opfern und vedische Hymnen zu chanten, und diesen *brāhmaṇas* solltet ihr die verschiedensten Arten von Getreide spenden. Schmückt dann die Kühe und füttert sie reichlich. Im Anschluß daran solltet ihr den *brāhmaṇas* Geld spenden. Was die niederen Tiere, wie zum Beispiel die Hunde, und die niederen Gruppen von Menschen, wie die *caṇḍālas*, die fünfte Klasse der Menschen, die als unberührbar bezeichnet werden, betrifft, so sollen auch sie in reichlichem Maße *prasādam* bekommen. Sobald alle Kühe saftiges Gras bekommen haben, könnt ihr mit der Govardhana-*pūjā* beginnen. Dieses Opfer wird Mich sehr erfreuen."

Mit diesen Worten beschrieb Śrī Kṛṣṇa gleichsam den gesamten Tätigkeitsbereich der *vaiśyas*. In allen Gemeinschaften der Menschheit und auch im Reich der Tiere, unter den Kühen, Hunden, Ziegen usw., ist jedem Mitglied eine ganz bestimmte Rolle zugedacht. Jedes Individuum muß mit allen anderen zusammen für das Wohl der Gesamtheit arbeiten, und dazu gehören nicht nur die beseelten Wesen, sondern auch die unbeseelten Objekte, wie z.B. die Hügel und das Land. Die *vaiśyas* sind besonders für den wirtschaftlichen Fortschritt der Gesellschaft verantwortlich, und so erzeugen sie Getreide, beschützen die Kühe, transportieren, wenn nötig, Nahrung und kümmern sich um das Finanz- und Bankwesen.

Aus Kṛṣṇas Worten geht weiter hervor, daß zwar Katzen und Hunde, die ja heute so bedeutend geworden sind, nicht vernachlässigt werden dürfen, daß es jedoch weitaus wichtiger ist, die Kühe zu beschützen als Katzen und Hunde. Ebenso dürfen die *caṇḍālas*, die Unberührbaren, von den höheren Klassen nicht mißachtet werden. Jeder ist wichtig, doch einige sind unmittelbar für den Fortschritt der Gesellschaft verantwortlich, während andere nur eine mittelbare Rolle einnehmen. Wenn in einer Gesellschaft jedoch Kṛṣṇa-Bewußtsein vorherrscht, so ist dafür gesorgt, daß jeder den größtmöglichen Nutzen bekommt.

Die Govardhana-*pūjā* wird auch in der Bewegung für Kṛṣṇa-Bewußtsein gefeiert. Śrī Caitanya lehrte, daß Vṛndāvana und der Govardhana-Hügel ebenso verehrungswürdig seien wie Kṛṣṇa Selbst. Um diese Aussage zu bestätigen, sagte Śrī Kṛṣṇa, die Verehrung des Govardhana-Hügels sei ebenso gut wie die Verehrung Seinerselbst. Seit diesem Tag ist die Govardhana-*pūjā*, die auch als Annakūṭa bekannt ist, immer wieder gefeiert worden. Bei diesem Opfer werden in allen Tempeln von Vṛndāvana und auch außerhalb Vṛndāvanas gewaltige Mengen köstlicher Speisen zubereitet, die nach der Zeremonie an die Bevölkerung verteilt werden. Zuweilen werden die Speisen auch unter die Menschen geworfen, die dann erfreut das köstliche *prasādam* vom Boden aufsammeln. An diesem Brauch wird deutlich, daß Speisen, die Kṛṣṇa geopfert wurden, niemals verschmutzt oder verunreinigt werden können — selbst dann nicht, wenn sie den Boden berührt haben. Die Menschen lesen sie daher sogar von der Erde auf und essen sie mit großer Zufriedenheit.

Die Höchste Persönlichkeit Gottes, Śrī Kṛṣṇa, gab den Hirten also den Rat, alle Vorbereitungen zum Indra-*yajña* abzubrechen und unverzüglich mit der Govardhana-*pūjā* zu beginnen. Auf diese Weise wollte Er Indra zurechtweisen, der auf seine Stellung als Herr der himmlischen Planeten allzu stolz geworden war. Die ehrlichen und einfachen Hirten nahmen Kṛṣṇas Vorschlag ohne Bedenken an und führten unverzüglich all Seine Anweisungen aus. Auf diese Weise veranstalteten sie die Govardhana-*pūjā* und eine Prozession um den Hügel. (Noch heute führen die Einwohner von Vṛndāvana die Govardhana-*pūjā* aus. An diesem Tag kleiden sie sich in ihre besten Gewänder und versammeln sich am Govardhana-Hügel, um ihm ihre Ehre zu erweisen und ihn zusammen mit ihren Kühen zu umwandern.) Als erstes riefen Nanda Mahārāja und die Kuhhirten, genau wie es Śrī Kṛṣṇa angeordnet hatte, die gelehrten *brāhmaṇas* herbei, die sogleich mit der Verehrungszeremonie begannen, indem sie vedische Hymnen chanteten und dem Govardhana-Hügel *prasādam* opferten. Währenddessen versammelten sich auch die Einwohner von Vṛndāvana, und nachdem sie ihre Kühe geschmückt und mit saftigem Gras gefüttert hatten, trieben sie all ihre Kühe vor sich her und umkreisten auf diese Weise den Govardhana-Hügel.

Die *gopīs*, die zu diesem festlichen Anlaß wunderschöne Kleider angezogen hatten, saßen auf Karren, die von Ochsen gezogen wurden, und während der ganzen Prozession priesen sie Kṛṣṇas ruhmreiche Taten und Spiele. Die *brāhmaṇas*, die dieser Govardhana-*pūjā* als Priester vorsaßen, erteilten den Kuhhirten und deren Frauen, den *gopīs*, ihren Segen. Als die Zeremonie ihrem Ende zuging, nahm Kṛṣṇa eine gewaltige transzendentale Form an und erklärte den Einwohnern von Vṛndāvana, daß Er vom Govardhana-Hügel nicht verschieden sei. Auf diese Weise wollte Er den Gottgeweihten zeigen, daß Er Selbst, Kṛṣṇa, mit dem Govardhana-Hügel identisch ist. Danach nahm Kṛṣṇa in dieser Form alle Speisen zu Sich, die dem Govardhana-Hügel geopfert worden waren. Auch heute noch wird Kṛṣṇas Identität mit dem Govardhana-Hügel in Ehren gehalten, und deshalb nehmen große Gottgeweihte manchmal Steine vom Hügel und verehren sie ebenso wie die Bildgestalten Kṛṣṇas im Tempel. Einige Gottgeweihte sammeln kleine Felsbrocken oder Steine vom Govardhana-Hügel und verehren sie zu Hause, denn diese Verehrung ist ebenso gut wie die Verehrung der Bildgestalten Gottes. Die Form, in die Sich Kṛṣṇa erweiterte, um die Opfergaben anzunehmen, war eine getrennte Manifestation Seinerselbst, und so erwies Kṛṣṇa zusammen mit den anderen Einwohnern Vṛndāvanas dieser Manifestation wie auch dem Govardhana-Hügel Seine respektvollen Ehrerbietungen. Als Kṛṣṇa Seiner riesigen Erweiterung und dem Govardhana-Hügel Ehrerbietungen dargebracht hatte, sagte Er: „Seht nur, welch gewaltige Form der Govardhana-Hügel angenommen hat! Ist es nicht eine große Gnade von ihm, daß er auf diese Weise all unsere Opfergaben annimmt?" Dann fügte Er hinzu: „Wer es versäumt, die Govardhana-*pūjā* zu begehen, wie Ich es Selbst hier zeige, wird niemals glücklich werden. Im Gegenteil – er wird irgendwann von einer der vielen Schlangen, die auf dem Hügel leben, gebissen werden und daran sterben. Es ist also unbedingt notwendig, daß alle Menschen, die in der Nähe des Govardhana hier in Vṛndāvana wohnen, den Govardhana-Hügel nach Meinen Anweisungen verehren, um so sich selbst und den Kühen ein glückliches Dasein zu sichern."

Auf diese Weise befolgten die Einwohner Vṛndāvanas die Anweisungen Kṛṣṇas, des Sohnes von Vasudeva, und führten das Govardhana-*pūjā*-Opfer durch. Danach kehrten sie alle wieder nach Hause zurück.

Hiermit enden die Bhaktivedanta-Erläuterungen zum 24. Kapitel des Kṛṣṇa-Buches: „Die Verehrung des Govardhana-Hügels".

25 / Vṛndāvana wird von furchtbaren Unwettern heimgesucht

Als Indra bemerkte, daß das Opfer, das eigentlich für ihn bestimmt war, von Kṛṣṇa abgebrochen wurde, packte ihn der Zorn, und so beschloß er, sich an den Einwohnern von Vṛndāvana, an deren Spitze Nanda Mahārāja stand, zu rächen, obwohl er genau wußte, daß Kṛṣṇa sie persönlich beschützte. Als Gebieter aller verschiedenen Wolken rief er augenblicklich die *sāmvartaka*-Wolke herbei, die eigentlich nur zur Vernichtung der gesamten kosmischen Manifestation eingesetzt wird. Indra befahl der *sāmvartaka*-Wolke, nach Vṛndāvana zu ziehen und dort das ganze Gebiet mit furchtbaren Regengüssen zu überschwemmen. Indra glaubte dämonischerweise, er sei die allmächtige höchste Persönlichkeit. Wenn Dämonen sehr mächtig werden, wagen sie es sogar, dem höchsten Kontrollierenden, der Persönlichkeit Gottes, zu trotzen. Indra war zwar kein Dämon, doch seine hohe, verantwortungsvolle Stellung hatte ihn so hochmütig werden lassen, daß er den höchsten Kontrollierenden herausfordern wollte. Er hielt sich, zumindest vorübergehend, für genauso mächtig wie Kṛṣṇa. Indra sagte: „Was bilden sich diese unverschämten Einwohner von Vṛndāvana überhaupt ein? Sie sind einfach nur Waldbewohner, und bloß weil ihr Freund Kṛṣṇa – der nichts anderes als ein ganz gewöhnlicher Mensch ist – sie überredete, haben sie es gewagt, sich den Halbgöttern zu widersetzen."

Kṛṣṇa erklärt in der *Bhagavad-gītā*, daß die Verehrer der Halbgötter nicht sehr intelligent sind, und Er gibt die Anweisung, alle Arten von Verehrung aufzugeben und die ganze Aufmerksamkeit dem Kṛṣṇa-Bewußtsein zu widmen. Dadurch, daß Kṛṣṇa zuerst den Zorn Indras heraufbeschwor und ihn dann bestrafte, machte Er Seinen Geweihten deutlich, daß diejenigen, die im Kṛṣṇa-Bewußtsein beschäftigt sind, niemals einen Halbgott zu verehren brauchen – auch dann nicht, wenn der Halbgott einmal erzürnt ist. Kṛṣṇa gewährt Seinen Geweihten jeglichen Schutz, und daher sollten sie ganz auf Seine Barmherzigkeit vertrauen.

Indra verfluchte die Einwohner von Vṛndāvana für ihr Verhalten und sprach:

„Die Einwohner von Vṛndāvana haben es gewagt, die Autorität der Halbgötter zu mißachten. Dafür werden sie im Abgrund des materiellen Daseins leiden müssen. Da sie es versäumten, den Halbgöttern Opfer darzubringen, werden sie den Ozean der materiellen Leiden niemals überqueren können. Diese Kuhhirten von Vṛndāvana haben meine Autorität verachtet, nur weil ihnen ein kleiner, geschwätziger Junge, den sie Kṛṣṇa nennen, dazu riet. Den Worten eines Kindes, eines kleinen Jungen, schenkten sie Glauben, und deshalb sollen sie nun meinen Zorn zu spüren bekommen." Indra befahl daraufhin der *sāmvartaka*-Wolke, nach Vṛndāvana zu ziehen und dort allen Wohlstand zu vernichten. „Mir scheint", fuhr Indra fort, „die Männer von Vṛndāvana sind durch ihren Reichtum und ihr Vertrauen, das sie in ihren winzigen Freund Kṛṣṇa setzen, überheblich geworden. Dieser Kṛṣṇa redet einfach nur viel, Er ist kindisch und weiß nicht das geringste über den Aufbau und die Verwaltung des Universums, obwohl Er Sich für so gescheit hält. Weil diese Hirten Kṛṣṇa so ernst nehmen, müssen sie bestraft werden, und deshalb habe ich die *sāmvartaka*-Wolke angewiesen, nach Vṛndāvana zu ziehen und das ganze Land zu überschwemmen. Mögen sie samt ihren Kühen zugrunde gehen."

Aus dem letzten Satz Indras wird deutlich, daß der Wohlstand der Menschen auf dem Lande und in den Dörfern im wesentlichen von den Kühen abhängt. Gehen die Kühe ein, dann verlieren die Menschen die Grundlage für ihren Lebensunterhalt. Als König Indra der *sāmvartaka* und mehreren anderen Wolken befahl, Vṛndāvana zu verwüsten, fürchteten sich die Wolken zunächst, seiner Anordnung zu folgen, doch Indra ermutigte sie: „Geht unbesorgt voraus. Ich werde euch auf meinem Elefanten folgen, und mit mir zusammen werden auch viele verheerende Stürme hereinbrechen. Ich werde all meine Kräfte offenbaren, um diese Einwohner von Vṛndāvana zu bestrafen."

Wenig später zogen sich die von Indra gesandten Wolken drohend über Vṛndāvana zusammen und begannen, mit aller Macht unablässig Wasser vom Himmel zu schütten, das gleich einem Regen spitzer Pfeile auf Vṛndāvana niederprasselte. Es blitzte, donnerte und stürmte ständig, und da die Wolken ohne Unterlaß Wasser in säulengleichen Strömen vergossen, wurde nach und nach das ganze Land von Vṛndāvana überflutet, so daß man nicht mehr zwischen Erhöhungen und Vertiefungen unterscheiden konnte. Die Lage wurde immer bedrohlicher, vor allem für die Tiere. Da das Unwetter auch noch von eisigen Stürmen begleitet wurde, zitterten alle Lebewesen in Vṛndāvana vor Kälte. Da sie nirgendwo anders Rettung finden konnten, wandten sie sich alle an Govinda und suchten bei Seinen Lotosfüßen Zuflucht. Vor allem die Kühe hatten unter dem Unwetter schwer zu leiden; sie senkten ihren Kopf, und zusammen mit ihren Kälbern, die sie mit ihrem eigenen Körper zu schützen versuchten, begaben sie sich zum Höchsten Herrn, um bei Seinen Lotosfüßen Zuflucht zu suchen. So wandten sich all die Einwohner von Vṛndāvana an Śrī Kṛṣṇa und flehten Ihn um Hilfe an. „Lieber Kṛṣṇa", beteten sie, „Du bist allmächtig, und Du bist Deinen Geweihten ganz besonders zugeneigt. Bitte beschütze uns vor dem erzürnten Indra, der unser Leben bedroht."

Als Kṛṣṇa ihr Gebet hörte, wußte Er bereits, daß Indra für die Regengüsse und die Stürme mit schweren Hagelkörnern verantwortlich war, zumal diese überhaupt nicht in die Jahreszeit paßten. Er verstand, daß sich der erzürnte Indra auf diese Weise dafür rächen wollte, daß man ihn um seine Opfergaben gebracht hatte, und so sagte Er Sich: „Dieser Halbgott, der sich einbildet, allmächtig zu sein, hat lange genug mit seiner Macht geprahlt. Ich werde ihm zeigen, wer der Höchste ist, und ihn lehren, daß er nicht unabhängig die Geschehnisse im Universum lenken kann. Ich bin der Höchste Herr, der Allesbeherrschende, und daher werde Ich seinen Hochmut, der aus seiner Macht entstand, von ihm nehmen. Die Halbgötter sind Meine Geweihten, und eigentlich ist es nicht möglich, daß sie Meine absolute Macht und Herrschaft vergessen; aber irgendwie ist diesem Indra seine materielle Macht zu Kopf gestiegen, und er gebärdet sich nun wie ein Verrückter. Deshalb werde Ich etwas unternehmen, um ihn von seiner Eitelkeit zu befreien. Gleichzeitig werde Ich Meine reinen Geweihten in Vṛndāvana beschützen, die völlig von Meiner Barmherzigkeit abhängig sind und denen Ich Meinen Schutz zugesichert habe. Ich werde sie durch Meine mystische Kraft erretten.“

Mit diesen Gedanken hob Śrī Kṛṣṇa sogleich den Govardhana-Hügel mit einer Hand empor, genau wie ein Kind einen Pilz vom Boden hochhebt. Auf diese Weise offenbarte Śrī Kṛṣṇa eines Seiner berühmtesten transzendentalen Spiele, das Hochheben des Govardhana-Hügels. Dann wandte Sich Śrī Kṛṣṇa an Seine Geweihten: „Meine lieben Brüder, lieber Vater, liebe Bewohner von Vṛndāvana, stellt euch getrost unter den Schutz des Govardhana-Hügels, den Ich gerade emporgehoben habe. Habt keine Angst, der Hügel könne Mir aus der Hand fallen. Ihr habt so sehr unter diesen peitschenden Regenfällen und Sturmwinden gelitten; deshalb habe Ich den Govardhana-Hügel hochgehoben, und er soll euch wie ein großer Schirm beschützen. Ich glaube, dies genügt, um euch vor der größten Not zu bewahren. Vergeßt deshalb unter diesem sicheren Schirm gemeinsam mit den Tieren alle Sorge.“ Als Śrī Kṛṣṇa den Einwohnern von Vṛndāvana auf diese Weise Mut gemacht hatte, traten sie schließlich zusammen mit den Kühen und ihrem gesamten Hab und Gut unter den großen Hügel, wo sie in Sicherheit waren.

Eine Woche lang blieben die Dorfbewohner mit ihren Tieren unter dem Govardhana-Hügel, ohne von Hunger, Durst oder irgendwelchen anderen widrigen Umständen geplagt zu werden. Erstaunt beobachteten sie, wie Kṛṣṇa den schweren Berg die ganze Zeit über auf dem kleinen Finger Seiner linken Hand trug. Als Indra, der König des Himmels, die außergewöhnliche mystische Kraft Kṛṣṇas gewahrte, war er wie vom Donner gerührt, und er mußte sich geschlagen geben. Er rief sogleich alle Wolken zusammen und befahl ihnen, sich unverzüglich zurückzuziehen, und als sich dann der Himmel aufklärte und die Sonne wieder hervorkam, legten sich auch die heftigen Stürme. Daraufhin sagte die Höchste Persönlichkeit Gottes, Śrī Kṛṣṇa, der seit dieser Zeit als „der Heber des Govardhana-Hügels“ bekannt ist: „Meine lieben Kuhhirten, ihr könnt jetzt zusammen mit euren Frauen, Kindern, Kühen und Besitztümern wieder ins Freie treten; das Unwetter ist vorüber. Auch die Überschwemmung ist zurückgegangen, und die Flüsse folgen wieder ihrem gewohnten Lauf."

Frohen Mutes beluden die Männer ihre Karren und kamen dann langsam mit ihren Familien und den Kühen unter dem Hügel hervor, und als schließlich der Raum unter dem Govardhana-Hügel gänzlich frei war, setzte Śrī Kṛṣṇa ihn behutsam an seinen alten Platz zurück. Nun, wo alles vorüber war, umarmten Ihn die Einwohner von Vṛndāvana voller Ekstase. Die *gopīs*, die sich ganz natürlich zu Kṛṣṇa hingezogen fühlten, brachten Ihm Quark dar, der mit ihren Tränen vermischt war, und überschütteten Ihn mit immer neuen Segenswünschen, und Mutter Yaśodā, Mutter Rohiṇī, Nanda Mahārāja und Balarāma, der Stärkste unter den Starken, schlossen Ihn nacheinander in die Arme, wobei sie Ihm, von spontanen Gefühlen der Zuneigung überwältigt, immer wieder ihre Segnungen erteilten. Auf den himmlischen Planeten, wie Siddhaloka, Gandharvaloka und Cāraṇaloka, brachen die Halbgötter in freudigen Jubel aus und überschütteten die Erde mit Blumen. Sie ließen ihre Muschelhörner erschallen, rührten die Trommeln, und die Einwohner von Gandharvaloka, die von göttlichen Empfindungen inspiriert wurden, holten ihre Tamburas herbei und begannen zur Freude des Herrn zu musizieren. Auf diese Weise kehrte Kṛṣṇa, die Höchste Persönlichkeit Gottes, umgeben von Seinen geliebten Freunden und Tieren, nach Vṛndāvana zurück, und dabei begannen die *gopīs* Seine transzendentalen Spiele zu preisen, so wie sie es immer tun, und ihre Stimmen drückten tiefste Gefühle aus, denn ihr Lobgesang kam direkt aus dem Herzen.

Hiermit enden die Bhaktivedanta-Erläuterungen zum 25. Kapitel des Kṛṣṇa-Buches: „Vṛndāvana wird von furchtbaren Unwettern heimgesucht".

26 / Wunderbarer Kṛṣṇa

Die Kuhhirtenjungen und die älteren Hirten von Vṛndāvana waren sich weder über das allumfassende Wesen Kṛṣṇas, der Höchsten Persönlichkeit Gottes, noch über Seine unvergleichlichen spirituellen Füllen bewußt, und so begannen sie, in ihrer Unschuld über Kṛṣṇas wunderbare Taten zu sprechen, die alle menschlichen Fähigkeiten bei weitem übertreffen.

„Liebe Freunde", sagte einer der Hirten, „wenn wir einmal über Kṛṣṇas unvergleichliche Taten nachdenken, müssen wir uns doch fragen, wie es kommt, daß solch ein ungewöhnlicher Junge zu uns gekommen ist und mit uns in Vṛndāvana lebt. Es ist wirklich unglaublich! Stellt euch vor: Er ist erst sieben Jahre alt! Wie konnte Er den Govardhana-Hügel einfach nur mit einer Hand hochheben, genau wie der König der Elefanten mit seinem Rüssel eine Lotosblume hochhält? Es gibt nichts Leichteres für einen Elefanten, als eine Lotosblume hochzuheben, und ebenso hat Kṛṣṇa ohne die geringste Mühe den Govardhana-Hügel hochgehoben. Und damals, als Er noch ein Säugling war und noch nicht einmal richtig sehen konnte, tötete Er die große Hexe Pūtanā, indem Er ihr gleichzeitig mit der Milch die Lebenskraft aus der Brust saugte. Kṛṣṇa vernichtete diesen Dämon, genau wie die ewige Zeit ein Lebewesen zu einem festgesetzten Zeitpunkt aus dem Leben ruft. Als Er nur drei Monate alt war, schlief Er einmal unter einem Handkarren, und da Er hungrig wurde und es Ihn nach der Brust Seiner Mutter verlangte, fing Er an zu weinen und mit Seinen Beinchen zu strampeln, und allein diese Tritte mit Seinen kleinen Füßen genügten, um den Karren umstürzen und auseinanderbrechen zu lassen. Dann, als Er ein Jahr alt war, wurde Er vom Dämon Tṛṇāvarta entführt, der die Form eines Wirbelsturmes angenommen hatte. Als Tṛṇāvarta mit Ihm hoch in die Lüfte flog, hängte Sich Kṛṣṇa einfach an den Hals des Dämons, wodurch dieser vom Himmel stürzte und am Boden zerschmettert wurde. Als Er ein anderes Mal Seine Mutter verärgerte, indem Er ihre Butter stahl, band sie Ihn an einen hölzernen Mörser. Daraufhin zerrte Er den Mörser zwischen zwei *yamala-arjuna*-Bäumen hindurch und riß die Bäume auf diese Weise zu Boden. Als Kṛṣṇa einmal zusammen mit Seinem älteren Bruder Balarāma im Wald Kälber hütete, erschien der Dämon Bakāsura und wollte Kṛṣṇa töten, doch Kṛṣṇa riß ihm einfach den Schnabel auseinander. Dann schlich sich Vatsāsura unter die Kälber, mit der Absicht, Kṛṣṇa zu töten, aber Kṛṣṇa entdeckte den Dämon und tötete ihn Seinerseits, indem Er ihn durch die Luft wirbelte und auf einen Baum warf. Als Kṛṣṇa und Sein Bruder Balarāma einmal in den Tālavana-Wald gingen, griff Sie Dhenukāsura in der Gestalt eines Esels an; doch auch er mußte sogleich sein Leben lassen, da Balarāma ihn kurzerhand bei den Hinterbeinen ergriff und auf die nächste Palme schleuderte. Daraufhin wollten Dhenukāsuras Eselsfreunde dessen Tod rächen, aber auch sie wurden von den beiden mühelos bezwungen, so daß der Tālavana-Wald von da an für uns und die Tiere frei war. Auch der Dämon Pralambāsura rannte in den eigenen Tod, als er sich unter die Kuhhirtenjungen mischte, denn er wurde in der Folge von Balarāma erschlagen. Danach errettete Kṛṣṇa Seine Freunde und die Kühe aus einem lodernden Waldbrand, und Er zwang die Schlange Kāliya, die sich im See der Yamunā eingenistet hatte, dieses Gebiet zu verlassen, wodurch das Wasser von dem tödlichen Gift dieser Schlange befreit wurde."

Ein anderer Freund Nanda Mahārājas sagte: „Mein lieber Nanda, wir können uns nicht erklären, warum wir uns so sehr zu deinem Sohn hingezogen fühlen. Auch wenn wir Ihn vergessen wollten, könnten wir Ihn nicht aus unseren Gedanken verbannen. Warum nur empfinden wir eine solch natürliche Zuneigung zu Ihm? Es ist einfach unbegreiflich: Kṛṣṇa ist erst sieben Jahre alt, aber dennoch haben wir gesehen, wie Er einen so großen Hügel wie den Govardhana ohne Mühe hochgehoben hat. O Nanda Mahārāja, wir haben einen Verdacht; dein Sohn muß ein Halbgott sein — Er kann einfach kein gewöhnliches Kind sein! Vielleicht ist Er sogar die Höchste Persönlichkeit Gottes."

Als König Nanda die Lobreden der Kuhhirten von Vṛndāvana hörte, entgegnete er: „Meine lieben Freunde, als Antwort, um eure Vermutungen zu klären, kann ich nur die Prophezeiung Gargamunis wiederholen. Als Gargamuni zu mir kam, um die Namengebungszeremonie für Kṛṣṇa durchzuführen, sagte er, daß mein Sohn in verschiedenen Körperfarben regelmäßig von Zeit zu Zeit erscheine und daß Er diesmal mit einer schwärzlichen Hautfarbe in Vṛndāvana erschienen sei und Kṛṣṇa heiße. In früheren Inkarnationen sei Er nacheinander von weißer, roter und schließlich von gelber Hautfarbe gewesen. Einst sei dieser Knabe einmal der Sohn Vasudevas gewesen, weshalb Ihn diejenigen, die von Seiner vergangenen Geburt wissen, auch Vāsudeva nennen. Er erklärte damals, Kṛṣṇa trage entsprechend Seinen Eigenschaften und Taten viele verschiedene Namen. Gargācārya versicherte mir, daß mein Sohn für meine Familie in jeder Beziehung glückbringend sei und daß Er euch Kuhhirten samt den Kühen in transzendentale Glückseligkeit versetzen werde. Auch all die Schwierigkeiten, die in der Zukunft auf uns zukämen, würden wir durch die Gnade dieses Knaben sehr leicht überwinden. Er sagte weiter, Kṛṣṇa habe früher einmal die Erde aus einer chaotischen Lage errettet und Er beschütze alle frommen Menschen vor den Gottlosen. Jeder, der so glücklich sei und Zuneigung zu Kṛṣṇa gewänne, könne niemals von Feinden vernichtet oder besiegt werden. Alles in allem also gleiche Er in jeder Hinsicht Śrī Viṣṇu, der immer auf der Seite der Halbgötter steht, so daß sie niemals von den Dämonen besiegt werden können. Abschließend sagte mir Gargācārya, daß mein Sohn in jeder Hinsicht Viṣṇu gleichkommen werde — in bezug auf Seine transzendentale Schönheit, Seine Eigenschaften und Taten, Seine Macht und Seinen Reichtum —, und wir bräuchten daher nicht erstaunt zu sein, wenn Er wundervolle Taten vollbringe. Dies war das letzte, was mir Gargācārya sagte, bevor er wieder ging. Seitdem hat jeder von uns tatsächlich mit eigenen Augen sehen können, wie dieses Kind fortgesetzt die verschiedensten Wundertaten vollbrachte. Wenn ich mir daher Gargācāryas Worte durch den Kopf gehen lasse, glaube ich fast, daß mein Sohn Nārāyaṇa Selbst oder eine vollständige Erweiterung Nārāyaṇas sein muß."

Nachdem Nanda Mahārāja den Kuhhirten von Gargācāryas Prophezeiungen erzählt hatte, konnten diese die wunderbaren Taten Kṛṣṇas viel besser verstehen, und so waren sie sehr erfreut und zufrieden. Sie priesen Nanda Mahārāja, der ihre Unklarheiten über Kṛṣṇa beseitigt hatte, und sagten: „Möge Kṛṣṇa, der so unsagbar gütig, schön und barmherzig ist, uns beschützen. Als wir von den Regen- und Hagelstürmen des zornigen Indra heimgesucht wurden, hatte Er sofort Mitleid und rettete unsere Familien, unsere Kühe und unser Hab und Gut, indem Er gleich einem Kind, das einen Pilz vom Boden pflückt, den Govardhana-Hügel in die Luft hob. Auf solch wundervolle Weise rettete uns Kṛṣṇa. Möge Er auch weiterhin mit Seinem barmherzigen Blick über uns und unsere Kühe wachen. Mögen wir auch weiterhin friedlich unter dem Schutz des wunderbaren Kṛṣṇa leben."

Hiermit enden die Bhaktivedanta-Erläuterungen zum 26. Kapitel des Kṛṣṇa-Buches: „Wunderbarer Kṛṣṇa"

27 / Die Gebete des Himmelskönigs Indra

Nachdem Kṛṣṇa die Einwohner von Vṛndāvana vor dem Zorn Indras gerettet hatte, indem Er den Govardhana-Hügel hochhob, geschah es, daß eine *surabhi*-Kuh aus Goloka-Vṛndāvana vor Ihn trat, gefolgt von Indra, dem König der himmlischen Planeten. Weil sich König Indra bewußt war, daß er Kṛṣṇa gegenüber ein großes Vergehen begangen hatte, trat er nun in aller Heimlichkeit an einem abgeschiedenen Ort vor Kṛṣṇa hin. Er trug eine Krone, die wie die Sonne leuchtete und funkelte, aber dennoch warf er sich sogleich vor Kṛṣṇas Lotosfüßen nieder. Indra kannte Kṛṣṇas erhabene Position, denn Kṛṣṇa ist der Herr von Indra, doch er konnte sich nicht vorstellen, daß Kṛṣṇa erschienen war, um in Vṛndāvana unter Kuhhirten zu leben. Als Sich Kṛṣṇa der Autorität Indras widersetzte, war Indra sehr zornig geworden, denn er hatte geglaubt, daß er in diesem Universum der Größte sei und daß niemand ihn an Macht übertreffe. Aber nach diesem Ereignis war seine hochmütige und anmaßende Meinung über sich selbst erschüttert worden. Da Indra sich bewußt war, daß er sich in einer untergeordneten Stellung befand, erschien er mit gefalteten Händen vor Kṛṣṇa und brachte Ihm die folgenden Gebete dar.

„Mein lieber Herr", sagte Indra, „in meiner Selbstherrlichkeit war mir meine Macht zu Kopf gestiegen, und ich fühlte mich zutiefst beleidigt, weil Du die Kuhhirten davon abhieltest, den Indra-*yajña* durchzuführen. Dazu dachte ich auch noch, daß Du die Opferungen, die für die Zeremonie bereitgestellt worden waren, selbst genießen wolltest. Ich dachte, daß Du mich unter dem Vorwand eines Govardhana-*yajña* um meinen Opferanteil bringen wolltest, und so verkannte ich in meiner Verblendung Deine Herrlichkeit. Durch Deine Gnade jedoch kann ich Dich nun als den Höchsten Herrn, die Persönlichkeit Gottes, erkennen, der Du transzendental zu allen materiellen Eigenschaften bist. Deine transzendentale Stellung ist *viśuddha-sattva*, das heißt, sie befindet sich über der Ebene der materiellen Erscheinungsweise der Tugend, und Dein transzendentales Reich liegt weit jenseits des störenden Einflusses der materiellen Erscheinungsweisen. Dein Name, Dein Ruhm, Deine Gestalt, Deine Eigenschaften und

Deine Spiele befinden sich also alle jenseits der materiellen Natur, und sie werden nie durch die drei materiellen Erscheinungsweisen beeinträchtigt. Dein Reich kann nur von jemandem erreicht werden, der sich schwere Entsagungen und Bußen auferlegt hat und der vom Ansturm materieller Einflüsse wie Leidenschaft und Unwissenheit vollständig befreit ist. Wer glaubt, daß Du den Erscheinungsweisen der materiellen Natur unterworfen bist, wenn Du in dieser materiellen Welt erscheinst, befindet sich im Irrtum. Das Netzwerk der materiellen Einflüsse ist niemals in der Lage, Dich zu berühren, genauso wie Du ihnen niemals unterliegst, wenn Du in dieser Welt erscheinst und gegenwärtig bist. Du, o Herr, wirst niemals von den Gesetzen der materiellen Natur beschränkt.

Mein lieber Herr, Du bist der ursprüngliche Vater der kosmischen Manifestation. Du bist der höchste spirituelle Meister, und Du bist der ursprüngliche Besitzer aller Dinge. In Deinem Aspekt als ewige Zeit läßt Du allen sündhaften Lebewesen ihre Bestrafung zukommen. In dieser materiellen Welt gibt es viele Dummköpfe wie mich, die sich einbilden, daß ihnen im Universum niemand gleichkommt, oder die sich sogar für Gott halten. Du jedoch bist so barmherzig, daß Du sie nicht bestrafst, sondern Mittel und Wege findest, diese Vermessenheit von ihnen zu nehmen, so daß sie verstehen können, daß Du allein die Höchste Persönlichkeit Gottes bist.

Mein lieber Herr, Du bist der höchste Vater, der höchste spirituelle Meister und der höchste König. Deshalb hast Du das Recht, jedes Lebewesen zu bestrafen, wenn es sich unangemessen verhält. Ein Vater will immer nur das Beste für seine Söhne, und ebenso will auch ein spiritueller Meister oder ein Staatsoberhaupt nur das Beste für seine Schüler bzw. für seine Bürger. Deshalb steht es ihnen auch zu, ihre Schutzbefohlenen zurechtzuweisen. Du erscheinst gemäß Deinem eigenen Wunsch in Deinen ewigen glückverheißenden Formen auf der Erde, um den ganzen Planeten zu verherrlichen und insbesondere um die Menschen zu bestrafen, die sich fälschlich für Gott ausgeben. In der materiellen Welt herrscht zwischen allen Lebewesen ein ständiger Kampf um die Vormacht und die Stellung eines Führers ihrer Gesellschaft, und Menschen, die in ihrem Bemühen, höchste Ämter und Ehren zu erlangen, gescheitert sind, behaupten dann aufgrund ihrer Torheit, sie seien Gott, die Höchste Persönlichkeit. In dieser materiellen Welt gibt es leider viele solche törichten Lebewesen, zu denen auch ich gehöre; doch im Laufe der Zeit, wenn sie zur Vernunft kommen, ergeben sie sich Dir und nehmen wieder das richtige Verhalten an, indem sie Dir hingebungsvollen Dienst darbringen. Nur aus diesem Grund bestrafst Du diejenigen, die neidisch auf Dich sind.

Mein lieber Herr, ich beging ein großes Vergehen gegen Deine Lotosfüße, als ich aufgrund meines materiellen Reichtumes hochmütig wurde und Deine unbegrenzte Macht verkannte. Deshalb, o Herr, verzeih mir gütigerweise, denn ich bin ein Dummkopf ersten Ranges. Sei mir barmherzig und gewähre mir Deine Segnungen, damit ich nicht noch einmal eine solche Dummheit begehe. Solltest Du jedoch mein Vergehen für zu schwer erachten, als daß Du es entschuldigen könntest, o Herr, so möchte ich demütig darauf hinweisen, daß ich trotz allem Dein ewiger Diener bin; Du erscheinst in der materiellen Welt, um Deine ewigen Diener zu beschützen und die Dämonen zu vernichten, die große Streitheere besitzen und für die ganze Welt eine unerträgliche Last darstellen. Ich bin Dein ewiger Diener — sei mir barmherzig und verzeihe mir.

Mein lieber Herr, Du bist die Höchste Persönlichkeit Gottes. Ich bringe Dir meine achtungsvollen Ehrerbietungen dar, denn Du bist die Höchste Person und die Höchste Seele. Du bist der Sohn Vasudevas, der Höchste Herr, Kṛṣṇa, und Du bist der Meister aller reinen Gottgeweihten; bitte akzeptiere meine demütigsten Ehrerbietungen im Staub Deiner Lotosfüße. Du bist die Personifikation des höchsten Wissens, und Du kannst ganz nach Deinem Belieben zu jeder Zeit in irgendeiner Deiner ewigen Formen erscheinen. Du bist die Wurzel der gesamten Schöpfung, und Du bist die Überseele aller Lebewesen. Aufgrund meiner tiefen Unwissenheit habe ich schwere Regenfälle und Hagelstürme nach Vṛndāvana geschickt, die dort großen Schaden anrichteten. Ich wurde von blindem Zorn getrieben, denn ich konnte es nicht ertragen, daß Du das Opfer verhindertest, das zu meiner Zufriedenstellung bestimmt war. Trotzdem, o Herr, warst Du so gütig zu mir, daß Du mich mit Deiner Barmherzigkeit gesegnet hast, indem Du meinen falschen Stolz brachst. Deshalb suche ich bei Deinen Lotosfüßen Zuflucht. Mein lieber Herr, Du bist nicht nur der höchste Kontrollierende, sondern auch der spirituelle Meister aller Lebewesen.“

Śrī Kṛṣṇa, die Höchste Persönlichkeit Gottes, lächelte sanft, als Er so von Indra gepriesen wurde, und Er erwiderte: „Mein lieber Indra, Ich habe das Opfer, das zu deinen Ehren hätte stattfinden sollen, unterbunden, um dir Meine grundlose Barmherzigkeit zu erweisen und Dich daran zu erinnern, daß ich Dein ewiger Meister bin. Aber Ich bin nicht nur dein Meister, sondern auch der Meister aller anderen Halbgötter. Du solltest dir immer vor Augen halten, daß du all deine materiellen Reichtümer nur durch Meine Barmherzigkeit erhalten hast. Jeder sollte sich stets daran erinnern, daß Ich der Höchste Herr bin. Ich kann jedem Meine Gunst erweisen und jeden bestrafen, denn niemand steht über Mir. Wenn Ich sehe, daß jemand von falschem Stolz befallen ist, zeige Ich ihm Meine grundlose Barmherzigkeit, indem Ich seinen gesamten Reichtum verschwinden lasse.“

Es ist bemerkenswert, wie Kṛṣṇa einem Menschen manchmal allen Reichtum fortnimmt, um ihm dadurch zu helfen, sich Ihm vollkommen hinzugeben. Dies ist eine besondere Segnung des Herrn. Manchmal kommt es vor, daß ein Mensch, der materiell sehr wohlhabend ist, in Armut gerät, wenn er sich im hingebungsvollen Dienst des Herrn beschäftigt. Es wäre jedoch falsch, daraus zu schließen, man würde zum Bettler, nur weil man dem Höchsten Herrn dient. Die wirkliche Erklärung lautet, daß der Herr einem aufrichtigen Gottgeweihten, der aufgrund einer Fehlauffassung immer noch die materielle Natur beherrschen will, Seine besondere Barmherzigkeit zeigt, indem Er ihm allen materiellen Reichtum wegnimmt, so daß er sich schließlich dem Höchsten Herrn gänzlich hingibt.

Als Śrī Kṛṣṇa Indra auf diese Weise unterwiesen hatte, bat Er ihn, in sein Königreich auf den himmlischen Planeten zurückzukehren, und Er riet ihm, künftig immer daran zu denken, daß er niemals die höchste Stellung innehabe, sondern stets der Höchsten Persönlichkeit Gottes untergeordnet sei. Er könne weiterhin der Himmelskönig bleiben, aber er solle achtsam sein und nicht noch einmal seinem Hochmut zum Opfer fallen.

Alsdann brachte die transzendentale *surabhi*-Kuh, die zusammen mit Indra vor Śrī Kṛṣṇa erschienen war, dem Herrn ihre achtungsvollen Ehrerbietungen dar und verehrte Ihn: „Mein lieber Herr, Śrī Kṛṣṇa", betete sie, „Du bist der mächtigste aller mystischen *yogīs*, weil Du die Seele des gesamten Universums bist, und von Dir allein ist diese kosmische Manifestation ausgegangen. Deshalb hast Du meinen Abkömmlingen, den Kühen in Vṛndāvana, Deinen Schutz gewährt, obwohl Indra alles versuchte, um sie zu töten; und Du hast sie alle auf wunderbare Weise beschützt. Nur Du allein bist unser Höchster Herr, und wir werden niemals bei den Halbgöttern oder irgendwelchen anderen Gottheiten Schutz suchen. Du bist deshalb unser Indra, Du bist der höchste Vater des gesamten Kosmos, und Du, o Herr, bist der Beschützer und wohlmeinende Freund der Kühe, der *brāhmaṇas* und der Halbgötter sowie all derjenigen, die Deine reinen Geweihten sind. O Überseele des Universums, bitte erlaube uns, Dich in unserer Milch zu baden, denn Du bist unser Indra. O Herr, Du erscheinst nur, um die Welt von der Last aller unreinen Handlungen zu befreien."

Und so wurde Kṛṣṇa mit der Milch der *surabhi*-Kuh gebadet, und Indra wurde mit dem Wasser des himmlischen Ganges gebadet, das sein Trägerelefant mit dem Rüssel über ihn sprühte. Danach brachten Indra, der Himmelskönig, und viele *surabhi*-Kühe sowie alle anderen Halbgötter und deren Mütter dem Herrn, Śrī Kṛṣṇa, ihre Verehrung dar, indem sie Ihn mit dem Wasser des Ganges und der Milch der *surabhi*-Kühe badeten. Auf diese Weise war Govinda, Śrī Kṛṣṇa, mit ihnen allen zufrieden. Die Bewohner der höheren Planetensysteme, wie Gandharvaloka, Vidyādharaloka, Siddhaloka und Cāraṇaloka, versammelten sich und begannen, den Herrn durch das Chanten Seines Heiligen Namens zu verherrlichen, während ihre Frauen zusammen mit den himmlischen Mädchen voller Glückseligkeit tanzten. Ebenso bereiteten sie Kṛṣṇa große Freude, indem sie alle einen kaum enden wollenden Blumenschauer vom Himmel regnen ließen. Nach dieser freudvollen Zeremonie, als sich alles wieder in schönster Harmonie befand, überfluteten die Kühe die Erdoberfläche mit ihrer Milch, und die Flüsse folgten wieder ihrem gewohnten Lauf und bewässerten das Land, so daß die Bäume saftige Früchte trugen und überall farbenprächtige Blumen mit einer Vielfalt von Düften hervorsprossen. Von den Ästen der Bäume tropfte Honig, und die Hügel und Berge ließen die wirksamsten Heilkräuter und herrliche Edelsteine zum Vorschein kommen. Weil Kṛṣṇa gegenwärtig war, herrschte überall eine glückbringende Atmosphäre, und die niederen Tiere, die gewöhnlich boshaft sind, waren nicht mehr länger boshaft.

Nachdem König Indra auf diese Weise Kṛṣṇa, der der Herr der Kühe von Vṛndāvana ist und der auch Govinda genannt wird, zufriedengestellt hatte, kehrte er mit Kṛṣṇas Erlaubnis in sein himmlisches Reich zurück, und Er wurde von den verschiedensten Halbgöttern, die sich um ihn geschart hatten, durch das Weltall begleitet. Diese eindrucksvolle Begebenheit zeigt deutlich, wie segensreich das Kṛṣṇa-Bewußtsein für die ganze Welt ist. Sogar die niederen Tiere vergessen ihre Boshaftigkeit und erlangen die Eigenschaften von Halbgöttern.

Hiermit enden die Bhaktivedanta-Erläuterungen zum 27. Kapitel des Kṛṣṇa-Buches: „Die Gebete des Himmelskönigs Indra".

28 / Kṛṣṇa befreit Nanda Mahārāja aus den Händen Varuṇas

Die Zeremonie zu Ehren des Govardhana-Hügels hatte am Tag des Neumonds stattgefunden. Danach hatten sieben Tage lang verheerende Regenfälle und Hagelstürme getobt, die von König Indra geschickt worden waren, und am zehnten Tag nach Neumond hatte König Indra Śrī Kṛṣṇa seine Gebete dargebracht, wodurch alles zu einem glücklichen Ende gekommen war. Danach, am elften Tag des zunehmenden Mondes, war Ekādaśī. Nanda Mahārāja fastete während des ganzen Tages, und früh am Morgen des darauffolgenden Tages, der Dvādaśī genannt wird, ging er hinunter an die Yamunā, um ein Bad zu nehmen. Er ging weit in den Fluß hinein, doch plötzlich erschienen die Diener von Varuṇadeva vor ihm, nahmen ihn gefangen und brachten ihn vor ihren Herrn, den Halbgott Varuṇa, wo sie ihn beschuldigten, zur falschen Zeit in der Yamunā gebadet zu haben. Nach astronomischen Berechnungen, so erklärten sie, gelte die Zeit, zu der Nanda Mahārāja sein Bad genommen habe, als dämonisch. Eigentlich hatte Nanda Mahārāja frühmorgens, kurz vor Sonnenaufgang, in der Yamunā baden wollen, doch irgendwie war er ein wenig zu früh gekommen, und deshalb war er zu einer unheilvollen Zeit in den Fluß gestiegen. Als Folge davon war er von Varuṇas Dienern festgenommen worden.

Als die Männer, die Nanda Mahārāja begleiteten, sahen, daß dieser im Fluß verschwunden war, riefen sie laut nach Kṛṣṇa und Balarāma. Kṛṣṇa und Balarāma begriffen sofort, daß Nanda Mahārāja von Varuṇa entführt worden war, und um der Bitte um Hilfe nachzukommen, begaben Sie Sich zur Residenz Varuṇas. Die Einwohner von Vṛndāvana waren alle reine Geweihte des Herrn, und als solche kannten sie keine andere Zuflucht als die Höchste Persönlichkeit Gottes. Spontan riefen sie immer nach Kṛṣṇa, wenn sie Hilfe benötigten, genau wie Kinder, die nur bei ihren Eltern Schutz finden. Der Halbgott Varuṇa empfing Śrī Kṛṣṇa und Balarāma mit großer Ehrfurcht und sprach: „O Herr, jetzt, wo Du vor mir gegenwärtig bist, ist mein Leben als Varuṇa, der Halbgott, vom

Erfolg gekrönt. Obwohl ich der Besitzer aller Reichtümer des Wassers bin, weiß ich, daß all meine materiellen Schätze mir nicht helfen können, das Leben zum Erfolg zu führen. Doch jetzt, wo ich Dich sehe, ist mein Leben vollkommen geworden, denn weil ich Dich sehen durfte, brauche ich nie mehr einen materiellen Körper anzunehmen. O Herr, o Höchste Persönlichkeit Gottes, o Höchstes Brahman und Überseele aller Wesen, ich erweise Dir meine achtungsvollen Ehrerbietungen. Du bist die höchste transzendentale Persönlichkeit; Du gerätst niemals unter den Einfluß der materiellen Natur. Es tut mir aufrichtig leid, daß meine Diener aus Torheit — weil sie nicht wußten, was getan werden muß und was nicht getan werden darf — versehentlich Deinen Vater, Nanda Mahārāja, festnahmen, und ich bitte für das Vergehen meiner Diener vielmals um Vergebung. Vielleicht war es sogar Dein Plan, daß Du mir mit Deinem persönlichen Besuch Deine Barmherzigkeit erweisen wolltest. Mein lieber Herr, Śrī Kṛṣṇa, Govinda, sei mir barmherzig — hier ist Dein Vater. Er kann Dich selbstverständlich wieder nach Hause begleiten."

Auf diese Weise befreite Śrī Kṛṣṇa, die Höchste Persönlichkeit Gottes, Seinen Vater und brachte ihn voller Jubel zu seinen Freunden zurück. Es hatte Nanda Mahārāja in großes Erstaunen versetzt, daß der mächtige Halbgott Varuṇa trotz seines außerordentlichen Reichtums Kṛṣṇa solchen Respekt entgegenbrachte. Voller Verwunderung erzählte Nanda seinen Freunden und Verwandten alles, was geschehen war, und er brachte dabei immer wieder zum Ausdruck, daß es ihm einfach unverständlich sei.

Obwohl Śrī Kṛṣṇa schon so viele Wundertaten vollbracht hatte, konnten sich Nanda Mahārāja und Mutter Yaśodā nicht vorstellen, daß Er die Höchste Persönlichkeit Gottes war. Vielmehr sahen sie in Ihm immer ihren geliebten Sohn, und so verstand Nanda Mahārāja auch nicht, daß Varuṇa Kṛṣṇa deswegen verehrt hatte, weil Kṛṣṇa die Höchste Persönlichkeit Gottes ist. Nanda dachte einfach, Kṛṣṇa sei ein so wundervolles Kind, daß Ihm sogar Varuṇa alle Ehre erwies. Die Freunde Nanda Mahārājas, die Kuhhirten, fragten sich, ob Kṛṣṇa wohl die Höchste Persönlichkeit sei und ob Er gekommen sei, um ihnen allen Erlösung zu gewähren. Als die Kuhhirten auf diese Weise untereinander Mutmaßungen anstellten, beschloß Kṛṣṇa, der ihre Gedanken erriet, ihnen alle Zweifel daran zu nehmen, daß ihr Bestimmungsort tatsächlich das spirituelle Königreich war, und so offenbarte Er ihnen die spirituelle Welt. Gewöhnlich verbringen die Menschen in der materiellen Welt ihre Zeit einfach nur mit harter Arbeit, und sie haben nicht die geringste Ahnung, daß es auch ein anderes Reich, eine andere Welt, nämlich die spirituelle Welt, gibt, wo das Leben ewig, voller Glückseligkeit und voller Wissen ist. Wie es in der *Bhagavad-gītā* heißt, kehrt ein Lebewesen, das die spirituelle Welt erreicht, niemals mehr in diese materielle Welt des Todes und des Leids zurück.

Kṛṣṇa, die Höchste Persönlichkeit Gottes, ist stets darum bemüht, den bedingten Seelen das Wissen zukommen zu lassen, daß es weit jenseits der materiellen Welt eine spirituelle Welt gibt, eine Welt, die mit den unzähligen Universen dieser materiellen Energie nichts zu tun hat. Kṛṣṇa ist natürlich jeder bedingten Seele stets gütig gesinnt, doch Seinen Geweihten ist Er immer besonders zugeneigt, wie dies auch in der *Bhagavad-gītā* bestätigt wird. Als Kṛṣṇa die Fragen der Kuhhirten hörte, hielt Er es deshalb sofort für angebracht, Seinen Geweihten in Vṛndāvana die spirituelle Welt und die darin befindlichen Vaikuṇṭha-Planeten zu zeigen. Jede bedingte Seele in der materiellen Welt wird von der Finsternis der Unwissenheit bedeckt. Mit anderen Worten, alle bedingten Seelen befinden sich in der körperlichen Auffassung des Lebens.

Jeder lebt unter der falschen Vorstellung, daß er zu dieser materiellen Welt gehöre, und diese Lebensauffassung ist die Ursache, daß jeder in Unwissenheit handelt und in den verschiedensten Lebensformen geboren wird. Die Tätigkeiten, die ein Lebewesen in einem bestimmten Körper ausführt, werden *karma*, fruchtbringende Tätigkeiten, genannt. Alle bedingten Seelen, die sich in der körperlichen Lebensauffassung befinden, sind gezwungen, gemäß ihrem jeweiligen Körper zu handeln, und dadurch bestimmen sie ihre nächste Lebensform. Weil diese unglücklichen Seelen nicht das geringste über die spirituelle Welt wissen, wenden sie sich im allgemeinen auch nicht spirituellen Tätigkeiten zu, die als *bhakti-yoga* bezeichnet werden. Wenn diejenigen, die *bhakti-yoga* mit Erfolg praktizieren, ihren gegenwärtigen Körper verlassen, werden sie direkt in die spirituelle Welt erhoben und erreichen einen der Vaikuṇṭha-Planeten. Die Einwohner von Vṛndāvana sind alle reine Gottgeweihte, und wenn sie ihren Körper verlassen, dann ist ihr Bestimmungsort Kṛṣṇaloka. Somit lassen sie sogar die Vaikuṇṭhalokas hinter sich. Mit anderen Worten, diejenigen, die ununterbrochen im Kṛṣṇa-Bewußtsein beschäftigt sind und reifen, reinen hingebungsvollen Dienst darbringen, bekommen die Möglichkeit, nach ihrem Tod in einem der Universen dieser materiellen Welt Kṛṣṇas Gemeinschaft zu erlangen, denn Kṛṣṇas Spiele finden fortwährend statt, entweder in diesem Universum oder in einem anderen. Genau wie der Lauf der Sonne auf dieser Erde fortwährend an immer neuen Orten als Sonnenaufgang gesehen wird, so findet auch der Kṛṣṇa-*līlā*, d.h. das transzendentale Erscheinen und die transzendentalen Spiele Kṛṣṇas, fortwährend an neuen Orten statt, entweder in diesem oder in einem anderen Universum. Die gereiften Gottgeweihten also, die den Vorgang des Kṛṣṇa-Bewußtseins bis zu seiner Vollkommenheit ausgeführt haben, gelangen in das Universum, wo Kṛṣṇa gerade erscheint. In diesem bestimmten Universum bekommen die Gottgeweihten ihre erste Gelegenheit, mit Kṛṣṇa persönlich und unmittelbar zusammenzusein. Diese „Ausbildung" findet so statt, wie wir es in Kṛṣṇas Vṛndāvana-*līlā* auf der Erde sehen können. Kṛṣṇa offenbarte deshalb die Vaikuṇṭha-Planeten in ihrer ganzen Fülle, so daß die Einwohner von Vṛndāvana ihren Bestimmungsort erkennen konnten.

Somit zeigte Kṛṣṇa ihnen den ewig existierenden spirituellen Himmel, der unbegrenzt und voller Wissen ist. Die Lebewesen in der materiellen Welt befinden sich auf unterschiedlich hohen Entwicklungsstufen, und entsprechend diesen Stufen ist auch das Wissen unterschiedlich. So ist zum Beispiel das Wissen, wie es sich im Körper eines Kindes ausdrückt, nicht so vollkommen wie das Wissen eines erwachsenen Mannes. Diese verschiedenen Abstufungen der Lebewesen können überall gefunden werden — bei den Wasserlebewesen, bei den Pflanzen und Bäumen, bei den Reptilien, Insekten, Vögeln und Säugetieren sowie auch bei den zivilisierten und unzivilisierten menschlichen Lebensformen. Den menschlichen Lebewesen übergeordnet sind die Halbgötter, von den Cāraṇas und Siddhas bis hin zu Brahmā, der auf Brahmaloka lebt, und unter all diesen Halbgöttern gibt es immer verschiedene Abstufungen des Wissens. Aber jenseits dieser materiellen Universen, in der Welt von Vaikuṇṭha, besitzt jeder vollständiges Wissen. Dort beschäftigen sich alle Lebewesen ausnahmslos im hingebungsvollen Dienst des Herrn, sowohl auf den Vaikuṇṭha-Planeten wie auch direkt auf Kṛṣṇaloka.

Die *Bhagavad-gītā* erklärt, daß vollkommenes Wissen bedeutet, Kṛṣṇa als die Höchste Persönlichkeit Gottes zu erkennen. In den *Veden* und in der *Bhagavad-gītā* wird auch gesagt, daß im *brahmajyoti*, dem spirituellen Himmel, keine Notwendigkeit für Sonnenlicht, Mondlicht oder Elektrizität besteht. All diese Planeten sind selbstleuchtend und ewig, und deshalb ist das *brahmajyoti*, der spirituelle Himmel, niemals einer Schöpfung oder Vernichtung unterworfen. Auch in der *Bhagavad-gītā* wird bestätigt, daß sich jenseits der materiellen Welt eine andere Welt befindet, die unvergängliche spirituelle Welt, in der alles ewig existiert. Wissen über die spirituelle Welt jedoch kann man nur von großen Weisen und Heiligen bekommen, die bereits den Einfluß der drei materiellen Erscheinungsweisen überwunden haben. Solange man nicht stetig auf der transzendentalen Ebene verankert ist, besteht keine Möglichkeit, die spirituelle Natur zu verstehen.

Aus diesem Grund wird empfohlen, daß man den Pfad des *bhakti-yoga* einschlägt und sich vierundzwanzig Stunden täglich im Kṛṣṇa-Bewußtsein beschäftigt, denn nur so kann man dem Einflußbereich der drei materiellen Erscheinungsweisen entkommen. Wer Kṛṣṇa-bewußt ist, kann die Natur des spirituellen Himmels und der Vaikuṇṭhalokas leicht verstehen. Da sich die Einwohner von Vṛndāvana ständig im Kṛṣṇa-Bewußtsein beschäftigten, waren sie in der Lage, die transzendentale Natur der Vaikuṇṭhalokas sehr leicht zu verstehen.

Kṛṣṇa führte die Kuhhirten also zu dem See, wo Er später auch Akrūra die Vaikuṇṭha-Planeten offenbarte. Als die Männer, allen voran Nanda Mahārāja, das Ufer des Sees erreichten, nahmen sie dort sogleich ein Bad, und während sie im Wasser standen, sahen sie plötzlich den spirituellen Himmel und alle Vaikuṇṭhalokas in ihrer ganzen Fülle. Nanda Mahārāja und alle anderen Kuhhirten fühlten sich bei diesem Anblick in tiefe Glückseligkeit getaucht, und als sie wieder aus dem Fluß stiegen, sahen sie Kṛṣṇa, der mit erlesenen Gebeten verehrt wurde.

Hiermit enden die Bhaktivedanta-Erläuterungen zum 28. Kapitel des Kṛṣṇa-Buches: „Kṛṣṇa befreit Nanda Mahārāja aus den Händen Varuṇas“.

29 / Der rāsa-Tanz: Einführung

Aus dem *Śrīmad-Bhāgavatam* erfahren wir, daß der *rāsa*-Tanz in der Vollmondnacht der *śarat*-Jahreszeit stattfand. Aus den früheren Kapiteln geht hervor, daß das Fest der Govardhana-*pūjā* gleich nach der mondlosen Nacht des Monats Kārttika vollzogen wurde, und danach hatte die Zeremonie namens Bhrātṛdvitīya stattgefunden. Darauf war Vṛndāvana von den Regenfällen und Hagelstürmen heimgesucht worden, die Indra in seinem Zorn geschickt hatte, und Śrī Kṛṣṇa hatte den Govardhana-Hügel für sieben Tage hochgehalten, bis zum neunten Tag des zunehmenden Mondes. Am zehnten Tag hatten die Einwohner Vṛndāvanas über die wunderbaren Taten Kṛṣṇas gesprochen, und am darauffolgenden Tag war Ekādaśī gewesen, weshalb Nanda Mahārāja fastete. Am nächsten Tag, am Dvādaśī, war Nanda Mahārāja, als er im Ganges ein Bad nehmen wollte, von Varuṇas Männern gefangengenommen worden; doch Kṛṣṇa hatte ihn wieder befreit, und schließlich hatte Er Nanda Mahārāja und den anderen Kuhhirten den spirituellen Himmel offenbart.

Auf diese Weise ging die Vollmondnacht der *śarat*-Jahreszeit vorüber. Die Vollmondnacht im Monat Āśvina wird *śārat-pūrṇimā* genannt. Den Aussagen des *Śrīmad-Bhāgavatam* können wir also entnehmen, daß Kṛṣṇa ein ganzes Jahr lang warten mußte, bis die nächste solche Vollmondnacht kam und Er zusammen mit den *gopīs* den *rāsa*-Tanz genießen konnte. Kṛṣṇa war sieben Jahre alt gewesen, als Er den Govardhana-Hügel hochhob. Beim *rāsa*-Tanz also war Kṛṣṇa acht Jahre alt.

In den vedischen Schriften bezieht sich das Wort *rāsa*-Tanz auf eine Vorführung, in der ein Ballettänzer mit vielen Mädchen zusammen tanzt. Als Kṛṣṇa sah, daß sich die Vollmondnacht der *śarat*-Jahreszeit ankündigte, schmückte Er Sich mit vielen Blumen, die zu dieser Jahreszeit blühten, vor allem mit den wohlriechenden *mallikā*-Blumen. Er erinnerte Sich daran, wie die *gopīs* zur Göttin Kātyāyanī gebetet hatten, um Ihn als Ehemann zu bekommen. So dachte Kṛṣṇa bei Sich, daß die Vollmondnacht der *śarat*-Jahreszeit sich vortrefflich zum Tanzen eigne. Auf diese Weise würde Er den Wunsch der *gopīs*, Ihn als Ehemann zu haben, erfüllen.

Die Worte, die in diesem Zusammenhang im *Śrīmad-Bhāgavatam* benutzt werden, sind *bhagavān api*, was bedeutet, daß Kṛṣṇa, obwohl Er die Höchste Persönlichkeit Gottes ist, keinerlei Verlangen hat, weil Er ewiglich alle sechs Füllen in Vollkommenheit besitzt. Aber dennoch wollte Er Sich der Gemeinschaft der *gopīs* erfreuen. Die Worte *bhagavān api* weisen auch darauf hin, daß der *rāsa*-Tanz nicht dasselbe ist, wie wenn in der materiellen Welt junge Leute miteinander tanzen. Zur genauen Erläuterung werden im *Śrīmad-Bhāgavatam* die Worte *yoga-māyām upāśritaḥ* gebraucht, was bedeutet, daß sich Kṛṣṇas Tanz mit den *gopīs* auf der Ebene von *yoga-māyā* befindet, nicht auf der von *mahā-māyā*. Wenn in der materiellen Welt Jungen und Mädchen miteinander tanzen, so gehört dies in das Königreich *mahā-māyās*, der äußeren Energie. Kṛṣṇas *rāsa*-Tanz mit den *gopīs* jedoch findet auf der *yoga-māyā*-Ebene statt. Der Unterschied zwischen der Ebene von *yoga-māyā* und *mahā-māyā* wird im *Caitanya-caritāmṛta* mit dem Unterschied zwischen Gold und Eisen verglichen. Beides sind zwar Metalle, doch an Qualität sind sie voneinander völlig verschieden. Ebenso verhält es sich mit dem *rāsa*-Tanz. Śrī Kṛṣṇas Gemeinschaft mit den *gopīs* scheint äußerlich genau wie das gewöhnliche Zusammentreffen von Jungen und Mädchen zu sein, aber in Wirklichkeit besteht qualitativ ein gewaltiger Unterschied. Diesen Unterschied können jedoch nur die großen Vaiṣṇavas wahrnehmen, die zwischen Liebe zu Kṛṣṇa und Lust zu unterscheiden wissen.

Auf der Ebene der *mahā-māyā* tanzt man miteinander mit dem Ziel der Sinnenbefriedigung. Aber als die *gopīs* zu der Stelle liefen, an der Kṛṣṇa auf Seiner Flöte spielte, um sie zum *rāsa*-Tanz zu rufen, hatten sie nur den einen transzendentalen Wunsch, nämlich Kṛṣṇa zu erfreuen. Wie der Autor des *Caitanya-caritāmṛta*, Kṛṣṇadāsa Kavirāja Gosvāmī, erklärt, bedeutet Lust Sinnenbefriedigung, und auch Liebe bedeutet Sinnenbefriedigung — aber für Kṛṣṇa. Mit anderen Worten, Handlungen mit dem Ziel der eigenen Sinnenbefriedigung sind materiell, und Handlungen zur Zufriedenheit Kṛṣṇas sind spirituell. Auf jeder Ebene des Handelns herrscht das Prinzip der Sinnenbefriedigung, aber auf der spirituellen Ebene ist die Sinnenbefriedigung für die Höchste Persönlichkeit Gottes, Kṛṣṇa, bestimmt, während man auf der materiellen Ebene für sich selbst Sinnenbefriedigung will. Zum Beispiel versucht ein Diener auf der materiellen Ebene nicht, die Sinne des Meisters zufriedenzustellen, sondern er arbeitet einzig und allein für die eigenen Sinne, denn würde er kein Geld mehr bekommen, würde er aufhören, dem betreffenden Meister zu dienen. Auf der spirituellen Ebene jedoch dient der Gottgeweihte der Höchsten Persönlichkeit Gottes, Kṛṣṇa, ohne Bezahlung, und er führt seinen Dienst unter allen Umständen aus. Das ist der Unterschied zwischen Kṛṣṇa-Bewußtsein und materiellem Bewußtsein.

Kṛṣṇa war also acht Jahre alt, als Er Sich mit den *gopīs* im *rāsa*-Tanz vergnügte, und zu der Zeit waren die meisten *gopīs* bereits verheiratet, denn in Indien wurden die Mädchen vor allem in jenen Tagen schon sehr früh verheiratet. Es wird sogar von vielen Fällen berichtet, wo ein Mädchen schon im Alter von zwölf Jahren ein Kind zur Welt brachte. Deshalb waren alle *gopīs*, die sich Kṛṣṇa zum Ehemann wünschten, bereits verheiratet; trotzdem fuhren sie fort zu hoffen, daß Kṛṣṇa eines Tages ihren Wunsch erfüllen werde. Weil ihre Liebe zu Kṛṣṇa genau wie die Sehnsucht nach einem Geliebten ist, wird die Liebesbeziehung zwischen Kṛṣṇa und den *gopīs* als *parakīya-rasa* bezeichnet. Wenn jemand, der verheiratet ist, eine andere Frau bzw. einen anderen Mann als Ehepartner begehrt, so nennt man dies *parakīya-rasa*.

Im Grunde ist Kṛṣṇa der Gemahl eines jeden, denn Er ist der höchste Genießer. Die *gopīs* wünschten sich Kṛṣṇa als Gemahl, obwohl es in Wirklichkeit nicht möglich war, daß Er die *gopīs* heiratete. Aber weil sie trotzdem die spontane Neigung hatten, Kṛṣṇa als ihren höchsten Gemahl zu lieben, wird die Beziehung zwischen den *gopīs* und Kṛṣṇa als *parakīya-rasa* bezeichnet. Dieser *parakīya-rasa* besteht ewig auf Goloka Vṛndāvana in der spirituellen Welt, wo es nicht die geringste Spur von der Verunreinigung und Verzerrung gibt, die für den *parakīya-rasa* in der materiellen Welt kennzeichnend ist. In der materiellen Welt ist der *parakīya-rasa* verabscheuungswürdig, wohingegen der *parakīya-rasa* in der spirituellen Welt die höchstvollkommene Beziehung zwischen Kṛṣṇa und den *gopīs* darstellt. Es gibt noch viele andere Beziehungen zu Kṛṣṇa: die Diener-Meister-Beziehung, die Beziehung als Freund, die elterliche Beziehung und die Beziehung als Geliebter und Geliebte. Von all diesen *rasas* gilt der *parakīya-rasa* als der vortrefflichste.

Die materielle Welt ist eine verzerrte Spiegelung, eine pervertierte Reflexion, der spirituellen Welt. Es ist genauso wie bei der Widerspiegelung eines Baumes, der am Ufer eines Gewässers steht: Der Wipfel, der oberste Teil des Baumes, wird in der Widerspiegelung zum untersten Teil. Ebenso wird der *parakīya-rasa* zu einer verabscheuenswerten Beziehung, wenn er verzerrt in der materiellen Welt widergespiegelt wird. Deshalb genießen die Menschen, die Kṛṣṇas *rāsa*-Tanz mit den *gopīs* imitieren wollen, bloß die pervertierte, verabscheuenswerte Reflexion des transzendentalen *parakīya-rasa*. Es ist unmöglich, den transzendentalen *parakīya-rasa* in der materiellen Welt zu genießen. Im *Śrīmad-Bhāgavatam* heißt es, daß man diesen *parakīya-rasa* nicht einmal im Traum oder in der Vorstellung nachahmen darf. Diejenigen, die es dennoch tun, trinken das tödlichste Gift.

Als Kṛṣṇa, der höchste Genießer, Sich wünschte, in dieser Vollmondnacht der *śarat*-Jahreszeit die Gemeinschaft der *gopīs* zu genießen, erschien genau zur gleichen Zeit der Mond, der Herr der Sterne, über dem Horizont und leuchtete in seiner schönsten Pracht. Die Vollmondnacht der *śarat*-Jahreszeit gilt als die schönste Nacht im Jahr. In Indien gibt es eine berühmte Sehenswürdigkeit namens Taj Mahal, die sich in Agra, einer Stadt in der Provinz Uttar Pradesh, befindet. Dieses Grabmal besteht aus bestem Marmor, und während der Vollmondnacht der *śarat*-Jahreszeit kommen viele Besucher dorthin, um zu sehen, wie sich der Mond in einem einzigartigen Schauspiel auf dem Grabmal widerspiegelt. Diese Vollmondnacht ist also sogar heute noch für ihre Schönheit berühmt.

Als der Vollmond im Osten aufging, tauchte er alles in einen sanften rötlichen Schimmer, und im Licht des Mondes erschien der ganze Himmel, als sei er mit rotem *kuṅkuma* gefärbt. Wenn ein Mann nach langer Abwesenheit nach Hause zu seiner Frau zurückkehrt, schmückt er das Gesicht seiner Frau mit rotem *kuṅkuma*. Auf diese Weise schmückte der langerwartete Vollmond der *śarat*-Jahreszeit den gesamten östlichen Horizont.

Mit dem Mondaufgang nahm Kṛṣṇas Wunsch, mit den *gopīs* zu tanzen, noch mehr zu. Der Wald war erfüllt vom Duft der verschiedensten Blumen, und die Atmosphäre war wohltuend kühl und festlich. Als Śrī Kṛṣṇa auf Seiner Flöte zu spielen begann, waren die *gopīs* überall in Vṛndāvana wie verzaubert, und der aufgehende Mond, der rötliche Horizont, die kühle und stille Atmosphäre und die überall erblühenden Blumen ließen die Sehnsucht der *gopīs* beim Erklingen von Kṛṣṇas Flöte um ein Tausendfaches anwachsen. Die *gopīs* fühlten sich alle von Natur aus zu Kṛṣṇas Schönheit hingezogen, und als sie den Klang Seiner Flöte vernahmen, wurden sie sehr begierig, Kṛṣṇas Sinne zu erfreuen.

Als die *gopīs* den Klang der Flöte hörten, ließen sie ohne zu zögern alles stehen und liegen und eilten zu dem Ort, wo Sich Kṛṣṇa befand. Ihre Ohrringe tanzten hin und her, als sie versuchten, so schnell wie möglich zum Ort zu gelangen, den sie als Vaṁśīvaṭa kannten. Einige waren gerade am Melken; doch sie liefen einfach zu Kṛṣṇa, obwohl sie die Kühe noch nicht fertiggemolken hatten. Eine der *gopīs* hatte die frischgemolkene Milch schon zum Kochen auf den Herd gestellt, doch sowie sie Kṛṣṇas Flöte hörte, verließ sie das Haus, ohne sich darum zu kümmern, daß die Milch überkochen würde. Einige waren gerade dabei, ihre Kinder zu stillen, und andere teilten der Familie, die sich zu Tisch gesetzt hatte, das Essen aus — doch sie alle vergaßen ihre Pflichten und liefen sofort zu dem Ort, wo Kṛṣṇa auf Seiner Flöte spielte. Einige der *gopīs* waren dabei, ihre Ehemänner zu bedienen, und einige aßen gerade selbst, doch auch sie liefen alle weg, und es kümmerte sie nicht, ob ihre Ehemänner warteten oder ob sie selbst gegessen hatten oder nicht. Einige der *gopīs* hatten sich noch schminken und besonders anmutig kleiden wollen, bevor sie zu Kṛṣṇa gingen, aber leider waren sie nicht in der Lage, sich fertigzuschminken oder ihre Kleider richtig anzulegen, denn ihr Verlangen, Kṛṣṇa zu sehen, war zu stark. Ihre Gesichter waren nur flüchtig und in aller Eile geschminkt, und einige hatten in der Überstürzung sogar die Oberteile ihrer Kleider mit den Unterteilen verwechselt und die Unterteile mit den Oberteilen.

Als die *gopīs* eilig ihre Häuser verließen, wurden sie von ihren Ehemännern, Brüdern und Vätern voller Verwunderung gefragt, wohin sie gehen wollten; schließlich waren sie junge Mädchen und mußten entweder von ihrem Ehemann, ihrem Vater oder von den älteren Brüdern sorgfältig behütet werden. Alle Verwandten untersagten es ihnen, zu Kṛṣṇa zu gehen, doch die *gopīs* ließen sich nicht zurückhalten. Wenn sich jemand so sehr zu Kṛṣṇa hingezogen fühlt und völlig ins Kṛṣṇa-Bewußtsein vertieft ist, kümmert er sich nicht mehr um weltliche Pflichten, auch wenn diese noch so dringlich erscheinen. Das Kṛṣṇa-Bewußtsein ist so mächtig, daß es jeden vom materiellen Leben befreien kann. Śrīla Rūpa Gosvāmī verfaßte einmal einen sehr schönen Vers, in dem eine *gopī* zu einer anderen sagt: „Liebe Freundin, wenn du immer noch den Wunsch hast, materielle Gesellschaft, Freundschaft und Liebe zu genießen, dann gehe lieber nicht zu dem lächelnden Jüngling Govinda, der am Ufer der Yamunā steht und auf Seiner Flöte spielt und dessen Lippen in den Strahlen des Vollmondes leuchten." Śrīla Rūpa Gosvāmī sagt damit indirekt, daß jeder, der von dem wunderbaren, lächelnden Gesicht Kṛṣṇas bezaubert wird, jegliche Anziehung zu materiellen Freuden verliert. Das ist das Merkmal des Fortschritts im Kṛṣṇa-Bewußtsein; mit anderen Worten, wie fortgeschritten jemand im Kṛṣṇa-Bewußtsein ist, kann man daran sehen, inwieweit er das Interesse an materiellen Tätigkeiten und eigener Sinnenbefriedigung verloren hat.

Einige der *gopīs* wurden von ihren Ehemännern tatsächlich daran gehindert, zu Kṛṣṇa zu gehen, und wurden mit Gewalt in ihre Zimmer zurückgebracht und dort eingeschlossen. Da es ihnen nicht möglich war, zu Kṛṣṇa zu gehen, schlossen sie ihre Augen und begannen, über Seine transzendentale Gestalt zu meditieren; längst schon hatte sich Kṛṣṇas Gestalt in ihre Gedanken eingeprägt. Dies alles beweist, daß die *gopīs* erhabener waren als die größten *yogīs*, denn wie es in der *Bhagavad-gītā* heißt, ist derjenige der höchste aller *yogīs*, der ständig mit Glauben und Liebe an Kṛṣṇa in seinem Herzen denkt. Derjenige, der tatsächlich echten *yoga* praktiziert, konzentriert seinen Geist auf die Gestalt Śrī Viṣṇus, und Kṛṣṇa ist die ursprüngliche Form aller Viṣṇu-*tattvas*. Da diese *gopīs* nicht persönlich zu Kṛṣṇa gehen konnten, versanken sie, als vollkommene *yogīs*, in Meditation über Ihn.

Im bedingten Zustand erhalten die Lebewesen durch ihre fruchtbringenden Tätigkeiten zwei Arten von Ergebnissen: Das bedingte Lebewesen, das ständig sündhaften Tätigkeiten nachgeht, muß als Resultat leiden, und dasjenige, das frommen Tätigkeiten nachgeht, bekommt als Resultat materiellen Genuß. In beiden Fällen jedoch — ob das Resultat nun materielles Leid oder materieller Genuß ist — steht das bedingte Lebewesen unter dem Diktat der materiellen Natur.

Die Gefährtinnen Kṛṣṇas, die *gopīs*, die überall dort erscheinen, wo Kṛṣṇa Seine Spiele durchführt, lassen sich in zwei Gruppen unterteilen. Die meisten der *gopīs* sind ewige Gefährtinnen des Herrn. In der *Brahma-saṁhitā* heißt es, *ānanda-cin-maya-rasa pratibhāvitābhiḥ*: Kṛṣṇas Gefährtinnen in der spirituellen Welt, insbesondere die *gopīs*, sind eine Manifestation der Freudenenergie Kṛṣṇas, das heißt, sie sind Erweiterungen Śrīmatī Rādhārāṇīs. Wenn Kṛṣṇa allerdings Seine transzendentalen Spiele in den Universen der materiellen Welt entfaltet, nehmen nicht nur Seine ewigen Gefährtinnen daran teil, sondern auch diejenigen, die aus der materiellen Welt kommen und zu dieser Stufe erhoben wurden. Die *gopīs*, die sich Kṛṣṇas Spielen in dieser materiellen Welt anschlossen, kamen von der Ebene gewöhnlicher Menschen. Waren sie damals von fruchtbringenden Tätigkeiten gebunden gewesen, so wurden sie nun durch ihre ununterbrochene Meditation über Kṛṣṇa von allen Reaktionen des *karma* vollkommen befreit. Das qualvolle Verlangen, das in den *gopīs* brannte, da es ihnen in jener Nacht nicht vergönnt war, mit Kṛṣṇa zusammenzusein, befreite sie von allen sündhaften Reaktionen, und ihre Ekstase der transzendentalen Liebe zu

Kṛṣṇa, während sie von Ihm getrennt waren, war transzendental zu allen Reaktionen auf materiell fromme Tätigkeiten. Jede bedingte Seele wird sowohl durch fromme als auch durch sündhafte Tätigkeiten an den Kreislauf von Geburt und Tod gebunden, doch die *gopīs*, die in die Meditation über Kṛṣṇa versunken waren, hatten beide Ebenen der Tätigkeit hinter sich gelassen. So wurden sie geläutert und auf die Ebene derjenigen *gopīs* erhoben, die Erweiterungen Seiner Freudenenergie sind. All diese *gopīs*, die ihren Geist auf Kṛṣṇa richteten und Ihn als Geliebten sahen, wurden von allen Verunreinigungen, die von fruchtbringenden Reaktionen der materiellen Natur herrühren, vollkommen befreit, ja einige von ihnen gaben sogar ihren materiellen Körper auf, den sie unter dem Einfluß der drei Erscheinungsweisen der materiellen Natur erhalten hatten.

Mahārāja Parīkṣit hatte zugehört, wie Śukadeva Gosvāmī die *gopīs* beschrieb, die zu Kṛṣṇa eilten, um am *rāsa*-Tanz teilzunehmen. Als er hörte, daß einige *gopīs* einfach dadurch, daß sie an Kṛṣṇa dachten wie an ihren Geliebten, von der Bedingtheit der Geburt und des Todes befreit wurden, fragte er: „Die *gopīs* wußten nicht, daß Kṛṣṇa die Höchste Persönlichkeit Gottes ist. Sie hielten Ihn für einen wunderschönen Knaben und sahen in Ihm ihren Geliebten. Wie war es ihnen also möglich, von der materiellen Bedingtheit frei zu werden, einfach indem sie ständig an Kṛṣṇa dachten und sich in Ihn verliebten?“ Im Zusammenhang mit dieser Frage muß man daran denken, daß Kṛṣṇa und die gewöhnlichen Lebewesen qualitativ eins sind. Da die gewöhnlichen Lebewesen winzige Bestandteile Kṛṣṇas sind, sind sie ebenfalls Brahman — Kṛṣṇa jedoch ist das Höchste Brahman, das Parabrahman. Mahārāja Parīkṣit fragte also mit anderen Worten: Wenn es für die Gottgeweihten möglich ist, durch ständiges Denken an Kṛṣṇa aus der materiellen Gefangenschaft befreit zu werden, warum gelangen diejenigen Menschen nicht zur Befreiung, die ebenfalls fortwährend an irgend jemanden denken? Da alle Lebewesen Brahman sind, warum wird dann nicht auch jemand, der an seine Frau, seinen Sohn oder einfach an irgendein Lebewesen denkt, von dem verunreinigten Zustand des materiellen Lebens befreit? Dies ist eine sehr intelligente Frage, weil es immer Atheisten gibt, die Kṛṣṇa nachzuahmen versuchen. In der heutigen Zeit, dem Kali-yuga, gibt es viele Betrüger, die sich selbst für ebenso bedeutend wie Kṛṣṇa halten und die anderen Menschen weismachen wollen, man könne ebensogut an sie denken wie an Śrī Kṛṣṇa. Parīkṣit Mahārāja stellte diese Frage, weil er voraussehen konnte, in welcher Gefahr sich die blinden Anhänger solcher dämonischen Scharlatane befinden würden. Glücklicherweise ist die Antwort im *Śrīmad-Bhāgavatam* festgehalten worden, so daß unschuldige Menschen erkennen können, daß es keinesfalls das gleiche ist, ob man an einen gewöhnlichen Menschen denkt oder an Kṛṣṇa.

Nicht einmal die Meditation über einen Halbgott läßt sich mit der Meditation über Kṛṣṇa vergleichen. In diesem Zusammenhang heißt es im *Vaiṣṇava Tantra*, daß jemand, der Viṣṇu, Nārāyaṇa oder Kṛṣṇa auf die Stufe der Halbgötter stellt, *pāṣaṇḍī*, Schurke, genannt wird. Als Śukadeva Gosvāmī Mahārāja Parīkṣits Frage hörte, entgegnete er: „Mein lieber König, deine Frage ist lange vor dieser Begebenheit bereits beantwortet worden.“

Mahārāja Parīkṣit hatte diese Frage gestellt, um alle Unklarheiten zu beseitigen, und sein spiritueller Meister antwortete ihm auf sehr intelligente Weise: „Warum stellst du eine Frage, die ich dir schon längst beantwortet habe? Warum bist du so vergeßlich?“ Der spirituelle Meister befindet sich immer in einer höheren Stellung als der Schüler, und deshalb hat er auch das Recht, ihn zu tadeln. Śukadeva Gosvāmī war sich bewußt darüber, daß Mahārāja Parīkṣit diese Frage nicht für den eigenen Nutzen gestellt hatte, sondern für den Nutzen aller unschuldigen Menschen in der Zukunft, die sonst denken könnten, ein gewöhnlicher Sterblicher sei Kṛṣṇa ebenbürtig.

Śukadeva Gosvāmī erinnerte Parīkṣit Mahārāja darauf an die Erlösung Śiśupālas. Śiśupāla war auf Kṛṣṇa immer neidisch gewesen, und wegen dieser neidischen und boshaften Haltung war er von Kṛṣṇa getötet worden. Doch weil Kṛṣṇa die Höchste Persönlichkeit Gottes ist, erlangte Śiśupāla Erlösung — einfach dadurch, daß er Kṛṣṇa von Angesicht zu Angesicht sah. Wenn ein feindlich gesinnter Mensch bereits erlöst wird, weil er irgendwie seine Gedanken auf Kṛṣṇa richtete, so kann man sich vorstellen, was der Lohn der *gopīs* ist, die von Kṛṣṇa innig geliebt werden und die ihrerseits ständig in Liebe an Ihn denken. Zwischen den Freunden und den Feinden Kṛṣṇas muß es einen Unterschied geben. Wenn Kṛṣṇas Feinde von der materiellen Verunreinigung befreit wurden und mit dem Höchsten eins werden konnten, dann befinden sich Seine vertrauten Gefährten, wie die *gopīs*, mit Sicherheit auf der Ebene der Befreiung und dürfen sich der Gemeinschaft mit Kṛṣṇa erfreuen.

Hinzu kommt, wie es in der *Bhagavad-gītā* heißt, daß ein anderer Name Kṛṣṇas Hṛṣīkeśa lautet. Deshalb sagte Śukadeva Gosvāmī auch, Kṛṣṇa sei Hṛṣīkeśa, die Überseele, wohingegen ein gewöhnlicher Mensch eine bedingte Seele sei, die von einem materiellen Körper bedeckt wird. Zwischen Kṛṣṇa Selbst und Kṛṣṇas Körper gibt es keinen Unterschied, weil Er Hṛṣīkeśa ist. Jeder, der zwischen Kṛṣṇa und Kṛṣṇas Körper eine Unterscheidung macht, ist ein Dummkopf ersten Ranges. Die beiden besonderen Namen Kṛṣṇas, die Parīkṣit Mahārāja in diesem Zusammenhang anführte, sind Hṛṣīkeśa und Adhokṣaja. Hṛṣīkeśa bezieht sich auf die Überseele, und Adhokṣaja bezieht sich auf die Höchste Persönlichkeit Gottes, die Sich jenseits der materiellen Natur befindet. Nur zum Wohl der gewöhnlichen Lebewesen erscheint Kṛṣṇa aus Seiner grundlosen Barmherzigkeit heraus so, wie Er ist, in Seiner ursprünglichen Form. Unglücklicherweise halten Ihn törichte Menschen für einen gewöhnlichen Sterblichen, und auf diese Weise ebnen sie sich den Weg zur Hölle. Śukadeva Gosvāmī betonte deshalb noch einmal, daß Kṛṣṇa die Höchste Persönlichkeit Gottes ist, unvergänglich, unermeßlich und frei von aller materiellen Verunreinigung.

Śukadeva Gosvāmī fuhr fort und erklärte Mahārāja Parīkṣit, daß Kṛṣṇa keine gewöhnliche Person ist. Er ist die Höchste Persönlichkeit Gottes, die alle spirituellen Eigenschaften in Vollkommenheit besitzt. Er erscheint aus Seiner grundlosen Barmherzigkeit in dieser materiellen Welt, und wann immer Er erscheint, geschieht dies, ohne daß Er Sich zu wandeln braucht. Dies wird auch in der *Bhagavad-gītā* bestätigt, wo der Herr sagt, daß Er in Seiner spirituellen Energie erscheint. Er erscheint nicht unter dem Zwang der materiellen Energie; vielmehr befindet sich die materielle Energie unter Seiner Herrschaft. Dies wird in der *Bhagavad-gītā* bestätigt, wo es heißt, daß die materielle Energie unter Kṛṣṇas Oberaufsicht tätig ist. In diesem Zusammenhang wird in der *Brahma-saṁhitā* gesagt, daß die materielle Energie, Durgā, genau wie ein Schatten ist, der sich abhängig vom wirklichen Subjekt bewegt. Mit anderen Worten, wer auf irgendeine Weise eine Anhaftung an Kṛṣṇa gewinnt oder sich zu Ihm hingezogen fühlt — entweder wegen Seiner Schönheit, Seiner Einzigartigkeit, Seines Reichtums, Seiner Berühmtheit, Seiner Macht oder Seines Wissens oder sogar aufgrund von Lust, Zorn, Furcht oder aus Gefühlen der Zuneigung oder Freundschaft heraus —, dem ist die Erlösung und die Freiheit von aller materiellen Verunreinigung gewiß.

Im Achtzehnten Kapitel der *Bhagavad-gītā* erklärt der Herr, daß Ihm jeder, der Kṛṣṇa-Bewußtsein predigt, sehr lieb ist. Ein Prediger muß bei seiner Bemühung, reines Kṛṣṇa-Bewußtsein zu verbreiten, oft mit vielen Schwierigkeiten kämpfen. Manchmal wird ihm Gewalt zugefügt, und manchmal kommt er dabei sogar ums Leben. All dies nimmt er freiwillig als Opfer für Kṛṣṇa auf sich, und deshalb sagt Kṛṣṇa, daß Ihm ein solcher Prediger sehr, sehr lieb ist. Wenn bereits Kṛṣṇas Feinde die Erlösung erwartet, weil sie einfach ihren Geist auf Ihn gerichtet haben, was erwartet dann solche Gottgeweihte, die Kṛṣṇa lieb und teuer sind? Es besteht kein Zweifel darüber, daß solchen Gottgeweihten, die Kṛṣṇa-Bewußtsein auf der ganzen Welt predigen, die Erlösung unter allen Umständen garantiert ist. Solche Prediger jedoch kümmern sich nicht im geringsten um Befreiung, denn wer im Kṛṣṇa-Bewußtsein, im hingebungsvollen Dienst, beschäftigt ist, hat die Stufe der Befreiung bereits erreicht. Śukadeva Gosvāmī bestärkte deshalb König Parīkṣit in seiner Überzeugung, daß jemand, der sich zu Kṛṣṇa hingezogen fühlt, aus der materiellen Gefangenschaft befreit wird, da Kṛṣṇa der transzendentale Meister aller mystischen Kräfte ist.

Als sich die *gopīs*, wie oben beschrieben, vor Kṛṣṇa einfanden, hieß Er sie erfreut willkommen, doch Er verstand es, Seine Worte so geschickt zu wählen, daß Er die *gopīs* zur gleichen Zeit entmutigte. Kṛṣṇa ist der vollkommene und höchste Sprecher; Er ist der Sprecher der *Bhagavad-gītā*. Er kann über die erhabensten Themen der Philosophie, Politik und Wirtschaft sprechen — kurzum, einfach über alles. Und dieser Kṛṣṇa sprach nun mit den *gopīs*, die Ihm so lieb waren, und Er wollte sie mit Seinen Wortspielereien bezaubern.

„O ihr Damen von Vṛndāvana", sagte Kṛṣṇa, „ihr seid sehr vom Glück begünstigt, und Ich freue Mich sehr, euch hier zu sehen. Ich hoffe, daß bei euch zu Hause alles in bester Ordnung ist. Ich stehe ganz zu eurer Verfügung. Was kann Ich für euch tun? Was ist der Grund, der euch mitten in der Nacht hierherführt? Bitte nehmt doch Platz, und laßt Mich wissen, was Ich für euch tun kann."

Die *gopīs* waren zu Kṛṣṇa gekommen, um Seine Gemeinschaft zu genießen, um mit Ihm zu tanzen, Ihn zu umarmen und Ihn zu küssen. Deshalb waren sie sehr verwundert, als Kṛṣṇa sie mit derart formellen Worten nach allen Regeln der Höflichkeit empfing — ganz so, wie man gewöhnliche vornehme Damen der

Gesellschaft begrüßt. Als sie diese Worte hörten, lachten sie deshalb verstohlen und warfen sich vielsagende Blicke zu, und sie waren sehr gespannt zu hören, wie Kṛṣṇa auf diese Art weiterreden würde. Als Kṛṣṇa sah, wie sie Ihn so anlächelten, sagte Er: „Meine lieben Freundinnen, wißt ihr nicht, daß es bereits späte Nacht ist und daß es sehr gefährlich ist, um diese Zeit in den Wald zu gehen? Überall lauern wilde Tiere, wie Tiger, Bären, Schakale und Wölfe. Ihr habt euch in eine sehr gefährliche Lage begeben. Nirgendwo gibt es einen Ort, wo ihr euch in Sicherheit bringen könntet; jeden Augenblick könnt ihr auf eines dieser Raubtiere treffen, die auf der Suche nach Beute überall umherstreifen. Ich glaube, daß ihr euch auf etwas sehr Gefährliches eingelassen habt, einfach so mitten in der Nacht hierherzukommen. Ich muß euch deshalb bitten, unverzüglich nach Hause zu gehen."

Als Kṛṣṇa sah, daß die *gopīs* immer noch lächelten, sagte Er: „Ich muß gestehen, daß ihr wirklich überaus hübsch seid mit euren zierlichen, schmalen Taillen." Die *gopīs*, die sich dort um Kṛṣṇa versammelt hatten, waren tatsächlich von anmutigster Schönheit. Sie werden mit dem Wort *sumadhyamā* beschrieben. Wenn eine Frau eine schmale Taille hat, dann wird diese Art der Schönheit als *sumadhyamā* bezeichnet.

Kṛṣṇa wollte den *gopīs* zu verstehen geben, daß sie noch nicht alt genug seien, um auf sich selbst achtzugeben. Eigentlich müßten sie ständig behütet werden, und deshalb sei es nicht sehr klug gewesen, mitten in der Nacht zu Ihm zu kommen. Kṛṣṇa machte auch die Andeutung, daß Er und die Mädchen noch sehr jung seien. „Es schickt sich nicht, daß sich junge Mädchen und Knaben mitten in der Nacht treffen." Als die *gopīs* dies hörten, sahen sie nicht gerade glücklich aus; deshalb betonte Kṛṣṇa diesen Punkt und führte ihn weiter aus.

„Meine lieben Freundinnen, es ist Mir klar, daß ihr ohne die Erlaubnis eurer Beschützer von zu Hause weggelaufen seid. Eure Mütter, eure Väter, eure älteren Brüder und sogar eure kleinen Söhne, ganz zu schweigen von euren Ehemännern, werden deshalb sehr in Sorge sein. Während ihr hier bei Mir seid, suchen sie gewiß voller Unruhe nach euch, und sie befürchten vielleicht schon Schlimmes. Haltet euch also nicht länger auf, sondern kehrt schnell zu ihnen zurück, so daß sie sich nicht mehr zu ängstigen brauchen."

Als die *gopīs* diesen Ratschlag von Kṛṣṇa hörten, schienen sie ein wenig verwirrt und ärgerlich zu sein, und so ließen sie ihre Blicke abschweifen und betrachteten die Schönheit des Waldes. Der ganze Wald wurde von hellem Mondlicht überflutet, der Wind strich sanft über die blühenden Blumen, und die grünen Blätter der Bäume bewegten sich raschelnd in der leichten Brise. Kṛṣṇa nutzte diese Gelegenheit und wandte Sich mit einem wohlmeinenden Ton an die *gopīs*, deren Blicke über den Wald wanderten. „Wie Ich sehe, seid ihr hierhergekommen, um in dieser Nacht die Schönheit des Waldes von Vṛndāvana zu betrachten", sagte Er, „aber nun, wo ihr euren Wunsch erfüllt habt, solltet ihr unverzüglich nach Hause zurückkehren. Ich weiß, daß ihr alle sehr sittsam seid, und deshalb rate Ich euch, da ihr nun die herrliche Atmosphäre des Vṛndāvana-Waldes ja reichlich genossen habt, nach Hause zurückzukehren und euren Ehemännern treu zu dienen. Obwohl ihr so jung seid, haben einige von euch schon Kinder. Ihr habt sie zu Hause zurückgelassen, und sie weinen nun bestimmt. Geht daher bitte schnell nach Hause und stillt sie mit eurer Milch. Ich weiß natürlich, daß ihr große Zuneigung zu Mir empfindet, und aufgrund dieser transzendentalen Zuneigung seid ihr hierher gekommen, als ihr Mich auf Meiner Flöte spielen hörtet. Eure Gefühle der Liebe und Zuneigung zu Mir sind durchaus zu begründen, denn Ich bin die Höchste Persönlichkeit Gottes. Alle Lebewesen sind Meine Teile, und daher ist es nur natürlich, daß sie sich zu Mir hingezogen fühlen. Diese Zuneigung ist also etwas Erfreuliches, und Ich beglückwünsche euch hierzu. Nun könnt ihr nach Hause zurückkehren. Und noch etwas muß Ich euch erklären: Für eine keusche Frau ist es das wichtigste religiöse Prinzip, ihrem Mann ohne Falschheit zu dienen. Eine Frau sollte jedoch nicht nur keusch sein und ihrem Mann treu dienen, sondern sie sollte auch den Freunden ihres Mannes gegenüber freundlich sein, dem Vater und der Mutter ihres Mannes gehorchen und die jüngeren Brüder ihres Mannes zuvorkommend behandeln. Vor allem aber muß sich die Frau um die Kinder kümmern."

Auf diese Weise erklärte Kṛṣṇa die Pflichten einer Frau. Ganz besonders hob er dabei auch hervor, daß die Frau ihrem Mann treu dienen muß: „Auch wenn der Mann keinen guten Charakter hat oder wenn er nicht sehr wohlhabend oder vom Glück begünstigt ist und auch wenn er durch fortwährende Krankheit alt und gebrechlich geworden ist – ganz gleich, in welcher Lage sich der Ehemann befindet –, eine Frau sollte sich niemals von ihrem Mann trennen, wenn sie nach dem Verlassen ihres Körpers tatsächlich auf die himmlischen Planeten erhoben werden möchte. Abgesehen davon wird eine Frau, die ihrem Gatten untreu ist und sich einen anderen Mann sucht, von der Gesellschaft als verabscheuungswürdig angesehen. Durch ihr lasterhaftes Verhalten bringt sie sich um die Möglichkeit, auf die himmlischen Planeten erhoben zu werden, und die Folgen ihres Verhaltens sind entwürdigend. Eine verheiratete Frau sollte sich nach keinem Liebhaber sehnen, denn dies wird von den vedischen Lebensprinzipien nicht gebilligt. Wenn ihr aber das Gefühl habt, daß ihr sehr an Mir hängt und daß es euer Wunsch ist, immer mit Mir zusammenzusein, dann rate Ich euch, Meine Gemeinschaft nicht direkt genießen zu wollen. Es ist besser für euch, wenn ihr nach Hause geht und einfach über Mich sprecht und an Mich denkt. Wenn ihr euch auf diese Weise ständig an Mich erinnert und Meine Namen chantet, werdet ihr ohne Zweifel auf die spirituelle Ebene erhoben. Es ist also nicht nötig, bei Mir zu bleiben. Kehrt bitte nach Hause zurück."

Die Anweisungen, die die Höchste Persönlichkeit Gottes hier den *gopīs* gab, waren durchaus nicht ironisch gemeint. Jede ehrbare Frau sollte sich diese Anweisungen sehr zu Herzen nehmen. Die Höchste Persönlichkeit Gottes betont hier vor allem die Keuschheit der Frau. Deshalb sollte dieses Prinzip von jeder ernsthaften Frau, die auf eine höhere Lebensstufe erhoben werden möchte, befolgt werden. Kṛṣṇa ist das Zentrum der Zuneigung aller Lebewesen. Wenn man diese Liebe zu Kṛṣṇa entwickelt, erhebt man sich über alle vedischen Vorschriften und transzendiert sie. Dies war bei den *gopīs* der Fall, die Kṛṣṇa von

Angesicht zu Angesicht sahen; doch für die Frauen im bedingten materiellen Zustand ist dies nicht möglich. Unglücklicherweise nimmt manchmal ein Scharlatan, der die Philosophie des Monismus, des Einsseins, vertritt, die Rolle von Kṛṣṇa ein, indem er Kṛṣṇas Verhalten gegenüber den *gopīs* nachahmt, und auf unverantwortliche Weise mißbraucht er den *rāsa-līlā* zu seinen Zwecken und verführt viele leichtgläubige Frauen unter dem Vorwand spiritueller Erkenntnis. Als Warnung weist Śrī Kṛṣṇa an dieser Stelle darauf hin, daß das, was für die *gopīs* möglich war, für gewöhnliche Frauen nicht möglich ist. Eine Frau kann zwar durch Fortschritt im Kṛṣṇa-Bewußtsein tatsächlich auf höhere Ebenen gelangen, doch sie sollte sich nicht von Heuchlern und Betrügern verführen lassen, die sich selbst für Kṛṣṇa ausgeben. Wie Kṛṣṇa hier Selbst rät, sollte sie ihre hingebungsvollen Tätigkeiten durch Chanten und Meditieren auf Kṛṣṇa richten. Sie sollte nicht auf die *sahajiyās* hereinfallen, die heuchlerischen Gottgeweihten, die alles auf die leichte Schulter nehmen.

Als Kṛṣṇa solche entmutigenden Worte sprach, wurden die *gopīs* sehr traurig, denn sie befürchteten, ihr Wunsch, mit Kṛṣṇa den *rāsa*-Tanz zu genießen, ginge nicht in Erfüllung. So überkam sie große Betrübnis. Traurig begannen die *gopīs*, schwer zu atmen, und statt Kṛṣṇa anzuschauen, senkten sie den Blick zu Boden und zeichneten mit ihren Zehen Linien in den Sand. Dabei strömten ihnen schwere Tränen aus den Augen, so daß ihre ganze Schminke weggewaschen wurde. Die Tränen vermischten sich mit dem *kuṅkuma* auf ihren Brüsten und fielen schließlich zu Boden. Sie brachten kein Wort über ihre Lippen, und so standen sie einfach schweigend vor Kṛṣṇa. Durch ihr Schweigen gaben sie Ihm zu verstehen, daß ihre Herzen tief verwundet waren.

Die *gopīs* waren keine gewöhnlichen Frauen. Im Grunde befanden sie sich auf derselben Ebene wie Kṛṣṇa. Sie sind Seine ewigen Gefährtinnen. Wie in der *Brahma-saṁhitā* bestätigt wird, sind sie Erweiterungen der Freudenenergie Kṛṣṇas, und als solche sind sie nicht verschieden von Ihm. Obwohl Kṛṣṇas Worte sie sehr deprimierten, wollten sie Ihm nicht in grobem Ton antworten. Dennoch wollten sie Kṛṣṇa für Seine herzlosen Worte tadeln, und so begannen sie mit bebender Stimme zu sprechen. Sie brachten es nicht übers Herz, grobe Worte gegen Kṛṣṇa zu richten, denn Er war ihr Liebstes, ihr ein und alles. Die *gopīs* hatten nur Kṛṣṇa in ihren Herzen. Sie waren vollkommen hingegebene Seelen, die sich Ihm allein geweiht hatten. Als sie aber solch schmerzliche Worte hörten, versuchten sie natürlicherweise, etwas zu entgegnen, doch ihre Stimmen erstickten in einem Strom von Tränen. Schließlich gelang es ihnen trotzdem, etwas zu sagen.

„Kṛṣṇa", sagten sie, „Du bist so grausam! Du solltest nicht so reden. Wir sind Dir vorbehaltlos hingegebene Seelen. Bitte nimm uns an, und sprich nicht solch quälerische Worte. Natürlich bist Du die Höchste Persönlichkeit Gottes, und Du kannst tun, was immer Dir beliebt; doch es ist Deiner nicht würdig, zu uns so unbarmherzig zu sein. Wir haben alles verlassen und sind zu Dir gekommen, um bei Deinen Lotosfüßen Zuflucht zu suchen. Wir wissen, daß Du völlig unabhängig bist und daß Du tun kannst, was Dir beliebt. Wir flehen Dich an, bitte weise uns nicht von Dir. Wir sind Deine Geweihten. Du solltest Dich unserer annehmen, ebenso wie Śrī Nārāyaṇa Sich Seiner Geweihten annimmt. Es gibt viele Geweihte Śrī Nārāyaṇas, die Ihn verehren, um erlöst zu werden, und Er gewährt ihnen die Erlösung. Wie kannst Du uns also zurückweisen, die wir keine andere Zuflucht kennen als Deine Lotosfüße?"

„O lieber Kṛṣṇa", fuhren die *gopīs* fort, „Du bist der höchste Lehrer, darüber besteht kein Zweifel. Deine Anweisungen für die Frauen, nämlich dem Ehemann treu zu bleiben, zu den Kindern gütig zu sein, sich um den Haushalt zu kümmern und den älteren Familienangehörigen zu gehorchen, stimmen zweifellos mit allen Grundsätzen der *śāstras* überein; wir wissen jedoch auch, daß all diese Anweisungen in vollkommener Weise erfüllt werden, wenn man sich unter den Schutz Deiner Lotosfüße begibt. Unsere Ehemänner, Freunde, Kinder und alle übrigen Familienangehörigen sind uns nur deshalb so lieb, weil Du gegenwärtig bist, denn Du bist die Überseele aller Lebewesen. Ohne Deine Gegenwart ist man wertlos. Wenn Du einen Körper verläßt, stirbt dieser Körper sofort, und nach den Anordnungen der *śāstras* muß ein toter Körper so schnell wie möglich in einen Fluß geworfen oder verbrannt werden. Deshalb bist im Grunde Du die liebenswerteste Persönlichkeit dieser Welt. Wenn wir also all unser Vertrauen und all unsere Liebe auf Dich richten, wie könnte man da sagen, daß wir unseren Ehemann, unsere Freunde oder unsere Söhne und Töchter verlieren? Denn wenn eine Frau Dich als den höchsten Gemahl annimmt, dann wird sie, im Gegensatz zum materiellen Leben, ihren Gemahl niemals verlieren. Wenn wir Dich als unseren endgültigen Gemahl annehmen, dann ist es unmöglich, daß es eine Trennung oder Scheidung gibt oder daß wir sogar einmal Witwen werden. Du bist der ewige Gemahl, der ewige Sohn, der ewige Freund und der ewige Meister, und wer in eine Beziehung mit Dir tritt, ist für immer glücklich. Weil Du der Lehrer aller religiösen Prinzipien bist, müssen Deine Lotosfüße das erste Ziel aller Verehrung darstellen. Deshalb heißt es in den *śāstras: ācārya-upāsanā*. ‚Die Verehrung Deiner Lotosfüße ist das erste Prinzip.' Dazu kommt noch, daß Du, wie in der *Bhagavad-gītā* bestätigt wird, der einzige Genießer, der einzige Besitzer und der einzige Freund bist. Deshalb sind wir zu Dir gekommen und haben sogenannte Freundschaft, Gesellschaft und Liebe verlassen, und nun bist Du unser Genießer. Mögen wir ewiglich von Dir genossen werden. Sei unser Besitzer, denn das ist Dein natürliches Anrecht, und sei unser höchster Freund, denn das bist Du von Natur aus. Erlaube uns also, Dich zu umarmen, Dich, unseren höchsten Geliebten."

Weiter sagten die *gopīs* zu dem lotosäugigen Kṛṣṇa: „Bitte entmutige uns nicht in unser langgehegten Sehnsucht, Dich als unseren Gemahl zu bekommen. Jeder intelligente Mensch, dem das wahre Selbstinteresse am Herzen liegt, wendet sich auf seiner Suche nach Liebe vertrauensvoll Dir zu. Nur Menschen, die von der äußeren Energie irregeführt sind und sich deshalb mit falschen Vorstellungen zufriedengeben, versuchen, getrennt von Dir das Leben zu genießen. Die sogenannten Ehemänner, Freunde, Söhne, Töchter, Väter und Mütter sind im Grunde nur Quellen materiellen Leids. Niemand wird in der materiellen Welt glücklich, nur weil er einen Vater, eine Mutter, einen Ehepartner, einen Sohn, eine Tochter und viele Freunde hat. Obwohl von den Eltern erwartet wird, daß sie für die Kinder sorgen, gibt es viele Kinder, die darunter leiden, daß sie nicht genügend zu essen bekommen und nicht richtig behütet werden. Es gibt viele gute Ärzte, doch wenn ein Kranker stirbt, kann ihn kein Arzt wieder zum Leben erwecken. Es gibt viele Mittel, um sich zu schützen, doch wenn man vom Schicksal verurteilt ist, kann einem keine Schutzmaßnahme helfen; vielmehr werden all diese sogenannten Schutzmaßnahmen, wenn man nicht von Dir beschützt wird, nur zu Ursachen fortgesetzten Leids. Wir flehen Dich daher an, o Herr aller Herren, bitte töte nicht unser langgehegtes Verlangen, Dich als unseren höchsten Gemahl zu bekommen."

„Lieber Kṛṣṇa, als Frauen sind wir gewiß zufrieden, wenn unsere Herzen den Familienangelegenheiten gewidmet sind, doch Du hast unsere Herzen bereits gestohlen, und wir können sie nicht mehr mit Familienangelegenheiten beschäftigen. Du bittest uns immer wieder, nach Hause zurückzukehren, und diese Anweisung ist durchaus angemessen, aber leider stehen wir hier wie gelähmt. Unsere Beine haben nicht die Kraft, sich auch nur einen Schritt von Deinen Lotosfüßen zu entfernen. Und selbst wenn wir auf Deine Bitte hin nach Hause zurückkehren würden, was könnten wir dort tun? Wir sind unfähig, irgend etwas zu tun, wenn Du nicht bei uns bist. Statt unsere Herzen wie gewöhnliche Frauen familiären Dingen zu widmen, haben wir eine andere Art von Lust entwickelt, die wie Feuer in unseren Herzen brennt. Nun bitten wir Dich, lieber Kṛṣṇa, dieses Feuer mit Deinem liebevollen Lächeln und dem transzendentalen Klang, der von Deinen Lippen ausgeht, zu löschen. Wenn Du uns diese Gunst nicht erweist, werden wir gewiß im Feuer der Trennung verbrennen. Dann werden wir einfach an Dich und Deine Schönheit denken und so den Körper aufgeben. Auf diese Weise, so hoffen wir, wird es uns möglich sein, im nächsten Leben einen Platz bei Deinen Lotosfüßen zu erhalten. Lieber Kṛṣṇa, falls Du nun sagst, unsere Ehemänner würden, wenn wir nach Hause gingen, die lustvolle Flamme unseres Verlangens löschen, so können wir nur sagen, daß dies nicht mehr möglich ist. Du Selbst hast es herbeigeführt, daß wir nun hier im Wald von Dir genossen werden können, und Du hast schon einmal unsere Brüste berührt, was wir damals als Segnung auffaßten, genau wie es die Glücksgöttinnen taten, die von Dir auf den Vaikuṇṭhalokas genossen werden. Seitdem wir diesen transzendentalen Genuß gekostet haben, sind wir nicht mehr daran interessiert, zur Erfüllung unserer Lust zu irgend jemand anderem zu gehen als zu Dir. Lieber Kṛṣṇa, die Lotosfüße der Glücksgöttin werden stets von den Halbgöttern verehrt, obwohl sie auf den Vaikuṇṭha-Planeten immer an Deiner Brust ruht. Sie nahm große Entsagungen und Bußen auf sich, um den Schutz Deiner Lotosfüße zu bekommen, die immer mit *tulasī*-Blättern geschmückt sind. So verläßt die Glücksgöttin Deine Brust, um Deine Lotosfüße zu verehren, die die wahre Zuflucht all Deiner Diener sind. Wir haben uns nun unter den Staub Deiner Füße geflüchtet; bitte weise uns nicht von Dir, denn wir sind Dir völlig ergebene Seelen.

Lieber Kṛṣṇa, Du wirst auch Hari genannt. Du beseitigst die Leiden aller Lebewesen, besonders derjenigen, die die Anhaftung an ihr Heim und ihre Familie aufgegeben und sich vollkommen Dir anvertraut haben. Wir haben unsere Familien einzig und allein mit der Hoffnung verlassen, unser Leben bedingungslos Deinem Dienst zu weihen und hinzugeben. Wir bitten einfach nur darum, Deine Dienerinnen sein zu dürfen. Niemals ist es unsere Bitte, Du mögest uns heiraten und als Deine Ehefrauen annehmen. Nein, laß uns einfach Deine Dienerinnen sein. Da Du die Höchste Persönlichkeit Gottes bist und es liebst, den *parakīya-rasa* zu genießen, und da Du als transzendentaler Frauenliebhaber berühmt bist, sind wir gekommen, um Deine transzendentalen Wünsche zu befriedigen. Wir sind auch wegen unserer eigenen Befriedigung gekommen, denn ein einziger Blick auf Dein lächelndes Gesicht genügte, daß in uns eine große Lust wach wurde. Wir sind in unseren schönsten Kleidern und unserem besten Schmuck zu Dir gekommen, doch solange Du uns nicht umarmst, bleiben all unsere Kleider und unsere Schönheit unvollkommen. Du bist die Höchste Person, und wenn Du unseren Versuch, schön auszusehen, als der *puruṣa-bhūṣaṇa*, ‚das männliche Schmuckstück', vervollständigst, werden all unsere Wünsche erfüllt, und dann erst wird unser Schmuck und unsere Schönheit vollkommen sein.

Lieber Kṛṣṇa, wir waren einfach bezaubert, als wir Dich mit *tilaka* und Ohrringen sahen, und Dein unbeschreiblich schönes Gesicht und Deine Locken, die Dir ins Gesicht wehten, sowie Dein außergewöhnliches Lächeln haben uns erobert. Darüber hinaus fühlen wir uns auch zu Deinen Armen hingezogen, die allen ergebenen Seelen stets Geborgenheit gewähren. Und obwohl wir uns auch zu Deiner Brust hingezogen fühlen, an der stets die Glücksgöttin ruht, hegen wir nicht den Wunsch, ihren Platz einzunehmen. Wir sind schon zufrieden, einfach Deine Dienerinnen sein zu dürfen. Solltest Du uns jedoch vorwerfen, wir würden uns der Prostitution preisgeben, so können wir nur fragen: Wo in den drei Welten ist die Frau zu finden, die Deiner Schönheit und den rhythmischen Melodien Deiner Flöte nicht erliegt? In diesen drei Welten gibt es in Beziehung zu Dir keinen Unterschied zwischen Mann und Frau, denn sie alle gehören zu Deiner marginalen Energie, der *prakṛti*. In Wirklichkeit ist niemand der Genießer, das heißt, niemand ist männlich; jeder ist dazu bestimmt, von Dir genossen zu werden. In allen drei Welten gibt es keine Frau, die es vermeiden könnte, vom Pfad der Keuschheit abzuweichen, wenn sie sich einmal zu Dir hingezogen fühlt, denn Deine Schönheit ist so erhaben, daß nicht nur die Männer und Frauen, sondern auch die Kühe, Vögel, Waldtiere und selbst die Bäume, Früchte und Blumen – einfach alles und jeder – bezaubert werden; um wieviel mehr also wir? Es steht jedoch fest, daß Du hier in Vṛndāvana erschienen bist, um die Einwohner vor allen Nöten zu beschützen, genau wie Śrī Viṣṇu immer die Halbgötter beschützt, wenn die Dämonen angreifen. O lieber Freund der Leidenden, sei so gütig und lege Deine Hände auf unsere heißen Brüste und auf unsere Köpfe, denn wir haben uns Dir als Deine ewigen Dienerinnen hingegeben. Solltest Du jedoch befürchten, daß Deine lotosgleichen Hände zu Asche verbrannt würden, wenn Du sie auf unsere glühenden Brüste legst, dann laß uns Dir versichern, daß Deine Hände Freude statt Schmerz empfinden werden, ebenso wie die Lotosblumen, obwohl sie sehr zart und sanft sind, die glühende Hitze der Sonne genießen."

Als der Herr, die Höchste Persönlichkeit Gottes, die sehnsüchtigen Bitten der *gopīs* hörte, lächelte Er, und da Er den *gopīs* sehr gütig gesinnt war, begann Er, obwohl Er völlig in Sich Selbst zufrieden ist, sie zu umarmen und zu küssen, ganz wie es ihr Wunsch war. Als Kṛṣṇa den *gopīs* lächelnd in die Augen blickte, nahm die Schönheit ihrer Gesichter um ein Hundertfaches zu. Als Er Sich so in ihrer Mitte mit ihnen vergnügte, sah Er aus wie der Vollmond, der von Millionen funkelnder Sterne umgeben wird. Die Höchste Persönlichkeit Gottes, umschwärmt von Hunderten von *gopīs* und bekränzt mit einer farbenprächtigen Blumengirlande, zog durch den Wald von Vṛndāvana, wobei Er manchmal allein für Sich Selbst sang und manchmal zusammen mit den *gopīs*. Auf diese Weise erreichten der Herr und die *gopīs* das kühle, sandige Ufer der Yamunā, wo viele Lilien und Lotosblumen standen, und in dieser transzendentalen Atmosphäre begannen die *gopīs* und Kṛṣṇa ihr Zusammensein zu genießen. Während sie am Ufer der Yamunā entlangschlenderten, legte Kṛṣṇa zuweilen Seinen Arm um den Hals, die Brüste oder die Hüfte einer *gopī*, oder sie vergnügten sich miteinander, indem sie sich kniffen, miteinander scherzten und sich in die Augen schauten. Wenn Kṛṣṇa ihren Körper berührte, fühlten die *gopīs*, wie ihre Lust, Ihn zu umarmen, noch mehr zunahm. Sie alle genossen diese Spiele. Die *gopīs* waren von der Höchsten Persönlichkeit Gottes mit aller Barmherzigkeit gesegnet worden, da sie sich Seiner Gemeinschaft ohne eine Spur weltlicher Sexualität erfreuten.

Die *gopīs* jedoch fühlten sich schon nach kurzer Zeit sehr stolz und hielten sich für die glücklichsten Frauen im Universum, da sie das Glück hatten, mit Kṛṣṇa zusammenzusein. Kṛṣṇa jedoch, der auch Keśava genannt wird, erkannte sogleich ihren Stolz, der entstanden war, weil sie die große Gunst erhalten hatten, Seine persönliche Gemeinschaft zu genießen, und so verschwand Er vom Schauplatz – in der Absicht, ihnen Seine grundlose Barmherzigkeit zu erweisen und ihnen den falschen Stolz zu nehmen. Damit zeigte Er zugleich Seine transzendentale Fülle der Entsagung. Die Höchste Persönlichkeit Gottes besitzt immer alle sechs Arten von Füllen in Vollkommenheit, und bei dieser Gelegenheit offenbarte Er Seine Fülle der Entsagung. Diese Entsagung bestätigt Kṛṣṇas völlige Freiheit von aller Anhaftung. Er ist immer in Sich Selbst zufrieden und somit von nichts abhängig. Das ist die Ebene, auf der diese transzendentalen Spiele stattfinden.

Hiermit enden die Bhaktivedanta-Erläuterungen zum 29. Kapitel des Kṛṣṇa-Buches: „Der rāsa-Tanz: Einführung".

30 / Kṛṣṇa verbirgt Sich vor den gopīs

Als Kṛṣṇa plötzlich aus der Mitte der *gopīs* verschwand, begannen sie sogleich, überall nach Ihm zu suchen. Als sie Ihn jedoch nirgends finden konnten, bekamen sie es mit der Angst zu tun und wurden fast verrückt nach Ihm. In verzweifelter Liebe und Zuneigung konnten sie nur noch an Kṛṣṇas Spiele denken, und da sie völlig in Gedanken an Kṛṣṇa versunken waren, vergaßen sie alles andere. Sie erinnerten sich mit tränenverschleierten Augen an Kṛṣṇas verschiedene Spiele, an Seine entzückenden Gespräche mit ihnen, Seine Umarmungen, Seine Küsse und noch vieles mehr. In ihrer brennenden Sehnsucht begannen sie, Seine Art zu tanzen, Seine Art zu gehen und Sein Lächeln nachzuahmen, als seien sie selbst Kṛṣṇa. Kṛṣṇas Abwesenheit ließ sie alle verrückt werden; jede erzählte der anderen, sie selbst sei Kṛṣṇa. Schließlich versammelten sich alle *gopīs* und chanteten laut Kṛṣṇas Namen, und danach streiften sie quer durch den ganzen Wald und suchten Kṛṣṇa. In Wirklichkeit ist Kṛṣṇa alldurchdringend. Er ist im Himmel, und Er ist im Wald; Er ist im Herzen, und Er ist zu allen Zeiten überall gegenwärtig.

Im Wald wachsen viele Arten von großen Bäumen und kleinen Pflanzen, und die *gopīs* wandten sich nun an diese Bäume und Pflanzen und fragten sie nach Kṛṣṇa: „Lieber Banyanbaum, hast du Nanda Mahārājas Sohn gesehen, wie Er lachte und auf Seiner Flöte spielte? Ist Er hier vorbeigekommen? Er hat unser Herz gestohlen und ist dann einfach davongelaufen. Falls Du ihn gesehen hast, sag uns bitte, wohin Er gegangen ist. Lieber *aśoka*-Baum, lieber *nāga*- und lieber *campaka*-Blütenstrauch, habt ihr Balarāmas jüngeren Bruder hier vorbeigehen sehen? Er hat uns verlassen, weil wir so stolz wurden." Die *gopīs* wußten sehr wohl, warum Kṛṣṇa so plötzlich verschwunden war; als sie sich nämlich mit Kṛṣṇa vergnügt hatten, hielten sie sich für die glücklichsten Frauen im Universum, und weil sie darauf sehr stolz waren, verschwand Kṛṣṇa aus ihrer Mitte, um sie von ihrem Stolz zu befreien. Kṛṣṇa mag es nicht, wenn Seine Geweihten auf ihren Dienst für Ihn stolz werden. Kṛṣṇa nimmt jedermanns Dienst entgegen, aber Er liebt es nicht, wenn sich ein Geweihter für besser hält als die anderen. Wenn solche Gefühle trotzdem einmal entstehen, beseitigt Kṛṣṇa sie, indem Er Seine Haltung gegenüber diesem Gottgeweihten ändert.

Die *gopīs* wandten sich daraufhin an die *tulasī*-Pflanzen: ,,Liebe *tulasī*, du wirst von Śrī Kṛṣṇa sehr geliebt, denn deine Blätter schmücken stets Seine Lotosfüße. Liebe *mālatī*-Blume, liebe *mallikā*-Blume, lieber Jasminstrauch, ihr alle müßt von Śrī Kṛṣṇa berührt worden sein, als Er hier vorbeikam, nachdem Er uns transzendentale Freude bereitet hatte. Habt ihr Mādhava hier vorbeigehen sehen? O Mangobäume, o Jackfruchtbäume, o Birnbäume und *asana*-Bäume! O Brombeersträucher, *bel*-Bäume und blühende *kadamba*-Bäume, ihr seid alle sehr fromm, da ihr am Ufer der Yamunā leben dürft. Kṛṣṇa muß hier vorbeigekommen sein. Würdet ihr uns gütigerweise verraten, wohin Er gegangen ist?"

Alsdann schauten die *gopīs* auf den Boden, über den sie schritten, und sagten dabei zur Erde: ,,Lieber Erdenplanet, wir wissen nicht, wie viele Entsagungen und Bußen du auf dich genommen hast, daß du es nun erleben darfst, daß Śrī Kṛṣṇa Seine Lotosfüße auf dich stellt. Wie groß muß deine Freude sein! Und diese jubilierenden Bäume und Pflanzen sind die Haare auf deinem Körper. Śrī Kṛṣṇa muß mit dir sehr zufrieden sein, wie sonst hätte Er dich in Seiner Form als Varāha, der Eber, umarmen können? Als du einmal tief ins Wasser getaucht wurdest, hat Er dich gerettet, indem Er dich, schwer wie du bist, mit Seinen Hauern emporhob."

Nachdem die *gopīs* die zahllosen Bäume und Pflanzen gefragt hatten, fiel ihr Blick auf die zierlichen Rehe, die die *gopīs* mit munteren Augen ansahen. ,,Wie es scheint", sagten die *gopīs* zu den Rehen, ,,muß Kṛṣṇa, der der Höchste Nārāyaṇa Selbst ist, mit Seiner Gefährtin Lakṣmī, der Glücksgöttin, hier vorbeigekommen sein. Wie sonst ist es möglich, daß der sanfte Wind, der hier weht, den Duft Seiner Girlande mit sich trägt, die mit dem *kuṅkuma* von der Brust der Glücksgöttin rötlich gefärbt ist? Es scheint, daß sie hier vorübergegangen sind und euch berührt haben und daß ihr euch deshalb so wohlgemut fühlt und uns mit solcher Zuneigung betrachtet. Bitte sagt uns also, wohin Kṛṣṇa gegangen ist. Kṛṣṇa ist der wohlmeinende Freund von Vṛndāvana. Er ist euch ebenso zugetan wie uns; also muß Er, nachdem Er uns verlassen hat, in eurer Mitte gewesen sein. O ihr glücklichen Bäume, wir denken ständig an Kṛṣṇa, den jüngeren Bruder Balarāmas. Als Er hier vorbeikam, die eine Hand auf der Schulter der Glücksgöttin und in der anderen spielerisch eine Lotosblume drehend, muß Er sehr erfreut gewesen sein, eure Ehrerbietungen entgegenzunehmen, und gewiß wird Er euch mit großer Freude Seinen Blick geschenkt haben."

Einige der *gopīs* wandten sich an ihre Gefährtinnen und sagten: ,,Liebe Freundinnen, warum fragt ihr nicht die Kletterpflanzen, die die großen Bäume so jubelnd umfangen, als seien sie ihre Ehemänner? Ganz bestimmt sind die Blüten dieser Kletterpflanzen von Kṛṣṇas Fingernägeln berührt worden; wie sonst könnten sie so fröhlich sein?"

Nachdem die *gopīs* überall nach Kṛṣṇa gesucht hatten, waren sie sehr erschöpft, und so fingen sie an, wie Verrückte zu reden. Sie konnten sich nur dadurch Erleichterung verschaffen, daß sie Kṛṣṇas verschiedene Spiele nachahmten. Eine der *gopīs* tat so, als sei sie die Hexe Pūtanā, und eine andere spielte Kṛṣṇas Rolle und saugte an ihrer Brust. Eine *gopī* stellte sich so hin, als sei sie ein Handkarren, und eine andere legte sich unter sie und stieß ihre Beine nach oben, genauso wie der kleine Kṛṣṇa nach den Rädern des Wagens getreten hatte, als Er den Dämon Śakaṭāsura tötete. Eine *gopī* legte sich wie Kṛṣṇa auf den Boden, und eine andere *gopī* spielte die Rolle des Dämons Tṛṇāvarta, der den kleinen Kṛṣṇa mit Gewalt in die Lüfte getragen hatte; und eine weitere *gopī* ahmte Kṛṣṇas erste Gehversuche nach, bei denen Kṛṣṇas Hand- und Fußglöckchen so lieblich geklingelt hatten. Zwei *gopīs* imitierten Kṛṣṇa und Balarāma, während ihnen andere *gopīs* wie die Kuhhirtenfreunde nachliefen. Eine *gopī* spielte den Dämon Bakāsura, und eine andere zwang sie, zu Boden zu fallen, genau wie Bakāsura umgestürzt war, als er von Kṛṣṇa getötet wurde. In ähnlicher Weise tat eine andere *gopī* so, als besiege sie Vatsāsura. Kṛṣṇa pflegte Seine Kühe bei ihren Namen zu rufen, und so ahmten Ihn die *gopīs* auch darin nach und riefen die Namen der verschiedenen Kühe. Eine der *gopīs* mimte einen Flötenspieler, und eine andere *gopī* lobte sie, genau wie die Knaben Kṛṣṇa lobten, wenn Er auf Seiner Flöte spielte. Wieder eine andere *gopī* nahm eine ihrer Freundinnen auf die Schultern, genauso wie es Kṛṣṇa mit Seinen Spielkameraden tat; dabei war sie so sehr in Gedanken an Kṛṣṇa vertieft, daß sie sich zu brüsten begann, selbst Kṛṣṇa zu sein: „Schaut alle her und seht, wie gewandt und stark ich bin!" Eine der *gopīs* spannte das obere Teil ihres Saris über ihrem Kopf aus und rief: „Fürchtet euch nicht vor Regengüssen und tosenden Wirbelstürmen. Ich werde euch beschützen!" Auf diese Weise imitierte sie Kṛṣṇa, wie Er den Govardhana-Hügel hochhob. Wieder eine andere *gopī* setzte ihren Fuß mit Gewalt auf den Kopf einer Gefährtin und rief: „Du Scheusal, Kāliya! Ich werde dich hart bestrafen. Verlasse diesen Ort auf der Stelle. Ich bin auf der Erde erschienen, um alle Schurken zu bestrafen!" Eine andere *gopī* rief ihren Gefährtinnen zu: „Seht nur! Die Flammen des Waldbrandes kommen direkt auf uns zu, um uns zu verschlingen. Schließt getrost die Augen! Ich werde euch vor der drohenden Gefahr bewahren."

Auf diese Weise drang Kṛṣṇas Abwesenheit tief in die Herzen der *gopīs* ein und trieb sie zum Wahnsinn. Überall fragten sie die Bäume und Pflanzen nach Ihm. An einigen Stellen fanden sie Fußspuren, die nur von Kṛṣṇa stammen konnten, da sie die charakteristischen Zeichen Seiner Fußsohlen zeigten, nämlich Flagge, Lotosblume, Dreizack, Blitz und noch weitere Symbole. Als die *gopīs* die Fußabdrücke sahen, riefen sie erstaunt aus: „Oh, seht einmal, hier sind Kṛṣṇas Fußabdrücke. Man kann alle Zeichen von Kṛṣṇas Fußsohle deutlich sehen, wie die Flagge, die Lotosblume, den Dreizack und den Blitz." Sie folgten den Fußspuren, und plötzlich erblickten sie daneben ein weiteres Paar Fußabdrücke. Das stimmte sie sogleich sehr traurig, und so sagte eine der *gopīs*: „Seht nur, liebe Freundinnen! Wem gehören diese Fußabdrücke? Sie befinden sich direkt neben den Fußspuren von Nanda Mahārājas Sohn. Kṛṣṇa ist hier mit einer anderen *gopī* vorbeigekommen, genau wie ein Elefant an der Seite seines geliebten Weibchens geht, und dabei hat Er bestimmt Seinen Arm um Sie gelegt. Wir müssen daraus schließen, daß diese *gopī* Kṛṣṇa mit noch größerer Liebe und Ergebenheit diente als wir. Aus diesem Grunde konnte Er Sich zwar von uns trennen, aber Er brachte es nicht übers Herz, Sie zu verlassen, und deshalb durfte Sie bei Ihm bleiben. Liebe Freundinnen, stellt euch nur vor, welch transzendentaler Ruhm dem Staub dieses Ortes zukommt. Der Staub von den Lotosfüßen Kṛṣṇas wird selbst von Brahmā, Śiva und der Glücksgöttin Lakṣmī verehrt. Doch zugleich sind wir sehr betrübt darüber, daß diese eine *gopī* mit Kṛṣṇa zusammensein darf, denn Sie trinkt den Nektar von Kṛṣṇas Küssen und läßt uns hier voller Klagen zurück. Liebe Freundinnen, seht nur! An dieser Stelle sind die Fußabdrücke dieser *gopī* nicht mehr zu sehen. Es scheint, daß das trockene Gras, das hier auf dem Weg steht, Ihren Füßen wehgetan hat, und deshalb hat Kṛṣṇa Rādhārāṇī auf Seine Schultern genommen. Wie unbeschreiblich lieb Sie Ihm ist! Und hier hat Kṛṣṇa bestimmt ein paar Blüten gepflückt, um Rādhārāṇī eine besondere Freude zu bereiten, denn wir können hier nur Seinen halben Fußabdruck sehen; Er muß Sich auf die Zehenspitzen gestellt haben, um die Blüten dieses Baumes zu erreichen. Und seht nur hier, liebe Freundinnen, an dieser Stelle hat Sich Kṛṣṇa bestimmt mit Rādhārāṇī niedergesetzt und versucht, Ihr Blumen ins Haar zu stecken. Ihr könnt euch sicher sein, daß Sie hier zusammen saßen. Kṛṣṇa ist in Sich Selbst vollkommen; Sein Genießen ist von nichts anderem abhängig. Doch um Seine Geweihte, Rādhārāṇī, zu erfreuen, hat Er Sich Ihr gegenüber verhalten wie ein verliebter Junge gegenüber seiner Freundin. Kṛṣṇa ist so gütig, daß Er all die Umstände, die Ihm Seine Freundinnen bereiten, immer geduldig hinnimmt."

Mit diesen Worten begannen die *gopīs*, auf die Fehler dieser bestimmten *gopī* hinzuweisen, die Kṛṣṇa allein mit Sich genommen hatte. Sie vermuteten, daß die Haupt-*gopī*, Rādhārāṇī, die allein bei Kṛṣṇa sein durfte, auf Ihre Stellung ebenfalls sehr stolz sein müsse und Sich Selbst bestimmt für die beste aller *gopīs* halte. „Sie muß jedoch außergewöhnlich schön sein und zweifelsohne besondere Eigenschaften besitzen, denn wie sonst hätte Kṛṣṇa Sie allein mit Sich nehmen und uns einfach zurücklassen können. Sie hat Kṛṣṇa bestimmt tief in den Wald geführt und dann zu Ihm gesagt: ‚Mein lieber Kṛṣṇa, Ich bin sehr müde. Ich kann nicht mehr. Bitte trage Mich, wohin Du willst.' Als Sie so zu Kṛṣṇa sprach, wird Er wahrscheinlich erwidert haben: ‚Ja, komm und steig auf Meine Schulter.' Doch im selben Augenblick wird Kṛṣṇa aus Ihrer Sicht verschwunden sein, und nun steht Rādhārāṇī bestimmt allein da und klagt um Ihn: ‚Mein Geliebter, Mein Liebster, Du bist so schön und mächtig. Wohin bist Du gegangen? Ich bin nichts weiter als Deine gehorsamste Dienerin. Tiefer Kummer sticht Mein Herz, und so flehe Ich Dich an, komm bitte wieder zurück zu Mir.' Aber Kṛṣṇa ist bestimmt nicht zurückgekommen, sondern Er wird Sie aus einiger Entfernung beobachten und Ihren Kummer und Ihre Klagen genießen."

Die *gopīs* gelangten auf ihrer Suche nach Kṛṣṇa immer tiefer in den Wald hinein, und plötzlich sahen sie, daß Rādhārāṇī tatsächlich von Kṛṣṇa allein zurückgelassen worden war, und so wurden die *gopīs* nur noch trauriger. Das ist das Zeichen für Kṛṣṇa-Bewußtsein. Zu Beginn waren sie ein wenig neidisch gewesen, weil Kṛṣṇa Rādhārāṇī allein mit Sich genommen und sie, die anderen *gopīs*, zurückgelassen hatte. Doch sobald sie erkannten, daß Kṛṣṇa auch Rādhārāṇī verlassen hatte und daß Sie nun allein dasaß und um Ihn klagte, tat Sie ihnen sehr leid. So stießen die *gopīs* auf Rādhārāṇī, und Sie erzählte ihnen, wie Sie Sich Kṛṣṇa gegenüber falsch verhalten hatte und stolz geworden war und wie Sie dafür bestraft wurde. Als die *gopīs* diese Worte hörten, bekamen sie noch größeres Mitleid mit Rādhārāṇī. Alsdann gingen alle *gopīs*, begleitet von Rādhārāṇī, noch tiefer in den Wald hinein, bis sie schließlich das Licht des Mondes nicht mehr sehen konnten.

Als sie bemerkten, daß es immer finsterer wurde, blieben sie stehen. Ihr Geist und ihre Intelligenz versanken in die Erinnerung an Kṛṣṇa, und sie alle imitierten Kṛṣṇas Taten und Worte. Sie hatten sich Kṛṣṇa mit Herz und Seele hingegeben, und nun begannen sie, über Seinen Ruhm zu chanten. Ihre Familien hatten sie völlig vergessen. Auf diese Weise versammelten sich alle *gopīs* am Ufer der Yamunā, und in der Hoffnung, daß Er zu ihnen zurückkehren werde, chanteten sie alle über die Herrlichkeiten Śrī Kṛṣṇas — Hare Kṛṣṇa, Hare Kṛṣṇa, Kṛṣṇa Kṛṣṇa, Hare Hare / Hare Rāma, Hare Rāma, Rāma Rāma, Hare Hare.

Hiermit enden die Bhaktivedanta-Erläuterungen zum 30. Kapitel des Kṛṣṇa-Buches: „Kṛṣṇa verbirgt Sich vor den gopīs".

31 / Die Lieder der gopīs

Eine *gopī* sagte: „Mein lieber Kṛṣṇa, seitdem Du im Land von Vrajabhūmi erschienen bist, ist alles glorreich geworden. Das Land von Vṛndāvana ist glorreich geworden, und es scheint, als ob die Glücksgöttin selbst stets anwesend sei. Wir sind die einzigen, die unglücklich sind, denn all unsere Versuche, Dich wiederzufinden, blieben erfolglos. Unser Leben ist ganz von Dir abhängig, und deshalb bitten wir Dich, wieder zu uns zurückzukommen."

Eine andere *gopī* sagte: „Lieber Kṛṣṇa, Du bist sogar das Leben und die Seele der Lotosblumen, die auf den Seen blühen, deren Wasser durch die Regenfälle des Herbstes kristallklar geworden ist. Diese Lotosblumen sind sehr schön, doch sie würden verwelken, wenn Du nicht Deinen Blick über sie gleiten ließest. Ebenso können auch wir ohne Dich nicht leben. Wir sind weder Deine Frauen noch Deine Sklavinnen. Du hast niemals Geld für uns ausgegeben, doch allein Dein Blick genügt schon, um uns zu erobern. Wenn wir nun sterben, weil Du uns nicht mehr mit Deinem Blick beglückst, wirst Du an unserem Tod schuld sein. Frauen zu töten ist eine schwere Sünde, und wenn wir ums Leben kommen, weil Du nicht mehr zu uns zurückkehrst, wirst Du schwere sündhafte Reaktionen erleiden müssen. Komm also bitte zu uns zurück. Glaube nicht, man könne nur durch Waffen getötet werden; nein, wir werden durch Deine Abwesenheit getötet. Sei Dir also bewußt, daß Du für den Tod von Frauen verantwortlich wirst. Wir sind Dir trotz allem zu ewigem Dank verpflichtet, weil Du uns schon oft beschützt hast: vor dem vergifteten Wasser der Yamunā, vor der Schlange Kāliya, vor Bakāsura, vor dem Zorn Indras und seinen verheerenden Regenstürmen, vor dem Waldbrand und vor vielen anderen Gefahren. Du bist das größte und mächtigste aller Lebewesen, und deshalb ist es so wunderbar, wie Du uns oftmals aus größter Gefahr gerettet hast. Aber warum, so fragen wir erstaunt, weist Du uns gerade in dieser Stunde von Dir? Lieber Kṛṣṇa, lieber Freund, wir wissen sehr wohl, daß Du im Grunde nicht der Sohn von Mutter Yaśodā und Nanda Mahārāja bist. Du bist die Höchste Persönlichkeit Gottes, die Überseele aller Lebewesen. Aus Deiner grundlosen Barmherzigkeit bist Du auf die Erde herabgestiegen, weil Brahmā Dich bat, die Welt zu retten. Einzig und allein aus Deiner Güte bist Du in der Yadu-Dynastie erschienen. O Bester der Yadu-Dynastie, wenn jemand der materialistischen Lebensweise müde wird und

Zuflucht bei Deinen Lotosfüßen sucht, weigerst Du Dich niemals, ihm diese Zuflucht zu gewähren. Deine Bewegungen sind überaus anmutig, und Du bist vollkommen unabhängig; Du hast Deine eine Hand auf die Glücksgöttin gelegt, und in der anderen hältst Du eine Lotosblume. Solcherart ist Dein außergewöhnliches Erscheinen. Bitte komme deshalb zu uns zurück, und segne uns mit der Lotosblume in Deiner Hand.

Lieber Kṛṣṇa, Du nimmst den Einwohnern von Vṛndāvana alle Furcht. Du bist der mächtigste Held, und wir wissen, daß Du den unbegründeten Stolz Deines Geweihten wie auch den Hochmut von Frauen, wie wir es sind, einfach durch Dein bezauberndes Lächeln zerstören kannst. Wir sind nichts anderes als Deine Dienerinnen und Sklavinnen. Nimm uns deshalb als solche an, indem Du uns Dein lotosgleiches Antlitz zeigst.

Lieber Kṛṣṇa, wir müssen Dir gestehen, daß sich große Lust in uns regte, als Du uns mit Deinen Lotosfüßen berührtest. Deine Lotosfüße zerstören alle Sünden eines Gottgeweihten, der bei ihnen Zuflucht gesucht hat, und Du bist so gütig, daß Du sogar gewöhnlichen Tieren die Zuflucht Deiner Lotosfüße nicht versagst. Deine Lotosfüße sind auch der Aufenthaltsort der Glücksgöttin, und dennoch hast Du Deine Lotosfüße auf die Köpfe der Schlange Kāliya gesetzt und auf ihnen getanzt. Erhöre nun gütigerweise unsere Bitte und setze Deine Lotosfüße auf unsere Brüste, so daß unsere brennenden Verlangen, Dich zu berühren, beruhigt werden.

O Herr, der Anblick Deiner Augen, die dem Lotos gleichen, ist überaus wohltuend, und Deine süßen Worte sind so faszinierend, daß selbst die größten Gelehrten sich an ihnen erfreuen und von großer Zuneigung zu Dir erfüllt werden. Auch wir sind von Deinen Worten und von der Schönheit Deines Antlitzes und Deiner Augen bezaubert. Bitte stille deshalb unser Verlangen durch Deine nektargleichen Küsse. Lieber Herr, die Worte, die Du gesprochen hast, und die Worte, die Deine Taten beschreiben, sind voll von Nektar, und jeder, der einfach Deine Worte wiederholt und hört, kann aus dem lodernden Feuer des materiellen Daseins errettet werden. Große Halbgötter wie Brahmā und Śiva chanten ständig über Deinen Ruhm, um so die Sünden aller Lebewesen in der materiellen Welt auszulöschen. Wenn man einfach nur versucht, Deine transzendentalen Worte zu hören, kann man schon sehr bald auf die Ebene frommer Tätigkeiten erhoben werden. Den Vaiṣṇavas bereiten Deine Worte transzendentale Freude, und die heiligen Persönlichkeiten, die Deine transzendentale Botschaft über die ganze Welt verbreiten, sind die größten Wohltäter." (Dies wurde von Rūpa Gosvāmī bestätigt, als er ein Gebet an Śrī Caitanya richtete und Ihn dort als die großmütigste Inkarnation bezeichnete, weil Er, Śrī Caitanya, die Worte Kṛṣṇas und Liebe zu Kṛṣṇa frei und ohne Unterscheidungen zu machen über die ganze Welt verbreitete.)

„Lieber Kṛṣṇa, Du bist sehr schlau", fuhren die *gopīs* fort. „Du kannst Dir nicht vorstellen, wie bekümmert wir sind, wenn wir uns an Dein verschmitztes Lächeln, an Deinen wohltuenden Blick, an unsere gemeinsamen Stunden im Wald von Vṛndāvana und an Deine glückverheißenden Meditationen erinnern.

Unser Herz schlug schneller, als Du mit uns an einsamen Orten vertrauliche Worte gewechselt hast. Nun befällt uns Schwermut und Sehnsucht, wenn wir uns an all dies erinnern. Bitte rette uns. Lieber Kṛṣṇa, sicherlich weißt Du, wie traurig wir sind, wenn Du das Dorf von Vṛndāvana verläßt, um die Kühe im Wald zu hüten. Allein der Gedanke daran, daß Deine sanften Lotosfüße von dürren Halmen und spitzen Steinen gestochen werden könnten, bereitet uns tiefen Schmerz. Wir hängen so sehr an Dir, daß wir ständig nur an Deine Lotosfüße denken.

O Kṛṣṇa, wenn Du mit den Kühen von den Weidegründen zurückkehrst, ist Dein von Locken umrahmtes Gesicht von dem Staub bedeckt, den die Kühe mit ihren Hufen aufwirbeln. Jedesmal, wenn wir Dein sanftes Lächeln sehen, vergrößert sich unser Verlangen, uns mit Dir zu erfreuen. O lieber Kṛṣṇa, Du bist der höchste Geliebte, und stets gewährst Du den Dir ergebenen Seelen Zuflucht. Du erfüllst die Wünsche aller Lebewesen, und Deine Lotosfüße werden sogar von Brahmā, dem Schöpfer des Universums, verehrt. Jedem, der Deine Lotosfüße verehrt, erteilst Du bereitwillig Deinen Segen. Sei also bitte nicht böse auf uns, sondern schenk uns Deine Barmherzigkeit und setze Deine Lotosfüße auf unsere Brüste, so daß unser Schmerz gelindert wird. Lieber Kṛṣṇa, wir sehnen uns nach Deinen Küssen, die Du sogar Deiner Flöte gibst. Der Klang Deiner Flöte bezaubert die ganze Schöpfung und so auch unsere Herzen. Komm deshalb bitte zu uns zurück, und küsse uns mit Deinem Nektarmund."

Als Śrī Kṛṣṇa schließlich wieder zurückkehrte und die *gopīs* sich um Ihn drängten, sah Er wunderschön aus, so wie es jemandem, der vielfältige Füllen besitzt, gebührt. In der *Brahma-saṁhitā* heißt es, *ānanda-cin-maya-rasa-pratibhāvitābhiḥ*: Kṛṣṇa allein strahlt nicht eine solch vollkommene Schönheit aus, wie wenn Er mit Seiner Energie, die von Ihm ausgeht — insbesondere mit Seiner Freudenenergie, die von Rādhārāṇī repräsentiert wird —, zusammen ist. Die Māyāvāda-Vorstellung, nach der die Absolute Wahrheit keine Energie besitzt, zeugt von unzureichendem Wissen. Die Absolute Wahrheit wäre unvollkommen, würde sie nicht die verschiedensten Energien entfalten. *Ānanda-cin-maya-rasa* bedeutet, daß Kṛṣṇas Körper aus ewiger Glückseligkeit und ewigem Wissen besteht. Kṛṣṇa wird stets von den vielfältigsten Energien umgeben, und deshalb ist Er vollkommen und schön. Aus der *Brahma-saṁhitā* und dem *Skanda Purāṇa* erfahren wir, daß Sich Kṛṣṇa immer inmitten von vielen Tausenden von Glücksgöttinnen befindet. Die *gopīs* sind alle Glücksgöttinnen, und Kṛṣṇa ging mit ihnen Hand in Hand am Ufer der Yamunā entlang.

Im *Skanda Purāṇa* heißt es, daß unter den vielen Tausenden von *gopīs* 16 000 führend sind; unter diesen 16 000 *gopīs* gibt es 108, die besonders hervorragen, und von diesen 108 *gopīs* ragen acht wiederum besonders hervor. Von diesen acht *gopīs* sind Rādhārāṇī und Candrāvalī die führenden, und von diesen beiden ist Rādhārāṇī die erste.

Als Kṛṣṇa im Wald am Ufer der Yamunā erschien, wurde die Dunkelheit vom Leuchten des Mondes vertrieben. In dieser Jahreszeit blühten viele Blumen wie die *kunda-* und *kadamba*-Blumen, und ein sanfter Wind verbreitete ihren

Duft. Die Bienen wurden hervorgelockt, weil sie den Duft für Honig hielten. Die *gopīs* bauten einen Sitz für Kṛṣṇa, indem sie den weichen Sand anhäuften und einige Kleidungsstücke darauflegten.

Die *gopīs*, die sich dort eingefunden hatten, waren größtenteils Befolger der *Veden*. In ihrem früheren Leben, während Śrī Rāmacandras Erscheinen, waren sie vedische Gelehrte gewesen, die sich gewünscht hatten, mit Śrī Rāmacandra in ehelicher Liebe zusammenzusein. Rāmacandra hatte ihnen die Segnung gegeben, daß sie zusammen mit Śrī Kṛṣṇa erscheinen würden und daß Er ihre Wünsche erfüllen werde. Als Kṛṣṇa dann erschien, wurden diese vedischen Gelehrten als *gopīs* in Vṛndāvana geboren; so ging ihr langgehegter Wunsch in Erfüllung, und sie durften als junge *gopīs* mit Kṛṣṇa zusammensein. Weil sie alle das höchste Ziel ihres vollkommenen Wunsches erreicht hatten, waren sie so glücklich, daß sie keine anderen Wünsche mehr kannten. Dies wird in der *Bhagavad-gītā* bestätigt, wo es heißt, daß jemand, der die Höchste Persönlichkeit Gottes erreicht, sich nichts anderes mehr wünscht. Als Kṛṣṇa zu den *gopīs* zurückkehrte, verflog all ihr Kummer, und ihre Klagen in Trennung von Kṛṣṇa fanden ein Ende. Sie hatten alles bekommen, wonach sie sich gesehnt hatten, und weil sie wieder mit Kṛṣṇa zusammensein durften, waren sie wunschlos glücklich. Sorgfältig breiteten sie Kleidungsstücke auf dem Boden aus, um für Kṛṣṇa einen Sitzplatz herzurichten. Diese Kleidungsstücke bestanden aus feinsten Linnenstoffen und waren mit dem roten *kuṅkuma*, der ihre Brüste schmückte, durchdrungen. Kṛṣṇa war ihr Leben und ihre Seele, ihr ein und alles, und so bereiteten sie Ihm einen bequemen Sitzplatz.

Als Kṛṣṇa dann in ihrer Mitte saß, vergrößerte sich Seine Schönheit noch mehr. Große *yogīs* wie Brahmā, Śiva und sogar Śrī Śeṣa bemühen sich ständig, ihren Geist vollkommen auf Kṛṣṇa in ihrem Herzen zu richten; doch diesen Kṛṣṇa sahen nun die *gopīs*, wie Er vor ihnen auf ihren Kleidern saß. Umgeben von all den *gopīs*, bot Kṛṣṇa einen unvergleichlich schönen Anblick. Sie waren die hübschesten Mädchen der drei Welten, und sie alle waren gekommen, um mit Kṛṣṇa zusammenzusein.

Hier kann sich die Frage erheben, wie es möglich war, daß Sich Kṛṣṇa neben so vielen *gopīs* hinsetzte und trotzdem nur ein Kṛṣṇa dasaß. In diesem Zusammenhang verwendet das *Śrīmad-Bhāgavatam* ein bedeutungsvolles Wort: *īśvara*. Dieses Wort findet man auch in der *Bhagavad-gītā*: *īśvaraḥ sarva-bhūtānāṁ*. *Īśvara* bezieht sich auf den Höchsten Herrn, der Sich als Überseele im Herzen eines jeden befindet. Diese Kraft, sich als Paramātmā zu erweitern, manifestierte Kṛṣṇa auch, als Er Sich zu den *gopīs* gesellte, denn Er setzte Sich bei jeder einzelnen *gopī* hin, ohne daß Er von den anderen gesehen wurde. Kṛṣṇa erwies Sich den *gopīs* gegenüber als so gütig, daß Er nicht in ihren Herzen blieb, wo Er nur durch *yoga*-Meditation wahrgenommen werden kann, sondern Sich direkt an ihre Seite setzte. Dadurch, daß Kṛṣṇa äußerlich erschien, beschenkte Er die *gopīs*, die auserwählten Schönheiten der gesamten Schöpfung, mit einer einzigartigen Gunst, und die *gopīs*, die glücklich waren, daß sie ihren innig geliebten Herrn wieder bei sich hatten, bewegten zu Seiner Freude ihre Augenbrauen, lächelten Ihm liebevoll zu und unterdrückten dabei ihren Unmut. Einige von ihnen nahmen Seine Lotosfüße auf ihren Schoß und massierten sie, während sie sich mit einem Lächeln auf den Lippen vertraulich an Kṛṣṇa wandten und Ihm gegenüber ihren unterdrückten Unmut andeuteten: „Lieber Kṛṣṇa, wir sind einfache Frauen aus Vṛndāvana, und wir wissen nicht viel über die *Veden* – was richtig und was falsch ist. Wir möchten Dir deshalb eine Frage stellen. Du bist sehr gelehrt und kannst uns sicherlich die richtige Antwort geben. In der Beziehung zwischen Geliebten sehen wir, daß es drei Arten von Männern gibt. Die einen machen ihre Liebe davon abhängig, was sie bekommen; die anderen haben immer eine liebevolle Haltung, selbst wenn die Geliebte einmal abweisend ist, und die dritten sind zwar nicht abweisend, doch sie erwidern auch Gefühle der Liebe nicht. Welche dieser drei Arten ziehst Du vor, und welche würdest Du als ehrlich bezeichnen?"

„Meine lieben Freundinnen", entgegnete ihnen Kṛṣṇa, „diejenigen, die einfach nur mit so viel Liebe antworten, wie sie bekommen, sind nichts anderes als Händler. In ihren Beziehungen sind sie nicht bereit, mehr zu geben, als sie bekommen. Im Grunde kann man hier gar nicht von Liebe sprechen. Es ist einfach nur eine Geschäftsbeziehung, bei der das Selbstinteresse und der eigene Gewinn im Vordergrund stehen. Weitaus besser sind diejenigen, die immer eine liebevolle und gütige Haltung haben, selbst wenn die Gegenseite einmal unfreundlich ist; sogar eine Beziehung, bei der es sich nicht um eine Liebesbeziehung handelt, ist immer noch besser als eine Beziehung, bei der man aus Liebe ein Geschäft machen will. Aufrichtige Liebe findet man zum Beispiel bei Eltern, die ihre Kinder lieben, selbst wenn sie von ihnen abweisend behandelt werden. Die dritte Art von Menschen, diejenigen, die eine Beziehung weder erwidern noch abweisen, können zweifach unterteilt werden. Die einen sind in sich selbst zufrieden, und daher sind sie auf die Liebe anderer nicht angewiesen. Sie werden *ātmārāma* genannt, was bedeutet, daß sie ständig in Gedanken an die Höchste Persönlichkeit Gottes versunken sind, so daß es für sie keinen Unterschied macht, ob man sie liebt oder nicht. Die anderen sind diejenigen, die undankbar sind und sich gefühllos benehmen. Diese Menschen lehnen sich gegen alle Höhergestellten auf, genau wie ein Sohn seinen Eltern gegenüber, die alles für ihn getan haben, manchmal undankbar und gefühllos ist und ihre Liebe nicht erwidert. Menschen dieser Art werden im allgemeinen *gurudruha* genannt, was bedeutet, daß sie die Eltern bzw. den spirituellen Meister mißachten, obwohl diese ihnen so große Gunst erweisen."

Damit beantwortete Kṛṣṇa indirekt alle Fragen der *gopīs* und ging sogar auf ihren versteckten Vorwurf ein, Er habe ihre Liebe nicht angemessen erwidert. Er gab ihnen durch Seine Antwort zu verstehen, daß Er als die Höchste Persönlichkeit Gottes in Sich Selbst zufrieden ist. Er ist nicht davon abhängig, ob Ihn jemand liebt oder nicht, aber gleichzeitig, so sagte Kṛṣṇa, sei Er auch nicht undankbar.

„Meine lieben Freundinnen", fuhr Kṛṣṇa fort, „Meine Worte und Mein Verhalten mögen euch betrübt haben, doch wisset, daß Ich zuweilen die Liebe Meiner Geweihten nicht erwidere. Meine Geweihten hängen sehr an Mir, doch manchmal erwidere Ich ihre Gefühle nicht dementsprechend, um ihre Liebe zu Mir noch mehr zu vergrößern. Wenn es nichts Außergewöhnliches wäre, zu Mir zu gelangen, würden sie vielleicht denken: ‚Kṛṣṇa ist so leicht zu haben.' Nur aus diesem Grunde antwortete Ich manchmal nicht. Wenn ein mittelloser Mensch plötzlich zu Reichtum kommt, ihn jedoch kurz darauf wieder verliert, wird er vierundzwanzig Stunden am Tag an nichts anderes mehr denken können als an seinen verlorenen Besitz. Ebenso sieht es manchmal aus, als hätten Meine Geweihten Mich verloren, doch statt Mich zu vergessen, fühlen sie, wie ihre Liebe zu Mir immer mehr zunimmt. Meine lieben Freundinnen, denkt niemals auch nur für einen Augenblick, Ich hätte euch wie gewöhnliche Gottgeweihte behandelt. Ich weiß, wen Ich vor Mir habe. Ihr habt alle gesellschaftlichen und religiösen Verpflichtungen hinter euch gelassen, und ihr habt einfach eure Eltern und Familien verlassen. Ohne euch um irgendwelche Gebote oder Verbote zu kümmern, seid ihr zu Mir gekommen, um Mir eure Liebe darzubringen, und deshalb fühle Ich Mich euch so zu Dank verpflichtet, daß Ich euch niemals wie gewöhnliche Gottgeweihte behandeln könnte. Denkt also bitte nicht, Ich sei euch jemals fern gewesen. Nein, Ich war immer in eurer Nähe. Ich habe euch beobachtet, wie sehr ihr euch in Meiner Abwesenheit nach Mir gesehnt habt. Versucht also bitte nicht, Fehler in Mir zu finden. Weil ihr Mich eurer Liebe für würdig haltet, bitte Ich euch, Mir gütigerweise zu verzeihen, wenn Ich irgend etwas falsch gemacht habe. Ich kann euch niemals eure unaufhörliche Liebe zu Mir vergelten, selbst dann nicht, wenn Ich es für eine solch lange Zeit versuchen würde, wie die Halbgötter auf den himmlischen Planeten leben. Es ist Mir nicht möglich, euch für eure Liebe zu belohnen oder euch auch nur in angemessener Weise Meine Dankbarkeit zu zeigen. Seid daher bitte mit euren eigenen frommen Tätigkeiten zufrieden. Eure Liebe und Zuneigung zu Mir ist beispielhaft, und sie hat euch befähigt, die größten Schwierigkeiten zu überwinden, die ihren Ursprung in den Familienverbindungen haben. Deshalb bitte Ich euch, einfach mit eurem großartigen und beispiellosen Charakter zufrieden zu sein, denn Ich sehe Mich außerstande, euch Meine Schuld zurückzuzahlen."

Die Gottgeweihten von Vṛndāvana gaben mit ihrem Dienst zu Kṛṣṇa das beste Beispiel für die reinste Art der Hingabe. In den *śāstras* wird gesagt, daß hingebungsvoller Dienst *ahaituka* und *apratihata* sein muß, das heißt, der hingebungsvolle Dienst zu Kṛṣṇa kann weder durch politische noch durch religiöse Bestimmungen aufgehalten werden, denn die Stufe des hingebungsvollen Dienstes ist immer und unter allen Umständen transzendental dazu. Die *gopīs* im besonderen dienten Kṛṣṇa mit solch reiner Hingabe, daß selbst Kṛṣṇa in ihrer Schuld blieb. Śrī Caitanya erklärte daher, der hingebungsvolle Dienst der *gopīs* in Vṛndāvana übertreffe alle anderen Methoden, wie man sich der Höchsten Persönlichkeit Gottes zuwenden könne.

Hiermit enden die Bhaktivedanta-Erläuterungen zum 31. Kapitel des Kṛṣṇa-Buches: „Die Lieder der gopīs".

32 / Beschreibung des rāsa-Tanzes

Als die *gopīs* die besänftigenden Worte Kṛṣṇas, der Höchsten Persönlichkeit Gottes, vernahmen, schmolzen ihre Herzen vor Freude. Und als sie dann die Hände und Beine der Höchsten Persönlichkeit Gottes berührten, verflog ihr heftiger Trennungsschmerz vollends. Dann begann Kṛṣṇa, die Höchste Persönlichkeit Gottes, Seinen *rāsa*-Tanz. Ein Tanz mit vielen Mädchen wird *rāsa*-Tanz genannt. Kṛṣṇa tanzte inmitten der schönsten und glücklichsten Mädchen aller drei Welten, und so durften die *gopīs* von Vṛndāvana, die so sehr in Kṛṣṇa verliebt waren, mit Ihm zusammen Hand in Hand tanzen.

Kṛṣṇas *rāsa*-Tanz darf niemals mit weltlichen Tänzen verglichen werden, wie sie an den verschiedensten Festen und bei Gesellschaftsveranstaltungen üblich sind. Der *rāsa*-Tanz ist völlig spirituell, und um diese Tatsache zu bestätigen, erweiterte Sich Kṛṣṇa, der höchste Mystiker, in viele Formen und begab Sich so zu jeder einzelnen *gopī*. Er legte Seine Arme um die Schultern der beiden *gopīs*, die jeweils zu Seiner Seite standen, und in ihrer Mitte begann Er zu tanzen. Die *gopīs* konnten die mystischen Erweiterungen Kṛṣṇas nicht wahrnehmen, denn Kṛṣṇa erschien allein vor jeder einzelnen *gopī*, und so dachte jede *gopī*, Kṛṣṇa tanze nur mit ihr allein. Über dem Wald von Vṛndāvana versammelten sich die Bewohner der himmlischen Planeten in ihren Himmelsflugzeugen, da sie unbedingt sehen wollten, wie Kṛṣṇa auf wunderbare Weise zusammen mit den *gopīs* tanzte. Die Gandharvas und Kinnaras begannen zu singen, und zusammen mit ihren Frauen ließen die Gandharvas Blumen auf den Schauplatz des *rāsa*-Tanzes herunterregnen.

Als die *gopīs* und Kṛṣṇa miteinander tanzten, ertönte ein glückseliges Klingeln von ihren Glöckchen, Schmuckstücken und Goldreifen. Kṛṣṇa glich einem grünlich schimmernden Saphir, der sich in der Mitte einer goldenen, mit Edelsteinen besetzten Halskette befindet. Während Er und die *gopīs* zusammen tanzten, offenbarte sich ihre außergewöhnliche körperliche Schönheit: die Bewegungen ihrer Beine, die Art und Weise, wie sie ihre Hände aufeinanderlegten, die Bewegungen ihrer Augenbrauen, ihr Lächeln und die rhythmischen Bewegungen der Brüste der *gopīs* und ihrer Kleider, ihrer Ohrringe, ihrer Wangen und ihres Haares, in dem wundervolle Blumen steckten — wie sie so zusammen sangen und tanzten, sahen sie aus wie Wolken, die von Donner, Schnee und Blitzen begleitet werden. Kṛṣṇas bezaubernde Erscheinung erinnerte an eine Zusammenballung von Wolken, ihre Lieder waren wie Donner, die Schönheit der *gopīs* leuchtete wie Blitze vom Himmel, und die Schweißperlen auf ihren Gesichtern sahen aus wie fallende Schneeflocken. Auf diese Weise ließen sich die *gopīs* und Kṛṣṇa im Tanze treiben.

Der Hals der *gopīs* nahm eine rötliche Färbung an, weil ihr Verlangen nach Kṛṣṇa immer stärker wurde. Um dieses Verlangen zu befriedigen, begann Kṛṣṇa im Takt ihrer Lieder in die Hände zu klatschen. Eigentlich ist die ganze Welt von Kṛṣṇas Gesang erfüllt, nur nehmen dies die verschiedenen Lebewesen auf unterschiedliche Weise wahr. In der *Bhagavad-gītā* wird dies bestätigt: *ye yathā māṁ prapadyante.* Kṛṣṇa tanzt, und auch die Lebewesen tanzen, doch es besteht ein großer Unterschied zwischen dem Tanzen in der spirituellen Welt und in der materiellen Welt. Der Verfasser des *Caitanya-caritāmṛta* erklärt in diesem Zusammenhang, daß Kṛṣṇa der Haupttänzer ist, während alle anderen Seine Diener sind. Jeder versucht, Kṛṣṇas Tanzen nachzuahmen. Doch nur diejenigen, die tatsächliches Kṛṣṇa-Bewußtsein besitzen, sind in der Lage, sich in Harmonie an Kṛṣṇas Tanzen anzupassen — sie versuchen nicht, unabhängig zu tanzen. Die Lebewesen in der materiellen Welt jedoch versuchen, Kṛṣṇa zu imitieren und selbst die Höchste Persönlichkeit Gottes zu sein. Die Lebewesen tanzen unter der Aufsicht von Kṛṣṇas *māyā* und denken, sie seien Kṛṣṇa ebenbürtig; doch dem ist nicht so. Im Kṛṣṇa-Bewußtsein gibt es diese falschen Auffassungen nicht, denn ein Kṛṣṇa-bewußter Mensch weiß, daß Kṛṣṇa der höchste Meister ist und jeder andere Sein Diener. Man muß zur Freude Kṛṣṇas tanzen, und nicht, um Ihn zu imitieren oder Ihm ebenbürtig zu werden. Weil die *gopīs* Kṛṣṇa erfreuen wollten, antworteten sie Ihm, als Er sang, mit ermutigenden Worten: „Wie wunderschön Du singst! Sing weiter, sing weiter." Und manchmal waren es auch die *gopīs*, die zu Kṛṣṇas Freude wunderschöne Melodien sangen, und Kṛṣṇa antwortete ihnen Seinerseits mit lobenden Worten.

Als einige *gopīs* von den Bewegungen des Tanzens müde wurden, legten sie ihre Hände auf Śrī Kṛṣṇas Schultern. Ihr Haar öffnete sich, und die Blumen fielen auf den Boden. Als die *gopīs* ihre Hände auf Kṛṣṇas Schulter legten, wurden sie vom betörenden Duft Seines Körpers überwältigt, der von vielen wohlriechenden Blumen, wie dem Lotos, und von Seiner Sandelholzpaste ausging. Ihr Herz überströmte vor Liebe zu Kṛṣṇa, und so begannen sie sich zu küssen. Einige der *gopīs* legten ihren Kopf an Kṛṣṇas Wange, und Kṛṣṇa bot ihnen die gekauten Betelnüsse aus Seinem Mund an, die sie im Kuß mit großer Freude austauschten. Und indem die *gopīs* diese Betelnüsse annahmen, drangen sie auf dem spirituellen Pfad weiter vor.

Nach dem langen Singen und Tanzen wurden die *gopīs* müde, und um sich in ihrer Erschöpfung zu erfrischen, nahmen sie die Hand von Śrī Kṛṣṇa, der neben ihnen tanzte, und legten sie auf ihre erhobenen Brüste. Kṛṣṇas Hand wie auch die Brüste der *gopīs* sind ewig glückverheißend, und als sie sich berührten, steigerten sich deshalb ihre spirituellen Qualitäten noch mehr. Die *gopīs* erfüllte das Zusammensein mit Kṛṣṇa, dem Gemahl der Glücksgöttin, mit solcher Glückseligkeit, daß sie vergaßen, jemals bei einem anderen Ehemann gewesen zu sein. Und als Kṛṣṇa sie in Seine Arme schloß und sie mit Ihm tanzten und sangen, vergaßen sie alles. Das *Śrīmad-Bhāgavatam* beschreibt die Schönheit der *gopīs*, während sie sich zusammen mit Kṛṣṇa im *rāsa*-Tanz bewegten, auf folgende Weise: Sie hatten sich über ihren Ohren Lotosblumen ins Haar gesteckt, und ihre Gesichter waren mit Sandelholzpaste geschmückt. Sie trugen *tilaka*, und auf ihren lächelnden Lippen standen kleine Schweißperlen. Die Glöckchen und die Reife an ihren Fußgelenken klingelten hell: Die Blumen, die sie sich ins Haar gesteckt hatten, fielen vor Kṛṣṇas Lotosfüße, und Er war sehr zufrieden.

Wie in der *Brahma-saṁhitā* gesagt wird, sind die *gopīs* Erweiterungen von Kṛṣṇas Freudenenergie. Indem Kṛṣṇa ihren Körper mit Seinen Händen berührte und in ihre glückstrahlenden Augen blickte, vergnügte Er Sich mit den *gopīs*, genau wie sich ein Kind vergnügt, wenn es mit seinem Bild im Spiegel spielt. Als Kṛṣṇa die verschiedenen Teile ihres Körpers berührte, fühlten die *gopīs*, wie sie von spiritueller Energie durchdrungen wurden. Sie versuchten vergeblich, ihre gelockerten Kleider wieder richtig anzuziehen. Ihr Haar und ihre Kleider gerieten durcheinander, und auch ihr Schmuck löste sich, als sie sich völlig Kṛṣṇas Gemeinschaft hingaben und alles andere vergaßen.

Als Kṛṣṇa auf diese Weise die Gemeinschaft der *gopīs* im *rāsa*-Tanz genoß, versammelten sich die erstaunten Halbgötter mit ihren Gemahlinnen am Himmel. Der Mond wurde von einer Art Lust ergriffen, und gebannt vor Verwunderung, ließ er seinen Blick auf den Tanzenden ruhen. Die *gopīs* hatten zur Göttin Kātyāyanī gebetet, Kṛṣṇa zum Gemahl zu bekommen, und nun erfüllte ihnen Kṛṣṇa diesen Wunsch, indem Er Sich in die Anzahl der *gopīs* erweiterte und so ihre Gemeinschaft wie ein Ehemann genoß.

Śrīla Śukadeva Gosvāmī erklärt in diesem Zusammenhang, daß Kṛṣṇa *ātmārāma* ist, in Sich Selbst zufrieden. Er benötigt niemand anderen, um glücklich zu sein. Weil sich die *gopīs* aber danach gesehnt hatten, Kṛṣṇa als Gemahl zu bekommen, hatte Er ihnen diesen Wunsch erfüllt. Als Kṛṣṇa sah, daß die *gopīs* vom langen Tanzen müde wurden, liebkoste Er ihr Gesicht mit zärtlichen Handbewegungen, um so alle Müdigkeit in ihnen zu vertreiben. Die *gopīs* ihrerseits erwiderten Kṛṣṇas Zärtlichkeit mit liebevollen Blicken. Die glückverheißende Berührung durch Kṛṣṇas Hände ließ sie innerlich jubeln, und ihre lächelnden Wangen strahlten vor Schönheit. Dann begannen die *gopīs* in transzendentaler Freude, Kṛṣṇas ruhmvolle Taten und Spiele zu besingen. Je länger die *gopīs* Kṛṣṇas Gemeinschaft genießen durften, desto mehr wurden sie, da sie reine Gottgeweihte waren, mit Seiner Herrlichkeit erleuchtet. Auf diese Weise erwiderten die *gopīs* Seine Zuneigung. Sie wollten Kṛṣṇa erfreuen, indem sie Seine transzendentalen Spiele verherrlichten. Kṛṣṇa ist die Höchste Persönlichkeit Gottes, der Meister aller Meister, und die *gopīs* wollten Ihn aus Dankbarkeit ruhmpreisen, weil Er sie mit Seiner besonderen Barmherzigkeit gesegnet hatte.

Die *gopīs* und Kṛṣṇa begaben sich in das Wasser der Yamunā, um ihre Müdigkeit, die vom langen *rāsa*-Tanz herrührte, zu vertreiben. Die Lilien der Girlanden, die die *gopīs* um ihren Hals trugen, waren unter den vielen Umarmungen zerdrückt und in Unordnung gebracht worden und hatten sich zum Teil schon gelöst, und der rote *kuṅkuma* von den Brüsten der *gopīs* hatte diese hellen Blumen rötlich gefärbt. Bienen summten in ihrer Nähe, um den Honig dieser Blumen zu bekommen. Als Kṛṣṇa auf diese Weise zusammen mit den *gopīs* in das Wasser der Yamunā stieg, glich Er einem Elefanten, der zusammen mit seinen Weibchen ein Bad nimmt. Als die *gopīs* und Kṛṣṇa im Wasser miteinander spielten und sich vergnügten, um sich von der Anstrengung des *rāsa*-Tanzes zu erholen, vergaßen sie ihre wirkliche Identität. Die *gopīs* begannen, Kṛṣṇa anzuspritzen, und lachten dabei schelmisch, und Kṛṣṇa hatte Seinen Spaß daran. Es bereitete ihnen große Freude, sich auf diese Weise scherzende Worte zuzurufen und sich gegenseitig anzuspritzen, und als die Halbgötter auf den himmlischen Planeten dies sahen, ließen sie Blumen vom Himmel regnen. Damit lobpriesen sie den unvergleichlichen *rāsa*-Tanz Kṛṣṇas, des höchsten Genießers, und Seine Spiele zusammen mit den *gopīs* im Wasser der Yamunā.

Nach einiger Zeit stiegen Śrī Kṛṣṇa und die *gopīs* wieder aus dem Wasser und schlenderten gemeinsam am Ufer der Yamunā entlang, wo ein angenehmer Wind wehte, der den Duft der verschiedensten Blumen über das Wasser und das Land trug. Während sie am Ufer der Yamunā entlanggingen, trug Kṛṣṇa die verschiedensten Gedichte vor. Auf diese Weise genoß Kṛṣṇa im milden Licht des Herbstmondes die Gemeinschaft der *gopīs*.

Sexuelles Verlangen regt sich vor allem im Herbst, doch das Wunderbare an Kṛṣṇas Spielen mit den *gopīs* war, daß es dabei nicht die geringste Spur von sexuellem Verlangen gab. Śukadeva Gosvāmī benutzt in seiner *Bhāgavata*-Beschreibung die Worte *avaruddha-sauratah*, was bedeutet, daß die sexuellen Triebe vollkommen beherrscht waren. Wenn Śrī Kṛṣṇa mit den *gopīs* tanzt und wenn gewöhnliche Lebewesen in der materiellen Welt miteinander tanzen, ist das nicht dasselbe, sondern es besteht ein großer Unterschied. Um Mißverständnisse über den *rāsa*-Tanz und die liebende Beziehung zwischen Kṛṣṇa und den *gopīs* zu vermeiden, sagte Mahārāja Parīkṣit, der dem Vortrag des *Śrīmad-Bhāgavatam* lauschte, zu Śukadeva Gosvāmī: „Kṛṣṇa erschien auf der Erde, um die regulierenden Prinzipien der Religion wieder einzuführen und um die Vorherrschaft der Irreligion zu brechen. Sein Verhältnis mit den *gopīs* indessen scheint mir die irreligiösen Prinzipien in der materiellen Welt beinahe zu befürworten. Es überrascht mich deshalb, zu hören, daß Er auf solche Weise handelte und mitten in der Nacht die Gemeinschaft verheirateter Frauen genoß.“ Śukadeva Gosvāmī freute sich sehr über diese Worte Mahārāja Parīkṣits. Seine Antwort weist bereits auf das Erscheinen der Māyāvādī-Unpersönlichkeitsanhänger hin und warnt vor ihrem verabscheuenswerten Charakter, denn sie geben sich selbst für Kṛṣṇa aus und verführen auf diese Weise junge Mädchen und Frauen.

Die grundlegenden Anweisungen der *Veden* besagen, daß es strikt verboten ist, mit einer anderen Frau als der eigenen sexuell zu verkehren. Kṛṣṇas Liebesverhältnis mit den *gopīs* schien deshalb kraß gegen diese Vorschrift zu verstoßen. Mahārāja Parīkṣit hatte natürlich aufgrund von Śukadeva Gosvāmīs Worten bereits alle Zusammenhänge verstanden, aber dennoch verlieh er seinem Erstaunen Ausdruck, um so die transzendentale Natur von Kṛṣṇas *rāsa*-Tanz mit den *gopīs* noch klarer herauszustellen. Diese Frage ist sehr wichtig, denn sie entlarvt das schamlose Verhalten der *prakṛta-sahajiyās*, die auf ungezügelte Weise mit Frauen verkehren.

Mahārāja Parīkṣit hatte mehrere bedeutungsvolle Worte verwendet, die der näheren Erläuterung bedürfen. Das erste dieser Worte lautet *jugupsitam* und bedeutet „verabscheuenswert". Mahārāja Parīkṣits erstes Bedenken besagte also folgendes: Śrī Kṛṣṇa ist die Höchste Persönlichkeit Gottes, und Er erschien, um die religiösen Prinzipien wieder einzuführen. Warum also traf Er Sich mitten in der Nacht mit verheirateten Frauen und vergnügte Sich mit ihnen, indem Er mit ihnen tanzte, sie umarmte und küßte? Die vedischen Anweisungen verbieten dies streng. Er Selbst hatte anfangs zu den *gopīs* gesagt, als sie zu Ihm kamen, daß sie wieder nach Hause gehen sollten. Verheiratete Frauen oder junge Mädchen zu sich zu rufen, um sich mit ihnen zu vergnügen und mit ihnen zu tanzen, wird von den *Veden* als höchst verabscheuenswert bezeichnet. Warum sollte Kṛṣṇa dies getan haben?

Ein anderes Wort, das Mahārāja Parīkṣit in diesem Zusammenhang gebrauchte, lautet *āpta-kāma*. Einige Menschen werden gewiß glauben, Kṛṣṇa sei voller Lust gewesen, als Er Sich inmitten der jungen Mädchen befand, doch Parīkṣit Mahārāja erklärte, daß es nicht möglich gewesen sei, daß Kṛṣṇa lustvolle Wünsche hatte. Zunächst einmal, nach materieller Berechnung, war Kṛṣṇa erst acht Jahre alt, und ein Knabe dieses Alters hat keine lustvollen Wünsche. *Āpta-kāma* bedeutet, daß die Höchste Persönlichkeit Gottes in Sich Selbst zufrieden ist. Selbst wenn Kṛṣṇa lustvolle Wünsche gehabt hätte, wäre es für Ihn nicht notwendig gewesen, die Hilfe anderer in Anspruch zu nehmen, um Seine Verlangen zu befriedigen. Ein anderer Einwand besagt, daß Kṛṣṇa vielleicht nicht Selbst lustvoll gewesen sei, daß Er aber durch die lustvollen Wünsche der *gopīs* verführt worden sei. Aber als Antwort darauf bezeichnete Mahārāja Parīkṣit Kṛṣṇa als *yadu-pati*, als die erhabenste Persönlichkeit der Yadu-Dynastie. Die Könige der Yadu-Dynastie galten als die frömmsten Menschen ihrer Zeit, und ihre Nachkommen hatten den gleichen Ruf. Kṛṣṇa, der in dieser frommen Familie geboren wurde, konnte also unmöglich verführt werden — nicht einmal von den *gopīs*. Deshalb steht es außer Frage, daß irgendeine von Kṛṣṇas Taten verabscheuenswert war. Mahārāja Parīkṣits Frage lief vielmehr darauf hinaus, *warum* Kṛṣṇa so handelte. Welcher Grund verbarg sich wirklich dahinter? Ein anderes Wort, das Mahārāja Parīkṣit gebrauchte, als er sich an Śukadeva Gosvāmī wandte, ist *suvrata*, was soviel bedeutet wie „das Gelübde auf sich nehmen, fromm zu handeln". Śukadeva Gosvāmī war ein strikter *brahmacārī*, und deshalb war es für ihn ausgeschlossen, sich mit Sexualität zu beschäftigen. Von diesem strikten Verbot ist kein *brahmacārī* ausgenommen, ganz zu schweigen also von einem *brahmacārī* wie Śukadeva Gosvāmī. Da der *rāsa*-

Tanz jedoch einen zweideutigen, ja sogar fragwürdigen Eindruck hinterlassen könnte, bat Mahārāja Parīkṣit Śukadeva Gosvāmī, den genauen Sachverhalt zu erklären. Śukadeva Gosvāmī antwortete sogleich, daß eine Verletzung der religiösen Prinzipien durch den höchsten Kontrollierenden nur ein weiterer Beweis Seiner unbegrenzten Macht sei. Es sei wie mit dem Feuer, das alles Abscheuliche verbrennen könne; darin zeige sich die überlegene Kraft des Feuers. Ebenso habe die Sonne die Kraft, aus Kot und Urin Wasser zu ziehen, ohne dabei selbst verunreinigt zu werden; vielmehr werde der unreine, schmutzige Ort durch die reinigende Kraft der Sonnenstrahlen entkeimt und desinfiziert.

Ein weiterer Einwand könnte lauten, daß man dem Vorbild Kṛṣṇas folgen müsse, da Er die höchste Autorität ist. Als Antwort darauf ließ Śukadeva Gosvāmī unmißverständlich verlauten, daß der höchste Kontrollierende, *īśvarāṇām*, nicht an Seine Anweisungen gebunden sei und sie daher nach Seinem Willen übertreten könne, daß dies aber nur dem Kontrollierenden Selbst möglich sei, nicht dem Kontrollierten. Die außergewöhnlichen und unvergleichlichen Taten des Kontrollierenden können von niemandem nachgeahmt werden. Śukadeva Gosvāmī betonte deshalb, daß alle bedingten Lebewesen, die im Grunde überhaupt nichts kontrollieren oder beherrschen können, nicht einmal daran denken sollten, die außergewöhnlichen Taten des Kontrollierenden nachzuahmen. Ein Māyāvādī-Philosoph mag zwar von sich behaupten, Gott oder Kṛṣṇa zu sein, doch er kann nicht wie Kṛṣṇa handeln. Er kann vielleicht seine Anhängerinnen dazu überreden, mit ihm den *rāsa*-Tanz nachzuahmen, doch er wird niemals fähig sein, den Govardhana-Hügel hochzuheben. Wir kennen viele Beispiele aus der Vergangenheit von Māyāvādīs und anderen Scharlatanen dieser Art, die ihre Anhänger betrogen haben, indem sie sich selbst als Kṛṣṇa ausgaben, um den *rāsa-līlā* nachzuahmen. In einigen Fällen griff sogar die Regierung ein und sperrte sie ins Gefängnis. In Orissa zum Beispiel bestrafte Ṭhākura Bhaktivinoda einen Betrüger, der sich als Inkarnation Viṣṇus ausgab und mit jungen Mädchen zusammen den *rāsa-līlā* nachahmte. Es wurden viele Klagen gegen diese sogenannte Inkarnation Viṣṇus erhoben, und daher beauftragte die Regierung Bhaktivinoda Ṭhākura, der zu jener Zeit Richter in Orissa war, diesem Scharlatan das Handwerk zu legen, was er dann auch tat, indem er ihn gehörig bestrafte. Der *rāsa-līlā*-Tanz kann von niemandem imitiert werden, und Śukadeva Gosvāmī warnt sogar davor, auch nur daran zu denken, dies zu tun. Er betonte, daß jemand, der in seiner Dummheit versuche, Kṛṣṇas *rāsa*-Tanz nachzuahmen, sein Leben einbüße, genau wie jemand, der versuche, wie Śiva einen Ozean voller Gift zu trinken. Śiva leerte einmal einen Ozean voller Gift und behielt das Gift in seiner Kehle, weshalb sein Hals blau wurde. Aus diesem Grund heißt Śiva auch Nīlakaṇṭa. Wenn nun ein gewöhnlicher Mensch versucht, Śiva zu imitieren, indem er Gift trinkt und *gañja* raucht, geht er mit Bestimmtheit daran zu Grunde, und sein Tod ist in absehbare Nähe gerückt. Deshalb sollte man nicht vergessen, daß Śrī Kṛṣṇas Beziehung zu den *gopīs* etwas Außergewöhnliches ist und unter ganz besonderen Umständen stattfand.

Die meisten *gopīs* waren in ihrem vorangegangenen Leben große Weise gewesen, die sich in allen *Veden* auskannten, und als Śrī Kṛṣṇa in Seiner Form als Śrī Rāmacandra erschienen war, hatten sie den Wunsch geäußert, sich Seiner Gemeinschaft erfreuen zu dürfen. Śrī Rāmacandra hatte ihnen damals die Segnung gegeben, daß all ihre Wünsche in Erfüllung gehen würden, wenn Er als Kṛṣṇa erscheine. Dies zeigt, daß sich die *gopīs* schon seit längster Zeit gewünscht hatten, die Freude von Śrī Kṛṣṇas Erscheinen erfahren zu dürfen, und deshalb hatten sie zur Göttin Kātyāyanī gebetet, daß Kṛṣṇa ihr Gemahl werden möge. Es gibt noch viele andere Fälle, die ebenfalls zeigen, daß Kṛṣṇa die höchste Autorität ist und daß Ihn die Regeln und Gesetze der materiellen Welt nicht binden. In Ausnahmefällen also, wenn es Ihm beliebt, macht Kṛṣṇa alles, nur um Seine Geweihten zu erfreuen, selbst wenn es gegen irgendwelche Regeln und Gesetze verstößt. Doch dies ist nur Ihm möglich, weil Er der höchste Kontrollierende ist. Die Menschen hingegen sollten Kṛṣṇas Unterweisungen folgen, wie sie in der *Bhagavad-gītā* zu finden sind, und sie dürfen nicht einmal daran denken, Śrī Kṛṣṇas *rāsa*-Tanz zu imitieren.

Kṛṣṇas Taten, wie zum Beispiel das Heben des Govardhana-Hügels und das Töten von Pūtanā und anderen großen Dämonen, sind allesamt außergewöhnlich, und ebenso ist auch der *rāsa*-Tanz etwas Außergewöhnliches, das von niemandem nachgeahmt werden kann. Ein Mensch, der wie Arjuna gemäß seiner vorgeschriebenen Pflicht handelt, sollte diese Pflicht erfüllen, um dadurch Kṛṣṇa zu erfreuen; das liegt tatsächlich im Bereich seiner Fähigkeiten. Arjuna war ein Krieger, und Kṛṣṇa verlangte von ihm, daß er zu Seiner Zufriedenheit kämpfte. Arjuna kam dieser Anweisung nach, obwohl er zuerst nicht gewillt war zu kämpfen. Pflichten sind für gewöhnliche Menschen unerläßlich. Sie sollten nicht hochmütig werden und in ihrer Vermessenheit versuchen, Kṛṣṇa und Seinen *rāsa*-Tanz zu imitieren, denn dadurch stürzen sie sich nur ins Verderben. Man sollte sich im klaren darüber sein, daß Kṛṣṇa bei allem, was Er zur Segnung der *gopīs* tat, kein persönliches Interesse verfolgte. In der *Bhagavad-gītā* heißt es in diesem Zusammenhang, daß Kṛṣṇa niemals Reaktionen auf Seine Tätigkeiten genießt oder erleidet (*na māṁ karmāṇi limpanti*). Deshalb kann nicht die Rede davon sein, daß Kṛṣṇa irreligiös handelte. Er ist transzendental zu allen Tätigkeiten und religiösen Prinzipien, und Er wird niemals von den Erscheinungsweisen der materiellen Natur berührt. Er ist der höchste Beherrscher aller Lebewesen, unabhängig davon, ob sie zur menschlichen Gesellschaft, zur Gesellschaft der Halbgötter auf den himmlischen Planeten oder zu den niederen Formen des Lebens gehören. Er ist der höchste Herrscher über die Lebewesen und die materielle Natur. Wie könnte Er also religiösen oder irreligiösen Prinzipien unterworfen sein?

Śukadeva Gosvāmī erklärt weiter, daß sich die großen Weisen und Gottgeweihten, deren Herz von aller Verunreinigung befreit ist, selbst in der Bedingtheit der materiellen Welt frei bewegen können, da sie sich ständig mit Herz und Seele auf Kṛṣṇa, die Höchste Persönlichkeit Gottes, konzentrieren. Auf diese Weise sind auch sie niemals den Gesetzen von Freud und Leid entsprechend den Erscheinungsweisen der materiellen Natur unterworfen. Wie könnte dann

Kṛṣṇa, der in Seiner inneren Energie erscheint, den Gesetzen des *karma* unterworfen sein?

Wann immer der Herr irgendwo erscheint, erscheint Er durch Seine innere Energie. Dies bestätigt Er Selbst unmißverständlich in der *Bhagavad-gītā*. Er wird nicht durch das Gesetz des *karma* gezwungen, einen Körper anzunehmen, wie dies bei gewöhnlichen Lebewesen der Fall ist. Jedes Lebewesen wird aufgrund seiner früheren Tätigkeiten gezwungen, eine bestimmte Art von Körper anzunehmen. Kṛṣṇa jedoch *erscheint* in einem Körper; der Körper wird Ihm nicht aufgrund früherer Handlungen aufgezwungen. Sein Körper ist das Medium für Seine transzendentale Freude, die von Seiner inneren Energie entfaltet wird. Er ist nicht an die Gesetze des *karma* gebunden. Der Māyāvādī-Monist muß unter dem Diktat der Naturgesetze einen bestimmten Körper annehmen; deshalb ist seine Behauptung, mit Kṛṣṇa, Gott, eins zu sein, eine bloße Theorie. Menschen, die verkünden, Kṛṣṇa ebenbürtig zu sein, und die dem Genuß des *rāsa-līlā* frönen, stellen für die Allgemeinheit eine große Gefahr dar. Kṛṣṇa, die Höchste Persönlichkeit Gottes, war als Überseele bereits in den Herzen der *gopīs* wie auch in den Herzen ihrer Ehemänner gegenwärtig. Er ist der Führer aller Lebewesen, wie dies in der *Kaṭha Upaniṣad* bestätigt wird: *nityo nityānāṁ cetanaś cetanānām*. Die Überseele lenkt die individuelle Seele, auf bestimmte Weise zu handeln, und so ist die Überseele der Ausführende und der Zeuge aller Handlungen.

In der *Bhagavad-gītā* wird bestätigt, daß Kṛṣṇa im Herzen eines jeden Lebewesens weilt und daß von Ihm allein Handlung, Erinnerung und Vergessen kommen. Er ist der Herr, die ursprüngliche Person, und das Ziel des vedischen Wissens ist es, Ihn zu erkennen. Er ist der Verfasser der *Vedānta*-Philosophie, und Er kennt die *Vedānta*-Philosophie in Vollkommenheit. Die Vedāntisten und Māyāvādīs sind unfähig, Kṛṣṇa so zu verstehen, wie Er ist; statt dessen führen sie ihre Anhänger in die Irre, indem sie Kṛṣṇas Taten auf unautorisierte Weise nachahmen. Kṛṣṇa, die Überseele, befindet Sich bereits im Körper eines jeden; wenn Er daher jemanden anblickt oder umarmt, kann von Anstandslosigkeit keine Rede sein.

Man mag sich nun fragen, warum Kṛṣṇa, wenn Er doch in Sich Selbst vollkommen ist, überhaupt solche Spiele mit den *gopīs* offenbarte, die den sogenannten Moralisten unserer Welt anstößig erscheinen. Die Antwort lautet, daß diese Spiele die besondere Barmherzigkeit für die gefallenen, bedingten Seelen darstellen. Die *gopīs* sind eigentlich Erweiterungen Seiner inneren Energie, doch weil Kṛṣṇa den *rāsa-līlā* entfalten wollte, erschienen auch sie wie gewöhnliche Menschen. Aller Genuß in der materiellen Welt gründet letzten Endes auf der sexuellen Anziehung zwischen Mann und Frau. Der Mann lebt nur, um sich von Frauen betören zu lassen, und die Frau lebt nur, um sich von Männern betören zu lassen. Auf diesem Prinzip beruht das gesamte materielle Leben. Sowie diese gegenseitige Anziehung zustande kommt, werden die Menschen immer mehr ins materielle Dasein hineingezogen. Um ihnen eine besondere Gunst zu gewähren, entfaltete Kṛṣṇa Seinen *rāsa-līlā*-Tanz. Damit wollte Kṛṣṇa einfach nur die bedingten Seelen faszinieren und zu Sich hinziehen, denn weil sie alle so sehr vom Sexuellen angezogen werden, bekommen sie auf diese Weise die Möglichkeit, im Austausch mit Kṛṣṇa dieselben Gefühle und Beziehungen zu genießen und gleichzeitig Befreiung aus der materiellen Bedingtheit zu erlangen. Im Zweiten Canto des *Śrīmad-Bhāgavatam* erklärt Mahārāja Parīkṣit ebenfalls, daß die Spiele und Taten Śrī Kṛṣṇas wie Medizin für die bedingten Seelen sind, denn wenn sie einfach nur über Kṛṣṇa hören, werden sie von der materiellen Krankheit geheilt. Sie sind dem materiellen Genuß verfallen und pflegen alle Arten von pornographischer Literatur zu lesen, doch wenn sie von Kṛṣṇas transzendentalen Spielen mit den *gopīs* hören, werden sie von aller materiellen Verunreinigung befreit.

Śukadeva Gosvāmī erklärte auch, wie man richtig hört und von wem man hören darf und von wem nicht. Das Problem liegt darin, daß die Welt voller Māyāvādīs ist, und viele dieser Māyāvādīs haben es sich zur Beschäftigung gemacht, das *Śrīmad-Bhāgavatam* vorzutragen, um damit Geld zu verdienen. Deshalb sind die Zuhörer solcher Vorträge, die die verheerende Wirkung der Māyāvāda-Philosophie nicht kennen, hinterher verwirrt und haben die verschiedensten Fehlvorstellungen. Es wird nicht empfohlen, daß gewöhnliche Menschen über den *rāsa-līlā* sprechen, da sie alle mehr oder weniger von der Māyāvāda-Philosophie beeinflußt sind. Wenn jedoch ein fortgeschrittener Gottgeweihter über den *rāsa-līlā* spricht, dann ist es sicher, daß diejenigen, die ihm zuhören, allmählich auf die Ebene des Kṛṣṇa-Bewußtseins erhoben und von der materiellen Verunreinigung befreit werden.

Ein weiterer wichtiger Punkt ist, daß sich die *gopīs*, die mit Kṛṣṇa tanzten, nicht in ihrem materiellen Körper befanden. Sie tanzten in ihrem spirituellen Körper mit Kṛṣṇa. Währenddessen dachten die sogenannten Ehemänner der *gopīs*, daß ihre Frauen an ihrer Seite schliefen, denn sie alle waren bereits vom Einfluß der äußeren Energie Kṛṣṇas verblendet worden, und diese Energie erlaubte es ihnen nicht, zu erkennen, daß ihre Frauen fortgegangen waren, um mit Kṛṣṇa zu tanzen. Wie stichhaltig ist also die Anschuldigung, Kṛṣṇa habe mit den Frauen anderer Männer getanzt? Die Körper der *gopīs*, die ihren Ehemännern gehörten, lagen im Bett; es waren die spirituellen Bestandteile Kṛṣṇas, die mit Ihm tanzten. Kṛṣṇa ist die höchste Person, das spirituelle Ganze, und Er tanzte mit den spirituellen Körpern der *gopīs*. Deshalb ist es nicht gerechtfertigt, in Kṛṣṇa Fehler finden zu wollen.

Als der *rāsa*-Tanz vorüber war, ging die Nacht ihrem Ende entgegen (diese Nacht war so lang wie eine Nacht Brahmās, und wie es in der *Bhagavad-gītā* heißt, ist dies eine unvorstellbar lange Zeitspanne), und die *brāhma-muhūrta* brach an. Die *brāhma-muhūrta* beginnt ungefähr eineinhalb Stunden vor Sonnenaufgang, und es wird empfohlen, zu dieser Zeit aufzustehen und sich, nach Beendigung der morgendlichen Körperreinigung, spirituellen Tätigkeiten zu widmen, wie die *maṅgala-ārati*-Zeremonie durchzuführen und den Hare-Kṛṣṇa-*mantra* zu chanten. Die Zeit der *brāhma-muhūrta* eignet sich nämlich besonders gut zur Durchführung spiritueller Tätigkeiten. Als nun diese glückverheißende Stunde gekommen war, bat Kṛṣṇa die *gopīs*, Ihn zu verlassen. Obwohl es den *gopīs*, die Kṛṣṇa so lieb waren, schwerfiel, Seine Gemeinschaft aufzugeben, waren sie Ihm gehorsam, und so gingen sie sofort nach Hause, als Kṛṣṇa sie dazu aufforderte. Śukadeva Gosvāmī beendet die Schilderung des *rāsa*-Tanzes, indem er darauf hinweist, daß jeder, der von der richtigen Quelle über die Spiele Kṛṣṇas, des ursprünglichen Viṣṇu, und der *gopīs*, der Erweiterungen von Kṛṣṇas Energie, hört, von der gefährlichsten Krankheit befreit werde, nämlich der Lust. Wenn man solchen Beschreibungen des *rāsa-līlā* aufmerksam zuhört, wird man vollständig von den lustvollen Verlangen nach Sexualität befreit und auf die höchste Ebene der spirituellen Verwirklichung erhoben. Doch weil die Menschen fast ausschließlich von Māyāvādīs hören und selbst ebenfalls Māyāvādīs sind, geraten sie immer mehr unter das Diktat der sexuellen Begierde. Die bedingte Seele sollte die Beschreibung des *rāsa-līlā*-Tanzes von einem autorisierten spirituellen Meister hören und von ihm geschult werden, damit sie dieses Thema richtig verstehen kann. Auf diese Weise kann die bedingte Seele zur höchsten Stufe des spirituellen Lebens erhoben werden; andernfalls gerät sie immer tiefer in die materielle Verstrickung. Die materielle Lust ist eine Art Herzkrankheit, und um diesen erkrankten Zustand des Herzens zu heilen, wird der bedingten Seele empfohlen, über Kṛṣṇa zu hören — doch nicht von Betrügern und Scharlatanen wie den Māyāvādīs. Nur wenn man aus der richtigen Quelle hört und alles, was man hört, richtig versteht, kann man sein Leben tatsächlich verändern.

Śukadeva Gosvāmī bezeichnet jemanden, der im spirituellen Leben geschult ist, als *śraddhānvita*. *Śraddhā*, Vertrauen, bildet den Anfang spirituellen Lebens. Jemand, der sein Vertrauen in Kṛṣṇa entwickelt hat und Ihn als die Höchste Persönlichkeit Gottes, als die höchste spirituelle Seele, kennt, ist in der Lage, richtig zu hören, und weiß auch, wie man Ihn richtig beschreibt. Des weiteren benutzt Śukadeva Gosvāmī das Wort *anuśṛṇuyāt*, das darauf hinweist, daß man von der Nachfolge der spirituellen Meister hören muß. Das Wort *anu* hat zwei Bedeutungen, nämlich „folgen" und „ununterbrochen". Man muß sich also immer an die Schülernachfolge halten, und man sollte seine Aufmerksamkeit nicht irgendeinem dahergelaufenen Geschichtenerzähler, einem Māyāvādī oder einem x-beliebigen Menschen schenken. *Anuśṛṇuyāt* bedeutet, daß man von einem autorisierten spirituellen Meister hören muß, der sich in der Schülernachfolge befindet und der ununterbrochen im Kṛṣṇa-Bewußtsein tätig ist. Wenn jemand bereit ist, auf diese Weise zu hören, wird sich die Wirkung mit Sicherheit einstellen. Wer die Schilderung des *rāsa-līlā* hört, wird auf die höchste Ebene des spirituellen Lebens erhoben.

Śukadeva Gosvāmī verwendet außerdem die beiden bedeutsamen Worte *bhaktim* und *parām*. *Bhaktiṁ parām* bedeutet das Ausführen von hingebungsvollem Dienst jenseits der Anfängerstufe. Diejenigen, die sich lediglich zu Tempelverehrung hingezogen fühlen, jedoch mit der *bhakti*-Philosophie nicht vertraut sind, befinden sich auf der Anfängerstufe. Diese Form der *bhakti* ist nicht die vollkommene Stufe. Die vollkommene Stufe der *bhakti*, des hingebungsvollen Dienstes, wird durch das vollständige Freisein von materieller Verunreinigung charakterisiert, und die gefährlichste Art der Verunreinigung ist Lust oder sexuelle Begierde. Der hingebungsvolle Dienst auf der Ebene der *bhaktiṁ parām* ist sehr mächtig, und je mehr man auf diesem Pfad fortschreitet, desto mehr verliert man seine Anziehung zum materiellen Leben. Wer den wirklichen Nutzen aus dem Hören des *rāsa-līlā*-Tanzes zieht, erreicht mit Sicherheit die transzendentale Ebene, und sein Herz wird frei von jeglicher Spur der Lust.

Śrīla Viśvanātha Cakravartī Ṭhākura weist darauf hin, daß nach der Aussage der *Bhagavad-gītā* jeder Tag und jede Nacht Brahmās eine Zeitspanne von 4 300 000 x 1000 Sonnenjahren umfaßt. Laut Viśvanātha Cakravartī Ṭhākura fand der *rāsa*-Tanz während des langen Zeitraumes von Brahmās Nacht statt, ohne daß sich die *gopīs* darüber bewußt waren. Nur um den Wunsch der *gopīs* zu erfüllen, hatte Kṛṣṇa die Dauer der Nacht auf eine solch unermeßliche Zeitspanne anwachsen lassen. Man mag sich nun fragen, wie dies möglich war, und Viśvanātha Cakravartī Ṭhākura erinnert uns daran, daß Kṛṣṇa, obwohl Er mit einem Strick gefesselt war, Seiner Mutter in Seinem Mund das gesamte Universum offenbaren konnte. Wie war *dies* zu verstehen? Die Antwort lautet, daß Kṛṣṇa alles tun kann, um Seine Geweihten zu erfreuen. Aus diesem Grund bekamen die *gopīs*, die sich so sehr nach Kṛṣṇas Gemeinschaft gesehnt hatten, die Möglichkeit, mit Ihm für eine solch lange Zeit zusammenzusein. Damit hielt Er Sein Versprechen ein, das Er den *gopīs* gegeben hatte, als Er ihre Kleider stahl. Damals hatten die *gopīs* am Cīraghāṭa in der Yamunā gebadet, und Kṛṣṇa hatte ihnen versprochen, in einer Nacht in der Zukunft ihren Herzenswunsch zu erfüllen. So geschah es in dieser Nacht, daß die *gopīs* Kṛṣṇa als ihren geliebten Gemahl in die Arme schließen durften, doch diese Nacht war keine gewöhnliche Nacht. Es war eine Nacht Brahmās, die Millionen und Abermillionen von Jahren währt. Für Kṛṣṇa ist alles möglich, denn Er ist der höchste Kontrollierende.

Hiermit enden die Bhaktivedanta-Erläuterungen zum 32. Kapitel des Kṛṣṇa-Buches: „Beschreibung des rāsa-Tanzes".

33 / Die Befreiung Vidyādharas und der Tod des Dämons Śaṅkhāsura

Eines Tages beschlossen die Kuhhirten von Vṛndāvana, angeführt von Nanda Mahārāja, nach Ambikāvana zu gehen, um die *Śivarātri*-Zeremonie durchzuführen. Der *rāsa-līlā* fand im Herbst statt, und die nächste große Zeremonie, die in dieser Zeit stattfindet, ist die *Dolayātrā*-Zeremonie, auch *Holi* genannt. Zwischen dem *rāsa-līlā*-Fest und der *Dolayātrā*-Zeremonie gibt es eine andere wichtige Zeremonie, die *Śivarātri* genannt wird und vor allem von den Śivaiten, den Geweihten Śivas, abgehalten wird. Manchmal nehmen auch Vaiṣṇavas an dieser Zeremonie teil, weil sie Śiva als den erhabensten Vaiṣṇava anerkennen. Aber die *bhaktas*, die Geweihten Kṛṣṇas, nehmen nicht regelmäßig an der *Śivarātri*-Feier teil, und deshalb wird im *Śrīmad-Bhāgavatam* in diesem Zusammenhang die Eingangsformel „eines Tages" verwendet. Dies weist darauf hin, daß sie nicht regelmäßig an der *Śivarātri*-Feier teilnahmen, sondern daß sie „eines Tages beschlossen", aus Neugier heraus nach Ambikāvana zu gehen. Ambikāvana liegt irgendwo in der Provinz Gujarat, und es heißt, daß sich Ambikāvana am Ufer der Sarasvatī befinde, doch heute finden wir in der Provinz Gujarat keinen Fluß namens Sarasvatī; der einzige Fluß dort heißt Savarmati. In Indien liegen alle berühmten Pilgerorte an heiligen Flüssen wie dem Ganges, der Yamunā, Sarasvatī, Narmadā, Godāvarī, Kāverī usw. Ambikāvana befand sich am Ufer der Sarasvatī, und alle Kuhhirten zogen gemeinsam mit Nanda Mahārāja dorthin.

In Ambikāvana verehrten sie mit viel Hingabe die Bildgestalten Śivas und Ambikās. Es ist allgemein der Brauch, daß überall dort, wo ein Tempel Śivas steht, auch ein Tempel Ambikās (oder Durgās) stehen muß, denn Ambikā ist die Gattin Śivas und die erhabenste aller keuschen Frauen. Sie lebt niemals getrennt von ihrem Gatten. Nachdem die Kuhhirten von Vṛndāvana in Ambikāvana angekommen waren, nahmen sie zuerst ein Bad in der Sarasvatī. Wenn man eine Pilgerstätte besucht, ist es die erste Pflicht, ein Bad zu nehmen, und manchmal auch, sich den Kopf zu rasieren. Das ist das erste, was man zu tun hat. Nachdem die Kuhhirten also in der Sarasvatī gebadet hatten, verehrten sie die Bildgestalten, und anschließend verteilten sie an diesem heiligen Ort Spenden.

Nach den Regeln der vedischen Kultur muß man den *brāhmaṇas* Spenden geben. In den vedischen *śāstras* heißt es, daß nur die *brāhmaṇas* und *sannyāsīs* berechtigt sind, Spenden anzunehmen, und somit gaben ihnen die Hirten aus Vṛndāvana Kühe, die Goldschmuck und wunderschöne Blumenkränze trugen. Den *brāhmaṇas* werden Spenden gegeben, weil sie keinen Geschäften nachgehen und keinen Beruf ausüben, um Geld zu verdienen. Dafür erwartet man von ihnen, daß sie ihre brahmanischen Pflichten erfüllen, wie sie in der *Bhagavad-gītā* beschrieben werden, das heißt, daß sie sich Wissen aneignen und sich Entsagung und Bußen auferlegen. Die *brāhmaṇas* dürfen das Wissen nicht für sich selbst behalten, sondern müssen es an andere weitergeben. Die *brāhmaṇas* sollten sich nicht damit begnügen, einfach nur die Vorrechte der *brāhmaṇas* zu genießen, sondern sie sollten auch andere zu *brāhmaṇas* machen; denn wenn jemand bereit ist, der Schüler eines *brāhmaṇa* zu werden, bekommt auch er die Möglichkeit, ein *brāhmaṇa* zu werden. Die *brāhmaṇas* sind stets mit der Verehrung Śrī Viṣṇus beschäftigt, und deshalb sind sie berechtigt, alle Arten von Spenden entgegenzunehmen. Wenn die *brāhmaṇas* jedoch mehr bekommen, als sie brauchen, ist es ihre Pflicht, das Überschüssige für den Dienst Śrī Viṣṇus zu verwenden. Deshalb wird es in den vedischen Schriften empfohlen, den *brāhmaṇas* Spenden zu geben, denn dadurch erfreut man Śrī Viṣṇu und alle Halbgötter.

Die Pilger müssen also ein Bad nehmen, die Bildgestalten verehren und Spenden geben; außerdem wird ihnen geraten, einen Tag lang zu fasten. Wenn sie einen Pilgerort besuchen, sollten sie mindestens drei Tage lang dort bleiben. Während des ersten Tages fasten die Pilger, und am Abend dürfen sie ein wenig Wasser trinken, da durch Wasser das Fasten nicht gebrochen wird.

Die Kuhhirten und ihr Anführer, Nanda Mahārāja, verbrachten die erste Nacht am Ufer der Sarasvatī. Sie hatten während des ganzen Tages gefastet, und am Abend hatten sie ein wenig Wasser zu sich genommen und sich dann zur Ruhe gelegt. Während der Nacht jedoch kroch aus dem nahegelegenen Wald eine riesengroße Schlange zu den schlafenden Kuhhirten hin und stürzte sich auf Nanda Mahārāja, um ihn gierig zu verschlingen. In seiner hilflosen Lage rief Nanda: „Mein lieber Sohn, Kṛṣṇa, bitte komm und hilf mir! Ich werde von einer Schlange verschlungen!" Nanda Mahārājas Hilferufe weckten all die anderen Kuhhirten, die erschrocken von ihren Lagern hochfuhren, und als sie sahen, was vor sich ging, holten sie sofort brennende Holzscheite aus dem Feuer und schlugen damit wild auf die Schlange ein, um sie zu töten. Doch obwohl die Riesenschlange mit brennenden Scheiten geschlagen wurde, wollte sie nicht von Nanda Mahārāja ablassen.

Dann jedoch erschien Kṛṣṇa auf dem Schauplatz, und Er berührte die Schlange mit Seinen Lotosfüßen. Sowie die Schlange von Kṛṣṇas Lotosfüßen berührt wurde, brach der Reptilienkörper in sich zusammen, und hervor kam ein wunderschöner Halbgott. Es war der Halbgott Vidyādhara, dessen körperliche

Schönheit so groß war, daß er würdig schien, verehrt zu werden. Ein Strahlen und Leuchten ging von seinem Körper aus, und er war mit einer goldenen Halskette geschmückt. Er brachte Śrī Kṛṣṇa sogleich seine Ehrerbietungen dar und stellte sich in aller Demut vor Ihm hin. „Du scheinst ein erhabener Halbgott zu sein", sagte Kṛṣṇa zu Vidyādhara, „und dazu scheinst du in der Gunst der Glücksgöttin zu stehen. Wie kommt es also, daß du solch abscheuliche Taten begingst, daß du im Körper einer Schlange geboren werden mußtest?" Daraufhin erzählte der Halbgott die Geschichte seines vorangegangenen Lebens.

„Mein lieber Herr", sprach er, „in meinem letzten Leben hieß ich Vidyādhara, und ich war auf der ganzen Welt berühmt für meine Schönheit. Weil ich eine gefeierte Persönlichkeit war, pflegte ich in meinem Himmelsflugzeug überallhin zu reisen, und eines Tages erblickte ich den großen Weisen Aṅgirā. Er war sehr häßlich, und da mir meine Schönheit zu Kopf gestiegen war, wagte ich es, ihn auszulachen. Zur Strafe für dieses Vergehen verfluchte mich der Weise, den Körper einer Schlange anzunehmen."

Hieraus kann man ersehen, daß ein Lebewesen, solange es nicht Kṛṣṇas Barmherzigkeit bekommt, stets unter dem Einfluß der Erscheinungsweisen der materiellen Natur steht, ganz gleich, wie fortgeschritten es in materieller Hinsicht auch sein mag. Vidyādhara war, materiell gesehen, ein edler Halbgott von außergewöhnlicher Schönheit, und zudem erfreute er sich einer hohen materiellen Stellung und war in der Lage, mit seinem Himmelsflugzeug überallhin zu reisen. Trotzdem wurde er dazu verflucht, in seinem nächsten Leben eine Schlange zu werden. Mit anderen Worten, jeder, selbst wenn er materiell sehr hochstehend ist, kann dazu verurteilt werden, in eine abscheuliche Lebensform zurückzufallen, wenn er nicht vorsichtig ist. Es ist ein Irrtum, zu glauben, man falle unter keinen Umständen wieder in eine niedere Lebensform zurück, wenn man einmal den menschlichen Körper erreicht habe. Vidyādhara bestätigt, daß er, obwohl er ein Halbgott war, dazu verflucht wurde, eine Schlange zu werden. Doch weil er nun von Kṛṣṇas Lotosfüßen berührt worden war, erwachte er augenblicklich zum Kṛṣṇa-Bewußtsein. Allerdings bekannte er, daß er in seinem vorangegangenen Leben sehr sündig gewesen sei. Ein Kṛṣṇa-bewußter Mensch weiß, daß er immer der Diener des Dieners von Kṛṣṇa ist; er selbst sieht sich als höchst unbedeutend, und wenn ihm irgendwelcher Erfolg zukommt, so ist er sich darüber bewußt, daß dies nichts anderes als die reine Barmherzigkeit Kṛṣṇas und des spirituellen Meisters ist.

Der Halbgott Vidyādhara sagte weiter zu Śrī Kṛṣṇa: „Weil ich auf die ausnehmende Schönheit meines Körpers sehr stolz war, verspottete ich das häßliche Aussehen des großen Weisen Aṅgirā, worauf er mich verfluchte, eine Schlange zu werden. Doch nun erkenne ich, daß dieser Fluch des Weisen in Wirklichkeit gar kein Fluch war, sondern eine große Segnung. Hätte er mich nämlich nicht verflucht, wäre ich niemals von Deinen Lotosfüßen getreten und dadurch von aller materiellen Verunreinigung befreit worden."

Im materiellen Dasein gelten vier Vorzüge als sehr wertvoll: in einer ehrbaren Familie geboren zu sein, sehr reich zu sein, sehr gelehrt zu sein und sehr schön zu sein. Diese Vorzüge werden als materielle Werte angesehen, doch unglücklicherweise werden genau diese materiellen Werte ohne Kṛṣṇa-Bewußtsein manchmal die Ursache dafür, daß man Sünden begeht oder zu Fall kommt. Ein gutes Beispiel dafür ist Vidyādhara: Obwohl er ein Halbgott war und einen wunderschönen Körper besaß, wurde er so eitel und überheblich, daß er verflucht wurde, den Körper einer Schlange anzunehmen. Die Schlange gilt als das grausamste und neidischste Lebewesen, doch wenn ein Mensch auf andere neidisch ist, ist er noch heimtückischer als Schlangen. Eine Schlange läßt sich durch beschwörende *mantras* und durch besondere Kräuter zähmen, wohingegen sich ein neidischer, unberechenbarer Mensch durch nichts besänftigen läßt.

„Lieber Herr", fuhr Vidyādhara fort, „nun, da ich glaube, von allen Sünden befreit worden zu sein, bitte ich Dich um die Erlaubnis, in mein Reich auf den himmlischen Planeten zurückzukehren." Diese Bitte zeigt, daß Menschen, die fruchtbringenden Tätigkeiten nachgehen und sich wünschen, die materiellen Annehmlichkeiten der höheren Planetensysteme zu genießen, ihr angestrebtes Lebensziel nicht ohne die Einwilligung der Höchsten Persönlichkeit Gottes erreichen können. Ebenso heißt es in der *Bhagavad-gītā*, daß Menschen, die nicht sehr intelligent sind, nach materiellen Vorteilen streben und deshalb die verschiedensten Halbgötter verehren; doch sie wissen nicht, daß sie die Segnungen der Halbgötter im Grunde nur mit der Einwilligung Śrī Viṣṇus, oder Kṛṣṇas, erhalten. Die Halbgötter allein haben nicht die Macht, jemanden mit materiellem Reichtum zu segnen. Deshalb sollte sogar jemand, dem es nur um materielle Segnungen geht, Kṛṣṇa, die Höchste Persönlichkeit Gottes, verehren und sich mit seiner Bitte an Ihn wenden. Kṛṣṇa ist selbstverständlich in der Lage, auch materielle Segnungen zu gewähren. Es besteht jedoch ein Unterschied, ob man die Halbgötter um eine materielle Segnung bittet oder Kṛṣṇa. So verehrte zum Beispiel Dhruva Mahārāja die Höchste Persönlichkeit Gottes mit materiellen Motiven, doch als er dann die Gunst des Höchsten Herrn erlangte und Ihn von Angesicht zu Angesicht sah, war er so sehr zufriedengestellt, daß er nicht mehr an materiellen Segnungen interessiert war. Wenn jemand also intelligent ist, wendet er sich nicht an die Halbgötter, um sie um Segnungen zu bitten, und er verehrt sie auch nicht; vielmehr wird er direkt Kṛṣṇa-bewußt, und wenn er sich irgendwelche materiellen Vorteile wünscht, wendet er sich an Kṛṣṇa, und nicht an die Halbgötter.

Vidyādhara, der auf Kṛṣṇas Erlaubnis wartete, zu den himmlischen Planeten zurückzukehren, erklärte weiter: „Nun, da mich Deine Lotosfüße berührt haben, bin ich von allen materiellen Qualen befreit. Du bist der mächtigste aller Mystiker; Du bist die ursprüngliche Höchste Persönlichkeit Gottes; Du bist der Herr aller Gottgeweihten, und Du bist der Erhalter aller Planetensysteme. Deshalb bitte ich Dich um die Erlaubnis, in mein Reich zurückzukehren. Nimm mich gütigerweise als eine Dir völlig ergebene Seele an. Ich weiß sehr wohl, daß Menschen, die ständig Deinen Heiligen Namen chanten, von allen sündhaften Reaktionen erlöst werden, ganz zu schweigen also von denjenigen, die das Glück haben, von Deinen Lotosfüßen berührt zu werden. Ich bin überzeugt, daß ich nun vom Fluch des *brāhmaṇa* erlöst bin, da ich von Deinen Lotosfüßen berührt wurde."

Auf diese Weise erhielt Vidyādhara von Śrī Kṛṣṇa die Erlaubnis, in seine Heimat auf den himmlischen Planeten zurückzukehren. Dankbar für diese Ehre, umkreiste er den Herrn, und nachdem er Ihm seine respektvollen Ehrerbietungen erwiesen hatte, kehrte er zu seinem Planeten zurück. Auf diese Weise wurde Nanda Mahārāja aus dem Rachen der furchterregenden Schlange gerettet.

Die Kuhhirten, die nach Ambikāvana gepilgert waren, um Śiva und Ambikā zu verehren, führten diese feierliche Zeremonie zu Ende und traten danach die Rückreise nach Vṛndāvana an. Unterwegs erinnerten sie sich an Kṛṣṇas wundervolle Taten, und wie sie so über den Vorfall von Vidyādharas Befreiung sprachen, steigerte sich ihre Zuneigung zu Kṛṣṇa. Sie waren gekommen, um Śiva und Ambikā zu verehren, aber das Ergebnis war, daß sie sich noch mehr zu Kṛṣṇa hingezogen fühlten. Ebenso hatten die *gopīs* die Göttin Kātyāyanī verehrt, um dadurch noch größere Liebe zu Kṛṣṇa zu gewinnen. In der *Bhagavad-gītā* wird gesagt, daß Menschen, die Halbgötter wie Brahmā, Śiva, Indra und Candra verehren, um einen persönlichen Vorteil daraus zu ziehen, weniger intelligent sind und das eigentliche Ziel des Lebens vergessen haben. Aber die Kuhhirten, die Einwohner von Vṛndāvana, waren keine gewöhnlichen Menschen. Alles, was sie taten, taten sie für Kṛṣṇa. Wenn man Halbgötter wie Śiva und Brahmā verehrt, um seine Liebe zu Kṛṣṇa zu vergrößern, läßt sich dagegen nichts einwenden, doch wenn man die Halbgötter aus selbstsüchtigen Motiven heraus verehrt, ist dies zu verurteilen.

Einige Zeit nach diesem Vorfall begaben Sich Kṛṣṇa und Sein älterer Bruder Balarāma, die beide unvorstellbar mächtig sind, während einer milden Nacht in den Wald von Vṛndāvana, und die Mädchen aus Vrajabhūmi begleiteten sie dabei. So genossen sie gemeinsam die späte Abendstunde. Die jungen Mädchen aus Vraja waren sehr schön gekleidet und mit Sandelholzpaste und Blumen geschmückt. Der Mond leuchtete am Himmel, umringt von funkelnden Sternen. Ein sanfter Wind trug den süßen Duft der *mallikā*-Blumen mit sich, und die Hummeln waren wie verrückt nach diesem Duft. In dieser bezaubernden Atmosphäre begannen Kṛṣṇa und Balarāma, die schönsten Melodien zu singen, und die *gopīs* wurden von Ihren rhythmischen Liedern so gefangen, daß sie alles andere vergaßen und sich kaum mehr beherrschen konnten; ihr Haar löste sich, ihre Kleider verrutschten, und ihre Blumengirlanden fielen zu Boden.

Während die *gopīs* fast wie von Sinnen Kṛṣṇas und Balarāmas Liedern zuhörten, erschien plötzlich ein Dämon unter ihnen, der zum Bekanntenkreis Kuveras, des Schatzmeisters der himmlischen Planeten, gehörte. Der Dämon hieß Śaṅkhāsura, da er auf seinem Kopf einen kostbaren Juwel trug, der einem Muschelhorn glich. Genau wie einst die beiden eitlen Söhne Kuveras vor Stolz auf ihren Reichtum die Gegenwart Nārada Munis nicht zu würdigen wußten, so war auch dieser Śaṅkhāsura wegen seines materiellen Reichtums so eingebildet, daß er Kṛṣṇa und Balarāma einfach nur für ordinäre Kuhhirtenjungen hielt, die es sich anmaßten, die Gemeinschaft vieler schöner Mädchen zu genießen. In der materiellen Welt ist es für gewöhnlich so, daß ein Mann, der sehr reich ist, glaubt, alle schönen Frauen seien für ihn bestimmt. Und genau dieser Auffassung war auch Śaṅkhāsura. Er glaubte, weil er zur reichen Gefolgschaft Kuveras gehöre, sei es nur recht und billig, wenn er, und nicht Kṛṣṇa und Balarāma, sich an so vielen hübschen Mädchen erfreue. Er beschloß daher, sie alle zu rauben. Unvermittelt erschien er vor Kṛṣṇa und Balarāma und den Mädchen von Vraja und machte sich bedenkenlos daran, die Mädchen vor Kṛṣṇas und Balarāmas Augen gewaltsam in den Norden fortzutreiben. Er kommandierte sie herum, als sei er ihr Besitzer und Ehemann. Als die Mädchen von Vraja auf diese Weise gewaltsam entführt wurden, riefen sie laut Kṛṣṇa und Balarāma zu Hilfe. Sogleich nahmen die beiden Brüder große Holzknüppel in die Hand und folgten ihnen. „Habt keine Angst! Habt keine Angst!" riefen sie den *gopīs* zu. „Wir kommen sofort und töten den Dämon." Gleich darauf hatten sie Śaṅkhāsura eingeholt. Der Dämon, dem die beiden Brüder zu mächtig erschienen, ließ die *gopīs* stehen und rannte davon, um sein Leben zu retten. Aber Kṛṣṇa wollte ihn nicht entkommen lassen. Er vertraute die *gopīs* der Obhut Balarāmas an und verfolgte Śaṅkhāsura, wohin auch immer dieser floh, denn Kṛṣṇa hatte es auf den wertvollen, muschelähnlichen Juwel abgesehen, den der Dämon auf seinem Kopf trug. Schon nach kurzer Distanz bekam Kṛṣṇa den Dämon zu fassen und schlug ihm mit der Faust auf den Kopf, worauf der Dämon sein Leben aushauchte. Dann nahm Kṛṣṇa den kostbaren Juwel an Sich und kehrte zu den anderen zurück. Vor den Augen der Mädchen von Vraja überreichte Er das wertvolle Schmuckstück Seinem älteren Bruder Balarāma.

Hiermit enden die Bhaktivedanta-Erläuterungen zum 33. Kapitel des Kṛṣṇa-Buches: „Die Befreiung Vidyādharas und der Tod des Dämons Śaṅkhāsura".

34 / Die Trennungsgefühle der gopīs

Die *gopīs* aus Vṛndāvana liebten Kṛṣṇa so sehr, daß der nächtliche *rāsa*-Tanz nicht genügte, um sie zufriedenzustellen; sie wollten sich auch tagsüber Seiner Gemeinschaft erfreuen. Wenn Kṛṣṇa zusammen mit Seinen Kuhhirtenfreunden und den Kühen in den Wald zog, konnten die *gopīs* zwar nicht persönlich mit Ihm gehen, doch mit ihren Herzen waren sie bei Ihm. Und weil ihre Herzen Ihn begleiteten, war es den *gopīs* möglich, durch ihre starken Gefühle der Trennung weiterhin Kṛṣṇas Gemeinschaft zu haben. Dieses starke Gefühl der Trennung zu erlangen ist das Ziel der Lehren Śrī Caitanyas und der Gosvāmīs, Seiner direkten Nachfolger in der Linie der Schülernachfolge. Wie die *gopīs*, so können auch wir, wenn wir nicht persönlich mit Kṛṣṇa zusammensein können, durch Gefühle der Trennung in Seine Gemeinschaft gelangen. Kṛṣṇas transzendentale Gestalt, Seine Eigenschaften, Seine Spiele und Seine Umgebung sind mit Ihm identisch. Es gibt neun verschiedene Arten des hingebungsvollen Dienstes. Hingebungsvoller Dienst für Kṛṣṇa in Gefühlen der Trennung erhebt den Gottgeweihten auf die höchste Stufe der Vollkommenheit, auf die Stufe der *gopīs*.

Śrīnivāsācārya sagt in seinen Gebeten zu den sechs Gosvāmīs, daß die Gosvāmīs ihre materiell einträglichen Regierungsämter niederlegten und dem damit verbundenen fürstlichen Leben entsagten, um nach Vṛndāvana zu gehen, wo sie wie gewöhnliche Bettelmönche von Tür zu Tür zogen. Doch sie waren so sehr von den Trennungsgefühlen der *gopīs* erfüllt, daß sie in jedem Augenblick transzendentale Freude genossen. Ebenso offenbarte Śrī Caitanya, als Er Sich in Jagannātha Purī aufhielt und das Wesen Rādhārāṇīs annahm, Gefühle der Trennung von Kṛṣṇa. Die Gottgeweihten, die sich in der Nachfolge der Mādhva-Gauḍīya-sampradāya befinden, sollten ebenfalls Trennungsgefühle von Kṛṣṇa entwickeln, während sie Seine transzendentale Gestalt verehren und miteinander über Seine transzendentalen Lehren, Seine Spiele, Seine Eigenschaften, Seine Umgebung und Seine Gefährten sprechen. Die spirituellen Meister ihrerseits sollten die Gottgeweihten erleuchten, so daß diese die höchste Vollkommenheit der Hingabe erreichen. Ständige Trennung zu empfinden, während man im

Dienst des Herrn beschäftigt ist, bildet die Vollkommenheit des Kṛṣṇa-Bewußtseins.

Die *gopīs* pflegten ständig miteinander über Kṛṣṇa zu reden. So sagte eine der *gopīs*: „Meine lieben Freundinnen, wußtet ihr schon, daß Sich Kṛṣṇa auf den linken Ellbogen aufstützt, wenn Er Sich auf den Boden legt, und daß Er dann Seinen Kopf in der linken Hand ruhen läßt? Wenn Er mit Seinen zierlichen Fingern auf der Flöte spielt, tanzen Seine Augenbrauen auf betörende Weise hin und her, und der Klang Seiner Flöte erzeugt eine solch wunderbare Stimmung, daß die Bewohner der himmlischen Planeten, die mit ihren Frauen und Bekannten durch den Weltraum reisen, ihre Himmelsflugzeuge anhalten, da sie vom Klang der Flöte überwältigt sind. Die Frauen der Halbgötter schämen sich dann ihrer geringen Fähigkeiten des Singens und Musizierens, doch darüber hinaus erwachen in ihnen solch starke Gefühle ehelicher Liebe, daß sich ihr Haar löst und daß sich ihre enganliegenden Kleider lockern."

Eine andere *gopī* sagte: „Meine lieben Freundinnen, Kṛṣṇa ist so wunderschön, daß sich die Glücksgöttin ständig an Seiner Brust aufhält, und Er wird immer von einer goldenen Halskette geschmückt. Unser schöner Kṛṣṇa spielt auf Seiner Flöte, um die Herzen unzähliger Gottgeweihter zu beleben. Er ist der einzige Freund der leidenden Lebewesen. Wenn Er auf Seiner Flöte spielt, halten all die Kühe und die anderen Tiere Vṛndāvanas mitten im Kauen inne und stehen mit vollem Maul da. Sie spitzen ihre Ohren und sind wie gelähmt. Sie scheinen gar nicht mehr am Leben zu sein, sondern stehen nur noch da wie gemalte Kühe auf einer Leinwand. Kṛṣṇas Flötenspiel ist so bezaubernd, daß selbst die Tiere wie gebannt zuhören — ganz zu schweigen dann also von uns."

Eine andere der *gopīs* sagte: „Meine lieben Freundinnen, nicht nur die Tiere, sondern auch die unbeseelten Dinge wie die Flüsse und Seen von Vṛndāvana werden reglos, wenn Kṛṣṇa, dessen Haupt mit Pfauenfedern geschmückt ist und dessen Körper mit Erdfarben aus Vṛndāvana bemalt ist, an ihnen vorbeizieht. Mit den Blättern und Blumen, die Ihn schmücken, sieht Er aus wie ein Held. Wenn Er auf Seiner Flöte spielt und gemeinsam mit Balarāma die Kühe zusammenruft, hält die Yamunā in ihrem Lauf inne und wartet voller Hoffnung, daß der Wind den Staub von Seinen Lotosfüßen zu ihr herüberweht. Die Yamunā ist ebenso unglücklich wie wir, denn sie erhält Kṛṣṇas Barmherzigkeit nicht. Der Fluß bleibt einfach nur wie erstarrt stehen und hält seine Wellen zurück, genau wie auch wir in unserem hoffnungslosen Sehnen nach Kṛṣṇa manchmal aufhören zu weinen."

In Kṛṣṇas Abwesenheit vergossen die *gopīs* ständig Tränen, und manchmal, wenn sie meinten, Kṛṣṇa kehre zurück, hörten sie auf zu weinen. Doch wenn sie sich in ihrer Hoffnung getäuscht sahen, brachen sie erneut in Tränen aus. Kṛṣṇa ist die ursprüngliche Persönlichkeit Gottes, der Ursprung aller Viṣṇu-Erweiterungen, und die Kuhhirtenjungen waren alles Halbgötter. Śrī Viṣṇu ist immer von den verschiedensten Halbgöttern wie Śiva, Brahmā, Indra und Candra umgeben, die Ihm alle ihre Verehrung darbringen. Deshalb wurde Kṛṣṇa immer von den Kuhhirtenjungen begleitet, ob Er nun durch den Wald von Vṛndāvana zog oder Sich auf den Govardhana-Hügel begab. Dabei spielte Er oft auf Seiner Flöte, um die Kühe zu Sich zu rufen. Allein durch Kṛṣṇas Gegenwart wurden die Bäume, Sträucher und alle anderen Pflanzen im Wald augenblicklich Kṛṣṇa-bewußt, obwohl ihr Bewußtsein in dieser Lebensform nicht sehr fortgeschritten war. Genau wie ein Mensch, der Kṛṣṇa-bewußt ist, alles Kṛṣṇa darbringt, so wollten auch die Bäume und die anderen Pflanzen, die durch die Gegenwart von Kṛṣṇa und Seinen Freunden gesegnet worden waren, alles, was sie besaßen, Kṛṣṇa darbringen – ihre Früchte, ihre Blüten und den Honig, der unaufhörlich von ihren Ästen tropfte.

Kṛṣṇa ging oft am Ufer der Yamunā entlang, die Stirn mit *tilaka* gezeichnet, mit einer Girlande aus Waldblumen um den Hals und den Körper mit Sandelholzpaste und *tulasī*-Blättern geschmückt. Die Hummeln waren wie berauscht vom Schatz des süßen Nektars, der die Luft erfüllte. Weil Sich Kṛṣṇa über das Summen der Bienen und Hummeln freute, spielte Er dazu auf Seiner Flöte, und vereinigt wurden die Klänge so lieblich, daß sogar die Fische im Wasser wie auch die Kraniche, die Schwäne, die Enten und die anderen Vögel wie verzaubert lauschten. Statt weiter zu schwimmen oder zu fliegen, hielten sie überwältigt inne. Sie schlossen ihre Augen und fielen in Trance, wobei sie in tiefer Meditation Kṛṣṇa verehrten.

Eine *gopī* sagte: „Meine liebe Freundin, wie schön Kṛṣṇa und Balarāma mit Ihren Ohrringen und Perlenhalsketten aussehen! Sie vergnügen Sich oben auf dem Govardhana-Hügel, und alles versinkt in einen Ozean transzendentaler Freude, wenn Kṛṣṇa auf Seiner Flöte spielt und die ganze Schöpfung bezaubert. Wenn Er zu spielen beginnt, stellen die Wolken vor Ehrfurcht ihr lautes Donnern ein, und statt den Klang Seiner Flöte zu stören, antworten sie mit einem sanften Donnerrollen, um so Kṛṣṇa, ihren Freund, zu beglückwünschen."

Kṛṣṇa gilt als der Freund der Wolken, weil sowohl die Wolken als auch Kṛṣṇa den Menschen helfen, wenn sie in Not sind. Wenn die Menschen unter sengender Hitze leiden, geben ihnen die Wolken die Erquickung des Regens. Ebenso läßt Kṛṣṇa auch den Menschen, die in ihrem materialistischen Leben vom Feuer der materiellen Leiden gequält werden, Hilfe zukommen. Deshalb gelten Kṛṣṇa und die Wolken als Freunde, und zudem haben sie auch noch die gleiche Körpertönung. Weil die Wolken ihren höhergestellten Freund beglückwünschen wollten, ließen sie nicht Wasser, sondern kleine Blumen vom Himmel regnen und zogen sich über Seinem Haupt zusammen, um Ihn vor der heißen Sonne zu schützen.

Eine der *gopīs* sagte zu Mutter Yaśodā: „Meine liebe Mutter, dein Sohn ist der geschickteste unter den Kuhhirtenjungen. Er beherrscht die verschiedensten Künste, wie das Kühehüten und das Flötenspiel. Er komponiert Seine eigenen Lieder, und dann setzt Er Seine Flöte an die Lippen, um sie vorzuspielen. Immer wenn Seine Flöte ertönt, sei es am Morgen oder am Abend, neigen alle Halbgötter, wie Śiva, Brahmā, Indra und Candra, ihr Haupt und lauschen mit großer Aufmerksamkeit, doch obwohl sie alle sehr gelehrt und talentiert sind, gelingt es ihnen nicht, die musikalische Kunst von Kṛṣṇas Flötenspiel zu verstehen. Sie lauschen konzentriert, doch Kṛṣṇas Kunst entzieht sich ihrem Begriffsvermögen, und so stehen sie einfach da und sind verwirrt."

Eine andere *gopī* sagte: „Meine liebe Freundin, wenn Kṛṣṇa mit Seinen Kühen heimkehrt, lassen die Abdrücke Seiner Fußsohlen, die mit Fahne, Blitz, Dreizack und Lotosblume gezeichnet sind, die Erde ihre Schmerzen vergessen, die sie fühlt, wenn all die Kühe über sie hinwegziehen. Wenn Kṛṣṇa so dahinschreitet und Seine Flöte trägt, bietet Er den anmutigsten Anblick. Wenn wir Ihn nur schon von weitem sehen, regt sich in uns die brennende Sehnsucht, Seine Gemeinschaft zu genießen. In solchen Momenten kommen all unsere Bewegungen zum Stillstand. Wir stehen gelähmt da wie Bäume, und wir vergessen sogar, darauf zu achten, wie wir aussehen."

Kṛṣṇa hütete viele Tausende von Kühen, die nach ihrer Farbe in verschiedene Gruppen aufgeteilt waren. Sie alle trugen unterschiedliche Namen, die sich ebenfalls nach ihrer Zeichnung richteten. Wenn Kṛṣṇa von den Weidegründen nach Hause aufbrechen wollte, hatten sich die Kühe gewöhnlich schon versammelt. Genau wie die Vaiṣṇavas auf einer Gebetskette mit 108 Perlen chanten, die die 108 Haupt-*gopīs* repräsentieren, so hatte auch Kṛṣṇa 108 verschiedene Kuhherden, die Er alle einzeln mit Namen rief.

„Wenn Kṛṣṇa heimkehrt", so vertraute eine *gopī* ihrer Freundin an, „trägt Er eine Girlande aus *tulasī*-Blättern. Er legt Seine Hand auf die Schulter eines Freundes, und dann beginnt Er auf Seiner transzendentalen Flöte zu spielen. Wenn die Frauen der schwarzen Hirsche den Klang von Kṛṣṇas Flöte vernehmen, der an den Klang der *vīṇā* erinnert, laufen sie wie verzaubert auf Kṛṣṇa zu, bleiben in Seiner Nähe unbeweglich stehen und vergessen ihr Zuhause und ihre Gatten. Die Hirschkühe werden ebenso von den Klängen Seiner Flöte betört wie wir, die wir vom Ozean der transzendentalen Eigenschaften Kṛṣṇas überwältigt sind."

Eine andere *gopī* sagte zu Mutter Yaśodā: „Meine liebe Mutter, wenn Dein Sohn ins Dorf zurückkehrt, schmückt Er Sich mit den Knospen der *kunda*-Blume und spielt auf Seiner Flöte, nur um Seine Freunde zu erleuchten und zu erfreuen. Der Wind, der sanft vom Süden her weht, ist sehr angenehm, weil er wohlriechende Düfte mit sich trägt und erfrischend kühl ist. Halbgötter wie die Gandharvas und Siddhas nutzen diese glückverheißenden Momente und bringen Kṛṣṇa ihre Gebete dar, indem sie ihre Hörner und Trommeln ertönen lassen. Kṛṣṇa ist sehr gütig zu den Einwohnern von Vrajabhūmi, Vṛndāvana, und wenn Er mit Seinen Kühen und Freunden ins Dorf zurückkehrt, erinnern sich alle daran, wie Er den Govardhana-Hügel in die Luft hob. Selbst die mächtigsten Halbgötter wie Brahmā und Śiva nutzen die Gelegenheit, um vor Kṛṣṇa zu erscheinen und Ihm ihre Abendgebete darzubringen, und zusammen mit den Kuhhirtenjungen lobpreisen sie Kṛṣṇas Eigenschaften.

Kṛṣṇa wird mit dem Mond verglichen, der aus dem Ozean von Devakīs Schoß geboren wurde. Wenn Er am Abend heimkehrt, scheint Er müde zu sein, doch auch dann ist Er bestrebt, die Einwohner von Vṛndāvana durch Seine glückspendende Anwesenheit zu erfreuen. Wenn Kṛṣṇa so mit Blumen bekränzt ist, erstrahlt Sein Gesicht vor Schönheit. Er zieht in Vṛndāvana ein wie ein majestätischer Elefant, und langsamen Schrittes geht Er nach Hause. Sowie Kṛṣṇa ins Dorf zurückkehrt, vergessen die Männer, Frauen und Kühe von Vṛndāvana die sengende Hitze des Tages."

Auf diese Weise erinnerten sich die *gopīs* an die transzendentalen Spiele und Taten von Kṛṣṇa, wenn Er nicht in Vṛndāvana war. Sie geben uns eine Vorstellung davon, wie anziehend Kṛṣṇa ist. Jedes Wesen fühlt sich zu Kṛṣṇa hingezogen — das ist die vollkommene Beschreibung von Kṛṣṇas allanziehendem Wesen. Das Beispiel der *gopīs* ist sehr lehrreich für alle, die versuchen, sich in das Kṛṣṇa-Bewußtsein zu vertiefen. Es zeigt uns, daß man sehr leicht mit Kṛṣṇa zusammensein kann, wenn man sich einfach an Seine transzendentalen Spiele erinnert. Jeder hat die Neigung, jemanden zu lieben. Diese Liebe auf Kṛṣṇa zu richten bildet den Kern des Kṛṣṇa-Bewußtseins. Wenn man ständig den Hare-Kṛṣṇa-*mantra* chantet und sich an Kṛṣṇas transzendentale Spiele erinnert, erreicht man die vollkommene Stufe des Kṛṣṇa-Bewußtseins, und auf diese Weise wird das Leben erhaben und erfolgreich.

Hiermit enden die Bhaktivedanta-Erläuterungen zum 34. Kapitel des Kṛṣṇa-Buches: „Die Trennungsgefühle der gopīs".

35 / Kaṁsa schickt Akrūra nach Vṛndāvana

Die Gedanken der Einwohner von Vṛndāvana weilten stets bei Kṛṣṇa. Jeder erinnerte sich an Seine transzendentalen Spiele und war auf diese Weise ständig in den Ozean der transzendentalen Glückseligkeit getaucht. Doch die materielle Welt ist so unrein, daß die *asuras*, die Dämonen, selbst in Vṛndāvana versuchten, den Frieden zu stören.

Eines Tages kam ein Dämon namens Ariṣṭāsura in der Gestalt eines gigantischen Stiers mit riesigen Hörnern in das Dorf gestürmt, wobei er mit seinen Hufen die Erde aufwarf. Als der Stier in das Gebiet von Vṛndāvana eindrang, schien das ganze Land wie bei einem Erdbeben zu erzittern. Er brüllte furchterregend, und nachdem er die Erde am Flußufer durchgepflügt hatte, rannte er auf das Dorf zu. Das fürchterliche Gebrüll des Stiers war so durchdringend, daß einige der trächtigen Kühe und schwangeren Frauen Fehlgeburten erlitten. Sein Körper war so gewaltig und groß, daß Wolken über ihm schwebten wie über einem Berggipfel. Als Ariṣṭāsura auf das Dorf Vṛndāvana zustürmte, sah er so furchterregend aus, daß schon beim bloßen Anblick des Dämons alle Männer und Frauen in Angst und Schrecken versetzt wurden und daß die Kühe und all die anderen Tiere aus dem Dorf flohen.

Die Lage war so bedrohlich, daß die Einwohner von Vṛndāvana alle laut um Hilfe riefen: „Kṛṣṇa! Kṛṣṇa, bitte rette uns!“ Als Kṛṣṇa diese Hilferufe vernahm und dazu noch sah, daß die Kühe wegrannten, antwortete Er sofort mit lauter Stimme: „Habt keine Angst! Habt keine Angst!“ Dann stellte Er Sich dem Dämon entgegen und rief: „Du bist das niedrigste Geschöpf unter der Sonne. Wie kannst du es wagen, die Einwohner von Vṛndāvana zu erschrecken? Was versprichst du dir davon? Wenn du gekommen bist, um Meine Autorität herauszufordern, so bin Ich zum Kampf bereit.“ Mit diesen Worten forderte Kṛṣṇa Ariṣṭāsura heraus, wodurch der wutschnaubende Dämon bis aufs Blut gereizt wurde. Kṛṣṇa hatte Sich einfach auf den Weg gestellt und schaute dem Stier entgegen, und dabei ruhte Seine Hand auf der Schulter eines Freundes. Vor Wut kochend, stürzte Ariṣṭāsura auf Kṛṣṇa zu. Er pflügte mit seinen Hufen die Erde auf, und seinen Schwanz streckte er hoch in die Luft, so daß er bis in die Wolken zu reichen schien. Seine blutunterlaufenen Augen rollten grimmig hin und her, als Er mit gesenkten Hörnern wie ein von Indra gesandter Blitz auf Kṛṣṇa zuschoß. Doch Kṛṣṇa packte ihn unvermittelt bei den Hörnern und schleuderte ihn durch die Luft, genau wie ein gewaltiger Elefant einen kleinen feindlichen Elefanten aus dem Weg stößt. Obwohl der Dämon ziemlich angeschlagen war und am ganzen Körper schwitzte, raffte er sich noch einmal auf und erhob sich mutig. Getrieben von gewaltigem Zorn, startete er noch einmal einen Angriff, und während er mit neuem Anlauf auf Kṛṣṇa zustürmte, schnaubte er sehr schwer. Doch auch diesmal bekam Kṛṣṇa den Dämon bei den Hörnern zu fassen, und Er schmetterte ihn auf den Boden, wobei Er ihm die Hörner abbrach. Darauf versetzte Ihm Kṛṣṇa Fußtritte, genau wie man auf nasse Wäsche tritt, um sie auszuwringen. Als Ariṣṭāsura so von Kṛṣṇa getreten wurde, rollte er über den Boden und schlug mit seinen Beinen heftig um sich. Er blutete und ließ Kot und Urin, und seine Augäpfel quollen aus dem Schädel — so ging er in das Königreich des Todes ein.

Die Halbgötter auf den himmlischen Planeten ließen daraufhin Blumen auf Kṛṣṇa herabregnen, um Ihn für Seinen wunderbaren Sieg zu verherrlichen. Kṛṣṇa war bereits das Leben und die Seele der Einwohner von Vṛndāvana, doch nachdem Er den Stierdämon erschlagen hatte, wurde Er zum Anziehungspunkt aller Augen. Unter den lauten Jubelrufen der Bewohner von Vṛndāvana zog Er zusammen mit Balarāma im Triumph in das Dorf von Vṛndāvana ein. Wenn man eine wundervolle Tat vollbringt, ist es ganz natürlich, daß die Verwandten, Bekannten und Freunde voller Freude sind.

Nach diesem Vorfall geschah es, daß der große Weise Nārada das Geheimnis über Kṛṣṇas Geburt enthüllte. Nārada Muni wird gewöhnlich als *deva-darśana* bezeichnet, was bedeutet, daß er nur von Halbgöttern oder Lebewesen, die sich auf der gleichen Ebene wie die Halbgötter befinden, gesehen werden kann. Trotzdem ging Nārada zu Kaṁsa und wurde ihm auf diese Weise sichtbar, obwohl sich Kaṁsa nicht im geringsten mit einem Halbgott vergleichen ließ. Natürlich hatte er schon die Gelegenheit gehabt, Kṛṣṇa zu sehen, und deshalb war es eigentlich nichts Besonderes, daß er auch Nārada Muni sehen konnte; doch im allgemeinen ist es so, daß man gereinigte Augen haben muß, um den Herrn und Seine Geweihten sehen zu können. Wenn man mit einem reinen Gottgeweihten zusammenkommt, hat das natürlich seinen Nutzen, selbst wenn man den reinen Gottgeweihten nicht als solchen erkennt. Dieser unbewußte Fortschritt heißt *ajñata sukṛti*, das heißt, man kann nicht verstehen, auf welche Weise man Fortschritt macht, aber dennoch ist der Fortschritt da, weil man einen Geweihten des Herrn gesehen hat.

Nārada Munis Aufgabe war es, die Ereignisse zu einem raschen Ende zu führen, denn Kṛṣṇa war erschienen, um die Dämonen zu töten, und Kaṁsa war ihr Anführer. Weil Nārada also den Ablauf der Dinge beschleunigen wollte, begab er sich unvermittelt zu Kaṁsa, um ihm die Wahrheit mitzuteilen. „Dir ist es vorherbestimmt, vom achten Sohn Vasudevas getötet zu werden“, sagte Nārada zu Kaṁsa. „Dieser achte Sohn ist Kṛṣṇa. Vasudeva täuschte dich, indem er dich glauben ließ, sein achtes Kind sei ein Mädchen, doch in Wirklichkeit wurde Vasudevas angebliche Tochter von Yaśodā, der Frau Nanda Mahārājas, zur Welt gebracht. Vasudeva vertauschte seinen Sohn mit dieser Tochter und führte dich so hinters Licht. Kṛṣṇa ist also, genau wie Balarāma, ein Sohn Vasudevas. Weil sich Vasudeva vor deinem grausamen Wesen fürchtete, hat er die beiden wohlweislich nach Vṛndāvana gebracht, um Sie dort vor dir zu verstecken." Nārada enthüllte Kaṁsa noch mehr: „Kṛṣṇa und Balarāma haben bis jetzt unerkannt in der Obhut Nanda Mahārājas gelebt, und Sie haben all deine Freunde, die *asuras*, getötet, die du nach Vṛndāvana geschickt hast, um dort verschiedene Kinder zu morden."

Als Kaṁsa diese Worte Nārada Munis hörte, zog er sofort sein scharfes Schwert und wollte zu Vasudeva gehen, um ihn für seinen Betrug hinzurichten. Nārada beschwichtigte ihn jedoch. „Du wirst doch nicht von Vasudeva getötet", hielt er ihm entgegen, „warum willst du ihn also umbringen? Es ist viel klüger, Kṛṣṇa und Balarāma zu töten." Doch um seinen Zorn zu besänftigen, nahm Kaṁsa Vasudeva und Devakī erneut gefangen und ließ sie in eiserne Ketten legen. Angesichts dieser Neuigkeiten wollte Kaṁsa sofort zur Tat schreiten, und so ließ er den Dämon Keśī herbeirufen und trug ihm auf, sofort nach Vṛndāvana zu gehen, um sich dort Balarāma und Kṛṣṇa zu holen. Im Grunde war dies genauso, als ob Kaṁsa dem Keśī-Dämon aufgetragen hätte, nach Vṛndāvana zu gehen, um dort von Kṛṣṇa und Balarāma getötet zu werden und auf diese Weise Befreiung zu erlangen. Danach rief Kaṁsa die erfahrensten Elefantenbändiger zu sich, wie Cāṇūra, Muṣṭika, Śala, Tośala und andere, und sprach zu ihnen: „Meine lieben Freunde, hört mir bitte aufmerksam zu! In Nanda Mahārājas Haus in Vṛndāvana leben die beiden Brüder Kṛṣṇa und Balarāma, die eigentlich Söhne Vasudevas sind. Wie ihr wißt, soll es mein Schicksal sein, von Kṛṣṇa getötet zu werden. Es gibt eine deutliche Prophezeiung, die dies besagt. Aus diesem Grund will ich, daß ihr einen großen Ringkampf vorbereitet, und Leute aus allen Teilen des Landes sollen kommen, um diesem Fest beizuwohnen. Ich meinerseits werde dafür sorgen, daß die beiden Jungen hierhergebracht werden, und ihr werdet versuchen, Sie in der Kampfarena zu töten."

Ringkampfspiele erfreuen sich auch heute noch bei den Einheimischen Nordindiens großer Beliebtheit, und wie aus dieser Stelle des *Śrīmad-Bhāgavatam* hervorgeht, waren Ringkämpfe bereits vor 5000 Jahren sehr populär. Kaṁsa heckte den Plan aus, einen solchen Kampf zu veranstalten und viele Leute dazu einzuladen, und zuletzt befahl er seinen Elefantenbändigern: „Bringt vor allem den Elefanten Kuvalayāpīḍa zur Arena und postiert ihn direkt am Tor des Kampfplatzes. Dort müßt ihr dann versuchen, Kṛṣṇa und Balarāma gleich bei Ihrer Ankunft abzufangen und umzubringen."

Kaṁsa hatte seinen Freunden auch angeraten, Śiva zu verehren. Zu diesem Zweck sollten sie Tieropferungen und den *dhanur-yajña* wie auch das Caturdaśī-Opfer durchführen, das am vierzehnten Tag nach Neu- und Vollmond vollzogen wird. Caturdaśī fällt auf den dritten Tag nach Ekādaśī und ist eigens für die Verehrung Śivas vorgesehen. Eine der vollständigen Erweiterungen Śivas heißt Kālabhairava, und die Dämonen verehren diese Erweiterung Śivas, indem sie enthäutete Tiere opfern, die vor ihm getötet werden. Dieser Opfervorgang wird auch heute noch an einem Ort in Indien, in Vaidyanātha-dhāma, durchgeführt, wo die Dämonen der Bildgestalt Kālabhairavas Tieropfer darbringen. Auch Kaṁsa gehörte zu dieser Art von Dämonen. Da er zudem auch ein geschickter Diplomat war, fand er sofort Mittel und Wege, seine dämonischen Freunde dafür zu gewinnen, sich um Kṛṣṇas und Balarāmas Ermordung zu kümmern.

Schließlich ließ er Akrūra zu sich kommen. Akrūra war ein Angehöriger der Yadu-Dynastie, in der Kṛṣṇa als Sohn Vasudevas erschienen war. Als Akrūra vor ihn trat, schüttelte Kaṁsa ihm mit aller Herzlichkeit die Hand und sagte: „Mein lieber Akrūra, es gibt für mich in der ganzen Bhoja- und Yadu-Dynastie zweifelsohne keinen besseren Freund als dich. Du bist der großmütigste Mensch, den ich kenne, und daher bitte ich dich als Freund um einen Gefallen. Ich suche bei dir Zuflucht, genau wie König Indra bei Śrī Viṣṇu Zuflucht sucht. Ich bitte dich, sofort nach Vṛndāvana zu gehen und dort die beiden Jungen mit Namen Kṛṣṇa und Balarāma ausfindig zu machen. Diese beiden fraglichen Jungen sind die Söhne Nanda Mahārājas. Nimm diese prachtvolle Kutsche mit dir, die eigens für die Jungen gebaut wurde, und bring Sie so schnell wie möglich hierher. Das ist meine Bitte an dich. Ich habe nämlich vor, diese beiden Jungen zu beseitigen. Sobald Sie durch das Tor treten, werden Sie von dem gigantischen Elefanten Kuvalayāpīḍa in Empfang genommen, der Sie höchstwahrscheinlich auf der Stelle zermalmen wird. Doch selbst wenn es Ihnen irgendwie gelingen sollte, ihm zu entkommen, werden Sie als nächstes auf die Ringer treffen, und das wird Ihr sicheres Ende sein. So lautet mein Plan. Wenn die beiden Jungen dann tot sind, werde ich auch Vasudeva und Nanda, die Gönner der Vṛṣṇi- und Bhoja-Dynastie, aus dem Weg schaffen. Auch meinen Vater Ugrasena und dessen Bruder Devaka werde ich töten, denn sie sind im Grunde meine Gegner und deshalb Hindernisse für meine diplomatischen Pläne und politischen Ambitionen. Auf diese Weise werde ich alle meine Feinde beseitigen. Jarāsandha ist mein Schwiegervater, und außerdem habe ich einen Riesenaffen namens Dvivida zum Freund. Mit ihrer Hilfe wird es mir ein leichtes sein, alle Könige, die auf seiten der Halbgötter stehen, von der Erdoberfläche verschwinden zu lassen. So lauten meine weiteren Pläne, und wenn ich sie alle verwirklicht habe, werde ich keine Gegner mehr zu fürchten haben. Dann kann ich endlich völlig unbeschwert über die Welt herrschen. Vielleicht interessiert es dich auch, daß Śambara, Narakāsura und Bāṇāsura meine engen Freunde sind, und wenn ich den Krieg gegen die Könige, die die Halbgötter unterstützen, beginne, werden sie mir eine bedeutende Hilfe sein. Deshalb besteht nicht der geringste Zweifel, daß ich all meine Feinde besiegen werde. Begib dich also unverzüglich nach Vṛndāvana und lade die Jungen ein, hierherzukommen; sage Ihnen einfach, Sie sollten Sich einmal die schöne Stadt Mathurā anschauen, und es sei ein Ringkampf geplant, an dem Sie bestimmt Ihre Freude haben würden."

Nachdem Akrūra den Plan Kaṁsas vernommen hatte, erwiderte er: „Lieber König, du hast dir einen vorzüglichen Plan zurechtgelegt, um alle Hindernisse für deine Politik aus dem Weg zu räumen. Doch sei auf der Hut, denn deine Pläne können genausogut fehlschlagen. Nicht umsonst sagt man: Der Mensch denkt, Gott lenkt. Wir mögen welterobernde Pläne schmieden, aber solange sie nicht von der höchsten Autorität gebilligt werden, sind sie zum Scheitern verurteilt. Jeder in der materiellen Welt weiß, daß letztlich alles von den übernatürlichen Kräften gelenkt wird. Man mag zwar mit seinem findigen Hirn viele große Pläne entwerfen, doch man sollte dabei stets bedenken, daß man am Ende gezwungen ist, die Früchte, nämlich Glück und Leid, zu ernten. Aber ich habe nichts gegen deinen Vorschlag einzuwenden. Als Freund werde ich deinen Auftrag selbstverständlich erfüllen und Kṛṣṇa und Balarāma hierherbringen, wie du es wünschst."

Nachdem Kaṁsa seinen Freunden diese verschiedenen Anweisungen gegeben hatte, zog er sich in seine Gemächer zurück, und Akrūra machte sich auf den Weg zurück nach Hause.

Hiermit enden die Bhaktivedanta-Erläuterungen zum 35. Kapitel des Kṛṣṇa-Buches: „Kaṁsa schickt Akrūra nach Vṛndāvana".

36 / Kṛṣṇa tötet die Dämonen Keśī und Vyomāsura

Nachdem der Dämon Keśī Kaṁsas Anweisungen gehört hatte, verwandelte er sich in ein gräßliches Pferd. Mit flatternder Mähne galoppierte er los, wobei seine Hufe die Erde tief aufwühlten, und so erreichte er das Gebiet von Vṛndāvana. Er ließ ein grelles Wiehern erschallen, wodurch er die ganze Welt in Angst und Schrecken versetzte. Kṛṣṇa schaute Sich alles an – wie der Dämon ohrenbetäubend wieherte, wie er mit seinem Schweif, der einer riesigen Wolke glich, durch die Luft peitschte und wie alle Bewohner von Vṛndāvana vor Entsetzen erstarrten. Kṛṣṇa wußte, daß dieses Pferd gekommen war, um Ihn zum Kampf herauszufordern, und Er wollte die Herausforderung annehmen. So trat der Herr dem Keśī-Dämon entgegen und provozierte ihn mit lauten Rufen, so daß das Pferd mit einem zornentbrannten Schnauben, das an das Brüllen eines Löwen erinnerte, auf Kṛṣṇa losrannte. Mit großer Geschwindigkeit stürmte Keśī auf den Herrn zu und versuchte, Ihn mit seinen kraftstrotzenden und steinharten Beinen zu überrennen, doch Kṛṣṇa packte ihn blitzschnell an den Beinen und stoppte ihn. Erbost wie Er war, hob Kṛṣṇa den Pferdedämon kurzerhand in die Luft, wirbelte ihn ein paar Mal herum und schleuderte ihn dann hundert Meter von Sich, genau wie es Garuḍa mit einer großen Schlange macht. Der Pferdedämon verlor sogleich das Bewußtsein, doch nach kurzer Zeit kam er wieder zu sich, und mit Wut und großem Ungestüm rannte er erneut auf Kṛṣṇa zu – diesmal mit weit aufgerissenem Maul. Doch gerade als sich Keśī auf Kṛṣṇa stürzen wollte, schlug ihm Kṛṣṇa Seine linke Faust ins Maul. Das Pferd zuckte unter unerträglichem Schmerz zusammen, denn Kṛṣṇas Faust fühlte sich an wie ein glühender Eisenstab, und all seine Zähne waren zersplittert. Kṛṣṇas Hand dehnte sich schlagartig im Rachen des Pferdes aus und verschloß ihm die Kehle. Daraufhin begann der Keśī-Dämon zu röcheln; sein ganzer Körper war von Schweiß überströmt, und er schlug nach allen Seiten aus. Bei seinem letzten Atemzug schließlich quollen ihm die Augen über, und gleichzeitig traten Kot und Urin aus ihm hervor. Auf diese Weise verließ ihn die Lebenskraft, und als er tot dalag, lockerten sich seine Kiefer, so daß Kṛṣṇa Seine Hand ohne Schwierigkeiten herausziehen konnte. Für Kṛṣṇa war es nichts Besonderes gewesen, den Keśī-Dämon so problemlos zu töten, doch die Halbgötter waren von Erstaunen überwältigt, und mit großer Bewunderung gratulierten sie Kṛṣṇa, indem sie Blumen vom Himmel regnen ließen.

Nach diesem Vorfall suchte Nārada Muni, der größte aller Gottgeweihten, Kṛṣṇa an einem einsamen Ort auf und richtete folgende Worte an Ihn: „Lieber Herr, Śrī Kṛṣṇa, Du bist die unbegrenzte Überseele, der höchste Gebieter aller mystischen Kräfte, der Herr des gesamten Universums und die allgegenwärtige Persönlichkeit Gottes. In Dir ruht die ganze kosmische Manifestation. Du bist der Meister aller Gottgeweihten und der Herr eines jeden. Mein lieber Herr, als die Überseele aller Lebewesen bist Du in ihren Herzen verborgen wie das Feuer im Holz. Du bist der Zeuge aller Handlungen, die die Lebewesen ausführen, und Du bist der höchste Herrscher in ihren Herzen. Du bist in Dir Selbst zufrieden; Du hast schon vor der Schöpfung existiert, und durch Deine unvorstellbare Energie hast Du das gesamte materielle Universum erschaffen. Nach Deinem vollkommenen Plan wurde die materielle Welt durch die Wechselwirkungen der drei Erscheinungsweisen der Natur hervorgebracht, und von Dir wird sie erhalten und schließlich vernichtet. Obgleich Du von diesen Vorgängen niemals berührt wirst, bist Du ewig der höchste Kontrollierende. Mein lieber Herr, Du bist auf der Welt erschienen, um alle vermeintlichen Könige, die in Wirklichkeit Dämonen sind, zu töten. Diese Schreckgespenster betrügen die Leute, indem sie sich als Fürsten und Führer verkleiden. Du Selbst sagst, daß Du in die materielle Welt kommst, nur um die Prinzipien der Religion zu beschützen und die unerwünschten Schurken zu vernichten; und deshalb bist Du nun erschienen, damit sich all Deine Worte erfüllen. Lieber Herr, ich bin mir daher sicher, daß Du übermorgen die Dämonen Cāṇūra und Muṣṭika wie auch alle anderen Ringkämpfer samt ihren Elefanten, ja sogar Kaṁsa selbst, töten wirst. Dies werde ich mit eigenen Augen sehen dürfen. Danach, so hoffe ich, werde ich dabeisein dürfen, wenn Du andere Dämonen, wie Śaṅkha, Yavana, Mura und Narakāsura, vernichtest. Außerdem werde ich sehen, wie Du die *pārijāta*-Blume aus dem himmlischen Königreich raubst und wie Du danach den König des Himmels persönlich besiegst."

„Mein lieber Herr", fuhr Nārada Muni fort, „danach werde ich sehen können, wie Du viele Prinzessinnen – die Töchter von edelsten Königen – heiraten wirst, indem Du ihren Preis mit der Stärke eines *kṣatriya* bezahlst." (Immer wenn ein *kṣatriya* eine sehr schöne und tugendhafte Tochter eines großen Königs heiraten möchte, muß er mit seinen Rivalen kämpfen und sie besiegen. Dann wird ihm die Hand der Prinzessin als Siegespreis übergeben.)

„Des weiteren werde ich sehen können, wie Du König Nṛga aus einem höllischen Dasein erlöst", sagte Nārada Muni. „Dies wird sich in Dvārakā ereignen. Danach werde ich mitansehen dürfen, wie Du Deine Gemahlin findest, wie Du den Syamantaka-Juwel geschenkt bekommst und wie Du den Sohn eines *brāhmaṇa* wieder ins Leben zurückrufst, nachdem dieser schon auf einen anderen Planeten gebracht worden war. Danach wirst Du den Dämon Pauṇḍraka töten und das Königreich von Kāśī in Schutt und Asche legen. Ich werde auch sehen können, wie Du in mehreren großen Schlachten, die Du in Mahārāja Yudhiṣṭhiras Interesse führst, den König von Cedi und Dantavakra tötest. Dazu werde ich viele andere Deiner heldenhaften Taten bewundern können, die Du während Deines Aufenthaltes in Dvārakā vollbringen wirst. All diese wundervollen Taten, die Du aus Deiner Barmherzigkeit ausführst, werden zu allen Zeiten von großen Dichtern gepriesen werden. Schließlich wirst Du an der Schlacht von Kurukṣetra teilnehmen und den Streitwagen Deines Freundes Arjuna lenken, und als die unüberwindliche Todesinkarnation, die ewige Zeit, wirst Du alle anwesenden Streitmächte vernichten. Ich sehe auch, wie unzählige Krieger auf dem Schlachtfeld fallen. Mein Herr, ich erweise Deinen Lotosfüßen meine achtungsvollen Ehrerbietungen. Du befindest Dich ewig in Deiner transzendentalen Stellung – in vollkommenem Wissen und vollkommener Glückseligkeit. Du bist in Dir Selbst vollkommen, und Du bist über alle Wünsche erhaben. Durch die Anwendung Deiner inneren Energie hast Du den Einfluß *māyās* errichtet. Niemand vermag Deine unbegrenzten Kräfte zu ermessen. Mein lieber Herr, Du bist der höchste Kontrollierende. Du befindest Dich unter Deiner inneren Energie, und es wäre töricht zu glauben, Du seiest von irgendeiner Deiner Schöpfungen abhängig.

Du hast in der Yadu- bzw. in der Vṛṣṇi-Dynastie Geburt genommen, und Dein Erscheinen auf der Erde in Deiner ursprünglichen Gestalt, die von ewigem, glückseligem Wissen erfüllt ist, ist einzig und allein Dein transzendentales Spiel. Du bist von nichts abhängig außer von Dir Selbst, und so bringe ich Deinen Lotosfüßen meine achtungsvollen Ehrerbietungen dar."

Nārada Muni wollte allen Menschen vor Augen führen, daß Kṛṣṇa vollkommen unabhängig ist. Seine Aktivitäten, wie zum Beispiel Sein Erscheinen in der Familie Yadus oder Seine Freundschaft mit Arjuna, zwingen Ihn nicht, daß Er als Folge davon irgendwelchen Reaktionen unterliegt. Kṛṣṇas Tätigkeiten sind alles transzendentale Spiele, an denen Er Sich unbeschwert vergnügt, wohingegen sie für uns wirkliche, greifbare Tatsachen sind.

Nachdem Nārada Muni Śrī Kṛṣṇa seine demütigen Ehrerbietungen dargebracht hatte, entfernte er sich mit Kṛṣṇas Erlaubnis. Nach der Vernichtung des Keśī-Dämons ging Kṛṣṇa wieder zusammen mit Seinen Freunden in den Wald, um die Kühe zu hüten, als sei nichts geschehen. So ist Kṛṣṇa zusammen mit Seinen Gefährten, den Kuhhirtenjungen und den *gopīs*, in Vṛndāvana ewig in Seine transzendentalen Spiele vertieft; manchmal jedoch offenbart Er auch die außerordentliche Stärke der Höchsten Persönlichkeit Gottes, indem Er verschiedene Dämonen tötet.

Später an diesem Morgen ging Kṛṣṇa mit Seinen Kuhhirtenfreunden auf den Govardhana-Hügel, um dort „Räuber und Gendarm" zu spielen. Einige der Jungen spielten die Polizisten, andere spielten die Räuber, und wieder andere übernahmen die Rolle der Lämmer. Während sich die Jungen so mit ihren Kindheitsspielen vergnügten, mischte sich ein berüchtigter Dämon unter sie, der Vyomāsura, „der Dämon, der in der Luft fliegt", hieß und der der Sohn eines anderen großen Dämons namens Maya war. Diese Dämonen besitzen wundersame Zauberkräfte, und so gesellte sich Vyomāsura zu den Kuhhirtenjungen, die die Rolle der Räuber spielten, und stahl auf diese Weise viele „Lämmer". Er trug einen Jungen nach dem anderen weg, bis am Schluß fast keiner mehr übrig war, und brachte sie alle in Berghöhlen, die er mit Felsbrocken fest verschloß. Doch Kṛṣṇa durchschaute die List des Dämons; deshalb packte Er ihn, genauso wie ein Löwe, der ein Lamm reißt. Vyomāsura versuchte, sich so groß wie ein Hügel zu machen, um der Umklammerung zu entkommen. Doch Kṛṣṇa ließ den Dämon Vyoma nicht aus Seinem Griff, sondern schmetterte ihn sogleich mit ungeheurer Gewalt auf den Boden und tötete ihn genau wie ein Tier auf der Schlachtbank. Dann befreite Śrī Kṛṣṇa Seine Freunde aus den Berghöhlen, und während sie alle zusammen mit ihren Kühen wieder nach Vṛndāvana zurückkehrten, wurde Kṛṣṇa von Seinen Hirtenfreunden wie auch von den Halbgöttern für Seine wundervollen Taten gepriesen.

Hiermit enden die Bhaktivedanta-Erläuterungen zum 36. Kapitel des Kṛṣṇa-Buches: „Kṛṣṇa tötet die Dämonen Keśī und Vyomāsura".

37 / Akrūras Ankunft in Vṛndāvana

Nārada Muni hatte nichts davon erwähnt, daß Kṛṣṇa Vyomāsura töten würde. Das bedeutet, daß Vyomāsura am gleichen Tag wie der Keśī-Dämon getötet wurde. Der Keśī-Dämon wurde am frühen Morgen getötet, dann gingen die Kuhhirtenjungen auf den Govardhana-Hügel, und dort ereignete sich etwas später der Zwischenfall mit Vyomāsura. Beide Dämonen wurden also am gleichen Morgen vernichtet. Akrūra war von Kaṁsa angewiesen worden, bis zum Abend in Vṛndāvana zu sein. Nachdem Akrūra diesen Auftrag bekommen hatte, fuhr er gleich am nächsten Morgen mit der Kutsche los, um rechtzeitig in Vṛndāvana zu sein. Weil er ein großer Gottgeweihter war, begann er auf dem Weg nach Vṛndāvana, Kṛṣṇa zu lobpreisen. Die Gottgeweihten sind ständig in Gedanken an Kṛṣṇa vertieft, und so meditierte Akrūra ununterbrochen über die Lotosaugen Kṛṣṇas.

Er konnte sich nicht vorstellen, welch fromme Werke er verrichtet haben mußte, daß er jetzt die Gelegenheit erhielt, Śrī Kṛṣṇa zu sehen. Akrūra dachte bei sich: „Wenn Kṛṣṇa es will, werde ich imstande sein, Ihn zu sehen", und er betrachtete sich als den glücklichsten Menschen, da er sehr bald Kṛṣṇa sehen würde, den zu sehen sich alle mystischen *yogīs* wünschen. Er war überzeugt, daß an diesem Tag alle sündhaften Reaktionen seines vorangegangenen Lebens von ihm genommen würden und daß er nun seine gesegnete menschliche Lebensform endlich zum Erfolg führen könne. Im Grunde, so sagte Akrūra, sei es eine große Gunst von Kaṁsa, daß er ihm den Auftrag gegeben habe, Kṛṣṇa und Balarāma zu holen, denn dadurch bekomme er nun die Möglichkeit, den Herrn zu sehen. Akrūra dachte weiter daran, daß in früheren Zeiten große Weise und Heilige einfach dadurch, daß sie die strahlenden Nägel der Lotosfüße Kṛṣṇas gesehen hatten, von der materiellen Welt befreit wurden.

„Nun ist der Herr, die Höchste Persönlichkeit Gottes, in einer Gestalt erschienen, die der eines gewöhnlichen Menschen gleicht, und ich bin wirklich glücklich zu nennen, daß ich Ihn von Angesicht zu Angesicht sehen darf", dachte Akrūra. Er bebte vor Freude, da er es kaum erwarten konnte, die gleichen Lotosfüße zu sehen, die von großen Halbgöttern wie Brahmā, Nārada und Śiva verehrt werden und die über den Boden von Vṛndāvana schreiten und die Brüste der *gopīs* berühren, welche vom *kuṅkuma* leicht gerötet sind. „Ich bin wirklich vom Glück gesegnet", sagte er zu sich, „daß ich heute die Gelegenheit bekomme, diese Lotosfüße zu sehen, und gewiß werde ich auch das liebliche Antlitz Kṛṣṇas betrachten dürfen, das auf Stirn und Nase mit *tilaka* gezeichnet ist. Auch Sein Lächeln und Sein lockiges schwarzes Haar werde ich sehen. Ich kann mir dessen sicher sein, denn heute ziehen alle Rehe an meiner Rechten vorbei. Heute werde ich endlich die Schönheit des spirituellen Königreichs von Viṣṇuloka erblicken, denn Kṛṣṇa ist der Höchste Viṣṇu, und Er ist nur aus Seinem Wohlwollen heraus erschienen. Er ist der Inbegriff aller Schönheit; deshalb werden meine Augen heute die Vollkommenheit erlangen."

Akrūra war sich ohne den Schatten eines Zweifels darüber bewußt, daß Śrī Kṛṣṇa der Höchste Viṣṇu ist. Śrī Viṣṇu läßt Seinen Blick über die materielle Energie gleiten, und dadurch wird die kosmische Manifestation ins Leben gerufen. Obwohl Śrī Viṣṇu jedoch der Schöpfer der materiellen Welt ist, ist Er durch Seine eigene Energie immer frei vom Einfluß der materiellen Energie. Mit Seiner inneren Energie kann Er die Dunkelheit der materiellen Energie durchdringen, und ebenso hat Kṛṣṇa, der ursprüngliche Viṣṇu, durch die Erweiterung Seiner inneren Energie die Einwohner von Vṛndāvana geschaffen. In der *Brahma-saṁhitā* wird ebenfalls bestätigt, daß Śrī Kṛṣṇas Reich und alles, was sonst noch mit Kṛṣṇa verbunden ist, Erweiterungen Seiner inneren Energie sind. Diese innere Energie ist auf der Erde als Vṛndāvana manifestiert, wo Kṛṣṇa zusammen mit Seinen Eltern und Seinen Freunden, den Kuhhirtenjungen und den *gopīs*, Seine Spiele genießt. Aus Akrūras Worten geht deutlich hervor, daß Kṛṣṇa transzendental zu den Erscheinungsweisen der materiellen Natur ist und daß deshalb auch die Einwohner von Vṛndāvana, die im liebevollen Dienst des Herrn beschäftigt sind, transzendental sind.

Akrūra dachte auch an die Notwendigkeit der transzendentalen Spiele des Herrn. Er war sich bewußt, daß Kṛṣṇas transzendentale Taten, Unterweisungen, Eigenschaften und Spiele für alle Menschen Glück und Segen bedeuten. Die Menschen können stets auf der Ebene des Kṛṣṇa-Bewußtseins bleiben, wenn sie über die transzendentale Gestalt und die transzendentalen Eigenschaften, Spiele und Attribute des Herrn sprechen. Auf diese Weise kann das gesamte Universum wirklich ein glückliches Leben führen und sich friedlich entwickeln. Doch ohne Kṛṣṇa-Bewußtsein bedeutet die Zivilisation nichts anderes als die Schmükkung eines toten Körpers. Man kann eine Leiche so prächtig schmücken, wie man will, doch wo kein Bewußtsein ist, ist aller Schmuck nutzlos. Ebenso ist die menschliche Gesellschaft ohne Kṛṣṇa-Bewußtsein nutzlos und leblos.

Akrūra dachte: „Nun ist die Höchste Persönlichkeit Gottes, Śrī Kṛṣṇa, als einer der Abkömmlinge der Yadu-Dynastie erschienen. Die religiösen Prinzipien sind die von Ihm verfügten Gesetze. Diejenigen, die diese Gesetze befolgen, sind Halbgötter, und diejenigen, die sich ihnen widersetzen, sind Dämonen. Er ist gekommen, um die Halbgötter, die Seinen Gesetzen gehorsam sind, zu beschützen. Mit Freude folgen die Halbgötter und die Gottgeweihten Kṛṣṇas Gesetzen, und Kṛṣṇa findet Seinerseits Freude daran, ihnen allen Schutz zu gewähren. Wie in der *Bhagavad-gītā* bestätigt wird, ist es für die Menschen immer segensreich, wenn sie darüber hören und sprechen, wie Kṛṣṇa Seine Geweihten beschützt und die Dämonen vernichtet. Die glorreichen Taten des Herrn werden von den Gottgeweihten und Halbgöttern in ewig zunehmendem Maße gepriesen.

Kṛṣṇa, die Höchste Persönlichkeit Gottes, ist der spirituelle Meister aller spirituellen Meister. Er ist der Befreier aller gefallenen Seelen und der Befreier der drei Welten. Jeder, dessen Augen mit Liebe zu Gott gesalbt sind, kann Ihn sehen. Heute wird es mir möglich sein, den Herrn, die Höchste Persönlichkeit Gottes, zu sehen, der mit Seiner transzendentalen Schönheit die Glücksgöttin zu Sich hingezogen hat, so daß sie nun ewig mit Ihm lebt. Sowie ich in Vṛndāvana ankomme, werde ich vom Kutschbock springen und mich langausgestreckt zu Boden werfen, um dem Höchsten Herrn, dem Meister der materiellen Natur und aller Lebewesen, meine Ehrerbietungen zu erweisen. Die Lotosfüße Kṛṣṇas werden ständig von großen mystischen *yogīs* verehrt, und auch ich werde Seine Lotosfüße verehren und einer Seiner Freunde in Vṛndāvana werden wie die Kuhhirtenjungen. Wenn ich Śrī Kṛṣṇa auf diese Weise zu Füßen falle, wird Er mir gewiß Seine furchtlose Lotoshand auf den Kopf legen. Er reicht Seine Hand allen bedingten Seelen, die Zuflucht bei Seinen Lotosfüßen suchen. Kṛṣṇa ist das endgültige Lebensziel aller Menschen, die sich vor der materiellen Existenz fürchten, und so wird Er sicherlich auch mir Zuflucht unter Seinen Lotosfüßen gewähren. Ich sehne mich danach, daß Er meinen Kopf mit Seinen lotosgleichen Händen berührt."

Auf diese Weise war Akrūra voller Erwartung, von Kṛṣṇas Hand gesegnet zu werden. Er wußte, daß Indra, der Himmelskönig und der Herrscher über alle drei Welten — die oberen, mittleren und unteren Planetensysteme —, einst die Segnung des Herrn erlangt hatte, einfach weil er ein wenig Wasser opferte, das Kṛṣṇa annahm. Ebenso hatte Bali Mahārāja die Stellung Indras erreicht, nur weil er Śrī Vāmanadeva drei Schritte Land als Spende gab und Ihm dazu ein wenig Wasser opferte, was von Vāmanadeva angenommen wurde. Als die *gopīs* während des *rāsa*-Tanzes mit Kṛṣṇa müde wurden, strich ihnen Kṛṣṇa mit Seiner Hand, die wie eine Lotosblume duftet, über die perlengleichen Schweißtropfen auf ihren Gesichtern, so daß sie augenblicklich neues Leben fühlten. So erhoffte sich auch Akrūra den Segen der allbarmherzigen Hand Kṛṣṇas. Kṛṣṇas Hand kann jedem Menschen, der sich dem Kṛṣṇa-Bewußtsein zuwendet, alle Segnungen erteilen. Wenn jemand materielles Glück möchte wie der König des Himmels, kann er diese Segnung von der Hand Kṛṣṇas bekommen; wenn jemand von den Qualen der materiellen Existenz befreit werden möchte, kann Er diese Segnung ebenfalls von Kṛṣṇas Hand bekommen, und wenn jemand in reiner transzendentaler Liebe mit Kṛṣṇa zusammensein und Seinen transzendentalen Körper berühren möchte, so kann auch er diese Segnung von Kṛṣṇas Hand bekommen.

Gleichzeitig hatte Akrūra jedoch auch Befürchtungen, weil er von Kaṁsa,

Kṛṣṇas Feind, geschickt wurde. Er dachte: „Ich werde Kṛṣṇa als Bote des Feindes begegnen." Doch gleichzeitig sagte er sich auch: „Kṛṣṇa weilt als Überseele im Herzen eines jeden, und deshalb wird Er auch mein Herz kennen." Obgleich Akrūra ein Vertrauter von Kṛṣṇas Feind war, hatte er ein reines Herz. Er war ein reiner Geweihter Kṛṣṇas. Er war sogar bereit, Kaṁsas Zorn auf sich zu laden, nur um Kṛṣṇa zu treffen. Akrūra war sich sicher, daß Kṛṣṇa ihn nicht wie einen Feind empfangen würde, obgleich er als Vertreter Kaṁsas zu Ihm kam. „Der Auftrag, den ich auszuführen habe, ist zwar sehr schändlich, da ich von Kaṁsa geschickt bin, doch wenn ich mich der Höchsten Persönlichkeit Gottes nähere, werde ich dies in aller Demut mit gefalteten Händen tun. Meine Hingabe wird Ihn bestimmt erfreuen, und vielleicht wird Er mir sogar ein Lächeln schenken und Seinen Blick über mich gleiten lassen, so daß ich von allen sündhaften Reaktionen befreit werde. Dann habe ich die Ebene der transzendentalen Glückseligkeit und des transzendentalen Wissens erreicht. Weil Kṛṣṇa mich im Innersten meines Herzens kennt, wird Er mich gewiß umarmen, wenn ich vor Ihn trete. Ich bin nicht nur ein Abkömmling der Yadu-Dynastie, sondern auch ein reiner Gottgeweihter. Durch Seine barmherzige Umarmung werden mein Körper, mein Herz und meine Seele von den Reaktionen auf die Taten meines vergangenen Lebens gänzlich gereinigt werden. Wenn sich unsere Körper berühren, werde ich sofort mit gefalteten Händen, mit aller Demut, aufstehen. Bestimmt werden mich Kṛṣṇa und Balarāma ‚Onkel Akrūra' nennen, und das wird die Krönung meines Lebens sein. Solange man nicht von der Höchsten Persönlichkeit Gottes anerkannt wird, kann das Leben niemals erfolgreich sein."

Hier wird deutlich gesagt, daß man sich bemühen sollte, durch Dienst und Hingabe die Anerkennung der Höchsten Persönlichkeit Gottes zu erlangen. Ein Mensch, der diese Bemühung nicht unternimmt, hat die Möglichkeit, die das menschliche Leben bietet, verspielt. In der *Bhagavad-gītā* wird gesagt, daß der Höchste Herr, die Persönlichkeit Gottes, jedem Lebewesen gleichgesinnt ist; für Ihn gibt es weder Freunde noch Feinde. Einem Gottgeweihten jedoch, der Ihm mit Liebe und Hingabe dient, ist Er besonders zugetan. In der *Bhagavad-gītā* wird auch gesagt, daß der Höchste Herr den hingebungsvollen Dienst Seiner Geweihten erwidert. Akrūra verglich Kṛṣṇa mit dem Wunschbaum der himmlischen Planeten, der dem Verehrenden jede Frucht gibt, die er sich wünscht. Dazu ist die Höchste Persönlichkeit Gottes auch die Quelle aller Dinge, und der Gottgeweihte muß sich bewußt sein, wie er Ihm dienen kann, um Seine Anerkennung zu finden. Im *Caitanya-caritāmṛta* wird deshalb erklärt, daß man gleichzeitig dem spirituellen Meister und Kṛṣṇa dienen muß, um Fortschritte im Kṛṣṇa-Bewußtsein zu machen. Wenn man sich unter der Führung des spirituellen Meisters in Kṛṣṇas Dienst beschäftigt, leistet man echten und wirkungsvollen Dienst, denn der spirituelle Meister ist der äußere Vertreter Kṛṣṇas. Śrī Viśvanātha Cakravartī Ṭhākura sagt, daß man direkt den Höchsten Herrn zufriedenstellt, wenn man den spirituellen Meister zufriedenstellt. Dies läßt sich mit dem Dienst in einer Regierungsstelle vergleichen, wo man unter der Aufsicht eines Abteilungsleiters arbeiten muß. Wenn der Abteilungsleiter mit der Arbeit eines bestimmten Angestellten zufrieden ist, dann werden automatisch auch Beförderung und Gehaltserhöhung folgen.

„Wenn Sich Kṛṣṇa und Balarāma über meine Gebete freuen", so malte sich Akrūra aus, „werden Sie mich gewiß bei der Hand nehmen und mich in Ihr Haus führen, um mich dort mit beehrender Gastlichkeit zu empfangen, und Sie werden Sich bestimmt auch nach den Unternehmungen Kaṁsas und seiner Freunde erkundigen."

Auf diese Weise meditierte Akrūra, der Sohn Śvaphalkas, während der ganzen Fahrt über Kṛṣṇa und vergaß dabei völlig die Zeit. So verging der ganze Tag, und als er Vṛndāvana erreichte, berührte die Sonne bereits den Horizont. Sowie Akrūra die Grenze von Vṛndāvana erreichte, erblickte er die Spuren der Kühe und auch Śrī Kṛṣṇas Fußabdrücke, die durch die Zeichen auf Seinen Fußsohlen – Fahne, Dreizack, Blitz und Lotosblume – erkenntlich waren. Als Akrūra Kṛṣṇas Fußspuren erblickte, sprang Er sofort voller Ehrfurcht von der Kutsche, und er wurde von allen Anzeichen der Ekstase überwältigt; er weinte, und sein Körper zitterte. In seinem unendlichen Jubel, den Staub zu sehen, der von Kṛṣṇas Lotosfüßen berührt worden war, warf sich Akrūra flach aufs Gesicht und begann sich am Boden zu wälzen.

Akrūras Reise nach Vṛndāvana ist beispielhaft. Jeder, der Vṛndāvana besuchen möchte, sollte seinem idealen Beispiel folgen und ständig an die Spiele und Taten des Herrn denken. Wenn man die Grenze von Vṛndāvana erreicht, sollte man sich sofort den ganzen Körper mit dem Staub von Vṛndāvana einreiben, ohne dabei über seine materielle Stellung und sein materielles Ansehen Gedanken zu verlieren. Narottama dāsa Ṭhākura sagt in einem berühmten Lied: *viṣaya chāriyā kabe śuddha habe mana*. „Wenn mein Geist rein geworden ist, nachdem ich die Verunreinigung des materiellen Sinnengenusses überwunden habe, werde ich fähig sein, Vṛndāvana zu besuchen." Man kann also nicht nach Vṛndāvana gelangen, indem man sich einfach eine Fahrkarte kauft. Den Vorgang, wie man nach Vṛndāvana kommt, zeigt Akrūra hier durch sein Beispiel.

Als Akrūra im Dorf von Vṛndāvana eintraf, sah er, wie Kṛṣṇa und Balarāma gerade das Melken der Kühe beaufsichtigten. Kṛṣṇa war in gelbe Gewänder gekleidet und Balarāma in blaue. Akrūra sah auch, wie Kṛṣṇas Augen den schönen frischen Blüten des herbstlichen Lotos glichen. So traf er auf Kṛṣṇa und Balarāma, die im Frühling Ihrer Jugend standen. Sie sahen einander sehr ähnlich, doch Kṛṣṇa hatte eine schwärzliche Körpertönung, wohingegen Balarāmas Körpertönung weißlich war. Beide waren Sie die Zuflucht der Glücksgöttin. Sie hatten wohlgeformte Körper, anmutige Hände und bezaubernde Gesichtszüge, und Sie waren so stark wie Elefanten. Nachdem Akrūra bereits Ihre Fußabdrücke gesehen hatte, stand er nun Kṛṣṇa und Balarāma direkt gegenüber. Obwohl Kṛṣṇa und Balarāma die mächtigsten Persönlichkeiten waren, schenkten Sie Akrūra Ihre lächelnden Blicke. Akrūra erkannte, daß Kṛṣṇa und Balarāma gerade aus dem Wald zurückgekehrt waren, wo Sie Ihre Kühe gehütet hatten. Sie hatten Ihr Bad genommen und waren nun in frische Gewänder gekleidet und trugen Blumengirlanden und Halsketten aus den wertvollsten Juwelen; dazu waren Ihre Körper mit Sandelholzpaste bestrichen. Der Duft der Blumen und des Sandelholzes und die Gegenwart Kṛṣṇas und Balarāmas beseelten Akrūra mit großer Freude, und er schätzte sich unbeschreiblich glücklich, weil er Kṛṣṇa, die Höchste Persönlichkeit Gottes, und Seine vollständige Erweiterung, Balarāma, von Angesicht zu Angesicht sehen durfte, wußte er doch, daß Sie die ursprünglichen Schöpfer der gesamten kosmischen Manifestation waren.

Wie in der *Brahma-saṁhitā* erklärt wird, ist Kṛṣṇa die ursprüngliche Persönlichkeit Gottes und die Ursache aller Ursachen. Akrūra wußte, daß der Herr, die Höchste Persönlichkeit Gottes, persönlich zum Wohl Seiner Schöpfung erschienen war, um die Prinzipien der Religion wieder festzusetzen und die Dämonen zu vernichten. Zwei Bergen aus Saphir und Silber gleich, vertrieben die beiden Brüder mit Ihrer körperlichen Ausstrahlung die ganze Dunkelheit der Welt. Ohne zu zögern, sprang Akrūra von der Kutsche herunter und fiel langausgestreckt wie ein Stock vor Kṛṣṇa und Balarāma zu Boden. Als er die Lotosfüße der Höchsten Persönlichkeit Gottes berührte, wurde er von transzendentaler Glückseligkeit überwältigt; seine Stimme versagte ihm, so daß er kein Wort hervorbrachte. Die transzendentale Gegenwart Kṛṣṇas rief Ströme von Tränen aus seinen Augen hervor, und in seiner Ekstase war er wie erstarrt, als hätte er die Fähigkeit zu sehen und zu sprechen gänzlich verloren. Doch Śrī Kṛṣṇa, der zu Seinen Geweihten sehr gütig ist, ergriff Akrūras Hand und half ihm beim Aufstehen, und dann umarmte Er ihn herzlich. Śrī Kṛṣṇa war offensichtlich sehr zufrieden mit Akrūra, und auch Balarāma schloß ihn in die Arme. Dann nahmen Kṛṣṇa und Balarāma Akrūra bei der Hand und führten ihn in Ihre Stube, wo Sie ihm einen bequemen Sitz anboten und Wasser brachten, um ihm die Füße zu waschen. Dazu beehrten Sie Ihren Gast mit vielen gebührlichen Geschenken wie Honig und anderen Köstlichkeiten, und nachdem Kṛṣṇa und Balarāma so für Akrūras Behaglichkeit gesorgt hatten, schenkten Sie ihm eine Kuh und brachten ihm darauf die köstlichsten Speisen, die sich Akrūra schmecken ließ. Nach beendetem Mahl überreichte ihm Balarāma Betelnüsse, Gewürze und Sandelholzpaste, um es ihm an keiner Annehmlichkeit fehlen zu lassen. Śrī Kṛṣṇa hielt Sich somit genau an die Regeln der vedischen Kultur, um alle Menschen zu lehren, wie man einen Gast bei sich zu Hause empfangen sollte. Die vedischen Anweisungen besagen, daß man sogar einen Gast, der ein Feind ist, so zuvorkommend empfangen sollte, daß er weiß, daß er von seinem Gastgeber nichts zu befürchten hat. Selbst wenn der Gastgeber sehr arm ist, sollte er seinem Gast zumindest eine Strohmatte als Sitzgelegenheit und ein Glas Wasser zum Trinken anbieten. Kṛṣṇa und Balarāma empfingen Akrūra in einer Weise, die seiner erhabenen Stellung angemessen war.

Nach dem festlichen Empfang setzte sich Nanda Mahārāja, Kṛṣṇas Pflegevater, zu Akrūra und sagte: „Mein lieber Akrūra, wahrscheinlich erübrigen sich meine Fragen. Ich weiß, daß du unter dem Schutz Kaṁsas stehst, der sehr grausam und dämonisch ist. Wenn er jemandem Schutz verspricht, ist es genauso, wie wenn ein Schlachthausbesitzer Tiere beschützt, um sie später zu töten. Kaṁsa ist so skrupellos und selbstsüchtig, daß er nicht einmal davor zurückschreckte, die Söhne seiner eigenen Schwester zu töten. Wie könnte ich daher noch ernsthaft glauben, er würde die Einwohner von Mathurā beschützen?" Nanda Mahārāja macht hier auf einen sehr wichtigen Punkt aufmerksam: Wenn die Regierungsoberhäupter nur ihr Selbstinteresse im Auge haben, können sie niemals für das Wohlergehen der Bürger sorgen.

Als sich Nanda Mahārāja mit solch freundlichen Worten an Akrūra wandte, vergaß dieser die Anstrengungen seiner Reise von Mathurā nach Vṛndāvana.

Hiermit enden die Bhaktivedanta-Erläuterungen zum 37. Kapitel des Kṛṣṇa-Buches: „Akrūras Ankunft in Vṛndāvana".

38 / Akrūras Rückreise und sein Besuch auf Viṣṇuloka in der Yamunā

Nachdem Śrī Kṛṣṇa und Nanda Mahārāja Akrūra einen herzlichen Empfang bereitet hatte, zeigten sie ihm seinen Schlafplatz. Danach nahmen die beiden Brüder, Balarāma und Kṛṣṇa, Ihr Abendessen ein, und Akrūra saß währenddessen auf seinem Bett und dachte darüber nach, wie all seine Hoffnungen, die er sich auf dem Weg von Mathurā nach Vṛndāvana gemacht hatte, in Erfüllung gegangen waren. Wenn Śrī Kṛṣṇa, der Gemahl der Glücksgöttin, mit Seinem reinen Geweihten zufrieden ist, erfüllt Er ihm jeden Wunsch. Doch ein reiner Gottgeweihter bittet Kṛṣṇa niemals um etwas für sich selbst.

Nach dem Abendessen gingen Kṛṣṇa und Balarāma noch einmal zu Akrūra, um ihm eine gute Nacht zu wünschen. Dabei erkundigte Sich Kṛṣṇa nach Seinem Onkel Kaṁsa: „Wie verhält er sich seinen Freunden gegenüber?“ Er fragte auch, wie es Seinen Verwandten gehe und wie die Zukunftspläne des Königs aussähen. Die Höchste Persönlichkeit Gottes versicherte dann Akrūra noch einmal, daß sich alle über seinen Besuch aufrichtig freuten. Im weiteren Verlauf des Gespräches fragte Kṛṣṇa, ob all Seine Verwandten und Freunde wohlauf seien oder ob ihnen irgendwelche Schwierigkeiten bereitet würden. Kṛṣṇa erklärte, daß Er es sehr bedauere, Seinen Onkel mütterlicherseits auf dem Thron des Königreiches zu wissen. Kaṁsa stelle den größten Anachronismus im gesamten System der Regierung dar, und solange er herrsche, sei nicht zu erwarten, daß es den Bürgern gut gehe. Dann sagte Kṛṣṇa: „Mein Vater mußte so viel Leid ertragen, nur weil Ich sein Sohn bin. Er verlor um Meinetwillen sogar seine vielen anderen Söhne. Ich schätze Mich sehr glücklich, daß du, Mein Freund und Verwandter, hierhergekommen bist. Mein lieber Freund Akrūra, bitte sage Mir, weshalb du nach Vṛndāvana gekommen bist.“

Daraufhin berichtete Akrūra, der der Yadu-Dynastie angehörte, von den jüngsten Ereignissen in Mathurā, unter anderem von Kaṁsas Versuch, Vasudeva, Kṛṣṇas Vater, zu töten. Er erzählte dem Herrn alles, was geschehen war, nachdem Nārada Kaṁsa enthüllt hatte, daß Kṛṣṇa der Sohn Vasudevas sei und daß dieser Ihn im Hause Nanda Mahārājas versteckt habe. Da Akrūra nun bei Kṛṣṇa im Hause Nanda Mahārājas war, sagte er offen alles, was er sonst noch über Kaṁsa wußte. Er erzählte, wie Nārada sich mit Kaṁsa getroffen hatte und wie er selbst von Kaṁsa nach Vṛndāvana geschickt worden war. Dazu berichtete er auch, daß Nārada Kaṁsa informiert habe, daß Kṛṣṇa gleich nach Seiner Geburt von Mathurā nach Vṛndāvana gebracht wurde und dort in der Folge alle von Kaṁsa ausgesandten Dämonen getötet habe. Schließlich teilte Akrūra Kṛṣṇa den eigentlichen Zweck seines Kommens mit: Er solle Kṛṣṇa nach Mathurā bringen. Als Kṛṣṇa und Balarāma, die beide sehr geschickt darin sind, Ihre Feinde zu töten, auf diese Weise von Kaṁsas Plänen hörten, lächelten Sie nur.

Sie baten Nanda Mahārāja, alle Kuhhirtenjungen einzuladen, mit nach Mathurā zu kommen, um dort der *dhanur-yajña*-Zeremonie beizuwohnen, denn Kaṁsa wünsche, daß alle zu dieser Feier kämen. Auf Kṛṣṇas Bitte hin rief Nanda Mahārāja sofort alle Kuhhirtenjungen zusammen und trug ihnen auf, frische Milch und die verschiedensten Arten von Milchzubereitungen mitzunehmen, um sie dann während der Zeremonie als Geschenk darzubringen. Darüber hinaus ließ Er dem Polizeikommandanten von Vṛndāvana die Anweisung zukommen, allen Bewohnern von Kaṁsas großem *dhanur-yajña* zu berichten und sie einzuladen, daran teilzunehmen. Er teilte den Kuhhirtenjungen mit, daß sie alle am nächsten Morgen aufbrechen würden. Deshalb trafen sie schnell alle notwendigen Vorbereitungen und richteten die Kühe und Stiere her, die dafür bestimmt waren, sie alle nach Mathurā zu bringen.

Als die *gopīs* erfuhren, daß Akrūra gekommen war, um Kṛṣṇa und Balarāma nach Mathurā zu holen, erschraken sie sehr. Einige wurden von solchem Kummer überwältigt, daß sich ihre Gesichter schwarz färbten; ihr Atem ging schwer, und ihre Herzen begannen wie rasend zu klopfen. Sie bemerkten, wie sich ihr Haar öffnete und ihre Saris verrutschten. Als einige *gopīs*, die gerade im Haushalt beschäftigt waren, hörten, daß Kṛṣṇa und Balarāma nach Mathurā gehen würden, ließen sie ihre Arbeit stehen, als hätten sie alles vergessen, genau wie jemand, der vom Tod gerufen wird und diese Welt unvermittelt verlassen muß. Wieder andere fielen beim Gedanken an die Trennung von Kṛṣṇa ohnmächtig zu Boden. Tiefster Schmerz ergriff die *gopīs*, als sie sich an Kṛṣṇas bezauberndes Lächeln und an ihre Gespräche mit Ihm erinnerten. Sie alle erinnerten sich an die anmutige Erscheinung Kṛṣṇas, der Persönlichkeit Gottes, wie Er Sich über das Land von Vṛndāvana bewegte und wie Er mit Seinen scherzenden Worten ihre Herzen erobert hatte. Indem die *gopīs* so an Kṛṣṇa und an ihre bevorstehende Trennung von Ihm dachten, versammelten sie sich mit aufgewühltem Herzen, und völlig in Gedanken an Kṛṣṇa vertieft, begannen sie mit tränenüberströmten Gesichtern miteinander zu sprechen.

„O Vorsehung, du bist so grausam! Barmherzigkeit scheinst du nicht zu kennen. Durch deinen Willen lernen sich Menschen kennen und werden Freunde, doch du reißt sie wieder auseinander, ohne ihre Wünsche zu erfüllen. Dein Verhalten gleicht dem Spiel von Kindern, das ohne Sinn ist. Es ist sehr gemein von dir, uns erst den schönen Kṛṣṇa zu zeigen, dessen bläuliches, lockiges Haar Seine breite Stirn und Seine scharfe Nase verschönern und der stets lächelt, um allen Streit in der materiellen Welt zu schlichten — und nun trennst du uns wieder von Ihm. O Vorsehung, du bist so grausam! Doch wie erstaunlich es ist, daß du nun als ‚Akrūra' erscheinst, was ‚nicht grausam' bedeutet. Anfangs hatten wir deine Kunstfertigkeit geschätzt, uns Augen zu verleihen, so daß wir Kṛṣṇas liebliches Antlitz betrachten konnten; doch nun versuchst du, wie ein närrisches Geschöpf, uns unsere Augen zu nehmen, so daß wir Kṛṣṇa niemals wieder hier sehen können. Kṛṣṇa, der Sohn Nanda Mahārājas, ist ebenfalls sehr grausam! Ständig muß Er neue Freunde haben; Er liebt es nicht, mit jemandem längere Freundschaft zu halten. Wir *gopīs* von Vṛndāvana haben unser Zuhause, unsere Freunde und unsere Verwandten verlassen und sind Kṛṣṇas Dienerinnen geworden, doch Er kümmert Sich nicht darum und geht einfach fort. Er schaut uns nicht einmal an, obwohl wir Ihm völlig hingegeben sind. Nun werden all die jungen Mädchen von Mathurā die Gelegenheit haben, mit Kṛṣṇa zusammenzusein. Sie erwarten bestimmt schon Seine Ankunft, und sie werden mit Freuden den Honig Seines süßen Lächelns trinken. Wir wissen zwar, daß Kṛṣṇa sehr standhaft und entschlossen ist, doch wir müssen befürchten, daß Er Sich vielleicht nicht mehr beherrschen kann, wenn Er die hübschen Gesichter der jungen Mädchen von Mathurā erblickt. Wir befürchten, daß Er unter ihre Macht gerät und uns, die wir nur einfache Dorfmädchen sind, völlig vergessen wird. Die Zeit ist vorbei, wo Er uns Seine Gunst erwiesen hat, und so glauben wir nicht, daß Kṛṣṇa jemals wieder nach Vṛndāvana zurückkehren wird. Er wird die Gesellschaft der Mädchen von Mathurā nicht mehr verlassen."

Die *gopīs* malten sich aus, welch großartige Festlichkeiten in Mathurā stattfinden würden. Kṛṣṇa würde durch die Straßen ziehen, und die Damen und die jungen Mädchen von Mathurā würden auf dem Balkon ihrer Häuser stehen und Ihm entgegenblicken. Mathurā wurde von verschiedenen Geschlechtern bewohnt, die damals als das Daśārha-, Bhoja-, Andhaka- und Sātvata-Geschlecht bekannt waren. All diese Geschlechter waren verschiedene Zweige derselben Familie, in der auch Śrī Kṛṣṇa erschienen war, nämlich der Yadu-Dynastie; und sie alle erwarteten ebenfalls die Ankunft Kṛṣṇas. Sie hatten bereits in Erfahrung gebracht, daß Kṛṣṇa, die Zuflucht der Glücksgöttin und die Quelle aller Freude und transzendentalen Eigenschaften, die Stadt Mathurā besuchen würde.

Daraufhin begannen die *gopīs*, Akrūras Verhalten anzuklagen. Sie sagten, daß er ihnen Kṛṣṇa wegnehme, den sie mehr liebten als alles andere und der die Freude ihrer Augen sei. Akrūra ließe Kṛṣṇa aus ihrer Sicht verschwinden, ohne sie zuerst zu benachrichtigen oder sie zu trösten. Wie Akrūra nur so herzlos sein könne und warum er kein Mitleid mit ihnen habe. Und die *gopīs* fuhren fort: „Was uns aber am meisten verwundert, ist, daß Sich Kṛṣṇa, der Sohn Nandas, ohne weitere Gedanken bereits auf die Kutsche gesetzt hat. Daran kann man sehen, daß Kṛṣṇa nicht sehr intelligent ist. Doch selbst wenn Er sehr intelligent sein sollte, so weiß Er zumindest nicht, wie man sich benimmt. Aber nicht nur Kṛṣṇa hat ein hartes Herz, sondern auch all die anderen Kuhhirten; sie sind überhaupt nicht besser, denn sonst würden sie nicht schon die Stiere und Kälber einspannen, um nach Mathurā zu fahren. Selbst die älteren Leute von Vṛndāvana haben alles Mitgefühl verloren. Sie beachten nicht im geringsten, wie sehr wir leiden, denn sonst würden sie Kṛṣṇa davon abhalten, nach Mathurā zu reisen. Sogar die Halbgötter sind gegen uns, denn auch sie hindern Kṛṣṇa nicht daran, nach Mathurā zu reisen."

Die *gopīs* flehten die Halbgötter an, irgendwelche Unwetter zu schicken, wie einen Hurrikan oder andere heftige Stürme oder Regengüsse und Überschwemmungen, so daß Kṛṣṇa an der Fahrt gehindert würde. Als auch dies nichts half, sagten sie: „Wir werden trotz der Gegenwart unserer Eltern und Behüter Kṛṣṇa persönlich davon abhalten, nach Mathurā zu fahren. Uns bleibt keine andere Möglichkeit als dieser direkte Schritt, denn alle haben sich gegen uns gewandt, um uns Kṛṣṇa zu nehmen. Ohne Ihn jedoch können wir nicht einen Augenblick lang leben." Die *gopīs* beschlossen darauf, sich Kṛṣṇa an einer Stelle, wo Er mit Seiner Kutsche durchfahren mußte, in den Weg zu stellen. Und sie sagten zueinander: „Wir haben mit Kṛṣṇa eine sehr lange Nacht im *rāsa*-Tanz verbracht, die uns jedoch so kurz wie ein Augenblick erschien. Wir sahen Sein zauberhaftes Lächeln, wir umarmten Ihn und sprachen mit Ihm. Wie könnten wir auch nur für eine Sekunde weiterleben, wenn Er uns verließe? Am Ende des Tages, wenn der Abend dämmerte, kehrte Kṛṣṇa gewöhnlich mit Seinem älteren Bruder Balarāma und Seinen Freunden nach Hause zurück. Er lächelte und spielte auf Seiner Flöte, und Er schenkte uns so liebevolle Blicke. Wie könnten wir Ihn jemals vergessen? Wie nur könnten wir Ihn vergessen, der unser ein und alles ist? Er hat uns auf die verschiedenste Art unsere Herzen gestohlen, während unserer Tage und während unserer Nächte; wenn Er nun einfach weggeht, können wir unmöglich weiterleben."

Je länger die *gopīs* miteinander sprachen, desto unerträglicher wurde es für sie, daß Kṛṣṇa Vṛndāvana verlassen wollte. Sie konnten ihre Gefühle nicht mehr zurückhalten und schluchzten laut auf, und sie riefen Kṛṣṇa bei Seinen verschiedenen Namen: „O lieber Dāmodara! Lieber Mādhava!"

Die *gopīs* weinten während der ganzen Nacht vor Kṛṣṇas Abreise. Als die Sonne aufging, nahm Akrūra sein morgendliches Bad und bestieg die Kutsche. Dann machte er sich zusammen mit Kṛṣṇa und Balarāma auf den Weg nach Mathurā. Nanda Mahārāja und die Kuhhirten bestiegen ihre Ochsenkarren, die sie mit großen Tontöpfen beladen hatten, die voller Milch und Milchzubereitungen wie Joghurt und Butterfett waren, und sie folgten der Kutsche von Kṛṣṇa und Balarāma. Als sich die Kutsche in Bewegung setzte, kamen alle *gopīs* gelaufen, und obwohl Kṛṣṇa sie bat, nicht den Weg zu versperren, drängten sie sich um die Kutsche und schauten Kṛṣṇa mit flehenden Augen an. Kṛṣṇa war sehr gerührt über den mitleiderregenden Anblick der *gopīs*, doch es war Seine Pflicht, nach Mathurā zu fahren, da dies von Nārada vorausgesagt worden war. Deshalb tröstete Kṛṣṇa die *gopīs*, indem Er ihnen sagte, sie sollten nicht traurig sein, denn sobald die Angelegenheiten in Mathurā erledigt seien, komme Er wieder zurück. Aber die *gopīs* ließen sich nicht dazu bewegen, den Weg freizugeben.

Die Kutsche jedoch machte kehrt und fuhr in westlicher Richtung davon, und die *gopīs* ließen ihre Blicke der Kutsche folgen, die sich weiter und weiter entfernte. Sie blickten der Flagge von Kṛṣṇas Kutsche nach, bis sie schließlich in der Ferne nur noch eine Staubwolke erkennen konnten. Die *gopīs* rührten sich nicht von der Stelle, sondern blieben stehen, bis von Kṛṣṇas Kutsche nichts mehr zu sehen war. So verharrten sie gebannt wie Gestalten auf einem Gemälde. Alle *gopīs* sagten sich, daß Kṛṣṇa so bald nicht zurückkommen werde, und mit tiefer Enttäuschung im Herzen gingen sie nach Hause. Zutiefst betrübt über die Abwesenheit Kṛṣṇas, konnten sie Tag und Nacht an nichts anderes denken als an Seine transzendentalen Spiele, und auf diese Weise fühlten sie ein wenig Trost.

Begleitet von Akrūra und Balarāma, lenkte der Herr die Kutsche mit großer Geschwindigkeit dem Ufer der Yamunā entgegen. Einfach dadurch, daß man in der Yamunā ein Bad nimmt, kann man die Reaktionen auf seine sündhaften Tätigkeiten verringern. Kṛṣṇa und Balarāma stiegen in den Fluß, badeten und wuschen Sich das Gesicht, und nachdem Sie ein wenig vom kristallklaren Wasser der Yamunā getrunken hatten, kehrten Sie zur Kutsche zurück, die im Schatten eines hohen Baumes stand, und setzten Sich wieder auf Ihre Plätze. Darauf ging Akrūra mit Ihrer Erlaubnis gleichfalls zur Yamunā hinunter, um ein Bad zu nehmen. Wenn man in einem Fluß badet, sollte man danach, gemäß vedischem Brauch, mindestens bis zur Hüfte im Wasser stehend, den Gāyatrī-*mantra* chanten. Während Akrūra also im Fluß stand, sah er plötzlich Kṛṣṇa und Balarāma vor sich im Wasser. Er war überrascht, Sie im Fluß zu erblicken, denn er hätte schwören können, daß Sie auf der Kutsche saßen. Verwirrt stieg er deshalb aus dem Fluß und wollte herausfinden, wo die Jungen nun tatsächlich waren; doch seine Verwirrung vergrößerte sich nur noch, als er sah, daß die beiden wie zuvor immer noch auf der Kutsche saßen. Er war sich nicht mehr sicher, ob er Sie tatsächlich auch im Wasser gesehen hatte, und deshalb ging er zurück zum Fluß. Diesmal erblickte er dort nicht nur Balarāma und Kṛṣṇa, sondern auch viele Halbgötter und alle Siddhas, Cāraṇas und Gandharvas. Sie alle standen vor dem Herrn, der in liegender Haltung vor ihnen anwesend war. Akrūra erkannte auch Śeṣanāga mit Seinen Tausenden von Köpfen. Śeṣanāga trug bläuliche Gewänder, und Seine vielen Hälse waren weiß, so daß sie an schneebedeckte Berge erinnerten. Akrūra sah, daß Kṛṣṇa in aller Erhabenheit auf Śeṣanāgas gewundenem Körper ruhte; Er hatte Seine vierarmige Gestalt angenommen, und Seine Augen glichen den rötlichen Blütenblättern einer Lotosblume.

Mit anderen Worten, als Akrūra in die Yamunā zurückkehrte, gewahrte er Balarāma als Śeṣanāga und Kṛṣṇa als Mahā-Viṣṇu. Akrūra sah die Höchste Persönlichkeit Gottes in Ihrer vierhändigen Gestalt. Der Herr lächelte lieblich, und Seine Gegenwart bezauberte alle, und Er ließ über jeden der Anwesenden Seinen Blick streifen. Sein Antlitz erstrahlte vor Schönheit, mit Seiner markanten Nase, Seiner breiten Stirn, Seinen wohlgeformten Ohren und Seinen rötlichen Lippen. Seine Arme, die bis an die Knie reichten, waren sehr stark; Seine Schultern waren hoch, Seine Brust war sehr breit und wie eine Muschel geformt; Sein Nabel war tief, und Seinen Bauch zeichneten drei Linien. Seine Hüfte war breit und groß und ähnelte der einer Frau, und Seine Schenkel glichen Elefantenrüsseln. Auch die anderen Teile Seiner Beine, die Gelenke und die Glieder Seiner Füße, waren alle vollkommen in ihrer Form; die Nägel Seiner Füße funkelten, und Seine Zehen waren so schön wie die Blütenblätter einer Lotosblume. Der Helm, den Er trug, war mit kostbaren Juwelen besetzt; ein hübscher Gürtel umschlang die Taille, und um die mächtige Brust trug Er die heilige Schnur. Seine Handgelenke und Oberarme wurden von Reifen geschmückt, und an Seinen Fußgelenken trug Er Glöckchen. Mahā-Viṣṇu war von strahlender Schönheit, und Seine Handflächen glichen Lotosblüten. Seine Schönheit erhöhte sich noch zusätzlich durch die verschiedenen Symbole der Viṣṇu-mūrti — das Muschelhorn, die Keule, das Feuerrad und die Lotosblume —, die Er in Seinen vier Händen hielt. Seine Brust zeichneten die besonderen Merkmale Viṣṇus, und frische Blumengirlanden umkränzten Seinen Hals. Sein ganzer Anblick bot eine unvergleichliche Schönheit. Akrūra sah auch, daß der Herr von Seinen engen Geweihten, wie den vier Kumāras — Sanaka, Sanātana, Sananda und Sanatkumāra —, und von anderen Gefährten wie Sunanda und Nanda sowie auch von Halbgöttern wie Brahmā und Śiva umgeben wurde. Die neun großen Weisen waren ebenfalls anwesend, und Gottgeweihte wie Prahlāda, Nārada und die acht Vasus waren darin vertieft, dem Herrn mit lauterem Herzen und reinen Worten Gebete darzubringen. Beim Anblick der transzendentalen Persönlichkeit Gottes wurde Akrūra von einem Gefühl größter Hingabe überwältigt, und ein transzendentales Zittern durchlief seinen ganzen Körper. Obwohl er zuerst verwirrt war, erlangte er sein klares Bewußtsein wieder und verneigte sein Haupt vor dem Herrn. Dann brachte er dem Herrn mit gefalteten Händen und bebender Stimme seine Gebete dar.

Hiermit enden die Bhaktivedanta-Erläuterungen zum 38. Kapitel des Kṛṣṇa-Buches: „Akrūras Rückreise und sein Besuch auf Viṣṇuloka in der Yamunā“.

39 / Die Gebete Akrūras

„Lieber Herr", betete Akrūra, „ich erweise Dir meine achtungsvollen Ehrerbietungen, da Du die höchste Ursache aller Ursachen und die urerste unerschöpfliche Persönlichkeit, Nārāyaṇa, bist. Aus Deinem Nabel wächst eine Lotosblume, und auf diesem Lotos wird Brahmā, der Schöpfer dieses Universums, geboren. Weil Brahmā die Ursache des Universums ist, bist Du die Ursache aller Ursachen. Aus Deinem Körper gehen alle Elemente der kosmischen Manifestation hervor: Erde, Wasser, Feuer, Luft, Äther, Ego und die gesamte materielle Energie sowie die Natur, die marginale Energie, die Lebewesen, der Geist, die Sinne, die Sinnesobjekte und die Halbgötter, die die Geschehnisse im Kosmos regeln. Du bist die Überseele in allem Existierenden, doch niemand kennt Deine transzendentale Gestalt. Jedes Lebewesen in der materiellen Welt wird von den Erscheinungsweisen der materiellen Natur beeinflußt. Da selbst Halbgötter wie Brahmā unter dem Einfluß der materiellen Natur stehen, haben auch sie keine genaue Kenntnis von Deiner transzendentalen Existenz jenseits der kosmischen Manifestation der drei materiellen Erscheinungsweisen. Große Weise und Mystiker verehren Dich als die Höchste Persönlichkeit Gottes, die ursprüngliche Ursache aller Lebewesen, der gesamten kosmischen Manifestation und der Vielzahl der Halbgötter. Sie verehren Dich als den Allumfassenden. Einige der gelehrten *brāhmaṇas* verehren Dich, indem sie rituelle Zeremonien durchführen und im Namen der Halbgötter verschiedenartige Opfer darbringen. Andere wiederum fühlen sich mehr dazu hingezogen, transzendentales Wissen zu verehren. Sie sind sehr friedvoll, und sie wollen alle materiellen Aktivitäten aufgeben. Sie betätigen sich in der philosophischen Suche nach Dir, was *jñāna-yoga* genannt wird.

Es gibt aber auch Gottgeweihte, die Dich als die Höchste Persönlichkeit Gottes verehren. Sie werden *bhāgavatas* genannt. Wenn sie gemäß allen Vorschriften in den Vorgang des *pāñcarātra* eingeweiht worden sind, zeichnen sie ihren Körper mit *tilaka* und verehren Deine verschiedenen Viṣṇu-mūrti-Formen. Wieder andere, die Śivaiten, die Anhänger verschiedener *ācāryas*, verehren Dich in der Form Śivas."

In der *Bhagavad-gītā* wird erklärt, daß die Verehrung der Halbgötter eine indirekte Verehrung des Höchsten Herrn ist. Aber eine solche Art der Verehrung kann nicht als orthodox bezeichnet werden, denn der einzige, dem alle Verehrung gebührt, ist der Herr, die Höchste Persönlichkeit Gottes, Nārāyaṇa. Halbgötter wie Brahmā und Śiva sind Inkarnationen der materiellen Eigenschaften, die ebenfalls vom Körper Nārāyaṇas ausgehen. Vor der Schöpfung existierte niemand außer Nārāyaṇa, der Höchsten Persönlichkeit Gottes. Die Verehrung der Halbgötter kommt daher nicht der Verehrung Nārāyaṇas gleich.

Akrūra fuhr fort: „Obwohl diejenigen, die die Halbgötter verehren, ihre Aufmerksamkeit auf einen bestimmten Halbgott richten, erreicht ihre Art der Verehrung indirekt Dich, denn Du bist die Überseele aller Lebewesen, einschließlich der Halbgötter. Genau wie einige der kleinen Flüsse, die während der Regenzeit von den Bergen fließen, ins Meer gelangen und einige nicht, so mögen Dich einige der Halbgottverehrer erreichen und einige auch nicht. Für ihren Erfolg gibt es keine Gewähr. Er ist ganz allein von der Stärke ihrer Verehrung abhängig."

Gemäß den vedischen Prinzipien führt jemand, der einen bestimmten Halbgott verehrt, gleichzeitig auch ein Ritual für Nārāyaṇa, Yajñeśvara, aus, denn wie in der *Bhagavad-gītā* erklärt wird, können die Halbgötter nicht ohne die Einwilligung Nārāyaṇas, Kṛṣṇas, die Wünsche ihrer Verehrer erfüllen. Die genauen Worte, die in der *Bhagavad-gītā* gebraucht werden, lauten: *mayaiva vihitān hi tān*, was bedeutet, daß die Halbgötter nur dann Segnungen gewähren können, wenn sie vom Höchsten Herrn dazu ermächtigt worden sind. Wenn der Verehrer der Halbgötter zur Vernunft kommt, sagt er sich: „Die Halbgötter können nur dann eine Segnung gewähren, wenn sie vom Höchsten Herrn dazu ermächtigt worden sind; warum verehre ich dann nicht direkt den Höchsten Herrn?" Es ist also möglich, daß die Verehrer der Halbgötter letzten Endes zur Höchsten Persönlichkeit Gottes gelangen, doch diejenigen, die den Halbgott, den sie verehren, für das ein und alles halten, können das höchste Ziel nicht erreichen.

Akrūra fuhr mit seinen Gebeten fort: „Lieber Herr, die ganze Welt ist erfüllt von den drei materiellen Erscheinungsweisen der Natur — Tugend, Leidenschaft und Unwissenheit. In der materiellen Welt befindet sich jedes Lebewesen, angefangen mit Brahmā, bis hinunter zu den bewegungslosen Pflanzen und Bäumen, unter dem Einfluß dieser Erscheinungsweisen. Mein lieber Herr, ich erweise Dir meine achtungsvollen Ehrerbietungen, denn Du befindest Dich jenseits dieser drei Erscheinungsweisen. Du bist der einzige, der nicht von den Wellen dieser Erscheinungsweisen umhergetrieben wird. Mein lieber Herr, das Feuer ist Dein Mund, die Erde bildet Deine Füße, die Sonne ist Dein Auge, der Himmel ist Dein Nabel, und die Himmelsrichtungen sind Deine Ohren. Der Weltraum ist Dein Haupt, die Halbgötter sind Deine Arme, die Ozeane und Meere sind Dein Bauch, die Luft und die Winde sind Deine Kraft und Lebensstärke. Die Pflanzen und Kräuter sind die Haare auf Deinem Körper, die Wolken sind Dein Haupthaar, die Berge sind Deine Knochen und Nägel, und die Tage und Nächte sind das Zwinkern Deiner Augenlider. Prajāpati, der Stammvater, ist Dein Genital, und der Regen ist Dein Samen.

Lieber Herr, alle Lebewesen, einschließlich der verschiedenen Kategorien von Halbgöttern, Königen und anderen Herrschern, ruhen in Dir. Weil jeder nur ein winziger Bestandteil des Ganzen ist, kann Dich unmöglich jemand durch experimentelles Wissen verstehen. Deine transzendentale Existenz läßt sich mit einem großen Ozean vergleichen, in dem sich vielerlei Arten von Lebewesen befinden, oder mit der *kadamba*-Frucht, aus der viele kleine Mücken hervorkommen. Mein lieber Herr, alle Deine ewigen Formen und Inkarnationen, die Du annimmst, erscheinen in der materiellen Welt, um die Lebewesen von ihrer Unwissenheit, ihren Illusionen und ihren Klagen zu befreien. Alle Menschen können daher Deine Inkarnationen und transzendentalen Spiele wertschätzen, und sie werden Deine Taten in Ewigkeit preisen. Niemand kann die Vielzahl Deiner Formen und Inkarnationen ermessen, und ebenso kann niemand die Anzahl der Universen ermessen, die in Dir existieren.

Ich erweise deshalb meine achtungsvollen Ehrerbietungen Deiner Inkarnation als Fisch, in der Du zur Zeit der Vernichtung erschienst, obwohl Du, o Herr, die Ursache aller Ursachen bist. Ich erweise meine achtungsvollen Ehrerbietungen Deiner Hayagrīva-Inkarnation, die die beiden Dämonen Madhu und Kaiṭabha tötete. Ich erweise Dir meine achtungsvollen Ehrerbietungen, der Du die gigantische Schildkröten-Inkarnation annahmst und den großen Berg Mandara auf Deinem Rücken trugst und der Du als Eber-Inkarnation erschienst, um den Erdplaneten aus dem Wasser des Garbhodaka-Ozeans zu retten. Ich erweise Dir, o Herr, meine achtungsvollen Ehrerbietungen, der Du als Nṛsiṁhadeva erschienst und die vielen Gottgeweihten vor den bedrohlichen Greueltaten der Atheisten rettetest. Ich bringe Dir meine achtungsvollen Ehrerbietungen dar, der Du als Vāmanadeva erschienst und alle drei Welten mit der Erweiterung Deiner Lotosfüße durchmaßest. Ich erweise Dir meine achtungsvollen Ehrerbietungen, der Du als der Herr der Bhṛgus erschienst, um die gottlosen Herrscher der Welt zu töten. Ich erweise Dir meine achtungsvollen Ehrerbietungen, der Du als Śrī Rāma erschienst, um Dämonen wie Rāvaṇa zu vernichten. Du wirst von allen Gottgeweihten als der Herr der Raghu-Dynastie, Śrī Rāmacandra, verehrt. Ich bringe Dir meine respektvollen Ehrerbietungen dar, der Du als Śrī Vāsudeva, Śrī Saṅkarṣaṇa, Śrī Pradyumna und Śrī Aniruddha erschienst. Ich bringe Dir meine respektvollen Ehrerbietungen dar, der Du als Buddha erschienst, um die Atheisten und Dämonen zu verwirren. Und ich bringe Deiner Inkarnation als Kalki meine respektvollen Ehrerbietungen dar, die erschien, um die vermeintlichen Könige zu bestrafen, die zur Stufe abscheulicher *mlecchas*, welche außerhalb aller regulierenden Prinzipien der vedischen Kultur leben, degeneriert waren.

Lieber Herr, jeder in der materiellen Welt wird durch Deine illusionierende Energie bedingt. Mit einer Lebensauffassung unter dem Einfluß falscher Identifizierung und falscher Besitzansprüche bewegt sich das Lebewesen auf dem Pfad der fruchtbringenden Tätigkeiten und ihrer Reaktionen und muß auf diese Weise einen Körper nach dem anderen annehmen. Mein lieber Herr, auch ich bilde unter diesen bedingten Seelen keine Ausnahme. Ich halte mich irrtümlicherweise für glücklich, nur weil ich ein Haus, eine Frau, Kinder, ein Vaterland und Besitz und Reichtümer mein eigen nenne. Auf diese Weise lebe ich wie in einem Traum, denn keines dieser Dinge ist von Dauer. Welch ein Narr ich bin, daß ich immer noch an solchen Vorstellungen hänge und sie für dauerhaft und wirklich halte. Lieber Herr, aufgrund meiner irrtümlichen Auffassung über meine wahre Identität hat sich alles in meinem Leben nur um zeitweilige Dinge gedreht, wie zum Beispiel meinen materiellen Körper, der überhaupt nichts Spirituelles an sich hat, sondern vielmehr die Ursache der verschiedensten leidvollen Zustände ist. Weil ich aufgrund solcher Lebensauffassungen verwirrt bin, beschäftigen sich meine Gedanken immer nur mit materieller Dualität, und ich habe Dich vergessen, der Du die Quelle aller transzendentalen Freude bist. Ich bin fern von Deiner transzendentalen Gemeinschaft, genau wie ein großer Tor, der die Oase, die voller saftiger Pflanzen ist, verläßt, um in der Wüste nach Wasser zu suchen. Die bedingten Seelen möchten ihren Durst stillen, doch sie wissen nicht, wo Wasser zu finden ist. So verlassen sie den Ort, an dem sich die Wasserstelle befindet, und rennen in die Wüste hinaus, wo es kein Wasser gibt. Lieber Herr, ich bin völlig außerstande, meinen Geist zu beherrschen, der von den zügellosen Sinnen umhergetrieben wird und der von materiellen Tätigkeiten und von ihren Früchten bezaubert wird. Deshalb ist meine Intelligenz von großem Geiz besessen. Lieber Herr, niemand, der sich im bedingten Zustand in der materiellen Existenz befindet, vermag Deine Lotosfüße zu erkennen, doch irgendwie durfte ich mich Deinen Lotosfüßen nähern, und dies ist zweifellos Deine grundlose Barmherzigkeit, die Du mir gewährst. Du kannst frei nach Deinem Willen handeln, denn Du bist der höchste Kontrollierende. Deshalb ist mir klar, daß jemand, der sich qualifiziert, vom Kreislauf von Geburt und Tod befreit zu werden, nur durch Deine grundlose Barmherzigkeit weitere Fortschritte machen kann, um einen Geschmack für Deinen grundlosen hingebungsvollen Dienst zu entwickeln."

Akrūra fiel dem Herrn zu Füßen und sagte: „Mein lieber Herr, Deine transzendentale ewige Gestalt ist voller Wissen. Einfach indem man seinen Geist auf Deine transzendentale Gestalt richtet, kann man in vollkommenem Wissen alle Dinge verstehen, denn Du bist der Ursprung allen Wissens. Du bist der Allmächtige, der alle verschiedenen Energien besitzt. Du bist das Höchste Brahman und die Höchste Person, der höchste Kontrollierende und der Meister der materiellen Energien. Ich erweise Dir meine achtungsvollen Ehrerbietungen, denn Du bist Vāsudeva, der Ruheort der gesamten Schöpfung. Du bist die alldurchdringende Höchste Persönlichkeit Gottes, und Du bist auch die Höchste Seele, die im Herzen eines jeden weilt und jedem Lebewesen Anweisungen zum Handeln gibt. Nun, o Herr, bin ich Dir völlig ergeben. Bitte gewähre mir Deinen Schutz."

Hiermit enden die Bhaktivedanta-Erläuterungen zum 39. Kapitel des Kṛṣṇa-Buches: „Die Gebete Akrūras".

40 / Kṛṣṇa zieht in Mathurā ein

Während Akrūra der Höchsten Persönlichkeit Gottes seine Gebete darbrachte, verschwand die Erscheinung des Herrn auf dem Wasser – genau wie ein geschickter Schauspieler seine Kleidung wechselt und wieder sein ursprüngliches Aussehen annimmt. Nachdem die Viṣṇu-mūrti verschwunden war, stieg Akrūra wieder ans Ufer, und als er dann seine Rituale beendet hatte, ging er zurück zur Kutsche von Balarāma und Kṛṣṇa und blieb vor ihr stehen, und große Verblüffung stand ihm im Gesicht. Kṛṣṇa fragte Akrūra, ob er im Wasser oder am Himmel etwas Wunderbares gesehen habe, und Akrūra antwortete: „Mein lieber Herr, alle wundervollen Dinge, die in dieser Welt geschehen, ob in der Luft, im Wasser oder auf dem Land, finden in Deiner universalen Form statt. Wenn ich also Dich gesehen habe, welche wundervollen Dinge habe ich dann noch nicht gesehen?" Diese Worte bestätigen die Aussage der *Veden*, daß jemand, der Kṛṣṇa kennt, alles kennt, und daß jemand, der Kṛṣṇa gesehen hat, alles gesehen hat – wie wundervoll es auch sein mag. „Lieber Herr", fuhr Akrūra fort, „es kann nichts Wundervolleres geben als Deine transzendentale Gestalt. Was könnte es für mich also sonst noch zu sehen geben, jetzt, wo ich diese Deine transzendentale Gestalt gesehen habe?"

Nach diesen Worten ließ Akrūra die Kutsche sofort weiterfahren, und es war schon fast Abend, als sie die Gegend von Mathurā erreichten. Alle Reisenden, die ihnen während der Fahrt von Vṛndāvana nach Mathurā begegneten, waren von Kṛṣṇas und Balarāmas Anblick so überwältigt gewesen, daß sie den Blick nicht mehr von Ihnen wenden konnten und der Kutsche wie gebannt nachschauten. In der Zwischenzeit hatten die Einwohner von Vṛndāvana, angeführt von Nanda und Upananda, Mathurā bereits erreicht, weil sie ihren Weg durch Wälder und Flüsse genommen hatten, und warteten auf Kṛṣṇas und Balarāmas Ankunft. Als Kṛṣṇa und Balarāma nun vor dem Stadttor von Mathurā anlangten, sprangen Sie von der Kutsche und reichten Akrūra die Hand. Kṛṣṇa sagte zu Akrūra: „Du kannst nun nach Hause gehen, denn Wir werden Uns erst später zusammen mit Unseren Gefährten in die Stadt Mathurā begeben." Doch Akrūra erwiderte: „O lieber Herr, ich kann unmöglich allein Mathurā betreten und Dich hier zurücklassen. Ich bin Dein ergebener Diener; bitte versage mir nicht Deine Gemeinschaft, sondern komm gemeinsam mit Deinem älteren Bruder Balarāma und all Deinen jungen Freunden zu mir in mein Haus, und heilige es durch Deine Anwesenheit. Mein lieber Herr, wenn Du mich besuchst, wird mein Haus vom Staub Deiner Lotosfüße geheiligt. Das Wasser, das vom Schweiß Deiner Lotosfüße ausgeht, nämlich der Ganges, reinigt jeden, einschließlich der Vorväter, des Feuergottes und aller anderen Halbgötter. Bali Mahārāja wurde berühmt, einfach weil er Deine Lotosfüße wusch, und weil er in Berührung mit diesem Gangeswasser gekommen war, erreichten alle seine Verwandten die himmlischen Planeten. Bali Mahārāja selbst erfreute sich aller materiellen Reichtümer und wurde später zur höchsten Stufe der Befreiung erhoben. Das Gangeswasser heiligt nicht nur die drei Welten, sondern es wird auch von Śiva auf dem Kopf getragen. O Höchster Herr aller Herren! O Meister des Universums! Ich bringe Dir meine achtungsvollen Ehrerbietungen dar."

Als Kṛṣṇa, die Höchste Persönlichkeit Gottes, diese Bitte vernahm, antwortete Er: „Akrūra, du kannst dir sicher sein, daß Ich dich zusammen mit Meinem älteren Bruder Balarāma besuchen werde, aber erst wenn Ich alle Dämonen getötet habe, die der Yadu-Dynastie übel gesinnt sind. Auf diese Weise werde Ich alle Meine Verwandten erfreuen." Akrūra war über diese Worte der Höchsten Persönlichkeit Gottes ein wenig enttäuscht, aber er konnte sich Kṛṣṇas Anweisung nicht widersetzen. So begab er sich in die Stadt hinein und ging zu Kaṁsa, um ihn über die Ankunft Kṛṣṇas zu unterrichten, und danach kehrte er nach Hause zurück.

Nachdem sich Akrūra verabschiedet hatte, betraten Śrī Kṛṣṇa und Balarāma zusammen mit den Kuhhirtenjungen Mathurā, um sich die Stadt anzusehen. Sie sahen, daß das äußerst kunstvolle Stadttor aus feinstem Marmor gebaut worden war und daß die Tore aus purem Gold bestanden. Überall im Stadtinnern befanden sich herrlich angelegte Obstgärten und Parks, und die ganze Stadt war mit Geschützen umgeben, so daß es für einen Feind kein leichtes gewesen wäre, in sie einzudringen. An jeder Straßenkreuzung stießen sie auf Goldverzierungen, und die vielen Häuser der reichen Bürger sahen symmetrisch aus, als wären sie alle vom gleichen Architekten gebaut worden. Die Häuser waren mit kostbaren Juwelen verziert, und zu jedem Gebäude gehörte ein schönes Grundstück mit den verschiedensten Blumen und Bäumen voller Früchte. Die Gärten, die Arkadengänge und die Veranden der einzelnen Häuser waren mit seidenen Tüchern und Zierwerk aus Juwelen und Perlen geschmückt. Vor den Balkonfenstern saßen gurrende Tauben, und farbenprächtige Pfauen stolzierten umher und ließen ihre Rufe ertönen. Die Getreidehändler der Stadt hatten ihre Läden mit den verschiedensten Arten von Blumen und Girlanden und mit frischem Gras und duftenden Blumen wie Narzissen und Rosen dekoriert. An den Haupteingängen der Häuser standen gefüllte Wasserkrüge, und eine Mischung aus Wasser mit Joghurt, Sandelholzpaste und Blumen war überall vor den Hauseingängen versprengt worden. Außerdem waren die Türen mit brennenden Lampen verschiedener Größe verziert worden, und über den Türen hatte man Dekorationen aus Mangoblättern und Seidengehängen angebracht. Alle Hauseingänge waren auf diese Weise geschmückt worden.

Sowie sich die Nachricht verbreitete, daß Sich Kṛṣṇa und Balarāma zusammen mit den Kuhhirtenjungen in Mathurā befanden, liefen alle Einwohner herbei, und die Frauen und Mädchen eilten auf die Dächer ihrer Häuser, um Sie von dort aus zu sehen. Die Frauen hatten die Ankunft von Kṛṣṇa und Balarāma sehnsüchtig erwartet, und in ihrer Begierde, die beiden zu sehen, nahmen sie sich nicht einmal die Zeit, sich ordentlich zu kleiden. Einige verwechselten sogar ihre Kleidungsstücke. Manche schminkten sich nur ein Auge, und wieder andere trugen nur an einem Bein Fußglöckchen oder nur einen Ohrring. Auf diese Weise vergaßen sie sogar, sich richtig zu schmücken, und sie eilten so schnell sie konnten auf die Dächer, um Kṛṣṇa zu sehen. Manche waren gerade beim Essen gewesen, doch als sie hörten, daß Kṛṣṇa und Balarāma in der Stadt eingetroffen waren, ließen sie ihre Mahlzeiten stehen und liefen auf die Dächer. Andere wiederum hatten sich gerade im Badezimmer befunden, um ein Bad zu nehmen, doch auch sie liefen, ohne ihr Bad richtig zu beenden, sofort auf die Dächer, um Kṛṣṇa und Balarāma zu sehen. Einige waren gerade dabei, ihrem Kind die Brust zu geben, doch um Kṛṣṇa und Balarāma zu sehen, legten sie ihr Baby einfach beiseite. Als Śrī Kṛṣṇa dann gemächlich an ihnen vorbeizog und lächelte, eroberte Er all ihre Herzen im Fluge. Auf diese Weise schritt der Gemahl der Glücksgöttin würdevoll wie ein Elefant durch die Straßen Mathurās. Schon seit langem hatten die Frauen von Mathurā von Kṛṣṇa und Balarāma und Ihren außergewöhnlichen Eigenschaften gehört. Sie fühlten sich daher bereits sehr zu Ihnen hingezogen und waren sehr begierig, Sie zu sehen. Als Kṛṣṇa und Balarāma nun tatsächlich an ihnen vorbeizogen und als sie Ihr bezauberndes Lächeln sahen, erreichte die Glückseligkeit der Frauen den Punkt der Ekstase. Sie schlossen Kṛṣṇa und Balarāma, die sie nun endlich mit eigenen Augen sehen durften, fest in ihre Herzen und umarmten Sie, wie es ihr sehnlichster Wunsch gewesen war, und in Ekstase sträubten sich ihnen die Haare. Obwohl sie schon viel von Kṛṣṇa gehört hatten, war es ihnen nie vergönnt gewesen, Ihn wirklich zu sehen, doch nun hatte sich ihr sehnsüchtiges Verlangen erfüllt. Freudestrahlend ließen die Frauen von den Palastdächern Mathurās Blumen auf Kṛṣṇa und Balarāma herabregnen. Während die Brüder durch die Straßen zogen, kamen alle *brāhmaṇas* der Nachbarschaft aus ihren Häusern und brachten Sandelwasser und Blumen mit sich, um Kṛṣṇa und Balarāma respektvoll in ihrer Stadt zu empfangen. Alle Einwohner Mathurās sprachen über die vortrefflichen und frommen Taten, die die Bewohner von Vṛndāvana vollbracht haben mußten. Sie fragten sich, welch fromme Tätigkeiten die Kuhhirten von Vṛndāvana in ihren vorangegangenen Leben wohl getan hatten, um Kṛṣṇa und Balarāma täglich als Kuhhirtenjungen sehen zu können.

Als Kṛṣṇa und Balarāma so durch die Straßen zogen, erblickten Sie einen Wäscher und Tuchfärber. Kṛṣṇa gefiel es, ihn um ein schönes Kleidungsstück zu bitten. Wenn er Ihm das schönste Kleidungsstück gäbe, werde er dafür sehr glücklich sein, versprach ihm Kṛṣṇa, und seine ganze Zukunft werde gesegnet sein. Kṛṣṇa war kein Bettler, und Er benötigte auch keine Kleidung; doch Er wollte durch Seine Bitte darauf hinweisen, daß jeder bereit sein sollte, dem Herrn alles zu geben, was Er verlangt. Das ist das Ziel des Kṛṣṇa-Bewußtseins.

Unglücklicherweise aber war der Wäscher ein Diener Kaṁsas und wußte daher den Wunsch Śrī Kṛṣṇas, der Höchsten Persönlichkeit Gottes, nicht zu würdigen. Das war auf seine schlechte Gemeinschaft zurückzuführen. Er hätte dem Herrn, der Höchsten Persönlichkeit Gottes, der ihm alles Glück der Welt versprach, das Kleid augenblicklich geben können; doch weil er in Kaṁsas Diensten stand, ging er nicht auf das Angebot ein. Statt sich zu freuen, wurde dieser sündhafte Dämon sehr zornig und wies die Bitte des Herrn zurück: „Was fällt Dir ein, das Kleid zu begehren, das für den König bestimmt ist?“ Und dann fing der Wäscher an, Kṛṣṇa und Balarāma zu belehren: „Meine lieben Kinder, seid in Zukunft nicht noch einmal so unverschämt, um Dinge zu betteln, die dem König gehören. Andernfalls werden Euch die Ordnungshüter strafen müssen. Sie werden Euch gefangennehmen und bestrafen, und dann ergeht es Euch schlecht. Dies habe ich schon oft erlebt. Jeder, der unrechtmäßig über das Eigentum des Königs verfügen will, wird schwer bestraft.“

Als Kṛṣṇa, der Sohn Devakīs, dies hörte, wurde Er sehr zornig auf den Wäscher, und Er versetzte dem Mann mit der Handkante einen Schlag und trennte ihm so den Kopf vom Rumpf. Tot stürzte der Wäscher zu Boden. Auf diese Weise bestätigte Śrī Kṛṣṇa die Aussage der *Brahma-saṁhitā*, daß der Herr mit jedem Teil Seines Körpers tun kann, was immer Er will. In diesem Fall also schlug Er dem Wäscher ohne ein Schwert, nur mit der bloßen Hand, den Kopf ab. Dies beweist, daß der Höchste Herr allmächtig ist, denn wenn Er etwas tun will, kann Er es ohne jede fremde Hilfe tun.

Nach diesem furchterregenden Zwischenfall ergriffen die Angestellten des Wäschers entsetzt die Flucht und ließen alle Kleider zurück. Kṛṣṇa und Balarāma nahmen sie sogleich in Ihren Besitz und wählten Sich einige davon aus, um Sich neu zu kleiden. Den Rest verteilten Sie an die Kuhhirtenjungen, die sich ebenfalls nach Herzenslust neu einkleideten. Was sie nicht gebrauchen konnten, ließen sie einfach liegen, und dann gingen sie weiter. In der Zwischenzeit nahm ein Schneider, der ein Gottgeweihter war, die Gelegenheit wahr, Kṛṣṇa und Balarāma einen Dienst zu erweisen, und fertigte Ihnen mit den verbliebenen Tüchern die edelsten Kleider an. In Ihren neuen Kleidern sahen Kṛṣṇa und Balarāma wie Elefanten aus, die am Tag des Vollmondes oder des Neumondes mit farbigen Decken geschmückt werden. Kṛṣṇa war mit dem Schneider sehr zufrieden und segnete ihn mit *sārūpya-mukti*, der Befreiung, bei der man nach dem Tod einen Körper erhält, der genau dem Körper des vierarmigen Nārāyaṇa auf den Vaikuṇṭha-Planeten gleicht. Dazu versicherte ihm Kṛṣṇa auch, daß er für den Rest seines Lebens genügend Reichtum erwerben werde, um ein genußreiches Leben führen zu können. Dadurch zeigte Kṛṣṇa, daß es den Kṛṣṇa-bewußten Gottgeweihten nicht an materiellem Genuß oder Sinnenbefriedigung mangelt. Sie bekommen dazu genügend Gelegenheit, und dazu wird es ihnen nach dem Verlassen des gegenwärtigen Körpers erlaubt sein, auf die spirituellen Planeten zu gelangen, entweder auf die Vaikuṇṭhalokas oder auf Kṛṣṇaloka, Goloka Vṛndāvana.

Nachdem Sich Kṛṣṇa und Balarāma auf diese Weise wunderschön angezogen hatten, kamen Sie zu einem Blumenhändler namens Sudāmā. Sowie Sie in die Nähe seines Hauses gelangten, kam der Blumenhändler sofort heraus und warf sich mit großer Hingabe flach auf den Boden, um Ihnen seine achtungsvollen Ehrerbietungen darzubringen. Dann bot er Kṛṣṇa und Balarāma einen bequemen Sitz an und befahl seinen Gehilfen, Blumen und mit *candana*-Paste bestrichene Betelnüsse herbeizuholen. Auf diese Weise stellte der Blumenhändler den Herrn mit seinem Empfang sehr zufrieden.

In einer sehr demütigen und bescheidenen Haltung brachte der Blumenhändler dem Herrn seine Gebete dar: „Mein lieber Herr, weil Du nun mein Haus mit Deinem Besuch beglückst, sind all meine Vorfahren und ehrbaren Vorgesetzten bestimmt voller Freude und haben Befreiung erlangt. Lieber Herr, Du bist die höchste Ursache aller Ursachen der kosmischen Manifestation, doch zum Wohl der Bewohner dieser Erde bist Du nun zusammen mit Deiner vollständigen Erweiterung erschienen, um Deine Geweihten zu beschützen und die Dämonen zu vernichten. Als Freund aller Lebewesen bist Du jedem gleichgesinnt. Du bist die Überseele, und Du unterscheidest nicht zwischen Freund und Feind; dennoch gefällt es Dir, Deine Geweihten mit dem besonderen Ergebnis ihres hingebungsvollen Dienstes zu beschenken. O Herr, ich bitte Dich, mir zu sagen, was ich für Dich tun kann, denn ich bin Dein ewiger Diener. Wenn Du mir gestattest, Dir einen Dienst zu erweisen, so wäre dies eine große Gunst für mich." Der Blumenhändler Sudāmā freute sich bis ins Innerste seines Herzens, daß Kṛṣṇa und Balarāma zu ihm gekommen waren, und um sich seinen sehnlichsten Wunsch zu erfüllen, nahm er verschiedenartige erlesene Blumen und zog sie zu zwei Girlanden auf, die er dann dem Herrn zum Geschenk gab. Kṛṣṇa wie auch Balarāma freuten Sich sehr über diesen aufrichtigen Dienst, und Kṛṣṇa bedachte den Blumenhändler mit freundlichen Worten und bot ihm eine Segnung an. Der Herr ist immer bereit, allen ergebenen Seelen Seine Segnungen zu erteilen, und als dem Blumenhändler auf diese Weise eine Segnung angeboten wurde, bat er den Herrn darum, als Sein ewiger Diener im hingebungsvollen Dienst beschäftigt sein zu dürfen, um durch solchen Dienst für alle Lebewesen Gutes zu tun. Dadurch wird deutlich, daß sich ein Geweihter des Herrn, der sich im Kṛṣṇa-Bewußtsein betätigt, nicht mit seinem eigenen Fortschritt im hingebungsvollen Dienst zufriedengeben sollte; vielmehr muß er bereit sein, sich um das Wohl aller zu bemühen. Das beste Beispiel dafür sind die sechs Gosvāmīs von Vṛndāvana. Deshalb heißt es in einem Gebet an die sechs Gosvāmīs: *lokānāṁ hitakāriṇau* — die Vaiṣṇavas, die Geweihten des Herrn, sind nicht selbstsüchtig. Was auch immer sie durch die Segnung der Höchsten Persönlichkeit Gottes bekommen, wollen sie an alle anderen weiterverteilen. Das ist die wertvollste aller humanitären Tätigkeiten. Weil Śrī Kṛṣṇa mit Sudāmā so zufrieden war, erteilte Er ihm nicht nur die Segnung, um die er gebeten hatte, sondern darüber hinaus bot

Er ihm auch materiellen Reichtum, Familienglück, ein langes Leben und alles andere an, was sein Herz sonst noch in der materiellen Welt begehrte.

Hiermit enden die Bhaktivedanta-Erläuterungen zum 40. Kapitel des Kṛṣṇa-Buches: „Kṛṣṇa zieht in Mathurā ein“.

41 / Kṛṣṇa zerbricht den Bogen in der Opferarena

Nachdem Kṛṣṇa und Balarāma das Haus des Blumenhändlers verlassen hatten, begegneten Sie auf der Straße einer buckligen jungen Frau, die eine Schale mit Sandelholzpaste bei sich trug. Da Kṛṣṇa das Behältnis aller Freude ist, erlaubte Er Sich mit der buckligen Frau einen Scherz, um alle Seine Gefährten zu erheitern. „O hochgewachsene junge Frau", sprach Kṛṣṇa sie an, „wer bist du? Und sag Mir, für wen ist die Sandelholzpaste in deinen Händen bestimmt? Ich glaube, am besten gibst du dieses Sandelholz Mir, und wenn du das machst, so kann Ich dir versichern, daß du sehr glücklich wirst." Kṛṣṇa ist die Höchste Persönlichkeit Gottes, und Er wußte alles über die bucklige Frau. Durch Seine Fragen wollte Er darauf hinweisen, daß es keinen Sinn hat, einem Dämon zu dienen; sie täte besser daran, Kṛṣṇa und Balarāma zu dienen und für ihren Dienst ein unmittelbares Ergebnis zu bekommen.

Die Frau entgegnete: „Mein lieber Śyāmasundara, o schöner, dunkler Jüngling, Du mußt wissen, daß ich eine Dienerin Kaṁsas bin, und ich bringe ihm täglich Sandelholzpaste. Wegen dieses Dienstes ist der König sehr zufrieden mit mir, doch nun sehe ich, daß dieses wertvolle Sandelholz niemandem mehr gebührt als Euch, Kṛṣṇa und Balarāma." Weil die bucklige junge Frau von Kṛṣṇas und Balarāmas wunderschönem Aussehen, von der Art, wie Sie sprachen, von Ihrem Lächeln, Ihren Blicken und Ihrem ganzen Auftreten bezaubert war, machte sie sich voller Freude und Hingabe daran, die Sandelholzpaste auf Ihre Körper aufzutragen. Die beiden transzendentalen Brüder, Kṛṣṇa und Balarāma, waren von Natur aus sehr schön, und mit Ihrer schönen Körpertönung und Ihren farbenprächtigen Gewändern boten Sie einen unvergleichlichen Anblick. Als dann die bucklige Frau Kṛṣṇas und Balarāmas Oberkörper, die an sich schon sehr anziehend waren, mit Sandelholzpaste schmückte, sahen die beiden noch schöner aus. Kṛṣṇa freute Sich sehr über ihren Dienst und überlegte, wie Er sie belohnen könne. Mit anderen Worten, um die Aufmerksamkeit des Herrn auf sich zu ziehen, muß der Kṛṣṇa-bewußte Gottgeweihte Ihm mit viel Liebe und Hingabe dienen. Kṛṣṇa kann durch nichts anderes als durch transzendentalen liebevollen Dienst erfreut werden. Nach diesen Gedanken stellte Sich Śrī Kṛṣṇa mit Seinen Zehen auf die Füße der buckligen Frau, und indem Er sie mit Seinen Fingern an den Wangen ergriff, zog Er ihren Kopf mit einem Ruck nach oben, um sie wieder gerade aufzurichten. Augenblicklich verwandelte sich die ehemals bucklige Frau in ein wunderschönes, gutgewachsenes Mädchen mit breiten Hüften, schmaler Taille und vollen, wohlgeformten Brüsten. Weil Kṛṣṇa mit der Buckligen sehr zufrieden war und sie mit Seinen Händen berührt hatte, wurde sie die schönste unter allen Frauen. Diese Begebenheit zeigt uns, daß ein Gottgeweihter dadurch, daß er Kṛṣṇa dient, sogleich zur höchsten Stufe erhoben wird. Hingebungsvoller Dienst ist in jeder Hinsicht so mächtig, daß jeder, der sich ihm zuwendet, alle göttlichen Eigenschaften entwickelt. Kṛṣṇa war der buckligen Frau nicht wegen ihrer Schönheit zugetan, sondern wegen ihres Dienstes; weil sie Ihm diente, wurde sie sofort zur schönsten aller Frauen. Ein Kṛṣṇa-bewußter Mensch braucht nicht talentiert oder hübsch zu sein; einfach indem er Kṛṣṇa-bewußt wird und Kṛṣṇa dient, bekommt er alle Talente und alle Schönheit.

Als die Bucklige durch Kṛṣṇas Barmherzigkeit in ein hübsches junges Mädchen verwandelt worden war, fühlte sie sich Kṛṣṇa natürlich sehr zu Dank verpflichtet, und da es ihr zudem auch Kṛṣṇas Schönheit angetan hatte, ergriff sie ohne Scheu den hinteren Teil Seines Gewandes und hielt sich daran fest. Dabei lächelte sie verführerisch und gestand, daß sie von lustvollen Verlangen ergriffen sei. Sie vergaß, daß sie sich auf der Straße befand und daß Kṛṣṇas älterer Bruder Balarāma und Seine Freunde dabeistanden.

Sie schlug Kṛṣṇa ganz unverblümt vor: „Mein liebster Held, ich kann Dich nicht einfach so verlassen. Bitte komm zu mir nach Hause. Deine Schönheit hat mich bereits gefangen, und ich fühle mich sehr stark zu Dir hingezogen, und deshalb möchte ich Dich empfangen, wie es sich gehört, denn Du bist der beste aller Männer. Sei auch Du bitte lieb zu mir." Ohne große Umschweife lud sie Kṛṣṇa ein, zu ihr nach Hause zu kommen, um ihre lustvollen Wünsche zu erfüllen. Kṛṣṇa fühlte Sich natürlich etwas verlegen vor Seinem älteren Bruder Balarāma, doch Er wußte, daß das Mädchen von einfacher Natur war und sich lediglich zu Ihm hingezogen fühlte. Deshalb lächelte Er, als Er ihre Worte hörte, und während Er Seinen Kuhhirtenfreunden zublinzelte, erwiderte Er ihr: „Mein liebes hübsches Mädchen, Ich freue Mich sehr über deine Einladung, und Ich werde bestimmt zu dir kommen, sobald Ich Meine Angelegenheiten hier erledigt habe. Solch ein hübsches Mädchen wie du ist das einzige, was jemanden wie Mich trösten kann, denn Ich bin fern von zu Hause, und Ich bin nicht verheiratet. Gewiß kann eine geeignete Freundin wie du Uns von aller Rastlosigkeit befreien." Nachdem Kṛṣṇa das Mädchen mit diesen süßen Worten zufriedengestellt hatte, verließ Er sie und ging die Straße hinunter, die zum Marktplatz führte. Dort hatten sich bereits die Bürger versammelt, um Ihn mit verschiedenen Geschenken, wie Betelnüssen, Blumen und Sandelholzpaste, zu empfangen.

Die Marktleute verehrten Kṛṣṇa und Balarāma mit großer Ehrfurcht. Als Kṛṣṇa weiter die Straße entlangging, kamen alle Frauen aus den umliegenden

Häusern gelaufen, um Ihn zu sehen, und einige der jüngeren Frauen fielen, überwältigt von Seiner Schönheit, fast in Ohnmacht; ihr Haar und ihre enganliegenden Kleider lockerten sich, und sie vergaßen völlig, wo sie waren.

Dann erkundigte Sich Kṛṣṇa bei einigen der Bürger, die Ihn empfingen, wo die angekündigte Opferzeremonie stattfinden werde. Kaṁsa hatte in der Zwischenzeit die *dhanur-yajña*-Zeremonie vorbereitet, und als Wahrzeichen für dieses besondere Opfer hatte er neben dem Opferaltar einen gigantischen Bogen aufstellen lassen. Der Bogen war von atemberaubender Größe und glich einem Regenbogen. In der Opferarena befanden sich viele Schutzsoldaten und Wächter, die von König Kaṁsa angestellt worden waren, um den Bogen zu bewachen. Als Kṛṣṇa und Balarāma auf den Bogen zugingen, wurden Sie gewarnt, nicht weiterzugehen, doch Kṛṣṇa kümmerte Sich nicht um diese Warnung. Gewaltsam verschaffte Er Sich Durchlaß und nahm den gewaltigen Bogen blitzschnell in die linke Hand. Vor den Augen der Menge zog Kṛṣṇa an der Sehne und spannte den Bogen so stark, daß Er ihn in der Mitte zerbrach, genau wie ein Elefant auf dem Feld Zuckerrohr zerbricht. Alle Anwesenden bewunderten Kṛṣṇas Kraft. Das laute Krachen des brechenden Bogens erfüllte Himmel und Erde und drang an Kaṁsas Ohr. Als Kaṁsa erfuhr, was geschehen war, begann er um sein Leben zu bangen. Der Wärter des Bogens, der alles hatte tatenlos mit ansehen müssen, bebte vor Zorn, und indem er seinen Männern befahl, die Waffen zu ergreifen, stürzte er sich auf Kṛṣṇa und schrie: „Packt Ihn! Packt Ihn! Tötet Ihn! Tötet Ihn!" Kṛṣṇa und Balarāma wurden umstellt. Als Sie die drohenden Gesten der Wächter sahen, wurden Sie sehr zornig. Sie ergriffen die beiden Hälften des zerbrochenen Bogens und begannen, auf Ihre Gegner einzuschlagen. Während dieser Tumult losbrach, schickte Kaṁsa den Wächtern eine kleine Gruppe von Soldaten zu Hilfe, aber Kṛṣṇa und Balarāma kämpften auch mit ihnen und töteten sie.

Danach ging Kṛṣṇa nicht weiter in die Opferarena hinein, sondern schritt durch das Tor hinaus und machte Sich auf den Weg zu Ihrem Lager. Doch Er ließ es Sich nicht nehmen, zuerst noch verschiedene Sehenswürdigkeiten der Stadt Mathurā zu besuchen. Die Einwohner von Mathurā, die Zeuge von Kṛṣṇas Taten und Seiner wunderbaren Stärke geworden waren, sagten sich, daß die beiden Brüder Halbgötter sein müßten, die nach Mathurā gekommen waren, und sie betrachteten Kṛṣṇa und Balarāma mit ehrfürchtigem Staunen. Die beiden Brüder Ihrerseits schlenderten unbeschwert durch die Straßen, ohne Sich im geringsten um Kaṁsas Gesetz und Ordnung zu kümmern.

Als der Abend anbrach, gingen Kṛṣṇa, Balarāma und Ihre Kuhhirtenfreunde wieder vor die Stadttore, wo die Ochsenwagen ein Lager gebildet hatten. Auf diese Weise machten Kṛṣṇa und Balarāma Kaṁsa warnend auf Ihre Ankunft in Mathurā aufmerksam, so daß der König ahnen konnte, was ihn am nächsten Tag in der Opferarena erwartete.

Als Kṛṣṇa und Balarāma aufbrachen, um von Vṛndāvana nach Mathurā zu reisen, hatten sich die Bewohner von Vṛndāvana bereits das Glück der Bürger von Mathurā ausgemalt, die nun die Gelegenheit bekommen würden, die außergewöhnliche Schönheit Kṛṣṇas zu sehen, der von Seinen reinen Geweihten sowie von der Glücksgöttin verehrt wird. Was die Einwohner von Vṛndāvana in ihrer Vorstellung gesehen hatten, hatte sich nun tatsächlich erfüllt, denn die Bürger von Mathurā waren glücklich und zufrieden, weil sie Kṛṣṇa gesehen hatten.

Als Kṛṣṇa in Sein Lager zurückkehrte, kümmerten Sich Diener um Ihn, die Seine Lotosfüße wuschen, Ihm einen bequemen Sitzplatz zurechtmachten und Ihm Milch und wohlschmeckende Speisen brachten. Kṛṣṇa nahm Sein Abendessen zu Sich, dachte kurz über den Ablauf des nächsten Tages nach und legte Sich dann zur Ruhe. Auf diese Weise verbrachte Er friedvoll die Nacht im Lager.

Ganz anders erging es Kaṁsa. Nachdem er erfahren hatte, daß Kṛṣṇa seinen wunderbaren Bogen zerbrochen und seine Wächter und Soldaten getötet hatte, bekam er eine gewisse Vorstellung von der Macht der Höchsten Persönlichkeit Gottes. Ihm wurde klar, daß nun der achte Sohn Devakīs erschienen war und daß sein Tod unmittelbar bevorstand. Weil er immer wieder an sein bevorstehendes Ende denken mußte, konnte er die ganze Nacht nicht richtig schlafen. Er hatte viele unheilvolle Visionen, und er verstand, daß Kṛṣṇa und Balarāma, die bereits die Tore seiner Stadt erreicht hatten, die Todesboten für ihn waren. Kaṁsa sah sowohl im Wachzustand als auch in Träumen die verschiedensten unheilvollen Zeichen. Wenn er in den Spiegel schaute, konnte er seinen Kopf nicht mehr sehen, obwohl dieser immer noch da war. Er sah die Sterne am Himmel doppelt, obgleich es sie nur einmal gab. Er sah Löcher in seinem Schatten, und ein hoher Ton summte in seinen Ohren. Die Bäume um ihn herum schienen aus Gold zu sein, und seine Fußspuren im Staub oder in der aufgeweichten Erde waren ihm unsichtbar. Im Traum erschienen ihm verschiedene Geister, die in einer von Eseln gezogenen Kutsche saßen. Er träumte auch, daß ihm jemand einen Becher voller Gift reiche, und er sah sich, wie er den Becher austrank. Er träumte auch, daß er nackt, nur mit einer Blumengirlande bekränzt, umhergehe und sich den ganzen Körper mit Öl einreibe. Ob Kaṁsa also wach war oder sich in Träumen wälzte, er wurde von den verschiedensten Omen verfolgt, und er begriff, daß ihm der Tod gewiß war. Vor Angst konnte er die ganze Nacht nicht schlafen. Sobald der Tag graute, stürzte sich Kaṁsa deshalb in die Vorbereitungen für den Ringkampf.

Die Kampfarena wurde gründlich gereinigt und mit Fähnchen, Girlanden und Blumen geschmückt; kurz darauf ertönte das Dröhnen der Kesselpauken, das den Wettkampf ankündigte. Der Kampfplatz, der mit vielen Wimpeln und Flaggen dekoriert war, sah sehr festlich aus. Für die ehrwürdigen Persönlichkeiten, wie die Könige, die *brāhmaṇas* und die *kṣatriyas*, waren mehrere Tribünen errichtet worden; für die Könige hatte man Throne reserviert, und auch für andere Ehrengäste wurden besondere Sitze bereitgehalten. Schließlich traf Kaṁsa in Begleitung seiner Minister und Berater ein und setzte sich auf ein erhöhtes Podium, das extra für ihn bestimmt war. Doch obwohl er inmitten all seiner Regierungsbeamten saß, zitterte sein Herz vor Todesangst. Der grausame Tod verschont offensichtlich nicht einmal einen so mächtigen Menschen wie

Kaṁsa. Wenn der Tod kommt, ist es ihm gleichgültig, wie hoch die Stellung seines Opfers ist.

Als alles kampfbereit war, marschierten die Ringer, die ihre Kraft und ihre Fähigkeiten vor der Menge zeigen sollten, in die Arena ein. Sie trugen prachtvolle Kleidung und glänzende Schmuckstücke. Die berühmtesten unter ihnen waren Cāṇūra, Muṣṭika, Śala, Kūṭa und Tośala. Angefeuert durch das Konzert der Musiker, schritten sie ausgelassen und zuversichtlich durch die Arena. Auch die ehrwürdigen Kuhhirten, die, angeführt von Nanda, von Vṛndāvana gekommen waren, wurden von Kaṁsa willkommen geheißen. Nachdem die Kuhhirten ihrerseits Kaṁsa die mitgebrachten Milchprodukte überreicht hatten, nahmen sie auf der für sie bestimmten Tribüne Platz, die sich neben dem König befand.

Hiermit enden die Bhaktivedanta-Erläuterungen zum 41. Kapitel des Kṛṣṇa-Buches: „Kṛṣṇa zerbricht den Bogen in der Opferarena".

42 / Die Vernichtung des Elefanten Kuvalayāpīḍa

Nachdem Kṛṣṇa und Balarāma Ihr Bad genommen und auch alle anderen morgendlichen Pflichten beendet hatten, vernahmen Sie das Dröhnen der Kesselpauken, das vom Ringkampfstadion herüberdrang. Sofort machten Sie Sich auf den Weg zum Kampfplatz, um Sich den Spaß mitanzusehen. Als Kṛṣṇa und Balarāma beim Tor des Ringkampfstadions anlangten, sahen Sie dort einen gewaltigen Elefanten namens Kuvalayāpīḍa, der von einem Wärter geführt wurde. Der Wärter versperrte Ihnen absichtlich den Weg, indem er den Elefanten vor dem Tor stehen ließ. Kṛṣṇa wußte, was der Wärter im Sinn hatte, und so machte Er Sich zum Kampf bereit, indem Er Sein Gewand fester gürtete. Mit drohender Stimme, gleich dem rollenden Donner einer Wolke, sprach Er zum Wärter: „Du Schurke von einem Tierwärter, gib den Weg frei und laß Mich durch. Wenn du noch länger den Eingang versperrst, schicke Ich dich mit deinem Elefanten augenblicklich zur Adresse des personifizierten Todes."

Als der Wärter hörte, wie er von Kṛṣṇa beschimpft wurde, wurde er sehr zornig, und um Kṛṣṇa herauszufordern, stachelte er, ganz wie es geplant war, den Elefanten zum Angriff an. Der Elefant erschien wie der unvermeidliche Tod, und er stürzte sich auf Kṛṣṇa, um Ihn mit seinem Rüssel zu packen; doch Kṛṣṇa sprang flink zur Seite und lief hinter den Elefanten. Weil der Elefant mit seinen Augen nicht weiter als bis an sein Rüsselende sehen konnte, konnte er Kṛṣṇa nicht ausfindig machen, der Sich hinter seinen Beinen versteckte. Trotzdem versuchte er erneut, Kṛṣṇa irgendwie mit seinem Rüssel zu ergreifen, doch Kṛṣṇa entwischte ihm auch diesmal, lief wieder auf die andere Seite und ergriff den Elefanten beim Schwanz. Kṛṣṇa zog am Schwanz und schleifte den Elefanten mit unglaublicher Kraft etwa fünfundzwanzig Meter hinter Sich her, genau wie Garuḍa eine unbedeutende Schlange durch den Staub schleift. Kṛṣṇa zog den Elefanten von links nach rechts und von rechts nach links, so wie Er als Kind manchmal ein Kalb am Schwanz gezogen hatte. Danach sprang Kṛṣṇa vor den Elefanten und versetzte ihm einen heftigen Schlag, um dann abermals den Augen Seines Gegners zu entschwinden, indem Er hinter ihn lief. Dann warf Sich

Kṛṣṇa vor die Beine des Elefanten und brachte ihn dadurch zum Stolpern, so daß er niederstürzte. Kṛṣṇa sprang sofort wieder auf die Beine, doch der Elefant, der glaubte, daß Kṛṣṇa immer noch auf dem Boden liege, versuchte, Ihn mit einem Stoßzahn zu durchbohren, den er mit aller Kraft in den Boden rammte. Obgleich der Elefant bereits abgekämpft und äußerst zornig war, bemühte sich der Wärter, der auf ihm ritt, ihn weiter anzustacheln. Der Elefant stürzte sich deshalb wie von Sinnen auf Kṛṣṇa, doch sowie er in Kṛṣṇas Reichweite kam, packte dieser seinen Rüssel und riß ihn zu Boden. Als Kuvalayāpīḍa mitsamt dem Wärter zu Boden stürzte, sprang Kṛṣṇa auf den Rücken des Elefanten, zerschmetterte ihm das Rückgrat und erschlug auch den Wärter. Nach vollendeter Tat nahm Kṛṣṇa einen der beiden Elfenbeinzähne auf Seine Schulter. Geschmückt mit Schweißtropfen und besprengt mit dem Blut des Elefanten, fühlte Er Sich überaus glücklich, und so schritt Er auf die Kampfarena zu. Śrī Balarāma nahm den anderen Stoßzahn des Elefanten und legte ihn auf Seine Schulter, und begleitet von Ihren Freunden, den Kuhhirtenjungen, betraten Sie die Arena.

Als Kṛṣṇa zusammen mit Balarāma und Seinen Freunden die Kampfarena betrat, sahen Ihn alle Anwesenden auf ihre ganz persönliche Weise, die von ihrer jeweiligen Beziehung (*rasa*) zu Ihm abhing. Kṛṣṇa ist der Ursprung aller Freude und aller Arten von *rasas*, sowohl derjenigen voller Zuneigung als auch derjenigen voller Feindlichkeit. Den Ringern erschien Er wie ein Blitz, und die Zuschauer sahen in Ihm die wunderschönste Person. Die Frauen sahen in Ihm den bezauberndsten Mann, den Liebesgott in Person, der ihre lustvollen Verlangen erweckte. Die Kuhhirten sahen in Kṛṣṇa ihren Verwandten, der aus demselben Dorf kam wie sie. Den *kṣatriya*-Königen erschien Er als der stärkste Gebieter; für Seine Eltern, Nanda und Yaśodā, war Er ihr geliebtes Kind, und Kaṁsa, dem König der Bhoja-Dynastie, erschien Er wie der personifizierte Tod. Die Unintelligenten hielten Ihn für einen unvollkommenen Menschen; die anwesenden *yogīs* sahen Ihn als die Überseele, und die Angehörigen der Vṛṣṇi-Dynastie sahen Ihn als ihren berühmtesten Abkömmling. So wurde Kṛṣṇa von den einzelnen Anwesenden auf verschiedene Weise wahrgenommen, als Er zusammen mit Balarāma und Seinen Freunden, den Kuhhirtenjungen, die Kampfarena betrat. Als Kaṁsa vernahm, daß Kṛṣṇa bereits den Elefanten Kuvalayāpīḍa getötet hatte, wußte er nun mit aller Klarheit, daß Kṛṣṇa über gewaltige Kräfte verfügte, und deshalb erfüllte ihn panische Angst. Kṛṣṇa und Balarāma hatten lange Arme; Sie waren sehr schön gekleidet, und alle Menschen, die sich dort versammelt hatten, fühlten sich zu Ihnen hingezogen. Sie waren gekleidet, als gingen Sie zu einem Bühnenauftritt, und so zogen Sie die Aufmerksamkeit aller auf Sich.

Als die Bürger von Mathurā Kṛṣṇa, die Höchste Persönlichkeit Gottes, sahen, überkam sie große Freude, und sie betrachteten Sein Gesicht mit unersättlichen Blicken, als würden sie den Nektar des Himmels trinken. Kṛṣṇa zu sehen bereitete ihnen eine solche Seligkeit, daß es nicht nur schien, als tränken sie den Nektar Seines Antlitzes, sondern auch, als atmeten sie den Duft Seines Körpers ein, als kosteten sie Seinen Geschmack und schlössen Ihn und Balarāma in die

Arme. So entspannen sich unter den Bürgern von Mathurā Gespräche über die beiden transzendentalen Brüder. Schon oft hatten sie von Kṛṣṇas und Balarāmas Schönheit und von Ihren Taten gehört, doch nun sahen sie Kṛṣṇa und Balarāma mit eigenen Augen, von Angesicht zu Angesicht. Sie dachten, Kṛṣṇa und Balarāma seien zwei vollständige Inkarnationen der Höchsten Persönlichkeit Gottes, Nārāyaṇa, die in Vṛndāvana erschienen seien.

Die Bürger von Mathurā kamen auch auf Kṛṣṇas Spiele zu sprechen, und sie erzählten einander, wie Er als der Sohn von Vasudeva erschienen war, wie Er in die Obhut von Nanda Mahārāja und seiner Frau in Gokula gebracht worden war und was alles dazu geführt hatte, daß Er nun nach Mathurā gekommen war. Sie sprachen darüber, wie Er die Dämonin Pūtanā und Tṛṇāvarta, der sich in einen Wirbelsturm verwandelt hatte, getötet hatte und wie Er die beiden Zwillingsbrüder aus den *yamala-arjuna*-Bäumen befreit hatte. Die Bürger von Mathurā sprachen zueinander: „Śaṅkhāsura, Keśī, Dhenukāsura und noch viele andere Dämonen wurden von Kṛṣṇa und Balarāma in Vṛndāvana getötet. Ebenso rettete Kṛṣṇa alle Kuhhirten von Vṛndāvana vor einem verheerenden Waldbrand. Er bestrafte die Schlange Kāliya im Wasser der Yamunā und brach den Hochmut des Himmelskönigs Indra. Sieben Tage lang hielt Kṛṣṇa mit einer Hand den riesigen Govardhana-Hügel empor und rettete so alle Bewohner Gokulas vor den unablässigen Regenfällen, den Orkanen und den Gewitterstürmen.“ Und immer wieder kamen ihnen neue ergötzliche Spiele des Herrn in den Sinn: „Die Mädchen von Vṛndāvana waren so bezaubert, wenn sie Kṛṣṇas Schönheit sahen und an Seinen Spielen teilnahmen, daß sie den Zweck ihres materiellen Daseins vergaßen. Indem sie Kṛṣṇa sahen und ständig an Ihn dachten, vergaßen sie alle materiellen Sorgen.“ Die Einwohner von Mathurā kamen auch auf die Yadu-Dynastie zu sprechen und sagten, daß sie für alle Zeit die berühmteste Familie im Universum bleiben werde, da Kṛṣṇa in ihr erschienen sei. Dann begannen die Einwohner Mathurās über Balarāma zu sprechen. Sie sprachen über Seine wunderschönen, lotosblütenförmigen Augen, und sie sagten: „Dieser Knabe hat den Dämon Pralamba und viele andere Dämonen getötet.“ Während sie so über die Taten von Kṛṣṇa und Balarāma sprachen, erklang plötzlich die Musik der Kapellen, die den Beginn der Ringkampfspiele ankündigte.

Daraufhin wandte sich Cāṇūra, der berühmte Ringkämpfer, an Kṛṣṇa und Balarāma. „Mein lieber Kṛṣṇa, mein lieber Balarāma“, sagte er, „wir haben viel von Euren Taten gehört. Ihr seid wirklich große Helden, und deshalb hat Euch der König rufen lassen. Wir haben auch gehört, daß Ihr für die außerordentliche Stärke Eurer Arme bekannt seid. Der König und alle Zuschauer hier sind begierig, Eure Ringkampftalente zu sehen. Ein Bürger muß immer gehorsam sein und den herrschenden König erfreuen; wenn er sich daran hält, ist ihm aller Wohlstand sicher. Wehe dem aber, der nicht gehorchen will, denn er zieht den Zorn des Königs auf sich. Ihr seid Kuhhirtenjungen, und wie ich gehört habe, liebt Ihr es, beim Hüten Eurer Kühe im Wald Ringkämpfe untereinander auszutragen. Wir bitten Euch daher, daß Ihr zur Freude aller Anwesenden und des Königs an unserem Ringkampf teilnehmt.“

Kṛṣṇa durchschaute natürlich sogleich die wahren Absichten Cāṇūras und war bereit, mit ihm zu kämpfen. Doch entsprechend der Zeit und den Umständen antwortete Er: „Du bist ein Untertan des Königs von Bhoja, und du lebst im Dschungel. Wir sind indirekt auch seine Untertanen und versuchen, ihn so gut wie möglich zufriedenzustellen. Er hat Uns eine große Ehre erwiesen, indem er Uns zum Ringkampf einlud, doch trotz allem mußt du bedenken, daß Wir nur kleine Jungen sind, die manchmal im Wald von Vṛndāvana mit ihren gleichaltrigen Freunden spielen. Wir halten es für das beste, nur mit gleichaltrigen und gleichstarken Gegnern zu kämpfen, denn es würde die Zuschauer lediglich abstoßen, wenn Wir Uns mit so überragenden Ringern wie euch messen würden. Ein solch ungleicher Kampf würde bestimmt im Widerspruch zu ihren religiösen Prinzipien stehen.“ Kṛṣṇa deutete somit an, daß diese berühmten, starken Ringkämpfer Ihn und Balarāma besser nicht zum Kampf herausfordern sollten.

Daraufhin entgegnete Cāṇūra: „Mein lieber Kṛṣṇa, wir wissen, daß man Dich weder als Kind noch als Jüngling bezeichnen kann. Du befindest Dich über allen Wesen, genau wie auch Dein großer Bruder Balarāma. Du hast bereits den Elefanten Kuvalayāpīḍa getötet, der so stark war, daß er es mit Tausenden von anderen Elefanten aufnehmen konnte. Du hast ihn auf wunderbare Weise besiegt, und weil Du so stark bist, steht es Dir durchaus zu, mit den besten Ringern von uns zu kämpfen. Ich selbst möchte daher mit Dir ringen, und Dein älterer Bruder Balarāma soll mit Muṣṭika kämpfen.“

Hiermit enden die Bhaktivedanta-Erläuterungen zum 42. Kapitel des Kṛṣṇa-Buches: „Die Vernichtung des Elefanten Kuvalayāpīḍa“.

43 / Kaṁsas Ende

Nachdem Kaṁsas Ringkämpfer ihre Entschlossenheit zum Ausdruck gebracht hatten, trat die Höchste Persönlichkeit Gottes, der Vernichter des Madhu-Dämons, Cāṇūra entgegen, und Śrī Balarāma, der Sohn Rohiṇīs, trat Muṣṭika entgegen. Kṛṣṇa und Cāṇūra und auch Balarāma und Muṣṭika umklammerten einander mit Händen und Beinen, und jeder begann den anderen zu drängen und zu stoßen, um ihn irgendwie zu Fall zu bringen. Hand an Hand, Wade an Wade, Kopf an Kopf und Brust an Brust bedrängten sie sich und begannen aufeinander einzuschlagen. Der Kampf steigerte sich, als sie einander durch die Arena stießen. Einer packte den anderen und warf ihn zu Boden oder lief von hinten her vor seinen Gegner und versuchte, ihn in den Griff zu bekommen. Der Kampf wurde Schritt für Schritt wilder. Sie hoben einander vom Boden hoch, zerrten und stießen sich, dann wieder umklammerten sie einander mit Händen und Füßen. Beide Seiten zeigten alle Künste des Ringkampfes in vollendeter Form, während jeder sein Bestes versuchte, den Gegner zu bezwingen.

Die Zuschauer in der Arena waren indessen nicht sehr zufrieden, denn die Kämpfer schienen einander nicht ebenbürtig zu sein. Im Vergleich zu den beiden gewaltigen Ringkämpfern, die wuchtig wie Felsen waren, sahen Kṛṣṇa und Balarāma in ihren Augen nur wie kleine Jungen aus. Viele protestierten aus Mitleid, weil sie auf Kṛṣṇas und Balarāmas Seite standen. „Liebe Freunde, dieser Kampf ist gefährlich." Und jemand anders empörte sich: „Wie ist es möglich, daß ein solch ungleicher Ringkampf vor den Augen des Königs stattfindet?" Die Zuschauer hatten ihre Freude am Ringkampf verloren. Sie konnten unmöglich den Kampf eines Stärkeren mit einem schwächeren Gegner gutheißen. „Muṣṭika und Cāṇūra sind wie Blitze und so überwältigend wie Berge, wohingegen Kṛṣṇa und Balarāma nur zwei zierliche Knaben von zartem Alter sind. Das Prinzip der Gerechtigkeit hat diese Versammlung bereits verlassen. Den Menschen, die noch ein wenig Sinn für die zivilisierten Prinzipien der Gerechtigkeit besitzen, wird es unmöglich sein, hier länger zu bleiben und diesen ungleichen Kampf weiter mitanzusehen. Und diejenigen, die dennoch diesem Ringkampf beiwohnen, können nicht sehr erleuchtet sein; denn ob sie etwas dagegen sagen oder ruhig bleiben, sie werden auf jeden Fall sündhafte Reaktionen erleiden müssen." „Aber meine lieben Freunde", unterbrach ein anderer, „seht nur einmal Kṛṣṇas Gesicht! Es ist mit Schweißperlen bedeckt, weil Er Seinem Gegner so stark zusetzt. Sein Antlitz gleicht einer Lotosblüte, die mit Wassertropfen benetzt ist. Und seht ihr, welch besondere Schönheit sich auf Balarāmas Gesicht zeigt? Seine weiße Gesichtsfarbe hat einen Hauch von Rot bekommen, denn der Kampf mit Muṣṭika ist sehr anstrengend."

Auch die Damen im Publikum wandten sich einander zu und sprachen: „Liebe Freundinnen, stellt euch vor, wie gesegnet das Land von Vṛndāvana ist, wo der Herr, die Höchste Persönlichkeit Gottes, der mit einer Blumengirlande geschmückt ist, stets gegenwärtig ist und zusammen mit Seinem Bruder, Śrī Balarāma, die Kühe hütet. Er wird stets von Seinen Freunden, den Kuhhirtenjungen, begleitet, und Er spielt auf Seiner transzendentalen Flöte. Die Einwohner von Vṛndāvana sind in der glücklichen Lage, immer die Lotosfüße Kṛṣṇas und Balarāmas sehen zu können, die von so großen Halbgöttern wie Brahmā und Śiva sowie der Glücksgöttin verehrt werden. Wir können gar nicht ermessen, wie viele fromme Handlungen die Mädchen von Vrajabhūmi getan haben müssen, daß sie sich mit der Höchsten Persönlichkeit Gottes erfreuen und die unvergleichliche Schönheit Seines transzendentalen Körpers sehen durften. Die Schönheit des Herrn läßt sich mit nichts vergleichen. Niemand übertrifft die Schönheit Seiner Körpertönung und Seiner körperlichen Ausstrahlung, und niemand kommt ihr auch nur annähernd gleich. Kṛṣṇa und Balarāma sind das Behältnis aller verschiedenen Füllen – Reichtum, Kraft, Schönheit, Wissen, Ruhm und Entsagung. Die *gopīs* sind so vom Glück begünstigt, daß sie in der Lage sind, Kṛṣṇa vierundzwanzig Stunden am Tag zu sehen und an Ihn zu denken – angefangen mit dem morgendlichen Melken der Kühe, dem Reisschälen und dem Butterkirnen. Während sie ihre Häuser saubermachen und die Fußböden wischen, sind sie in Gedanken ständig bei Kṛṣṇa."

Die *gopīs* geben uns ein vollkommenes Beispiel, wie man Kṛṣṇa-Bewußtsein selbst dann ausführen kann, wenn man verschiedene materielle Tätigkeiten verrichten muß. Wenn man unablässig in Gedanken an Kṛṣṇa vertieft ist, kann man von der Verunreinigung materieller Tätigkeiten nicht berührt werden. Die *gopīs* befinden sich deshalb ständig in völliger Trance, in *samādhi*, der höchsten Stufe aller mystischen Vollkommenheit. In der *Bhagavad-gītā* wird erklärt, daß jemand, der ständig an Kṛṣṇa denkt, von allen Arten von *yogīs* der höchste ist. „Meine lieben Freundinnen", sagte eine der Frauen, „das Verhalten der *gopīs* muß die höchste Form der Frömmigkeit sein, denn wie sonst hätten sie die Gelegenheit bekommen, Kṛṣṇa zu sehen, wenn Er am Morgen zusammen mit Seinen Kühen und den Kuhhirtenjungen auf die Weiden zieht und wenn Er am Abend zurückkehrt? Oft sehen sie Ihn auf Seiner Flöte spielen und strahlend lächeln."

Als Śrī Kṛṣṇa, die Überseele in allen Lebewesen, erkannte, daß sich die Frauen auf den Rängen um Ihn sorgten, beschloß Er, den Ringkampf nicht weiter fortzuführen, sondern die Ringer auf der Stelle zu töten. Die Eltern von Kṛṣṇa und Balarāma, Nanda Mahārāja und Yaśodā wie auch Vasudeva und Devakī, standen ebenfalls große Ängste aus, denn sie kannten die unbegrenzte

Kraft ihrer Kinder nicht. Śrī Balarāma kämpfte mit Muṣṭika auf die gleiche Art und Weise wie Kṛṣṇa, die Höchste Persönlichkeit Gottes, mit Cāṇūra. Śrī Kṛṣṇa schien plötzlich unerbittlich zu ergrimmen und versetzte Cāṇūra hintereinander drei kräftige Faustschläge, und zum Erstaunen der Zuschauer geriet der große Ringer ins Wanken. Doch Cāṇūra unternahm einen letzten Versuch und fiel Kṛṣṇa an wie ein Falke, der auf einen anderen Falken herabstößt. Er faltete seine beiden Hände zusammen und schlug auf Kṛṣṇas Brust ein, doch dies machte Śrī Kṛṣṇa überhaupt nichts aus, genauso wie wenn man einen Elefanten mit einer Blumengirlande schlägt. Vielmehr packte Er unvermittelt die beiden Hände Seines Gegners und wirbelte ihn im Kreis durch die Luft, und allein durch die Zentrifugalkraft verlor Cāṇūra das Leben. Dann schmetterte ihn Kṛṣṇa zu Boden. Cāṇūra stürzte wie die Flagge Indras, und seine feinverzierten Schmuckstücke wurden in alle Richtungen verstreut.

Unterdessen war es auch Muṣṭika gelungen, Balarāma mit einem Faustschlag zu treffen; doch Balarāma erwiderte diesen Schlag mit noch größerer Gewalt. Muṣṭika taumelte benommen umher, und Blut und Erbrochenes quollen aus seinem Mund. Unter Todesqualen gab er sein Leben auf und stürzte wie ein vom Sturm gefällter Baum zu Boden. Als die beiden getötet waren, stürmte ein weiterer Ringkämpfer namens Kūṭa in die Arena, doch Balarāma ergriff ihn elegant mit der linken Hand und tötete ihn, ohne mit der Wimper zu zucken. Darauf erschien der Ringkämpfer Śala, doch Kṛṣṇa zertrümmerte ihm sogleich mit einem Tritt den Schädel. Der nächste, der hervortrat, war Tośala, und ihn ereilte das gleiche Schicksal. Auf diese Weise wurden alle Ringkampfgrößen von Kṛṣṇa und Balarāma getötet, und die verbliebenen Kämpfer ergriffen in Todesangst die Flucht und stürzten Hals über Kopf aus der Arena. Die Kuhhirtenfreunde Kṛṣṇas und Balarāmas kamen alle begeistert herbeigelaufen und gratulierten den beiden mit großer Freude; während die Trommeln erdröhnten und die Jungen über den Sieg sprachen, klingelten die Glöckchen an Kṛṣṇas und Balarāmas Fußgelenken.

Alle Zuschauer in der Ringkampfarena klatschten begeistert Beifall, und ihre Freude kannte keine Grenzen. Die anwesenden *brāhmaṇas* sprachen in Ekstase Lobesworte zu Ehren Kṛṣṇas und Balarāmas. Nur Kaṁsa war mißmutig; weder klatschte er in seine Hände, noch gab er Kṛṣṇa seinen Segen. Es ärgerte ihn, daß die Trommeln Kṛṣṇas Sieg verkündeten, und er konnte es kaum ertragen, daß seine besten Ringer den Tod gefunden hatten oder aus dem Stadion geflohen waren. Daher gebot er den Trommeln Einhalt und sprach zu seinen Freunden: „Ich befehle, daß diese beiden Söhne Vasudevas augenblicklich aus Mathurā gejagt werden. Die Kuhhirtenjungen, die mit Ihnen gekommen sind, sollen ausgeplündert und aller Reichtümer beraubt werden. Nehmt auch sofort Nanda Mahārāja gefangen und tötet ihn für seine Hinterlist, und tötet auch den Schurken Vasudeva. Das gleiche gilt für meinen Vater Ugrasena, der hinter meinem Rücken ständig meine Feinde unterstützt."

Als Kaṁsa dies sagte, wurde Kṛṣṇa sehr zornig, und in Sekundenschnelle sprang Er über die hünenhaften Leibwächter des Königs. Kaṁsa hatte Kṛṣṇas

Angriff erwartet, denn er hatte von Anfang an gewußt, daß Kṛṣṇa die Ursache seines Todes sein sollte. Augenblicklich zog er sein Schwert und schickte sich an, Kṛṣṇas Angriff mit Waffe und Schild abzuwehren. Doch obgleich Kaṁsa mit seinem Schwert wild um sich schlug, packte ihn Śrī Kṛṣṇa, der allmächtige Herr, mit großer Kraft. Śrī Kṛṣṇa, die Höchste Persönlichkeit Gottes, der die Zuflucht der gesamten Schöpfung ist und aus dessen Lotosnabel die Schöpfung hervorgeht, schlug Kaṁsa sogleich die Krone vom Kopf und packte ihn an seinem langen Haarschopf. Auf diese Weise zerrte Er Kaṁsa von seinem erhöhten Sitz auf den Ringkampfplatz herab, wo Er ihn zu Boden warf. Darauf sprang Kṛṣṇa ihm auf die Brust und schlug rittlings immer wieder auf ihn ein. Allein Seine Fausthiebe bewirkten, daß Kaṁsa sein Leben aushauchte.

Um Seinen Eltern zu zeigen, daß Kaṁsa auch wirklich tot war, schleifte ihn Śrī Kṛṣṇa durch die Arena, genau wie ein Löwe einen erlegten Elefanten wegschleift. Bei diesem Anblick ging ein erregtes Raunen durch die Zuschauermenge, wobei einige ihrer Freude und Erleichterung Ausdruck verliehen, während andere in Wehklagen ausbrachen. Von dem Tag an, an dem Kaṁsa erfahren hatte, daß er von dem achten Sohn Devakīs getötet werden würde, hatte er ohne Unterbrechung vierundzwanzig Stunden am Tag an Kṛṣṇa gedacht — beim Essen, bei jedem Schritt und jedem Atemzug —, und als natürliche Folge davon wurde er mit Befreiung gesegnet. In der *Bhagavad-gītā* wird erklärt: *sadā tad-bhāva-bhāvitaḥ* — entsprechend den Gedanken, mit denen man sich ständig beschäftigt, erhält man den nächsten Körper. Kaṁsa dachte ständig an die Form Kṛṣṇas, in der Er ein Feuerrad hält, das heißt, er dachte an Nārāyaṇa, der ein Feuerrad, ein Muschelhorn, eine Lotosblume und eine Keule hält.

Laut der Aussage der Autoritäten erhielt Kaṁsa nach seinem Tod *sārūpya-mukti*, was bedeutet, daß er die gleiche Gestalt wie Nārāyaṇa (Viṣṇu) bekam. Auf den Vaikuṇṭha-Planeten haben alle Einwohner die gleichen körperlichen Merkmale wie Nārāyaṇa. Kaṁsa erlangte nach seinem Tod also Befreiung und wurde auf Vaikuṇṭhaloka erhoben. An diesem Beispiel können wir sehen, daß selbst ein Mensch, der an die Höchste Persönlichkeit Gottes als Feind denkt, befreit wird und einen der Vaikuṇṭha-Planeten erreicht. Was also muß erst die reinen Gottgeweihten erwarten, die ständig in zuneigungsvolle Gedanken an Kṛṣṇa vertieft sind? Selbst ein Feind Kṛṣṇas erreicht Befreiung, wenn er von Ihm getötet wird, und wird auf die Ebene des unpersönlichen *brahmajyoti* erhoben. Weil Kṛṣṇa, die Höchste Persönlichkeit Gottes, allgut ist, wird jeder, der an Ihn denkt — ob als Freund oder als Feind —, befreit. Doch die Befreiung des Gottgeweihten und die Befreiung des Feindes unterscheiden sich. Ein Feind erhält im allgemeinen die *sāyujya*-Befreiung oder manchmal auch die *sārūpya*-Befreiung.

Kaṁsa hatte acht Brüder, die von Kaṅka angeführt wurden. Sie alle waren jünger als Kaṁsa, und als sie erfuhren, daß ihr ältester Bruder getötet worden war, schlossen sie sich zusammen und stürzten mit großer Wut auf Kṛṣṇa zu, um Ihn zu töten. Kaṁsa und seine Brüder waren Kṛṣṇas Onkel, da sie die Brüder seiner Mutter Devakī waren. Mit Kaṁsa tötete Kṛṣṇa also Seinen Onkel, den Bruder Seiner Mutter, was gegen die vedischen Prinzipien verstößt. Obgleich Kṛṣṇa von allen vedischen Anweisungen unabhängig ist, verletzt Er sie nur dann, wenn es sich nicht vermeiden läßt. Weil Kaṁsa von niemandem außer Kṛṣṇa getötet werden konnte, sah Kṛṣṇa es als Seine Pflicht an, ihn zu töten; was nun aber Kaṁsas acht Brüder betraf, so nahm Sich Balarāma ihrer an. Balarāmas Mutter Rohiṇī war zwar auch mit Vasudeva verheiratet, doch sie war keine Schwester von Kaṁsa; deshalb übernahm es Balarāma, alle acht Brüder Kaṁsas zu töten. Er ergriff die nächstbeste Waffe (höchstwahrscheinlich den Elefantenstoßzahn, den Er bei Sich trug) und erschlug die acht Brüder einen nach dem anderen, genau wie ein Löwe, der ein Rudel Rehe anfällt. Auf diese Weise bestätigten Kṛṣṇa und Balarāma mit Ihren Taten, daß die Höchste Persönlichkeit Gottes erscheint, um die Frommen zu beschützen und die gottlosen Dämonen, die Feinde der Halbgötter, zu vernichten.

Die Halbgötter ließen von den höheren Planetensystemen Blumen regnen, um Kṛṣṇa und Balarāma zu beglückwünschen. Unter den Halbgöttern waren so mächtige Persönlichkeiten wie Brahmā und Śiva, und sie alle kamen, um gemeinsam ihre große Freude über Kaṁsas Tod zu zeigen. Der Blumenregen schien kein Ende nehmen zu wollen; überall auf den himmlischen Planeten ertönten Trommeln, und die Frauen der Halbgötter begannen in Ekstase zu tanzen.

Die Frauen Kaṁsas und seiner acht Brüder wurden durch den unvermittelten Tod ihrer Gatten von tiefem Schmerz erfüllt. Sie schlugen sich verzweifelt gegen die Stirn und vergossen Ströme von Tränen. Sie schluchzten laut und umarmten immer wieder die Körper ihrer toten Männer, wobei sie wehklagend zu ihnen sprachen: „Liebste Gatten, in eurer großen Güte habt ihr immer für das Wohl eurer Schutzbefohlenen gesorgt. Mit eurem Tod sind auch wir gestorben, und zusammen mit uns auch euer Zuhause und eure Kinder. Wir alle haben unser frohes Aussehen verloren, und weil ihr nun tot seid, finden auch die glückverheißenden Zeremonien, die geplant waren, wie das Bogenopfer, nicht mehr statt. Liebste Gatten, ihr habt Menschen, die ohne Fehl waren, schändlich behandelt, und dafür mußtet ihr sterben. Dies war unvermeidlich, denn jemand, der einem Unschuldigen Leid zufügt, muß durch die Gesetze der Natur bestraft werden. Wir wissen, daß Śrī Kṛṣṇa die Höchste Persönlichkeit Gottes ist. Er ist der höchste Meister über alles und der höchste Genießer aller Dinge. Daher kann jemand, der Seine höchste Autorität mißachtet, niemals glücklich werden, sondern wird letzten Endes wie ihr vom Tod gerichtet."

Weil Kṛṣṇa Seinen Tanten sehr zugeneigt war und Mitleid mit ihnen hatte, tröstete Er sie, so gut es ging. Die rituellen Bestattungszeremonien wurden unter der persönlichen Aufsicht Kṛṣṇas durchgeführt, weil Er der Neffe der toten Fürsten war. Nach Erledigung dieser Angelegenheit befreiten Kṛṣṇa und Balarāma sofort Ihre Eltern, Vasudeva und Devakī, die von Kaṁsa eingekerkert worden waren. Als Kṛṣṇa und Balarāma Ihre Eltern sahen, fielen Sie ihnen zu Füßen und brachten ihnen Gebete dar. Vasudeva und Devakī hatten wegen ihres Sohnes viele Schwierigkeiten erleiden müssen; tatsächlich war es nur wegen Kṛṣṇa gewesen, daß sie ständig von Kaṁsa verfolgt worden waren. Devakī und Vasudeva waren sich über Kṛṣṇas erhabene Stellung als die Höchste Persönlichkeit Gottes völlig bewußt; deshalb vermieden sie es, Ihn zu umarmen, sogar dann, als Er ihre Füße berührte und ihnen Ehrerbietungen und Gebete darbrachte. Sie erhoben sich einfach, um die Worte der Höchsten Persönlichkeit Gottes zu hören. Vasudeva und Devakī waren sich stets der Stellung Kṛṣṇas bewußt, obwohl Er als ihr Sohn erschienen war.

Hiermit enden die Bhaktivedanta-Erläuterungen zum 43. Kapitel des Kṛṣṇa-Buches: „Kaṁsas Ende".

44 / Kṛṣṇa bringt den Sohn Seines Lehrers zurück

Als Śrī Kṛṣṇa sah, wie Vasudeva und Devakī in ihrer ehrfürchtigen Haltung dastanden, ließ Er sogleich den Einfluß Seiner *yoga-māyā* wirksam werden, damit Seine Eltern Ihn und Balarāma wie ihre Kinder behandeln konnten. Ähnlich wie bei den verschiedenen Lebewesen in der materiellen Welt durch den Einfluß der illusionierenden Energie die Beziehung von Vater, Mutter und Kindern ermöglicht wird, so kann der Gottgeweihte durch den Einfluß *yoga-māyās* in eine Beziehung zur Höchsten Persönlichkeit Gottes treten, in der der Herr sein Kind wird. Auf diese Weise waren Kṛṣṇa und Sein älterer Bruder Balarāma als die berühmtesten Söhne der Sātvata-Dynastie erschienen, und nachdem Kṛṣṇa Seine *yoga-māyā* entfaltet hatte, sprach Er Vasudeva und Devakī sehr ergeben und respektvoll an: „Lieber Vater und liebe Mutter, obgleich ihr euch stets bemüht habt, Unser Leben zu behüten, wurde euch die Freude nicht zuteil, Uns als kleine Kinder, als Knaben und als heranwachsende Jünglinge zu sehen.“ Kṛṣṇa pries damit indirekt Nanda Mahārāja und Mutter Yaśodā; ihre Beziehung als Vater und Mutter war die vortrefflichste, denn sie hatten die Kindheitsspiele von Kṛṣṇa und Balarāma miterleben können, ungeachtet der Tatsache, daß Kṛṣṇa und Balarāma eigentlich gar nicht ihre Kinder waren. Die Natur hat es so eingerichtet, daß die Kindheit eines geborenen Lebewesens den Eltern immer große Freude bereitet. Selbst im Tierreich bringen die Eltern ihren Jungen sehr viel Zuneigung entgegen. Weil die Eltern von der zarten Erscheinung ihrer Kinder fasziniert sind, liegt ihnen ihr Wohlergehen sehr am Herzen. Was Vasudeva und Devakī betraf, so waren auch sie stets um Kṛṣṇas und Balarāmas Wohl besorgt. Aus diesem Grund war Kṛṣṇa gleich nach Seinem Erscheinen in Sicherheit gebracht worden. Ähnlich war auch Balarāma von Devakīs Leib in den Leib Rohiṇīs versetzt worden.

Vasudeva und Devakī hatten sich ständig große Sorgen um Kṛṣṇas und Balarāmas Schutz gemacht, doch trotzdem hatten sie die Freude Ihrer Kindheitsspiele nicht kennenlernen dürfen. Deshalb sagte Kṛṣṇa zu ihnen: „Durch die Fügung des Schicksals konnten Wir leider nicht von Unseren eigenen Eltern aufgezogen werden und Unsere Kindheit zu Hause genießen. Lieber Vater und liebe

Mutter, man steht immer in der Schuld seiner Eltern, von denen man den Körper bekommen hat, der einem alle Vorteile des materiellen Daseins zugänglich machen kann. Die *Veden* lehren, daß man in der menschlichen Lebensform die Gelegenheit bekommt, die verschiedensten Arten von Religiosität zu praktizieren, sich alle möglichen Wünsche zu erfüllen und alle möglichen Reichtümer zu erlangen. Und darüber hinaus ist die menschliche Lebensform die einzige, die einem die Möglichkeit bietet, Befreiung von der materiellen Existenz zu erlangen. Der Körper wird durch die gemeinsamen Bemühungen des Vaters und der Mutter erzeugt. Jeder Mensch sollte seinen Eltern dankbar sein und einsehen, daß er immer in ihrer Schuld stehen wird. Wenn der erwachsene Sohn nicht versucht, die Eltern durch seine Handlungen und durch großzügige Geschenke zu erfreuen, wird er ganz sicher nach seinem Tod vom Herrn des Todes bestraft und muß sein eigenes Fleisch essen. Wenn jemand seinen betagten Eltern, seiner keuschen Ehefrau, den Kindern, dem spirituellen Meister, den *brāhmaṇas* oder anderen, denen Unterstützung gebührt, diese Hilfe versagt und ihnen keinen Schutz gewährt, obwohl er dazu in der Lage wäre, ist er so gut wie tot, obgleich er noch atmet. Mein lieber Vater und Meine liebe Mutter, ihr habt euch immer um Unser Wohlergehen gesorgt, doch unglücklicherweise konnten Wir euch nicht den geringsten Gegendienst erweisen. Bis heute haben Wir daher lediglich Unsere Zeit verschwendet. Aus Gründen, die sich Unserer Kontrolle entziehen, konnten Wir euch nicht dienen. Liebe Mutter, lieber Vater, bitte vergebt Uns dieses sündhafte Verhalten."

Als die Höchste Persönlichkeit Gottes wie ein unschuldiges Kind mit süßen Worten zu Vasudeva und Devakī sprach, wurden diese von elterlicher Zuneigung überwältigt und umarmten Ihn voller Freude. Vor Rührung brachten sie kein Wort heraus und konnten Kṛṣṇa nichts zur Antwort sagen; so umarmten sie Kṛṣṇa und Balarāma einfach voller Zuneigung und verharrten schweigend, wobei ihnen unablässig Tränen aus den Augen strömten.

Nachdem Kṛṣṇa Seine Eltern getröstet hatte, ging Er, die Höchste Persönlichkeit Gottes, die als der geliebte Sohn Devakīs erschienen war, zu Seinem Großvater Ugrasena und verkündete, daß Ugrasena von nun an König über das Reich der Yadus sein werde. Kaṁsa hatte seinen Vater einkerkern lassen und auf diese Weise gewaltsam die Herrschaft über das Königreich der Yadus an sich gerissen. Nach Kaṁsas Tod nun wurde sein Vater Ugrasena befreit und zum König über die Yadus ernannt. Damals gab es im Westen Indiens viele kleine Königreiche, die von den Dynastien der Yadus, Andhakas, Vṛṣṇis und Bhojas beherrscht wurden. Mahārāja Ugrasena gehörte der Bhoja-Dynastie an, und als Kṛṣṇa ihn auf den Thron setzte, bestimmte Er damit indirekt, daß der König der Bhoja-Dynastie der Herrscher über die anderen Königreiche sein würde. Kṛṣṇa bat Mahārāja Ugrasena großmütig, über Ihn Selbst wie auch über Balarāma zu herrschen, denn Sie beide waren seine Untertanen. In diesem Zusammenhang wird das Wort *prajā* verwendet, das sowohl „Nachkommenschaft" als auch „Bürger" bedeutet. Kṛṣṇa zählte aus zwei Gründen zu den *prajās*: Er war zum einen ein Enkel Mahārāja Ugrasenas und zum anderen ein Angehöriger der Yadu-Dynastie. Deshalb erkannte Er bereitwillig die Oberherrschaft Mahārāja Ugrasenas an, und Er teilte ihm mit: „Weil die Könige der Yadu-Dynastie von Yayāti verflucht worden sind, werden sie sich niemals gegen deine Herrschaft erheben. Uns Selbst wird es eine große Freude sein, dir als deine Untergebenen zu dienen. Unsere enge Zusammenarbeit wird deine Position noch erhabener machen und stärken, so daß die Könige der anderen Dynastien nicht zögern werden, dir ihre jeweiligen Tribute zu zahlen. Unter Unserem Schutz wirst du sogar von den Halbgöttern auf den himmlischen Planeten verehrt werden. Lieber Großvater, Mein grausamer Onkel Kaṁsa, der nun nicht mehr unter uns weilt, hat alle Könige der Yadu-, Vṛṣṇi-, Andhaka-, Madhu-, Daśārha- und Kukura-Dynastie in Angst und Schrecken versetzt. Doch nun kannst du sie alle beruhigen und ihnen versichern, daß sie nichts mehr zu befürchten haben. Auf diese Weise wird in deinem ganzen Königreich Frieden herrschen."

Alle Könige der angrenzenden Reiche hatten ihre Paläste aus Furcht vor Kaṁsa verlassen und sich in die abgelegenen Teile des Landes zurückgezogen. Nachdem Kaṁsa den Tod gefunden hatte und Ugrasena wieder als König eingesetzt worden war, erhielten sie viele großzügige Geschenke und Unterstützungen, worauf sie alle wieder in ihre Paläste zurückkehrten. Als die politischen Verhältnisse auf diese Weise zufriedenstellend geregelt waren, bereitete es allen große Freude, in Mathurā zu leben, wo sie von Kṛṣṇas und Balarāmas starken Armen beschützt wurden. Unter der guten Regierung in Anwesenheit von Kṛṣṇa und Balarāma waren die Einwohner von Mathurā vollkommen glücklich und zufrieden, denn es war für all ihre materiellen Wünsche und Bedürfnisse gesorgt, und weil sie Kṛṣṇa und Balarāma täglich von Angesicht zu Angesicht sahen, vergaßen sie schon bald alle materiellen Leiden. Immer wenn sie sahen, wie Kṛṣṇa und Balarāma in Ihren bezaubernden Kleidern auf die Straße traten und Sich lächelnd nach allen Seiten umschauten, wurden sie von liebender Ekstase ergriffen, einfach weil Mukunda persönlich vor ihnen stand. Der Name Mukunda bedeutet „jemand, der Befreiung und transzendentale Glückseligkeit gewährt". Kṛṣṇas Anwesenheit wirkte wie ein belebender Trank, so daß nicht nur die jungen Generationen, sondern auch die älteren Leute von Mathurā, dic Kṛṣṇa regelmäßig sahen, mit jugendlicher Energie und Kraft erfüllt wurden.

Nanda Mahārāja und Yaśodā blieben in Mathurā, da Sich Kṛṣṇa und Balarāma dort aufhielten, doch nach einiger Zeit wollten sie wieder nach Vṛndāvana zurückkehren. Bevor sie aufbrachen, gingen Kṛṣṇa und Balarāma noch einmal zu ihnen, und nachdem Sie Nanda und Yaśodā voller Zuneigung umarmt hatten, sprach Kṛṣṇa: „Lieber Vater und liebe Mutter, obgleich Ich als Sohn von Vasudeva und Devakī geboren wurde, seid ihr Unsere wirklichen Eltern, denn ihr habt Uns von Geburt an mit sehr viel Zuneigung und Liebe aufgezogen. Eure Liebe zu Uns war so stark, daß sie die Liebe, die man seinen eigenen Kindern entgegenbringen kann, bei weitem übertrifft. Ihr seid wirklich Unsere Eltern, weil ihr Uns zu einer Zeit, als Wir praktisch Waisen waren, wie eure eigenen Kinder aufgezogen habt. Aufgrund bestimmter Umstände wurden Wir von

Unseren Eltern weggegeben, und ihr habt Uns behütet. Mein lieber Vater und Meine liebe Mutter, Ich weiß, daß euch die Trennung schmerzen wird, wenn ihr Uns hier verlaßt und nach Vṛndāvana zurückkehrt; doch ihr könnt euch sicher sein, daß Ich nach Vṛndāvana zurückkommen werde, wenn Ich Meine leiblichen Eltern, Vasudeva und Devakī, sowie Meinen Großvater und Meine anderen Verwandten hier zufriedengestellt habe." Kṛṣṇa und Balarāma trösteten Nanda Mahārāja und Yaśodā mit süßen Worten und mit Geschenken, wie den verschiedensten Kleidern, Schmuckstücken und kunstvoll gearbeiteten Gebrauchsgegenständen. So gut es ging, trösteten Sie Ihre Eltern und all Ihre Freunde und Nachbarn, die von Vṛndāvana nach Mathurā gekommen waren. Aus seiner starken väterlichen Liebe zu Kṛṣṇa und Balarāma füllten sich Nanda Mahārājas Augen mit Tränen, und er umarmte Sie ein letztes Mal, bevor er zusammen mit den anderen Kuhhirten nach Vṛndāvana aufbrach.

Bald darauf unterzog Vasudeva seine Söhne der Einweihung mit der heiligen Schnur. Die heilige Schnur ist das Zeichen der „zweiten Geburt", die für die höheren Klassen der menschlichen Gesellschaft von größter Bedeutung ist. Vasudeva ließ zu diesem Zweck seinen Familienpriester und viele gelehrte *brāhmaṇas* kommen, die die Einweihungszeremonie, in der Kṛṣṇa und Balarāma die heilige Schnur bekamen, vorschriftsmäßig durchführten. Während dieser Zeremonie spendete Vasudeva den *brāhmaṇas* vielerlei Schmuck und beschenkte sie auch mit Kühen, die seidene Decken und goldenes Geschmeide trugen. Vasudeva hatte den *brāhmaṇas* eigentlich schon bei Kṛṣṇas und Balarāmas Geburt Kühe spenden wollen, doch weil er sich damals in Kaṁsas Gefängnis befand, hatte er dies nur in Gedanken tun können. Jetzt aber, wo Kaṁsa tot war, war er in der Lage, den *brāhmaṇas* tatsächlich Kühe zu spenden. Anschließend wurden Balarāma und Kṛṣṇa eingeweiht, indem Ihnen die heilige Schnur übergeben wurde und Sie den vorgechanteten Gāyatrī-*mantra* wiederholten. Der Gāyatrī-*mantra* wird dem Schüler nach der Zeremonie der heiligen Schnur anvertraut, und Balarāma und Kṛṣṇa befolgten aufs genauste alle Vorschriften für das Chanten des *mantra*. Jeder, der diesen *mantra* chantet, muß bestimmte Prinzipien und Gelübde einhalten, und obwohl Kṛṣṇa und Balarāma transzendentale Persönlichkeiten sind, befolgten Sie ebenfalls strikt diese Vorschriften. Beide wurden von Ihrem Familienpriester Gargācārya eingeweiht, dem *ācārya* der Yadu-Dynastie, der bekannter ist unter dem Namen Gargamuni. Nach den Regeln der vedischen Kultur muß jede achtbare Familie einen *ācārya*, einen spirituellen Meister, haben. Man kann nicht als wirklich gebildet gelten, ohne von einem *ācārya* eingeweiht und geschult worden zu sein. Aus diesem Grund wird auch gesagt, daß erst jemand, der einen *ācārya* angenommen hat, vollkommenes Wissen besitzen kann. Śrī Kṛṣṇa und Balarāma sind die Höchste Persönlichkeit Gottes, die Meister aller Bildung und allen Wissens. Sie hatten es daher nicht nötig, einen *ācārya* oder spirituellen Meister anzunehmen, doch um den gewöhnlichen Menschen ein Beispiel zu geben, nahmen auch Sie einen spirituellen Meister an, um im spirituellen Wissen Fortschritte zu machen.

Es ist Brauch, daß ein Schüler, der in das Chanten des Gāyatrī-*mantra* eingeweiht worden ist, für eine gewisse Zeit getrennt von zu Hause in der Obhut des *ācārya* lebt, um von ihm im spirituellen Leben geschult zu werden. Während dieser Zeit muß man sich unter der Führung des spirituellen Meisters wie ein demütiger Diener verhalten. Es gibt viele Regeln und Vorschriften für einen *brahmacārī*, der unter der Aufsicht eines *ācārya* lebt, und sowohl Śrī Kṛṣṇa als auch Śrī Balarāma folgten strikt diesen Prinzipien, als Sie unter der Aufsicht Ihres spirituellen Meisters, Sāndīpani Muni, in dessen *āśrama* im nördlichen Teil Indiens lebten. Nach den Anweisungen der Schriften muß dem spirituellen Meister die gleiche Achtung und Ehre entgegengebracht werden wie der Höchsten Persönlichkeit Gottes. Kṛṣṇa und Balarāma folgten diesen Prinzipien mit großer Hingabe und unterzogen Sich allen Regulierungen des *brahmacarya*. Dadurch erfreuten Sie Ihren spirituellen Meister, der sie im vedischen Wissen unterwies. Sāndīpani Muni lehrte Sie deshalb alle Einzelheiten der vedischen Weisheit und der ergänzenden Schriften wie der *Upaniṣaden*. Da Kṛṣṇa und Balarāma *kṣatriyas* waren, wurde bei Ihrer Schulung besonderes Schwergewicht auf Kriegskunst, Politik und Ethik gelegt. In der Politik gibt es insgesamt sechs Wissensgebiete, wie zum Beispiel die Kunst, Frieden zu schließen, die Kunst zu kämpfen, die Kunst zu beschwichtigen, die Kunst, aufzuteilen und zu beherrschen, und die Kunst zu beschützen. All diese Themen wurden Kṛṣṇa und Balarāma vollständig erklärt und beigebracht.

Der Ozean ist der Ursprung des Wassers in den Flüssen. Wenn das Wasser des Ozeans verdunstet, entsteht eine Wolke, die dieses Wasser in Form von Regen über die Erdoberfläche verteilt; dort sammelt es sich in Flüssen und kehrt wieder zum Ozean zurück. Ebenso sind Kṛṣṇa und Balarāma, die Höchste Persönlichkeit Gottes, der Ursprung allen Wissens, doch weil Sie die Rolle gewöhnlicher Menschenkinder spielten, wollten Sie das ideale Beispiel geben, damit jeder lernt, wie man aus der richtigen Quelle Wissen empfängt. Aus diesem Grund erklärten Sie Sich bereit, von einem spirituellen Meister Wissen anzunehmen.

Kṛṣṇa und Balarāma brauchten die Unterweisungen Ihres Lehrers nur ein einziges Mal zu hören, und schon waren Sie Meister in den entsprechenden Künsten und Wissenschaften. In vierundsechzig Tagen und vierundsechzig Nächten erlernten Sie das gesamte Wissen, das für die menschliche Gesellschaft notwendig ist. Tagsüber ließen Sie Sich von Sāndīpani Muni in einem bestimmten Wissensgebiet unterrichten, und am Abend schon hatten Sie auf diesem Gebiet die Vollkommenheit erreicht.

Als erstes lernten Sie, wie man singt, Lieder komponiert und die verschiedenen Tonarten erkennt; Sie lernten, welche Metren und Taktmaße günstig und welche ungünstig sind; Sie lernten, die verschiedensten Rhythmen und Melodien zu singen und diese mit verschiedenen Trommeln zu begleiten, und Sie lernten, nach bestimmten Rhythmen, Melodien und Liedern zu tanzen. Als nächstes wurden Sie darin unterrichtet, Theaterstücke zu schreiben; sodann wurden Sie in den verschiedensten Arten des Malens unterrichtet, angefangen mit einfacher ländlicher Kunst bis hin zur Stufe höchster Perfektion. Sāndīpani Muni zeigte

Ihnen, wie man *tilaka* auf die Stirn malt und Stirn und Wangen mit verschiedenartigen Punkten verziert. Danach lernten Sie die Kunst, wie man mit einem flüssigen Brei aus Reis und Mehl Bilder auf den Boden malt. Solche Gemälde sind an glückverheißenden Zeremonien innerhalb der Familie oder auch im Tempel sehr beliebt. Sie lernten auch, aus Blumen ein Ruhebett herzustellen, Tücher und Blätter mit farbenprächtigen Bemalungen zu verzieren und Edelsteine einzufassen. Außerdem lernten Sie die Kunst, auf Wassertöpfen zu musizieren. Dazu werden Wassertöpfe mit bestimmten Wassermengen gefüllt, so daß sie beim Anschlagen verschiedene Töne erzeugen, die zusammen harmonische Melodien ergeben. Sie lernten auch, wie man sich in Flüssen und Seen mit Wasser bespritzt, wenn man gemeinsam mit seinen Freunden ein Bad nimmt. Dann erlernten Sie auch die Kunst des Dekorierens mit Blumen, die *phula-bāḍi* genannt wird und die man auch heute noch während des Sommers in vielen Tempeln von Vṛndāvana sehen kann. Dabei werden der Altar und der Thron der Bildgestalten sowie auch die Wände und die Decke des Tempels mit Blumen geschmückt, und in der Tempelmitte errichtet man einen kleinen, duftenden Blumenbrunnen. Diese Blumenpracht bietet den Menschen, die unter der sengenden Hitze des Sommers leiden, eine willkommene Erfrischung.

Kṛṣṇa und Balarāma lernten die Kunst, wie man das Haar zu verschiedenen Frisuren formt und wie man sich einen Helm in verschiedenen Stellungen aufsetzt. Sie lernten, wie man eine Theaterbühne aufbaut, wie man Schauspieler ankleidet und über den Ohren mit Blumen schmückt und wie man Sandelholzpaste und Wasser versprengt, so daß sie einen angenehmen Duft verbreiten. Dann wurde Ihnen gezeigt, wie man magische Kunststücke ausführt. In der Magie gibt es eine Kunst, die *bahu-rūpī* genannt wird, mit deren Hilfe man sich so verkleiden kann, daß einen nicht einmal der beste Freund erkennt. Kṛṣṇa und Balarāma lernten auch, verschiedene Getränke zuzubereiten, wie sie zu verschiedenen Zeitpunkten und Anlässen benötigt werden, und Sie untersuchten Zuckersäfte und ihre verschiedenen Geschmäcke und berauschenden Wirkungen. Außerdem lernten Sie verschiedene Näh- und Sticktechniken sowie die Kunst, Marionetten an dünnen Fäden tanzen zu lassen. Auch lernten Sie, auf Instrumente wie die *vīṇā, sitar, esaraj* und *tamboura* Saiten zu spannen, um mit ihnen melodische Klänge zu erzeugen. Darauf lernten Sie, wie man Rätsel erfindet und sie löst. Dann wurde Ihnen die Kunst des Lesens anhand von Büchern beigebracht, mit denen selbst der unbegabteste Schüler sehr schnell lesen und schreiben lernen kann. Sie lernten, Theaterstücke einzustudieren und sie aufzuführen, und Sie lernten die Kunst, Kreuzworträtsel zu lösen, bei denen fehlende Buchstaben eingesetzt werden, um vollständige Wörter zu bilden.

Kṛṣṇa und Balarāma lernten dann, in Bilderschrift zu schreiben und zu lesen. In einigen Ländern der Welt ist die Bilderschrift auch heute noch im Gebrauch. Mit dieser Schrift kann man eine Geschichte in Bildern darstellen; so können zum Beispiel ein Mann und ein Haus auf eine solche Weise gezeichnet werden, daß sie einen Mann darstellen, der nach Hause zurückkehrt. Kṛṣṇa und Balarāma studierten auch Architektur, die Kunst, Wohnhäuser zu bauen. Sie wurden auch darin geschult, wertvolle Edelsteine anhand ihrer Ausstrahlung und ihrer Farben zu erkennen, und Sie erlernten die Kunst, Edelsteine in Gold und Silber einzufassen. Dazu lernten Sie auch, wie man den Boden nach Mineralien absucht. Dieses Bodenstudium ist heute zu einer sehr spezialisierten Wissenschaft gemacht worden, doch früher gehörte es zum Allgemeinwissen selbst der einfachen Menschen. Sie lernten, Kräuter und Pflanzen zu unterscheiden und aus ihnen Medikamente zu gewinnen, und bei Ihrem Studium der verschiedenen Pflanzenarten lernten Sie auch, wie man sie miteinander kreuzt und verschiedene Früchte züchtet. Sie lernten auch, wie man Hähne und Lämmer für Kampfwettspiele abrichtet und wie man Papageien das Sprechen beibringt, so daß sie auf Fragen von Menschen antworten.

Sie wurden auch in praktischer Psychologie unterrichtet, das heißt, Sie lernten, wie man einen anderen Menschen beeinflussen und ihn auf diese Weise dazu bewegen kann, so zu handeln, wie man es selbst will. Manchmal wird diese Kunst auch Hypnose genannt. Sie lernten, wie man sein Haar wäscht, es in verschiedenen Farben tönt und es auf vielerlei Art in Locken legt. Sie erlernten die Kunst, den Inhalt eines Buches zu kennen, ohne es tatsächlich angeschaut oder gelesen zu haben. Ebenso lernten Sie auch, wie man erkennt, was in der geschlossenen Faust eines anderen verborgen ist. Kinder versuchen manchmal, diese Kunst nachzuahmen, doch es gelingt ihnen nur auf höchst unvollkommene Weise. Bei diesem Spiel hält ein Kind irgend etwas in der Faust und fragt einen Freund: „Weißt du, was in meiner Hand ist?" Der Freund versucht es zu erraten, obwohl er nie weiß, ob es tatsächlich stimmt. Doch es gibt eine Kunst, mit der man ganz genau sagen kann, was der andere in der Faust hält.

Kṛṣṇa und Balarāma lernten die Sprachen der verschiedensten Länder sprechen und verstehen, und Sie lernten nicht nur die menschlichen Sprachen — Kṛṣṇa konnte sogar mit den Tieren und Vögeln reden, wie in den Vaiṣṇava-Schriften der Gosvāmīs bestätigt wird. Danach lernten Sie, wie man Kutschen und Himmelsflugzeuge aus Blumen baut. Im *Rāmāyaṇa* wird berichtet, daß Rāmacandra nach Seinem Sieg über Rāvaṇa in einem Himmelsflugzeug aus Blumen, genannt *puṣpa-ratha*, von Laṅkā nach Bhārata-varṣa geflogen wurde. Kṛṣṇa erlernte danach die Kunst, anhand von Vorzeichen zukünftige Ereignisse vorauszusagen. Es gibt ein Buch, die *Khanār-vacana*, in dem die verschiedenen Vorzeichen und Omen erklärt werden. Wenn man zum Beispiel aus dem Hause geht und einem Menschen begegnet, der einen gefüllten Wassereimer trägt, ist dies ein gutes Vorzeichen. Doch wenn man jemanden mit einem leeren Eimer sieht, ist dies kein gutes Zeichen. Ebenso ist es ein gutes Zeichen, wenn man ein Kalb sieht, das gerade die Milch seiner Mutter trinkt. Wer all diese Zeichen zu deuten weiß, ist imstande, die Zukunft vorherzusagen, und Kṛṣṇa erlernte auch diese Wissenschaft. Dann erlernte Kṛṣṇa die Kunst, *mātṛkās* zusammenzustellen. Ein *mātṛkā* ist ein magisches Quadrat mit neun Feldern, bei dem man die Buchstaben längs und quer und vertikal zusammenzählen kann und dabei immer neun erhält. Entsprechend den verschiedenen Zwecken gibt es die verschiedenartigsten *mātṛkās*.

Kṛṣṇa erlernte die Kunst, Edelsteine, wie zum Beispiel Diamanten, zu schleifen, und die Kunst, in Gedichtform Fragen zu stellen und Antworten zu geben, indem man diese Gedichte aus dem Stegreif heraus verfaßt. Er wurde in der Wissenschaft der Aktionen und Reaktionen physikalischer Verbindungen und Vorgänge unterrichtet, und Er erlernte die Kunst des Psychiaters, die Psyche von anderen zu verstehen. Dazu lernte Er auch, wie man seine eigenen Wünsche zufriedenstellen kann. Wünsche können nur sehr schwer erfüllt werden, und deshalb gibt es eine Kunst, mit der man selbst die unvernünftigsten und zügellosesten Wünsche, die niemals erfüllt werden können, bezwingen und beruhigen kann. Mit dieser Kunst kann man auch sexuelle Verlangen, die manchmal sogar im *brahmacārī*-Leben auftreten, überwinden. Mit dieser Kunst kann man sogar einen Feind zu seinem Freund machen und die direkten Einflüsse physischer Elemente in eine andere Richtung lenken.

Nachdem Śrī Kṛṣṇa und Śrī Balarāma, die das Behältnis allen Wissens sind, gezeigt hatten, daß Sie alle oben genannten Künste und Wissenschaften beherrschen, boten Sie Ihrem Lehrer Ihre Dienste an und versprachen ihm, ihm jeden Wunsch zu erfüllen. Diese Gabe des Schülers an seinen Lehrer oder spirituellen Meister wird *guru-dakṣiṇā* genannt. Es ist sehr wichtig, daß sich ein Schüler bemüht, den Lehrer aus Dankbarkeit für alles, was er von ihm in spiritueller wie auch in materieller Hinsicht gelernt hat, zu erfreuen und zufriedenzustellen. Als Kṛṣṇa und Balarāma Ihrem Lehrer Sāndīpani Muni Ihre Dienste anboten, hielt dieser es für weise, Sie um etwas ganz Außergewöhnliches zu bitten, etwas, das kein gewöhnlicher Schüler geben könnte. Er beriet sich daher mit seiner Frau, was man von den beiden wohl am besten erbitten würde. Sie hatten schon oft Kṛṣṇas und Balarāmas außergewöhnliche Kräfte gesehen und waren sich daher bewußt, daß die beiden Jungen die Höchste Persönlichkeit Gottes waren. So entschlossen sie sich, Kṛṣṇa und Balarāma um die Rückkehr ihres Sohnes zu bitten, der am Strand von Prabhāsa-kṣetra im Ozean ertrunken war.

Als Kṛṣṇa und Balarāma von Ihrem Lehrer über den Tod seines Sohnes hörten, begaben Sie Sich mit Ihrer Kutsche sofort zum Ozean, und am Strand angekommen, forderten Sie die beherrschende Gottheit des Meeres auf, den Sohn Ihres Lehrers zurückzugeben. Der Meeresgott erschien auch prompt vor dem Herrn und brachte Ihm mit aller Demut seine achtungsvollen Ehrerbietungen dar.

Der Herr sagte: „Vor einiger Zeit hast du den Sohn Unseres Lehrers ertrinken lassen. Ich befehle dir, ihn wieder zurückzugeben."

Daraufhin antwortete der Meeresgott: „Der Junge wurde in Wirklichkeit nicht von mir gefangen, sondern von einem Dämon namens Pañcajana. Dieser große Dämon haust gewöhnlich tief im Wasser in der Gestalt einer Muschel. Vermutlich wurde der Sohn Eures Lehrers von ihm verschlungen und liegt nun in seinem Bauch."

Als Kṛṣṇa dies erfuhr, tauchte Er tief in das Wasser hinein, bis er auf den Dämon Pañcajana stieß. Er tötete ihn auf der Stelle, konnte aber in dessen Innern den Sohn Seines Lehrers nicht finden. Deshalb nahm Er den toten Körper des

Dämons (in Form einer Muschel) und kehrte damit zu Seiner Kutsche am Strand von Prabhāsa-kṣetra zurück. Von dort fuhr Er sogleich nach Saṁyamanī, der Residenz Yamarājas, des Herrn des Todes. Begleitet von Seinem älteren Bruder Balarāma, der auch als Halāyudha bekannt ist, traf Kṛṣṇa dort ein und blies in Sein Muschelhorn.

Als Yamarāja den Klang des Muschelhorns vernahm, erschien er sogleich vor Śrī Kṛṣṇa und empfing Ihn mit aller Achtung und Ehrerbietung. Yamarāja wußte, wer Kṛṣṇa und Balarāma waren, und so bot er dem Herrn sofort seine demütigen Dienste an. Kṛṣṇa und Balarāma waren zwar scheinbar als gewöhnliche Menschen auf der Erde erschienen, doch in Wirklichkeit sind Sie die Überseele im Herzen eines jeden Lebewesens. Obgleich Sie Viṣṇu Selbst sind, spielten Sie die Rolle zweier gewöhnlicher Menschenkinder. Als Yamarāja seine Dienste anbot, bat ihn Śrī Kṛṣṇa, den Sohn Seines Lehrers zurückzugeben, der als Folge seiner Tätigkeiten zu ihm ins Reich des Todes gekommen war. „Du weißt, daß Ich der höchste Herrscher bin", sagte Kṛṣṇa, „und angesichts dieser Tatsache solltest du Mir den Sohn Meines Lehrers unverzüglich zurückgeben."

Yamarāja übergab der Höchsten Persönlichkeit Gottes daraufhin den Knaben, und Kṛṣṇa und Balarāma brachten diesen sogleich zu seinem Vater zurück. Sodann fragten die beiden Brüder Ihren Lehrer, ob er noch einen weiteren Wunsch habe, doch Sāndīpani Muni antwortete: „Meine lieben Söhne, Ihr habt genug für mich getan. Ich bin nun völlig zufrieden, denn was kann sich ein Mensch noch wünschen, der zwei Schüler wie Euch hat? Meine lieben Jungen, Ihr könnt nun nach Hause gehen. Eure ruhmvollen Taten werden für alle Zeiten überall auf der Welt bekannt sein. Ihr steht zwar über jeglicher Segnung, doch es ist meine Pflicht, Euch zu segnen. Daher gebe ich Euch die Segnung, daß alles, was Ihr jemals sprechen werdet, ewig frisch bleiben wird wie die Anweisungen der *Veden*. Eure Lehren werden nicht nur innerhalb dieses einen Universums oder nur in diesem einen Zeitalter geehrt werden, sondern an allen Orten und zu allen Zeiten. Sie werden in immer stärkerem Maße neu und bedeutsam bleiben." Wegen dieser Segnung Seines Lehrers ist Śrī Kṛṣṇas *Bhagavad-gītā* ewig in zunehmendem Maße frisch und lebendig, und sie ist nicht nur in diesem Universum, sondern auch in vielen anderen berühmt.

Auf die Anweisung Ihres Lehrers hin kehrten Kṛṣṇa und Balarāma unverzüglich in Ihrer Kutsche nach Hause zurück. Sie reisten mit der Geschwindigkeit des Windes und verursachten dabei Geräusche wie zusammenstoßende Wolken. Die Einwohner von Mathurā, die Kṛṣṇa und Balarāma schon seit langer Zeit nicht mehr gesehen hatten, waren bei Ihrer Heimkehr außer sich vor Freude. Sie fühlten sich so glücklich wie Menschen, die ihren verlorenen Besitz wiedererlangt haben.

Hiermit enden die Bhaktivedanta-Erläuterungen zum 44. Kapitel des Kṛṣṇa-Buches: „Kṛṣṇa bringt den Sohn Seines Lehrers zurück".

45 / Uddhava besucht Vṛndāvana

Nanda Mahārāja kehrte ohne Kṛṣṇa und Balarāma nach Vṛndāvana zurück. Er wurde nur von den Kuhhirten und den Kuhhirtenjungen begleitet. Die Enttäuschung der *gopīs*, Mutter Yaśodās, Śrīmatī Rādhārāṇīs und aller anderen Einwohner von Vṛndāvana war unbeschreiblich. Viele Gottgeweihte haben versucht klarzustellen, wie es zu verstehen ist, daß Kṛṣṇa von Vṛndāvana fern war, denn nach Ansicht der fortgeschrittenen Gottgeweihten verläßt Kṛṣṇa Vṛndāvana niemals auch nur mit einem Schritt. Er bleibt immer dort. Die Erklärung der gelehrten Gottgeweihten lautet, daß Kṛṣṇa in Wirklichkeit nicht von Vṛndāvana fernblieb. Er kehrte, wie versprochen, mit Nanda Mahārāja zurück.

Als Kṛṣṇa auf Akrūras Kutsche nach Mathurā fahren wollte und die *gopīs* sich Ihm in den Weg stellten, hatte Er ihnen versprochen, sofort zu ihnen zurückzukehren, wenn Seine Aufgabe in Mathurā erfüllt sei. Er hatte die Mädchen gebeten, nicht bekümmert zu sein, und hatte sie auf diese Weise beruhigen können. Da Er nun aber nicht mit Nanda Mahārāja zurückkehrte, sieht es so aus, als habe Er entweder die *gopīs* betrügen wollen oder dann Sein Versprechen nicht halten können. Erfahrene Gottgeweihte indessen haben erklärt, daß Kṛṣṇa niemals betrügt und auch niemals Sein Versprechen bricht. Kṛṣṇa in Seiner ursprünglichen Identität kehrte zusammen mit Nanda Mahārāja zurück und hielt Sich in Seiner *bhava*-Erweiterung bei den *gopīs* und Mutter Yaśodā auf. Kṛṣṇa und Balarāma blieben nicht in Ihrer ursprünglichen Form in Mathurā, sondern in Form Ihrer Erweiterungen als Vāsudeva und Saṅkarṣaṇa. Der wirkliche Kṛṣṇa und der wirkliche Balarāma befanden Sich in Ihrer *bhava*-Manifestation in Vṛndāvana, während Sie in Mathurā in Ihren *prabhava*- und *vaibhava*-Erweiterungen erschienen. Das ist die sachverständige Ansicht der fortgeschrittenen Geweihten Śrī Kṛṣṇas. Als sich Nanda Mahārāja zur Rückreise nach Vṛndāvana anschickte, hatte er mit Kṛṣṇa und Balarāma darüber gesprochen, ob Sie getrennt von ihm würden leben können. So waren sie schließlich alle übereingekommen, sich trotz allem zu trennen.

Vasudeva und Devakī waren die wirklichen Eltern von Kṛṣṇa und Balarāma, und jetzt, wo Kaṁsa tot war, wollten sie, daß die beiden bei ihnen blieben. Solange Kaṁsa gelebt hatte, hatten die beiden unter Nanda Mahārājas Obhut in Vṛndāvana gelebt, und so war es nur natürlich, daß Vasudeva und Devakī Kṛṣṇa und Balarāma bei sich behalten wollten, vor allem auch deshalb, weil sie ihre beiden Söhne in der Reinigungszeremonie, der Zeremonie der heiligen Schnur, einweihen lassen wollten. Außerdem wollten sie Ihnen eine gute Bildung zukommen lassen, denn dies ist die Pflicht eines jeden Vaters. Ein weiterer Gesichtspunkt war, daß alle Freunde von Kaṁsa, die mit ihm verbündet waren, planten, Mathurā anzugreifen. Schon aus diesem Grund mußte Kṛṣṇa in Mathurā bleiben, denn Er wollte nicht, daß Vṛndāvana von Feinden wie Dantavakra und Jarāsandha heimgesucht würde. Doch wenn Er nach Vṛndāvana ginge, würden sie nicht nur Mathurā, sondern auch Vṛndāvana angreifen und die Dorfbewohner in ihrem Frieden stören. Kṛṣṇa beschloß daher, in Mathurā zu bleiben, und so kehrte Nanda Mahārāja allein nach Vṛndāvana zurück. Obwohl die Einwohner von Vṛndāvana starke Trennungsgefühle hatten, war Kṛṣṇa ständig durch Seine *līlās*, Seine Spiele, bei ihnen gegenwärtig, und dies erfüllte sie mit ekstatischer Freude.

Seit Kṛṣṇa Vṛndāvana verlassen hatte und nach Mathurā gefahren war, hatten die Einwohner von Vṛndāvana, vor allem Mutter Yaśodā, Nanda Mahārāja, Śrīmatī Rādhārāṇī, die *gopīs* und die Kuhhirtenjungen, bei jedem Schritt nur noch an Kṛṣṇa gedacht: „Kṛṣṇa hat so viele Spiele ausgeführt. Kṛṣṇa spielte auf Seiner Flöte. Kṛṣṇa scherzte mit uns, und Kṛṣṇa umarmte uns." Dies wird *līlā-smaraṇa* genannt, und von allen Vorgängen, um die Gemeinschaft Kṛṣṇas zu erhalten, wird *līlā-smaraṇa* von den großen Gottgeweihten am meisten empfohlen. Selbst Śrī Caitanya genoß die *līlā-smaraṇa*-Gemeinschaft mit Kṛṣṇa, als Er in Purī lebte. Die Gottgeweihten, die die höchste Stufe des hingebungsvollen Dienstes und der Ekstase erreicht haben, leben jeden Augenblick in Kṛṣṇas Gemeinschaft, indem sie sich ununterbrochen an Seine Spiele erinnern. Śrīla Viśvanātha Cakravartī Ṭhākura hinterließ uns ein transzendentales Schriftwerk, den *Kṛṣṇa-bhāvanāmṛta*, der voller Beschreibungen von Kṛṣṇas Spielen ist. Die Gottgeweihten können immer in Gedanken bei Kṛṣṇa sein, indem sie solche Bücher lesen. Jedes Buch, das von Kṛṣṇas *līlās* handelt — auch das vorliegende *Kṛṣṇa-Buch* und unser Buch *Die Lehren Śrī Caitanyas* —, ist ein wirklicher Trost für alle Gottgeweihten, die die Trennung von Kṛṣṇa empfinden.

Zusammenfassend kann man also sagen, daß Kṛṣṇa und Balarāma, indem Sie nicht nach Vṛndāvana zurückkehrten, Ihr Versprechen in keiner Weise gebrochen haben, denn in Wirklichkeit waren Sie niemals von Vṛndāvana abwesend; auf der anderen Seite war aber auch Ihre Gegenwart in Mathurā vonnöten.

In der Zwischenzeit kam Uddhava, Kṛṣṇas Vetter, aus Dvārakā, um Kṛṣṇa zu besuchen. Uddhava war der Sohn von Vasudevas Bruder, und er befand sich ungefähr im gleichen Alter wie Kṛṣṇa. Außerdem sah er aufgrund seiner äußeren Erscheinung Kṛṣṇa zum Verwechseln ähnlich. Kṛṣṇa war gerade erst aus dem Haus Seines Lehrers zurückgekommen, und Er freute Sich natürlich sehr, Uddhava, Seinen liebsten Freund, zu sehen. So kam Ihm der Gedanke,

Uddhava mit einer Botschaft nach Vṛndāvana zu schicken, um dadurch den Trennungsschmerz der Einwohner zu lindern.

In der *Bhagavad-gītā* heißt es: *ye yathā māṁ prapadyante* — Kṛṣṇa, der sehr empfänglich ist, kommt dem Gottgeweihten in dem Maße entgegen, wie dieser im hingebungsvollen Dienst Fortschritte macht. Die *gopīs* dachten vierundzwanzig Stunden am Tag voller Trennungsgefühle an Kṛṣṇa. Ebenso dachte auch Kṛṣṇa immer an die *gopīs*, Mutter Yaśodā, Nanda Mahārāja und die Einwohner von Vṛndāvana, obwohl Er ihnen fern zu sein schien. Er konnte verstehen, wie groß ihr transzendentaler Schmerz war, und daher wollte Er sogleich Uddhava nach Vṛndāvana schicken, um sie mit einer Botschaft zu trösten.

Uddhava wird als die erhabenste Persönlichkeit der Vṛṣṇi-Dynastie beschrieben, und er ist fast ebenso erhaben wie Kṛṣṇa. Er war ein großer Freund des Herrn, und weil er ein direkter Schüler Bṛhaspatis, des Lehrers und Priesters der himmlischen Planeten, war, besaß er große Intelligenz und verfügte über eine scharfe Entschlußkraft. Was seine geistigen Fähigkeiten betraf, so war er ebenfalls hochbegabt. Kṛṣṇa, der Uddhava als enger Freund sehr zugetan war, wollte ihn nach Vṛndāvana schicken, um ihm so die Gelegenheit zu geben, die erhabenste Form des hingebungsvollen Dienstes auf der Stufe der Ekstase, wie er in Vṛndāvana ausgeführt wird, zu studieren. Selbst jemand, der eine vorzügliche materielle Bildung hat oder sogar ein Schüler Bṛhaspatis ist, muß von den *gopīs* und den anderen Bewohnern Vṛndāvanas lernen, wie man Kṛṣṇa auf der höchsten Ebene lieben kann. Als Kṛṣṇa Uddhava daher mit einer Botschaft nach Vṛndāvana schickte, um die Einwohner des Dorfes zu trösten, erwies Er Seinem Freund eine besondere Gunst.

Ein anderer Name Śrī Kṛṣṇas lautet Hari, was soviel bedeutet wie „derjenige, der alle Leiden von den Ihm ergebenen Seelen nimmt". Śrī Caitanya sagt, daß es niemals, zu keiner Zeit, eine Art der Verehrung geben kann, die so erhaben ist wie diejenige der *gopīs*. Weil Sich Kṛṣṇa große Sorgen um die betrübten *gopīs* machte, wandte Er Sich an Uddhava und bat ihn höflich, nach Vṛndāvana zu gehen. Er schüttelte Uddhava die Hand und sagte zu ihm: „Lieber, gütiger Freund, bitte begib dich unverzüglich nach Vṛndāvana, und versuche, Meinen Vater Nanda Mahārāja und Meine Mutter Yaśodādevī sowie auch die *gopīs* zu beruhigen. Sie sind in tiefen Kummer versunken, als würden sie von großen Schmerzen aufgezehrt. Geh also bitte zu ihnen und überbringe ihnen diese Botschaft. Ich hoffe, daß ihr Schmerz dadurch ein wenig gelindert werden kann. Die *gopīs* sind ständig in Gedanken an Mich vertieft, und sie haben Mir ihren Körper, ihre Wünsche, ihr Leben und ihre Seele geweiht. Doch Ich kümmere Mich nicht nur um die *gopīs*, sondern auch um jeden anderen, der Gesellschaft, Freundschaft, Liebe und persönliche Annehmlichkeiten für Mich opfert. Es ist Meine Pflicht, solche hervorragenden Gottgeweihten zu beschützen. Die *gopīs* sind Mir am liebsten, denn sie denken ständig so sehr an Mich, daß sie von Sehnsucht überwältigt werden und aufgrund des Trennungsschmerzes fast sterben. Sie halten sich nur noch durch die Hoffnung am Leben, daß Ich bald zu ihnen zurückkehren werde."

Als Uddhava Kṛṣṇas Bitte vernahm, stieg er sofort auf seinen Wagen und fuhr los, um Kṛṣṇas Botschaft nach Gokula zu bringen. Er erreichte Vṛndāvana bei Sonnenuntergang, als die Kühe gerade von den Weidegründen heimkehrten, und Uddhava wurde zusammen mit seinem Wagen von dem Staub bedeckt, den die Kühe mit ihren Hufen aufwirbelten. Er sah, wie Stiere Kühen zur Paarung nachliefen, und es gab Kühe, die mit prallgefüllten Eutern hinter ihren Kälbern herliefen, um sie mit Milch zu tränken. Im ganzen Land von Vṛndāvana waren unzählige weiße Kühe mit ihren Kälbern zu sehen, und auch in Gokula selbst liefen überall Kühe umher, und dazu war das Geräusch des Melkens zu hören. Jedes Haus in Vṛndāvana war zur Verehrung des Sonnengottes und des Feuergottes wie auch für den Empfang von Gästen, Kühen, *brāhmaṇas* und Halbgöttern geschmückt. In jedem Haus brannten Lampen, und zur Weihung der Atmosphäre waren Räucherstäbchen entzündet worden. Überall in Vṛndāvana waren herrliche Gärten zu sehen, und die Luft war von den Geräuschen der Bienen und Vögel erfüllt. Die Seen waren mit Lotosblumen übersät, zwischen denen Enten und Schwäne umherschwammen.

Als Uddhava das Haus von Nanda Mahārāja betrat, wurde er als Abgesandter Vāsudevas empfangen. Nanda Mahārāja bot ihm einen Platz an und setzte sich zu ihm, um Neues über Kṛṣṇa, Balarāma und die anderen Verwandten in Mathurā zu erfahren. Er wußte, daß Uddhava ein vertrauter Freund Kṛṣṇas war und daher mit guten Nachrichten gekommen sein mußte. Deshalb fragte er: „Mein lieber Uddhava, wie geht es meinem Freund Vasudeva? Er wurde doch aus Kaṁsas Gefängnis befreit und ist nun wieder mit seinen Freunden und seinen Kindern, Kṛṣṇa und Balarāma, zusammen. Bestimmt ist er deshalb sehr glücklich. Bitte erzähle uns, was er macht und wie es ihm geht. Auch wir sind sehr erleichtert, daß Kaṁsa, der sündigste Dämon, der jemals lebte, nun endlich sein Ende gefunden hat. Er war der Familie der Yadus, ihren Freunden und ihren Verwandten ständig feindlich gesinnt. Nun mußte er zusammen mit seinen Brüdern für die begangenen Sünden mit dem Leben büßen.

Bitte verrate uns, ob Sich Kṛṣṇa noch manchmal an Seinen Vater und Seine Mutter und Seine Spielgefährten und Freunde in Vṛndāvana erinnert. Denkt Er zuweilen noch an Seine Kühe, Seine *gopīs*, Seinen Govardhana-Hügel und Seine Weidegründe in Vṛndāvana? Oder hat Er sie alle schon vergessen? Besteht irgendeine Möglichkeit, daß Er noch einmal zu Seinen Freunden und Verwandten zurückkommt, so daß wir Sein bezauberndes Gesicht mit der hervorstehenden Nase und den lotosgleichen Augen wiedersehen können? Wir denken oft daran, wie Er uns vor dem Waldbrand rettete und wie Er die Riesenschlange Kāliya in der Yamunā und viele andere Dämonen bezwang, um uns zu beschützen. Wir sind Ihm alle so zu Dank verpflichtet, denn Er stand uns bei all den zahllosen Gefahren schützend zur Seite. Mein lieber Uddhava, wenn wir an Kṛṣṇas schönes Gesicht und Seine Augen sowie an Seine vielen Taten, die Er hier in Vṛndāvana vollbrachte, denken, übermannt uns die Erinnerung so sehr, daß wir regungslos verharren. Wir denken einfach nur an Kṛṣṇa, wie Er lächelte und wie Er uns anblickte. Wenn wir zum Ufer der Yamunā gehen oder zu den Seen von

Vṛndāvana, zum Govardhana-Hügel oder auf die Weidegründe, finden wir immer noch die Abdrücke von Kṛṣṇas Lotosfüßen auf der Oberfläche der Erde, und die Erinnerung steigt in uns hoch, wie Er an diesen Orten gespielt hat, denn Er hat sie oft besucht. Wenn Kṛṣṇa auf diese Weise in unserer Erinnerung sichtbar wird, versinken wir augenblicklich in Gedanken an Ihn.

Wir vermuten daher, daß Kṛṣṇa und Balarāma führende Halbgötter von den himmlischen Planeten sind, die wie gewöhnliche Knaben unter uns erschienen sind, um besondere Pflichten auf der Erde zu erfüllen. Dies wurde auch von Gargamuni vorausgesagt, als er Kṛṣṇas Horoskop erstellte. Wenn Kṛṣṇa keine große Persönlichkeit wäre, wie hätte Er dann Kaṁsa töten können, der die Kraft von zehntausend Elefanten besaß? Dazu wurde Kaṁsa noch von starken Ringkämpfern und vom gigantischen Elefanten Kuvalayāpīḍa unterstützt. Doch Kṛṣṇa tötete all diese Tiere und Dämonen, genau wie ein Löwe ein unbedeutendes Beutetier reißt. Ist es nicht wundervoll, wie Kṛṣṇa mit nur einer Hand den großen, schweren Bogen nahm, der aus drei zusammengebundenen Palmen bestand, und ihn ohne weiteres zerbrach? Grenzt es nicht an ein Wunder, daß Er sieben Tage lang den Govardhana-Hügel auf einem Finger trug? Und ist es nicht auch ein großes Wunder, daß Er all die Dämonen, wie Pralambāsura, Dhenukāsura, Ariṣṭāsura, Tṛṇāvarta und Bakāsura, vernichtete? Sie alle waren so stark, daß sich selbst die Halbgötter auf den himmlischen Planeten vor ihnen fürchteten; doch Kṛṣṇa tötete sie mit spielerischer Leichtigkeit."

Während Nanda Mahārāja von den außerordentlichen Taten Kṛṣṇas erzählte, stockte seine Stimme, und er war nicht mehr in der Lage, weiterzusprechen. Mutter Yaśodā saß die ganze Zeit neben ihrem Mann und hörte den Schilderungen der Spiele Kṛṣṇas wortlos zu. Sie weinte ununterbrochen, und Milch floß aus ihren Brüsten. Als Uddhava sah, wie Mahārāja Nanda und Yaśodā völlig in Gedanken an Kṛṣṇa, die Höchste Persönlichkeit Gottes, versunken waren und welch große Zuneigung sie für Ihn empfanden, wurde auch er bewegt, und er sagte: „Liebe Mutter Yaśodā und lieber Nanda Mahārāja, niemand unter den Menschen ist so großer Achtung würdig wie ihr, denn niemand außer euch kann in solch transzendentaler Ekstase über Kṛṣṇa meditieren."

Balarāma und Kṛṣṇa sind beide die ursprüngliche Persönlichkeit Gottes, von der die kosmische Manifestation ausgeht. Sie sind allen Persönlichkeiten übergeordnet, und Sie sind die effektive Ursache der materiellen Schöpfung. Die materielle Natur wird von den *puruṣa*-Inkarnationen gelenkt, die ihrerseits alle unter der Aufsicht Kṛṣṇas und Balarāmas stehen. In Ihrer Teilrepräsentation gehen Sie in die Herzen aller Lebewesen ein. Sie sind der Ursprung allen Wissens und allen Vergessens. Dies wird im Fünfzehnten Kapitel der *Bhagavad-gītā* bestätigt, wo der Herr sagt: „Ich weile im Herzen eines jeden Lebewesens, und von Mir kommen Erinnerung und Vergessen. Ich bin der ursprüngliche Verfasser des *Vedānta*, und Ich bin es, der die *Veden* tatsächlich kennt." Uddhava fuhr fort: „Wenn ein Mensch zum Zeitpunkt des Todes seinen geläuterten Geist auf Kṛṣṇa zu richten vermag, selbst wenn es nur für einen Moment ist, ist er geeignet, seinen materiellen Körper hinter sich zu lassen und in seinem ursprünglichen spirituellen Körper zu erscheinen, genau wie die Sonne am Morgen aufgeht und alles erleuchtet. Wer auf diese Weise aus dem Leben scheidet, gelangt augenblicklich in das spirituelle Königreich, Vaikuṇṭha."

Das ist das Ergebnis des Vorgangs des Kṛṣṇa-Bewußtseins. Wenn wir in unserem gegenwärtigen Körper Kṛṣṇa-Bewußtsein praktizieren, während wir in guter körperlicher und geistiger Verfassung sind, wird es uns einfach durch das Chanten des heiligen *mahā-mantra*, Hare Kṛṣṇa, möglich sein, unsere Gedanken zum Zeitpunkt des Todes auf Kṛṣṇa zu richten. Gelingt uns dies, so wird unser Leben ohne Zweifel zum Erfolg gelangen. Bleibt unser Geist jedoch mit Bemühungen um materiellen Genuß beschäftigt, werden wir natürlich auch zum Zeitpunkt des Todes an solche fruchtbringenden Tätigkeiten denken und gezwungen sein, erneut in einen materiellen, bedingten Körper einzugehen und weiterhin den dreifachen Leiden des materiellen Daseins unterworfen zu sein. Die Einwohner von Vṛndāvana, wie Nanda Mahārāja, Mutter Yaśodā und die *gopīs*, befinden sich auf der vollkommenen Stufe, immer ins Kṛṣṇa-Bewußtsein versunken zu sein, und wenn wir einfach ihrem Beispiel folgen, selbst in einem verhältnismäßig geringen Ausmaß, wird unserem Leben Erfolg beschieden sein, und wir erreichen das spirituelle Königreich, Vaikuṇṭha.

„Liebe Mutter Yaśodā und lieber Nanda Mahārāja", fuhr Uddhava fort, „ihr habt euren Geist ausschließlich auf die transzendentale Gestalt der Höchsten Persönlichkeit Gottes, Nārāyaṇa, gerichtet. Nārāyaṇa ist die Ursache des unpersönlichen Brahmans, das nichts anderes ist als die Ausstrahlung, die von Seinem Körper ausgeht. Da ihr ständig, in Ekstase versunken, an Kṛṣṇa und Balarāma denkt, kann es keine andere Pflicht geben, die ihr noch verrichten müßtet. Ich habe euch eine Botschaft von Kṛṣṇa mitzuteilen. Er sagt, Er werde bald nach Vṛndāvana zurückkehren und euch beide durch Seine persönliche Anwesenheit erfreuen. Kṛṣṇa hat euch versprochen, nach Vṛndāvana zurückzukehren, wenn Er Seine Aufgaben in Mathurā erfüllt hat. Ganz bestimmt wird Er dieses Versprechen halten. Ich bitte euch daher, die ihr so sehr vom Glück begünstigt seid, nicht länger über Kṛṣṇas Abwesenheit bekümmert zu sein.

Ihr seid euch bereits vierundzwanzig Stunden am Tag über Seine Gegenwart bewußt, aber trotzdem wird Er sehr bald zu euch zurückkehren. Eigentlich ist Er allgegenwärtig, und Er weilt im Herzen eines jeden, genauso wie das Feuer im Holz gegenwärtig ist. Da Kṛṣṇa die Überseele ist, ist niemand Sein Feind, und niemand Sein Freund; niemand kommt Ihm gleich, und niemand ist niedriger oder höher als Er. In Wirklichkeit hat Er weder Vater noch Mutter, noch Bruder, noch irgendwelche anderen Verwandten, und ebenso braucht Er weder Gesellschaft, Freundschaft noch Liebe. Er hat keinen materiellen Körper; Er wird auch niemals geboren wie ein gewöhnlicher Mensch. Er erscheint nicht in höheren oder niederen Lebensformen, wie es gewöhnliche Lebewesen tun, die aufgrund ihrer früheren Handlungen zur Geburt gezwungen werden. Vielmehr erscheint Er durch Seine innere Energie, nur um Seine Geweihten zu beschützen. Er wird niemals von den Erscheinungsweisen der materiellen Natur berührt, obwohl Er Sich, wenn Er in die materielle Welt herabkommt, scheinbar wie ein gewöhnliches Lebewesen verhält, das unter dem Einfluß der materiellen Erscheinungsweisen steht. In Wirklichkeit jedoch ist Er der Gebieter über die gesamte materielle Schöpfung, und deshalb gerät Er niemals unter den Einfluß der Erscheinungsweisen der materiellen Natur. Er ist der Schöpfer, Erhalter und Zerstörer des gesamten Kosmos. Irrtümlicherweise halten wir Kṛṣṇa und Balarāma für gewöhnliche menschliche Wesen; wir sind wie Menschen, die unter Schwindelanfällen glauben, die ganze Welt drehe sich um sie. Der Herr, die Persönlichkeit Gottes, ist niemandes Sohn. Er ist vielmehr der Vater, die Mutter und der höchste Kontrollierende eines jeden. Darüber besteht kein Zweifel. Alles, was wir wahrnehmen; alles, was wir nicht wahrnehmen; alles, was bereits existiert; alles, was einmal existiert hat; alles, was noch in Zukunft existieren wird; alles, vom Kleinsten bis zum Größten, ist immer mit dem Höchsten Herrn verbunden. Nichts ist von Ihm getrennt, und nichts befindet sich außerhalb von Ihm. Alles ruht in Ihm, und trotzdem steht Er über allem Manifestierten."

Auf diese Weise sprachen Nanda und Uddhava während der ganzen Nacht über Kṛṣṇa. Am nächsten Morgen bereiteten die *gopīs* die *maṅgala-ārati*-Zeremonie vor, indem sie Lampen anzündeten und mit Joghurt vermischte Butter versprengten. Gleich nach der Morgen-*ārati* begannen sie, frischen Joghurt zu Butter zu kirnen, und das Leuchten der Lampen spiegelte sich auf den Schmuckstücken der *gopīs*, wodurch ihre Schmuckstücke noch heller erstrahlten. Mit rhythmischen Armbewegungen drehten die *gopīs* den Butterquirl, und im Takt dazu tanzten ihre Ohrringe, ihre Armreife und ihre Brüste, und der *kuṅkuma*-Puder verlieh ihren Gesichtern ein safranfarbenes Leuchten, das der aufgehenden Sonne glich. Während sie durch das Butterkirnen verschiedene Geräusche erzeugten, besangen sie die Herrlichkeiten Kṛṣṇas, und diese beiden Klänge vereinigten sich, stiegen in den frühmorgendlichen Himmel auf und heiligten die ganze Atmosphäre. Nach Sonnenaufgang gingen die *gopīs*, wie jeden Tag, zu Nanda Mahārāja und Mutter Yaśodā, um ihnen ihre Ehrerbietungen zu erweisen. Doch als sie Uddhavas goldene Kutsche sahen, die vor dem Tor stand, waren sie sehr erstaunt und fragten sich, was dies zu bedeuten habe und wem sie wohl gehöre. Einige fragten sich, ob Akrūra, der Kṛṣṇa abgeholt hatte, wieder zurückgekehrt sei. Beim Gedanken an Akrūra hatten die *gopīs* immer gemischte Gefühle, denn dieser war in Kaṁsas Auftrag gekommen, um Kṛṣṇa in die Stadt Mathurā zu holen. Alle *gopīs* befürchteten, daß Akrūra gekommen sein könnte, um erneut einen grausamen Plan auszuführen. Doch gleichzeitig dachten sie: „Wir sind nur noch tote Körper ohne unseren höchsten Meister, Kṛṣṇa. Was könnte Akrūra unserem toten Körper noch zufügen?" Während sie auf diese Weise untereinander Vermutungen anstellten, beendete Uddhava seine morgendlichen Waschungen, seine Gebete und sein Chanten und trat dann vor die *gopīs*.

Hiermit enden die Bhaktivedanta-Erläuterungen zum 45. Kapitel des Kṛṣṇa-Buches: „Uddhava besucht Vṛndāvana".

46 / Kṛṣṇas Botschaft an die gopīs

Als die *gopīs* Uddhava sahen, bemerkten sie, daß er fast genauso aussah wie Kṛṣṇa, und daran erkannten sie, daß er ein großer Geweihter Kṛṣṇas sein mußte. Er hatte sehr lange Hände, und seine Augen glichen den Blütenblättern einer Lotosblume. Mit seinem gelben Gewand, seiner Girlande aus Lotosblumen und seinem außergewöhnlich schönen Gesicht sah Uddhava fast genau gleich aus wie Kṛṣṇa; er hatte die *sārūpya*-Befreiung erlangt, weshalb er die gleichen körperlichen Merkmale aufwies wie der Herr. In Kṛṣṇas Abwesenheit hatten es sich die *gopīs* zur Pflicht gemacht, frühmorgens Mutter Yaśodā mit einem Besuch zu ehren. Sie wußten, daß Nanda Mahārāja und Mutter Yaśodā sehr bekümmert waren, und daher sahen sie es als ihre erste Pflicht an, diesem Elternpaar, den ehrwürdigsten Persönlichkeiten von Vṛndāvana, täglich ihre Achtung zu erweisen. Wenn Nanda und Yaśodā Kṛṣṇas Freundinnen sahen, wurden sie an Kṛṣṇa Selbst erinnert und dadurch ein wenig getröstet, und auch die *gopīs* freuten sich jedesmal sehr, wenn sie Nanda und Yaśodā sahen.

Als die *gopīs* sahen, daß Uddhava Kṛṣṇa sogar in seinem Äußeren glich, kamen sie zu dem Schluß, daß er eine der Höchsten Persönlichkeit Gottes völlig ergebene Seele sein müsse. Sie fragten sich daher: „Wer ist dieser Jüngling nur, der so aussieht wie Kṛṣṇa? Seine Augen gleichen ebenfalls den Blütenblättern einer Lotosblume, er hat die gleiche hervorstehende Nase und das gleiche schöne Antlitz, und er lächelt genauso bezaubernd wie Kṛṣṇa. Er gleicht in jeder Beziehung Kṛṣṇa, Śyāmasundara, dem schönen schwärzlichen Jüngling. Er ist sogar genau wie Kṛṣṇa gekleidet. Woher kommt er? Wer ist das glückliche Mädchen, das ihn zum Gemahl hat?" So sprachen sie untereinander. Die *gopīs* waren sehr begierig, etwas über Uddhava zu erfahren, und weil sie einfache, unkomplizierte Dorfmädchen waren, drängten sie sich neugierig um Uddhava.

Als die *gopīs* erfuhren, daß Uddhava eine Botschaft von Kṛṣṇa mit sich brachte, freuten sie sich sehr, und so führten sie ihn an einen ruhigen Ort, wo sie ihn baten, sich niederzusetzen. Sie wollten völlig ungestört mit Uddhava sprechen, ohne vor fremden Zuhörern in Verlegenheit geraten zu müssen. Sie hießen ihn mit höflichen Worten und in großer Ergebenheit willkommen. „Uns ist bekannt, daß du ein enger Vertrauter von Kṛṣṇa bist und daß Er dich deshalb hierher nach Vṛndāvana geschickt hat, um Seinen Vater und Seine Mutter zu trösten. Die Zuneigung zur eigenen Familie ist sehr stark. Sogar große Weise, die in den Lebensstand der Entsagung getreten sind, sind nicht in der Lage, ihre Familie völlig aufzugeben. Sicherlich hat Kṛṣṇa dich aus diesem Grund zu Seinem Vater und Seiner Mutter geschickt, denn ansonsten ist Ihm nichts mehr an Vṛndāvana gelegen. Nun, wo Er in der Stadt lebt, können Ihm das Dorf Vṛndāvana und das Weideland der Kühe gleichgültig sein. Dies alles hat für Kṛṣṇa keinerlei Wert mehr, denn Er ist ein Stadtbewohner geworden.

Bestimmt macht Er Sich nichts aus denjenigen, die nicht zu Seinen Familienangehörigen zählen. Freundschaften mit Menschen, die außerhalb der Familie stehen, dauern nur so lange, wie man ein eigennütziges Interesse an ihnen hat. Warum sonst sollte man sich mit solchen Nicht-Familienmitgliedern abgeben, erst recht, wenn es sich dabei um verheiratete Frauen handelt? Kṛṣṇa interessiert Sich nur so lange für sie, wie sie Ihm für Seine Sinnenbefriedigung nützlich sind. Er ist wie die Biene, die nur so lange auf einer Blume sitzt, bis sie allen Honig eingesammelt hat. Es ist nur natürlich und psychologisch leicht erklärbar, daß eine Dirne ihren Liebhaber links liegen läßt, wenn er kein Geld mehr hat. Ebenso ist es mit den Bürgern, die ihr Land verlassen, wenn sie sehen, daß die Regierung nicht fähig ist, sie ausreichend zu beschützen. Ein Schüler bricht seine Beziehung zu Lehrern und Schule ab, sobald seine Ausbildung abgeschlossen ist. Wenn ein Priester von dem Tempelbesucher Geld bekommen hat, kümmert er sich nicht mehr um ihn. Wenn ein Baum all seine Früchte verloren hat, haben die Vögel kein Interesse mehr an ihm. Sobald ein Gast im Hause seines Wirtes gespeist hat, gibt er seine Beziehung zu ihm auf. Wenn nach einem Waldbrand kein frisches Gras mehr zu finden ist, verlassen die Rehe und die anderen Tiere den Wald. Ebenso trennt sich auch ein Mann wieder von seiner Freundin, wenn er ihre Gemeinschaft genug genossen hat." Auf diese Weise führten die *gopīs* viele Vergleiche an, mit denen sie Kṛṣṇa für Sein Verhalten ihnen gegenüber indirekt anklagen wollten.

Uddhava verstand, daß die *gopīs* von Vṛndāvana völlig in Gedanken an Kṛṣṇa und Seine Kindheitsspiele vertieft waren. Während sie mit Uddhava über Kṛṣṇa sprachen, vergaßen sie all ihre Haushaltspflichten. Und sie vergaßen sogar sich selbst, weil ihre Sehnsucht nach Kṛṣṇa immer stärker wurde.

Eine der *gopīs*, nämlich Śrīmatī Rādhārāṇī, war aufgrund Ihres engen, vertraulichen Umgangs, den Sie mit Kṛṣṇa gehabt hatte, so tief in Gedanken an Ihn versunken, daß Sie mit einer Hummel zu sprechen begann, die in Ihrer Nähe umherflog und versuchte, Ihre Lotosfüße zu berühren. Während eine andere *gopī* mit Kṛṣṇas Boten Uddhava sprach, hielt Śrīmatī Rādhārāṇī jene Hummel für einen Boten Kṛṣṇas und wandte Sich mit folgenden Worten an sie: „Hummel, du trinkst gern den Nektar aus den Blüten, und daher hat es dir gefallen, Kṛṣṇas Bote zu sein, der von gleichem Wesen ist wie du. Ich habe an deinem

Bart die Spuren von dem roten *kuṅkuma*-Puder entdeckt, der an Kṛṣṇas Blumengirlande haften blieb, als Er die Brust eines anderen Mädchens, das Meine Rivalin ist, an Sich drückte. Du bist bestimmt sehr stolz darauf, daß du diese Girlande berühren durftest, und dein Bart ist ganz rötlich geworden. Du bist hierhergekommen, um Mir eine Botschaft zu bringen. Du möchtest Meine Füße berühren, aber, Meine liebe Hummel, Ich warne dich: Rühr Mich nicht an! Ich möchte keine Botschaften von deinem flatterhaften Meister. Du bist der flatterhafte Diener eines flatterhaften Meisters." Es ist gut möglich, daß Śrīmatī Rādhārāṇī die Hummel absichtlich mit sarkastischen Worten anredete, um Kṛṣṇas Boten Uddhava zu tadeln. Indirekt betrachtete Sie nämlich Uddhava nicht nur als jemanden, der die gleichen körperlichen Merkmale wie Kṛṣṇa besitzt, sondern auch als jemanden, der Kṛṣṇa dem Wesen nach gleicht. So deutete Sie an, daß Uddhava genauso unzuverlässig sei wie Kṛṣṇa Selbst. Śrīmatī Rādhārāṇī wollte jedoch auch die genauen Gründe zu verstehen geben, weshalb Sie mit Kṛṣṇa und Seinen Boten unzufrieden war.

Sie sprach also weiter zur Hummel: „Dein Meister Kṛṣṇa hat genau das gleiche Wesen wie du. Du setzt dich auf eine Blume nieder, nimmst ein wenig Honig von ihr und fliegst gleich zur nächsten Blume, um dort von ihrem Honig zu kosten. Du bist genau wie dein Meister Kṛṣṇa. Er ließ Mich nur einmal die Berührung Seiner Lippen kosten, und dann verließ Er uns einfach. Ich weiß auch, daß die Glücksgöttin Lakṣmī, die im Herzen der Lotosblume lebt, sich ständig in Kṛṣṇas Dienst beschäftigt. Ich kann jedoch nicht verstehen, warum sie so von Kṛṣṇa betört worden ist und warum sie so sehr an Ihm hängt, obwohl sie Seinen wahren Charakter kennt. Vielleicht ist sie einfach von Kṛṣṇas lieblichen Worten betört worden und konnte deshalb nicht Sein wahres Wesen erkennen. Dagegen sind wir viel klüger, denn wir lassen uns nicht noch einmal von Kṛṣṇa oder Seinem Boten betrügen."

Nach Ansicht der vedischen Gelehrten ist die Glücksgöttin Lakṣmī eine untergeordnete Erweiterung Śrīmatī Rādhārāṇīs. So wie Kṛṣṇa unzählige Erweiterungen in Form der Viṣṇu-*murtis* besitzt, so hat auch Seine Freudenenergie, Rādhārāṇī, zahllose Erweiterungen in Form der Glücksgöttinnen. Daher sehnt sich die Glücksgöttin, Lakṣmījī, immer danach, die Stufe der *gopīs* zu erreichen.

Śrīmatī Rādhārāṇī fuhr fort: „Du einfältige Hummel, du versuchst Mich froh zu stimmen und eine Belohnung dafür zu bekommen, indem du Kṛṣṇas Herrlichkeit besingst, doch du bemühst dich vergeblich. Wir besitzen nichts mehr, und wir sind getrennt von unserem Zuhause und unseren Familien. Außerdem kennen wir Kṛṣṇa sehr gut, sogar noch besser als du. Was immer du also über Ihn erzählen wirst, sind alte Geschichten für uns. Kṛṣṇa hält Sich nun in der Stadt auf, wo Ihn alle als Arjunas Freund kennen. Er hat nun viele neue Freundinnen, die in Seiner Gemeinschaft gewiß sehr glücklich sind. Sie sind glücklich, weil Kṛṣṇa das lustvoll brennende Gefühl in ihren Brüsten gestillt hat. Wenn du zu ihnen gehst und dort Kṛṣṇa preist, wirst du bestimmt mehr Erfolg haben, und du wirst sogar eine Belohnung bekommen. Du versuchst Mich durch Schmeicheleien zu trösten, und deshalb hast du deinen Kopf unter Meine Füße gelegt. Aber Ich durchschaue deinen Trick, weiß Ich doch, daß du von einem großen Schwindler, Kṛṣṇa, geschickt worden bist. Deshalb verlaß Mich bitte.

Ich kann Mir denken, daß du sehr geschickt darin bist, zwei Streitende miteinander zu versöhnen, doch gleichzeitig muß Ich dir sagen, daß Ich sowohl dir als auch deinem Meister, Kṛṣṇa, nicht mehr vertrauen kann. Wir haben unsere Familien, Ehemänner, Kinder und alle Verwandten nur wegen Kṛṣṇa verlassen, aber Er fühlte Sich uns gegenüber nicht im geringsten verpflichtet und hat uns unserem Schicksal überlassen. Denkst du also, daß wir Ihm jemals wieder unser Vertrauen schenken würden? Wir wissen, daß Kṛṣṇa nicht lange ohne die Gemeinschaft junger Frauen leben kann. Das ist Sein Wesen. Er dürfte jedoch in Mathurā auf einige Schwierigkeiten stoßen, denn Er ist jetzt nicht mehr im Dorf unter unschuldigen Kuhhirtenmädchen. Er verkehrt nun in aristokratischen Kreisen, und daher fällt es Ihm sicherlich nicht leicht, mit den jungen Mädchen dort Freundschaft zu schließen. Vielleicht bist du deshalb nach Vṛndāvana gekommen, um wieder für Ihn zu freien oder um uns nach Mathurā zu holen. Doch warum sollte Kṛṣṇa erwarten, daß wir nach Mathurā kommen? Er ist in der Lage, nicht nur die Mädchen von Vṛndāvana oder Mathurā zu betören, sondern alle Frauen im ganzen Universum. Sein wundervolles Lächeln ist so bezaubernd und die Bewegung Seiner Augenbrauen so schön, daß Er jede Frau von den himmlischen, den mittleren und den plutonischen Planeten zu Sich rufen kann. Mahā-Lakṣmī, die hervorragendste aller Glücksgöttinnen, sehnt sich ebenfalls ständig danach, Ihm einen kleinen Dienst darbringen zu dürfen. Wer sind wir schon im Vergleich zu all diesen Frauen des Universums? Wir sind unbedeutend.

Kṛṣṇa bezeichnet Sich Selbst als sehr großherzig, und Er wird von großen Heiligen gepriesen. Doch wenn Er Seine guten Eigenschaften tatsächlich unter Beweis stellen möchte, dann würde Er ein wenig Mitleid mit uns haben, denn wir sind von Ihm mit Füßen getreten und vernachlässigt worden. Du armer Bote, du bist einfach nur ein Diener mit wenig Intelligenz. Du weißt nicht viel über Kṛṣṇa, wie undankbar und hartherzig Er gewesen ist — nicht nur in diesem, sondern auch in Seinen früheren Leben. Unsere Großmutter Paurṇamāsī hat uns dies alles erzählt. Sie hat uns verraten, daß Kṛṣṇa vor Seiner jetzigen Geburt in einer *kṣatriya*-Familie erschienen war und Rāmacandra hieß. Damals tötete Er Vāli, einen Feind Seines Freundes, hinterlistig wie ein Jäger, statt ihn auf eine Art zu besiegen, die sich für einen *kṣatriya* geziemt. Der Jäger sucht sich ein sicheres Versteck und erlegt von dort aus ein Tier, ohne ihm gegenüberzutreten. Rāmacandra hätte also wie ein richtiger *kṣatriya* mit Vāli Mann gegen Mann kämpfen müssen, doch auf den Rat Seines Freundes hin tötete Er Seinen Gegner aus dem Hinterhalt, indem Er Sich hinter einem Baum versteckte. Somit verletzte Er die religiösen Prinzipien der *kṣatriyas*. Außerdem war Er so sehr von der Schönheit einer Frau namens Sītā betört, daß Er Śūrpaṇakhā, die Schwester Rāvaṇas, verunstaltete, indem Er ihre Nase und ihre Ohren abschnitt. Śūrpaṇakhā hatte Ihm nämlich einen Antrag gemacht, und als *kṣatriya* hätte Rāmacandra ihren Wunsch erfüllen müssen. Doch Er war so selbstsüchtig, daß Er

Śītādevī nicht vergessen konnte und deshalb Śūrpaṇakhās Gesicht entstellte. Vor Seinem Leben als *kṣatriya* war Er als *brāhmaṇa*-Knabe namens Vāmanadeva geboren worden und hatte damals Bali Mahārāja um eine kleine Spende gebeten. Der König war so großzügig, Ihm alles zu geben, was er besaß, doch Kṛṣṇa als Vāmanadeva nahm ihn, undankbar wie Er ist, wie eine Krähe gefangen und stieß ihn in das Pātāla-Königreich hinab. Wir kennen Kṛṣṇa sehr gut und wissen ganz genau, wie undankbar Er ist. Doch hier beginnt unsere Schwierigkeit: Obwohl Er so grausam und hartherzig ist, fällt es uns sehr schwer, nicht mehr über Ihn zu sprechen. Und wir sind nicht die einzigen, die nicht aufhören können, über Ihn zu sprechen, ja selbst die großen Weisen und Heiligen sprechen ständig über Ihn. Wir *gopīs* von Vṛndāvana wollen nichts mehr mit diesem blauschwarzen Jüngling zu tun haben, doch ehrlich gesagt wissen wir nicht, wie es uns jemals gelingen soll, aufzuhören, uns an Ihn zu erinnern und über Seine Taten zu sprechen."

Weil Kṛṣṇa absolut ist, ist es genauso schön, über Seine scheinbar unbarmherzigen Taten zu hören wie über Seine barmherzigen. Heilige und große Gottgeweihte wie die *gopīs* können sich niemals von Kṛṣṇa abwenden. Śrī Caitanya sagt deshalb in einem Gebet: „Kṛṣṇa, Du bist frei und in jeder Beziehung unabhängig. Du kannst mich umarmen und unter Deinen Füßen zertreten — ganz wie es Dir beliebt. Du kannst mir das Herz brechen, indem Du Dich mir während meines ganzen Lebens niemals zeigst, aber trotz allem bleibst Du das einzige Ziel meiner Liebe."

„Meiner Meinung nach", fuhr Śrīmatī Rādhārāṇī fort, „sollte man am besten gar nicht erst von Kṛṣṇa hören, denn sowie ein Tropfen des Nektars Seiner transzendentalen Spiele in das Ohr dringt, wird man augenblicklich über die Dualität von Zuneigung und Widerwillen erhoben, und wenn man auf diese Weise völlig von der Verunreinigung materieller Anhaftung befreit ist, gibt man die Anhaftung an die materielle Welt, an Familie, Zuhause, Frau, Kinder und alles andere, was jedem Menschen materiell lieb ist, auf. Wenn man dann aller materiellen Besitztümer beraubt ist, macht man seine Verwandten und sich selbst unglücklich. In diesem Zustand sucht man dann ständig nach Kṛṣṇa, sowohl als Mensch als auch in anderen Lebensformen, sogar als Vogel, und führt freiwillig das Leben eines Wandermönchs. Es ist sehr schwierig, Kṛṣṇa, Seinen Namen, Seine Eigenschaften, Seine Gestalt, Seine Spiele, Seine Umgebung und alles, was sonst noch mit Ihm verbunden ist, wirklich zu verstehen."

Darauf sagte Śrīmatī Rādhārāṇī zu dem schwarzen Boten Kṛṣṇas: „Bitte sprich nicht mehr über Kṛṣṇa. Es ist besser, über etwas anderes zu reden. Wir *gopīs* sind bereits verloren, genau wie die schwarzgefleckten Rehe im Wald, die von den süßen Melodien des Jägers angelockt worden sind. Wir sind nämlich von den süßen Worten Kṛṣṇas angelockt worden und müssen immer wieder an das Glänzen Seiner Zehennägel denken. Mehr und mehr verlangt es uns danach, mit Ihm zusammenzusein, und deshalb bitte Ich dich: Sprich nicht mehr von Kṛṣṇa."

Rādhārāṇīs Gespräch mit der Hummel, die Sie für einen Boten hielt, und die

Art und Weise, wie Sie Sich einerseits über Kṛṣṇa beklagte und andererseits trotzdem nicht aufhören konnte, über Ihn zu sprechen, sind Symptome der höchsten transzendentalen Ekstase, die man *mahā-bhāva* nennt. Diese Ekstase der *mahā-bhāva* kann sich nur in Rādhārāṇī und Ihren Gefährtinnen manifestieren. Große *ācāryas*, wie Śrīla Rūpa Gosvāmī und Śrīla Viśvanātha Cakravartī Ṭhākura, haben diese *mahā-bhāva*-Reden Śrīmatī Rādhārāṇīs analysiert und die verschiedenen Gemütszustände Rādhārāṇīs beschrieben, wie zum Beispiel *udghūrṇā*, Verwirrung, und *jalpa-pratijalpa*, das Sprechen in unterschiedlichen Haltungen. Dazu finden wir in Rādhārāṇī auch die Symptome von *ujjvala*, dem strahlendsten Juwel der Liebe zu Gott. Während Rādhārāṇī so mit der Hummel redete, entschwand diese plötzlich Ihren Augen. In Ihrer Trennung von Kṛṣṇa war Rādhārāṇī voller Klagen gewesen, und daher empfand Sie große Ekstase, als Sie mit der Hummel sprechen konnte. Als die Hummel dann aber plötzlich verschwand, wurde Sie fast wie von Sinnen, denn Sie befürchtete, der Hummelbote könnte zu Kṛṣṇa zurückkehren und Ihm alles verraten, was Sie gegen Ihn gesagt hatte. Sie dachte: „Kṛṣṇa ist bestimmt sehr betrübt, wenn Er Meine Klagen vernimmt." Auf diese Weise wurde Sie von einer anderen Art der Ekstase überwältigt.

Unterdessen erschien die Hummel, die nur ein wenig umhergeflogen war, wieder vor Ihr. „Kṛṣṇa ist Mir nicht böse", sagte Sich Rādhārāṇī sogleich. „Obwohl Sein Bote Meine verletzenden Worte überbracht hat, war Er so gütig, die Hummel wieder zu Mir zu schicken, damit sie Mich zu Ihm bringt." Diesmal war Śrīmatī Rādhārāṇī sehr darauf bedacht, nichts gegen Kṛṣṇa zu sagen. „Mein lieber Freund, sei Mir willkommen", sprach Sie. „Es war sehr gütig von Kṛṣṇa, dich wieder hierherzuschicken. Kṛṣṇa ist so gütig und zuneigungsvoll zu Mir, daß Er dich glücklicherweise wieder hierhersandte, obgleich du Ihm Meine abweisenden Worte überbracht hast. Mein lieber Freund, du kannst Mich um alles bitten, was du möchtest. Ich werde dir alles geben, weil du so freundlich zu Mir bist. Du bist gekommen, um Mich zu Kṛṣṇa zu bringen, denn Er kann Mathurā nicht verlassen, wo Er von vielen neuen Freundinnen umgeben wird. Aber du bist ja nur ein kleines Bienlein, wie könntest du Mich dorthintragen? Wie willst du Mir helfen, Kṛṣṇa zu treffen, der nun neben der Glücksgöttin liegt und sie an Seine Brust drückt? Aber mach dir keine Sorgen. Laß uns einfach vergessen, daß es Mein Wunsch war, dorthinzugehen oder dich dorthinzuschicken. Erzähle Mir viel lieber, wie es Kṛṣṇa in Mathurā geht. Erinnert Er Sich noch an Seinen Pflegevater Nanda Mahārāja und Seine zärtliche Mutter Yaśodā, und denkt Er manchmal auch an Seine Freunde, die Kuhhirtenjungen, und an Seine bedauernswerten Freundinnen, wie wir es sind, die *gopīs*? Sicherlich denkt Er hin und wieder an uns, denn wir dienten Ihm wie Mägde, ohne Bezahlung. Sag Mir, dürfen wir noch hoffen, daß Kṛṣṇa eines Tages wieder zurückkommt und uns in Seine Arme schließt, so daß uns der *aguru*-Duft Seines Körpers wieder zuteil wird? Wenn du Kṛṣṇa wiedersiehst, dann frage Ihn bitte."

Uddhava stand in der Nähe und hörte Rādhārāṇī zu, während Sie so sprach, als hätte Sie die Sehnsucht nach Kṛṣṇa verrückt gemacht. Es erstaunte ihn außerordentlich, wie die *gopīs* ununterbrochen in der höchsten Ekstase der *mahā-bhāva*-Liebe an Kṛṣṇa dachten. Er hatte eine handgeschriebene Botschaft Kṛṣṇas bei sich und wollte sie nun den *gopīs* vorlesen, um sie zu beruhigen. Er sagte daher: „Liebe *gopīs*, für euch ist die Bestimmung des menschlichen Lebens erfüllt, denn ihr seid alle wunderbare Geweihte der Höchsten Persönlichkeit Gottes; deshalb seid ihr es wert, von allen Menschen verehrt zu werden. Überall auf den drei Welten gebührt euch die Verehrung, denn ihr seid auf unvergleichliche Weise in Gedanken an Vāsudeva, Kṛṣṇa, vertieft. Er ist das Ziel aller frommen Tätigkeiten und rituellen Zeremonien, wie dem Geben von Spenden, dem Aufsichnehmen von Entsagungen, Gelübden und Bußen und dem Darbringen von Opfern im Opferfeuer. Er ist das Ziel der gesamten Vielfalt von *mantras*, das Ziel des Studiums der *Veden*, der Beherrschung der Sinne und der Konzentration des Geistes durch Meditation. Dies sind einige der Vorgänge, um zur Selbstverwirklichung und zur Vollkommenheit des Lebens zu gelangen. Im Grunde genommen sind sie aber einzig und allein dazu bestimmt, die Menschen dahin zu bringen, Kṛṣṇa zu erkennen und sich dem transzendentalen liebevollen Dienst für die Höchste Persönlichkeit Gottes zu weihen." So lautet auch die letzte Unterweisung der *Bhagavad-gītā*; obwohl Kṛṣṇa verschiedene Vorgänge zur Selbstverwirklichung beschreibt, empfiehlt Er am Ende, alles aufzugeben und sich einfach Ihm hinzugeben. All die anderen Vorgänge sind dazu bestimmt, den Menschen zu lehren, wie er sich letztlich den Lotosfüßen Kṛṣṇas hingeben kann. Die *Bhagavad-gītā* erklärt des weiteren, daß der Vorgang der Hingabe von einem aufrichtigen Menschen zur Vollkommenheit gebracht werden kann, nachdem er viele Leben hindurch die Vorgänge zur Selbstverwirklichung in Weisheit und Entsagung befolgt hat.

Da die Vollkommenheit solcher Entsagungen im Leben der *gopīs* vollständig ihren Ausdruck findet, war Uddhava völlig zufrieden, als er die transzendentale Position der *gopīs* sah. Er sagte deshalb: „Meine lieben *gopīs*, die Gefühle, die ihr in eurer Beziehung zu Kṛṣṇa entwickelt habt, sind nur äußerst schwer zu erreichen, sogar für die großen Weisen und Heiligen. Ihr habt die höchste, vollkommene Stufe des Lebens erreicht. Es ist zu eurem großen Segen, daß ihr euren Geist auf Kṛṣṇa gerichtet und euch entschlossen habt, nur noch für Kṛṣṇa zu leben und um Seinetwillen eure Familie, euer Zuhause, eure Verwandten, eure Ehemänner und Kinder aufzugeben. Weil euer Geist nun völlig in Kṛṣṇa, die Höchste Seele, versunken ist, hat sich in euch automatisch allumfassende Liebe entwickelt. Ich schätze mich sehr glücklich, daß es mir durch eure Gnade vergönnt ist, euch in dieser transzendentalen Stellung zu sehen."

Aber Uddhava hatte bereits angekündigt, daß er eine Botschaft von Kṛṣṇa bei sich habe, und diese Botschaft interessierte die *gopīs* viel mehr als die Lobpreisung ihrer eigenen erhabenen Stellung. Sie liebten es nicht sonderlich, selbst gepriesen zu werden, vielmehr drängten sie ungeduldig und neugierig darauf, Kṛṣṇas Botschaft zu hören. Uddhava sagte also: „Meine lieben *gopīs*, ich habe das Vorrecht bekommen, euch diese Botschaft zu überbringen, die ihr so einzigartige erhabene Gottgeweihte seid. Kṛṣṇa hat mich ausgewählt, weil ich Sein vertrautester Diener bin."

Uddhava jedoch händigte die Botschaft, die ihm Kṛṣṇa übergeben hatte, nicht an die *gopīs* aus, sondern er zog es vor, sie selbst vorzulesen. Die Botschaft war in einem ernsten Ton geschrieben, weil sie nicht nur den *gopīs*, sondern auch allen empirischen Philosophen klarmachen sollte, wie reine Liebe zu Gott in ihrer Essenz mit all Seinen verschiedenen Energien verbunden ist. Aus den vedischen Schriften geht hervor, daß der Höchste Herr mannigfache Energien besitzt: *parāsya śaktir vividhaiva śrūyate*. Dazu kam, daß die *gopīs* durch so innige Liebe mit Kṛṣṇa verbunden waren, daß Er beim Schreiben der Botschaft sehr bewegt war und nicht deutlich schreiben konnte. Uddhava verfügte als Schüler Bṛhaspatis über scharfe Intelligenz, und daher hielt er es für klüger, den *gopīs* persönlich den Brief vorzulesen und zu erklären, als ihn einfach nur abzugeben.

Uddhava sagte also: „Dies sind die Worte der Höchsten Persönlichkeit Gottes: ‚Meine lieben *gopīs*, Meine lieben Freundinnen, bitte wisset, daß es zu keiner Zeit, nirgendwo und unter keinen Umständen möglich ist, daß wir voneinander getrennt sind, denn Ich bin alldurchdringend.' "

Dieser alldurchdringende Aspekt Kṛṣṇas wird sowohl im Neunten als auch im Siebten Kapitel der *Bhagavad-gītā* erklärt. Es heißt dort, daß Kṛṣṇa in Seinem unpersönlichen Aspekt alldurchdringend ist; obgleich alles in Ihm ruht, ist Er nicht überall persönlich anwesend. Ebenso heißt es im Siebten Kapitel, daß die fünf grobstofflichen Elemente (Erde, Wasser, Feuer, Luft und Äther) zusammen mit den drei feinstofflichen Elementen (Geist, Intelligenz und falsches Ego) Kṛṣṇas niedere Energien darstellen. Aber es gibt noch eine andere, höhere Energie, nämlich die Lebewesen. Die Lebewesen sind ebenfalls direkt Bestandteile Kṛṣṇas, und daher ist Kṛṣṇa der Ursprung sowohl der materiellen als auch der spirituellen Energie. Als Ursache und Wirkung ist Er immer an allem beteiligt. Nicht nur die *gopīs*, sondern alle Lebewesen sind ewig und unter allen Umständen untrennbar mit Kṛṣṇa verbunden. Der Unterschied jedoch ist, daß die *gopīs* sich dieser Beziehung zu Kṛṣṇa völlig bewußt sind, wohingegen die Lebewesen unter dem Einfluß *māyās* Kṛṣṇa vergessen haben und glauben, sie seien unabhängig und hätten keine Beziehung zu Ihm.

Liebe zu Kṛṣṇa, oder Kṛṣṇa-Bewußtsein, ist daher die vollkommene Stufe wirklichen Wissens, auf der man die Dinge sieht, wie sie sind. Unser Geist kann niemals leer sein, sondern ist ständig mit irgendwelchen Gedanken beschäftigt, und der Gegenstand dieser Gedanken kann sich nicht außerhalb der acht Elemente von Kṛṣṇas Energie befinden. Jemand, der diese Natur der Gedanken kennt, ist ein wirklicher Weiser, und er gibt sich Kṛṣṇa hin. Die *gopīs* sind der Inbegriff für diese vollkommene Stufe des Wissens. Man kann sie also keinesfalls als mentale Spekulanten bezeichnen, denn ihr Geist ist immer vollkommen auf Kṛṣṇa gerichtet. Der Geist ist nichts anderes als eine Energie Kṛṣṇas. Deshalb kann im Grunde niemand, der denken, fühlen, handeln und wollen kann, von Kṛṣṇa getrennt sein. Doch seine ewige Beziehung zu Kṛṣṇa zu verstehen ist nur auf der Stufe des Kṛṣṇa-Bewußtseins möglich. Der krankhafte Zustand, in dem man seine ewige Beziehung zu Kṛṣṇa nicht verstehen kann, wird *māyā*, die Stufe der Verunreinigung, genannt. Weil sich die *gopīs* auf der Ebene des reinen transzendentalen Wissens befinden, ist ihr Geist immer von Kṛṣṇa-Bewußtsein erfüllt. So wie zum Beispiel Feuer und Luft nicht voneinander getrennt sind, so sind auch Kṛṣṇa und die Lebewesen niemals voneinander getrennt. Wenn die Lebewesen Kṛṣṇa vergessen haben, befinden sie sich nicht in ihrem natürlichen Zustand. Die *gopīs* hingegen, die unablässig an Kṛṣṇa denken, befinden sich auf der absoluten Ebene des vollkommenen Wissens. Es gibt sogenannte empirische Philosophen, die denken, der Pfad der *bhakti* sei für die weniger Intelligenten bestimmt; doch in Wirklichkeit ist es so, daß das Wissen der scheinbar intelligenten Menschen dazu verurteilt ist, unrein und unvollkommen zu bleiben, solange sie nicht die Ebene der *bhakti* erreichen. Die wahre Vollkommenheit der ewigen Beziehung zu Kṛṣṇa ist die Liebe in Trennung. Doch die Trennung von Kṛṣṇa an sich ist eine Illusion, weil man niemals von Ihm getrennt sein kann. Die *gopīs* befanden sich nicht in jenem illusorischen Bewußtseinszustand, und deshalb gab es für sie keine Trennung – nicht einmal im philosophischen Sinne.

Auch die kosmische Manifestation ist nicht von Kṛṣṇa getrennt. „Nichts ist getrennt von Mir. Die gesamte kosmische Manifestation ruht in Mir; sie ist nicht getrennt von Mir. Ich existierte bereits vor der Schöpfung." Diese Aussage wird von den vedischen Schriften bestätigt: Vor der Schöpfung existierte nur Nārāyaṇa. Es gab keinen Brahmā und keinen Śiva: *eko nārāyaṇa āsīn na brahmā na īśānaḥ*. Die gesamte kosmische Manifestation wird von den drei Erscheinungsweisen der materiellen Natur bewegt. Es heißt, daß Brahmā, die Inkarnation für die Erscheinungsweise der Leidenschaft, das Universum erschaffen hat, doch in Wirklichkeit ist er nur der untergeordnete Schöpfer; der ursprüngliche Schöpfer ist Nārāyaṇa. Dies wird auch von Śaṅkarācārya bestätigt: *nārāyaṇaḥ paro 'vyaktāt*. „Nārāyaṇa ist völlig transzendental, das heißt, Er befindet Sich jenseits der kosmischen Schöpfung."

Kṛṣṇa erschafft, erhält und vernichtet die gesamte kosmische Manifestation, indem Er Sich in verschiedene Inkarnationen erweitert. Alles ist Kṛṣṇa, und alles ist von Kṛṣṇa abhängig, doch man kann Ihn in der materiellen Energie nicht wahrnehmen. Die materielle Energie wird als *māyā*, Illusion, bezeichnet. In der spirituellen Energie jedoch kann man Kṛṣṇa auf Schritt und Tritt, unter allen Umständen, wahrnehmen. Diese vollkommene Sicht findet man bei den *gopīs*. So wie Kṛṣṇa stets über der kosmischen Manifestation steht, obwohl sie gänzlich von Ihm abhängig ist, steht auch das Lebewesen völlig über seinem materiellen bedingten Leben, obwohl sich der materielle Körper auf der Grundlage der spirituellen Existenz entwickelt hat. In der *Bhagavad-gītā* wird die gesamte materielle Manifestation als die Mutter der Lebewesen bezeichnet und Kṛṣṇa als der Vater. Wie der Vater die Mutter befruchtet, indem er das Lebewesen in ihren Schoß eingibt, so gibt Kṛṣṇa die Lebewesen in den Schoß der materiellen Natur ein, wo sie entsprechend ihren früheren fruchtbringenden Tätigkeiten unterschiedliche Körper bekommen. Unter allen Umständen aber ist das Lebewesen transzendental zu seinem bedingten materiellen Leben.

Schon wenn wir unseren eigenen Körper betrachten, können wir feststellen, daß das Lebewesen an sich immer transzendental zur Gefangenschaft im Körper ist. Jede Bewegung des Körpers wird durch die Wechselwirkungen der drei Erscheinungsweisen hervorgerufen. Wir können jeden Augenblick beobachten, wie sich in unserem Körper viele Veränderungen vollziehen, doch wir, die Seele, stehen über diesen Veränderungen. Niemand hat die Kraft, die Bewegungen der Natur zu erschaffen, zu vernichten oder zu verändern. Das Lebewesen ist also im materiellen Körper gefangen, und es unterliegt drei Zuständen der Bedingtheit — Wachbewußtsein, Schlaf und Bewußtlosigkeit. Unser Geist, der Verstand, bleibt jedoch in jedem dieser drei Zustände aktiv; im Schlaf oder Traum hält das Lebewesen manchmal etwas für Wirklichkeit, was es im Wachzustand als unwirklich erkennt. Daran wird deutlich, daß das Lebewesen unter bestimmten Umständen etwas als wirklich ansieht, was es unter anderen Umständen wiederum als unwirklich ansieht. Diese Phänomene werden von den empirischen Philosophen, den *sāṅkhya-yogīs*, studiert. Um zu den richtigen Schlußfolgerungen zu gelangen, nehmen die *sāṅkhya-yogīs* große Enthaltungen und Bußen auf sich. So bemühen sie sich, die Sinne zu beherrschen und Entsagung zu üben.

Die verschiedenen Wege, das endgültige Ziel des Lebens zu erkennen, gleichen Flüssen, und Kṛṣṇa ist wie der Ozean. Gleich den Flüssen, die dem Ozean entgegenfließen, streben alle Versuche, Wissen zu erlangen, zu Kṛṣṇa. Wenn man sich durch viele Leben hindurch bemüht hat und schließlich zu Kṛṣṇa kommt, erreicht man die vollkommene Stufe. Kṛṣṇa Selbst sagt in der *Bhagavad-gītā*: „Alle bemühen sich auf dem Pfad der Erkenntnis, um zu Mir zu kommen, doch diejenigen, die Vorgängen ohne *bhakti* folgen, stoßen bei ihren Bemühungen nur auf Schwierigkeiten.“ *Kleśo 'dhikataras teṣām*: „Ohne *bhakti* kann man Kṛṣṇa nicht verstehen.“

In der *Gītā* wird zwischen drei Pfaden unterschieden: *karma-yoga, jñāna-yoga* und *bhakti-yoga*. Denjenigen Menschen, die zu sehr an fruchtbringenden Tätigkeiten (*karma*) haften, wird empfohlen, Tätigkeiten auszuführen, durch die sie zu *bhakti* gelangen. Genau das gleiche wird denjenigen empfohlen, die sich der frustrierenden empirischen Philosophie verschrieben haben. Den letzteren wird empfohlen, *jñāna-yoga* auszuüben, der von gewöhnlichem *jñāna* verschieden ist, genau wie *karma-yoga* von gewöhnlichem *karma* verschieden ist. Letzten Endes jedoch kann man Kṛṣṇa nur durch das Ausführen von hingebungsvollem Dienst verstehen, wie Kṛṣṇa Selbst in der *Bhagavad-gītā* sagt: *bhaktyā māṁ abhijānāti*. Die *gopīs* hatten die Vollkommenheit des hingebungsvollen Dienstes erreicht, denn es interessierte sie kein anderes Wissen mehr als das Wissen über Kṛṣṇa. In diesem Zusammenhang heißt es in den *Veden*: *yasmin vijñāte sarvam evaṁ vijñātam bhavati*. „Einfach indem man Kṛṣṇa kennt, erlangt man automatisch alles andere Wissen.“

Weiter hieß es in Kṛṣṇas Brief: „Transzendentales Wissen über das Absolute ist nicht mehr notwendig für euch, denn ihr habt Mich schon von Anbeginn eures Lebens geliebt.“ Das Wissen über die Absolute Wahrheit ist für diejenigen wichtig, die sich Befreiung vom materiellen Dasein wünschen. Doch jemand, der Liebe zu Kṛṣṇa erlangt hat, befindet sich bereits auf der Ebene der Befreiung. In der *Bhagavad-gītā* heißt es, daß jeder, der sich im unverfälschten hingebungsvollen Dienst beschäftigt, auf der transzendentalen Ebene der Befreiung verankert ist. Die *gopīs* litten nicht aufgrund irgendwelcher Einflüsse der materiellen Existenz, sondern aufgrund ihrer Trennung von Kṛṣṇa. Deshalb schrieb Kṛṣṇa: „Meine lieben *gopīs*, Ich habe euch absichtlich verlassen, um eure unübertreffliche Liebe zu Mir zu steigern. Ich habe dies getan, damit ihr ständig in Meditation über Mich versunken seid."

Die *gopīs* befinden sich auf der vollkommenen Stufe der Meditation. *Yogīs* fühlen sich im allgemeinen mehr zur Meditation hingezogen als zum hingebungsvollen Dienst für den Herrn, doch leider wissen sie nicht, daß die Vollkommenheit des *yoga*-Systems die Stufe der Hingabe ist. Dies wird auch in der *Bhagavad-gītā* bestätigt, wo es heißt, daß die ununterbrochene Meditation über Kṛṣṇa, wie die Meditation der *gopīs*, die höchste Form des *yoga* ist. Kṛṣṇa kannte die Natur der Frauen sehr gut. Wenn eine Frau von ihrem Geliebten getrennt ist, denkt sie in Meditation mehr an ihn, als wenn ihr Geliebter gegenwärtig ist. Kṛṣṇa wollte durch das Beispiel, das die *gopīs* mit ihrem Verhalten gaben, allen Menschen zeigen, daß derjenige, der wie die *gopīs* ununterbrochen in Trance versunken ist, Seine Lotosfüße mit Sicherheit erreicht.

Śrī Caitanya lehrte die Menschheit den Vorgang der *vipralambha-sevā*, der darin besteht, der Höchsten Persönlichkeit Gottes in einem Gefühl der Trennung zu dienen. Auch die sechs Gosvāmīs lehrten nach dem Beispiel der *gopīs* die Verehrung Kṛṣṇas in einem Gefühl der Trennung. In den Gebeten Śrīnivāsācāryas an die sechs Gosvāmīs wird dies genau erklärt. Śrīnivāsācārya sagt, daß die Gosvāmīs ständig in der Stimmung der *gopīs* im Ozean transzendentaler Ekstase versunken waren. Als die Gosvāmīs in Vṛndāvana lebten, waren sie in einer Stimmung, in der sie ständig nach Kṛṣṇa suchten und riefen: „Wo ist Kṛṣṇa? Wo sind die *gopīs*? Und wo bist Du, Śrīmatī Rādhārāṇī?" Sie sagten niemals: „Jetzt haben wir Rādhā und Kṛṣṇa gesehen, und unsere Mission ist nun erfüllt." Nein, ihre Mission blieb immer unerfüllt; sie trafen nie auf Rādhā und Kṛṣṇa. Wie bereits beschrieben wurde, gaben die *gopīs*, die zur Zeit des *rāsa*-Tanzes nicht bei Kṛṣṇa sein konnten, ihren Körper auf – so sehr dachten sie an Kṛṣṇa. Sich mit Trennungsgefühlen ins Kṛṣṇa-Bewußtsein zu vertiefen ist daher der schnellste Weg, die Lotosfüße Kṛṣṇas zu erreichen. Durch Kṛṣṇas persönliche Erklärung wurden die *gopīs* von der Macht der Trennungsgefühle überzeugt. Sie erfuhren tatsächlich die übernatürliche Methode der Verehrung Kṛṣṇas, und sie waren sehr erleichtert, als sie verstanden, daß Kṛṣṇa nicht von ihnen getrennt, sondern immer bei ihnen war. Deshalb empfingen die *gopīs* Uddhava mit Freuden und sagten: „Wir haben gehört, daß König Kaṁsa, der der Yadu-Dynastie ständig Schwierigkeiten bereitete, nun endlich getötet worden ist. Das ist eine gute Nachricht, und wir hoffen, daß die Angehörigen der Yadu-Dynastie sehr glücklich sind, mit Kṛṣṇa zusammenzusein, der alle Wünsche Seiner Geweihten erfüllt. Lieber Uddhava, bitte sage uns, ob Kṛṣṇa noch manchmal an uns denkt, während Er Sich unter all den vornehmen Gesellschaftsmädchen von Mathurā aufhält. Wir sind uns natürlich bewußt, daß die Damen und Mädchen von Mathurā keine einfachen Dorffrauen sind. Sie sind alle sehr gebildet und zudem von unvergleichlicher Schönheit. Ihre scheuen lächelnden Blicke und ihre anderen weiblichen Reize müssen Kṛṣṇa sehr gefallen. Wir wissen nur zu gut, daß Kṛṣṇa eine Vorliebe für schöne Frauen hat, und deshalb scheint es, daß Ihn die Frauen von Mathurā gefangen haben. Lieber Uddhava, bitte verrate uns, ob Sich Kṛṣṇa, umgeben von anderen Frauen, noch manchmal an uns erinnert."

Eine andere *gopī* fragte: „Erinnert Er Sich noch an jene Mondnacht inmitten der *kumada*-Blumen, als Vṛndāvana so unsagbar schön wurde? Kṛṣṇa tanzte mit uns, und die Luft war von dem Klingeln von Fußglöckchen erfüllt. Wir tauschten vertrauliche Worte aus. Erinnert Er Sich noch an jene Nacht? Wir erinnern uns noch gut daran, und diese Erinnerung schmerzt uns tief. Die Trennung von Kṛṣṇa bewegt uns sehr, als brenne Feuer in unserem Körper. Hat Er Sich vorgenommen, nach Vṛndāvana zurückzukehren, um dieses Feuer zu löschen, genau wie eine Wolke am Himmel aufzieht, um mit ihrem niederströmenden Regen einen Waldbrand zu löschen?"

Eine andere *gopī* sagte: „Kṛṣṇa hat Seinen Feind getötet und mit diesem Sieg Kaṁsas Königreich gewonnen. Vielleicht hat Er inzwischen schon eine Königstochter geheiratet und lebt vergnügt im Kreis Seiner Verwandten und Freunde. Weshalb sollte Er also noch in unser Dorf Vṛndāvana kommen?"

Eine andere *gopī* sagte: „Kṛṣṇa ist die Höchste Persönlichkeit Gottes, der Gemahl der Glücksgöttin, und Er ist in Sich Selbst zufrieden. Warum sollte Er Sich also für uns, die Mädchen aus dem Wald von Vṛndāvana, oder für die Frauen aus der Stadt Mathurā interessieren. Er ist die erhabene Überseele, und Er ist nicht auf Frauen angewiesen – weder in Vṛndāvana noch in Mathurā."

Wieder eine andere *gopī* sagte: „Es ist unvernünftig, wenn wir weiterhin hoffen, daß Kṛṣṇa jemals nach Vṛndāvana zurückkehrt. Wir sollten statt dessen versuchen, in unserer Enttäuschung glücklich zu sein. Selbst die berühmte Prostituierte Piṅgalā sagte einmal, Enttäuschung sei die höchste Freude. Doch obwohl wir dies alles wissen, fällt es uns sehr schwer, die Hoffnung aufzugeben, Kṛṣṇa komme eines Tages wieder zu uns zurück. Wer könnte jemals ein vertrauliches Gespräch mit Kṛṣṇa vergessen, an dessen Brust sich ständig die Glücksgöttin aufhält, obgleich Kṛṣṇas Zufriedenheit nicht von ihr abhängig ist? Mein lieber Uddhava, Vṛndāvana ist das Land der Flüsse, Wälder und Kühe. Hier ist der Klang der Flöte zu hören, und hier in dieser Atmosphäre erfreute Sich Kṛṣṇa mit Seinem älteren Bruder, Śrī Balarāma, in unserer Gemeinschaft. Daher erinnert uns das Land von Vṛndāvana ständig an Kṛṣṇa und Balarāma. Seine Fußabdrücke sind immer noch auf dem Land von Vṛndāvana zu sehen, das der Wohnort der Glücksgöttin ist, und wegen dieser Spuren können wir Kṛṣṇa nicht vergessen.

Die *gopīs* erklärten weiter, daß in Vṛndāvana immer noch Glück und Reichtum herrschten; was materielle Notwendigkeiten anging, so bestand keine Not und kein Mangel in Vṛndāvana, doch trotz dieses Wohlstandes konnten sie Kṛṣṇa und Balarāma nicht vergessen.

„Wir denken ständig an die vielen zauberhaften Merkmale unseres schönen

Kṛṣṇa, Seine Art zu gehen, Sein Lächeln und Seine scherzenden Worte. Kṛṣṇa hat uns hoffnungslos erobert, und wir können Ihn unmöglich vergessen. Kein Moment vergeht, wo wir Kṛṣṇa nicht anflehen: ‚Lieber Herr, lieber Gemahl der Glücksgöttin, lieber Herr von Vṛndāvana und Erlöser Deiner leidenden Geweihten! Wir sind in einen Ozean des Leids gefallen und darin versunken. Bitte komm deshalb nach Vṛndāvana zurück und rette uns aus dieser bemitleidenswerten Lage.‘ “

Uddhava studierte eingehend den transzendentalen außerordentlichen Zustand der *gopīs* in ihrer Trennung von Kṛṣṇa, und so hielt er es für das beste, ihnen immer wieder von den transzendentalen Spielen Kṛṣṇas zu erzählen. Die Materialisten brennen ständig im lodernden Feuer der materiellen Leiden. Die *gopīs* brannten auch — jedoch in einem transzendentalen Feuer, das durch die Trennung von Kṛṣṇa entfacht worden war. Das lodernde Feuer, in dem sich die *gopīs* befanden, ist verschieden von dem Feuer der materiellen Welt, denn die *gopīs* sehnten sich ständig nach Kṛṣṇa, wohingegen sich der Materialist ständig nach dem Genuß materieller Annehmlichkeiten sehnt.

Śrīla Viśvanātha Cakravartī Ṭhākura erklärt, daß Kṛṣṇa einst Seine Hirtenfreunde innerhalb einer Sekunde vor einem lodernden Waldbrand rettete, während diese ihre Augen geschlossen hielten. So gab auch Uddhava den *gopīs* den Rat, einfach die Augen zu schließen und über die Spiele Kṛṣṇas zu meditieren, die sie seit dem Beginn ihrer Gemeinschaft mit Ihm miterlebt hatten, um so aus dem Feuer der Trennung gerettet zu werden. Von außen konnten sich die *gopīs* Kṛṣṇas Spiele vergegenwärtigen, indem sie Uddhavas Erzählungen zuhörten, und innerlich, indem sie sich an diese Spiele erinnerten. Aus Uddhavas Erklärungen konnten sie verstehen, daß Kṛṣṇa nicht von ihnen getrennt war. So, wie sie ständig an Kṛṣṇa dachten, dachte auch Kṛṣṇa in Mathurā ständig an sie.

Uddhavas Botschaft und seine Unterweisungen retteten die *gopīs* vor dem unmittelbaren Tod, und die *gopīs* ihrerseits wußten diese Segnung Uddhavas zu schätzen. Uddhava handelte praktisch als unterweisender spiritueller Meister der *gopīs*, und dafür verehrten sie ihn so wie Kṛṣṇa. In den maßgeblichen Schriften wird empfohlen, den spirituellen Meister in gleicher Weise wie die Höchste Persönlichkeit Gottes zu verehren, denn er ist der vertraulichste Diener des Herrn, und von großen Autoritäten wird bestätigt, daß der spirituelle Meister die äußere Manifestation Kṛṣṇas ist. Die *gopīs* wurden durch die Erkenntnis, daß Kṛṣṇa immer bei ihnen war, von ihrem transzendentalen Brennen erlöst. Im Innern, in ihrem Herzen, erinnerten sich die *gopīs* an die Zeit, wo sie mit Kṛṣṇa zusammengewesen waren, und von außen gab ihnen Uddhava erleuchtende Unterweisungen und half ihnen so, Kṛṣṇa wahrzunehmen.

Der Herr, die Höchste Persönlichkeit Gottes, wird in den vedischen Schriften als *adhokṣaja* beschrieben, was bedeutet, daß Er für materielle Sinne nicht wahrnehmbar ist. Doch obwohl Er Sich jenseits der materiellen Sinneswahrnehmung befindet, weilt Er im Herzen eines jeden Lebewesens, und gleichzeitig ist Kṛṣṇa auch durch Seinen alldurchdringenden Aspekt als Brahman allgegenwärtig. Wie im *Śrīmad-Bhāgavatam* dargelegt wird, kann man alle drei Aspekte der

Absoluten Wahrheit erkennen – nämlich Bhagavān, die Höchste Persönlichkeit Gottes, Paramātmā, die lokalisierte Überseele, und das alldurchdringende Brahman –, indem man einfach das Verhalten der *gopīs* bei ihrer Begegnung mit Uddhava studiert.

Śrīnivāsācārya erklärt, daß die sechs Gosvāmīs ständig in Gedanken an die Tätigkeiten der *gopīs* vertieft waren. Auch Śrī Caitanya Mahāprabhu empfahl die Art und Weise, wie die *gopīs* die Höchste Persönlichkeit Gottes verehrten, und Er bezeichnete die Stufe der *gopīs* als die höchste Vollkommenheit. Und Śrīla Śukadeva Gosvāmī versichert, daß jeder, der von der richtigen Quelle über die Beziehung der *gopīs* zu Kṛṣṇa hört und die Unterweisungen befolgt, die in diesem Zusammenhang gegeben werden, zur höchsten Stufe des hingebungsvollen Dienstes erhoben wird und die Lust nach materiellem Genuß aufgeben kann.

Die *gopīs* wurden durch Uddhavas Unterweisungen getröstet, und sie baten ihn, noch einige Tage länger in Vṛndāvana zu bleiben. Uddhava nahm ihre Bitte an, doch er blieb nicht nur für ein paar Tage, sondern für einige Monate bei ihnen. Er ließ sie ständig an die transzendentale Botschaft Kṛṣṇas und Seine Spiele denken, und die *gopīs* hatten das Gefühl, direkt mit Kṛṣṇa zusammenzusein. Während sich Uddhava in Vṛndāvana aufhielt, bereitete es allen Einwohnern große Freude, mit ihm Gemeinschaft zu haben, und die Tage, die sie damit zubrachten, über Kṛṣṇas Taten zu sprechen, schienen wie Augenblicke vorbeizufliegen. Vṛndāvanas natürliche Szenerie – die Gegenwart des Flusses Yamunā, die prächtigen Obstgärten, in denen Bäume mit den verschiedensten Früchten wuchsen, der Govardhana-Hügel, die Höhlen und die blühenden Blumen –, all dies inspirierte Uddhava dazu, die transzendentalen Spiele Kṛṣṇas zu erzählen. Die Einwohner von Vṛndāvana genossen die Gemeinschaft mit Uddhava genauso, wie sie einst die Gemeinschaft mit Kṛṣṇa genossen hatten.

Uddhava war von der Gemütshaltung der *gopīs* tief beeindruckt, denn sie alle hingen bedingungslos an Kṛṣṇa, und ihre Sehnsucht nach Kṛṣṇa war für Uddhava eine Quelle großer Inspiration. Er pflegte ihnen seine achtungsvollen Ehrerbietungen darzubringen, und er verfaßte Lieder, die ihre transzendentalen Eigenschaften priesen: „Von allen Wesen, die die menschliche Form des Lebens angenommen haben, haben die *gopīs* in einzigartiger Vollkommenheit die Bestimmung des Lebens erfüllt; ihre Gedanken weilen ständig bei den Lotosfüßen Śrī Kṛṣṇas. Auch die großen Weisen und Heiligen versuchen, in Meditation ständig an die Lotosfüße Kṛṣṇas zu denken, der Mukunda Selbst ist, derjenige, der Befreiung gewährt; doch die *gopīs*, die den Herrn voller Liebe in ihr Herz geschlossen haben, befinden sich automatisch auf dieser Ebene, ohne auf irgendeinen *yoga*-Vorgang angewiesen zu sein. Daraus geht hervor, daß jemand, der die Stufe der *gopīs* erreicht hat, weder als Brahmā noch in einer *brāhmaṇa*-Familie geboren werden muß und daß er nicht einmal die brahmanische Einweihung benötigt."

Śrī Uddhava bestätigte damit Śrī Kṛṣṇas Aussage in der *Bhagavad-gītā*, daß jeder, der mit dem richtigen Vorsatz bei Ihm Zuflucht sucht, das höchste Ziel des Lebens erreichen wird, selbst wenn er ein *śūdra* oder von noch niedrigerer Herkunft ist. Die *gopīs* geben der ganzen Welt das vollkommene Beispiel der

Hingabe. Wenn man ihrem Vorbild folgt, indem man ständig an Kṛṣṇa denkt, kann man die höchste Stufe des spirituellen Lebens erreichen. Die *gopīs* stammten nicht aus vornehmen Familien; im Gegenteil, sie waren die Töchter von Kuhhirten; aber dennoch entwickelten sie die höchste Liebe zu Kṛṣṇa. Um Selbstverwirklichung und Gotteserkenntnis zu erlangen, ist es also nicht notwendig, in einer hohen Familie geboren worden zu sein. Die einzige Notwendigkeit ist die ekstatische Entwicklung von Liebe zu Gott. Um die Vollkommenheit im Kṛṣṇa-Bewußtsein zu erlangen, bedarf es keiner anderen Qualifizierung, als ständig in Kṛṣṇas liebevollem Dienst beschäftigt zu sein. Kṛṣṇa ist der höchste Nektar, das Reservoir aller Freude. Wenn man sich dem Kṛṣṇa-Bewußtsein zuwendet, ist es genauso, als trinke man Nektar: Die Wirkung stellt sich ein, ob man davon weiß oder nicht. Das aktive Prinzip des Kṛṣṇa-Bewußtseins wird überall wirken, gleichgültig, wo und unter welchen Umständen man geboren worden ist. Kṛṣṇa wird jedem, der sich dem Kṛṣṇa-Bewußtsein zuwendet, Seine Segnungen erteilen, und darüber besteht kein Zweifel. So erlangten die *gopīs*, obwohl sie aus Kuhhirtenfamilien stammten, die höchste Segnung, die nicht einmal von der Glücksgöttin selbst erreicht wird, ganz zu schweigen von den Bewohnern der himmlischen Planeten, obwohl sie lotosgleiche Körper besitzen. Das Glück der *gopīs* war so groß, daß Kṛṣṇa sie persönlich während des *rāsa*-Tanzes umarmte und sie küßte — von Angesicht zu Angesicht. Dies ist selbstverständlich für keine Frau der drei Welten möglich; nur die *gopīs* haben Zugang dazu.

Uddhava wußte die hohe Stufe der *gopīs* zu würdigen und wünschte sich, vor ihnen niederzufallen und sich den Staub ihrer Lotosfüße auf sein Haupt zu streuen. Er wagte jedoch nicht, die *gopīs* um den Staub ihrer Füße zu bitten, denn er befürchtete, daß ihnen dies unangenehm sein könnte. Vielmehr beschloß er, seinen Kopf ohne das Wissen der *gopīs* mit dem Staub ihrer Füße zu bedecken, und daher wünschte sich Uddhava, ein unbedeutender Grashalm im Land von Vṛndāvana zu werden.

Die *gopīs* fühlten sich so sehr zu Kṛṣṇa hingezogen, daß sie beim Erklingen Seiner Flöte augenblicklich ihr Zuhause, ihre Familien und Kinder verließen und sogar ihre Ehre und weibliche Schüchternheit vergaßen, um sofort zu Kṛṣṇa zu eilen. Sie achteten nicht einmal darauf, ob sie auf dem Fußweg oder quer durch das Dickicht liefen. Unbemerkt wurden dabei die kleinen Gräser und Kräuter von Vṛndāvana mit dem Staub ihrer Füße gesegnet. Weil Uddhava es nicht wagte, sich den Staub von den Füßen der *gopīs* in diesem Leben auf den Kopf zu streuen, sehnte er sich danach, einmal als Grashalm in Vṛndāvana geboren zu werden. Dann, so hoffte er, würde er den Staub von den Füßen der *gopīs* erlangen können.

Uddhava bewunderte das außerordentliche Glück der *gopīs*, die sich von allen materiellen Verunreinigungen befreit hatten, indem sie Kṛṣṇas Lotosfüße auf ihre hohen, schönen Brüste setzten; diese Lotosfüße werden nicht nur von der Glücksgöttin, sondern auch von solch erhabenen Halbgöttern wie Brahmā und Śiva verehrt, und viele große *yogīs* meditieren ständig in ihrem Herzen über sie. Deshalb wünschte sich Uddhava, fortwährend darum beten zu können, mit dem

Staub von den Lotosfüßen der *gopīs* gesegnet zu werden. Die Gesänge der *gopīs* über die transzendentalen Spiele Śrī Kṛṣṇas werden überall in den drei Welten verehrt.

Nachdem Uddhava einige Zeit in Vṛndāvana verbracht hatte, erwachte in ihm der Wunsch, wieder zu Kṛṣṇa zurückzukehren, und so bat er Nanda Mahārāja und Yaśodā um die Erlaubnis, sie zu verlassen. Anschließend traf er sich noch einmal mit den *gopīs*, und nachdem er auch sie um Erlaubnis gebeten hatte, bestieg er seine Kutsche, um nach Mathurā zu fahren.

Gerade als Uddhava abfahren wollte, erschienen die Bewohner von Vṛndāvana, allen voran Mahārāja Nanda und Yaśodā, um sich von ihm zu verabschieden, und sie überreichten ihm verschiedene Geschenke, wie man sie nur in Vṛndāvana findet. In ihrer tiefen Zuneigung zu Kṛṣṇa traten ihnen Tränen in die Augen, als sie vor Uddhava standen. Sie alle baten Uddhava um seine Segnungen, so daß sie immer in der Lage sein würden, sich an Kṛṣṇas glorreiche Taten zu erinnern, ihren Geist auf Kṛṣṇas Lotosfüße zu richten, mit ihren Worten Kṛṣṇa zu preisen und mit ihrem Körper in der ständigen Erinnerung an Kṛṣṇa Ehrerbietungen darzubringen. In diesem Gebet der Einwohner von Vṛndāvana wird die Essenz der höchsten Selbstverwirklichung beschrieben, und die Methode ist sehr einfach: Man richtet den Geist ständig auf Kṛṣṇas Lotosfüße, man spricht ausnahmslos über Kṛṣṇa, ohne auf ein anderes Thema abzuschweifen, und man beschäftigt den Körper ununterbrochen in Kṛṣṇas Dienst. Besonders in der menschlichen Form sollte man sein ganzes Leben, seine Kräfte, seine Worte und seine Intelligenz in den Dienst des Herrn stellen. Nur so kann der Mensch zur höchsten Ebene der Vollkommenheit erhoben werden, und dies wird von allen Autoritäten bestätigt.

Die Bewohner von Vṛndāvana sagten: „Es kümmert uns nicht, wo wir durch den Willen der höchsten Autorität und gemäß den Folgen unserer Tätigkeiten künftig geboren werden. Es ist nicht wichtig, wo wir geboren werden, solange wir einfach nur im Kṛṣṇa-Bewußtsein beschäftigt sein dürfen, und dies ist unsere einzige Bitte." Ein reiner Gottgeweihter wünscht sich nie, auf die himmlischen Planeten zu gelangen, ja nicht einmal auf Vaikuṇṭha oder Goloka Vṛndāvana, denn er hat kein Verlangen nach eigener Befriedigung. In den Augen eines reinen Gottgeweihten gibt es keinen Unterschied zwischen Himmel und Hölle. Ohne Kṛṣṇa ist der Himmel die Hölle, und mit Kṛṣṇa ist die Hölle der Himmel. Nachdem Uddhava den hingebungsvollen Dienst von Kṛṣṇas reinen Geweihten in Vṛndāvana gebührend geehrt hatte, kehrte er nach Mathurā zu seinem Herrn, Kṛṣṇa, zurück. Bei seiner Ankunft brachte er Śrī Kṛṣṇa und Balarāma als erstes seine achtungsvollen Ehrerbietungen dar, indem er sich vor Ihnen verbeugte, und erzählte Ihnen dann, in welch wundervolle Hingabe die Bewohner von Vṛndāvana versunken seien. Anschließend überreichte er Vasudeva, Kṛṣṇas Vater, und Ugrasena, Kṛṣṇas Großvater, die Geschenke der Bewohner von Vṛndāvana.

Hiermit enden die Bhaktivedanta-Erläuterungen zum 46. Kapitel des Kṛṣṇa-Buches: „Kṛṣṇas Botschaft an die gopīs".

47 / Kṛṣṇa erfreut Seine Geweihten

Kṛṣṇa hörte Uddhava tagelang zu, wie dieser Ihm in allen Einzelheiten von seinem Besuch in Vṛndāvana erzählte und Ihm schilderte, wie es Seinem Vater, Seiner Mutter, den *gopīs* und den Kuhhirtenjungen ging. Śrī Kṛṣṇa war sehr froh, daß es Uddhava gelungen war, sie mit seinen Unterweisungen und der Botschaft, die er ihnen überbracht hatte, zu trösten.

Alsdann beschloß Śrī Kṛṣṇa, Kubjā besuchen zu gehen, die Ihn als buckliges Mädchen mit der Sandelholzpaste erfreut hatte, als Er in Mathurā einzog. Wie in der *Bhagavad-gītā* erklärt wird, ist Kṛṣṇa stets darum bemüht, Seine Geweihten zu erfreuen, und die Gottgeweihten wiederum bemühen sich, Kṛṣṇa zu erfreuen. So wie die Gottgeweihten ständig in ihrem Herzen an Kṛṣṇa denken, denkt auch Kṛṣṇa im Innern stets an Seine Geweihten. Als Kubjā in ein bezauberndes Gesellschaftsmädchen verwandelt wurde, wünschte sie, daß Kṛṣṇa sie zu Hause besuchen komme, damit sie Ihn auf ihre Art empfangen und verehren könne. Gewöhnlich wollen Gesellschaftsmädchen ihre Besucher befriedigen, indem sie ihnen ihren Körper zum Genuß anbieten. Kubjā jedoch war ihrerseits voller Begierde, ihre Sinne in Kṛṣṇas Gemeinschaft zu befriedigen. Als Kṛṣṇa Sich entschloß, Kubjās Haus zu besuchen, hatte Er zweifellos kein Verlangen nach Sinnenbefriedigung. Kubjā hatte Kṛṣṇas Sinne bereits zufriedengestellt, als sie Ihm die Sandelholzpaste schenkte. Unter dem Vorwand, ihre Sinnenlust zu stillen, beschloß Kṛṣṇa, zu ihr zu gehen; in Wirklichkeit aber kam Er nicht der Sinnenbefriedigung wegen, sondern um das Mädchen zu einer reinen Gottgeweihten zu machen. Kṛṣṇa wird stets von Tausenden von Glücksgöttinnen verehrt, und deshalb braucht Er um Seiner eigenen Befriedigung willen nicht zu einem Gesellschaftsmädchen zu gehen. Nur weil Er allen Lebewesen gütig gesinnt ist, beschloß Er, sie aufzusuchen. Man sagt, der Mond scheine auch in den Hof eines unehrlichen Menschen. Ebenso verweigert Kṛṣṇa niemandem Seine transzendentale Barmherzigkeit, ob der Betreffende Ihm nun aus Lust, Zorn, Furcht oder in reiner Liebe dient. Wenn jemand Kṛṣṇa dienen möchte und zur gleichen Zeit immer noch die Befriedigung seiner lustvollen Wünsche sucht, dann wird Kṛṣṇa, wie es im *Caitanya-caritāmṛta* beschrieben wird, es so einrichten, daß der Gottgeweihte seine aus Lust entstandenen Wünsche vergißt, völlig gereinigt wird und sich gänzlich im Dienst des Herrn beschäftigt.

Um Sein Versprechen zu erfüllen, begab Sich Kṛṣṇa zusammen mit Uddhava zum Hause Kubjās. Als Er dort ankam, sah Er, daß das ganze Haus so eingerichtet war, daß es die lustvollen Wünsche eines Mannes erregen sollte. Daraus kann man schließen, daß an den Wänden viele Aktgemälde hingen, und außerdem gab es mit Perlenschnüren bestickte Baldachine und Fähnchen sowie bequeme Betten und gepolsterte Stühle. Die Räume waren mit Blumengirlanden verziert und mit dem Duft von Räucherstäbchen erfüllt; überall war parfümiertes Wasser versprengt worden, und die Räume wurden von eleganten Lampen erleuchtet.

Als Kubjā sah, daß Śrī Kṛṣṇa zu ihr gekommen war, um ihr den versprochenen Besuch abzustatten, erhob sie sich sogleich aus ihrem Sessel, um Ihn zu empfangen. Umgeben von ihren vielen Freundinnen, begann sie, sich mit großer Ehrerbietigkeit mit Ihm zu unterhalten. Nachdem Kubjā Ihm einen bequemen Sitzplatz angeboten hatte, verehrte sie Śrī Kṛṣṇa, wie es ihrer Stellung entsprach. Uddhava wurde von Kubjā und ihren Freundinnen in gleicher Weise empfangen, doch da er sich nicht auf der gleichen Stufe wie Kṛṣṇa befand, setzte er sich einfach auf den Boden.

Ohne viel Zeit zu verschwenden, wie es bei solchen Anlässen üblich ist, begab Sich Kṛṣṇa sogleich in das Schlafgemach Kubjās. Unterdessen nahm Kubjā ein Bad und rieb ihren Körper mit Sandelholzpaste ein. Sie zog ihre schönsten Kleider an und schmückte sich mit kostbaren Edelsteinen, mit Geschmeide und mit Blumengirlanden. Sie kaute Betelnüsse und andere anregende Substanzen und sprühte sich mit Duftölen ein, und dann erschien sie vor Kṛṣṇa. Ihr lächelnder Blick und ihre unruhigen Augen waren voll von weiblicher Scheu, als sie anmutig vor Śrī Kṛṣṇa stand, der auch als Mādhava, der Gemahl der Glücksgöttin, bekannt ist. Als Kṛṣṇa sah, daß Kubjā zögerte, zu Ihm zu kommen, ergriff Er sie bei ihrer Hand, die mit vielen Armreifen geschmückt war, und zog sie mit großer Zuneigung zu Sich heran, so daß sie neben Ihm zu sitzen kam. Einfach weil Kubjā dem Höchsten Herrn, Kṛṣṇa, einmal Sandelholzpaste gegeben hatte, wurde sie von allen sündhaften Reaktionen befreit und erhielt nun die Möglichkeit, Seine Gegenwart zu genießen. Sie nahm Kṛṣṇas Lotosfüße und setzte sie auf ihre Brüste, die im lodernden Feuer der Lust brannten, doch als sie den Duft von Kṛṣṇas Lotosfüßen einatmete, wurde sie sofort von allen lustvollen Wünschen befreit. Auf diese Weise wurde es ihr vergönnt, Kṛṣṇa in die Arme zu schließen, und so ging ihr langgehegter Wunsch, Kṛṣṇa als Besucher in ihrem Haus zu empfangen, in Erfüllung.

In der *Bhagavad-gītā* wird erklärt, daß man nicht im transzendentalen hingebungsvollen Dienst des Herrn tätig sein kann, solange man nicht von allen materiellen, sündhaften Reaktionen befreit ist. Nur weil Kubjā Kṛṣṇa einmal Sandelholzpaste geschenkt hatte, wurde sie so hoch belohnt. Sie wußte nicht, wie sie

Kṛṣṇa auf andere Weise verehren konnte, und deshalb wollte sie Ihn durch ihren Beruf zufriedenstellen. In der *Bhagavad-gītā* heißt es, daß man den Herrn sogar durch seinen Beruf verehren kann, wenn dies ernsthaft und zu Seiner Freude getan wird. Kubjā sagte darauf zu Kṛṣṇa: „Mein lieber Freund, bitte bleib zumindest noch ein paar Tage bei mir. Bitte laß es Dir bei mir gefallen, Mein lotosäugiger Freund. Du kannst mich unmöglich jetzt gleich wieder verlassen. Ich bitte Dich, erfülle mir diesen Wunsch."

In den vedischen Schriften heißt es, daß die Höchste Persönlichkeit Gottes unzählige Energien besitzt. Nach der Aussage maßgeblicher Persönlichkeiten repräsentiert Kubjā die *puruṣa-śakti*-Energie Kṛṣṇas, genau wie Śrīmatī Rādhārāṇī Seine *cit-śakti*-Energie repräsentiert. Obwohl Kubjā Kṛṣṇa inständig bat, noch einige Tage bei ihr zu bleiben, machte Er ihr mit höflichen Worten klar, daß Ihm dies nicht möglich sei. Kṛṣṇa besucht die materielle Welt nur gelegentlich, wohingegen Seine Verbindung mit der spirituellen Welt ewig ist. Auf den Vaikuṇṭha-Planeten oder auf dem Planeten Goloka Vṛndāvana ist Kṛṣṇa immer gegenwärtig. Die Bezeichnung für Seine Anwesenheit in der spirituellen Welt lautet *prakaṭa-līlā*.

Nachdem Kṛṣṇa Kubjā mit süßen Worten zufriedengestellt hatte, kehrte Er zusammen mit Uddhava nach Hause zurück. Im *Śrīmad-Bhāgavatam* wird warnend darauf hingewiesen, daß es nicht leicht ist, Kṛṣṇa zu verehren, denn Er ist die Höchste Persönlichkeit Gottes, das Oberhaupt aller *Viṣṇu-tattvas*. Kṛṣṇa zu verehren oder sich in Seiner Gemeinschaft aufzuhalten ist deshalb nichts leichtes. Diese Warnung gilt ganz besonders für diejenigen Gottgeweihten, die sich zu Kṛṣṇa in ehelicher Liebe hingezogen fühlen; sie sollten sich niemals wünschen, ihre Sinne durch die direkte Gemeinschaft mit Kṛṣṇa zu befriedigen. Tätigkeiten zum Zweck der Sinnenbefriedigung sind materiell. In der spirituellen Welt gibt es Symptome wie Küssen und Umarmen, doch damit wird nicht auf Sinnenbefriedigung abgezielt, wie dies in der materiellen Welt der Fall ist. Diese Warnung gilt ganz besonders für die *sahajiyās*, die bedenkenlos der Meinung sind, Kṛṣṇa sei ein gewöhnlicher Mensch, und deshalb wollen sie auf abartige Weise mit Ihm zusammen Sexualität genießen. In einer spirituellen Beziehung ist Sinnenbefriedigung völlig unbedeutend. Jeder, der eine Beziehung pervertierter Sinnenbefriedigung mit Kṛṣṇa aufnehmen will, muß als sehr unintelligent bezeichnet werden. Seine Haltung bedarf einer grundlegenden Wandlung.

Nach einiger Zeit beschloß Kṛṣṇa auch, Sein Versprechen, das Er Akrūra gegeben hatte, zu erfüllen und ihn besuchen zu gehen. Akrūras Beziehung zu Kṛṣṇa war die eines Dieners, und deshalb wollte Kṛṣṇa von ihm einige Dienste entgegennehmen. So machte Er Sich zusammen mit Śrī Balarāma und Uddhava auf den Weg. Als sie bei Akrūras Haus anlangten, kam ihnen Akrūra entgegen, umarmte Uddhava und brachte Śrī Kṛṣṇa und Śrī Balarāma seine respektvollen Ehrerbietungen dar, indem er sich vor Ihnen verneigte. Nachdem Kṛṣṇa, Balarāma und Uddhava seine Ehrerbietungen erwidert hatten, bot Akrūra ihnen bequeme Sitzplätze an. Als seine Gäste saßen, wusch Akrūra ihre Füße und sprengte sich das Wasser über den Kopf. Darauf brachte er ihnen Kleidung, Blumen und Sandelholzpaste dar, wie es die Tradition bei der Verehrung hochgestellter Gäste vorschreibt. Nachdem Akrūra all seine Gäste zufriedengestellt hatte, verneigte er sich noch einmal vor Kṛṣṇa und berührte mit seinem Kopf den Boden. Dann nahm er Kṛṣṇas Lotosfüße auf den Schoß und begann sie sanft zu massieren. Als Akrūra so in Kṛṣṇas und Balarāmas Gegenwart vollkommene Glückseligkeit erfuhr, füllten sich seine Augen mit Tränen der Liebe zu Kṛṣṇa, und er brachte folgende Gebete dar:

„Lieber Herr, Śrī Kṛṣṇa, in Deiner Güte hast Du Kaṁsa und seine Helfer getötet. Du hast damit die ganze Familie der Yadu-Dynastie aus größter Not befreit. Sie werden sich immer daran erinnern, wie Du die ruhmvolle Yadu-Dynastie erlöst hast. Lieber Śrī Kṛṣṇa, lieber Śrī Balarāma, Ihr seid die ursprüngliche Persönlichkeit, von der alles ausgegangen ist. Ihr seid die ursprüngliche Ursache aller Ursachen. Ihr besitzt unvorstellbare Energien, und Ihr seid alldurchdringend. Außer Euch gibt es keine andere Ursache oder Wirkung, weder im Grobstofflichen noch im Feinstofflichen. Lieber Kṛṣṇa, Du bist das Höchste Brahman, das durch das Studium der *Veden* erkannt wird. Durch Deine unvorstellbare Energie bist Du nun tatsächlich vor uns sichtbar geworden. Du erschaffst die kosmische Manifestation durch Deine Macht und begibst Dich dann Selbst in sie hinein. Genau wie die fünf materiellen Elemente, Erde, Feuer, Wasser, Luft und Äther, überall gegenwärtig sind und sich in den verschiedenen Arten von Körpern manifestieren, so begibst Du Dich allein in diese Vielzahl von Körpern, die Du durch Deine eigene Energie erschaffen hast, und manifestierst Dich unabhängig in jedem Körper als individuelle Seele und als Überseele. Der materielle Körper wird durch Deine niedere Energie erschaffen. Die Lebewesen, d.h. die individuellen Seelen, sind Deine winzigen Bestandteile, und die Überseele ist Deine lokalisierte Repräsentation. Somit machen der materielle Körper, die individuelle Seele und die Überseele zusammen das individuelle Lebewesen aus, doch ursprünglich sind diese drei Faktoren alles verschiedene Energien des einen Höchsten Herrn.

Du erschaffst, erhältst und vernichtest die ganze materielle Manifestation durch die Wechselwirkung der drei Erscheinungsweisen, Tugend, Leidenschaft und Unwissenheit. Du wirst niemals in das Wirken dieser materiellen Erscheinungsweisen verwickelt, weil Dein absolutes Wissen niemals verdeckt wird wie das Wissen des individuellen Lebewesens."

Der Höchste Herr geht in den materiellen Kosmos ein und bewirkt im Laufe der Zeit Schöpfung, Erhaltung und Vernichtung, wohingegen das winzige Lebewesen in die materiellen Elemente eingeht und einen materiellen Körper bekommt, der ihm speziell zugeordnet ist. Der Unterschied zwischen dem Lebewesen und dem Herrn besteht darin, daß das Lebewesen ein winziges Teilchen des Höchsten Herrn ist und leicht von den Wirkungen der materiellen Erscheinungsweisen überwältigt werden kann, wohingegen Kṛṣṇa, der als *paraṁ brahman*, als das Höchste Brahman, ständig in vollkommenem Wissen verankert ist, niemals von solchen Einflüssen berührt wird. Aus diesem Grund lautet ein Name Kṛṣṇas Acyuta, was soviel bedeutet wie „derjenige, der niemals zu

Fall kommt". Kṛṣṇas Bewußtsein Seiner spirituellen Identität wird niemals durch materielle Einflüsse verdeckt, wohingegen die Identität des winzigen Teilchens, des Lebewesens, der Bedeckung durch materielle Einflüsse ausgesetzt ist. Die individuellen Lebewesen sind auf ewig winzige Teile Gottes, winzige Funken des ursprünglichen Feuers, Kṛṣṇas, aber sie haben die Neigung zu erlöschen.

Akrūra fuhr fort: „Die weniger intelligenten Menschen glauben irrtümlicherweise, Deine transzendentale Gestalt bestehe ebenfalls aus materieller Energie. Doch diese Vorstellung trifft in keiner Weise auf Dich zu. Du bist völlig spirituell, und es besteht kein Unterschied zwischen Dir Selbst und Deinem Körper. Daher kann man bei Dir weder von einem bedingten noch von einem befreiten Zustand sprechen, denn Du bist unter allen Umständen ewig frei. In der *Bhagavad-gītā* heißt es: ‚Nur die Dummköpfe und Schurken halten Dich für einen gewöhnlichen Menschen.' Dich, o Herr, als einen von uns anzusehen, die wir von der materiellen Natur bedingt sind, ist ein Fehler, der auf unvollkommenes Wissen zurückzuführen ist. Wenn die Menschen vom ursprünglichen Wissen der *Veden* abweichen, versuchen sie die gewöhnlichen Lebewesen mit Dir, o Herr, gleichzusetzen. Du bist in Deiner ursprünglichen Gestalt auf der Erde erschienen, um das wahre Wissen wieder zu verkünden, daß die Lebewesen niemals eins mit dem Höchsten Gott sind und daß sie Ihm auch niemals gleichkommen. Lieber Herr, Du bist ewig in reiner Tugend, *śuddha-sattva*, verankert. Dein Erscheinen ist notwendig, damit das wirkliche vedische Wissen wieder eingeführt wird, das die atheistische Philosophie bekämpft, die behauptet, Gott und die Lebewesen seien ein und dasselbe. Mein lieber Herr, Śrī Kṛṣṇa, diesmal bist Du im Hause Vasudevas als dessen Sohn erschienen und wirst von Deiner vollständigen Erweiterung, Śrī Balarāma, begleitet. Deine Mission ist es, alle atheistischen Königsfamilien und ihre gewaltigen Streitheere zu vernichten. Du bist erschienen, um die Welt von ihrer Last zu befreien, und um diese Mission zu erfüllen, hast Du der Yadu-Dynastie großen Ruhm zuteil werden lassen, indem Du als eines ihrer Mitglieder erschienen bist.

Mein lieber Herr, heute hast Du mein Haus durch Deine Gegenwart geläutert, und ich bin zum glücklichsten Menschen der Welt geworden. Der Herr, die Höchste Persönlichkeit Gottes, dem es gebührt, von allen Halbgöttern, den *pitās*, den Königen, Kaisern und anderen Lebewesen verehrt zu werden, und der die Überseele von allem ist, ist nun in mein Haus gekommen. Das Wasser von Seinen Lotosfüßen reinigt die drei Welten, und nun hat Er mich in Seiner Güte persönlich besucht. Welcher Mensch in den drei Welten, der tatsächliches Wissen besitzt, würde nicht bei Deinen Lotosfüßen Zuflucht suchen und sich Dir ergeben? Wie könnte jemand, der weiß, daß niemand so liebevoll sein kann, wie Du es Deinen Geweihten gegenüber bist, so töricht sein, es abzulehnen, Dein Geweihter zu werden? Überall in den vedischen Schriften wird erklärt, daß Du der beste Freund eines jeden Lebewesens bist. Und dies wird in der *Bhagavad-gītā* bestätigt: *suhṛdaṁ sarva-bhūtānām*. Du, die Höchste Persönlichkeit Gottes, kannst alle Wünsche Deiner Geweihten erfüllen. Du bist der wirkliche Freund eines jeden, und obwohl Du Dich Selbst Deinen Geweihten gibst, verlierst Du niemals Deine ursprüngliche Macht, deren Umfang sich niemals verringert und sich niemals vergrößert.

Mein lieber Herr, es ist sogar für die großen *yoga*-Mystiker und Halbgötter sehr schwierig, Dein Wirken zu ermessen oder sich Dir zu nähern, aber dennoch hast Du Dich gütigerweise dazu herabgelassen, mein Haus zu besuchen. Dies ist zweifellos der glücklichste Augenblick auf meiner Reise durch das materielle Dasein. Nur durch Deine Gnade kann ich jetzt endlich verstehen, daß mein Zuhause, meine Frau, meine Kinder und meine weltlichen Besitztümer nichts als Stricke sind, die mich an die materielle Existenz fesseln. Bitte durchtrenne diesen Knoten und rette mich aus der Verstrickung in falsche Gesellschaft, Freundschaft und Liebe."

Śrī Kṛṣṇa freute Sich sehr über Akrūras Gebete. Sein Lächeln fesselte Akrūra immer mehr, und mit lieblichen Worten antwortete ihm der Herr: „Mein lieber Akrūra, trotz deiner Ergebenheit betrachte Ich dich als höherstehend, denn du befindest dich auf der Ebene Meines Vaters und Meines Lehrers, und du bist Mein wohlwollendster Freund. Deshalb bist du Meiner Verehrung würdig, und weil du Mein Onkel bist, unterstehe Ich deiner Obhut. Ich möchte, daß du Mich beschützt und für Mich sorgst, denn Ich bin eines deiner Kinder. Selbst wenn man von deiner elterlichen Stellung absieht, gebührt es einem erhabenen Gottgeweihten wie dir, stets von jedem verehrt zu werden. Jeder, der mit Glück gesegnet werden möchte, muß Persönlichkeiten wie dir seine achtungsvollen Ehrerbietungen darbringen, denn du befindest dich auf einer viel höheren Stufe als die Halbgötter. Die Menschen verehren die Halbgötter, wenn sie nach Sinnenbefriedigung trachten, und die Halbgötter lassen ihren Geweihten Segnungen zukommen, wenn sie von ihnen verehrt worden sind. Aber ein Gottgeweihter wie du, Akrūra, ist immer bereit, den Menschen die größte Segnung zu gewähren. Ein Heiliger, ein Gottgeweihter, hat die Freiheit, jedem Segnungen zu erteilen, wohingegen die Halbgötter nur dann eine Segnung erteilen können, wenn sie zuvor verehrt worden sind. Den Nutzen von einem Pilgerort kann man nur dann erfahren, wenn man ihn besucht, und wenn man einen Halbgott verehrt, muß man lange warten, bis einem der Wunsch erfüllt wird, doch Heilige wie du, Mein lieber Akrūra, können sofort alle Wünsche eines Gottgeweihten erfüllen. Mein lieber Akrūra, du bist immer unser Freund und Gönner. Du bist immer bereit, für unser Wohlergehen zu handeln. Deshalb bitte Ich dich, nach Hastināpura zu gehen und dich dort zu erkundigen, wie die Lage der Pāṇḍavas aussieht."

Kṛṣṇa war sehr daran gelegen, etwas über das Schicksal der Söhne Pāṇḍus zu erfahren, denn diese hatten schon sehr früh ihren Vater verloren. Da Kṛṣṇa zu Seinen Geweihten sehr gütig ist, verlangte Ihn danach, zu erfahren, wie es ihnen ging, und so beauftragte Er Akrūra, sich nach Hastināpura zu begeben und sich dort nach dem Stand der Dinge zu erkundigen. Kṛṣṇa sagte weiter: „Ich habe gehört, daß die jungen Söhne König Pāṇḍus, Yudhiṣṭhira, Bhīma, Arjuna, Nakula und Sahadeva, zusammen mit ihrer verwitweten Mutter der Obhut Dhṛtarāṣṭras anvertraut wurden, der über ihr Wohlergehen wachen soll. Doch leider mußte

Ich auch hören, daß Dhṛtarāṣṭra nicht nur von Geburt an blind ist, sondern daß er auch eine blinde Zuneigung zu seinem grausamen Sohn Duryodhana hat. Die fünf Pāṇḍavas sind zwar die Söhne König Pāṇḍus, des Bruders von Dhṛtarāṣṭra, doch Dhṛtarāṣṭra ist ihnen wegen seiner eigenen Pläne und Ambitionen nicht wohlgesinnt. Begib dich gütigerweise nach Hastināpura und finde heraus, wie sich Dhṛtarāṣṭra gegenüber den Pāṇḍavas verhält. Wenn Ich dann deinen Bericht erhalten habe, werde Ich Mir überlegen, wie Ich den Pāṇḍavas Meine Gunst erweisen kann." Mit diesen Worten trug die Höchste Persönlichkeit Gottes, Kṛṣṇa, Akrūra auf, nach Hastināpura zu fahren. Danach kehrte Er mit Balarāma und Uddhava nach Hause zurück.

Hiermit enden die Bhaktivedanta-Erläuterungen zum 47. Kapitel des Kṛṣṇa-Buches: „Kṛṣṇa erfreut Seine Geweihten".

48 / Der heimtückische Dhṛtarāṣṭra

Auf die Bitte der Höchsten Persönlichkeit Gottes, Śrī Kṛṣṇa, hin reiste Akrūra also nach Hastināpura. Man sagt, daß Hastināpura dort lag, wo sich heute Neu-Delhi befindet, und der Stadtteil von Neu-Delhi, der noch heute Indraprastha heißt, gilt im allgemeinen als die ehemalige Hauptstadt der Pāṇḍavas. *Hastī* bedeutet Elefant, und wie der Name Hastināpura schon sagt, gab es damals in der Hauptstadt der Pāṇḍavas viele Elefanten. Elefanten zu halten ist eine sehr kostspielige Angelegenheit, und daher muß ein Königreich, das viele Elefanten besitzt, sehr reich sein, und wie Akrūra bei seiner Ankunft bemerkte, war Hastināpura voller Elefanten, Pferde, Kutschen und anderer Schätze. Die Könige von Hastināpura galten als die Herrscher über die ganze Welt. Ihr Ruhm war überall im Königreich verbreitet, und sie regierten mit Hilfe der Beratung gelehrter *brāhmaṇas*.

Nachdem sich Akrūra die wohlhabende Stadt angesehen hatte, besuchte er König Dhṛtarāṣṭra, und bei ihm traf er auch Großvater Bhīṣma. Dann besuchte er Vidura und daraufhin Viduras Schwester Kuntī, und so hatte er auch Begegnungen mit dem Sohn Somadattas, mit dem König von Bāhlīka, mit Droṇācārya, Kṛpācārya, Karṇa und Suyodhana. (Suyodhana ist ein anderer Name für Duryodhana.) Er besuchte auch Aśvatthāma, den Sohn Droṇācāryas, sowie die fünf Pāṇḍava-Brüder und andere Freunde und Verwandte, die in der Stadt lebten. Akrūra war als der Sohn von Gāndinī bekannt, und daher war jeder, den er besuchte, sehr erfreut, ihn bei sich empfangen zu dürfen. Jedesmal wurde ihm zum Empfang ein bequemer Sitzplatz angeboten, worauf er sich eingehend nach dem Wohlergehen und dem Tun seiner Verwandten erkundigte.

Daß Śrī Kṛṣṇa gerade Akrūra ausgewählt hatte, um die Mission in Hastināpura zu erfüllen, weist darauf hin, daß dieser im Abklären diplomatischer Fragen viel Geschick haben mußte. Dhṛtarāṣṭra hatte nach dem Tod König Pāṇḍus trotz der Gegenwart der eigentlichen Thronerben, nämlich der Söhne Pāṇḍus, unrechtmäßig den Thron besetzt. Akrūra wollte deshalb noch eine Zeitlang in Hastināpura verweilen, um die Lage eingehend zu erkunden. Er erkannte deutlich, daß der heimtückische Dhṛtarāṣṭra nur auf die Vorteile seiner eigenen Söhne bedacht war. Tatsächlich hatte Dhṛtarāṣṭra bereits das Königreich an sich gerissen, und nun beabsichtigte er, sich der fünf Pāṇḍava-Brüder endgültig zu entledigen. Akrūra wußte auch, daß die Söhne Dhṛtarāṣṭras, die von Duryodhana angeführt wurden, allesamt betrügerische und schurkische Regierungsleute waren. Dhṛtarāṣṭra hielt sich nicht an die guten Anweisungen Bhīṣmas und Viduras, sondern ließ sich von den üblen Ratschlägen Karṇas, Śakunis und anderer Leute des gleichen Schlages führen. Akrūra beschloß, für einige Monate in Hastināpura zu bleiben, um einen genauen Einblick in die politische Lage zu erhalten.

Nach und nach erfuhr Akrūra von Kuntī und Vidura, daß Dhṛtarāṣṭra die fünf Pāṇḍava-Brüder sehr ungerecht behandelte, da er auf ihre außerordentliche Begabung in der Kriegskunst und auf ihre großen körperlichen Kräfte neidisch war. Die Pāṇḍavas handelten wie kühne Helden; sie zeigten alle guten Eigenschaften der *kṣatriyas* und waren verantwortungsbewußte Prinzen, die immer an das Wohl der Bürger dachten. Akrūra vernahm auch, daß der neidische Dhṛtarāṣṭra nach Rücksprache mit seinem heißblütigen Sohn versucht hatte, die Pāṇḍavas zu vergiften.

Akrūra war ein Vetter Kuntīs, und nun, wo sie sich wiedersahen, fragte sie ihn nach ihren Verwandten auf der väterlichen Seite. Als in ihr die Erinnerung an ihren Geburtsort wach wurde, kamen ihr die Tränen. Sie fragte Akrūra, ob sich ihr Vater, ihre Mutter wie auch ihre Brüder und Schwestern und die anderen Freunde daheim immer noch an sie erinnerten; ganz besonders erkundigte sie sich nach Kṛṣṇa und Balarāma, ihren beiden ruhmreichen Neffen: „Erinnert Sich Kṛṣṇa, die Höchste Persönlichkeit Gottes, der Seinen Geweihten sehr zugetan ist, noch an meine Söhne? Denkt auch Balarāma manchmal an uns?“ Im Innern fühlte sich Kuntī wie eine Rehmutter in der Gesellschaft von Tigern, und in Wirklichkeit war es auch so. Nach dem Tode ihres Gatten, König Pāṇḍu, mußte sie allein für ihre fünf Kinder sorgen, und Dhṛtarāṣṭra hatte ständig versucht, sie zu töten. Sie lebte tatsächlich wie ein armes, unschuldiges Tier inmitten von Tigern. Doch als Gottgeweihte dachte sie immerzu an Kṛṣṇa und hoffte, Kṛṣṇa werde eines Tages kommen und sie aus ihrer gefährlichen Lage erretten. Daher fragte sie Akrūra, ob Kṛṣṇa beabsichtige, nach Hastināpura zu kommen, um den vaterlosen Pāṇḍavas zu raten, wie sie vor den Machenschaften Dhṛtarāṣṭras und seiner Söhne sicher sein könnten. Während Kuntī so mit Akrūra über diese Angelegenheiten sprach, überkam sie ein Gefühl der Hilflosigkeit, und sie rief: „O mein Kṛṣṇa, mein lieber Kṛṣṇa! Du bist der höchste Mystiker, die Überseele des Universums. Du bist der wirkliche wohlmeinende Freund und Gönner des ganzen Universums. Mein lieber Govinda, zur Zeit bist Du sehr weit von mir entfernt, doch ich bete darum, mich Deinen Lotosfüßen hinzugeben. Im Augenblick mache ich mir um meine fünf vaterlosen Söhne große Sorgen. Ich weiß sehr wohl, daß es außer Deinen Lotosfüßen keine Zuflucht und keinen Schutz gibt. Deine Lotosfüße können alle leidenden Seelen erlösen, denn Du bist die Höchste Persönlichkeit Gottes. Nur durch Deine Barmherzigkeit kann man der

Gewalt der sich wiederholenden Geburten und Tode entkommen und in sicherem Schutz verbleiben. Mein lieber Kṛṣṇa, Du bist der höchste Reine, die Überseele und der Meister aller *yogīs*. Was kann ich sonst noch sagen? Ich kann Dir einfach nur meine achtungsvollen Ehrerbietungen darbringen. Bitte nimm mich als Deine Geweihte an, die Dir völlig ergeben ist."

Obwohl Kṛṣṇa nicht persönlich vor Kuntī stand, brachte sie Ihm ihre Gebete dar, als würde sie Ihn direkt von Angesicht zu Angesicht sehen. Dies ist jedem möglich, der in die Fußstapfen Kuntīs tritt. Kṛṣṇa braucht nicht überall persönlich gegenwärtig zu sein, denn im Grunde ist Er bereits durch Seine spirituelle Energie überall gegenwärtig, und man braucht sich Ihm nur aufrichtig hinzugeben. Als Kuntī nun Kṛṣṇa voller Inbrunst ihre Gebete darbrachte, konnte sie sich nicht mehr beherrschen und brach vor Akrūra in Tränen aus. Neben Akrūra war auch Vidura zugegen, und beide empfanden großes Mitgefühl für die Mutter der Pāṇḍavas. Sie trösteten Kuntī daher, indem sie ihre Söhne Yudhiṣṭhira, Bhīma und Arjuna rühmten und deren außerordentliche Stärke hervorhoben; sie baten Kuntī, sich keine Sorgen um ihre Kinder zu machen, da diese doch die Söhne von großen Halbgöttern, nämlich Yamarāja, Indra und Vāyu, seien.

Akrūra beschloß, zu Kṛṣṇa zurückzukehren und Ihm zu berichten, in welch beklagenswerten Umständen er Kuntī und ihre fünf Söhne angetroffen habe. Zuvor jedoch wollte er Dhṛtarāṣṭra, der seine eigenen Söhne so sehr bevorzugte und die Pāṇḍavas betrog, einen guten Rat erteilen. Als einmal viele Freunde und Verwandte Dhṛtarāṣṭras gegenwärtig waren, wandte sich Akrūra an den blinden König und sprach ihn mit dem Namen „Vārcitravīrya" an. *Vārcitravīrya* bedeutet „der Sohn Vicitravīryas". Vicitravīrya war der Name von Dhṛtarāṣṭras Vater, doch Dhṛtarāṣṭra war nicht von Vicitravīrya gezeugt worden, sondern von Vyāsadeva. Wenn nämlich in früheren Zeiten ein Mann nicht selbst ein Kind zeugen konnte, war es üblich, daß sein Bruder an seiner Stelle ein Kind zeugte. Im gegenwärtigen Zeitalter des Kali ist dieser Brauch verboten. Als Akrūra Dhṛtarāṣṭra mit dem Namen „Vārcitravīrya" ansprach, war dies also sarkastisch gemeint, weil er eigentlich gar nicht von seinem Vater gezeugt worden war, sondern von Vyāsadeva. Wenn eine Frau von dem Bruder ihres Gatten ein Kind gebar, betrachtete der Ehemann es als sein eigenes, was aber natürlich nichts daran änderte, daß das Kind nicht vom Ehemann stammte. Akrūras sarkastische Bemerkung sollte darauf hinweisen, daß Dhṛtarāṣṭra auf der Grundlage des Erbrechtes den Thron unrechtmäßig für sich beanspruchte. In Wirklichkeit war der älteste Sohn Pāṇḍus der rechtmäßige König, und deshalb hätte Dhṛtarāṣṭra in Anwesenheit der Pāṇḍavas den Thron nicht einnehmen dürfen.

Akrūra sagte also: „Mein lieber Sohn Vicitravīryas, obwohl du zu Unrecht den Thron der Pāṇḍavas bestiegen hast, bist du nun einmal der König. Ich möchte dir deshalb den Rat geben, das Königreich nach moralischen und ethischen Prinzipien zu regieren. Wenn du auf mich hörst und versuchst, auf diese Weise deinen Untertanen ein Vorbild zu sein, werden dein Name und dein Ruhm unsterblich werden." Mit diesen Worten spielte Akrūra darauf an, daß

Dhṛtarāṣṭra seine Neffen, die Pāṇḍavas, ungerecht behandelte, obwohl diese immerhin auch seine Untertanen waren. Er sagte: „Selbst wenn du sie nicht als die Throninhaber, sondern als deine Untertanen betrachtest, solltest du dich doch unparteiisch um ihr Wohlergehen kümmern, als seien sie deine eigenen Söhne. Solltest du dich jedoch nicht nach diesen Grundsätzen richten, sondern das Gegenteil tun, wirst du dich bei deinen Untertanen unbeliebt machen und in deinem nächsten Leben höllische Bedingungen durchzumachen haben. Ich hoffe daher, daß du deine Söhne und die Söhne Pāṇḍus gleich behandeln wirst." Akrūra wies darauf hin, daß es zwischen den beiden Parteien von Vettern sicherlich zum Kampf kommen werde, wenn Dhṛtarāṣṭra seine eigenen Söhne und die Pāṇḍavas nicht unparteiisch behandelte. Und weil die Pāṇḍavas im Recht waren, würden sie aus diesem Kampf siegreich hervorgehen, wohingegen seine Söhne umkommen würden. So lautete Akrūras Prophezeiung, die er Dhṛtarāṣṭra gegenüber aussprach.

Akrūra erteilte Dhṛtarāṣṭra weitere Ratschläge: „In der materiellen Welt kann niemand für immer mit jemand anderem zusammenbleiben. Durch Zufall nur finden wir uns in Familien, Gesellschaften, Gemeinschaften und Nationen zusammen, und weil jeder von uns letztlich seinen Körper aufgeben muß, sind wir gezwungen, uns wieder voneinander zu trennen. Man sollte daher nicht übermäßig stark an seinen Familienmitgliedern hängen." Dazu bewirkte Dhṛtarāṣṭras übertriebene Zuneigung zu seinen Söhnen, daß er viele Ungerechtigkeiten beging, und dies alles zeugte nicht von großer Intelligenz auf seiten Dhṛtarāṣṭras. Akrūra gab Dhṛtarāṣṭra unumwunden zu verstehen, daß seine engstirnige Familienanhaftung nur auf seine tiefe Unwissenheit oder seine Blindheit bezüglich moralischer Prinzipien zurückzuführen sei. Obwohl es scheint, als seien wir in Familien, Gesellschaften und Nationen miteinander verbunden, hat jeder einzelne von uns sein eigenes, individuelles Schicksal. Jedes Lebewesen wird entsprechend seinen früheren Tätigkeiten unter bestimmten Umständen geboren; deshalb muß jeder individuell die Reaktionen seines *karma* genießen oder erleiden. Man kann sein Schicksal nicht verbessern, indem man einfach nur im Kreis seiner Familie oder in anderen Gemeinschaften lebt. Zuweilen geschieht es, daß ein Familienvater durch ungesetzliche Mittel zu Reichtum kommt und der Sohn dann dieses Geld an sich nimmt, obgleich der Vater es unter großen Anstrengungen erworben hat. Es ist wie mit einem kleinen Fisch im Ozean, der den Körper eines großen, alten Fisches frißt. Letzten Endes kann man also nicht auf illegale Weise Reichtum zur Zufriedenstellung von Familie, Gesellschaft, Gemeinschaft oder Nation anhäufen. Die Tatsache, daß viele große Königreiche der Vergangenheit nicht mehr bestehen, weil ihr Wohlstand von den Nachkommen verschwendet wurde, bestätigt deutlich dieses Prinzip. Wer dieses tiefgründige Gesetz der fruchtbringenden Tätigkeiten nicht kennt und daher die moralischen und ethischen Prinzipien mißachtet, erntet letzten Endes nur die sündhaften Reaktionen seiner Tätigkeiten. Sein schändlich erworbener Besitz wird ihm von jemand anderem weggenommen werden, und er selbst gerät in die dunkelsten Bereiche des höllischen Daseins. Man sollte daher nicht mehr Besitz anhäufen, als einem vom Schicksal zugeteilt ist; andernfalls wird man seinem wahren Interesse gegenüber blind. Statt dem Interesse seines Selbst gerecht zu werden, bewirken die eigenen Tätigkeiten dann genau das Gegenteil, und man kommt elendiglich zu Fall.

Akrūra fuhr fort: „Mein lieber Dhṛtarāṣṭra, ich bitte dich, auf meinen Rat zu hören und der Wirklichkeit dieses materiellen Daseins gegenüber nicht so blind zu sein. Das materielle, bedingte Leben ist sowohl in Leid als auch in Glück als Traum anzusehen. Man sollte versuchen, seinen Geist und seine Sinne zu beherrschen und ein friedvolles, ausgeglichenes Leben zu führen, um im Kṛṣṇa-Bewußtsein spirituellen Fortschritt zu machen.“ Im *Caitanya-caritāmṛta* wird gesagt, daß außer den Gottgeweihten, die im Kṛṣṇa-Bewußtsein verankert sind, jeder ständig verstört und voller Ängste ist. Selbst diejenigen, die nach Befreiung streben und in die unpersönliche Brahman-Ausstrahlung eingehen wollen, ja selbst die *yogīs*, die versuchen, die Vollendung mystischer Kräfte zu erlangen, können keinen inneren Frieden finden. Die reinen Gottgeweihten dagegen stellen keine Forderungen an Kṛṣṇa, denn sie sind vollkommen damit zufrieden, Ihm zu dienen. Wahrer Frieden und geistige Ausgeglichenheit können nur auf der Stufe des vollkommenen Kṛṣṇa-Bewußtseins erlangt werden.

Nachdem Dhṛtarāṣṭra diese moralischen Anweisungen von Akrūra vernommen hatte, erwiderte er: „Lieber Akrūra, es ist sehr großzügig von dir, mir solch wohlgemeinte Ratschläge zu erteilen, doch leider kann ich sie nicht annehmen. Ein Mensch, der zum Sterben verurteilt ist, kann aus der wohltuenden Wirkung von Nektar keinen Nutzen mehr ziehen, selbst wenn man ihm solchen Nektar verabreicht. Es ist mir bewußt, daß deine Anweisungen höchst wertvoll sind, aber unglücklicherweise bleiben sie nicht in meinem flatterhaften Geist haften, genau wie die leuchtenden Blitze am Himmel nicht bei einer bestimmten Wolke verharren. Das einzige, was ich verstehen kann, ist, daß niemand die Erfüllung des höchsten Willens aufhalten kann. Ich verstehe, daß die Höchste Persönlichkeit Gottes, Kṛṣṇa, in der Yadu-Dynastie erschienen ist, um die beschwerliche Last, die die Erde zu tragen hat, zu verringern.“

Dhṛtarāṣṭra machte Akrūra somit deutlich, daß er völliges Vertrauen in Kṛṣṇa, die Höchste Persönlichkeit Gottes, habe. Doch gleichzeitig haftete er auch sehr stark an seinen Familienangehörigen. Er wußte nicht, daß Kṛṣṇa schon in sehr naher Zukunft alle Seine Angehörigen vernichten würde und daß er, Dhṛtarāṣṭra, dann in seiner hilflosen Lage bei Kṛṣṇas Lotosfüßen Zuflucht suchen würde. Wenn Kṛṣṇa einem Gottgeweihten besondere Barmherzigkeit erweisen will, nimmt Er ihm gewöhnlich alle Objekte seiner materiellen Anhaftung fort. Auf diese Weise macht Er den Geweihten in materieller Hinsicht hilflos, so daß ihm keine andere Möglichkeit bleibt, als sich Kṛṣṇas Lotosfüßen hinzugeben. Und genau in dieser Lage sollte sich Dhṛtarāṣṭra nach dem Ende der Schlacht von Kurukṣetra dann auch finden.

Dhṛtarāṣṭra sah sich zwei widerstreitenden Tatsachen gegenübergestellt. Auf der einen Seite wußte er, daß Kṛṣṇa erschienen war, um die Welt von aller unnötigen Last zu befreien. Seine Söhne stellten eine solche unnötige Last dar, und daher ahnte er, daß auch sie getötet werden würden. Doch gleichzeitig war er nicht in der Lage, seine parteiische Anhaftung an seine Söhne aufzugeben. Wie er so über diese Gegensätzlichkeiten nachdachte, erwies er der Höchsten Persönlichkeit Gottes seine achtungsvollen Ehrerbietungen und sprach: „Die vielen Widersprüche im materiellen Dasein sind sehr schwer zu verstehen; man kann sie nur als die unbegreifliche Manifestation des Plans des Höchsten sehen, der durch Seine unfaßbare Energie die gesamte materielle Welt erschafft, in sie eingeht und dadurch die drei Erscheinungsweisen der materiellen Natur in Bewegung setzt. Wenn alles erschaffen ist, geht Er in alle Lebewesen und in die kleinsten Atome ein. Niemand kann die unermeßlichen Pläne des Höchsten Herrn verstehen."

Als Akrūra diese Worte hörte, war ihm klar, daß Dhṛtarāṣṭra nicht beabsichtigte, sein ungerechtes Verhalten gegenüber den Pāṇḍavas zu ändern, sondern daß er weiterhin seine eigenen Söhne bevorteilen würde. Akrūra verabschiedete sich unverzüglich von seinen Freunden in Hastināpura und kehrte in seine Heimatstadt im Königreich der Yadus zurück. Nach seiner Ankunft in Mathurā berichtete er Śrī Kṛṣṇa und Balarāma ausführlich, wie die Verhältnisse in Hastināpura tatsächlich lagen und welche Absichten Dhṛtarāṣṭra verfolgte. Akrūra war von Kṛṣṇa nach Hastināpura geschickt worden, um die dortige Lage zu erforschen, und durch die Gnade des Herrn konnte er seine Aufgabe erfolgreich durchführen und Kṛṣṇa über die wahre Sachlage unterrichten.

Hiermit enden die Bhaktivedanta-Erläuterungen zum 48. Kapitel des Kṛṣṇa-Buches: „Der heimtückische Dhṛtarāṣṭra".

49 / Kṛṣṇa errichtet die Festung Dvārakā

Mit Kaṁsas Tod waren seine beiden Frauen Witwen geworden. In der vedischen Kultur ist eine Frau niemals unabhängig, in keiner der drei Stufen ihres Lebens: In der Kindheit sollte sie in der Obhut ihres Vaters leben; als junge Frau sollte sie unter dem Schutz ihres Ehemannes stehen, und wenn ihr Ehemann gestorben ist, sollte sie entweder unter dem Schutz ihrer erwachsenen Kinder stehen oder, wenn sie keine erwachsenen Kinder hat, zu ihrem Vater zurückkehren und als Witwe unter seinem Schutz leben. Kaṁsa scheint keine erwachsenen Söhne gehabt zu haben, denn als seine Frauen Witwen wurden, kehrten sie wieder in die Obhut ihres Vaters zurück. Kaṁsa hatte zwei Frauen namens Asti und Prāpti, und beide waren Töchter König Jarāsandhas, des Herrschers über die Provinz Bihar. (Der Herrscher über diese Provinz trug damals den Titel Magadharāja.) Zu Hause angekommen, schilderten die beiden Königinnen ihrem Vater ihre mißliche Lage, in die sie durch Kaṁsas Tod geraten waren. Als der König von Magadha, Jarāsandha, hörte, in welch beklagenswerter Lage sich seine Töchter befanden und wie Kaṁsa ein jähes Ende gefunden hatte, fühlte er sich zutiefst gedemütigt. Jarāsandha entschied auf der Stelle, alle Mitglieder der Yadu-Dynastie von der Erdoberfläche verschwinden zu lassen; Kṛṣṇa hatte Kaṁsa getötet, und nun sollte die ganze Yadu-Dynastie getötet werden.

Jarāsandha begann also, gewaltige Vorkehrungen zu treffen, um das Königreich von Mathurā anzugreifen. Er mobilisierte seine gefürchteten Legionen, die aus vielen Tausenden von Kampfwagen, Pferden, Elefanten und Fußsoldaten bestanden. Jarāsandha wollte König Kaṁsas Tod vernichtend rächen, und so stellte er insgesamt dreizehn solche Streitheere auf. Dann führte er seine gigantische Armeenfront zum Angriff auf Mathurā, die Hauptstadt der Yadu-Könige, und ließ sie von allen Seiten belagern. Śrī Kṛṣṇa, der die Rolle eines gewöhnlichen Menschen spielte, sah die ungeheure Streitmacht Jarāsandhas, die einem Ozean glich, der jeden Augenblick den Strand zu überfluten droht. Dazu bemerkte Er, daß die Bewohner von Mathurā von Furcht ergriffen wurden, und so begann Er, über Seine Mission als Inkarnation nachzudenken. Wie konnte Er der gegenwärtigen Situation am besten begegnen? Kṛṣṇas Mission war es, den zur Last gewordenen Teil der Bevölkerung zu vernichten, und deshalb nahm Er diese Gelegenheit wahr, als Ihm so viele Männer, Wagen, Elefanten und Pferde gegenüberstanden. Kṛṣṇa beabsichtigte nicht, das Königreich Magadha zu erobern, und deshalb sah Er keinen Sinn darin, Jarāsandha, den König von Magadha, zu töten. Nun aber war die gesamte Streitmacht Jarāsandhas vor Ihm erschienen, und so beschloß er, Jarāsandhas Heer vernichtend zu schlagen, ihn selbst jedoch am Leben zu lassen, damit er in der Lage wäre, zurückzukehren und erneut aufzurüsten.

Während Śrī Kṛṣṇa so überlegte, kamen zwei stattliche Streitwagen aus dem Weltall herbei, die mit Wagenlenkern, Waffen, Flaggen und anderem Zubehör ausgestattet waren. Als Kṛṣṇa die beiden Wagen vor Sich sah, sprach Er sogleich zu Seinem älteren Bruder Balarāma, der auch als Saṅkarṣaṇa bekannt ist: „Mein lieber älterer Bruder, Du bist der beste unter den Āryas, Du bist der Herr des Universums, und vor allem bist Du der Beschützer der Yadu-Dynastie. Die Abkömmlinge der Yadu-Dynastie schweben in Gefahr, weil sie von den Soldaten Jarāsandhas bedroht werden, und Angst und Schrecken erfüllt ihr Herz. Bitte beschütze sie – Dein mit Waffen beladener Streitwagen steht ebenfalls schon bereit. Ich bitte Dich, ihn zu besteigen und alle Soldaten zu vernichten, die gesamte Streitmacht des Feindes. Schließlich sind Wir auf die Erde herabgekommen, um solche unnötigen Streitmächte zu beseitigen und die frommen Gottgeweihten zu beschützen. Nun bietet sich Uns die Gelegenheit, Unserer Mission gerecht zu werden. Laß Uns nun zur Tat schreiten." Kṛṣṇa und Balarāma, die Nachkommen Daśārhas, beschlossen auf diese Weise, alle dreizehn Streitheere Jarāsandhas zu vernichten.

Kṛṣṇa bestieg Seinen Wagen, der von Dāruka gelenkt wurde, und zog zusammen mit einem kleinen Heer durch Mathurās Stadttor hinaus, wobei sie ihre Muschelhörner ertönen ließen. Die Gegner waren zahlenmäßig weit überlegen, doch merkwürdigerweise erbebten sie bis ins Innerste ihres Herzens, als sie den Klang von Kṛṣṇas Muschelhorn vernahmen. Als Jarāsandha Kṛṣṇa und Balarāma erblickte, tat es ihm ein wenig leid um Sie, denn die beiden hätten dem Alter nach seine Enkel sein können. Dann wandte er sich an Kṛṣṇa und rief Ihm den Namen Puruṣādhama zu, was nichts anderes bedeutet als „der niedrigste der Menschen", obwohl Kṛṣṇa eigentlich in allen vedischen Schriften als Puruṣottama, „der höchste unter den Menschen", bezeichnet wird. Jarāsandha hatte bestimmt nicht die Absicht, Kṛṣṇa als Puruṣottama anzusprechen, doch große Gelehrte haben herausgefunden, was die ursprüngliche Bedeutung des Wortes *puruṣādhama* ist: „derjenige, neben dem alle anderen Persönlichkeiten niedrig erscheinen". Dies entspricht der Wahrheit, denn niemand kann dem Herrn, der Höchsten Persönlichkeit Gottes, gleichkommen oder Ihn übertreffen.

Jarāsandha fuhr fort: „Es wird eine große Schande für mich sein, mit kleinen Jungen wie Kṛṣṇa und Balarāma zu kämpfen." Weil Kṛṣṇa Kaṁsa getötet hatte, bezeichnete Jarāsandha Ihn auch als „Mörder der eigenen Verwandten". Daß Kaṁsa selbst viele seiner eigenen Neffen umgebracht hatte, kümmerte Jarāsandha nicht im geringsten; daß aber Kṛṣṇa Seinen Onkel mütterlicherseits getötet hatte, nahm er zum Anlaß, Ihn auf grobe Weise zu schmähen. Dies ist typisch für das Verhalten der Dämonen: Dämonen versuchen niemals, ihre eigenen Fehler zu erkennen, sondern bemühen sich ständig, Fehler an anderen zu finden. Jarāsandha hielt Kṛṣṇa außerdem vor, nicht einmal ein *kṣatriya* zu sein. Weil Kṛṣṇa nämlich von Mahārāja Nanda aufgezogen worden war, war Er kein *kṣatriya*, sondern ein *vaiśya*. *Vaiśyas* werden im allgemeinen *guptas* genannt, und manchmal wird das Wort *gupta* auch im Sinne von „versteckt" gebraucht. Beides traf auf Kṛṣṇa zu, denn Er war von Mahārāja Nanda sowohl versteckt als auch aufgezogen worden. Jarāsandha beschuldigte also Kṛṣṇa, drei Fehler zu haben: Seinen eigenen Onkel getötet zu haben, in Seiner Kindheit versteckt worden zu sein und nicht einmal ein *kṣatriya* zu sein. Aus diesen Gründen, so sagte Jarāsandha, müsse er sich schämen, mit Kṛṣṇa zu kämpfen.

Dann wandte er sich an Balarāma und rief Ihm zu: „Du, Balarāma! Wenn Du willst, kannst Du Seite an Seite mit Ihm kämpfen, und wenn Du dazu noch ein wenig Geduld hast und ein wenig wartest, dann wirst auch Du von meinen Pfeilen durchbohrt. Auf diese Weise kannst Du auf die himmlischen Planeten erhoben werden." In der *Bhagavad-gītā* wird in diesem Zusammenhang erklärt, daß ein *kṣatriya* auf zweierlei Art aus einem Kampf Vorteil ziehen kann: Wenn er siegt, kann er sich am Ergebnis seines Erfolges erfreuen, und wenn er im Kampf sein Leben läßt, wird er zum himmlischen Königreich erhoben.

Nachdem Kṛṣṇa Jarāsandhas Reden eine Zeitlang zugehört hatte, antwortete Er ihm: „Mein lieber König Jarāsandha, wahre Helden machen keine großen Worte, sondern zeigen ihre Stärke in der Tat. Weil du so viel redest, scheint dir dein Tod in dieser Schlacht gewiß zu sein. Wir sind es leid, dir länger zuzuhören, denn es ist nutzlos, den Worten von Menschen Gehör zu schenken, die vor dem Tode stehen oder die von Angst gequält werden." Daraufhin gab Jarāsandha das Zeichen zum Kampf und umzingelte Kṛṣṇa von allen Seiten mit seinen gewaltigen Heeren. Genauso wie die Sonne durch Wolken und Staub scheinbar verdeckt wird, wurde auch Kṛṣṇa, die höchste Sonne, von Jarāsandhas Heer verdeckt. Kṛṣṇas und Balarāmas Streitwagen waren mit Bildern von Garuḍa und Palmen verziert. Alle Frauen von Mathurā standen auf den Dächern ihrer Häuser und Paläste oder auf den Stadttoren, um den wunderbaren Kampf zu beobachten. Doch als Kṛṣṇas Wagen von Jarāsandhas Streitheer umzingelt wurde und sie ihn nicht mehr sehen konnten, überkam sie solche Angst, daß manche in Ohnmacht fielen. Kṛṣṇa sah, wie Ihn die militärische Übermacht Jarāsandhas zu erdrücken drohte. Seine kleine Schar Soldaten geriet bereits in schwere Bedrängnis, und so nahm Er kurzentschlossen Seinen Bogen namens Śārṅga in die Hand.

Er zog Seine Pfeile aus dem Köcher, legte sie einen nach dem anderen an die Sehne und schoß sie dem Feind entgegen, und unter diesem unausweichlichen Geschoßhagel fanden die feindlichen Elefanten, Pferde und Fußsoldaten ein schnelles Ende. Der unablässige Pfeilhagel war wie ein lodernder Feuersturm, der Jarāsandhas gesamte Streitmacht austilgte. Als Kṛṣṇa immer neue Pfeile abschoß, stürzten nach und nach alle Elefanten mit abgetrennten Köpfen zu Boden. Ebenso brachen alle Pferde mit abgetrennten Beinen zusammen und rissen ihre Streitwagen und die Banner mit sich, und die Wagenkämpfer und Wagenlenker fanden das gleiche Ende. Dazu wurde praktisch das gesamte Fußvolk umgemäht und lag mit abgetrennten Köpfen, Armen und Beinen auf dem Schlachtfeld. Auf diese Weise wurden viele Tausende von Elefanten und Pferden getötet, und ihr Blut floß wie die Wellen eines Flusses. In diesem Blutstrom sahen die abgetrennten Arme der Krieger wie Schlangen aus und ihre Köpfe wie Schildkröten; die toten Elefanten glichen kleinen Inseln, und die toten Pferdeleiber glichen Haifischen. Durch den höchsten Willen war auf diese Weise ein riesiger Blutstrom mit allerlei Treibgut entstanden. Die Hände und Beine der Infanteriesoldaten trieben wie verschiedenartige Fische an der Oberfläche, die Köpfe der Soldaten glichen umhertreibendem Seetang und Moos, und die schwimmenden Bogen der Soldaten waren wie Wellen. Die Juwelen von den Körpern der Soldaten und Kommandanten glichen zahllosen Kieselsteinen, die vom Blutstrom mitgerissen wurden.

Śrī Balarāma, der auch als Saṅkarṣaṇa bekannt ist, kämpfte mit Seiner Keule derart heldenhaft, daß der Blutstrom, den Kṛṣṇa geschaffen hatte, überquoll. Die Feiglinge wurden von panischer Angst ergriffen, als sie diese fürchterliche, grausige Szene sahen, und die Helden begannen begeistert den Heldenmut der beiden Brüder zu preisen. Obgleich Jarāsandhas Streitmacht gewaltig wie ein Ozean war, verwandelten Śrī Kṛṣṇa und Balarāma das ganze Schlachtfeld in eine grauenvolle Szene, die nicht im geringsten mit einem gewöhnlichen Kampf zu vergleichen war. Gewöhnliche Menschen können sich natürlich nicht vorstellen, wie dies alles möglich war, doch wenn man in diesen Taten die transzendentalen Spiele des Höchsten Persönlichen Gottes sieht, unter dessen Willen nichts unmöglich ist, vermag man in diese Beschreibungen einzudringen und sie in Wahrheit zu verstehen. Der Herr, die Höchste Persönlichkeit Gottes, erschafft, erhält und zerstört die kosmische Manifestation allein durch Seinen Willen. Daher ist es nichts außerordentliches für Ihn, im Kampf mit Seinem Feind eine derartige Vernichtung zu verursachen. Aber weil Kṛṣṇa und Balarāma mit Jarāsandha wie gewöhnliche Menschen kämpften, bot dieser Kampf trotzdem einen höchst wunderbaren Anblick.

Alle Soldaten Jarāsandhas wurden auf dem Schlachtfeld getötet, und er selbst war der einzige, der am Leben geblieben war. Der Anblick seiner Streitmacht muß ihn bestimmt sehr deprimiert haben. Śrī Balarāma nahm ihn ohne zu zögern gefangen, genau wie ein Löwe, der mit großer Kraft einen anderen Löwen packt. Doch als Śrī Balarāma gerade daran war, Jarāsandha mit dem Seil von Varuṇa und auch mit gewöhnlichen Seilen zu fesseln, bat Ihn Śrī Kṛṣṇa, der einen größeren Plan vor Augen hatte, den König nicht in Gewahrsam zu nehmen, und so wurde Jarāsandha von Kṛṣṇa befreit. Als großer Kriegsheld war Jarāsandha zutiefst beschämt, und so entschloß er sich, abzudanken und auf alle Königswürden zu verzichten. Er wollte in den Wald gehen, um dort unter strengen Entsagungen und Bußen zu meditieren.

Doch als er mit einigen adligen Freunden nach Hause zurückkehrte, rieten ihm diese, nicht aufzugeben, sondern neue Kräfte anzusammeln, um in naher Zukunft noch einmal mit Kṛṣṇa zu kämpfen. Seine Fürstenfreunde überzeugten ihn davon, daß er, wäre es mit rechten Dingen zugegangen, unmöglich von den Yadu-Königen hätte besiegt werden können. Seine Niederlage sei nur auf eine zufällige unglückliche Fügung zurückzuführen. Auf diese Weise machten die Fürstenkönige Jarāsandha neuen Mut. Sie sagten, daß er ohne Zweifel heldenhaft gekämpft habe; er solle seine Niederlage also nicht allzu tragisch nehmen. Sie sei lediglich auf ein paar vergangene Fehler zurückzuführen, denn schließlich gebe es an seiner Kampftechnik nichts auszusetzen.

So blieb Jarāsandha, dem König von Magadha, nichts anderes übrig, als die Herrschaft über sein Königreich wieder aufzunehmen, obwohl er alle Streitmächte verloren hatte und durch die Gefangennahme und die nachträgliche Freilassung gedemütigt worden war. Auf diese Weise besiegte Śrī Kṛṣṇa alle Soldaten von Jarāsandha, neben denen Kṛṣṇas Armee verschwindend klein erschienen war. Auf Kṛṣṇas Seite jedoch gab es nicht den geringsten Verlust zu beklagen, wohingegen Jarāsandhas Männer alle tot waren.

Die Bewohner des Himmels waren außer sich vor Freude und brachten Kṛṣṇa ihre Ehrerbietungen dar, indem sie Seinen Ruhm lobpriesen und Ihn mit Blumen überschütteten. Alle bewunderten Kṛṣṇas Sieg. Jarāsandha war in sein Königreich zurückgekehrt, und die Stadt Mathurā war vor dem drohenden Angriff gerettet worden. Die Bürger von Mathurā luden die verschiedensten Berufssänger ein, wie *sūtas, māgadhas* und Künstler, die wohlklingende, poetische Lieder verfassen konnten, und in einer gemeinsamen Veranstaltung verherrlichten sie alle Śrī Kṛṣṇas Sieg mit Lobgesängen. Als der siegreiche Herr, Śrī Kṛṣṇa, die Stadt betrat, ertönten viele Büffelhörner, Muschelhörner und Kesselpauken, und verschiedene andere Musikinstrumente, wie *bherīs, tūryas, vīṇās*, Flöten und *mṛdaṅgas*, stimmten ein, um Ihm einen herrlichen Empfang zu bereiten. Zu diesem Anlaß hatte man die Stadt gründlich gereinigt und alle Straßen und Wege mit Wasser besprengt, und die Einwohner schmückten vor Freude ihre Häuser, Straßen und Geschäfte mit Flaggen und Girlanden. Die *brāhmaṇas* versammelten sich auf zahlreichen Plätzen und chanteten vedische *mantras*. Die Einwohner errichteten Durchgänge und Triumphbögen sowie auch Straßen und Kreuzungen, und als dann Śrī Kṛṣṇa feierlich in die wundervoll geschmückte Stadt einzog, stellten die Mädchen und Frauen der Stadt verschiedenartige Blumenketten her, um das Siegesfest noch freudiger zu gestalten. Nach vedischer Sitte nahmen sie mit frischem grünem Gras vermischten Joghurt und verspritzten ihn in alle Richtungen, wodurch sie das Siegesfest sogar noch glückverheißender machten. Als Kṛṣṇa so durch die Straßen schritt, ließen die Frauen ihre liebevollen Blicke auf Ihm ruhen. Kṛṣṇa und Balarāma hatten Ihre Kriegsbeute, wie Schmuck und Edelsteine, die Sie sorgfältig vom Schlachtfeld aufgesammelt hatten, mitgebracht und überreichten sie nun König Ugrasena. Damit bezeugte Kṛṣṇa Seinem Großvater die gebührende Ehre, denn zu jener Zeit war Ugrasena der gekrönte König der Yadu-Dynastie.

Jarāsandha, der König von Magadha, beließ es jedoch nicht bei dem einen Angriff; insgesamt versuchte er siebzehnmal, die Stadt Mathurā einzunehmen, wobei er jedesmal eine gleich große Streitmacht aufbrachte. Doch immer wieder wurde er besiegt, und alle seine Soldaten wurden getötet, und jedesmal mußte er enttäuscht zurückkehren. In jeder Schlacht nahmen ihn die Fürsten der Yadu-Dynastie auf die gleiche Weise gefangen, um ihn dann wieder mit Schimpf und Schande laufenzulassen, und jedesmal wagte es Jarāsandha, trotz der Schmach wieder nach Hause zurückzukehren.

Als Jarāsandha seinen achtzehnten Angriff unternahm, beschloß ein Yavana-König, der über ein Land südlich von Mathurā regierte und es auf den Reichtum der Yadu-Dynastie abgesehen hatte, die Stadt Mathurā ebenfalls anzugreifen. Es heißt, daß der König der Yavanas, der als Kālayavana bekannt war, von Nārada Muni zum Angriff verleitet wurde. Diese Geschichte wird im *Viṣṇu Purāṇa* erzählt: Einst wurde Gargamuni, der Priester der Yadu-Dynastie, von seinem Schwager verhöhnt, und als die Könige der Yadu-Dynastie diese spöttischen Worte hörten, lachten sie über Gargamuni, was diesen sehr erzürnte. Er beschloß, jemanden zu erzeugen, der die Yadu-Dynastie in Schrecken versetzen würde, und mit dieser Absicht verehrte er Śiva, von dem er dann die Segnung erhielt, einen Sohn zu bekommen. Dieser Sohn war Kālayavana, der von Gargamuni mit der Frau eines Yavana-Königs gezeugt wurde. Dieser Kālayavana nun hatte Nārada die Frage gestellt, welches die mächtigsten Könige der Welt seien, worauf Nārada ihm zur Antwort gegeben hatte, daß niemand so mächtig sei wie die Yadus. Als Kālayavana dies von Nārada erfuhr, zog er sogleich zum Angriff auf die Stadt Mathurā los, und zwar zur selben Zeit, als Jarāsandha zum achtzehnten Mal versuchte, Mathurā zu erobern. Kālayavana war sehr begierig, einem Weltherrscher den Krieg zu erklären, der ihm ein ebenbürtiger Gegner sein würde, doch bis dahin hatte er keinen solchen finden können. Als ihm Nārada von Mathurā erzählte, beschloß er daher sogleich, diese Stadt anzugreifen, und an der Spitze von dreißig Millionen Yavana-Soldaten machte er sich auf den Weg nach Mathurā. Als Mathurā auf diese Weise bedroht wurde, beriet Sich Śrī Kṛṣṇa mit Baladeva über die ernste Notlage der Yadu-Dynastie, die den Angriff von zwei so schrecklichen Feinden wie Jarāsandha und Kālayavana zu fürchten hatte. Die Gefahr rückte immer näher, und es galt, keine Zeit zu verlieren: Kālayavana belagerte Mathurā bereits von allen Seiten, und für den nächsten Tag wurden Jarāsandhas Legionen erwartet, mit dem gleichen Umfang wie bei den vorangegangenen siebzehn Angriffen. Kṛṣṇa war überzeugt, daß Jarāsandha angesichts von Kālayavanas Offensive die Gelegenheit nutzen würde, um zum entscheidenden Schlag gegen die Stadt Mathurā auszuholen. Kṛṣṇa hielt es daher für klug, einige Vorsichtsmaßnahmen zu treffen, um zwei strategisch wichtige Punkte Mathurās zu verteidigen. Wenn Er und Balarāma nämlich gleichzeitig an derselben Stelle mit Kālayavana kämpfen würden, könnte Jarāsandha von einer anderen Seite her angreifen und an der ganzen Yadu-Familie furchtbare Rache nehmen. Jarāsandha war sehr mächtig, und da er bereits siebzehnmal eine Niederlage hatte hinnehmen müssen, war zu befürchten, daß er, wenn sich ihm die Gelegenheit böte, aus Rachsucht an allen Mitgliedern der Yadu-Familie ein schreckliches Massaker vollziehen oder sie gefangennehmen und in sein Königreich verschleppen würde. Kṛṣṇa beschloß deshalb, an einem Ort, den kein zweibeiniges Tier — weder Mensch noch Dämon — erreichen konnte, eine mächtige Festung zu errichten. Dort wollte Er Seine Verwandten unterbringen, so daß Er ungehindert mit den Feinden kämpfen konnte. Dvārakā gehörte früher offensichtlich ebenfalls zum Königreich von Mathurā, denn im *Śrīmad-Bhāgavatam* wird gesagt, daß Kṛṣṇa mitten im Meer eine Festung errichtete. Heute noch sind in der Bucht von Dvārakā Überreste dieser Festung zu finden.

Als erstes baute Kṛṣṇa im Meer eine gewaltige Mauer, die eine Fläche von 249 Quadratkilometern umgrenzte. Diese Mauer, die ein wundervolles Bauwerk war, wurde von Viśvakarmā entworfen und errichtet. Ein gewöhnlicher Architekt könnte unmöglich eine solche Festung im Meer bauen, doch Viśvakarmā, der als der Baumeister der Halbgötter gilt, kann solch ein wunderbares Kunstwerk jederzeit an jedem beliebigen Ort des Universums schaffen. Wenn durch den Willen der Höchsten Persönlichkeit Gottes riesige Planeten schwerelos im Weltall schweben können, ist die Errichtung einer Festung im Meer, die eine Fläche von 249 Quadratkilometern einnimmt, nichts außergewöhnliches.

Im *Śrīmad-Bhāgavatam* finden sich Beschreibungen dieser neuen, uneinnehmbaren Stadt, die im Meer entstand. Es gab viele kunstvoll angelegte Wege und Parkanlagen, in denen *kalpa-vṛkṣas*, Wunschbäume, wuchsen. Diese Wunschbäume sind keine gewöhnlichen Bäume, wie sie in der materiellen Welt zu finden sind; Wunschbäume gibt es nur in der spirituellen Welt. Doch für Kṛṣṇas höchsten Willen ist alles möglich, und als Kṛṣṇa im Meer die Stadt Dvārakā errichtete, ließ Er auch Wunschbäume wachsen. Darüber hinaus gab es in dieser Stadt viele Paläste und *gopuras*, mächtige Tore. Solche *gopuras*, die auch heute noch in einigen größeren Tempeln zu sehen sind, sind sehr hoch und zeugen von künstlerischer Meisterschaft. Auf solchen Toren wie auch in den Palästen befanden sich goldene *kalaśas*, Wassergefäße, die als sehr glückverheißend gelten.

Fast alle Paläste waren hoch wie Wolkenkratzer, und in den Kellergemächern eines jeden Hauses wurden große Töpfe gelagert, die mit Gold, Silber und Getreide angefüllt waren. In den einzelnen Wohnräumen standen viele goldene Wassertöpfe. Die Schlafgemächer bestanden aus zahllosen Edelsteinornamenten, und die Fußböden waren mit Mosaiken aus *marakata*-Juwelen ausgelegt. Die Bildgestalt Viṣṇus, die von den Angehörigen der Yadu-Dynastie verehrt wurde, fehlte in keinem Haus. Die Wohnbezirke waren so angelegt, daß jede Kaste — die *brāhmaṇas, kṣatriyas, vaiśyas* und *śūdras* — in einem eigenen Teil der Stadt lebte. Aus dieser Feststellung geht hervor, daß das System der *varṇas* schon zu jener Zeit existierte. Im Stadtzentrum stand ein eigens für König Ugrasena gebautes Residenzgebäude, und dieser Palast war das prunkvollste aller Bauwerke.

Als die Halbgötter sahen, daß Kṛṣṇa nach Seinem eigenen Willen eine ganze Stadt erbaute, sandten sie die vielgepriesene *pārijāta*-Blume von den himmlischen Planeten, um sie in der neuen Stadt einpflanzen zu lassen, und sie sandten auch ein Versammlungshaus, das den Namen Sudharmā trug. Die Besonderheit dieses Gebäudes war, daß jeder, der darin an einer Zusammenkunft teilnahm, die Gebrechlichkeit des Alters überwand. Der Halbgott Varuṇa überbrachte ein Pferd, das bis auf seine schwarzen Ohren völlig weiß war und das mit der Geschwindigkeit des Geistes zu laufen vermochte. Kuvera, der Schatzmeister der Halbgötter, offenbarte die Kunst, wie man die acht vollkommenen Stufen materiellen Reichtums erlangt. Auf diese Weise brachten alle Halbgötter ein besonderes Geschenk dar, das ihrer jeweiligen Befähigung entsprach. Es gibt insgesamt dreiunddreißig Millionen Halbgötter, und jeder von ihnen hat eine ganz bestimmte Aufgabe in der Regelung des Universums zu erfüllen. Doch als Kṛṣṇa, die Höchste Persönlichkeit Gottes, die Stadt Seines eigenen Willens erbaute, nutzte jeder dieser dreiunddreißig Millionen Halbgötter die Gelegenheit, dem Herrn eine bestimmte Gabe darzubringen. Auf diese Weise wurde Dvārakā zu einer Stadt, die im ganzen Universum nicht ihresgleichen findet. Aus dieser Schilderung kann man schließen, daß es zweifellos unzählige Halbgötter gibt, daß aber keiner von ihnen von Kṛṣṇa unabhängig ist. Ebenso wird auch im *Caitanya-caritāmṛta* gesagt, daß Kṛṣṇa der höchste Meister ist und daß alle anderen Seine Diener sind. Somit nahmen also alle Diener die Gelegenheit wahr, Kṛṣṇa zu dienen, während Er persönlich in diesem Universum gegenwärtig war. Diesem Beispiel sollte jeder folgen, besonders diejenigen, die sich im Kṛṣṇa-Bewußtsein befinden, denn sie sollten Kṛṣṇa mit ihren jeweiligen Fähigkeiten dienen.

Als der Bau der neuen Stadt genau nach Plan abgeschlossen war, brachte Kṛṣṇa alle Einwohner Mathurās dorthin und machte Śrī Balarāma zum Stadtvater von Dvārakā. Schließlich besprach Er Sich mit Balarāma und verließ dann, mit einer Girlande aus Lotosblumen bekränzt, die Stadt, um mit Kālayavana zusammenzutreffen, der Mathurā bereits kampflos eingenommen hatte.

Kālayavana hatte Kṛṣṇa noch nie zuvor gesehen, und als Kṛṣṇa dann, in gelbe Gewänder gekleidet, aus der Stadt herauskam, fiel Kālayavana zuerst dessen außergewöhnliche Schönheit auf. Während der Herr durch die Reihen der Soldaten Kālayavanas schritt, glich Er dem Mond, der durch die am Himmel versammelten Wolken zieht. Kālayavana war so sehr vom Glück begünstigt, daß er das Kaustubha-Juwel und die Śrīvatsa-Linien sah, die ein besonderes Zeichen auf Kṛṣṇas Brust sind. Kālayavana sah Kṛṣṇa jedoch in Seiner Viṣṇu-Form, mit wohlgeformtem Körper, vier Armen und mit Augen, die den frisch aufgeblühten Blütenblättern einer Lotosblume glichen. Mit Seiner edlen Stirn, Seinem schönen Antlitz, Seinen lächelnden Augen, Seinen rastlosen Augenbrauen und den tanzenden Ohrringen strahlte Kṛṣṇa vollkommene Glückseligkeit aus. Nārada hatte Kālayavana bereits über Kṛṣṇa erzählt, und nun, wo Kālayavana Kṛṣṇa zum ersten Mal sah, bestätigten sich Nāradas Beschreibungen. Er bemerkte Kṛṣṇas besondere Zeichen und die Juwelen auf Seiner Brust, die schöne Girlande aus Lotosblumen, Seine lotosgleichen Augen und Seine übrigen wunderbaren Merkmale. Jede Einzelheit stimmte mit Nāradas Beschreibungen überein, und so kam Kālayavana zu der Überzeugung, daß diese leuchtende Erscheinung Vāsudeva sein mußte. Kālayavana war sehr erstaunt, wie der Herr einfach zu Fuß, ohne Waffen und ohne Streitwagen, durch die Reihen der Soldaten schritt. Kālayavana war gekommen, um mit Kṛṣṇa zu kämpfen, aber dennoch respektierte er die Kampfregeln in dem Maße, daß er einen unbewaffneten Gegner nicht mit Waffen angriff. Er entschloß sich, mit bloßen Händen gegen Kṛṣṇa zu kämpfen, und auf diese Weise schickte er sich an, Kṛṣṇa herauszufordern.

Kṛṣṇa Seinerseits wandelte einfach weiter, ohne Kālayavana auch nur anzublicken. Darauf begann Kālayavana, der entschlossen war, Kṛṣṇa zu fangen, hinter Ihm herzulaufen; doch so schnell er auch rannte, er kam nicht an Kṛṣṇa heran. Kṛṣṇa kann nicht einmal von den großen *yogīs* erreicht werden, die sich mit der Geschwindigkeit des Geistes fortbewegen. Er läßt Sich allein durch hingebungsvollen Dienst einfangen, und darin hatte Kālayavana keine Erfahrung. Er wollte Kṛṣṇa fangen, und da ihm dies nicht gelang, folgte er Kṛṣṇa in einer gewissen Distanz, um Ihn zumindest nicht aus den Augen zu verlieren.

Kālayavana rannte immer schneller, und er dachte: „Nun bin ich Ihm schon ganz nah; gleich habe ich Ihn", doch immer wieder sah er sich getäuscht. Kṛṣṇa führte ihn auf diese Weise weit weg vom Heer, bis Er schließlich auf einem Hügel in einer Höhle verschwand. Kālayavana dachte, Kṛṣṇa versuche, den Kampf zu vermeiden, und habe Sich deshalb in die Höhle geflüchtet, und so beschimpfte er Kṛṣṇa mit folgenden Worten: „He, Kṛṣṇa! Ich habe gehört, daß Du ein großer Held bist, der von der Yadu-Dynastie abstammt; doch nun sehe ich, daß Du tatsächlich wie ein Feigling vor dem Kampf davonläufst. Ein solches Verhalten ist Deines guten Rufes und Deiner Familientradition nicht würdig." Obwohl Kālayavana Kṛṣṇa verfolgt hatte und so schnell gelaufen war, wie er konnte, war es ihm nicht gelungen, Kṛṣṇa zu fangen, denn er war nicht von allen Verunreinigungen des sündhaften Lebens befreit.

Jeder, der nicht die regulierenden Lebensprinzipien befolgt, die von den höheren Kasten, nämlich den *brāhmaṇas, kṣatriyas* und *vaiśyas* und sogar von den Arbeitern, eingehalten werden, wird in der vedischen Kultur als *mleccha* oder *yavana* bezeichnet. Der vedische Gesellschaftsaufbau ist so eingerichtet, daß selbst Menschen, die als *śūdras* gelten, nach und nach zur Stufe von *brāhmaṇas* erhoben werden können, wenn sie sich dem Vorgang des kulturellen Fortschritts, dem sogenannten *saṁskāra* oder Reinigungsvorgang, unterziehen. Die vedischen Schriften erklären, daß niemand allein durch Geburt in einer bestimmten Familie ein *brāhmaṇa* oder ein *mleccha* wird; von Geburt her gilt jeder als *śūdra*. Man muß sich daher durch den Reinigungsvorgang zur Stufe des brahmanischen Lebens erheben. Wenn man sich diese Gelegenheit entgehen läßt und sich statt dessen noch mehr erniedrigt, wird man als *mleccha* bezeichnet. Kālayavana gehörte zur Klasse der *mlecchas* und *yavanas*, und als solcher war er durch sündhafte Tätigkeiten verunreinigt, weshalb er sich Kṛṣṇa nicht nähern konnte. Das Leben der *mlecchas* und *yavanas* beinhaltet alle sündhaften Tätigkeiten, denen sich die Menschen der höheren Klassen enthalten, nämlich unzulässige Sexualität, das Essen von Fleisch, Berauschung und die Teilnahme an Glücksspielen. Solange man durch diese sündhaften Tätigkeiten gefesselt wird, kann man in der Gotteserkenntnis keinen Fortschritt machen. Die *Bhagavad-gītā* bestätigt, daß nur jemand, der von allen sündhaften Reaktionen völlig befreit ist, hingebungsvollen Dienst, Kṛṣṇa-Bewußtsein, ausführen kann.

Hiermit enden die Bhaktivedanta-Erläuterungen zum 49. Kapitel des Kṛṣṇa-Buches: „Kṛṣṇa errichtet die Festung Dvārakā".

50 / Die Erlösung Mucukundas

Als Kṛṣṇa die Höhle betrat, folgte Ihm Kālayavana, wobei er Kṛṣṇa mit groben Worten beschimpfte. Das erste, worauf der Dämon in der dunklen Höhle stieß, war eine Gestalt, die schlafend am Boden lag. Kālayavana, der sehr darauf brannte, mit Kṛṣṇa zu kämpfen, Ihn aber nirgends finden konnte, dachte deshalb, es sei Kṛṣṇa, der vor ihm auf dem Höhlenboden schlafe. Kālayavana war so eingebildet und stolz auf seine Stärke, daß er dachte, Kṛṣṇa scheue den Kampf mit ihm, und weil er den schlafenden Mann für Kṛṣṇa hielt, versetzte er ihm einen heftigen Tritt. Doch es war nicht Kṛṣṇa, sondern jemand, der schon seit langer Zeit in der Höhle geschlafen hatte, und als er nun von Kālayavana getreten wurde und aufwachte, öffnete er sogleich seine Augen und sah sich nach allen Seiten um. Dann fiel sein Blick auf Kālayavana, der in seiner Nähe stand. Der Schläfer war zu unpassender Zeit geweckt worden, und daher war er sehr zornig. Als er Kālayavana voller Zorn anblickte, schossen Feuerstrahlen aus seinen Augen hervor, und Kālayavana wurde auf der Stelle zu Asche verbrannt.

Als Mahārāja Parīkṣit die Geschichte hörte, wie Kālayavana zu Asche verbrannt wurde, wollte er Näheres über den schlafenden Mann erfahren und fragte deshalb Śukadeva Gosvāmī: „Wer war er? Warum schlief er dort? Wie war er zu solcher Kraft gelangt, daß allein sein Blick genügte, um Kālayavana auf der Stelle zu Asche zu verbrennen? Und wie kam es, daß er in einer Berghöhle lag?" Mahārāja Parīkṣit stellte viele Fragen, und Śukadeva Gosvāmī beantwortete sie wie folgt:

„Lieber König, dieser Mann wurde in der berühmten Familie König Ikṣvākus, in der auch Śrī Rāmacandra erschien, geboren, und er war der Sohn des großen Königs Māndhātā. Er selbst war auch eine große Seele, und man kannte ihn überall unter dem Namen Mucukunda. König Mucukunda befolgte die vedischen Prinzipien der brahmanischen Kultur sehr strikt, und er stand zu seinem Wort. Er war so mächtig, daß selbst Halbgötter wie Indra zu ihm kamen und ihn baten, ihnen gütigerweise bei den Kämpfen gegen die Dämonen zu helfen; deshalb kämpfte er oft gegen die Dämonen, um die Halbgötter zu beschützen."

Der Oberbefehlshaber der Halbgötter namens Kārttikeya war sehr zufrieden mit König Mucukundas Hilfe, doch schließlich bat er den König, der so viele Beschwerlichkeiten in den Schlachten mit den Dämonen auf sich genommen hatte, sich vom Kampf zurückzuziehen und sich auszuruhen. Kārttikeya sprach: „Mein lieber König, du hast alles für die Halbgötter geopfert. Du regiertest über ein blühendes Königreich, das von keinem Feind jemals bedroht wurde, doch du hast dein Reich zurückgelassen, hast dich weder um deinen Reichtum noch um deinen Besitz gekümmert und hast nie an die Erfüllung deiner persönlichen Wünsche gedacht. In der langen Zeit deiner Abwesenheit, da du mit den Halbgöttern gegen die Dämonen gekämpft hast, sind deine Königinnen, deine Kinder, deine Verwandten und deine Minister alle gestorben. Die Zeit macht vor keinem Lebewesen halt. Selbst wenn du nun nach Hause zurückkehrtest, würdest du dort niemanden mehr antreffen, der dich kennt. Die Zeit ist sehr mächtig, und unter ihrem Einfluß sind inzwischen all deine Verwandten gestorben. Die Zeit ist ein Repräsentant der Höchsten Persönlichkeit Gottes, und deshalb ist sie stärker als der Stärkste. Der Einfluß der Zeit bewirkt ohne Schwierigkeit auch die Veränderung des Feinstofflichen, und niemand kann den Vormarsch der Zeit aufhalten. Genau wie der Tierbändiger die Tiere nach seinem Willen abrichtet, greift die Zeit nach ihrem Willen in den Ablauf der Dinge ein. Niemand kann den Beschluß der erhabenen Zeit aufheben."

Mit diesen Worten erklärten sich die Halbgötter bereit, Mucukunda jegliche Segnung zu erfüllen, die er sich wünschte, mit Ausnahme der Segnung der Befreiung. Befreiung kann kein anderes Lebewesen außer der Höchsten Persönlichkeit Gottes, Viṣṇu, gewähren. Daher heißt Viṣṇu, oder Kṛṣṇa, auch Mukunda, „derjenige, der Befreiung gewähren kann".

König Mucukunda hatte viele Jahre lang nicht mehr geschlafen, denn er hatte während der ganzen Zeit voller Pflichtbewußtsein gekämpft. Er war sehr müde, und als die Halbgötter ihm eine Segnung anboten, dachte Mucukunda deshalb nur noch ans Schlafen. Er erwiderte: „Lieber Kārttikeya, bester unter den Halbgöttern, ich möchte mich nun schlafenlegen, und so erbitte ich von dir folgende Segnung: Bitte gib mir die Macht, jeden, der es wagt, meinen Schlaf zu stören und mich zu früh zu wecken, durch meinen bloßen Blick zu Asche zu verbrennen. Bitte gewähre mir diese Segnung." Der Halbgott war einverstanden und gab ihm dazu auch die Segnung, daß er sich ungestört und vollständig ausruhen könne. Darauf hatte sich König Mucukunda in die Höhle dieses Berges begeben.

Es war also auf die Macht von Kārttikeyas Segnung zurückzuführen, daß Kālayavana einfach nur durch Mucukundas Blick zu Asche verbrannt worden war. Nachdem Kālayavana auf diese Weise sein Ende gefunden hatte, trat Kṛṣṇa vor König Mucukunda. In Wirklichkeit hatte Sich Kṛṣṇa in die Höhle begeben, um König Mucukunda zu erlösen, doch Er hatte Sich dem König nicht sogleich gezeigt, sondern es so eingerichtet, daß zuerst Kālayavana vor Mucukunda trat. Wenn Kṛṣṇa, die Höchste Persönlichkeit Gottes, eine Tat vollbringt, dann ist damit immer die Erfüllung vieler anderer Zwecke verbunden. Er wollte König Mucukunda aus seinem Schlaf in der Höhle erlösen, und zugleich wollte er Kālayavana töten, der die Stadt Mathurā angegriffen hatte. Auf diese Weise erfüllte Er alle Seine Absichten.

Als Śrī Kṛṣṇa vor König Mucukunda erschien, sah dieser, daß der Herr in ein gelbes Gewand gekleidet war, daß sich auf Seiner Brust das Śrīvatsa-Zeichen befand und daß um Seinen Hals der Kaustubha-maṇi hing. Kṛṣṇa zeigte Sich ihm als vierarmiger Viṣṇu-*mūrti*; Er trug eine *vaijayantī*-Girlande, die vom Hals bis hinunter zu Seinen Knien reichte. Von Ihm ging ein helles Strahlen aus, und ein bezauberndes Lächeln spielte auf Seinen Lippen, und Er trug kunstvolle Juwelenohrringe. In dieser Erscheinung sah Kṛṣṇa schöner aus, als daß es sich ein Mensch vorstellen konnte, und dazu schenkte Er Mucukunda einen leuchtenden Blick, der den König tief faszinierte. Obwohl Kṛṣṇa die Höchste Persönlichkeit Gottes war, der Älteste von allen, sah Er wie ein blühender Jüngling aus, und Seine Bewegungen glichen denen eines Hirsches im Wald. Kṛṣṇas Erscheinung offenbarte erhabene Macht, und diese Macht ist so unvergleichlich, daß sich jeder Mensch vor Ihm fürchten sollte.

Als König Mucukunda Kṛṣṇas herrliche Gestalt sah, fragte er sich, wer dies wohl sein mochte, und voller Demut sprach er zum Herrn: „Mein lieber Herr, darf ich fragen, aus welchem Grunde Du in diese Berghöhle gekommen bist? Wer bist Du? Ich sehe, daß Deine Füße zarten Lotosblumen gleichen. Wie konntest Du nur diesen Wald emporkommen, der voller Gestrüpp und Dornen ist? All dies verwundert mich sehr. Bist Du vielleicht die Höchste Persönlichkeit Gottes, der Mächtigste der Mächtigen? Bist Du der Ursprung des Lichts und des Feuers? Bist Du vielleicht einer der großen Halbgötter, wie der Sonnengott, der Mondgott oder Indra, der König des Himmels? Oder bist Du die herrschende Gottheit irgendeines anderen Planeten?"

Mucukunda wußte, daß jedes höhere Planetensystem von einem bestimmten Halbgott beherrscht wird. Er war nicht so unwissend wie die Menschen von heute, die denken, es gäbe nur auf dem Planeten Erde Lebewesen und alle anderen Planeten seien unbewohnt. Die Frage Mucukundas, ob Kṛṣṇa die herrschende Gottheit eines anderen, ihm unbekannten Planeten sei, war also nicht unbegründet. Weil König Mucukunda ein reiner Geweihter des Herrn war, erkannte er sogleich, daß Śrī Kṛṣṇa, der ihm in einer solch herrlichen Gestalt erschienen war, nicht einer der Halbgötter sein konnte, die über die materiellen Planeten herrschen. Er mußte die Höchste Persönlichkeit Gottes, Kṛṣṇa, sein, der Sich in unzählige Viṣṇu-Formen erweitert. Somit erkannte Mucukunda die Gestalt vor ihm als Puruṣottama, Śrī Viṣṇu. Dazu kam, daß die tiefe Finsternis in der Berghöhle durch die Anwesenheit des Herrn gewichen war, und daher konnte die wundervolle Gestalt niemand anders sein als die Höchste Persönlichkeit Gottes. Mucukunda war sich nämlich darüber bewußt, daß überall dort, wo der Herr durch Seinen transzendentalen Namen, Seine Eigenschaften, Seine Gestalt usw. persönlich anwesend ist, die Dunkelheit der Unwissenheit nicht bestehen kann. Der Herr ist wie eine Fackel in der Dunkelheit; Er überflutet alles mit Licht.

König Mucukunda verlangte es sehr danach, Śrī Kṛṣṇas Identität kennenzulernen, und deshalb sagte er: „O Bester unter den Menschen, wenn Du mich für würdig erachtest, Deine Identität kennenzulernen, so sage mir bitte, wer Du bist. Wer sind Deine Eltern, welcher stellungsgemäßen Pflicht gehst Du nach, und welcher Familiendynastie gehörst Du an?" König Mucukunda hielt es jedoch für angebracht, sich selbst dem Herrn vorzustellen, denn vorher war er nicht dazu berechtigt, sich nach der Identität des Herrn zu erkundigen. Es ist vedische Sitte, daß man eine höherstehende Person nicht nach Rang und Namen fragen darf, ohne sich nicht zuvor selbst vorgestellt zu haben. Deshalb sagte Mucukunda zu Śrī Kṛṣṇa: „O Herr, erlaube bitte, daß ich mich Dir vorstelle. Ich gehöre der berühmten Dynastie König Ikṣvākus an, doch ich persönlich bin nicht so bedeutend wie mein Vorvater. Mein Name ist Mucukunda, mein Vater hieß Māndhātā, und mein Großvater war der große König Yuvanāśva. Ich war von großer Müdigkeit befallen worden, weil ich schon seit Tausenden von Jahren nicht mehr geschlafen hatte; alle meine Glieder waren erschöpft, und ich konnte mich kaum mehr bewegen. Um wieder zu Kräften zu kommen, legte ich mich zum Schlafen in diese abgelegene Höhle, doch nun bin ich von einem Eindringling gewaltsam geweckt worden, obwohl ich noch gar nicht aufwachen wollte. Wegen dieses Vergehens habe ich ihn mit meinem Blick zu Asche verbrannt. Jetzt ist es mir vergönnt, Dich in Deiner herrlichen, würdevollen Gestalt zu sehen, und ich glaube deshalb, daß es Dein Wille war, der den Tod dieses Feindes verursacht hat. O Herr, ich muß gestehen, daß die Strahlen Deines Körpers meinen Augen unerträglich sind und daß ich Dich deshalb nicht richtig sehen kann. Im Anblick Deiner leuchtenden Erscheinung wird mir klar, wie unbedeutend meine Macht und Kraft ist. O Herr, Du bist würdig, von allen Lebewesen verehrt zu werden."

Als Śrī Kṛṣṇa sah, daß Mucukunda so begierig war zu erfahren, wer Er war, entgegnete Er lächelnd: „Mein lieber König, es ist so gut wie unmöglich, etwas über Meine Geburt, Mein Erscheinen, Mein Fortgehen und Meine Taten zu erzählen. Wie du vielleicht weißt, hat Meine Inkarnation Anantadeva unzählige Münder, und er versucht seit unvordenklichen Zeiten, Meinen Namen, Meinen Ruhm, Meine Eigenschaften, Meine Taten, Mein Erscheinen, Mein Fortgehen und Meine Inkarnationen vollständig zu beschreiben, und doch ist es ihm nicht gelungen, ein Ende zu finden. Deshalb ist es unmöglich, sich vorzustellen, wie viele Namen und Formen Ich besitze. Die materiellen Wissenschaftler mögen vielleicht in der Lage sein, die Anzahl der Atome zu berechnen, aus denen die Erde besteht, doch es wird ihnen niemals gelingen, Meine zahllosen Namen, Formen und Taten zu ermessen. Es gibt viele große Weise und Heilige, die versucht haben, eine Liste Meiner verschiedenen Formen und Taten zusammenzutragen, doch auch ihnen ist es nie gelungen, eine vollständige Liste aufzustellen. Weil du aber so begierig bist, etwas über Mich zu erfahren, will Ich dir sagen, daß Ich gegenwärtig auf diesem Planeten erschienen bin, um die dämonischen Prinzipien der Menschen zu beseitigen und die religiösen Prinzipien, die in den *Veden* vorgeschrieben sind, wieder einzuführen. Weil Mich Brahmā, der höchste Halbgott in diesem Universum, gebeten hat, zu diesem Zweck auf die Erde herabzusteigen, bin Ich nun in der Dynastie der Yadus als einer ihrer Abkömmlinge erschienen. Ich habe in der Yadu-Dynastie Vasudeva als Meinen Vater auserkoren, und deshalb kennen Mich die Menschen als Vāsudeva, den Sohn Vasudevas. Des weiteren will Ich dir sagen, daß Ich Kaṁsa, der in einem seiner früheren Leben Kālanemi hieß, wie auch Pralambāsura und viele andere Dämonen getötet habe. Sie verhielten sich Mir gegenüber als Feinde und wurden allesamt von Mir vernichtet. Der Dämon, der vor dir gestanden hat, hatte sich ebenfalls als Feind aufgeführt, doch du hast ihn gütigerweise durch deinen Blick zu Asche verbrannt. Mein lieber König Mucukunda, du bist ein großer Geweihter von Mir, und nur um dir Meine grundlose Barmherzigkeit zu erweisen, bin Ich in dieser Höhle erschienen. Ich bin Meinen Geweihten sehr zugetan, und weil du bereits in deinem vorangegangenen Leben ein großer Gottgeweihter warst und um Meine grundlose Barmherzigkeit gebetet hast, bin Ich nun zu dir gekommen, um dir deinen Wunsch zu erfüllen. Nun siehst du Mich von Angesicht zu Angesicht, wie es dein Herz begehrte. Mein lieber König, du kannst Mich um jede Segnung bitten, die du dir wünschst, denn Ich bin bereit, dir alles zu gewähren. Es ist Mir ein ewiger Grundsatz, jedem, der sich in Meine Obhut begibt, durch Meine Gnade alle Wünsche zu erfüllen."

Als Śrī Kṛṣṇa König Mucukunda eine Bitte freistellte, wurde der König von Freude überwältigt, denn er erinnerte sich plötzlich an die Vorhersage Gargamunis, der vor langer Zeit prophezeit hatte, Śrī Kṛṣṇa werde im achtundzwanzigsten Zeitalter von Vaivasvata Manu auf dem Erdplaneten erscheinen. Als ihm diese Prophezeiung einfiel, wurde ihm sofort klar, daß die Höchste Person, Nārāyaṇa, nun als Śrī Kṛṣṇa vor ihm gegenwärtig war. Auf der Stelle fiel er zu Seinen Lotosfüßen nieder und brachte Ihm seine Gebete dar: „O Herr, o Höchste Persönlichkeit Gottes, ich weiß, daß alle Lebewesen auf diesem Planeten durch Deine äußere Energie verblendet und von der illusorischen Zufriedenheit der Sinnenbefriedigung bezaubert sind. Weil sie völlig in illusorische Tätigkeiten vertieft sind, widerstrebt es ihnen, Deine Lotosfüße zu verehren, und da sie nichts von dem Segen wissen, den man erfährt, wenn man sich Deinen Lotosfüßen ergibt, sind sie den verschiedensten leidvollen Bedingungen des materiellen Daseins ausgesetzt. Sie hängen törichterweise an sogenannter Gesellschaft, Freundschaft und Liebe, aus denen lediglich verschiedene Arten leidvoller Zustände entstehen. Von Deiner äußeren Energie getäuscht, ist jeder, ob Mann oder Frau, ans materielle Dasein angehaftet, und alle betrügen einander in einer großangelegten Gesellschaft von Betrügern und Betrogenen. Diese törichten Menschen wissen das Glück, daß sie die menschliche Lebensform erlangt haben, nicht zu schätzen und wollen Deine Lotosfüße nicht verehren. Unter dem Einfluß Deiner äußeren Energie haften sie am Glanz materieller Tätigkeiten. Sie haften an sogenannter Gesellschaft, Freundschaft und Liebe und gleichen in diesem Zustand unwissenden Tieren, die in ein dunkles Brunnenloch gefallen sind." Auf Feldern und Weiden gibt es manchmal Brunnen, die seit Jahren nicht mehr benutzt wurden und daher von Gras überwuchert worden sind. Oft fallen bedauernswerte Tiere, die nichts davon wissen, in solche Brunnenlöcher hinein und müssen dort sterben, wenn man sie nicht herauszieht. Verlockt von ein paar Grashalmen, fallen sie in den finsteren Brunnen und sterben eines elenden

Todes. Ebenso ruinieren törichte Menschen, die die Bedeutung der menschlichen Lebensform nicht kennen, ihr Leben, indem sie der Befriedigung ihrer Sinne nachjagen, und sterben, ohne irgend etwas Sinnvolles erreicht zu haben.

„Lieber Herr", fuhr Mucukunda fort, „auch ich bilde keine Ausnahme für dieses universale Gesetz der materiellen Natur. Ich gehöre ebenfalls zu diesen törichten Menschen, die ihre Zeit für nichts verschwendet haben, und meine Lage ist besonders bedenklich, denn weil ich dem königlichen Stand angehörte, war ich hochmütiger als gewöhnliche Menschen. Ein gewöhnlicher Mensch sieht sich als der Besitzer und Beherrscher seines Körpers oder seiner Familie, und ich hatte die gleiche Geisteshaltung, nur in einem viel größeren Maßstab. Ich wollte Herr über die ganze Welt werden, und als mit meinen Plänen zur Sinnenbefriedigung mein Hochmut immer größer wurde, verstärkte sich auch meine körperliche Lebensauffassung mehr und mehr. Meine Anhaftung an Haus, Frau und Kinder, Geld und Herrschaft über die Welt vertiefte sich immer mehr, und sie kannte schließlich keine Grenzen mehr. Daher kreisten alle meine Gedanken nur noch um die Angelegenheiten meines materiellen Lebens.

Daher, o Herr, habe ich bereits so viel meiner wertvollen Lebensdauer sinnlos verschwendet. Weil sich meine falschen Vorstellungen vom Leben immer mehr verdichteten, hielt ich meinen materiellen Körper, der doch nichts weiter ist als ein Sack aus Fleisch und Knochen, für das ein und alles, und in meiner Eitelkeit bildete ich mir ein, ich sei der König der Menschheit geworden. Mit dieser falschen, körperlichen Auffassung vom Leben begann ich, mit meiner Streitmacht von Soldaten, Streitwagen, Elefanten und Reitern über die ganze Welt zu ziehen. Unterstützt von vielen Generälen und stolz wegen meiner materiellen Macht, war ich nicht imstande, Dich, o Herr, zu erkennen, der Du stets als der beste Freund in meinem Herzen weilst. Ich wollte nichts von Dir wissen, und das war der grundlegende Fehler meiner sogenannten erhabenen materiellen Stellung. Ich glaube, daß sich, gleich mir, alle Menschen nicht im geringsten um spirituelle Erkenntnis bemühen, sondern ständig voller Ängste sind und denken: ‚Was soll ich tun? Was kommt morgen auf mich zu?' Und weil wir von materiellen Wünschen straff gefesselt werden, fahren wir fort, ein wahnsinniges Leben zu führen.

Aber obwohl wir so sehr in materielle Gedanken vertieft sind, kommt die unausweichliche Zeit, die nur eine Deiner vielen Formen ist, stets gewissenhaft ihrer Pflicht nach, und sowie unsere Frist abgelaufen ist, beendest Du, o Herr, unsere materiellen Träume. In der Form des Zeitfaktors gebietest Du all unseren Tätigkeiten Einhalt, gleich der hungrigen Python, die ohne Nachsicht eine kleine Maus mit einem Bissen verschlingt. Durch die Macht der grausamen Zeit geschieht es, daß der königliche Körper, der einst stets mit goldenem Geschmeide geschmückt war und der von einem Streitwagen gezogen wurde, vor den elegante Pferde gespannt waren, oder der von einem mit Gold geschmückten Elefanten getragen wurde — dieser Körper, den man als König der gesamten Menschheit pries, verfällt und zersetzt sich unter dem Einfluß der unausweichlichen Zeit und wird entweder ein Fraß für Würmer und Insekten oder wird zu

Asche verbrannt oder verwandelt sich in den Kot eines Tieres. Dieser bewunderte Körper mag im lebenden Zustand sehr schön erscheinen, doch nach dem Tod wird selbst der Körper eines Königs von einem Tier gefressen und verwandelt sich so zu Kot, oder er wird auf einem Leichenfeuer verbrannt und verwandelt sich so zu Asche, oder er wird in ein Grab gelegt, so daß nach einiger Zeit Würmer und Insekten aus ihm hervorkriechen.

Lieber Herr, wir sind nicht nur zur Stunde des Todes der Herrschaft der unausweichlichen Zeit unterworfen, sondern auch, in unterschiedlicher Form, bereits während des ganzen Lebens. Ich mag zum Beispiel ein mächtiger König sein, doch wenn ich als Welteneroberer nach Hause zurückkehre, gerate ich dennoch unter die verschiedensten materiellen Umstände. Es ist zwar möglich, daß bei einer siegreichen Rückkehr alle unterworfenen Könige vor mich treten und mir ihre Ehrerbietungen erweisen, doch wenn ich mich dann ins Innere des Palastes zurückziehe, werde ich ein Spielzeug in den Händen der Königinnen und muß der Sinnenbefriedigung willen Frauen zu Füßen fallen. Die materielle Existenz ist so verwickelt, daß man, bevor man aus dem materiellen Leben einen Genuß ziehen kann, so schwer arbeiten muß, daß einem kaum einmal die Möglichkeit bleibt, etwas zu genießen. Und wenn man einen jugendlichen Körper mit all den damit verbundenen materiellen Vorteilen erlangen will, muß man sich schwere Entsagungen und Bußen auferlegen, um sich auf die himmlischen Planeten zu erheben. Selbst wenn man das Glück hat, in einer reichen oder königlichen Familie geboren zu werden, muß man sich fortgesetzt um die Erhaltung des eigenen Lebensstandards bemühen und sich auf das nächste Leben vorbereiten, indem man die verschiedensten Opfer ausführt und Spenden verteilt. Selbst als König ist man ständig voller Sorgen, nicht nur der politischen Verwaltung wegen, sondern auch wegen des Wunsches, auf die himmlischen Planeten erhoben zu werden.

Es ist also sehr schwierig, der materiellen Verstrickung zu entkommen, doch wenn man irgendwie von Dir begünstigt wird, erhält man allein durch Deine Barmherzigkeit die Möglichkeit, einen reinen Gottgeweihten zu treffen. Dies bildet den Anfang für die Befreiung aus der Verstrickung des materiellen Lebens. Lieber Herr, nur durch die Gemeinschaft mit reinen Gottgeweihten ist es möglich, sich Dir zu nähern, der Du der Herr der materiellen und der spirituellen Welt bist. Du bist das höchste Ziel aller reinen Gottgeweihten, und wenn man sich in der Gemeinschaft dieser reinen Gottgeweihten befindet, kann man seine schlummernde Liebe zu Dir wiedererwecken. Deshalb ist Kṛṣṇa-Bewußtsein, das in der Gemeinschaft reiner Gottgeweihter kultiviert wird, die Kraft, die uns aus dieser materiellen Verstrickung befreit.

Lieber Herr, Du bist unsagbar barmherzig, denn obwohl ich unwillig war, die Gemeinschaft großer Gottgeweihter aufzusuchen, hast Du mir Deine grenzenlose Barmherzigkeit erwiesen, nur weil ich einmal eine kurze Begegnung mit einem reinen Gottgeweihten wie Gargamuni gehabt habe. Allein durch Deine grundlose Barmherzigkeit habe ich allen materiellen Reichtum, mein Königreich und meine Familie verloren. Ich glaube nicht, daß ich ohne Deine grundlose Barmherzigkeit jemals von all diesen Verstrickungen hätte frei werden können.

Könige und Fürsten unterziehen sich manchmal einem Leben der Entsagung, um die Zeit ihres königlichen Daseins zu vergessen, doch weil Du mir Deine besondere grundlose Barmherzigkeit gezeigt hast, habe ich mein Leben als König bereits hinter mir lassen können. Andere Könige bemühen sich, der Anhaftung an Königreich und Familie zu entkommen, indem sie die Mühseligkeiten der Entsagung auf sich nehmen, doch durch Deine Barmherzigkeit brauche ich nicht erst ein Bettelmönch zu werden oder Entsagung zu üben.

Lieber Herr, ich bete deshalb, einfach nur im transzendentalen liebevollen Dienst zu Deinen Lotosfüßen beschäftigt sein zu dürfen. Dies ist der einzige Wunsch Deiner reinen Geweihten, die von aller materiellen Verunreinigung befreit sind. Du bist die Höchste Persönlichkeit Gottes, und Du kannst mir alles geben, was ich möchte, sogar Befreiung. Doch wer könnte so dumm sein, daß er Dich, nachdem er Dich erfreut hat, noch um etwas bittet, was zu weiterer Verstrickung in der materiellen Welt führt? Ich glaube nicht, daß ein vernünftiger Mensch Dich um solch eine Segnung bitten würde. Deshalb ergebe ich mich Deinen Lotosfüßen, denn Du bist die Höchste Persönlichkeit Gottes, die Überseele im Herzen eines jeden sowie auch die unpersönliche Brahman-Ausstrahlung. Darüber hinaus bist Du auch die materielle Welt, denn diese materielle Welt ist lediglich die Manifestation Deiner äußeren Energie. Daher bist Du die höchste Zuflucht eines jeden, unabhängig davon, von welchem Gesichtspunkt aus man Dich betrachtet. Jeder, ob er sich auf der materiellen oder auf der spirituellen Ebene befindet, muß bei Deinen Lotosfüßen Zuflucht suchen. Daher gebe ich mich Dir hin, o Herr. Während unvorstellbar vieler Leben habe ich mich unter dem Einfluß der dreifachen Leiden des materiellen Daseins befunden, und ich bin dessen nun müde geworden. Nachdem ich einfach nur von meinen Sinnen umhergetrieben worden bin, ohne daß ich jemals Zufriedenheit gefunden hätte, suche ich nun Zuflucht bei Deinen Lotosfüßen, die der Ursprung aller friedvollen Lebensumstände sind und die alles Wehklagen, das auf materieller Verunreinigung beruht, beseitigen. Lieber Herr, Du bist die Überseele eines jeden, und Dein Wissen ist unbegrenzt. Ich bin nun von der Verunreinigung der materiellen Wünsche befreit worden. Ich möchte weder die materielle Welt genießen noch mit Deiner spirituellen Ausstrahlung verschmelzen, noch möchte ich über Deinen lokalisierten Paramātmā-Aspekt meditieren, denn ich weiß, daß ich völligen Frieden und Gleichmut erlangen werde, wenn ich einfach bei Dir Zuflucht suche.“

Nachdem König Mucukunda sein Gebet beendet hatte, erwiderte Śrī Kṛṣṇa: „Mein lieber König, Ich freue Mich sehr über deine Worte. Du warst einstmals der Herrscher über alle Länder der Erde, und daher überrascht es mich, daß dein Geist nun von aller materiellen Verunreinigung völlig frei ist. Du bist nun in der Lage, hingebungsvollen Dienst auszuführen. Ich bin vor allem deswegen sehr zufrieden, weil du Mich nicht um irgendwelche materiellen Vorteile gebeten hast, als Ich dir anbot, jeden Deiner Wünsche zu erfüllen. Ich weiß, daß dein Geist nun fest auf Mich gerichtet ist und von keiner materiellen Unvollkommenheit mehr beeinträchtigt wird.

Es gibt drei materielle Erscheinungsweisen: Tugend, Leidenschaft und Unwissenheit. Wenn man sich unter dem gemischten Einfluß von Leidenschaft und Unwissenheit befindet, wird man aufgrund von Unreinheit und lustvollen Wünschen dazu getrieben, in der materiellen Welt nach Annehmlichkeiten zu streben. Wenn man sich jedoch in der materiellen Erscheinungsweise der Tugend befindet, versucht man, sich durch Bußen und Opfer zu läutern. Hat man dann die Stufe eines echten *brāhmaṇa* erreicht, trachtet man danach, in die Existenz des Herrn einzugehen. Doch wenn jemand nur noch den Lotosfüßen des Höchsten Herrn dienen will, so befindet er sich auf einer Stufe, die transzendental zu allen drei materiellen Erscheinungsweisen ist. Ein reiner Gottgeweihter im Kṛṣṇa-Bewußtsein ist daher immer frei von allen materiellen Erscheinungsweisen. Mein lieber König, als Ich dir die Gelegenheit gab, dir irgend etwas zu wünschen, tat Ich dies nur, um zu prüfen, wie weit du im hingebungsvollen Dienst fortgeschritten bist. Jetzt weiß Ich, daß du auf der Stufe der reinen Gottgeweihten stehst, denn dein Geist wird weder durch materielle Wünsche noch durch Gier oder Lust agitiert. Die *yogīs* hingegen, die versuchen, sich durch Sinnenbeherrschung zu erheben, oder die mit Hilfe der Atemübungen des *prāṇāyāma* über Mich meditieren, sind nicht so gründlich von allen materiellen Wünschen befreit. Es ist schon oft vorgekommen, daß solche *yogīs* schon bei der geringsten Verlockung wieder auf die materielle Ebene gefallen sind."

Ein anschauliches Beispiel für ein solches Zufallkommen ist Viśvāmitra Muni. Er war ein großer *yogī*, der seit langer Zeit *prāṇāyāma*, die Kunst der Atemübung, praktiziert hatte, doch als er von Menakā, einem Gesellschaftsmädchen der himmlischen Planeten, besucht wurde, verlor er jegliche Beherrschung und zeugte mit ihr eine Tochter namens Śakuntalā. Im Gegensatz dazu wurde der reine Gottgeweihte Haridāsa Ṭhākura niemals in seiner Ruhe gestört, nicht einmal dann, als ihn verschiedene Prostituierte zu verführen versuchten.

„Mein lieber König", fuhr Śrī Kṛṣṇa fort, „Ich gebe dir die besondere Segnung, daß du immer an Mich denken wirst. Auf diese Weise wirst du die materielle Welt leicht hinter dir lassen können, ohne von den materiellen Erscheinungsweisen verunreinigt zu werden." Der Herr bestätigt mit dieser Aussage, daß jemand, der in wahrem Kṛṣṇa-Bewußtsein verankert ist und sich unter der Führung des spirituellen Meisters im liebevollen Dienst des Herrn beschäftigt, niemals von den materiellen Erscheinungsweisen verunreinigt wird.

Der Herr fuhr fort: „Mein lieber König, weil du ein *kṣatriya* bist, hast du die Sünde begangen, Tiere zu schlachten – sowohl auf der Jagd als auch bei politischen Unternehmungen. Um davon gereinigt zu werden, mußt du einfach *bhakti-yoga* praktizieren und deinen Geist ausschließlich auf Mich richten. So wirst du schon sehr bald von allen Reaktionen auf solche widerwärtigen Tätigkeiten befreit sein." Aus dieser Aussage geht hervor, daß es den *kṣatriyas* zwar erlaubt ist, während der Jagd Tiere zu töten, daß sie aber trotzdem nicht von den Reaktionen auf solche sündhaften Tätigkeiten befreit sind. Daher ist es letztlich unwichtig, ob man *kṣatriya, vaiśya* oder *brāhmaṇa* ist, denn jedem wird empfohlen, am Ende seines Lebens *sannyāsa* anzunehmen, um sich völlig dem Dienst des Herrn zu widmen und somit von allen sündhaften Reaktionen seines Lebens frei zu werden.

Darauf versicherte der Herr König Mucukunda: „In deinem nächsten Leben wirst du als erstklassiger Vaiṣṇava, der beste der *brāhmaṇas*, geboren werden, und in diesem Leben wirst du ausschließlich in Meinem transzendentalen Dienst tätig sein.“ Ein Vaiṣṇava ist ein *brāhmaṇa* ersten Ranges, denn jemand, der nicht die Eigenschaften eines echten *brāhmaṇa* erworben hat, kann kein Vaiṣṇava werden. Wenn man die Stufe eines Vaiṣṇavas erreicht, ist man nur noch für das Wohl aller Lebewesen tätig. Die höchste Wohltätigkeit für alle Lebewesen ist das Predigen von Kṛṣṇa-Bewußtsein. Śrī Kṛṣṇa weist mit Seiner Aussage darauf hin, daß diejenigen, die Seine besondere Gunst bekommen haben, vollkommenes Kṛṣṇa-Bewußtsein erlangen und im Verbreiten und Predigen der Vaiṣṇava-Philosophie beschäftigt werden.

Hiermit enden die Bhaktivedanta-Erläuterungen zum 50. Kapitel des Kṛṣṇa-Buches: „Die Erlösung Mucukundas“.

51 / Kṛṣṇa, der Ranchor

Als Mucukunda, der berühmte Nachkomme der Ikṣvāku-Dynastie, Śrī Kṛṣṇas Segnung empfangen hatte, umkreiste er den Herrn in der Höhle und begab sich dann ins Freie. Als er ans Tageslicht trat, sah er zu seinem Erstaunen, daß die Körper der Menschen auf Zwergengröße geschrumpft waren. Auch die Bäume waren viel kleiner geworden, und Mucukunda begriff sofort, daß er sich im Kali-yuga befand. Ohne sich weiter aufzuhalten, zog er daher in Richtung Norden, und auf diese Weise erreichte er schließlich den Berg Gandhamādana. Auf diesem Berg wuchsen viele Bäume, wie Sandelholzbäume und andere blütentragende Bäume, deren Wohlgeruch jeden, der in ihre Nähe kam, in eine freudige Stimmung versetzte. Mucukunda beschloß, in dieser Berggegend zu bleiben, um sich dort für den Rest seines Lebens strengen Entsagungen und Bußen zu unterziehen. Der Gandhamādana liegt, soviel man weiß, im nördlichsten Teil des Himalaya-Gebirges, wo sich auch das Reich Nara-Nārāyaṇas befindet. Dieser Ort existiert heute noch und ist unter dem Namen Badarikāśrama bekannt. Dort in Badarikāśrama widmete sich Mucukunda der Verehrung Śrī Kṛṣṇas, und so vergaß er Glück und Leid wie auch alle anderen Dualitäten der materiellen Welt. Śrī Kṛṣṇa Seinerseits begab Sich auf den Rückweg nach Mathurā, und dort kämpfte Er mit Kālayavanas Soldaten, die Er alle, einen nach dem anderen, tötete. Danach sammelte Er von allen Gefallenen die Kriegsbeute zusammen, und unter Seiner Aufsicht ließ Er die gesamte Beute auf Ochsenkarren laden und nach Dvārakā bringen.

Unterdessen griff Jarāsandha Mathurā aufs neue an, diesmal jedoch mit mehr Soldaten als bei seinen vorangegangenen Versuchen. Es war ihm nämlich gelungen, dreiundzwanzig *akṣauhiṇīs* aufzustellen.

Śrī Kṛṣṇa wollte Mathurā auch vor dem achtzehnten Angriff der großen Streitmacht Jarāsandhas retten, doch weil Er weiteres Blutvergießen verhindern und überdies andere wichtige Angelegenheiten erledigen wollte, verließ Er das Schlachtfeld kampflos. Obwohl Kṛṣṇa natürlich keine Furcht kannte, tat Er so, als sei Er ein gewöhnlicher Mensch, der sich vor dem ungeheuren Truppen- und Waffenaufgebot Jarāsandhas fürchtete. Ohne Waffe verließ Er das Schlachtfeld, und obgleich Seine Lotosfüße die Zartheit der Blütenblätter einer Lotosblume besitzen, legte Er eine sehr weite Strecke zu Fuß zurück.

Jarāsandha war der Überzeugung, daß Kṛṣṇa und Balarāma beim Anblick seiner gewaltigen Streitmacht diesmal von großer Angst ergriffen worden seien und nur deshalb das Schlachtfeld so fluchtartig verlassen hätten. Sogleich setzte Jarāsandha den beiden Brüdern mit allen Streitwagen, der gesamten Reiterei und allem Fußvolk nach, denn er hielt Kṛṣṇa und Balarāma für gewöhnliche Menschen und versuchte, Ihr Tun dementsprechend zu deuten. Kṛṣṇa wird auch Ranchor genannt, was soviel bedeutet wie „derjenige, der das Schlachtfeld verlassen hat". In Indien, vor allem in Gujarat, gibt es viele Tempel Kṛṣṇas, die als Tempel Ranchorjīs bezeichnet werden. Normalerweise wird ein König, der das Schlachtfeld kampflos verläßt, als Feigling verschrien, doch wenn Kṛṣṇa als eines Seiner transzendentalen Spiele das Schlachtfeld kampflos verläßt, wird Er von den Gottgeweihten dafür verehrt. Ein Dämon versucht immer, Kṛṣṇas transzendentale Macht zu messen; der Gottgeweihte hingegen versucht niemals, Kṛṣṇas Macht und Reichtum zu ermessen, sondern er ergibt sich dem Herrn einfach und verehrt Ihn. Dem Beispiel der reinen Gottgeweihten folgend, können wir verstehen, daß Kṛṣṇa, der Ranchorjī, das Schlachtfeld nicht aus Furcht verließ, sondern weil Er etwas anderes vorhatte. Wie sich später zeigen sollte, war es Seine Absicht, schnell wieder nach Dvārakā zurückzukehren, um dort einen vertraulichen Brief von Rukmiṇī, Seiner zukünftigen ersten Frau, in Empfang zu nehmen. Mit dem Verlassen des Schlachtfeldes entfaltete Kṛṣṇa eine Seiner sechs transzendentalen Füllen. Kṛṣṇa ist der Mächtigste, der Reichste, der Berühmteste, der Weiseste und der Schönste, und ebenso ist Er der Entsagungsvollste. Das *Śrīmad-Bhāgavatam* erklärt eindeutig, daß Kṛṣṇa das Schlachtfeld verließ, obwohl Ihm eine umfangreiche Streitmacht zur Verfügung stand. Auch allein, ohne Seine Streitheere, wäre Er imstande gewesen, die gesamte Armee Jarāsandhas zu schlagen, wie Er es bereits siebzehnmal zuvor getan hatte. Mit dem Verlassen des Schlachtfeldes gab Er also ein Beispiel Seiner vollkommenen Entsagung.

Nachdem die beiden Brüder eine sehr weite Strecke zurückgelegt hatten, gaben Sie vor, müde zu werden. Um Ihre Müdigkeit zu vertreiben, bestiegen Sie einen hohen Berg, dessen Gipfel viele Meilen über dem Meeresspiegel lag. Dieser Berg hieß Pravarṣaṇa, weil es dort ständig regnete, denn der Gipfel war immer von Wolken umhüllt, die von Indra gesandt wurden. In seiner Überheblichkeit zweifelte Jarāsandha keinen Augenblick daran, daß Sich die beiden Brüder vor seiner Streitmacht fürchteten und Sich deshalb auf dem Gipfel des Berges versteckt hatten. Zuerst versuchte er, Sie zu finden, doch nachdem er lange Zeit erfolglos gesucht hatte, beschloß er, Sie festzuhalten und zu töten, indem er um den Gipfel herum ein Feuer legte. Mit dieser Absicht goß er um die Bergspitze herum Öl aus und setzte es in Brand. Als das Feuer immer weiter um sich griff, sprangen Kṛṣṇa und Balarāma vom Gipfel des Berges hinunter zur ebenen Erde — ein Sprung aus 142 Kilometer Höhe. Während der Gipfel in Flammen aufging, entkamen Kṛṣṇa und Balarāma, ohne von Jarāsandha gesehen zu werden. Jarāsandha dachte, die beiden Brüder seien bei lebendigem Leibe verbrannt, und deshalb hielt er es nicht für nötig, weiterzukämpfen. Weil er von seinem Erfolg überzeugt war, ließ er von Mathurā ab, um zu seiner Residenz im Königreich Magadha zurückzukehren. In der Zwischenzeit erreichten Kṛṣṇa und Balarāma die Stadt Dvārakā, die von allen Seiten vom Meer umgeben wurde.

Nach dieser Begebenheit heiratete Śrī Balarāma Revatī, die Tochter König Raivatas, des Herrschers über die Provinz Ānarta. Dies wird im Neunten Canto des *Śrīmad-Bhāgavatam* geschildert. Nach Baladevas Heirat nahm Sich Kṛṣṇa Rukmiṇī zur Frau, die Tochter Bhīṣmakas, des Königs über die Provinz Vidarbha. So wie Kṛṣṇa die Höchste Persönlichkeit Gottes, Vāsudeva, ist, ist Rukmiṇī die höchste Glücksgöttin, Mahā-Lakṣmī. Laut der maßgeblichen Aussage des *Caitanya-caritāmṛta* erweitern Sich Kṛṣṇa und Śrī Rādhārāṇī gleichzeitig. Kṛṣṇa erweitert Sich in die mannigfachen *Viṣṇu-tattva*-Formen, und Śrīmatī Rādhārāṇī erweitert Sich durch Ihre innere Energie in zahlreiche *śakti-tattva*-Formen, d.h. in die verschiedenen Formen der Glücksgöttinnen.

Nach vedischer Tradition gibt es acht verschiedene Arten der Heirat. Die beste Art der Heirat ist es, wenn die Eltern der Braut und des Bräutigams gemeinsam den Tag bestimmen, an dem die Trauung stattfinden soll. Bei einer Heirat im königlichen Stil begibt sich der Bräutigam zum Haus der Braut, und dort wird ihm in Anwesenheit von *brāhmaṇas*, Priestern und Verwandten seine Braut als Geschenk übergeben. Daneben gibt es noch andere Arten der Heirat, wie zum Beispiel die *gāndharva*- und *rākṣasa*-Heiraten. Kṛṣṇa heiratete Rukmiṇī im *rākṣasa*-Stil, denn Er entführte sie vor den Augen Seiner vielen Rivalen, wie Śiśupāla, Jarāsandha und Śalva. Als Rukmiṇī Śiśupāla übergeben werden sollte, raubte Kṛṣṇa sie aus der Festarena, genau wie Garuḍa den Dämonen den Topf mit Nektar entriß. Rukmiṇī, die einzige Tochter König Bhīṣmakas, war von einzigartiger Schönheit. Man nannte sie auch Rucirānanā, „diejenige, deren Antlitz so schön ist wie eine aufblühende Lotosblume".

Kṛṣṇas Geweihte sind stets begierig, von den transzendentalen Taten des Herrn zu hören. Wenn Kṛṣṇa mit Dämonen kämpft, Seine Braut entführt oder vom Schlachtfeld flieht, so sind dies alles transzendentale Taten, die sich auf der absoluten Ebene befinden, und deshalb haben die Gottgeweihten ein transzendentales Interesse, darüber zu hören. Der reine Gottgeweihte unterscheidet bei Kṛṣṇas Spielen nicht zwischen solchen, die es wert sind, gehört zu werden, und anderen, die man übergehen kann. Es gibt jedoch eine Gruppe von Pseudo-Gottgeweihten, die allgemein als *prakṛta-sahajiyās* bekannt sind, und diese *sahajiyās* interessieren sich nur für Kṛṣṇas *rāsa-līlā* mit den *gopīs*, während sie mit den Beschreibungen von Kṛṣṇas Kämpfen mit Seinen Feinden nichts anfangen können. Sie wissen nicht, daß Seine Kämpfe und Seine vertraulichen Beziehungen zu den *gopīs* gleichermaßen transzendental sind, weil sie sich auf der absoluten Ebene befinden. Die reinen Gottgeweihten kosten die transzendentalen Spiele Śrī Kṛṣṇas, die im *Śrīmad-Bhāgavatam* beschrieben werden, durch ergebenes Hören, und sie weisen keinen Tropfen dieses Nektars zurück.

Die folgende Geschichte beschreibt, wie es zu Kṛṣṇas Heirat mit Rukmiṇī kam. Der Herrscher von Vidarbha, Mahārāja Bhīṣmaka, war ein hochbefähigter und gottergebener König. Er hatte fünf Söhne und nur eine Tochter. Sein erster

Sohn hieß Rukmī, der zweite Rukmaratha, der dritte Rukmabāhu, der vierte und jüngste Rukmakeśa und der fünfte Rukmamālī. Ihre junge Schwester hieß Rukmiṇī. Sie war außerordentlich schön und keusch, und sie war auserkoren, von Śrī Kṛṣṇa geheiratet zu werden. Viele Heilige und Weise, wie Nārada Muni, pflegten den Palast König Bhīṣmakas zu besuchen, und dabei bot sich natürlich auch Rukmiṇī die Gelegenheit, mit ihnen zu sprechen. Auf diese Weise hörte sie zum ersten Mal von Kṛṣṇa. Sie erfuhr, daß Kṛṣṇa alle sechs Füllen besaß, und allein dadurch, daß sie von Ihm hörte, erwachte in ihr der Wunsch, sich Seinen Lotosfüßen hinzugeben und Seine Frau zu werden. Auch Kṛṣṇa hatte von Rukmiṇī gehört. Sie war der Inbegriff aller transzendentalen Eigenschaften wie Klugheit, Großherzigkeit, vortreffliche Schönheit und Rechtschaffenheit. Kṛṣṇa entschied daher, daß sie geeignet sei, Seine Frau zu werden. Ebenso waren die Angehörigen und Verwandten König Bhīṣmakas der Meinung, daß Rukmiṇī Kṛṣṇa zur Frau gegeben werden sollte. Aber ihr älterer Bruder Rukmī wollte sie gegen den Wunsch der übrigen Familienmitglieder mit Śiśupāla, einem erklärten Feind Kṛṣṇas, vermählen, und er bereitete alles zur Hochzeit vor. Als die schwarzäugige, liebliche Rukmiṇī von dieser Entscheidung hörte, wurde sie sehr traurig. Weil sie jedoch die Tochter eines Königs war, verstand sie etwas von Diplomatie und erkannte daher, daß es keinen Sinn hatte, sich vom Kummer besiegen zu lassen. Vielmehr mußte augenblicklich etwas unternommen werden. Nach einiger Überlegung beschloß sie, Kṛṣṇa eine Botschaft zu senden, und um sicher zu sein, nicht verraten zu werden, wählte sie einen zuverlässigen *brāhmaṇa* als Boten aus, denn ein qualifizierter *brāhmaṇa* ist als Geweihter Viṣṇus immer wahrhaftig. Unverzüglich schickte sie also den *brāhmaṇa* nach Dvārakā.

Als der *brāhmaṇa* vor dem Stadttor von Dvārakā ankam, meldete er dem Torwächter seine Ankunft, worauf ihn dieser zu dem Palast führte, in dem Kṛṣṇa auf einem goldenen Thron saß. Weil der *brāhmaṇa* Rukmiṇīs Bote war, hatte er das Glück, die Höchste Persönlichkeit Gottes, Kṛṣṇa, der die ursprüngliche Ursache aller Ursachen ist, von Angesicht zu Angesicht zu sehen. Die *brāhmaṇas* sind die spirituellen Lehrer aller Gesellschaftsschichten, und um zu zeigen, wie man gemäß den vedischen Höflichkeitsregeln einem *brāhmaṇa* Achtung erweist, erhob Sich Śrī Kṛṣṇa sofort und bot dem *brāhmaṇa* Seinen Thron als Sitzplatz an. Als der *brāhmaṇa* dann auf dem goldenen Thron saß, brachte ihm Śrī Kṛṣṇa die gleiche Verehrung dar, wie sie Ihm Selbst von den Halbgöttern erwiesen wird. Auf diese Weise zeigte Śrī Kṛṣṇa, daß es von größerem Wert ist, Seinen Geweihten zu verehren als Ihn Selbst.

Anschließend nahm der *brāhmaṇa* ein Bad, speiste und ruhte sich schließlich auf einem Bett aus, das mit Tüchern aus weicher Seide bedeckt war. Während sich der *brāhmaṇa* ausruhte, näherte Sich ihm Śrī Kṛṣṇa sehr leise, legte Sich mit großer Achtung dessen Füße auf Seinen Schoß und begann sie zu massieren. Währenddessen sagte Er zum *brāhmaṇa*: „Mein lieber *brāhmaṇa*, Ich hoffe, daß du die religiösen Prinzipien ohne Schwierigkeiten befolgen kannst und daß dein Geist stets friedvoll ist." Die verschiedenen Klassen von Menschen in der Gesellschaft gehen unterschiedlichen Pflichten nach, und wenn man sich daher nach dem Wohlergehen eines Menschen erkundigt, müssen sich die Fragen, die man ihm stellt, auf dessen stellungsgemäße Pflicht beziehen. Wenn man sich nach dem Wohlergehen eines *brāhmaṇa* erkundigt, sollten sich die Fragen also auf den Lebensbereich der *brāhmaṇas* beziehen, damit man ihn nicht belästigt. Innerer Friede bildet die Voraussetzung für Wahrhaftigkeit, Reinheit, Ausgeglichenheit, Selbstbeherrschung und Duldsamkeit, und wenn man Wissen erlangt und lernt, wie man dieses Wissen praktisch anwendet, gewinnt man festes Vertrauen in die Absolute Wahrheit. Der *brāhmaṇa* wußte, daß Kṛṣṇa die Höchste Persönlichkeit Gottes war, aber dennoch nahm er die ehrerbietigen Dienste des Herrn entgegen, um die in den *Veden* dargelegten Regeln für die Gesellschaft einzuhalten. Śrī Kṛṣṇa spielte die Rolle eines gewöhnlichen Menschen, und da Er zur *kṣatriya*-Klasse der Gesellschaft gehörte und Sich zudem noch im Alter eines Knaben befand, war es Seine Pflicht, einem solchen *brāhmaṇa* Achtung zu erweisen.

Śrī Kṛṣṇa fuhr fort: „O bester aller *brāhmaṇas*, du solltest immer zufrieden sein, denn wenn ein *brāhmaṇa* stets in sich selbst zufrieden ist, wird er niemals von seinen vorgeschriebenen Pflichten abweichen. Jeder, insbesondere ein *brāhmaṇa*, kann die höchste Erfüllung aller Wünsche erfahren, wenn er sich einfach an seine vorgeschriebenen Pflichten hält. Selbst wenn jemand so reich ist wie der Himmelskönig Indra, muß er, wenn er nicht zufrieden ist, unweigerlich von Planet zu Planet wandern. Ein solcher Mensch kann niemals und unter keinen Umständen glücklich werden, doch wenn ein Mensch innerlich zufrieden ist, kann er immer und überall glücklich leben, selbst wenn er all seinen Besitz verliert."

Diese Anweisungen Kṛṣṇas an den *brāhmaṇa* sind sehr wichtig. Sie besagen, daß ein echter *brāhmaṇa* unter keinen Umständen seine Ruhe verlieren darf. In unserem Zeitalter, dem Kali-yuga, haben die sogenannten *brāhmaṇas* die verabscheuenswerte Stellung von *śūdras* oder von solchen, die noch niedriger sind als *śūdras*, angenommen und wollen trotzdem als qualifizierte *brāhmaṇas* angesehen werden. Doch in Wirklichkeit hält sich ein qualifizierter *brāhmaṇa* immer an seine Pflichten und würde niemals den Pflichten eines Menschen nachkommen, der auf der Stufe eines *śūdra* oder sogar noch tiefer steht. In den autoritativen Schriften findet man die Anweisung, daß ein *brāhmaṇa* unter zwingenden Umständen, wenn es nicht anders geht, auch die Tätigkeit eines *kṣatriya* oder sogar eines *vaiśya* verrichten darf, doch niemals darf er die Tätigkeit eines *śūdra* annehmen. Śrī Kṛṣṇa erklärte, daß sich ein *brāhmaṇa*, der unbeirrt den für ihn bestimmten religiösen Prinzipien folgt, niemals durch widrige Lebensumstände stören läßt. Abschließend sagte Śrī Kṛṣṇa: „Ich bringe den *brāhmaṇas* und Vaiṣṇavas Meine achtungsvollen Ehrerbietungen dar, denn die *brāhmaṇas* sind stets in sich selbst zufrieden, und die Vaiṣṇavas gehen stets Tätigkeiten nach, die einzig und allein das wirkliche Wohl der Menschheit zum Ziele haben. Sie sind die besten Freunde der Menschheit; sie sind frei von Selbstsucht und innerlich stets friedvoll."

Śrī Kṛṣṇa wollte etwas über die Herrscher (*kṣatriyas*) im Königreich des *brāhmaṇa* erfahren, und so fragte Er, ob die Bürger alle glücklich seien. Die Befähigung eines Königs wird nach dem Befinden des Volkes beurteilt. Wenn die Bürger in jeder Beziehung glücklich sind, weiß man, daß der König aufrichtig ist und seine Pflichten zuverlässig erfüllt. Kṛṣṇa sagte, daß ein König, in dessen Königreich die Menschen glücklich leben würden, Ihm sehr lieb sei. Natürlich wußte Kṛṣṇa, daß der *brāhmaṇa* mit einer vertraulichen Botschaft zu Ihm gekommen war, und so sagte Er schließlich: „Wenn du nichts dagegen hast, so kannst du nun mit Meiner Erlaubnis darüber sprechen, was dich hierher zu Mir führt." Sodann erzählte der *brāhmaṇa*, der sehr glücklich war, an den transzendentalen Spielen des Herrn teilnehmen zu können, die ganze Geschichte, die dazu geführt hatte, daß er nun zu Kṛṣṇa gekommen war. Er holte den Brief hervor, den Rukmiṇī an Kṛṣṇa geschrieben hatte, und sprach: „Dies sind die Worte der Prinzessin Rukmiṇī: ‚Mein lieber Kṛṣṇa, o Unfehlbarer und schönster der Schönen, jeder Mensch, der über Deine transzendentale Gestalt und Deine transzendentalen Spiele hört, erfährt durch seine Ohren augenblicklich die Vergegenwärtigung Deines Namens, Deines Ruhmes und Deiner Eigenschaften; so fallen all seine materiellen Leiden von ihm, und er schließt Deine Gestalt in sein Herz. In seiner transzendentalen Liebe zu Dir sieht er Dich ständig in seinem Innern, und dadurch erfüllen sich all seine Wünsche. Auch ich habe von Deinen transzendentalen Eigenschaften gehört. Vielleicht erwecke ich den Eindruck, daß es mir an Schamhaftigkeit fehlt, wenn ich meine Wünsche so offen ausspreche, doch ich muß Dir gestehen, daß Du mich bezaubert und mein Herz gestohlen hast. Du magst nun denken, ich sei ein unverheiratetes junges Mädchen, dessen Charakterfestigkeit zu bezweifeln sei, doch Du, mein lieber Mukunda, bist der höchste Löwe unter den Menschen, die höchste Person aller Personen. Jedes Mädchen, auch wenn es sich noch unter dem Schutz seiner Eltern befindet, und jede Frau, sei sie auch die keuscheste der Keuschen, würde sich in der Bezauberung über Deinen einzigartigen Charakter, Dein Wissen, Deinen Reichtum und Deine Stellung wünschen, Dich zu heiraten. Ich weiß, daß Du, der Gemahl der Glücksgöttin, Deinen Geweihten sehr zugetan bist, und deshalb habe ich mich entschlossen, Deine ewige Dienerin zu werden. Deinen Lotosfüßen weihe ich mein Leben und meine Seele, denn ich habe Dich, o Herr, als meinen Ehemann auserwählt, und so bitte ich Dich, mich als Deine Frau anzunehmen. Du bist der Mächtigste, o Lotosäugiger, und nun gehöre ich Dir. Doch wenn das, was dem Löwen zum Genuß bestimmt ist, vom Schakal gestohlen wird, so führt dies zu Gespött; daher bitte ich Dich, Dich meiner anzunehmen, bevor ich von Śiśupāla und anderen Fürsten seines Schlages gestohlen werde. Mein lieber Herr, vielleicht habe ich in meinem vorherigen Leben Werke zum Wohl der Allgemeinheit getan, wie zum Beispiel Brunnen gegraben und Bäume gepflanzt, oder vielleicht habe ich fromme Taten ausgeführt, wie das Darbringen von rituellen Zeremonien und Opfern, oder ich habe dem spirituellen Meister, den *brāhmaṇas* und den Vaiṣṇavas gedient. Vielleicht habe ich durch diese Taten die Höchste Persönlichkeit Gottes, Nārāyaṇa, erfreuen können. Wenn dem so ist, dann wünsche ich mir, daß Du, Śrī Kṛṣṇa, Bruder Balarāmas, hierherkommst und mich bei der Hand ergreifst, so daß ich nicht von Leuten wie Śiśupāla berührt werde.' "

Rukmiṇīs Heirat mit Śiśupāla war bereits festgesetzt worden; deshalb schlug Rukmiṇī Śrī Kṛṣṇa vor, sie zu entführen, damit dies verhindert werden konnte. Eine Heirat, bei der die Braut mit Gewalt entführt wird, bezeichnet man als *rākṣasa*-Heirat, und dies kommt manchmal bei den *kṣatriyas* vor, d.h. bei der verwaltenden Klasse von Menschen, die ein kriegerisches Temperament haben. Weil Rukmiṇīs Heirat bereits für den nächsten Tag vorgesehen war, bat sie Kṛṣṇa, unerkannt zur Feier zu kommen, um sie zu entführen und mit Śiśupāla und seinen Verbündeten, wie dem König von Magadha, zu kämpfen. Da sie wußte, daß niemand Kṛṣṇa besiegen konnte und daß Er mit Sicherheit siegreich aus dem Kampf hervorgehen würde, nannte sie Ihn Ajita, den Unüberwindlichen. Rukmiṇī schrieb Kṛṣṇa auch, Er brauche Sich nicht um ihre Familienangehörigen und um die anderen anwesenden Frauen zu sorgen, denn diese würden weder verwundet noch getötet werden, selbst wenn der Kampf im Innern des Palastes stattfinden sollte. Gleich einem König, der diplomatische Wege und Mittel ersinnt, um sein Ziel zu erreichen, so wußte auch Rukmiṇī, die Tochter eines Königs, geschickt Mittel und Wege zu finden, um ein unnötiges und unerwünschtes Töten zu vermeiden. Sie erklärte, es sei ein alter Brauch in ihrer Familie, vor einer Hochzeit den Tempel, in der die Göttin Durgā, die Bildgestalt ihrer Familie, verehrt werde, zu besuchen. (Die *kṣatriya*-Könige waren damals meistens echte Vaiṣṇavas, die Śrī Viṣṇu entweder als Rādhā-Kṛṣṇa oder als Lakṣmī-Nārāyaṇa verehrten. Zur gleichen Zeit pflegten sie aber auch die Göttin Durgā zu verehren, um materiellen Wohlstand zu erlangen. Sie begingen jedoch niemals den Fehler, die Halbgötter für den Höchsten Herrn zu halten oder sie mit dem *Viṣṇu-tattva* auf eine Stufe zu stellen, wie es weniger intelligente Menschen tun.) Um ein unnötiges Blutvergießen unter ihren Verwandten zu vermeiden, teilte Rukmiṇī Kṛṣṇa mit, die beste Gelegenheit, sie zu entführen, sei gegeben, wenn sie vom Palast zum Tempel gehe oder wenn sie wieder nach Hause zurückkehre.

Sie verriet Kṛṣṇa auch, warum sie sich so sehr danach sehne, gerade Ihn zu heiraten, obwohl sie bereits Śiśupāla versprochen war, der als Sohn eines großen Königs ihrer ebenfalls nicht unwürdig war. Rukmiṇī erklärte, daß ihrer Meinung nach niemand in der Lage sei, Kṛṣṇa zu übertreffen — nicht einmal Śiva, der als Mahādeva, der größte aller Halbgötter, bezeichnet werde. Selbst Śiva bemüht sich, Śrī Kṛṣṇa zu erfreuen, damit er davon befreit werde, sich in der materiellen Welt mit der Erscheinungsweise der Unwissenheit abgeben zu müssen. Obwohl Śiva der größte aller *mahātmās* ist, fängt er mit seinem Kopf das reinigende Wasser des Ganges auf, das durch ein Loch, welches von Śrī Viṣṇus Zehe stammt, in dieses materielle Universum hineinströmt. Śiva ist für die materielle Erscheinungsweise der Unwissenheit zuständig, und um trotzdem auf der transzendentalen Ebene verankert zu bleiben, meditiert er ständig über Śrī Viṣṇu. Rukmiṇī wußte daher sehr wohl, daß es durchaus nichts geringes war, die Gunst Śrī Kṛṣṇas zu gewinnen. Wenn sich zu diesem Zweck selbst Śiva läutern mußte, würde dies erst recht für sie schwierig sein, da sie nur die Tochter eines *kṣatriya*-Königs war. Daher beschloß sie, ihr ganzes Leben strengen Entsagungen und Bußen zu widmen, wie dem Fasten und der Entsagung körperlicher Annehmlichkeiten. Wenn es ihr in diesem Leben trotz aller Bemühungen nicht gelingen sollte, Kṛṣṇas Gunst zu gewinnen, war sie bereit, Leben für Leben mit dieser Entsagung fortzufahren. In der *Bhagavad-gītā* wird gesagt, daß die reinen Geweihten des Herrn den hingebungsvollen Dienst mit großer Entschlossenheit ausführen, und diese Entschlossenheit, wie sie auch Rukmiṇī zeigte, ist der einzige Preis, um Kṛṣṇas Gunst zu erlangen. Man sollte fest entschlossen Kṛṣṇa-Bewußtsein praktizieren — dies ist der Weg zum endgültigen Erfolg im Kṛṣṇa-Bewußtsein.

Nachdem der *brāhmaṇa* Rukmiṇīdevīs Botschaft vorgelesen hatte, sagte er: „Lieber Kṛṣṇa, Führer der Yadu-Dynastie, ich habe Dir nun Rukmiṇīs vertrauliche Botschaft überbracht; alles weitere hängt von Deinem Willen ab. Wenn Du darüber nachgedacht hast, kannst Du tun, was Du für richtig hältst, aber wenn Du etwas unternehmen willst, so mußt Du sehr schnell handeln, denn die Zeit drängt."

Hiermit enden die Bhaktivedanta-Erläuterungen zum 51. Kapitel des Kṛṣṇa-Buches: „Kṛṣṇa, der Ranchor".

52 / Kṛṣṇa entführt Rukmiṇī

Als Kṛṣṇa die Botschaft Rukmiṇīs vernommen hatte, war Er sehr erfreut. Er schüttelte dem *brāhmaṇa* die Hand und sagte: „Mein lieber *brāhmaṇa*, es freut Mich sehr, zu erfahren, wie sehr sich Rukmiṇī wünscht, Mich zu heiraten, denn auch Ich sehne Mich danach, ihre Hand zu bekommen. Meine Gedanken weilen ständig bei der Tochter Bhīṣmakas, und manchmal kann Ich nachts nicht schlafen, weil Ich an sie denken muß. Daß nun Rukmiṇīs älterer Bruder ihre Heirat mit Śiśupāla in die Wege geleitet hat, ist offensichtlich darauf zurückzuführen, daß er schon seit jeher einen Groll gegen Mich hegt. Deshalb bin Ich entschlossen, all diesen Fürsten eine gehörige Lektion zu erteilen. Genau wie man aus gewöhnlichem Holz das lichtspendende Feuer herausziehen kann, so werde Ich mit diesen dämonischen Fürsten kämpfen und aus ihrer Mitte Rukmiṇī wie ein Feuer hervorbringen."

Weil Kṛṣṇa erfahren hatte, daß Rukmiṇīs Heirat schon am nächsten Tag stattfinden sollte, war Er sehr bestrebt, schnellstens aufzubrechen. Er wies Seinen Wagenlenker Dāruka an, die Pferde vor den Wagen zu spannen und alles für die Fahrt zum Königreich von Vidarbha vorzubereiten. Auf diesen Befehl hin brachte Dāruka die vier Pferde herbei, die Kṛṣṇa besonders bevorzugte. Diese Pferde werden im *Padma Purāṇa* namentlich aufgeführt und beschrieben. Das erste hieß Śaibya und war von grünlicher Farbe; das zweite, Sugrīva, war grau wie Eis; das dritte, Meghapuṣpa, hatte die Farbe einer frischen Wolke, und das letzte, Balāhaka, war aschfarben. Als der Wagen mit vorgespannten Pferden bereitstand, half Kṛṣṇa dem *brāhmaṇa* beim Einsteigen und bot ihm den Sitz an Seiner Seite an. Sie ließen Dvārakā schnell hinter sich, und noch in derselben Nacht erreichten sie das Gebiet von Vidarbha. Das Königreich Dvārakā befindet sich im Westen Indiens, und Vidarbha liegt im nördlichen Teil. Die Entfernung zwischen den beiden Ländern beträgt nicht weniger als tausend Meilen, doch die Pferde waren so schnell, daß sie ihr Ziel, die Stadt Kuṇḍina in Vidarbha, innerhalb einer Nacht, d.h. in höchstens zwölf Stunden, erreichten.

König Bhīṣmaka war nicht sehr angetan von dem Gedanken, seine Tochter Śiśupāla zur Frau zu geben, doch aus seiner überstarken Zuneigung zu seinem ältesten Sohn, der die Heirat vereinbart hatte, fühlte er sich verpflichtet, zuzustimmen. Weil es seine Pflicht war, ließ Bhīṣmaka die ganze Stadt für das Hochzeitsfest herrichten, wobei er sich alle Mühe gab, das Fest zu einem großen Erfolg zu machen. Überall in den Straßen wurde Wasser versprengt, und die ganze Stadt wurde aufs sorgfältigste gereinigt. Weil Indien in der tropischen Zone liegt, hat es ein sehr trockenes Klima. Daher sammelt sich auf den Straßen ständig Staub an, so daß sie mindestens einmal täglich mit Wasser besprengt werden müssen, und in Großstädten wie Kalkutta sogar zweimal täglich. Die Straßen von Kuṇḍina wurden mit farbenprächtigen Fähnchen und Girlanden geschmückt, und an bestimmten Straßenkreuzungen errichtete man Torbögen. So zeigte sich die ganze Stadt von ihrer schönsten Seite, und der Anblick der Stadt wurde durch ihre Bewohner noch verschönert, denn sie alle trugen frische Kleider und hatten sich mit Sandelholzpaste, Perlenketten und Blumengirlanden geschmückt. Überall brannten Räucherstäbchen, und Düfte wie *aguru* erfüllten die Luft. Die Priester und *brāhmaṇas* wurden ausgiebig gespeist und erhielten, wie es bei solchen Festen der Brauch war, viele Kostbarkeiten und Kühe als Geschenk, und danach begannen sie, vedische Hymnen zu chanten. Rukmiṇī, die Tochter des Königs, war unvergleichlich hübsch. Sie war wohlgepflegt und hatte wunderschöne Zähne. Um ihr Handgelenk war das glückverheißende heilige Band geschlungen; dazu trug sie die verschiedensten Schmuckstücke aus Juwelen, und ihr ganzer Körper war in einen langen Sari aus Seide gehüllt. Gelehrte Priester chanteten schutzbringende *mantras* aus dem *Sāma Veda,* dem *Ṛg Veda* und dem *Yajur Veda*. Als sie Opfergaben im Feuer darbrachten, um dem Einfluß von ungünstigen Gestirnkonstellationen entgegenzuwirken, chanteten sie *mantras* aus dem *Atharva Veda*.

König Bhīṣmaka wußte sehr wohl, wie man sich bei solchen Zeremonien den *brāhmaṇas* und Priestern gegenüber zu verhalten hat, und so ehrte er die *brāhmaṇas* besonders, indem er ihnen große Mengen von Gold und Silber sowie mit Zuckersirup vermischtes Getreide und Kühe mit goldenem Zierat schenkte. Damaghoṣa, Śiśupālas Vater, führte alle möglichen Rituale aus, um seiner Familie eine möglichst glückliche Zukunft zu sichern. Śiśupālas Vater hieß Damaghoṣa, weil er für seine besondere Fähigkeit berühmt war, undisziplinierte Bürger niederzuzwingen. *Dama* bedeutet „bezwingen", und *ghoṣa* bedeutet „berühmt". Damaghoṣa war also dafür berühmt, die Bürger unter strenger Aufsicht zu halten. Deshalb hatte Damaghoṣa geplant, im Falle eines Versuches von Kṛṣṇa, die Heiratszeremonie zu stören, mit seiner Streitmacht einzugreifen, um Ihn auf diese Weise niederzumachen. Nachdem er die verschiedenen glückbringenden Zeremonien durchgeführt hatte, sammelte er seine berühmten Madasravi-Legionen um sich und nahm überdies viele mit goldenen Ketten geschmückte Elefanten und zahlreiche Streitwagen und Pferde mit, die ähnlichen Prunk aufwiesen. Auf diese Weise machte sich Damaghoṣa zusammen mit seinem Sohn und anderen Freunden auf den Weg nach Kuṇḍina, und es erweckte fast den Eindruck, daß sie mehr die Absicht hatten, an einer Schlacht teilzunehmen als an einer Hochzeitszeremonie.

Als König Bhīṣmaka erfuhr, daß Damaghoṣa und sein Gefolge sich Kuṇḍina näherten, verließ er die Stadt, um sie willkommen zu heißen. Vor dem Stadttor lagen viele Gärten, die für den Aufenthalt der Gäste gedacht waren. Nach vedischem Brauch ist es üblich, daß der Brautvater die Gefolgschaft des Bräutigams empfängt und sie für zwei bis drei Tage, bis zum Ende der Hochzeitszeremonie, in einer gebührlichen Unterkunft bewirtet. Die Gefolgschaft, die von Damaghoṣa angeführt wurde, bestand aus Tausenden von Leuten, unter denen sich auch so berühmte Könige und Persönlichkeiten wie Jarāsandha, Dantavakra, Vidūratha und Pauṇḍraka befanden. Es war ein offenes Geheimnis, daß Rukmiṇī eigentlich mit Kṛṣṇa hätte verheiratet werden sollen, daß aber Rukmī, ihr ältester Bruder, ihre Heirat mit Śiśupāla beschlossen hatte. Es wurde auch gemunkelt, Rukmiṇī habe heimlich einen Boten zu Kṛṣṇa gesandt, und deshalb vermuteten die Soldaten, daß Kṛṣṇa die Hochzeit vielleicht verhindern und Rukmiṇī entführen würde. Die Soldaten hatten zwar nicht gerade das beste Gefühl dabei, doch sie alle waren bereit, Kṛṣṇa einen harten Kampf zu liefern, um so zu verhindern, daß Er das Mädchen entführte. Inzwischen hatte Śrī Balarāma erfahren, daß Kṛṣṇa, nur von einem *brāhmaṇa* begleitet, nach Kuṇḍina gefahren war, und als Er außerdem hörte, daß Śiśupāla dort mit einer gewaltigen Anzahl von Soldaten eingetroffen sei, befürchtete Er, daß sie Kṛṣṇa angreifen könnten. Deshalb zog Er starke Truppen zusammen, die sich aus Streitwagen, Fußvolk, Reiterei und Elefanten zusammensetzten, und begab Sich damit vor die Stadt Kuṇḍina.

Rukmiṇī wartete unterdessen sehnsüchtig in ihrem Palast auf Kṛṣṇas Ankunft, doch weder Er noch der *brāhmaṇa*, dem sie die Botschaft anvertraut hatte, trafen ein. Rukmiṇī wurde zutiefst beunruhigt, und sie begann, über ihre unglückliche Lage nachzudenken: „Es trennt mich jetzt nur noch eine Nacht vom Hochzeitstag, aber bisher sind weder der *brāhmaṇa* noch Śyāmasundara erschienen. Ich kann mir dies nicht erklären." Sie hatte schon fast alle Hoffnung verloren und dachte, sie habe vielleicht Kṛṣṇas Unmut erweckt, weshalb Er ihren freimütigen Antrag zurückgewiesen habe. Als Folge davon sei der *brāhmaṇa* vielleicht so enttäuscht gewesen, daß er gar nicht erst zurückkehren wollte. Doch obwohl Rukmiṇī über die möglichen Gründe für das Fernbleiben Kṛṣṇas und des *brāhmaṇa* rätselte, erwartete sie dennoch jeden Augenblick ihre Ankunft.

Rukmiṇī befürchtete des weiteren, daß Halbgötter wie Brahmā, Śiva und die Göttin Durgā ihr möglicherweise die Gnade versagt hatten, denn es wird gesagt, daß die Halbgötter zornig werden, wenn man sie nicht richtig verehrt. Als Indra zum Beispiel einst merkte, daß die Einwohner von Vṛndāvana auf Kṛṣṇas Einspruch hin den Indra-*yajña*, das Opfer, das zu seinen Ehren ausgeführt werden sollte, abbrachen und für immer darauf verzichten wollten, wurde er sehr zornig und wollte sie bestrafen. Rukmiṇī, die dies wußte, dachte deshalb, Śiva oder Brahmā seien böse auf sie geworden, weil sie sich nie viel um deren Verehrung gekümmert habe, und deshalb würden sie nun versuchen, ihren Plan zu durchkreuzen. Dazu befürchtete sie auch, daß sich die Göttin Durgā, die Frau Śivas, der Seite ihres Mannes angeschlossen hatte. Śiva wird auch als Rudra bezeichnet und seine Frau als Rudrāṇī, was darauf hinweist, daß sie dazu neigen, andere in solche Verzweiflung zu stürzen, daß diese für immer weinen. Ebenso bezeichnete Rukmiṇī die Göttin Durgā in Gedanken als Girijā, „die Tochter des Himalaya". Das Gebirge des Himalaya ist sehr kalt und hart, und Rukmiṇī stellte sich die Göttin Durgā als ebenso hartherzig und kalt vor. Auf diese Weise dachte Rukmiṇī in ihrer Sehnsucht nach Kṛṣṇa vorwurfsvoll an die verschiedenen Halbgötter, denn sie war trotz allem immer noch ein Kind. Die *gopīs* verehrten einst die Göttin Kātyāyanī, um Kṛṣṇa als ihren Ehemann zu bekommen, und in ähnlicher Weise dachte auch Rukmiṇī an die verschiedenen Halbgötter — nicht um von ihnen eine materielle Segnung zu erhalten, sondern in Beziehung zu Kṛṣṇa. Zu den Halbgöttern um Kṛṣṇas Gunst zu beten ist durchaus nichts Unstatthaftes, und was Rukmiṇī betrifft, so war sie völlig in Gedanken an Kṛṣṇa vertieft.

Obwohl Rukmiṇī sich mit dem Gedanken zu beruhigen versuchte, daß es für Govindas Ankunft noch nicht zu spät sei, hatte sie das Gefühl, als seien all ihre Hoffnungen vergeblich. Ohne sich irgend jemandem mitzuteilen, vergoß sie einfach Tränen, und als der Tränenstrom immer heftiger wurde, schloß sie hilflos die Augen. Während Rukmiṇī tief in solche Gedanken versunken war, zeigten sich an mehreren Stellen ihres Körpers glückverheißende Symptome: An ihrem linken Augenlid und an ihren Armen und Schenkeln machte sich ein Zittern bemerkbar. Ein Zittern an diesen Stellen des Körpers weist darauf hin, daß etwas Erfreuliches zu erwarten ist.

Gerade in diesem Moment erblickte die verzweifelte Rukmiṇī den *brāhmaṇa*, den sie als Boten ausgesandt hatte. Weil Kṛṣṇa, die Überseele aller Lebewesen, gewußt hatte, daß sich Rukmiṇī so große Sorgen machte, hatte Er den *brāhmaṇa* in den Palast geschickt, um sie von Seiner Ankunft zu unterrichten. Als Rukmiṇī den *brāhmaṇa* sah, wußte sie das glückverheißende Zittern an ihrem Körper zu deuten und war unsagbar erleichtert und froh. Sie lächelte und fragte ihn, ob Kṛṣṇa bereits angekommen sei, und der *brāhmaṇa* antwortete, daß der Sohn der Yadu-Dynastie, Śrī Kṛṣṇa, nun tatsächlich eingetroffen sei. Um sie weiter zu ermutigen, verriet er auch, daß Kṛṣṇa versprochen habe, sie unter allen Umständen zu Sich zu holen. Rukmiṇī war so froh über die Botschaft des *brāhmaṇa*, daß sie ihm alles schenken wollte, was sie besaß, doch als sie nichts finden konnte, was seiner würdig war, brachte sie ihm einfach ihre achtungsvollen Ehrerbietungen dar. Die Bedeutung des Darbringens von achtungsvollen Ehrerbietungen ist, daß man sich der geehrten Person aus Dankbarkeit verpflichtet fühlt. Auf diese Weise wollte Rukmiṇī dem *brāhmaṇa* also zeigen, daß sie ihm ewig dankbar sein werde. Jeder, der die Gunst der Glücksgöttin erlangt, wie dieser *brāhmaṇa*, kann sich zweifellos stets materiellen Reichtums erfreuen.

Als König Bhīṣmaka hörte, daß Kṛṣṇa und Balarāma angekommen seien, lud er Sie ein, der Hochzeitszeremonie seiner Tochter beizuwohnen. Auch sorgte er sogleich dafür, daß Sie und Ihre Soldaten in einem angemessenen Gartenhaus Quartier erhielten, und dann bot er Kṛṣṇa und Balarāma nach vedischer Sitte

Honig und frische Gewänder an. Neben Kṛṣṇa, Balarāma und Königen wie Jarāsandha bot er seine Gastfreundlichkeit auch noch vielen anderen Königen und Fürsten an, denen er allen entsprechend ihrer Stärke, ihrem Alter und ihrem materiellen Reichtum einen Empfang bereitete. Die Einwohner von Kuṇḍina, die es in ihrer Neugier kaum hatten erwarten können, Kṛṣṇa und Balarāma zu sehen, drängten sich um die beiden und tranken den Nektar Ihrer Schönheit. Mit tränenerfüllten Augen erwiesen sie Kṛṣṇa und Balarāma schweigend ihre Ehrerbietungen. Sie waren bezaubert von Śrī Kṛṣṇas Gegenwart und sahen in Ihm den einzigen geeigneten Gemahl für Rukmiṇī. Sie wünschten sich so sehr, Kṛṣṇa und Rukmiṇī vereint zu sehen, daß sie begannen, zur Persönlichkeit Gottes zu beten: „Lieber Herr, wenn wir jemals irgendwelche frommen Werke getan haben, die Dich erfreuten, dann sei bitte so gütig und nimm Rukmiṇī zur Frau." Rukmiṇī war offensichtlich eine sehr beliebte Prinzessin, denn alle Bürger wünschten ihr nur das Beste und richteten deshalb ihre Gebete an den Herrn. Inzwischen begab sich Rukmiṇī, zauberhaft gekleidet und von vielen Leibwächtern bewacht, aus dem Palast, um den Tempel Ambikās, der Göttin Durgā, zu besuchen.

Die Bildgestaltenverehrung im Tempel wird schon seit den Anfängen der vedischen Kultur durchgeführt. Es gibt jedoch eine Gruppe von Menschen, die in der *Bhagavad-gītā* als *veda-vāda-rata* bezeichnet werden, was bedeutet, daß sie nur an die vedischen Rituale glauben, jedoch nicht an die Verehrung im Tempel. Solche Toren sollten zur Kenntnis nehmen, daß bereits vor fünftausend Jahren, als Kṛṣṇa Rukmiṇī heiratete, Tempelverehrung üblich war. In der *Bhagavad-gītā* erklärt der Herr: *yānti deva-vratā devān.* „Die Verehrer der Halbgötter gelangen in die Reiche der Halbgötter." Zu jener Zeit gab es viele Halbgottverehrer, aber auch viele, die direkt die Höchste Persönlichkeit Gottes verehrten. Die Halbgötter, die hauptsächlich verehrt wurden, waren Brahmā, Śiva, Gaṇeśa, der Sonnengott und die Göttin Durgā. Śiva und die Göttin Durgā wurden sogar von den königlichen Familien verehrt, wohingegen die untergeordneten Halbgötter nur von den unintelligenten Menschen niederer Herkunft verehrt wurden. Die *brāhmaṇas* und Vaiṣṇavas jedoch verehrten einzig und allein Śrī Viṣṇu, die Höchste Persönlichkeit Gottes. In der *Bhagavad-gītā* wird die Verehrung der Halbgötter zwar verurteilt, jedoch nicht verboten. Es wird deutlich gesagt, daß nur die weniger intelligenten Menschen die verschiedenen Halbgötter um materieller Segnungen willen verehren. Auf der anderen Seite besuchte sogar Rukmiṇī, obwohl sie die Glücksgöttin persönlich war, den Tempel Durgās, weil dort die Bildgestalt der Familie verehrt wurde. Im *Śrīmad-Bhāgavatam* wird dazu erklärt, daß Rukmiṇī auf ihrem Weg zum Tempel in ihrem Innern unablässig an die Lotosfüße Śrī Kṛṣṇas dachte. Als Rukmiṇī daher in den Tempel ging, tat sie dies nicht mit der gleichen Absicht wie ein gewöhnlicher Mensch, der nur dort hingeht, um sich materiellen Gewinn zu erbitten; ihr einziges Ziel war Kṛṣṇa. Wenn die Menschen in den Tempel eines Halbgottes gehen, so ist letzten Endes trotzdem Kṛṣṇa das Ziel der Verehrung, denn Er ist es, der die Halbgötter dazu ermächtigt, ihren Verehrern materielle Segnungen zu erteilen.

Als Rukmiṇī zum Tempel ging, war sie sehr schweigsam und ernst. An ihrer Seite gingen ihre Mutter und ihre Freundin, und in der Mitte befand sich die Frau eines *brāhmaṇa*. Dazu wurde Rukmiṇī von königlichen Leibwächtern begleitet. (Dieser Brauch, daß die Braut vor der Heirat in den Tempel eines Halbgottes geht, wird in Indien auch heute noch eingehalten.) Während der Prozession ertönten die verschiedensten Instrumente: Trommeln, Muschelhörner und Blasinstrumente verschiedenster Größen, wie zum Beispiel *paṇavas, turyas* und *bheris*. Die Klänge dieses Konzerts waren nicht nur glückverheißend, sondern auch sehr wohlklingend für das Ohr. Tausende von ehrwürdigen *brāhmaṇa*-Frauen waren zugegen, die sich mit ausgesuchtem Geschmeide geschmückt hatten. Sie reichten Rukmiṇī Blumengirlanden, Sandelholzpaste und eine Vielzahl farbenprächtiger Gewänder, um ihr so bei der Verehrung Śivas und der Göttin Durgā behilflich zu sein. Einige dieser Frauen schauten bereits auf ein langes Leben zurück und waren deshalb sehr erfahren im Chanten von Gebeten zu Durgā und Śiva. Gefolgt von Rukmiṇī und den anderen, trugen sie den Bildgestalten Gebete vor.

Anschließend richtete Rukmiṇī ihre Gebete an die Bildgestalt: „Meine liebe Göttin Durgā, ich bringe dir wie auch deinen Kindern meine achtungsvollen Ehrerbietungen dar." Die Göttin Durgā hat vier berühmte Kinder: zwei Töchter — die Glücksgöttin Lakṣmī und Sarasvatī, die Göttin der Gelehrsamkeit — und zwei berühmte Söhne — Gaṇeśa und Kārttikeya —, die alle als Halbgötter und -göttinnen gelten. Weil die Göttin Durgā immer zusammen mit ihren berühmten Kindern verehrt wird, erwies auch Rukmiṇī der Bildgestalt auf diese Weise ihre achtungsvollen Ehrerbietungen; ihre Gebete jedoch waren völlig verschieden von den Gebeten gewöhnlicher Menschen. Die meisten Menschen beten zur Göttin Durgā, um Reichtum, Ruhm, Gewinn, Stärke und viele andere solche materiellen Vorteile zu erhalten; Rukmiṇī jedoch flehte Durgā an, ihr gnädig zu sein und sie zu segnen, weil sie Kṛṣṇa zum Gemahl haben wollte. Da sie sich niemand anderen als Kṛṣṇa wünschte, war nichts Falsches daran, daß sie einen Halbgott verehrte. Während Rukmiṇī ihr Gebet vortrug, brachte sie der Bildgestalt eine Vielzahl von Opfergaben dar, vor allem Wasser, Ghee-Lampen in verschiedener Form, Räucherstäbchen, Gewänder, Girlanden, verschiedene Speisen, die in Butterfett zubereitet worden waren, wie *puris* und *kacauris*, und dazu auch Früchte, Zuckerrohr, Betelnüsse und Gewürze. Mit großer Hingabe brachte Rukmiṇī der Bildgestalt dies alles dar, wobei sie unter der Anleitung der alten *brāhmaṇa*-Frauen genau die vorgeschriebenen Regeln befolgte. Nach dieser Zeremonie boten die Frauen Rukmiṇī die Reste der Speisen als *prasāda* an, und Rukmiṇī nahm sie ehrfürchtig zu sich. Darauf brachte sie den *brāhmaṇa*-Frauen und der Göttin Durgā ihre respektvollen Ehrerbietungen dar, und da die Verehrung der Bildgestalten nun beendet war, faßte sie eine ihrer Freundinnen bei der Hand und verließ zusammen mit den anderen den Tempel.

Unterdessen hatten sich alle Fürsten und Besucher, die nach Kuṇḍina gekommen waren, um der Hochzeitszeremonie beizuwohnen, vor dem Tempel versammelt, um Rukmiṇī zu sehen. Besonders die Fürsten waren begierig, Rukmiṇī zu sehen, denn eigentlich hoffte jeder von ihnen, sie zur Frau zu bekommen. Als sie Rukmiṇī tatsächlich erblickten, waren sie wie gebannt vor Erstaunen und meinten, sie müsse speziell vom Schöpfer geschaffen worden sein, um alle großen Helden und Fürsten zu verwirren. Ihr Körper war wohlgestaltet, und ihre Taille war schlank. Sie hatte hohe Wangen und rosa Lippen, und ihr liebliches Antlitz wurde durch ihre langen Locken und durch verschiedenartige Ohrringe noch verschönert. Um ihre Fußgelenke trug sie Juwelenanhänger. Die Ausstrahlung und die Schönheit Rukmiṇīs waren wie das Gemälde eines Künstlers, der die ideale Schönheit, wie sie von den größten Poeten beschrieben wird, darstellt. Rukmiṇīs Brüste wurden als „etwas erhoben" beschrieben, was darauf hinweist, daß sie noch ein junges Mädchen war, nicht älter als dreizehn oder vierzehn Jahre. Ihre Schönheit war ausschließlich dafür bestimmt, die Aufmerksamkeit Kṛṣṇas auf sich zu ziehen. Obwohl alle Prinzen sie wegen ihrer Schönheit anstarrten, war sie nicht im geringsten eitel. Ihre Augen huschten hin und her, und wenn sie mit der Einfachheit eines unschuldigen Mädchens lächelte, erstrahlten ihre Zähne wie Lotosblumen. In der Erwartung, daß Kṛṣṇa jeden Augenblick erscheinen würde, schritt sie langsam dem Palast entgegen. Ihre Schritte waren wie die eines erhabenen Schwanes, und die Glöckchen an ihren Fußgelenken klingelten sanft.

So kam es, daß die versammelten adligen Fürsten beim Anblick von Rukmiṇīs Schönheit nur noch mit offenem Mund dastanden und fast das Bewußtsein verloren. Voller Lust begehrten sie, entgegen jeder Hoffnung, nach Rukmiṇīs Hand und verglichen dabei ihre eigene Schönheit mit der ihrigen. Śrīmatī Rukmiṇī jedoch beachtete keinen von ihnen. Im Innersten ihres Herzens wartete sie nur darauf, daß Kṛṣṇa kommen und sie entführen würde. Dann, als sie die Schmuckstücke eines Fingers ihrer linken Hand zurechtrückte, warf sie zufällig einen Blick auf die Prinzen – und sah plötzlich Kṛṣṇa mitten unter ihnen. Obwohl Rukmiṇī Kṛṣṇa niemals gesehen hatte, war sie immer in Gedanken bei Ihm gewesen, und so war es nicht schwierig für sie, Ihn unter den vielen Fürsten zu erkennen. Ohne Sich um die anwesenden Könige und Prinzen zu kümmern, ergriff Kṛṣṇa sofort die Gelegenheit und hob Rukmiṇī in Seinen Streitwagen, der durch eine Flagge mit dem Bild Garuḍas gekennzeichnet war. Sodann fuhr Er gemächlich, ohne jede Furcht, mit Rukmiṇī davon, wie ein Löwe, der aus einer Meute von Schakalen ein Reh fortträgt. Währenddessen erschien Balarāma mit den Soldaten der Yadu-Dynastie auf dem Schauplatz.

Jarāsandha, der schon viele Male zuvor eine Niederlage von Kṛṣṇa hatte hinnehmen müssen, brüllte mit sich überschlagender Stimme: „Das darf doch nicht wahr sein! Kṛṣṇa entführt Rukmiṇī vor unseren Augen, und keiner unternimmt etwas! Was nützt uns unser Heldenmut und unsere Waffenkraft, o ihr Prinzen, wenn wir einfach nur tatenlos zuschauen? Wir verlieren unser Ansehen, wenn wir es erlauben, daß ein Schakal die Beute des Löwen wegstiehlt."

Hiermit enden die Bhaktivedanta-Erläuterungen zum 52. Kapitel des Kṛṣṇa-Buches: „Kṛṣṇa entführt Rukmiṇī".

53 / Kṛṣṇa besiegt alle Prinzen und bringt Rukmiṇī nach Dvārakā

Die Könige und Prinzen, allen voran Jarāsandha, bebten vor Zorn, als sie sahen, wie Kṛṣṇa Rukmiṇī entführte. Sie waren, überwältigt von Rukmiṇīs Schönheit, von ihren Pferden und Elefanten gefallen, doch nun erhoben sie sich wieder und suchten ihre Waffen zusammen. Sie ergriffen Pfeil und Bogen, und dann jagten sie auf ihren Wagen, Pferden und Elefanten Kṛṣṇa nach. Um sie aufzuhalten, machten die Soldaten der Yadu-Dynastie kehrt und stellten sich ihnen entgegen. Darauf entbrannte zwischen den beiden feindlichen Heeren ein unerbittlicher Kampf. Die Fürsten, die sich Kṛṣṇa widersetzten, wurden von Jarāsandha angeführt, und sie alle waren kampferprobte Krieger. Sie schossen ihre Pfeile auf die Soldaten der Yadu-Dynastie ab, genau wie eine Wolke, die eine Bergflanke mit Regengüssen überschüttet. Weil sich die Wolken über einer Bergflanke anstauen und sich nur noch langsam bewegen, sind die Regengüsse dort heftiger als irgendwo anders.

Die feindlichen Prinzen, die fest entschlossen waren, Kṛṣṇa zu besiegen und Rukmiṇī wieder Seiner Gewalt zu entreißen, kämpften mit aller Verbissenheit. Als Rukmiṇī, die neben Kṛṣṇa saß, sah, wie die Pfeile der Feinde auf die Köpfe der Yadu-Soldaten herabhagelten, blickte sie angstvoll Kṛṣṇa an, um Ihm zu zeigen, wie dankbar sie Ihm war, daß Er Sich allein um ihretwillen in solche Gefahr begeben hatte. Ihre Augen bewegten sich unruhig hin und her, und das Ganze schien ihr sehr leid zu tun; Kṛṣṇa jedoch wußte genau, was in ihr vorging, und ermutigte sie, indem Er sagte: „Meine liebe Rukmiṇī, mach dir keine Sorgen. Sei sicher, daß die Soldaten der Yadu-Dynastie alle Feinde ohne weiteres töten werden."

Während Śrī Kṛṣṇa so zu Rukmiṇī sprach, beschlossen die Generäle der Yadus, die von Śrī Balarāma, der auch Saṅkarṣaṇa genannt wird, sowie von Gadādhara angeführt wurden, sich die Dreistigkeit ihrer Feinde nicht länger bieten zu lassen, und begannen, deren Pferde, Elefanten und Streitwagen mit gezielten Pfeilen zu beschießen. Je dramatischer die Schlacht wurde, desto mehr Prinzen und Soldaten des feindlichen Lagers stürzten von ihren Pferden, Elefanten und Streitwagen, und schon nach kurzer Zeit war das Schlachtfeld mit Millionen von abgetrennten Köpfen übersät, die alle noch mit Helmen und Ohrringen versehen waren. Auch viele abgeschossene Arme und Hände lagen verstreut auf dem Boden, hielten jedoch immer noch ihre Bogen, Pfeile und Keulen fest umklammert. Ein Kopf rollte über den anderen, ein Pferd türmte sich aufs andere, und alle Fußsoldaten stürzten samt ihren Kamelen, Elefanten und Eseln enthauptet zu Boden.

Als die Feinde, die unter der Führung Jarāsandhas kämpften, erkannten, daß sie allmählich von Kṛṣṇas Soldaten besiegt wurden, hielten sie es für unklug, allein für Śiśupāla eine vernichtende Niederlage zu riskieren. Śiśupāla hätte selbst kämpfen sollen, um Rukmiṇī Kṛṣṇas Händen zu entreißen, doch weil die Soldaten sahen, daß Śiśupāla nicht imstande war, es mit Kṛṣṇa aufzunehmen, waren sie nicht gewillt, ihre Kräfte nutzlos aufzuopfern; sie stellten daher den Kampf ein und suchten das Weite.

Einige der Fürsten und Prinzen kehrten zurück und begaben sich der Form halber zu Śiśupāla, den sie dann auch antrafen, wie er völlig niedergeschlagen vor sich hinstarrte, genau wie ein Mann, der seine Frau verloren hat. Sein Gesicht war eingefallen, er war aller Kräfte beraubt, und alle Farbe war aus seinem Körper gewichen. Daher versuchten sie, Śiśupāla aufzumuntern: „Lieber Śiśupāla, sei doch nicht so entmutigt. Du gehörst dem Königsstand an und bist der hervorragendste unter den Kämpfern. Für eine Persönlichkeit wie dich gibt es weder Freud noch Leid, denn du weißt, daß keiner dieser Zustände ewig ist. Laß dich nicht wegen dieses einen zeitweiligen Rückschlages aus der Ruhe bringen, und fasse wieder Mut. Schließlich liegt die letzte Entscheidung nicht bei uns. Gleich Puppen, die in den Händen eines Zauberkünstlers tanzen, tanzen wir nach dem Willen des Höchsten, und nach Seinem Willen leiden oder genießen wir. Deshalb sollten wir unter allen Umständen ausgeglichen bleiben."

Da die Prinzen besiegt worden waren, blieb Ihnen nichts anderes übrig, als Śiśupāla mit solchen schmeichelnden Worten zu besänftigen. Anfangs hatten sie große Hoffnungen in ihr heroisches Vorgehen gesetzt. Aber jetzt mußte sich Śiśupāla, anstatt Rukmiṇī zu heiraten, mit den schmeichelnden Worten seiner Freunde begnügen, und voller Enttäuschung mußte er den Heimweg antreten. Auch die anderen Könige, die ihn begleitet hatten, kehrten enttäuscht nach Hause zurück.

Die katastrophale Niederlage war allein durch den neidischen Charakter Rukmīs, des älteren Bruders von Rukmiṇī, verursacht worden. Rukmī hatte geplant, seine Schwester mit Śiśupāla zu verheiraten, doch nun, da Kṛṣṇa sie gewaltsam entführt hatte, sah er all seine Pläne durchkreuzt. Rukmī, der wie Śiśupāla, sein Freund und verhinderter Schwager, nach Hause zurückgekehrt war, tobte vor Wut und war entschlossen, sich persönlich an Kṛṣṇa zu rächen. Er rief sogleich seine Soldaten zusammen — Truppen, die aus mehreren Tausend Elefanten, Pferden, Streitwagen und Fußsoldaten bestanden — und nahm an der Spitze dieses Heeres die Verfolgung Kṛṣṇas auf, der Sich auf dem Weg nach

Dvārakā befand. Noch bevor Rukmī aufgebrochen war, hatte er sich in seinem Größenwahn vor all den zurückgekehrten Königen aufgespielt und versprochen: „Ihr konntet Śiśupāla nicht helfen, als seine Heirat mit meiner Schwester Rukmiṇī vereitelt wurde, aber ich kann es nicht zulassen, daß Kṛṣṇa sie entführt. Ich werde Ihm eine Lehre erteilen. Nun kümmere ich mich um diesen Kṛṣṇa." Rukmī gebärdete sich wie ein großer Feldherr und gelobte vor allen versammelten Prinzen: „Ohne Kṛṣṇa getötet und meine Schwester aus Seiner Gewalt befreit zu haben, werde ich nicht wieder in meine Hauptstadt, Kuṇḍina, zurückkehren. Diesen Schwur lege ich vor euch allen ab, und ihr werdet sehen, daß ich ihn wahr mache." Mit diesen großtönenden Worten schwang er sich auf seinen Streitwagen und befahl dem Wagenlenker, Kṛṣṇa zu verfolgen. „Ich möchte sofort mit Ihm kämpfen", rief er. „Dieser Kuhhirtenjunge ist wegen Seiner hinterlistigen Art, mit den *kṣatriyas* zu kämpfen, stolz geworden, aber heute werde ich Ihm eine gründliche Lehre erteilen. Weil Er die Frechheit besaß, meine Schwester zu entführen, werde ich Ihm heute mit meinen spitzen Pfeilen Anstand beibringen." Auf diese Weise wagte es der törichte Rukmī, der nichts vom Ausmaß der Macht der Höchsten Persönlichkeit Gottes wußte, dreiste Drohungen gegen Kṛṣṇa auszusprechen.

Schon nach kurzer Zeit kam Kṛṣṇa in Rukmīs Sicht, und in seiner Dummheit rief er Kṛṣṇa wiederholt folgende Worte zu: „Lauf nicht davon! Halt an und kämpfe mit mir!" Dann spannte er seinen Bogen und schoß drei scharfe Pfeile auf Kṛṣṇas Körper ab, worauf er Ihn als den schändlichsten Abkömmling der Yadu-Dynastie bezeichnete und Ihn erneut aufforderte, für einen Augenblick stehenzubleiben, so daß er Ihm endlich die verdiente Lektion erteilen könne. „Du trägst meine Schwester fort, genau wie eine Krähe geklärte Butter stiehlt, die für eine Opferzeremonie bestimmt ist. Du verläßt Dich stolz auf Deine Streitmacht, aber Selbst kannst Du nicht kämpfen, wie es sich nach den vorgeschriebenen Prinzipien gehört. Du hast es gewagt, meine Schwester zu entführen, doch nun werde ich Dich von Deinem Stolz befreien. Du kannst meine Schwester nur so lange Dein eigen nennen, bis ich Dich mit meinen Pfeilen ein für allemal auf dem Boden festgenagelt habe."

Als Śrī Kṛṣṇa diese wahnwitzigen Worte vernommen hatte, schoß Er sogleich einen Pfeil ab, der die Sehne von Rukmīs Bogen durchtrennte und es ihm unmöglich machte, einen weiteren Pfeil zu gebrauchen. Rukmī jedoch ergriff sofort einen neuen Bogen und schoß fünf Pfeile auf Kṛṣṇa ab. Zum zweiten Mal angegriffen, zerschoß Kṛṣṇa erneut die Bogensehne Seines Gegners. Daraufhin griff Rukmī zu seinem dritten Bogen, doch wieder zerschoß Kṛṣṇa ihm die Sehne. Um Rukmī eine Lehre zu erteilen, schoß Kṛṣṇa Seinerseits sechs Pfeile auf ihn ab und sandte sogleich acht weitere hinterher. Vier dieser Pfeile töteten die vier Pferde vor Rukmīs Wagen, ein weiterer durchbohrte den Wagenlenker, und die anderen drei Pfeile trennten den oberen Teil von Rukmīs Streitwagen einschließlich der Flagge ab.

Da Rukmī inzwischen die Pfeile ausgegangen waren, behalf er sich mit Schwertern, Schilden, Dreizacken, Lanzen und anderen Waffen, die im Kampf von Mann zu Mann verwendet werden, doch all seine Waffen wurden wie zuvor von Kṛṣṇas Pfeilen zerschossen. Als Rukmīs Versuche immer wieder fehlschlugen, zog er schließlich sein Schwert und rannte blitzschnell auf Kṛṣṇa zu, genau wie eine Fliege geradewegs ins Feuer fliegt. Doch sowie Rukmī Kṛṣṇa erreichte, schoß ihm Kṛṣṇa seine Waffe in Stücke und ergriff Seinerseits Sein scharfes Schwert, um zum entscheidenden Stoß auszuholen; doch Rukmīs Schwester, Rukmiṇī, die erkannte, daß Kṛṣṇa ihrem Bruder nicht noch einmal vergeben würde, warf sich vor Seinen Lotosfüßen nieder. Sie zitterte vor Furcht, und mit einer mitleiderregenden Stimme flehte sie Ihren Gemahl um Gnade an.

„O Yogeśvara", waren Rukmiṇīs erste Worte. Yogeśvara bedeutet „derjenige, der unermeßliche Füllen und Energien besitzt". Kṛṣṇa besitzt unermeßliche Füllen und Energien, wohingegen Rukmiṇīs Bruder nur über eine begrenzte Streitmacht verfügte. Kṛṣṇa ist unermeßlich und unbegrenzt, wohingegen Rukmī bei jedem Schritt seines Lebens völlig begrenzt war. Deshalb konnte man Rukmī vor der unbeschränkten Macht Kṛṣṇas nicht einmal mit einem unbedeutenden Insekt vergleichen. Rukmiṇī nannte Kṛṣṇa auch „Gott aller Götter". Es gibt viele mächtige Halbgötter, wie zum Beispiel Brahmā, Śiva, Indra, Candra und Varuṇa, doch Kṛṣṇa ist der Herr über sie alle, wohingegen Rukmiṇīs Bruder ein gewöhnlicher Mensch war, und nicht nur das, er war der niedrigste aller Menschen, weil er kein Wissen über Kṛṣṇa besaß. Mit anderen Worten, jemand, der nichts von der wirklichen Stellung Kṛṣṇas weiß, ist der Niedrigste der Menschheit. Dann sprach Rukmiṇī Kṛṣṇa als Mahābhuja an, was bedeutet „mit unbegrenzter Stärke versehen". Rukmiṇī nannte Kṛṣṇa auch Jagatpati, „der Herr der gesamten kosmischen Manifestation". Ihr Bruder dagegen war nur ein unscheinbarer Prinz.

Auf diese Weise verglich Rukmiṇī die Stellung ihres Bruders mit der Stellung Kṛṣṇas und bat ihren Gemahl sehr gefühlvoll, ihren Bruder nicht zu töten, da jetzt doch das glückliche Ereignis ihrer Hochzeit bevorstehe, sondern ihm zu verzeihen. Dadurch zeigte sie ihre Natur als Frau: Sie war glücklich, daß sie Kṛṣṇa als Gemahl bekommen hatte, genau in dem Augenblick, wo sie mit einem anderen hätte verheiratet werden sollen; doch sie wollte nicht, daß dafür ihr älterer Bruder sterben mußte, denn schließlich liebte er seine junge Schwester und wollte sie einfach nur jemandem zur Frau geben, der seiner Ansicht nach ein besserer Mann für sie war. Während Rukmiṇī um Gnade für ihren Bruder flehte, zitterte sie am ganzen Körper; in ihrer Angst wich ihr die Farbe aus dem Gesicht, und ihre Stimme erstickte, und weil sie so heftig zitterte, löste sich der Schmuck von ihrem Körper und fiel zu Boden. Śrī Kṛṣṇa verspürte sogleich Mitleid und willigte ein, den törichten Rukmī nicht zu töten. Jedoch wollte Er ihn auch nicht ungestraft lassen; daher fesselte Er Rukmī mit einem Tuch und schnitt ihm den Schnurrbart, den Bart und die Haare ab, wobei Er hier und dort kleine Büschel stehen ließ.

Während Kṛṣṇa Rukmī auf diese Weise bestrafte, brachen die Soldaten der Yadu-Dynastie, die von Balarāma persönlich befehligt wurden, die Macht von Rukmīs Heer, genau wie ein Elefant in einem Gewässer die zarten Stengel der

Lotosblumen zertritt. Mit anderen Worten, wie ein Elefant beim Baden viele Lotosblumen umknickt und zerstört, so mähte das Heer der Yadus Rukmīs Soldaten nieder und brachte ihnen eine vernichtende Niederlage bei.

Als die Generäle der Yadu-Dynastie zu Kṛṣṇa zurückkehrten, waren sie recht erstaunt, Rukmī so zugerichtet zu sehen. Śrī Balarāma zeigte ganz besonders viel Mitgefühl für Seine neue Schwägerin, und ihr zuliebe löste Er persönlich Rukmīs Fesseln. Um sie noch mehr zu erfreuen, sprach Balarāma, als älterer Bruder Kṛṣṇas, einige Worte des Tadels: „Kṛṣṇa, das hättest Du wirklich nicht tun dürfen. So etwas läßt sich nicht mit Unserer Familientradition vereinbaren! Wenn man jemandem Schnurrbart, Bart und die Haare abschneidet, so ist dies praktisch genauso, als würde man ihn töten. Was auch immer Rukmī getan hat, er ist nun Unser Schwager, ein Verwandter Unserer Familie, und daher hättest Du ihn nicht so zurichten dürfen."

Danach sagte Balarāma zu Rukmiṇī, um sie zu beschwichtigen: „Du solltest nicht traurig darüber sein, daß dein Bruder nun etwas seltsam aussieht; jeder genießt oder erleidet die Folgen seines Handelns." Śrī Balarāma wollte Rukmiṇī damit klarmachen, daß sie nicht betrübt sein solle, nur weil ihr Bruder die Folgen seiner früheren Handlungen erleide. Es sei nicht nötig, einem solchen Bruder zu sehr zugetan zu sein.

Dann wandte Sich Śrī Balarāma wieder an Kṛṣṇa und sagte: „Lieber Kṛṣṇa, auch wenn ein Verwandter eine solche Missetat verübt, daß er eigentlich verdient, getötet zu werden, sollte man ihm vergeben, denn wenn dieser Verwandte sich seines Fehlers bewußt wird, ist diese Einsicht an sich schon wie der Tod. Deshalb ist es nicht notwendig, ihn zu töten." Daraufhin wandte Balarāma Sich wieder an Rukmiṇī und erklärte ihr, daß die vorgeschriebene Pflicht eines *kṣatriya* in der menschlichen Gesellschaft besage, daß nach den Regeln einer Schlacht selbst der eigene Bruder zum Feind werden kann, den es ohne zu zögern zu töten gelte. Śrī Balarāma wollte also Rukmiṇī darauf hinweisen, daß es durchaus richtig gewesen war, daß sich Rukmī und Kṛṣṇa keine Barmherzigkeit gezeigt hatten, als sie miteinander kämpften, obwohl sie vom verwandtschaftlichen Gesichtspunkt aus betrachtet Schwäger waren. Śrī Balarāma erklärte Rukmiṇī weiter, daß die *kṣatriyas* typische Beispiele für die materialistische Lebensweise seien, denn immer wenn es um materiellen Gewinn gehe, steige in ihnen unerbittlicher Stolz hoch. Wenn daher zwei feindliche *kṣatriyas* um ein Königreich oder um Land, Reichtum, Frauen, Ansehen oder Macht kämpften, versuche jeder, den anderen möglichst vernichtend zu schlagen. Balarāma erklärte Rukmiṇī, daß ihre Zuneigung gegenüber ihrem Bruder Rukmī, der sich mit so vielen Leuten verfeindet hatte, einer falschen Haltung entspringe, wie sie sonst nur bei gewöhnlichen materialistischen Menschen zu finden sei. Im Hinblick auf Rukmīs Verhalten gegenüber seinen Freunden sei sein Charakter alles andere als verehrenswert, und dennoch empfinde Rukmiṇī so viel Zuneigung für ihn, als sei sie eine gewöhnliche Frau. Obwohl er es nicht wert sei, ihr Bruder zu sein, sei Rukmiṇī nachsichtig mit ihm.

Balarāma fuhr fort: „Die Unterscheidung, daß man einigen Menschen gegenüber unvoreingenommen ist und andere wiederum als Freunde oder Feinde betrachtet, entsteht, wenn man sich in der körperlichen Auffassung des Lebens befindet. Solche verblendeten Menschen verlieren die richtige Sicht und fallen der illusionierenden Energie des Höchsten Herrn zum Opfer. Die spirituelle Seele ist in jeder materiellen Verkörperung von gleicher Reinheit, doch diejenigen, die nicht genügend Intelligenz besitzen, sehen nur körperliche Unterschiede, wie die Unterschiede zwischen Mensch und Tier, Reich und Arm, Gebildeten und Ungebildeten usw. — das heißt Unterscheidungen, die die wahre Identität der reinen spirituellen Seele bedecken. Derartige Unterscheidungen, die lediglich auf der körperlichen Ebene wahrgenommen werden, sind wie die Unterscheidungen von Feuern entsprechend den unterschiedlichen Brennstoffen, die sie verzehren. Das Brennmaterial mag zwar von unterschiedlicher Form und Größe sein, doch das Feuer, das von ihm ausgeht, ist ohne solche Unterschiede. In ähnlicher Weise gibt es auch am Himmel keine Unterschiede in bezug auf Größe und Form."

So beschwichtigte Balarāma die Anwesenden durch Seine moralischen und ethischen Unterweisungen. Balarāma sagte weiter: „Der Körper, den wir haben, ist ein Teil der materiellen Manifestation. Weil das Lebewesen, die spirituelle Seele, in Berührung mit der Materie ist, wandert es aufgrund seiner Anhaftung an illusorischen Genuß von Körper zu Körper, und diese Wanderung bezeichnet man als materielle Existenz. Die Berührung des Lebewesens mit der materiellen Welt führt weder zu Vermischung, Integration, noch zu Auflösung, Desintegration. Meine liebe keusche Schwägerin, zweifellos ist die spirituelle Seele die Ursache des materiellen Körpers, ebenso wie die Sonne die Ursache des Sonnenlichtes, der Sehkraft und der Formen in der materiellen Manifestation ist. Das Beispiel vom Sonnenschein und der materiellen Manifestation erklärt sehr anschaulich die Verbindung des Lebewesens mit der materiellen Welt. Die Sonne geht am Morgen auf, und im Laufe des Tages nehmen Wärme und Licht allmählich zu. Die Sonne ist die Ursache des Entstehens materieller Formen und Gestalten, denn nur aufgrund der Sonne findet die Integration und Desintegration der materiellen Elemente statt. Doch sowie die Sonne untergegangen ist, hat die ganze Manifestation, die sie beleuchtet hat, keine Verbindung mehr mit der Sonne, da sie ihren Standort gewechselt hat. Wenn die Sonne von Osten nach Westen wandert, bleiben die Folgen ihres Einflusses, den sie im Osten ausgeübt hat, zwar weiterhin bestehen, doch der Sonnenschein selbst kann dann nur noch im Westen gesehen werden. Ebenso akzeptiert oder erzeugt das Lebewesen verschiedene Körper und verschiedene körperliche Beziehungen entsprechend dem Lebensumstand, in dem es sich befindet, doch wenn es seinen gegenwärtigen Körper aufgibt und einen neuen Körper annimmt, hat es nichts mehr mit dem früheren Körper zu tun. Ebenso hat das Lebewesen auch nichts mit dem nächsten Körper zu tun, den es annimmt. Das Lebewesen selbst wird niemals von der körperlichen Verunreinigung berührt. Die Lehre, die wir daraus ziehen, ist also, daß das Erscheinen und Verschwinden des Körpers nichts mit dem Lebewesen zu tun hat, ebenso wie das Zunehmen und Abnehmen des Mondes auf den Mond selbst keinen Einfluß hat. Bei zunehmendem Mond denken wir irrtümlicherweise, der Mond vergrößere sich, und bei abnehmendem Mond glauben wir, der Mond verkleinere sich allmählich. In Wirklichkeit aber ist der Mond immer der gleiche und bleibt, wie er ist; er hat nichts mit dem scheinbaren Zunehmen und Abnehmen zu tun, das wir mit unseren Augen beobachten.

Das Bewußtsein im materiellen Dasein kann man mit Schlaf und Traum vergleichen. Wenn ein Mensch schläft, träumt er von vielen Dingen, die nicht wirklich geschehen, und in seinen Träumen erfährt er verschiedene Arten von Glück und Leid. Ebenso leidet ein Mensch, der sich im Traumzustand des materiellen Bewußtseins befindet, unter den Folgen, die das Annehmen und Aufgeben von Körpern im materiellen Dasein mit sich bringen. Das Gegenteil dieses materiellen Bewußtseins ist Kṛṣṇa-Bewußtsein. Mit anderen Worten, wenn ein Mensch die Ebene des Kṛṣṇa-Bewußtseins erreicht, wird er von dieser falschen Auffassung des Lebens frei."

Mit diesen Worten unterwies Śrī Balarāma Rukmiṇī und Kṛṣṇa in spirituellem Wissen, und Er wandte Sich noch einmal besonders an Seine Schwägerin und sagte: „Liebliche, lächelnde Rukmiṇī, sei nicht traurig aufgrund nichtiger Dinge, die ihre Ursache in Unwissenheit haben. Nur aufgrund falscher Vorstellungen wird man unglücklich, doch dieses Unglücklichsein wird augenblicklich beseitigt, wenn man über die Philosophie des wirklichen Lebens spricht. Deshalb solltest du deine Freude nur auf dieser Ebene suchen."

Nachdem Rukmiṇī Śrī Balarāmas erleuchtende Unterweisungen vernommen hatte, war sie beruhigt und glücklich und gewann ihre Fassung wieder, die stark erschüttert worden war, als sie sah, welche Schmach und Demütigung ihr Bruder Rukmī hinnehmen mußte. Was Rukmī betraf, so hatte er weder sein Gelübde halten können, noch war es ihm gelungen, seine Pläne in die Tat umzusetzen. Er war mit seinem Heer von zu Hause aufgebrochen, um Kṛṣṇa zu bezwingen und seine Schwester zu befreien, doch statt dessen hatte er all seine Soldaten und seine gesamte Streitmacht verloren. Er persönlich hatte seine ganze Ehre verloren, und in dieser Lage sah er sehr hoffnungslos aus, doch durch die Gnade des Herrn durfte er bis an sein vorbestimmtes Ende weiterleben. Da Rukmī ein *kṣatriya* war, hatte er seinen Schwur nicht vergessen, daß er erst dann wieder in seine Hauptstadt Kuṇḍina zurückkehren würde, wenn er Kṛṣṇa getötet und seine Schwester befreit habe — was ihm beides nicht gelungen war. Deshalb beschloß er in zorniger Verbitterung, nicht mehr nach Kuṇḍina zurückzukehren. Er baute sich im Dorf Bhojakaṭa eine kleine Hütte, wo er den Rest seines Lebens verbrachte.

Nachdem Kṛṣṇa Rukmiṇī gewaltsam entführt und alle Widersacher bezwungen hatte, brachte Er sie in Seine Hauptstadt, Dvārakā, und heiratete sie dort entsprechend den vedischen Prinzipien. Nach Seiner Heirat wurde Kṛṣṇa in Dvārakā zum König der Yadus gekrönt. Das Ereignis Seiner Heirat mit Rukmiṇī versetzte alle Einwohner Dvārakās in überschwengliche Freude, und so wurden in allen Häusern große Feste gefeiert. Sie legten sich ihren schönsten Schmuck und ihre besten Gewänder an und gingen zu Kṛṣṇa und Rukmiṇī, dem jungen Brautpaar, um ihnen je nach ihren Möglichkeiten Geschenke zu überreichen. Alle Häuser in Yadupurī (Dvārakā) waren mit Fähnchen, Girlanden und

Blumen geschmückt, und jedes dieser Häuser hatte ein besonderes Tor, das eigens zu diesem Anlaß angefertigt worden war. Zu beiden Seiten dieser Tore befanden sich große Krüge mit Wasser. Die ganze Stadt war von dem Duft der erlesensten Räucherstäbchen erfüllt, und in der Nacht wurde sie von vielen Tausenden von Lichtern hell erleuchtet, die jedes einzelne Gebäude zierten.

Aufgrund von Kṛṣṇas und Rukmiṇīs Heirat schien ganz Dvārakā in ein Freudenfest einzutauchen. Überall in der Stadt waren üppig verzierte Bananen- und Betelnußbäume zu sehen, die für solch glückverheißende Zeremonien typisch sind. Bei Kṛṣṇas Heirat befanden sich auch viele Elefanten in der Stadt, auf denen die Könige befreundeter Königreiche herbeigereist waren. Elefanten haben die Angewohnheit, aus ihrem spielerischen, leichtsinnigen Wesen heraus alle Pflanzen und kleinen Bäume in ihrer Reichweite auszureißen und sie um sich zu werfen. So verstreuten sie auch hier die Bananen- und Betelnußbäume auf den Straßen, doch trotz solcher übermütigen Streiche sah die Stadt mit den überall herumliegenden Bäumen prachtvoll aus.

Die freundlich gesinnten Könige der Kurus und Pāṇḍavas wurden durch Bhīṣma, Dhṛtarāṣṭra, die fünf Pāṇḍava-Brüder, König Drupada, König Santardana und Rukmiṇīs Vater, Bhīṣmaka, vertreten. Anfänglich hatte es zwischen Bhīṣmakas und Kṛṣṇas Familie eine gewisse Unstimmigkeit gegeben, da Rukmiṇī von Kṛṣṇa entführt worden war, doch nachdem Balarāma mit König Bhīṣmaka gesprochen hatte und dieser von vielen Heiligen überzeugt worden war, ließ sich der König von Vidarbha schließlich dazu bewegen, an Kṛṣṇas und Rukmiṇīs Hochzeitszeremonie teilzunehmen. Obwohl Rukmiṇīs Entführung im Königreich Vidarbha kein erfreuliches Ereignis gewesen war, stellten Entführungen für *kṣatriyas* nichts Ungewöhnliches dar. Im Grunde wurde in der damaligen Zeit bei den meisten Heiraten die Braut entführt. Auf jeden Fall hatte sich König Bhīṣmaka schon immer gewünscht, seine liebliche Tochter Kṛṣṇa zur Frau zu geben. Auf irgendeine Weise waren die Ereignisse seinem Wunsch entgegengekommen, und so wohnte er der Hochzeitszeremonie mit großer Freude bei, obgleich sein ältester Sohn im Kampf gedemütigt worden war. Im *Padma Purāṇa* wird erwähnt, daß auch Nanda Mahārāja und die Kuhhirtenjungen aus Vṛndāvana bei der Heirat zugegen waren. Viele Könige und Fürsten aus den Königreichen namens Kuru, Sṛñjaya, Kekaya, Vidarbha und Kunti kamen zusammen mit ihrer Gefolgschaft ebenfalls zu diesem Ereignis nach Dvārakā.

Die Geschichte, wie Kṛṣṇa Rukmiṇī entführte, wurde in Gedichtform gefaßt und überall von Balladensängern vorgetragen. Alle anwesenden Könige, vor allem ihre Töchter, waren voller Staunen und empfanden große Glückseligkeit, als sie von den heldenhaften Taten Kṛṣṇas hörten. So waren alle Einwohner Dvārakās glücklich, daß sich Kṛṣṇa und Rukmiṇī gefunden hatten. Mit anderen Worten, der Höchste Herr, der Erhalter aller Lebewesen, und die Glücksgöttin waren nun vereint, und daher waren alle Menschen von großer Freude erfüllt.

Hiermit enden die Bhaktivedanta-Erläuterungen zum 53. Kapitel des Kṛṣṇa-Buches: „Kṛṣṇa besiegt alle Prinzen und bringt Rukmiṇī nach Dvārakā".

54 / Pradyumna, der Sohn von Kṛṣṇa und Rukmiṇī

Der Liebesgott, der direkt ein Teil Śrī Vāsudevas ist, war einst durch Śivas Zorn zu Asche verbrannt worden, und es wird gesagt, daß er danach als Sohn Kṛṣṇas und Rukmiṇīs wiedergeboren wurde. Der eigentliche Name des Liebesgottes lautet Kāmadeva, und er ist ein Halbgott der himmlischen Planeten, der mit der besonderen Fähigkeit ausgestattet ist, lustvolle Verlangen zu wecken. Kṛṣṇa, die Höchste Persönlichkeit Gottes, besitzt unzählige Emanationen, die sich in die verschiedensten Kategorien aufteilen, doch Kṛṣṇas Vierererweiterung als Vāsudeva, Saṅkarṣaṇa, Pradyumna und Aniruddha gehört direkt zur Viṣṇu-Kategorie. Kāma, der Halbgott der Liebe, der später aus Rukmiṇīs Schoß erschien, erhielt zwar auch den Namen Pradyumna, doch er kann nicht der Pradyumna der Viṣṇu-Kategorie sein. Er gehört vielmehr zur Kategorie des *jīva-tattva*, doch weil er ein Bestandteil der außergewöhnlichen Macht Pradyumnas war, besaß er die besondere Stärke der Halbgötter. Das ist die Erklärung der Gosvāmīs. Deshalb war der Liebesgott, als er durch Śivas Zorn zu Asche verbrannt wurde, in Vāsudevas Körper eingegangen, und damit er wieder einen Körper erhalten konnte, wurde er von Śrī Kṛṣṇa Selbst gezeugt. Auf diese Weise ging er direkt von Kṛṣṇas Körper in den Schoß Rukmiṇīs ein und wurde als Kṛṣṇas Sohn geboren, der unter dem Namen Pradyumna Berühmtheit erlangte. Da er direkt von Śrī Kṛṣṇa gezeugt worden war, glichen seine Eigenschaften denen des Herrn.

Zu jener Zeit lebte auch ein Dämon namens Śambara, dem es bestimmt war, von besagtem Pradyumna getötet zu werden. Der Dämon Śambara wußte von seinem Schicksal, und als er erfuhr, daß Pradyumna auf die Welt gekommen war, nahm er deshalb die Gestalt einer Frau an und raubte das Kind aus dem Elternhaus, als es noch nicht einmal zehn Tage alt war. Gleich nach dem geglückten Raub warf der Dämon das kleine Kind in hohem Bogen ins Meer. Doch es ist eine Tatsache: „Wen Kṛṣṇa beschützt, den kann niemand töten, und wem es bestimmt ist, von Kṛṣṇa getötet zu werden, den kann niemand beschützen." Als Pradyumna ins Meer geschleudert wurde, kam sogleich ein großer Fisch und verschlang ihn. Dieser Fisch wurde im Netz eines Fischers gefangen und später dem Dämon Śambara verkauft. In der Küche des Dämons arbeitete eine Magd namens Māyāvatī, und diese Magd war einst Rati, die Gattin des Liebesgottes, gewesen. Als der Fisch zu Śambara gebracht wurde, gab er ihn an seinen Koch weiter, der daraus ein schmackhaftes Gericht zubereiten sollte. Die Dämonen und Rākṣasas sind es gewohnt, Fleisch, Fisch und andere nichtvegetarische Nahrung zu essen. Ebenso pflegten auch Dämonen wie Rāvaṇa, Kaṁsa und Hiranyakaśipu ohne Unterscheidung Fleisch zu essen, obwohl sie die Söhne von *brāhmaṇas* und *kṣatriyas* waren. Auch heute findet man in Indien Menschen, die Fleisch und Fisch essen, und sie werden im allgemeinen als Dämonen und Rākṣasas bezeichnet.

Als nun der Koch den Fisch aufschnitt, fand er in dessen Bauch ein bezauberndes Kind, und sogleich übergab er es der Obhut Māyāvatīs, die ihm in der Küche half. Diese war maßlos erstaunt und fragte sich, wie ein solch bezauberndes Kind in den Bauch eines Fisches kommen konnte. Als Māyāvatī so über das Kind rätselte, erschien der große Weise Nārada vor ihr und erzählte ihr über die Geburt Pradyumnas. Dazu verriet er auch, wie das kleine Kind von Śambara gestohlen und später ins Meer geworfen wurde, und so fort; auf diese Weise erfuhr Māyāvatī, die früher Rati, die Frau des Liebesgottes, gewesen war, alles über Pradyumna. Māyāvatī wußte, daß sie einst die Gemahlin des Liebesgottes gewesen war. Seitdem ihr Gemahl durch Śivas Zorn verbrannt worden war, hatte sie ständig darauf gewartet, daß er eines Tages wieder in einem neuen Körper zurückkommen würde. Māyāvatīs Aufgabe als Küchenmagd war es, Reis und *dāl* zu kochen, doch als ihr das hübsche Kind gegeben wurde und als sie dazu noch erfuhr, daß es der Liebesgott, ihr Gemahl, war, nahm sie sich natürlich sogleich des Kindes an und badete es als erstes. Wie durch ein Wunder wuchs das Kind außerordentlich schnell heran und verwandelte sich in kurzer Zeit in einen überaus schönen Jüngling. Seine Augen glichen den Blütenblättern einer Lotosblume, seine Arme reichten ihm bis an die Knie, und jede Frau, die ihn erblickte, wurde von seiner körperlichen Schönheit gefangen.

Als Māyāvatī sah, daß ihr ehemaliger Gatte, der Liebesgott, der nun als Pradyumna erschienen war, sich in einen wunderschönen Jüngling verwandelt hatte, wurde auch sie allmählich von seiner Schönheit betört und empfand ein lustvolles Verlangen nach ihm. Sie lächelte ihn auf weiblich verführerische Art an und gab ihm so ihren Wunsch nach einer geschlechtlichen Vereinigung zu verstehen. Pradyumna fragte sie deshalb: „Wie ist es nur möglich, daß du mir anfänglich wie eine Mutter zugetan warst und nun alle Merkmale einer lustvollen Frau zeigst? Wie kommt es zu diesem Wandel?" Darauf antwortete Rati: „Lieber Herr, du bist der Sohn Śrī Kṛṣṇas. Als du noch nicht einmal zehn Tage alt warst, wurdest du von dem Dämon Śambara geraubt und ins Meer geworfen, wo dich ein Fisch verschlang. Auf diese Weise bist du in meine Obhut gelangt, doch eigentlich war ich in deinem vorherigen Leben als Liebesgott deine Ehefrau. Deshalb ist nichts Unrechtes daran, wenn ich eheliche Liebe zu dir verspüre. Śambara wollte dich töten, und er verfügt über vielerlei mystische Kräfte.

Versuche deshalb, ihn sogleich mit deiner göttlichen Macht umzubringen, bevor er erneut versucht, dich umzubringen. Seit du von Śambara geraubt wurdest, trauert deine Mutter Rukmiṇīdevī wie ein Kuckucksweibchen, das seine Jungen verloren hat. Sie liebt dich über alles, und seitdem du ihr weggenommen wurdest, lebt sie wie eine Kuh, die über den Verlust ihres Kalbes trauert."

Māyāvatī besaß mystisches Wissen und übernatürliche Kräfte. Übernatürliche Kräfte werden im allgemeinen als *māyā* bezeichnet, und mit *mahā-māyā*, einer anderen mystischen Kraft, kann man ihnen entgegenwirken. Weil Māyāvatī diese besondere mystische Kraft der *mahā-māyā* beherrschte, verlieh sie sie an Pradyumna, damit er den Dämon Śambara und dessen mystische Kräfte würde bezwingen können. Gestärkt mit den mystischen Kräften seiner Frau, trat Pradyumna unverzüglich vor Śambara und forderte ihn zum Kampf heraus, indem er ihn beschimpfte, um ihn wütend zu machen und zum Kampf zu reizen. Als der Dämon Śambara Pradyumnas Worte hörte, fühlte er sich wie eine Schlange, die mit dem Fuß getreten wird. Eine Schlange kann es nicht ertragen, von einem anderen Tier oder einem Menschen getreten zu werden, und sie beißt jeden, der dies wagt.

Śambara empfand die Worte Pradyumnas wie Fußtritte. Sogleich ergriff er seine Keule, lief auf Pradyumna zu und begann, mit unbändiger Wut auf ihn einzuschlagen — jeder Schlag einem Blitz ähnlich, der in einen Berg einschlägt. Dabei knurrte der Dämon und machte einen Lärm wie eine donnernde Wolke. Pradyumna wehrte die Schläge mit seiner Keule ab und konnte dem Dämon schließlich einen schweren Hieb versetzen. So entbrannte zwischen Pradyumna und Śambara ein unerbittlicher Kampf.

Śambarāsura jedoch hatte von einem anderen Dämon namens Maya die Kunst der mystischen Kräfte erlernt, und so konnte er sich in die Lüfte erheben und vom Weltraum aus kämpfen. Nachdem Śambarāsura also hoch in den Himmel gestiegen war, feuerte er von dort aus die verschiedenartigsten Atomwaffen auf Pradyumnas Körper ab. Pradyumna jedoch erinnerte sich an eine andere mystische Kraft namens *mahāvidyā*, mit der er Śambarāsuras mystische Kräfte bekämpfen konnte. Diese *mahāvidyā*-Kraft hat nichts mit der dämonischen schwarzen Magie zu tun, sondern gründet in der Erscheinungsweise der Tugend. Da Śambara erkannte, daß er es mit einem mächtigen Gegner zu tun hatte, brachte er die verschiedensten mystischen Dämonenkräfte, wie die der Guhyakas, der Gandharvas, der Piśācas, der Schlangen und der Rākṣasas, zur Anwendung. Doch obwohl der Dämon all seine mystischen Kräfte entfaltete und sogar übernatürliche Mächte zu Hilfe zog, gelang es Pradyumna stets, diesen Angriffen durch seine überlegene Macht der *mahāvidyā* zu begegnen. Als Śambarāsura schließlich völlig geschlagen war, zog Pradyumna sein scharfes Schwert und schlug ihm ohne zu zögern den Kopf ab, der mit einem Helm und kostbaren Juwelen geschmückt war. Als Pradyumna auf diese Weise den Dämon tötete, ließen die Halbgötter von den höheren Planetensystemen einen Blumenregen auf ihn niedergehen.

Pradyumnas Frau Māyāvatī kannte die Kunst des Fliegens, und so kehrten sie durch die Lüfte nach Dvārakā zurück, der Hauptstadt von Pradyumnas Vater. Als sie über Śrī Kṛṣṇas Palast anlangten, schwebten sie hernieder, genau wie eine Wolke mit Blitzen niedergeht. Pradyumna und Māyāvatī erblickten im inneren Bereich des Palastes, der *antaḥpura* („Privatgemächer") genannt wird, viele Frauen, und so landeten die beiden mitten unter ihnen. Als die Frauen Pradyumna erblickten, der, in blaue Gewänder gekleidet, mit langen Armen, lockigem Haar, schönen Augen, einem lächelnden, rötlichen Gesicht und Schmuck aus Juwelen und Geschmeide, vor ihnen stand, wußten sie nicht, daß es Pradyumna war, sondern verwechselten ihn mit Kṛṣṇa. Sie alle fühlten sich durch das unverhoffte Erscheinen Kṛṣṇas sehr schüchtern und wollten sich schnell in einem anderen Teil des Palastes verstecken.

Als die Frauen indessen bemerkten, daß Pradyumna nicht alle Merkmale Kṛṣṇas besaß, kamen sie aus Neugier zurück, um ihn und seine Frau Māyāvatī näher zu betrachten. Weil er so außergewöhnlich schön war, rätselten sie alle, wer er wohl sein mochte. Unter den Frauen befand sich auch Rukmiṇīdevī, die mit ihren lotosähnlichen Augen ebenso schön war wie er. Als sie Pradyumna sah, mußte sie natürlicherweise an ihren Sohn denken, und aus mütterlicher Zuneigung begann Milch aus ihren Brüsten zu fließen. Sie fragte sich verwundert: „Wer ist nur dieser blühende Jüngling? Seine Schönheit findet nicht ihresgleichen. Wer ist die glückliche junge Frau, die seine Mutter werden durfte? Und wer ist die junge Frau, die ihn begleitet? Wie haben sie sich getroffen? Wenn ich mich an meinen eigenen Sohn erinnere, der mir als kleines Kind geraubt wurde, so bin ich sicher, daß er, wenn er noch irgendwo lebt, inzwischen wie dieser Jüngling hier aussehen muß." Einfach nur aufgrund ihres Gefühles ahnte Rukmiṇī, daß Pradyumna ihr eigener verlorener Sohn war. Sie bemerkte auch, daß Pradyumna Kṛṣṇa in jeder Hinsicht ähnelte, und daher fragte sie sich voller Verwunderung, wie es möglich war, daß er Kṛṣṇas Körpermerkmale aufwies. Insgeheim dachte sie schließlich, der Jüngling müsse ihr eigener erwachsener Sohn sein, denn sie verspürte große Zuneigung zu ihm, und ihr linker Arm zitterte, was ein glückverheißendes Zeichen ist.

Genau in diesem Augenblick erschien Śrī Kṛṣṇa gemeinsam mit Seinem Vater Vasudeva und Seiner Mutter Devakī. Kṛṣṇa, die Höchste Persönlichkeit Gottes, wußte natürlich alles, doch in diesem Fall schwieg Er. Dafür erschien durch Seinen Willen der große Weise Nārada und offenbarte alles, was geschehen war: wie der kleine Pradyumna aus der Wiege geraubt wurde, wie er aufwuchs und wie er schließlich seine Frau Māyāvatī fand, die früher unter dem Namen Rati die Frau des Liebesgottes gewesen war. Als die Anwesenden alles über Pradyumnas rätselhaftes Verschwinden und sein Heranwachsen erfahren hatten, waren sie von Staunen überwältigt; sie hatten ihren totgeglaubten Sohn wiederbekommen, als sie praktisch schon die Hoffnung aufgegeben hatten, daß er jemals wieder zurückkehren würde. Sowie sie erfuhren, daß es Pradyumna war, der vor ihnen stand, hießen sie ihn mit großer Freude willkommen. Alle Mitglieder der Familie – Devakī, Vasudeva, Śrī Kṛṣṇa, Balarāma, Rukmiṇī und alle anderen Frauen der Familie – umarmten Pradyumna und seine Frau Māyāvatī. Als sich die Nachricht von Pradyumnas Rückkehr in ganz Dvārakā verbreitete, kamen die erstaunten Bürger eilig herbei, um den verlorenen Pradyumna zu sehen. „Der totgeglaubte Sohn ist zurückgekehrt!" riefen sie. „Was könnte es Schöneres geben?"

Śrīla Śukadeva Gosvāmī hat erklärt, daß die Bewohnerinnen des Palastes, die alle Stiefmütter Pradyumnas waren, ihn zuerst für Kṛṣṇa hielten und große Schüchternheit zeigten, weil sich in ihnen das Verlangen nach ehelicher Liebe regte. Dies erklärt sich dadurch, daß Pradyumna genau das gleiche Aussehen wie Kṛṣṇa besaß und daß er überdies der Liebesgott in Person war. Es ist deshalb nicht weiter verwunderlich, daß die Mutter Pradyumnas sowie auch die anderen Frauen im Palast diesem Irrtum unterlagen; tatsächlich ähnelte Pradyumnas äußere Erscheinung so sehr der Erscheinung Kṛṣṇas, daß ihn sogar seine Mutter für Kṛṣṇa hielt.

Hiermit enden die Bhaktivedanta-Erläuterungen zum 54. Kapitel des Kṛṣṇa-Buches: „Pradyumna, der Sohn von Kṛṣṇa und Rukmiṇī".

Anhang

Der Autor

His Divine Grace A.C. Bhaktivedanta Swami Prabhupāda erschien auf diesem Planeten im Jahre 1896 in Kalkutta, Indien, und dort begegnete er auch seinem spirituellen Meister, Śrīla Bhaktisiddhānta Sarasvatī Gosvāmī, zum ersten Mal im Jahre 1922. Bhaktisiddhānta Sarasvatī, ein bekannter gottergebener Gelehrter und der Gründer von vierundsechzig Gauḍīya Maṭhas (vedische Institute), fand Gefallen an dem gebildeten jungen Mann und überzeugte ihn davon, seine Lebensaufgabe darin zu sehen, das vedische Wissen zu lehren. Śrīla Prabhupāda wurde sein Schüler, und elf Jahre später (1933) empfing er in Allahabad die formelle Einweihung.

Schon bei der ersten Begegnung im Jahre 1922 bat Śrīla Bhaktisiddhānta Sarasvatī Ṭhākura seinen zukünftigen Schüler, Śrīla Prabhupāda, das vedische Wissen in englischer Sprache zu verbreiten. In den darauffolgenden Jahren schrieb Śrīla Prabhupāda einen Kommentar zur *Bhagavad-gītā*, unterstützte die Gauḍīya Maṭha in ihrer Arbeit und begann 1944, ohne fremde Hilfe ein halbmonatliches Magazin in englischer Sprache zu veröffentlichen. Er redigierte es selbst, schrieb die Manuskripte mit der Maschine und überprüfte die Korrekturfahnen. Eigenhändig verteilte er die einzelnen Exemplare großzügig und versuchte unter gewaltigen Anstrengungen, die Publikation aufrechtzuerhalten. Einmal begonnen, wurde das Magazin nicht wieder eingestellt; es wird heute von seinen Schülern im Westen weitergeführt und in 19 Sprachen veröffentlicht.

Als Anerkennung für Śrīla Prabhupādas philosophische Gelehrsamkeit und Hingabe ehrte ihn die Gauḍīya-Vaiṣṇava-Gesellschaft 1947 mit dem Titel „Bhaktivedanta". 1950, im Alter von vierundfünfzig Jahren, zog sich Śrīla Prabhupāda aus dem Familienleben zurück, und vier Jahre später trat er in den *vānaprastha*-Stand (Leben in Zurückgezogenheit) ein, um seinen Studien und seiner Schreibtätigkeit mehr Zeit widmen zu können. Śrīla Prabhupāda begab sich zur heiligen Stadt Vṛndāvana, wo er in dem historischen, mittelalterlichen Tempel von Rādhā-Dāmodara in sehr bescheidenen Verhältnissen lebte. Dort vertiefte er sich mehrere Jahre in eingehende Studien und verfaßte Bücher und Schriften. 1959 trat er in den Lebensstand der Entsagung (*sannyāsa*). Im Rādhā-Dāmodara-Tempel begann Śrīla Prabhupāda mit der Arbeit an seinem Lebenswerk — einer vielbändigen Übersetzung mit Kommentar des achtzehntausend Verse umfassenden *Śrīmad-Bhāgavatam* (*Bhāgavata Purāṇa*). Dort entstand auch das Buch *Easy Journey to Other Planets* (dt.: *Jenseits von Raum und Zeit*).

Nach der Veröffentlichung von drei Bänden des *Bhāgavatam* reiste Śrīla Prabhupāda 1965 in die Vereinigten Staaten von Amerika, um die Mission seines spirituellen Meisters zu erfüllen. Bis zu seinem Verscheiden am 14. November 1977 verfaßte His Divine Grace mehr als 80 Bände autoritativer Übersetzungen, Kommentare und zusammenfassender Studien der philosophischen und religiösen Klassiker Indiens.

Als Śrīla Prabhupāda 1965 mit dem Schiff im New Yorker Hafen einlief, war er so gut wie mittellos. Erst nach fast einem Jahr großer Schwierigkeiten gründete er im Juli 1966 die *International Society for Krishna Consciousness* (*Internationale Gesellschaft für Krischna-Bewußtsein*), auch als ISKCON bekannt, die sich innerhalb eines Jahrzehnts zu einer weltweiten Gemeinschaft von etwa einhundert *āśramas*, Schulen, Tempeln, Instituten und Farmgemeinschaften entwickelte.

1968 gründete Śrīla Prabhupāda New Vrindaban, eine vedische Gemeinschaft in den Bergen von West Virginia, die zunächst nur ein Experiment darstellte. Angeregt durch den Erfolg von New Vrindaban, das heute eine blühende Farmgemeinschaft mit mehr als 2000 Hektar Land ist, haben seine Schüler seither mehrere ähnliche Gemeinschaften in den Vereinigten Staaten und anderen Ländern gebildet.

1972 führte His Divine Grace mit der Gründung der *gurukula*-Schule in Dallas, Texas, in der westlichen Welt das vedische System der Elementar- und Sekundarerziehung ein. Mit der ständig wachsenden Schülerzahl entstanden bis 1978 bereits zehn neue Schulen; so zum Beispiel in Los Angeles, Berkeley und in der Farmgemeinschaft bei Paris. Das Haupterziehungszentrum hat seinen Sitz in Vṛndāvana, Indien.

Śrīla Prabhupāda legte auch den Grundstein für den Bau eines großräumigen internationalen Zentrums in Śrīdhāma Māyāpura in Westbengalen, Indien, wo außerdem ein Institut für vedische Studien entstehen soll. Ein ähnliches Projekt ist der eindrucksvolle Kṛṣṇa-Balarāma-Tempel mit internationalem Gästehaus in Vṛndāvana, Indien. Diese Zentren dienen vor allem der Unterbringung westlicher Besucher, die dort wohnen und so einen unmittelbaren Einblick in die vedische Kultur bekommen können. Ein weiteres bedeutendes Kultur- und Bildungszentrum wurde Anfang 1978 in Bombay eröffnet.

Śrīla Prabhupādas bedeutendster Beitrag indes sind seine Bücher. Wegen ihrer Authentizität, Tiefe und Klarheit in akademischen Kreisen hochgeachtet, werden sie an zahlreichen Hochschulen und Universitäten als Lehrmittel benutzt.

Seine Schriften sind bisher in 30 Sprachen übersetzt worden. Somit ist der Bhaktivedanta Book Trust, der 1972 gegründet wurde, um die Werke Śrīla Prabhupādas zu veröffentlichen, heute der größte Verleger im Bereich indisch-religiöser und -philosophischer Bücher.

Bis zum März 1977 war Śrīla Prabhupāda, trotz seines fortgeschrittenen Alters, auf Vorlesungsreisen, die ihn auf alle fünf Kontinente führten, vierzehnmal um die Welt gereist. Ungeachtet eines solch straffen Zeitplans entstanden fortlaufend Bücher, die eine wahre Bibliothek an vedischer Philosophie, Religion, Literatur und Kultur bilden.

Glossar

A

Ācārya — („jemand, der durch sein Beispiel lehrt") Bezeichnung für den autorisierten, echten spirituellen Meister.

Acyuta — („der Unfehlbare") ein Name Kṛṣṇas.

Adhokṣaja — („derjenige, der Sich jenseits materieller Sinneswahrnehmung befindet").

Aguru — ein Duftstoff.

Akṣauhiṇī — militärische Abteilung, bestehend aus 21 870 Streitwagen, 21 870 Elefanten, 109 650 Fußsoldaten und etwa 65 000 Berittenen.

Ānanda — spirituelle Glückseligkeit.

Anantadeva — („der Herr, der unendlich ist") ein anderer Name Śeṣas.

Ārati — Tempelzeremonie zur Begrüßung des Herrn, während der Weihrauch, Lampen, Wasser, Tücher, Blumen, Wedel, Fächer und Muschelhorn zu musikalischer Begleitung (*kīrtana*) geopfert werden.

Arcanā — der hingebungsvolle Vorgang der Bildgestaltenverehrung im Tempel.

Arcā-vigraha — auch *murtī*; Bildgestalt des Herrn (im Tempel), durch die der Herr es dem Geweihten ermöglicht, Ihm persönlich zu dienen.

Āśrama — 1. Bezeichnung für die (vier) Lebensabschnitte des spirituellen Fortschrittes (*siehe: Brahmacarya; Gṛhastha; Vānaprastha; Sannyāsa*). 2. Wohnstätte eines Heiligen.

Aṣṭāṅga-yoga — der achtfache Pfad des mystischen *yoga*, beginnend mit der Beherrschung der Sinne und des Geistes durch Sitz-, Atem- und Meditationsübungen.

Asura — Dämon; Feind der Halbgötter und der Gottgeweihten.

Ātma — 1. das Selbst, die individuelle spirituelle Seele im Körper; in anderen Zusammenhängen: 2. Geist, 3. Körper.

Ātmarāma — („jemand, der im Selbst Freude findet") Eigenschaft Kṛṣṇas und der reinen, befreiten Gottgeweihten, deren Glückseligkeit nicht von äußeren Dingen abhängig ist.

Avatāra — („jemand, der herabsteigt") Inkarnation oder Erscheinung des Höchsten Herrn.

B

Bhagavad-gītā — der Höhepunkt des Epos *Mahābhārata*; enthält das Gespräch zwischen Kṛṣṇa, der Höchsten Persönlichkeit Gottes, und Arjuna vor 5000 Jahren auf dem Schlachtfeld von Kurukṣetra; enthält die wichtigsten Unterweisungen über spirituelles Leben und Gottesverwirklichung.

Bhakti-yoga — Verbindung mit dem Höchsten Herrn durch hingebungsvollen Dienst.

Brahmā — das höchste Lebewesen im Universum; wird zu Beginn der Schöpfung auf der Lotosblüte geboren, die dem Nabel Garbhodakaśāyī Viṣṇus entsprießt; erschafft auf Anordnung Viṣṇus die Körper aller Lebewesen im Universum; für die Erscheinungsweise der Leidenschaft zuständig.

Brahma-bhūta — Stufe der Befreiung aus der materiellen Verstrickung, auf der man von spiritueller Freude erfüllt ist — jenseits von Begehren und Klagen — und mit universaler Sicht sieht.

Brahmacarya — Leben als Studierender im Zölibat; der erste Abschnitt im vedischen *āśrama*-System des spirituellen Lebens.

Brahmajyoti — die alldurchdringende spirituelle Ausstrahlung, die vom transzendentalen Körper des Höchsten Herrn ausgeht; der spirituelle Himmel, in dem die Vaikuṇṭha-Planeten schweben; das Ziel der Unpersönlichkeitsphilosophen, das Brahman.

Brāhma-muhūrta — glückverheißendste Zeit des Tages für spirituelle Tätigkeiten; beginnt 1 Stunde 35 Minuten vor Sonnenaufgang und dauert 48 Minuten.

Brahman — 1. *Siehe:* Paraṁ Brahman. 2. die Absolute Wahrheit, die spirituelle Natur. 3. *Siehe: Brahmajyoti*. Der unpersönliche Aspekt der Absoluten Wahrheit; die erste Stufe der Erkenntnis des Absoluten (*siehe auch:* Paramātmā).

Brāhmaṇa — in den *Veden* bewanderte Weise und Gelehrte, die die Gesellschaft spirituell führen; die erste der vier *varṇa*-Unterteilungen der vedischen Gesellschaft.

Brahma-saṁhitā — von Brahmā nach seiner Erleuchtung verfaßte Schrift zum Lobpreis Kṛṣṇas, Govindas.

C

Caitanya Mahāprabhu — Inkarnation Kṛṣṇas in der Rolle eines Gottgeweihten; vor etwa 500 Jahren in Bengalen, Indien, erschienen, um das Chanten der Heiligen Namen Kṛṣṇas als den Vorgang der Gotteserkenntnis im gegenwärtigen Zeitalter des Kali einzuführen.

Cāmara — Fliegenwedel aus den Schwanzhaaren eines Yaks.

Cāṇḍāla — wörtl. „jmd., der Hundefleisch ißt“ (Hundeesser); Angehöriger einer der niedrigsten Menschenklassen.

Cāturmāsya — die vier Monate der Regenzeit in Indien (etwa Juli bis Oktober), während derer Heilige an einem Ort verweilen und sich bestimmte Entsagungen und Bußen auferlegen.

Cintāmaṇi — Stein der Weisen oder spiritueller Edelstein.

D

Daṇḍavat — („wie ein Stock“) Ehrerbietung, die man einem Höhergestellten darbringt, indem man sich flach zu Boden wirft.

Devakī — die Frau Vasudevas; Kṛṣṇas „leibliche“ Mutter; Schwester Kaṁsas.

Dharma — 1. die ewige, tätigkeitsgemäße Pflicht des Lebewesens, der spirituellen Seele, die darin besteht, der Höchsten Persönlichkeit Gottes, Kṛṣṇa, zu dienen. 2. religiöse Grundsätze in der Gesellschaft (*siehe: Varṇāśrama-dharma*).

Dhṛtarāṣṭra — der blinde Bruder Pāṇḍus und Viduras; nahm nach dem Tode Pāṇḍus die fünf Pāṇḍavas in seine Obhut; unterstützte seine Söhne bei dem Versuch, die Pāṇḍavas zu töten; verursachte so letztlich die Schlacht von Kurukṣetra.

Droṇācārya — Befehlshaber der Armee Duryodhanas; Lehrer Arjunas.

Duryodhana — ältester Sohn Dhṛtarāṣṭras von niederträchtigem Charakter; Vetter der Pāṇḍavas; mitschuldig an der Schlacht von Kurukṣetra und Anführer der Kurus in der Schlacht.

Dvārakā — befestigte Stadt, die Śrī Kṛṣṇa im Meer erbaute und in der Er mit 16 108 Frauen in ebensovielen Palästen als König lebte (etwa 600 Kilometer nördlich von Bombay am Golf von Katsch gelegen.

E

Ekādaśī — wörtl. „der elfte Tag“ (nach jeweils Voll- und Neumond); besonderer Tag zur verstärkten Erinnerung an Kṛṣṇa, an dem man von Getreide und Hülsenfrüchten aller Art fastet.

G

Gandharvas — mit Flügeln ausgestattete Halbgötter, die für ihren Gesang berühmt sind.

Gāṇḍīva — Arjunas Kampfbogen, ein Geschenk des Feuergottes Agni.

Garbhodakaśāyī Viṣṇu — der zweite *puruṣa-avatāra*; Erweiterung Mahā-Viṣṇus; liegt in jedem Universum auf Śeṣa im Garbhodaka-Meer.

Gargamuni (Gargācārya) — Priester der Yadu-Dynastie.

Garuḍa — Gottgeweihter in der Gestalt eines riesigen Adlers, von dem sich Viṣṇu tragen läßt, wenn Er in der materiellen Welt erscheint.

Gauḍīya-Vaiṣṇava-sampradāya — Nachfolge der spirituellen Meister nach Caitanya Mahāprabhu.

Ghee — geklärte Butter, Butterfett.
Gopāla — („der Beschützer der Kühe") ein Name Kṛṣṇas.
Gopīs — 1. die älteren Kuhhirtenfrauen. 2. Kuhhirtenmädchen von Vṛndāvana, Kṛṣṇas engste Freundinnen und reinste Geweihte, die sich auf der höchsten Stufe der vollkommenen, reinen Liebe und Hingabe zu Kṛṣṇa befinden.
Gṛhastha — vedischer Haushälter; der zweite Lebensabschnitt im *āśrama*-System des spirituellen Lebens.
Guṇa — Bezeichnung für die Erscheinungsweisen der materiellen Natur (Tugend [*sattva-guṇa*], Leidenschaft [*rajo-guṇa*] und Unwissenheit [*tamo-guṇa*]).
Guru — spiritueller Meister.
Guru-kula — Schul-*āśrama* des spirituellen Meisters.

J

Janmāṣṭamī — Feier zum Erscheinungstag Kṛṣṇas in der materiellen Welt.
Jīva-tattva — Kategorie der Lebewesen, der winzigen spirituellen Bestandteile des Höchsten Herrn.
Jñāna-yoga — Pfad der spirituellen Erkenntnis durch Studium der Schriften und philosophische Spekulation.

K

Kaiśora — Kṛṣṇas Alter vom elften bis zum fünfzehnten Lebensjahr.
Kali-yuga (Zeitalter des Kali) — das gegenwärtige Zeitalter, das durch Streit und Heuchelei gekennzeichnet ist; es ist das letzte in einem Zyklus von vier Zeitaltern und begann vor fünftausend Jahren. *Siehe auch:* Yugas.
Karma — 1. materielle, fruchtbringende Tätigkeiten — gute oder schlechte —, auf die dementsprechende Reaktionen folgen. 2. das Gesetz von Aktion und Reaktion.
Karma-kāṇḍa — durch vedische Prinzipien regulierte fruchtbringende Tätigkeiten, um auf die himmlischen Planeten zu gelangen.
Karmī — jemand, der *karma*-Tätigkeiten ausführt; ein Materialist.
Kaumāra — Kṛṣṇas Kindheitsalter bis zum Ende des fünften Lebensjahres.
Kaustubha — Edelstein an der Halskette Viṣṇus.
Kīrtana — das Chanten über die Herrlichkeit des Herrn durch 1. Singen vedischer Hymnen oder *mantras* und 2. durch Sprechen oder Vortragen; einer der neun Vorgänge des hingebungsvollen Dienstes.
Kṣatriya — jmd., der unter der Anleitung der *brāhmaṇas* die Gesellschaft verwaltet und schützt; die zweite *varṇa*-Unterteilung der vedischen Gesellschaft.
Kṣīrodakaśāyī Viṣṇu — der dritte *puruṣa-avatāra*; Erweiterung Garbhodakaśāyī Viṣṇus; liegt in jedem Universum auf Śeṣa im Meer der Milch auf Śvetadvīpa; alldurchdringende Überseele und Erhalter des Universums.
Kuṅkuma — süßlich duftender, roter Puder.
Kurus — Dynastie des Mahārāja Kuru. Sowohl die Söhne Dhṛtarāṣṭras als auch die Pāṇḍus gehörten zu dieser Dynastie und waren im allgemeinen als Kurus bekannt. Als es jedoch zur Auseinandersetzung zwischen den beiden Familien kam, bezeichnete man die Söhne Dhṛtarāṣṭras als Kurus oder Kauravas und die Söhne Pāṇḍus als Pāṇḍavas.

L

Lakṣmī — die Glücksgöttin, die Gefährtin Nārāyaṇas in Vaikuṇṭha.
Līlā — transzendentales Spiel, transzendentale Tat Śrī Kṛṣṇas oder Seiner persönlichen Erweiterungen.

M

Mādhava — („der Gemahl der Glücksgöttin") ein Name Kṛṣṇas.
Mādhurya-rasa — ewige Beziehung zu Kṛṣṇa in ehelicher Liebe.

Mahābhārata — („die Geschichte des Königreiches von Bhārata-varṣa [Indien]") mit mehr als 100 000 Doppelversen das längste Epos der Weltliteratur; beschreibt die Auseinandersetzungen zwischen den Kauravas und den Pāṇḍavas; enthält die *Bhagavad-gītā*.

Mahā-mantra — der große *mantra* zur Befreiung: Hare Kṛṣṇa, Hare Kṛṣṇa, Kṛṣṇa Kṛṣṇa, Hare Hare / Hare Rāma, Hare Rāma, Rāma Rāma, Hare Hare. Das Chanten dieses *mantra* ist im gegenwärtigen Zeitalter des Kali der empfohlene, ideale Vorgang zur Selbstverwirklichung und Gotteserkenntnis.

Mantra — (*mana*—Geist und *traya*—befreien) Klang, der den Geist von seiner Unreinheit befreit, d.h. von seinen materiellen Anhaftungen.

Mathurā — Kṛṣṇas Erscheinungsort in der Nähe von Vṛndāvana, wohin Er zurückkehrte, nachdem Er Seine Spiele in Vṛndāvana beendet hatte.

Māyā — („das, was nicht ist") 1. *mahā-māyā*: Täuschung, Illusion, unter deren Einfluß das spirituelle Lebewesen sich mit dem materiellen Körper identifiziert und seine Beziehung zu Kṛṣṇa vergißt. 2. *yoga-māyā*: innere Energie Kṛṣṇas, durch die Sich Kṛṣṇa Seinem reinen Geweihten teilweise offenbart, aber Seine göttliche Größe verborgen hält, um eine enge, vertrauliche Beziehung zu ermöglichen.

Māyāvādīs — Anhänger atheistischer, monistischer Philosophie, die die Existenz eines Gottes als höchste Person zurückweisen und auch die Individualität des Lebewesens als Illusion bezeichnen. Nach ihrer Theorie ist Gott formlos und unpersönlich, weshalb sie ihre eigene individuelle Persönlichkeit aufgeben wollen, um mit dem Absoluten eins zu werden.

Mukti — Befreiung aus dem materiellen Dasein und (meist) Eingehen in das unpersönliche Brahman; Ziel der Unpersönlichkeitsphilosophen.

Mukunda — („derjenige, der Befreiung gewährt") ein Name Kṛṣṇas.

Murtī — *Siehe: Arcā-vigraha.*

N

Naimiṣāraṇya — Wald in Uttar Pradesh. Sūta Gosvāmī trug dort einer Versammlung von Weisen unter der Führung Śaunaka Ṛṣis das *Śrīmad-Bhāgavatam* vor, wie er es gehört hatte, als Śukadeva Gosvāmī es Mahārāja Parīkṣit vortrug.

Nārāyaṇa — „Ruhestätte aller Lebewesen" (nach der Vernichtung des Universums); Name Kṛṣṇas in Seinem Vaikuṇṭha-Aspekt.

Nitya-baddhas — ewig bedingte Seelen, die ihre Beziehung zu Kṛṣṇa vergessen haben.

Nitya-siddhas — ewig Kṛṣṇa-bewußte Seelen.

Nityānanda — Inkarnation Balarāmas, die vor etwa 500 Jahren in Rāḍhadeśa, Indien, als der Gefährte Caitanya Mahāprabhus erschien.

Nṛsiṁha(deva) — (*nṛ*—Mensch; *siṁha*—Löwe) die Halb-Mensch-halb-Löwen-Inkarnation Gottes.

P

Pāṇḍavas — die fünf Söhne Mahārāja Pāṇḍus: Yudhiṣṭhira, Arjuna, Bhīma, Nakula und Sahadeva; siegten in der Schlacht von Kurukṣetra gegen die Kurus.

Pāṇḍu — Bruder Dhṛtarāṣṭras; Vater der fünf Pāṇḍavas.

Parakīya-rasa — die Beziehung zwischen Kṛṣṇa und den *gopīs*, die bereits verheiratet waren; spirituelle, außereheliche Liebesbeziehung; von allen möglichen *rasas* die höchstvollkommene Stufe der reinen Liebe zu Kṛṣṇa.

Paramahaṁsa — wörtl. „der höchste Schwan"; ein Gottgeweihter höchsten Ranges; die höchste Stufe des *sannyāsa*-Standes.

Paraṁ Brahman — („das höchste Brahman") Bezeichnung für die Höchste Persönlichkeit Gottes, Śrī Kṛṣṇa.

Paramātmā — wörtl. „die Höchste Seele"; Bezeichnung für den Höchsten Herrn, der als Überseele im Herzen eines jeden weilt.

Paramparā — eine Kette spiritueller Meister, die zueinander in der Beziehung Meister-Schüler stehen.

Parīkṣit Mahārāja — Enkel der Pāṇḍavas; Weltherrscher nach Yudhiṣṭhira Mahārāja; hörte von Śukadeva Gosvāmī das *Śrīmad-Bhāgavatam* sieben Tage lang bis zu seinem Tod und erreichte so die Vollkommenheit.

Pātāla — das untere Planetensystem.

Paugaṇḍa — Kṛṣṇas Alter vom sechsten bis zum Ende des zehnten Lebensjahres.

Prākṛta-sahajiyās — Pseudo-Gottgeweihte, die eine weltliche Auffassung von den Spielen Kṛṣṇas haben.

Prakṛti — 1. *parā-prakṛti:* die spirituelle, höhere Energie. 2. *aparā-prakṛti*: die materielle, niedere Energie.

Prasāda — („Barmherzigkeit") 1. Barmherzigkeit des Höchsten Herrn. 2. Speise, die spiritualisiert ist, weil sie Kṛṣṇa geopfert wurde.

Purāṇas — insgesamt 18 verschiedene Aufzeichnungen historischer Ereignisse aus dem ganzen Universum; vedische Ergänzungsschriften.

Puruṣa-avatāras — vollständige Erweiterungen Kṛṣṇas, die für die Erschaffung und Erhaltung der materiellen Universen zuständig sind: Mahā-Viṣṇu (Kāraṇodakaśāyī Viṣṇu), Garbhodakaśāyī Viṣṇu und Kṣīrodakaśāyī Viṣṇu.

R

Rādhārāṇī — die Haupt-*gopī;* die Verkörperung der inneren Freudenkraft Kṛṣṇas und damit Seine erste und höchste Geweihte.

Rākṣasas — 1. dämonische Wesen, Bewohner des Planeten Rākṣasaloka. 2. dämonische menschliche Wesen in der Erscheinungsweise der Unwissenheit mit dementsprechenden Eigenschaften und Angewohnheiten (lieben es, Fleisch zu essen; nehmen Berauschungsmittel zu sich; von böswilligem Charakter usw.).

Rasa — („Wohlgeschmack, liebevolle Haltung") Beziehung zwischen der reinen individuellen Seele und dem Höchsten Herrn. Es gibt fünf grundlegende *rasas: śānta-rasa* (neutrale Beziehung), *dāsya-rasa* (Beziehung als Diener), *sakhya-rasa* (freundschaftliche Beziehung, *vātsalya-rasa* (elterliche Beziehung) und *mādhurya-rasa* (eheliche Beziehung).

Rāsa-līlā — Kṛṣṇas transzendentaler *rasa*-Tanz mit den *gopīs* im Wald von Vṛndāvana.

Ratha-yātrā — Wagenfest, bei dem die Bildgestalten Jagannāthas, Subhadrās und Balarāmas auf großen Wagen durch die Stadt (zum Meer) gezogen werden.

Ṛṣi — Weiser.

Rudra — ein Name Śivas.

S

Sādhana-bhakti — hingebungsvoller Dienst nach Regeln und Vorschriften, um die natürliche Liebe zu Kṛṣṇa wiederzuerwecken.

Sahajiyās — Pseudo-Gottgeweihte, die nicht den Anweisungen der Schriften folgen und die Auffassung hegen, Gott sei etwas Billiges. *Siehe auch: Prākṛta-sahajiyā.*

Samādhi — völlige Versenkung in Meditation über Kṛṣṇa (Kṛṣṇa-Bewußtsein).

Sampradāya — ununterbrochene Kette von spirituellen Meistern.

Sanātana-dharma — („ewige Religion") die ewige wesensgemäße Stellung der individuellen Seele gegenüber dem Höchsten Herrn, nämlich Ihm zu dienen.

Śaṅkarācārya — Inkarnation Śivas, der im Kali-yuga als *brāhmaṇa* erschien, um durch eine verdrehte Auslegung des *Vedānta-sūtra* Unpersönlichkeitsphilosophie zu lehren.

Saṅkarṣaṇa — eine der *viṣṇu-tattva*-Erweiterungen Kṛṣṇas.

Saṅkīrtana — das gemeinsame Chanten der Heiligen Namen des Herrn in der Öffentlichkeit; der vorgeschriebene *yoga*-Vorgang für das gegenwärtige Zeitalter.

Sannyāsa — Leben in Entsagung; der vierte Abschnitt im vedischen *āśrama*-System des spirituellen Lebens.
Sarasvatī — 1. die Halbgöttin der Gelehrsamkeit und Gattin Brahmās. 2. heiliger Fluß in Indien.
Sari — Kleidungsstück der Frauen in Indien.
Śāstra — offenbarte Schrift.
Śiva — („der Glückspendende") der Halbgott, der für die Erscheinungsweise der Unwissenheit und die Zerstörung des Universums zuständig ist. Vgl. *SB.* 1.12.23
Smārta-brāhmaṇa — Kasten-*brāhmaṇa*, der sich auf das Befolgen der Regeln und Vorschriften der *Veden* konzentriert, ohne deren Schlußfolgerung richtig zu verstehen.
Śrīmad-Bhāgavatam — (auch *Bhāgavata Purāṇa*) das wichtigste der 18 *Purāṇas*, der 18 000 Verse umfassende Kommentar Vyāsadevas zu seinem eigenen *Vedānta-sūtra*; wird als „die reife Frucht am Baum des vedischen Wissens" bezeichnet.
Śrīvatsa — besonderes Merkmal (drei goldene Haare) auf Kṛṣṇas Brust.
Sudarśana-cakra — Śrī Kṛṣṇas Feuerrad; eines der vier Symbole Viṣṇus (Feuerrad, Keule, Lotosblume, Muschelhorn).
Śūdra — Arbeiter, der den ersten drei *varṇas* dient; die vierte der *varṇa*-Unterteilungen der vedischen Gesellschaft.
Śukadeva Gosvāmī — der Sohn Vyāsadevas, der das *Śrīmad-Bhāgavatam* schon im Leib seiner Mutter von seinem Vater hörte und es später Mahārāja Parīkṣit vortrug.
Surabhi — Kühe der spirituellen Welt, Goloka Vṛndāvana, die eine unbegrenzte Menge Milch geben.
Śvetadvīpa — auch als Dhruvaloka bekannt; der spirituelle Planet Kṣīrodakaśāyī Viṣṇus im materiellen Universum.
Śyāmasundara — (*śyāma*—blauschwarz; *sundara*—schön) „von blauschwarzer Körpertönung und großer Schönheit" (Name Kṛṣṇas).

T

Tapasya — das freiwillige Aufsichnehmen von Entsagung, um ein materielles oder spirituelles Ziel zu erreichen.
Tilaka — heiliger Ton oder Lehm, mit dem der Gottgeweihte zwölf Stellen des Körpers mit dem Symbol des Viṣṇu-Tempels zeichnet.
Tulasī — reine Gottgeweihte in der Gestalt einer Pflanze, die Kṛṣṇa sehr lieb ist und deren Blätter und Blüten Seinen Lotosfüßen geopfert werden.

V

Vaiṣṇava — ein Geweihter Viṣṇus, Kṛṣṇas.
Vaikuṇṭha — (*vai*—ohne; *kuṇṭha*—Angst) „frei von aller Angst"; die spirituelle Welt.
Vaiśyas — die Bauern und Kaufleute; die dritte *varṇa*-Unterteilung der vedischen Gesellschaft.
Vānaprastha — das Leben in Zurückgezogenheit; der dritte Abschnitt im vedischen *āśrama*-System des spirituellen Lebens.
Varṇa — die insgesamt vier Unterteilungen der vedischen Gesellschaft entsprechend den Tätigkeiten und Eigenschaften der Menschen (*siehe: Brāhmaṇa, Kṣatriya, Śūdra, Vaiśya*).
Varṇāśrama — das vedische Gesellschaftssystem der vier sozialen Schichten und vier Abschnitte des spirituellen Lebens.
Varuṇa — der für Gewässer und Wasserlebewesen zuständige Halbgott.
Vasudeva — Kṛṣṇas „leiblicher" Vater.
Vāsudeva — 1. „der Sohn Vasudevas" (ein Name Kṛṣṇas). 2. eine der *viṣṇu-tattva*-Erweiterungen Kṛṣṇas.

Vedānta-sūtra — („das Ende des Wissens") Schrift in Aphorismenform, die das vedische Wissen in knapper Form zusammenfaßt.

Veden — („Wissen") 1. die vier ursprünglichen *Vedas: Ṛg Veda, Sāma Veda, Atharva Veda, Yajur Veda*. 2. Sammelbegriff für alle vedischen Schriften.

Vidura — Inkarnation Yamarājas als der „*śūdra*-Bruder" Dhṛtarāṣṭras und Pāṇḍus. Großer Gottgeweihter; rettete Dhṛtarāṣṭra durch seine Belehrungen.

Vikarma — Handlungen gegen die Anweisungen der offenbarten Schriften oder des spirituellen Meisters.

Vīṇā — Saiteninstrument, das insbesondere von Nārada Muni gespielt wird, während er die Herrlichkeit des Herrn besingt.

Viṣṇu — wörtl. „der Alldurchdringende"; Erweiterung Kṛṣṇas mit vier oder mehr Armen in vielfältigen Aspekten.

Viṣṇu-tattva — Kategorie der Erweiterungen der ursprünglichen Persönlichkeit Gottes (Kṛṣṇa), die alle gleichermaßen Gott sind.

Vraja — anderer Name für Vṛndāvana.

Vrajabhumi — wörtl. „das Land von Vraja"; anderer Name für Vṛndāvana.

Vṛndāvana — wörtl. „der Wald Vṛndās". 1. Goloka Vṛndāvana: Kṛṣṇas persönliches Reich in der spirituellen Welt. 2. Gokula Vṛndāvana in der materiellen Welt, wenn Kṛṣṇa erscheint; gelegen in Nordindien, etwa 145 Kilometer südöstlich von Neu-Delhi.

Vṛndāvana-dhāma — wörtl. „das Reich von Vṛndāvana".

Vyāsadeva — Inkarnation Kṛṣṇas; legte das bis vor 5000 Jahren mündlich überlieferte vedische Wissen schriftlich nieder. Hauptwerke: die vier *Vedas, Mahābharata, Bhagavad-gītā, Upaniṣaden, Vedānta-sūtra* und *Śrīmad-Bhāgavatam.*

Vyāsāsana — erhöhter Ehrenplatz für die spirituellen Meister in der Nachfolge Vyāsadevas.

Y

Yadus — Nachkommen König Yadus; Dynastie, in der Kṛṣṇa als der Sohn Vasudevas erschien.

Yajña — Opfer.

Yamunā — heiliger Fluß in Indien, der durch Vṛndāvana, Mathurā und Hastināpura (Neu-Delhi) fließt.

Yamarāja — der Halbgott des Todes.

Yauvana — wörtl. „Jüngling"; eine Bezeichnung für Kṛṣṇa, nachdem Er das fünfzehnte Lebensjahr vollendet hat.

Yoga — wörtl. „Verbindung"; Vorgang, sich mit Gott zu verbinden.

Yogamāyā — *Siehe: Māyā.*

Yogī — jmd., der sich im *yoga* übt.

Yudhiṣṭhira Mahārāja — (*yudhi*—Kampf; *sthira*—jmd., der standhaft ist im) ältester der Pāṇḍavas; Weltherrscher nach der Schlacht von Kurukṣetra.

Yuga — Zeitabschnitt im Universum. Die Dauer des materiellen Universums ist begrenzt. Es manifestiert sich in periodisch wiederkehrenden *kalpas*. Ein *kalpa* entspricht einem Tag Brahmās oder 4 320 000 mal 1000 Jahren irdischer Zeitrechnung, denn ein Tag Brahmās dauert 1000 Zyklen der vier *yugas* Satya, Tretā, Dvāpara und Kali.

Anleitung zur Aussprache der Sanskritwörter

Die Jahrhunderte hindurch ist die Sanskritsprache in vielfältiger Form geschrieben worden; die in Indien gebräuchlichste Schreibweise heißt *devanāgarī*, was wörtlich soviel bedeutet wie „die Schrift, die in den Städten (*nāgarī*) der *devas* oder Halbgötter geschrieben wird". Das *devanāgarī*-Alphabet besteht aus 48 Buchstaben, die sich in 13 Vokale und 35 Konsonanten gliedern. Die Sanskrit-Grammatiker der vedischen Zeit (ca. 3000 v. Chr.) ordneten das Alphabet nach strengen linguistischen Grundsätzen, und diese Ordnung ist von allen westlichen Gelehrten anerkannt. Das in den Büchern des Bhaktivedanta Book Trust verwendete Transliterationssystem, das heißt die Art und Weise, wie das Sanskrit-Alphabet in lateinische Buchstaben mit diakritischen Zeichen übertragen ist, entspricht einem System, das in den letzten 50 Jahren von Gelehrten auf der ganzen Welt angenommen wurde, um die Aussprache des Sanskrit anzuzeigen.

Der kurze Vokal **a** wird wie das **a** in h**a**t ausgesprochen; das lange **ā** wie das **a** in h**a**ben. Das kurze **i** klingt wie das **i** in r**i**tten; das lange **ī** wie das **i** in B**i**bel. Das kurze **u** entspricht dem **u** in **u**nd; das lange **ū** dem **u** in H**u**t. Der Vokal **ṛ** wird wie das **ri** in **ri**nnen ausgesprochen; **e** wie das **ay** im engl. w**ay**; **o** wie im engl. g**o** (**ou**); **ai** wie das **ei** in w**ei**se; **au** wie in H**au**s. Der *anusvara* (**ṁ**) ist ein Nasallaut und entspricht in der Aussprache dem **n** im franz. bo**n**; beim *visarga* (**ḥ**), einem starken Hauchlaut, wird am Ende eines Wortes der vorangegangene Vokal wiederholt. Folglich klingt **aḥ** wie **aha**, **iḥ** wie **ihi** usw.; in der Mitte eines Wortes klingt **ḥ** wie das **ch** in wa**ch**en.

Die Gutturale (**k, kh, g, gh** und **ṅ**) werden, ähnlich wie im Deutschen, von der Kehle her ausgesprochen: also **k** wie in **k**ann; **kh** wie in E**ckh**art, **g** wie in **g**eben, **gh** wie in we**gh**olen und **ṅ** wie in si**ng**en.

Die Palatale (**c, ch, j, jh** und **ñ**) werden mit der Zungenmitte vom Gaumen her ausgesprochen: also **c** wie das **tsch** in **Tsch**eche; **ch** getrennt wie im engl. staun**ch h**eart, **j** wie das **dsch** in **Dsch**ungel; **jh** getrennt wie im engl. he**dge-h**og; **ñ** wie in C**an**yon.

Die Alveolare (**ṭ, ṭh, ḍ, ḍh** und **ṇ**) werden gesprochen, indem man die Zungenspitze gegen den hinteren Teil des Gaumens drückt: also **ṭ** wie in **T**öne; **ṭh** wie in Sanf**th**eit; **ḍ** wie in **d**anken; **ḍh** wie in Sü**dh**älfte und **ṇ** wie in **N**uß.

Die Dentale (**t, th, d, dh** und **n**) werden wie die Alveolare gesprochen, jedoch mit der Zungenspitze gegen die Zähne.

Die Labiale (**p, ph, b, bh** und **m**) werden mit den Lippen gesprochen: also **p** wie in **p**ressen; **ph** wie im engl. u**ph**ill; **b** wie in **B**utter; **bh** wie in Gro**bh**eit und **m** wie in **M**ilch.

Die Semivokale (**y, r, l** und **v**) spricht man wie in **y**oga, **r**eden, **l**ieben und **V**ene.

Die Sibilante (**ś, ṣ** und **s**) klingen wie **sch**warz, **sch**ön und fa**s**ten. Der Buchstabe **h** wird wie in **h**elfen ausgesprochen.

Die zeitlose Philosophie der *Bhagavad-gītā* hat im Herzen der Menschen, im Osten wie im Westen, schon immer lebhaftes Interesse erweckt. Die *Bhagavad-gītā*, der „Gesang Gottes", ist die Essenz der vedischen Weisheit und gehört zu den bedeutendsten Werken der spirituellen und philosophischen Weltliteratur. Große Denker wie Kant, Schopenhauer, Einstein und Gandhi ließen sich nachhaltig von dieser Schrift inspirieren, die die wahre Natur des Menschen, seine Bestimmung im Kosmos und seine Beziehung zu Gott offenbart. Arthur Schopenhauer: „Es ist die belehrendste und erhabenste Lektüre, die auf der Welt möglich ist."

His Divine Grace
A.C. Bhaktivedanta Swami Prabhupāda/
Bhagavad-gītā wie sie ist

896 Seiten, 16 Bildtafeln, geb.

Das *Śrīmad-Bhāgavatam* (*Bhagavata Purāṇa*) wird als die reife Frucht am Baum der Veden bezeichnet und gilt – mit seinen 18 000 Versen in vollendetem Sanskrit – als das bedeutendste der 18 *Purāṇas*. Dank Śrīla Prabhupādas wortgetreuer Übersetzung und seinen einfühlsamen Kommentaren können wir authentische, lebendige Einblicke in die Geschichte, Religion, Kultur und Zivilisation des alten Indiens gewinnen. Das *Śrīmad-Bhāgavatam* ist die umfassendste und autoritativste Darstellung vedischen Wissens.

His Divine Grace
A.C. Bhaktivedanta Swami Prabhupāda/
Śrīmad-Bhāgavatam

Gesamtausgabe 12 Bände, je Band 600-1000 Seiten und 16 Bildtafeln, geb.

Das *Śrī Caitanya-caritāmṛta* von Kṛṣṇadāsa Kavirāja Gosvāmī ist die wichtigste Biographie Śrī Caitanya Mahāprabhus. Vor fünfhundert Jahren verbreitete Śrī Caitanya in ganz Indien das gemeinsame Chanten der heiligen Namen Gottes (*saṅkīrtana*) und löste so eine Renaissance der *kṛṣṇa-bhakti* aus. Er ist der Begründer einer gewaltigen spirituellen Bewegung, die das religiöse und philosophische Denken weit über Indiens Grenzen hinaus beeinflußt hat. Auf der ganzen Welt gewinnt Śrī Caitanya als großer Heiliger und bahnbrechender religiöser und sozialer Reformator immer größeres Ansehen.

His Divine Grace
A.C. Bhaktivedanta Swami Prabhupāda/
Śrī Caitanya-caritāmṛta

Gesamtausgabe 11 Bände, je Band 300-900 Seiten und 16 Bildtafeln, geb.

Bei den folgenden Adressen können Sie einen Gesamtkatalog aller Bücher, Schallplatten, CD's und Kassetten (mit Preisliste) beziehen:

Vedischer Buchversand
Ernst Fesl
Postfach 10 48 03
D-69038 Heidelberg

Schweiz. Gesellschaft für Kṛṣṇa-Bewusstsein
Postfach 116
CH-8030 Zürich

Seit Jahrtausenden ist Kṛṣṇas Lebensgeschichte ein unversiegbarer Quell der Inspiration für das spirituelle und kulturelle Leben Indiens. Das *Kṛṣṇa*-Buch gibt anhand von 90 Kurzgeschichten eine lebendige Beschreibung der unvergleichlichen Taten und Eigenschaften Śrī Kṛṣṇas, wie sie im Zehnten Canto des *Śrīmad-Bhāgavatam* überliefert werden. Es ist eines der seltenen Bücher, in denen sich fesselnde Erzählkunst, malerische Poesie und höchste Philosophie auf vollkommene Weise verbinden.

His Divine Grace
A.C. Bhaktivedanta Swami Prabhupāda/
Kṛṣṇa – die Quelle aller Freude

2 Bände, je Band ca. 380 Seiten und 16 Bildtafeln, geb.

Der Nektar der Hingabe ist eine zusammenfassende Studie des *Bhakti-rasāmṛita-sindhu*, einem Sanskritklassiker des 16. Jahrhunderts, der von Śrīla Rūpa Gosvāmī verfaßt wurde. *Der Nektar der Hingabe* beschreibt mit faszinierender Genauigkeit den Vorgang des hingebungsvollen Dienstes von seinen Anfangsstufen bis hin zur ekstatischen Gottesliebe. Dieses Buch überschreitet die Begrenztheit trockener philosophischer Spekulation und stößt das Tor zur Transzendenz auf, mit all ihren spirituellen Gefühlsregungen und Gedanken.

His Divine Grace
A.C. Bhaktivedanta Swami Prabhupāda/
Der Nektar der Hingabe

416 Seiten, 16 Bildtafeln, geb.

Im Laufe der Geschichte erschienen auf der Welt viele *avatāras* – göttlich inspirierte Lehrer und Inkarnationen Gottes –, doch keiner von ihnen hat jemals so großzügig spirituelle Liebe verteilt wie der Goldene Avatāra, Śrī Caitanya Mahāprabhu. Dieses Buch enthält die wichtigsten Gespräche Śrī Caitanyas mit den größten Gelehrten, Philosophen und Transzendentalisten Seiner Zeit. Die philosophische Auseinandersetzung zwischen dem Monismus Śaṅkaras und dem Monotheismus Rāmanujas, Madhvas und Śrī Caitanyas machen den Leser mit den zwei bedeutendsten spirituellen Traditionen Indiens bekannt.

His Divine Grace
A.C. Bhaktivedanta Swami Prabhupāda/
Die Lehren Śrī Caitanyas

320 Seiten, 16 Bildtafeln, geb.

Die Schönheit der Selbst ist eine gelungene Auswahl von Śrīla Prabhupādas Interviews, Essays, Vorlesungen und Briefen – eine ausgezeichnete Einführung in die Welt des Kṛṣṇa-Bewußtseins.

His Divine Grace
A.C. Bhaktivedanta Swami Prabhupāda/
Die Schönheit der Selbst

320 Seiten, 16 Bildtafeln, geb.

Śrīla Prabhupāda analysiert die grundlegenden Schwächen unserer materialistischen Gesellschaft und beschreibt eine ganzheitliche Lebensweise – von Mantrameditation und Yoga über Tanz und Musik bis hin zu spiritueller Ernährung.

His Divine Grace
A.C. Bhaktivedanta Swami Prabhupāda/ Bhakti-yoga, Der Pfad des spirituellen Lebens

320 Seiten, 16 Bildtafeln, geb.

Leben kommt von Leben ist eine grundlegende Kritik an den sogenannten Errungenschaften, Theorien und Behauptungen der modernen Naturwissenschaft.

His Divine Grace
A.C. Bhaktivedanta Swami Prabhupāda/
Leben kommt von Leben

320 Seiten, 16-seitiger Bildteil, geb.

Die Lehren Śrī Kapilas – der Sohn Devahūtis ist eine Vortragsreihe über Śrī Kapila, den Begründer der *sāṅkhya*-Philosophie.

His Divine Grace
A.C. Bhaktivedanta Swami Prabhupāda/
Die Lehren Śrī Kapilas – der Sohn Devahūtis

320 Seiten, geb.

Diese Auswahl von Vorlesungen über die *Bhagavad-gīta* macht den Leser mit der Wissenschaft des *bhakti-yoga* bekannt.

His Divine Grace
A.C. Bhaktivedanta Swami Prabhupāda/
Bewußte Freude

320 Seiten, 16 Bildtafeln, geb.

Im Angesicht des Todes schildert das außergewöhnliche Sterbeerlebnis des großen Sünders Ajāmila, der – knapp dem Tode entronnen – ein neues, spirituelles Leben beginnt.

His Divine Grace
A.C. Bhaktivedanta Swami Prabhupāda/
Im Angesicht des Todes

320 Seiten, 16 Bildtafeln, geb.

Die faszinierende Biographie von His Divine Grace A.C. Bhaktivedanta Swami Prabhupāda und die Geschichte der ISKCON.

Satsvarūpa dāsa Goswami/ Prabhupāda – der Mensch, der Weise, sein Leben, sein Vermächtnis

400 Seiten, 16-seitiger Bildteil, geb.

Dieses Buch deckt kompromißlos die Ursachen der gegenwärtigen gesellschaftlichen Probleme auf und präsentiert eine realistische Alternative.

Harikeśa Swami/ Varṇāśrama-Manifest der sozialen Vernunft

288 Seiten, geb.

133 Rezepte für alle Freunde der indisch-vegetarischen Küche mit einer Abhandlung über Vegetarismus und spirituelle Ernährung.

Adirāja dāsa/ Vedische Kochkunst

304 Seiten, 35 Bildtafeln, geb.

Der Nektar der Unterweisung, eine Übersetzung von Śrīla Rūpa Gosvāmīs Sanskritklassiker *Śrī Upadeśāmṛita*, lehrt uns die praktischen Grundlagen des spirituellen Lebens.

His Divine Grace A.C. Bhaktivedanta Swami Prabhupāda/ Der Nektar der Unterweisung

144 Seiten, Taschenbuch

Ein fesselnder Dialog zwischen dem spirituellen Meister einer jahrtausendealten Tradition und seinem zukünftigen Schüler.

His Divine Grace A.C. Bhaktivedanta Swami Prabhupāda/ Vollkommene Fragen – vollkommene Antworten

128 Seiten, Taschenbuch

Die *Śrī Īśopaniṣad* ist die wichtigste der 108 *Upaniṣaden*. 19 zeitlose Weisheiten für inneren Frieden und Erfüllung.

His Divine Grace A.C. Bhaktivedanta Swami Prabhupāda/ Śrī Īśopaniṣad

160 Seiten, Taschenbuch

Jenseits von Raum und Zeit offenbart uns den Weg zu den spirituellen Planeten.

His Divine Grace A.C. Bhaktivedanta Swami Prabhupāda/ Jenseits von Raum und Zeit

64 Seiten, Taschenbuch